U1020360

国家出版基金项目
NATIONAL PUBLICATION FOUNDATION

陈兴良刑法学
CHEN XINGLIANG CRIMINAL LAW

● 陈兴良 /著

刑法研究（第十卷）

刑法总论 V

Research on Criminal Law

中国人民大学出版社
· 北 京 ·

总 目 录

第九卷 刑法总论Ⅳ

第十卷 刑法总论Ⅴ

第十一卷 刑法各论Ⅰ

第十二卷 刑法各论Ⅱ

第十三卷 刑法各论Ⅲ

本卷目录

十、刑罚概论

论刑罚权及其限制

刑罚权是刑法哲学中的一个重要问题，历来受到刑法学家的重视，在我国刑法学界，刑罚权的研究可以说是十分薄弱的。刑罚权关系到刑法之根本，是一个需要加以论证的问题。同样，刑罚权也不是绝对的和无限的，是一个需要加以限制并对其进行界定的问题。本文拟就刑罚权的基本内容作一初步探讨，就正于我国刑法学界。

一

刑罚权是国家运用刑罚惩治犯罪的权力。因此，刑罚权属于国家权力的范畴。那么，刑罚权是如何产生的呢？对于刑罚权的起源，在刑法理论上主要存在神授论与契约论两种理论。

神授论以君权神授论为其理论基础，认为刑罚权亦为神授。应该说，这是一种曾经具有广泛影响的观点。中国古代刑法思想中，就充满了这种刑罚权神授的内容。例如，古代史料记载，夏朝就产生了神权法的思想，将其统治神化，并将当时的法律美化为神意的体现。据此，把夏朝的统治说成是“受命于天”，把镇压不服从其统治的人的活动说成是“行天之罚”[①]。这就是基于“天命”而产生的“天罚”思想，是刑罚权神授论在中国古代刑法思想中的体现。在西方中世纪，由于受宗教神学思想的影响，刑罚权神授论也曾经盛行一时，如古罗马神学家奥古斯丁从教义出发，认为人类祖先犯了罪，留在人间生活是接受上帝的惩罚。[②] 因此，刑罚权来自上帝的授予。及至近代，西方还有些刑法学家秉承这种思想，如德国刑法学家斯塔尔在论及国家刑罚权时指出：“神之秩序，发现于俗界，是为国家。身体健全，财产保护，家族秩序，国家存立，寺院存续，莫非神明秩序之基础，有破坏此秩序者，曰犯罪。神明对此破坏秩序之犯罪人，命令俗界之权力代表者（即国家），加之以刑罚，是即国家刑罚权之所由来也。”[③]

契约论为启蒙学家所倡导，认为国家权力来自社会契约所缔结者，刑罚权同样来源于此。意大利著名刑法学家贝卡里亚运用社会契约论阐述了刑罚权的起源，贝氏指出：“原始人类，本属战争状态。只因为人们后来都厌恶战争而渴望和平，才各自就天赋自由之权利中，割让一部，以契约的方式委托给他人（即主权者），并让其承担保护之责。于是，主权者对于违反契约者，有处罚之权。因此，刑罚权的渊源，只不过是人们所割让的自由权之一部分的总和而已。”[④]

显然，神授论与契约论对刑罚权的起源作出了完全不同的解释。神授论具有浓厚的宗教神学色彩，如果说在智识未开的远古尚有其存在的合理性，那么，在经过文明洗礼的现代已经令人难以置信。至于契约论，虽然在抨击神授论、使刑罚论世俗化上具有一定的历史进步意义，但其论点是建立在自然状态的假设基础之上的，缺乏确实的科学根据。我认为，刑罚权作为国家权力的重要内容，它的产生离不开一定的社会物质生活条件，它是建立在一定的社会物质生活条件的基础之上并受其制约的。从这个意义上说，刑罚不外是社会对付违犯它的生存条件

① 《尚书·汤誓》。

② 参见张宏生主编：《西方法律思想史》，84页，北京，北京大学出版社，1983。

③ 王觐：《中华刑法论》，3页，上海，中华书局，1933。

④ ［意］贝卡里亚：《论犯罪和刑罚》，1页，重庆，西南政法学院，1980。

（不管这是些什么样的条件）的行为的自卫手段。① 因而，刑罚权实质上是社会的防卫权，它起源于社会物质生活条件。

二

在阐述了刑罚权的起源的基础上，还应当进一步考察刑罚权的根据问题，即国家为什么具有运用刑罚惩治犯罪的权力？应该说，这个问题对于刑罚权的理解具有更重大的理论意义。

刑罚权作为一种国家权力，表现为一种凌驾于个人之上的支配力量，它是以国家暴力为其后盾的，因而具有强制性。但这并不意味着国家凭借刑罚权可以为所欲为。从应然的角度来说，刑罚权的行使表现为一种社会自律性。刑罚权对于个别罪犯的行使，对于该罪犯来说是一种他律。换言之，罪犯本人并不愿意受到刑罚处罚，而予以刑罚处罚是不以罪犯本人的意志为转移的，是国家强加于他的。当然，由于犯罪本身是罪犯基于意志自由选择的结果，因此，处以刑罚也应该是罪犯应当受到的社会报应。从根本上来说，刑罚之强加于罪犯，是一种他律。但从社会整体来说，刑罚权的行使又具有社会自律性，正如日本刑法学家西原春夫指出：某种行为被定为犯罪，实施了该行为，就得被迫接受刑罚。这就意味着国民的自由被限制在一定的范围内。所以，如果刑法没有国民的参与，而是直接由主权者制定，那么国民在该范围内就是不自由的。但是，如果这种不自由是由国民自己决定的，那还是保持了自律这一意义上的自由。② 在此，西原春夫只是从刑罚创制权的角度论述了刑法具有的社会自律性，但实际上更为重要的是应从刑罚权行使的内容与范围上考察刑法的社会自律性。从这个意义上说，只有当刑罚权的行使对社会发展起到了推动与促进作用，反映了社会发展的客观规律，这样的刑罚权行使才具有社会自律性。社会自律性反映了社会的自我约束与

① 参见《马克思恩格斯全集》，第 8 卷，579 页，北京，人民出版社，1961。

② 参见［日］西原春夫：《刑法的根基与哲学》，2 页，上海，三联书店，1991。

自我控制，它与个人自律性显然有所不同。个人自律性是以个人的主观能动与意志自由为前提的，反映了个人的自主性。而社会是由无数个人组成的，人们对于事物的认识并不都是一致的，而是基于不同的社会地位具有不同的认识。但这些个人具有共同的利益，为了实现这一共同利益而产生了公共权力，这种公共权力就成为社会共同利益实现的有效保障。为此，社会对违反社会共同利益的个别成员实行惩罚，表明了社会自律性。这一点，从古代社会的禁忌（taboo）中可以看得十分清楚。在远古时代，人类尚处在前文明阶段，生产力低下，智识未开化，人们在长期的生活过程中，经过世代人的共同经验，发现某些不可为之行为，如血亲相婚有碍于氏族的共同利益，因而予以禁止。违反者，受到一定的惩罚。显然，这种原始禁忌是原始社会的自律性的体现。及至文明时代，人类对于自身的物质生活条件有了更为理智的认识，将违背社会生存条件的行为规定为犯罪，并予以刑罚处罚。因此，根据法国著名哲学家涂尔干的说法，罪行仅仅是指集体意识所禁止的行为。因而，在涂尔干看来，刑事法能够揭示人们的集体意识，因为它通过惩罚增多这一事实本身，表现了集体情感的力量以及这些情感的外延和特性。① 所以，在现代社会，刑罚权的行使具有社会自律性。

社会自律性从一个方面说明了刑罚权存在的根据。但刑罚权本身又是相对的。因为刑罚权的行使固然从根本上保护了社会的整体利益，但它是以牺牲某些公民个人的自由为代价的。正如西原春夫指出：刑罚保护了国家的利益，同时使自由的范围变得狭小，并侵犯了犯罪者的重大利益。② 就此而言，刑罚权的行使又具有社会他律性。这里的社会他律性是指刑罚权的行使受到一定的限制，它不以主权者的意志为转移。从一定意义上来说，犯罪是个人对社会的一种侵害，而刑罚是社会为防卫自身的生存条件而对罪犯的一种制裁。因此，什么是犯罪以及应处以何种刑罚，都是由立法者加以规定的。但是，根据马克思的观点，立法机关，甚至执法机关的法律评价可以把普通的过错行为变成应受刑事惩罚的行为，

① 参见［法］雷蒙·阿隆：《社会学主要思潮》，348页，上海，上海译文出版社，1988。

② 参见［日］西原春夫：《刑法的根基与哲学》，上海，三联书店，1991。

可以臆造犯罪。问题只在于确定：立法者这种自由扩展到什么限度?[①] 也就是说，立法者这种自由是极其有限的，因为正如马克思所说，违法行为通常是由不以立法者意志为转移的经济因素造成的。[②] 同样，刑罚作为对犯罪的一种反应，在一定程度上取决于犯罪本身，刑罚权的行使受到社会及其他因素的制约。以死刑为例，在前资本主义社会，死刑曾经被广泛地滥用，国家对罪犯拥有死刑权被认为是天经地义的，从来没有人提出过疑问。贝卡里亚首次振聋发聩地提出死刑废除论，贝氏认为，人们最初在订立社会契约的时候，只交给公共当局一份尽量少的自由，这里当然不包含处置自己生命的生杀予夺大权。因此，贝卡里亚明确指出，死刑不可能成为一种权力，因此也不是一种权力。[③] 死刑废除论一经提出，引起人们对国家死刑权的深刻思考，并引发了一场死刑存废之争，同时推动了世界上废除死刑的运动。死刑在一个国家的存废，决定于社会的政治、经济、文化、历史等诸种因素，不能作出野蛮抑或文明的简单评判。但至少说明，随着社会文明程度的发展、人权思想的广泛传播，死刑权已经从某些国家的刑罚权中排除出去。由此可见，刑罚权不是绝对的，它的存在及范围是受一定的社会物质生活条件制约的。正是在这一点上，刑罚权的行使表现出一种社会他律性。

刑罚权的行使是社会自律性与社会他律性的统一，社会自律性说明了刑罚权行使的合理根据，而社会他律性则表明了刑罚权行使的应有限制。刑罚权行使的这种社会自律性与社会他律性的两重性，就是刑罚权根据之所在。

三

孟德斯鸠说过，任何刑罚，只要它不是绝对必要的，就都是专制的。显然，刑罚权的行使应当限制在绝对必要的范围之内。否则，为防卫社会而设置的刑罚，就会异化为社会进步的障碍。问题就在于：如何确定刑罚权的合理限度？关

---

① 参见［苏］斯皮里多诺夫：《刑法社会学》，84页，北京，群众出版社，1988。

② 参见《马克思恩格斯全集》，第13卷，552页，北京，人民出版社，1962。

③ 参见［意］贝卡里亚：《论犯罪和刑罚》，57页，重庆，西南政法学院，1980。

于这个问题，在刑法理论上存在报应主义与功利主义之争。

报应主义认为，刑罚在本质上是对犯罪的一种报应，因此，刑罚权的行使只能限于实现社会报应，否则，就是刑罚权的滥用。康德主张道义报应，认为惩罚的方式与尺度都应该以已然之罪为转移。只有这样，才是公正地行使刑罚权。黑格尔也认为，刑罚应当以已然之罪为转移，刑罚权的行使应该以报应为界。黑格尔这一观点，对早期马克思曾经产生了一定影响，马克思指出："如果犯罪的概念要有惩罚，那么实际的罪行就要有一定的惩罚尺度。实际的罪行是有界限的。因此，就是为了使惩罚成为实际的，惩罚也应该有界限，——要使惩罚成为合法的惩罚，它就应该受到法的原则的限制。任务就是要使惩罚成为真正的犯罪后果。惩罚在罪犯看来应该是他的行为的必然结果，——因而也应该是他本身的行为。"① 显然，马克思的这一论述带有黑格尔刑法思想的思辨痕迹。总之，报应主义从已然之罪中寻求刑罚权的合理限度，关注的是刑罚权行使的社会公正性。

功利主义认为，刑罚并非对犯罪的报应，而是为达到一定社会目的而采取的手段，因此，刑罚权的行使应该是为了实现一定的社会功利价值。例如，贝卡里亚认为，刑罚应当是"必需的"和"尽量轻的"，只有当公共福利确实遭到侵害时，才有动用刑罚的必要。而且，刑罚的强度只要使"犯罪的既得利益"丧失就够了。在贝卡里亚看来，"任何额外的东西都是滥用，而不是正义，也不成其为权利，超越了保护集体的公共利益这一需要的刑罚，本质上是不公正的"②。由此可见，贝卡里亚虽然认为维护公共福利是刑罚权的根据，但并非为此可以不顾手段，刑罚作为实现社会功利的手段，同样受到功利原则的限制。在贝卡里亚的基础上边沁进一步发挥了功利主义的刑罚观，他指出："任何惩罚都是伤害；所有的惩罚都是罪恶。根据功利原理，如果惩罚被认为确有必要，那仅仅是认为它可以保证排除更大的罪恶。"如果说贝卡里亚、边沁所主张的是规范功利主义，那么，龙勃罗梭、菲利主张的就是行为功利主义。行为功利主义更为重视对罪犯

---

① 《马克思恩格斯全集》，第 1 卷，140～141 页，北京，人民出版社，1956。

② ［意］贝卡里亚：《论犯罪和刑罚》，11 页，重庆，西南政法学院，1980。

的矫正。例如龙勃罗梭主张剥夺犯罪能力论，对于生来犯罪人，应该根据不同的情形，分别采取不同的措施。菲利指出，我们将实证刑罚制度建立在对罪犯实行不定期隔离原则的基础之上。这一原则认为，刑罚不应当是对犯罪的报应，而应当是社会用以防卫罪犯威胁的手段这样一种理论的必然结果。① 因此，行为功利主义从对罪犯的矫正等个别处遇上论证刑罚权的合理限度。显然，行为功利主义是以社会为本位的，更强调对社会利益的保护，为此可以牺牲罪犯的个人利益，甚至可以对滥用刑罚容忍，这与以个人为本位、强调对个人自由保障的规范功利主义是有所不同的。尽管如此，规范功利主义与行为功利主义有一点是共同的，那就是从未然之罪中去寻求刑罚权的合理限度，关注的是刑罚权行使的社会功利性。

我认为，报应主义与功利主义分别以社会公正性与社会功利性作为追求的价值目标，不能不说都具有偏颇之处。应该说，社会公正性与社会功利性有形式上对立的一面，但从实质上说，又具有内容上相通的一面，因而两者应该在一定的基础上统一起来。换言之，刑罚权的合理限度分别受到社会公正性与社会功利性这两个因素的制约。刑罚权的行使不能无视社会公正性，因为社会公正性代表了一定社会的评价标准，只有满足这种社会公正性，刑罚权的行使才能具有坚实的社会基础，并与社会心理状态相吻合。但是，社会公正性的标准又不是一成不变的，它从一个民族到另一个民族，从一个阶段到另一个阶段，会随着社会物质生活条件的变化而发生剧烈的变动。正是从社会公正性的变化上，我们可以窥视到它与社会功利性的相通之处。因此，社会公正性不能完全脱离社会功利性而存在。在一定意义上说，社会功利性是社会公正性存在的基础，并对社会公正性起到制约作用。因为社会功利性是一定社会的价值尺度，一切社会事物的存在都必然具有其功利根据，尽管功利的内容可以有所不同。毫无功利意义可言的事物，就没有其存在的合理根据。刑罚权的行使也是如此，它是维系社会关系稳定性、保护社会利益与保障个人自由的法律工具。当然，尽管刑罚权的行使具有明显的

① 参见［意］菲利：《犯罪社会学》，142页，北京，中国人民公安大学出版社，1990。

社会功利性，但在实现这种社会功利性的时候，同样不能无视社会公正性，只有在社会公正性的范围之内，刑罚权才能正常行使。总之，在确定刑罚权的合理限度的时候，应当兼顾社会公正性与社会功利性这双重标准。

四

刑罚权的限制是一个具有重要的现实意义与理论意义的问题，其内容涉及刑罚的各个方面。我认为，应当严格限制刑罚权，使之成为不得已而为之的最后法律手段，因而那种泛刑主义与重刑主义的观念都应当予以清除。刑罚权的限制可以分为立法限制与司法限制、实体限制与程序限制、范围限制与程度限制等。本文限于篇幅，仅根据刑罚权的具体内容，对刑罚权的限制问题略加探讨。在刑法理论上，以国家运用刑罚的刑事活动的特点与刑罚之运用的特有的逻辑为根据，刑罚权可以分为制刑权、求刑权、量刑权与行刑权四个方面的内容。[①] 因此，刑罚权的限制也应该从这四个方面着手。

制刑权，是指国家创制刑罚的权力。制刑权属于立法权的范畴，其内容包括刑罚的立、改、废。制刑权的限制，主要是从立法上对刑罚权加以限制。这个问题的核心是：对什么样的行为应该动用刑罚以及刑罚的轻重应当如何确定。因此，这里既涉及刑罚力的范围，又涉及刑罚量的程度。就刑罚力的范围而言，我认为应当把刑罚限制在确属必要的范围之内。这里的确属必要应从以下几方面来考察：其一，危害行为必须具有相当严重程度的社会危害性。只有其社会危害性达到相当严重程度，构成犯罪，才能动用刑罚。其二，作为对危害行为的反应，刑罚应当具有无可避免性。在这个意义上说，刑罚应该是不得已动用的最后手段。但“只要未犯刑法所定之罪，并不涉及刑法之任何问题”[②]。从我国刑法的规定来看，刑罚力的范围基本上是合适的，随着市场经济体制的确立与发展，经

① 参见邱兴隆、许章润：《刑罚学》，61页，北京，群众出版社，1988。

② 陶龙生：《论罪刑法定原则》，载《刑法总则论文选辑》（上），112页，台北，五南图书出版公司，1984。

济关系变动较大，经济领域中的失范行为大量增生，对此，有必要扩大刑罚力的范围。同时，随着从计划经济向市场经济的转轨，某些保护计划经济而与市场经济相抵触的刑法规范已经过时，应予删除，从而在这个意义上刑罚力的范围又有所缩小。总之，刑罚力在范围上面临着一定的调整，这种调整表现为双向的犯罪化与非犯罪化，也就是刑罚化与非刑罚化。但就刑罚量的程度来看，我国刑法已经是一部重刑化的刑法，有必要加以限制。重刑化主要表现在死刑问题上。在刑法颁行以后，我国又颁布了一系列的单行刑法，对刑法的内容作了重要补充。这种补充的重要内容之一就是增补了死刑的规定。根据统计，刑法分则规定的死罪是 28 个，而截至 1991 年年底，10 年来通过单行刑法增加的死罪是 42 个，平均每年增加 4.2 个，已经远远超过刑法分则中规定的死罪。难怪我国刑法学界有人发出“急剧膨胀的死刑立法”的惊呼，并且明确将其视为“危险的倾向”[①]。我认为，对死刑应当严格加以限制，大大降低我国的刑罚量，从而适应市场经济与民主法制的发展。

求刑权，就是起诉权。在现代国家，求刑权一般都表现为公诉与自诉两种形式，并且以公诉为主，自诉为辅。在我国，求刑权并非绝对的，而是公诉有免予起诉、自诉有撤回自诉等起诉便宜的规定。因此，我国的求刑权的规定基本上是合理的。

量刑权，又称为刑罚裁量权，包括是否科处刑罚以及判处什么刑罚这两个方面的内容。就是否判处刑罚而言，我国刑法有免除刑罚的规定。根据 1979 年刑法第 32 条的规定，对于犯罪情节轻微不需要判处刑罚的，可以免予刑事处分。就判处什么刑罚而言，我国刑法规定了 5 种主刑、4 种附加刑，同时还规定了自首从宽、累犯从重等一系列从轻、减轻与从重、加重的量刑情节与量刑制度，从而做到罪刑相适应。当然，由于我国刑法规定得过于粗疏，从而为法官的自由裁量留下了广阔的空间。例如死刑适用条件是“罪大恶极”，这就是一个极具弹性的规定，完全取决于法官的掌握。在这种情况下，出现量刑的偏颇失衡，也就是

① 鲍遂献：《对我国死刑问题的深层思考》，载《法律科学》，1993（1）。

十分自然的。对此，我国刑法学界有人提出应当对法官自由裁量予以合理限制，其根据在于：所有刑罚权，包括自由裁量权在内，都是由国家享有的，任何人都没有刑罚权。法官对具体案件判处刑罚，是作为国家的代表来行使刑罚权，因此，他必须忠实地代表国家，使对每个罪犯的处理都能真正体现国家的意志，而不能掺入任何个人的因素。即使对法律赋予的“自由裁量权”的行使，也应遵循这一原则。自由不是任意的，必须以体现国家意志、真正罚当其罪为限制。① 我认为，这一意见是完全正确的，对量刑权应当加以限制。

行刑权，是指对罪犯执行刑罚的权力。行刑权是从量刑权派生出来的，它所执行的是法院判决所确定的刑罚。我国的行刑权主要由劳改机关行使，当然某些刑罚的执行权是由法院和公安机关行使的。行刑权的行使主要应当受到法院判决的限制，只能在法院判决所确定的范围之内行使行刑权。

（本文原载《中外法学》，1994（1））

① 参见张绍谦：《浅论法官量刑的“自由裁量权”》，262页，北京，中国人民公安大学出版社，1989。

刑罚目的二元论

刑罚目的是刑法理论中一个至关重要的问题。它对刑罚的创制、适用与执行都具有直接的指导意义。正因为刑罚目的如此重要，有些国家不仅把它当作一个重要的理论问题加以探讨，而且将它直接规定在刑法典中，以作为刑罚适用的指导原则，例如《苏俄刑法典》第20条、《罗马尼亚刑法典》第52条、《蒙古刑法典》第16条等。在我国刑法制定过程中也有人主张规定刑罚目的，只是由于刑罚的目的究竟如何表述在理论上还有争论，因而未予规定。① 目前，我国刑法学界还未就刑罚目的问题达成共识，分歧意见达七种之多。② 我国当前较为流行的观点是将刑罚目的表述为预防犯罪，然后又将预防分为特殊预防与一般预防。我认为，刑罚的目的应该是报应与预防的辩证统一，即刑罚目的二元论。本文就此展开论述，以期引起对刑罚目的的深入研究。

---

① 参见高铭暄：《中华人民共和国刑法的孕育和诞生》，56页，北京，法律出版社，1981。

② 参见高铭暄主编：《新中国刑法学研究综述（1949—1985）》，408页，郑州，河南人民出版社，1986。

一

人在进行任何一种活动、从事任何一项事业的时候，自始至终都有一个自觉的目的在驱使。正如恩格斯指出：“在社会历史领域内进行活动的，是具有意识的、经过思虑或凭激情行动的、追求某种目的的人；任何事情的发生都不是没有自觉的意图，没有预期的目的的。”[①] 因此，人类实践是一个有目的的活动过程。任何实践在一开始就包含着主体对外部现实的某种需要，这种需要体现了主体对外部现实的关系。它们反映在主体的头脑中，被主体自觉地意识到，就成为推动主体进行实践活动的一般动机。需要只能通过改造和创造某种具体的客体来满足，而某种具体客体的被改造和被创造，一开始是作为实践所将取得的结果事先建立于主体的观念之中的。一旦观念里建立起这种结果，它就作为实践的内在目的起作用，成为调节和控制主体同客体之间实际的相互作用的重要内部因素。由此可见，目的是调节和控制主体同客体之间的相互作用，并且支配、创造一定的手段以便将其客观化的一种主观动因。应该指出，目的虽然是人的需要的反映，属于主观的范畴，但它又是受客观制约的。因此，必须强调从客观实际出发，依照客观规律来规定自己的目的和进行有目的的活动。

从马克思主义的目的观出发，我们可以科学地界定刑罚的目的。如果我们把统治者（立法者、司法者与行刑者）视为主体，把犯罪视为客体，那么，统治者通过刑罚惩治犯罪就是一种刑事法律的实践活动。在这一实践活动中，刑罚乃是手段，而统治者运用刑罚这一手段所要达到的客观效果，就是所谓刑罚的目的。刑罚的目的并不是统治者的主观臆想，它不能离开客观世界而存在，它一方面受到刑罚这一手段的制约，另一方面又以犯罪这一客体为转移。刑罚目的的确立，有赖于人们对犯罪与刑罚及其关系的深刻认识。

犯罪具有双重属性：作为已然之罪，它主要表现为主观恶性与客观危害相统

---

① 《马克思恩格斯选集》，2版，第4卷，247页，北京，人民出版社，1995。

一的社会危害性；作为未然之罪，它主要表现为再犯可能性与初犯可能性相统一的人身危险性。从这个意义上说，犯罪是社会危害性与人身危险性的统一。这就是犯罪本体的二元论。立足于此，刑罚作为犯罪的扬弃，其功能应当具有相应的二元性：刑罚之于已然之罪，表现为惩罚；刑罚之于未然之罪，表现为教育。从刑罚功能再推论出刑罚目的，当然也是二元论：惩罚之功能表现为报应，教育之功能表现为预防。

刑罚目的的二元论，是由运用刑罚惩治犯罪这一人类实践活动的复杂性所决定的。对此，英国著名刑法学家哈特曾经有过极为精辟的论述。哈特指出："我们应该牢记，正如在其他绝大部分社会制度中一样，在刑罚制度中，对一个目的的追求可能受到不应错过的追求其他目的的机会的限制或可能提供这种机会。只有当我们对刑罚的这种复杂性有了这样的意识时，我们才能恰当地估计到整个刑罚制度已被关于人类心理的新信念所渗透的范围或它必须适应这些新信念的范围。"① 正因为如此，我们在确定刑罚目的的时候，不应把报应与预防对立起来，而是应当将两者统一起来。不可否认，在人类历史上，刑罚目的观有一个从报应到预防的转变过程，但这丝毫也不能否定报应与预防之间具有内在联系，两者都应当作为刑罚目的加以确立，关键在于如何协调两者之间的关系。

二

报应作为刑罚目的，是指对犯罪人之所以适用刑罚是因为他实施了危害社会的犯罪行为，通过惩治犯罪满足社会正义观念，恢复社会心理秩序。因此，社会正义观念是刑罚报应目的的理论基础。正义，英文是 justice，与公正、平等属于同类范畴，主要是作为评价某一行为或者某一社会制度的道德标准而使用的。例如美国著名法学家罗尔斯指出："正义是社会制度的首要价值…… 某些法律和制

① ［英］哈特：《惩罚与责任》，3 页，北京，华夏出版社，1989。

度，不管它们如何有效率和有条理，只要它们不正义，就必须加以改造或废除。”[①] 应当指出，正义观念属于意识形态的范畴，归根到底它是由社会的经济基础决定的。正如恩格斯指出：正义“……始终只是现存经济关系的或者反映其保守方面、或者反映其革命方面的观念化的神圣化的表现”[②]。因此，在不同的社会有不同的正义观念。在我国，犯罪行为不仅是危害国家和人民利益的行为，而且也是违反社会正义的邪恶行为，所以，从我国的社会正义观念出发，对于恶行应该作出否定评价，对于善行应予褒扬。同时，对恶行的否定评价程度应该以恶行的大小为转移；对善行褒扬的分量应该取决于善行的大小。在现实生活中，社会正义观念作为行为评价标准具有重要意义。我们在确立刑罚目的的时候，也不应无视社会正义观念的存在，而报应作为刑罚的目的，就是社会正义观念的最好体现。

我们主张将报应作为刑罚目的，根本不同于西方历史上的报应主义。报应主义先后经历了神意报应主义、道义报应主义和法律报应主义三种发展形态。在西方中世纪，神意报应主义占主导地位。神意报应主义以神的旨意作为报应的理由，认为犯罪是违反了神的命令或上天的旨意，国家对罪犯适用刑罚是秉承神意给以报应。神意报应主义用虚无缥缈的神的旨意来诠释世俗社会的刑罚目的，其荒诞性是不言而喻的。及至近代，德国著名哲学家康德创立了道义报应主义的刑罚哲学，将报应刑的思想推向了一个极端。康德认为人是现实上创造的最终目的，从尊重人作为目的的价值出发，对人的行为的反应便只能以其行为的性质为根据，而不能另立根据或另有所求，否则便是否定了人作为目的的价值。人受道德律的支配，不得侵害他人的权利。犯罪人侵害了他人的权利，违背了道德律，因而应受惩罚。正如康德指出：“违背道德上之原则，加害恶于他人者，须受害恶之报应（刑罚），此理所固然者也。”[③] 只有这样，才能恢复他人作为目的的价值，恢复被犯罪所侵害的道德秩序。在否定康德的道义报应主义的基础上，黑格

---

① ［美］罗尔斯：《正义论》，1页，北京，中国社会科学出版社，1988。

② 《马克思恩格斯选集》，2版，第3卷，212页，北京，人民出版社，1995。

③ 王觐：《中华刑法论》，7版，上卷，20～21页，北平，北平朝阳学院，1933。

尔将其辩证法中的否定之否定规律运用于对犯罪与刑罚关系的考察，提出了著名的法律报应主义。黑格尔认为，犯罪是犯罪人基于自由意志而选择的危害社会的行为，因而是一种害恶。而善有善报、恶有恶报是社会常理，从这一社会报应观念出发，作为害恶的犯罪理所当然地应受恶的惩罚，刑罚只不过是这种恶的惩罚的有形的体现。因此，犯罪和刑罚之间只能是一种因果报应关系。黑格尔指出："刑罚毕竟只是犯罪的显示，这就是说，它是以前一半为前提的后一半。"① 西方历史上的报应主义，无论是神意报应主义、道义报应主义还是法律报应主义，都将报应视为刑罚的唯一目的，排斥刑罚的预防目的，因而是片面的，但其合理的内核却值得我们借鉴。

在理解刑罚的报应目的时，应当将报应与惩罚这两个概念加以区别。我认为，惩罚是刑罚的属性而不是刑罚的目的。在哲学上，属性是指事物本身所固有的一种性质，这是一种客观存在；而目的是对于事物属性的自觉认识和运用，是指人们从事某一活动时所预期达到的结果，是一种主观愿望。显然，属性与目的不可混为一谈。关于惩罚是否是我国刑罚的目的，我国刑法学界存在争论，其中否定说认为，把惩罚视为刑罚目的，是将刑罚的属性与目的混为一谈；而肯定说则认为，把惩罚视为刑罚目的是人们正义观念的必然要求。应当说，就惩罚是否是刑罚目的而言，否定说完全正确；但就刑罚目的应当反映人们正义观念而论，肯定说又无可非议。关键问题是如何理解惩罚这个概念。惩罚一词，英文中是"punishment"，而该词又可译为中文的"刑罚"。由此可见，惩罚与刑罚实为同义词，都是指享有合法惩罚权的人使他人遭受某种痛苦、折磨、损失、资格丧失或者其他损害。② 因此，说惩罚是刑罚的目的，无异于否定刑罚具有目的，将惩罚说成是刑罚的属性，倒是恰如其分的。那么，刑罚目的中的人们的正义观念应当如何表达呢？只有一个经历数千年至今仍然魅力不减的词，这就是"报应"。在英文中，报应一词为"retribution"，指对所受的损害之回复、回报或补偿。有

① ［德］黑格尔：《法哲学原理》，106 页，北京，商务印书馆，1961。

② 参见［英］沃克编：《牛津法律大辞典》，736 页，北京，光明日报出版社，1988。

时它被视为惩罚的目的之一，如满足由受害者自然产生的报复或报仇的本能要求，但在相当大的社会范围内也可以适用，可以被看作由社会强制进行的有节制的报复。① 显然，惩罚与报应是有所不同的，惩罚是刑罚的属性，而报应可以看作刑罚的目的，即通过惩罚所要达到的主观效果。

报应作为刑罚目的，有恶意报应与实害报应之分。恶意报应指根据犯罪人的主观恶性予以恶的报应，实害报应则是根据犯罪的客观危害予以报应。我认为，作为刑罚目的的报应，应当是恶意报应与实害报应的辩证统一。因为客观危害是主观恶性的外化，离开主观恶性谈客观危害，就会导致客观归罪。同时，客观危害又是主观恶性的表现，离开客观危害谈主观恶性，就会导致主观归罪。我国刑法坚持主观与客观相统一，因此，作为刑罚目的的报应，也应是恶意报应与实害报应的统一。

三

预防作为刑罚的目的，是指对犯罪人之所以适用刑罚，是为了预防犯罪，通过惩治犯罪实现社会功利观念，维护社会法律秩序。因此，社会功利观念，是刑罚预防目的的理论基础。功利，英文为“utility”，与价值、效益属于同类范畴，主要是作为评价某一行为或者某一社会制度的价值标准而使用的。根据社会功利观念，国家之所以设置刑罚这样一种惩罚人的措施，主要是因为它蕴含着的剥夺权益之苦可以使其成为犯罪的阻力，起到遏制犯罪发生的作用。社会主义社会仍然存在犯罪，这是一个有目共睹的客观事实。而且，多种犯罪原因在社会主义社会的存在又决定了犯罪有其再生的必然性。因此，为了保护社会不受犯罪的侵害，国家有必要采取一系列措施来遏制犯罪的发生，而刑罚便是必不可少的措施之一。因此，预防作为刑罚的目的，就是社会功利观念的最好体现。

我们主张将预防作为刑罚的目的，也完全不同于西方历史上的预防主义。预

① 参见［英］沃克编：《牛津法律大辞典》，772页，北京，光明日报出版社，1988。

防主义有双面预防主义、一般预防主义和特殊预防主义三种发展形态。近代刑法学之父贝卡里亚《论犯罪和刑罚》一书在1764年出版，双面预防主义蔚然成为一家之说，后来由边沁进一步发挥而形成完整的体系。贝卡里亚从法律的唯一目的在于“使大多数人得到最大幸福”这一功利主义命题出发，指出：“刑罚的目的，只是阻止有罪的人再使社会遭受到危害并制止其他人实施同样的行为。”[①]这里所谓“阻止有罪的人再使社会遭受到危害”，就是指刑罚的特殊预防目的；而所谓“制止其他人实施同样的行为”，则是指刑罚的一般预防目的。继贝卡里亚之后，边沁明确指出：刑罚的目的是预防犯罪，“任何惩罚都是伤害；所有的惩罚都是罪恶。根据功利原理，如果惩罚被认为确有必要，那仅仅是认为这可以保证排除更大的罪恶”[②]。边沁首次将刑罚的目的划分为一般预防与特殊预防，认为实现刑罚一般预防目的的途径是借助于刑罚的威慑作用。至于刑罚特殊预防目的的实现，则主要取决于三个因素，即：通过把犯罪人关押于一定的场所，使其丧失实施犯罪的身体能力；借助道德改造消除犯罪人的犯罪欲望；借助法律的威吓或恐怖而使犯罪人恐惧刑罚。一般预防主义以费尔巴哈为代表人物，认为犯罪人之所以犯罪，主要是受了潜在于违法行为中的快乐的诱惑与不能得到快乐时所潜在的痛苦的压迫。为此，必须以成文法的形式明确规定罪刑价目表，基于刑事立法的这种威慑作用，潜在犯罪人就不得不在心理上对犯罪的利弊得失根据趋利避害、舍小求大的功利原则进行仔细权衡的基础上，因恐怖铁窗之苦而舍弃犯罪之乐，自觉地抑制违法的精神动向，使之不外化为犯罪行为。特殊预防主义的代表人物是龙勃罗梭，他以天生犯罪人论著称，主张对生来犯罪人应该根据不同的情形，分别采取如下措施：（1）对尚未犯罪但有犯罪倾向的人实行保安处分，即预先使之与社会相隔离；（2）对于具有犯罪生理特征者予以生理矫治，即通过医疗措施如切除前额、剥夺生殖机能等来消除犯罪的动因；（3）将危险性很大的人流放荒岛、终身监禁乃至处死。这三种措施的共同目标都是使犯罪人丧失犯罪

① ［意］贝卡里亚：《论犯罪和刑罚》，27页，重庆，西南政法学院，1980。

② 《西方法律思想史资料选编》，493页，北京，北京大学出版社，1983。

或再犯罪的能力或条件，防止其再犯罪。因此，龙勃罗梭的这种理论被称为剥夺犯罪能力论。西方历史上的预防主义，无论是双面预防主义、一般预防主义还是特殊预防主义，都将预防视为刑罚的唯一目的，摒弃刑罚的报应目的，因而也是片面的，但其科学的成分却值得我们参考。

在理解刑罚的预防目的时，应当将预防与威慑这两个概念加以区别。我国刑法学界有人认为刑罚具有威慑目的，我认为这是把刑罚的功能与刑罚的目的混为一谈。实际上，威慑只是刑罚的功能，而统治者通过威慑所要达到的抑制犯罪意念从而防止犯罪发生的主观效果，才是刑罚的目的，这一目的被恰如其分地表述为预防。它与威慑是两个性质完全有别的概念，应当加以区别。

预防作为刑罚的目的，有特殊预防与一般预防之别。特殊预防是指预防犯罪分子重新犯罪；一般预防是指通过惩罚犯罪，警诫社会上的不稳定分子，防止他们走上犯罪的道路。我认为，作为刑罚目的的预防，应当是特殊预防与一般预防的辩证统一。因为特殊预防是以再犯可能性为前提的，而将刑罚限于罪犯是构成刑罚之正当目的的任何原理（报应或功利）的无条件的结果。[1] 因此离开特殊预防谈一般预防，会导致刑及无辜或者不适当地加重犯罪人的处罚。同时，一般预防是以初犯可能性为基础的，其作用范围远远大于特殊预防，可以在更大程度上实现刑罚预防犯罪之功效。因此，一般预防也是刑罚预防目的的重要内容。离开一般预防谈特殊预防，会大大地限制刑罚的社会效益。所以，作为刑罚目的的预防，应是特殊预防与一般预防的统一。

四

刑罚的报应目的与预防目的是辩证统一的，对两者关系的阐述，成为确立刑罚目的二元论的关键所在。

刑罚目的中的报应与预防具有对立统一的辩证关系。不可否认，报应与预防

① 参见［英］哈特：《惩罚与责任》，11 页，北京，华夏出版社，1989。

具有对立的一面，因为报应要求刑罚以已然之罪为根据，而预防要求刑罚以未然之罪为基础。但恰恰在罪刑关系上，报应与预防又展示出其内在的同一性。

报应体现了刑罚目的中的正当原则，正当原则要求某一事物的存在要有其内在的根据。表现在刑罚上，就是刑罚必须建立在罪有应得的基础之上。罪有应得性作为刑罚根据与应受惩罚性作为犯罪特征存在一种对应关系。马克思指出："如果犯罪的概念要有惩罚，那么实际的罪行就要有一定的惩罚尺度。实际的罪行是有界限的。因此，就是为了使惩罚成为实际的，惩罚也应该有界限，——要使惩罚成为合法的惩罚，它就应该受到法的原则的限制。任务就是要使惩罚成为真正的犯罪后果。惩罚在罪犯看来应该是他的行为的必然结果，——因而也应该是他本身的行为。他受惩罚的界限应该是他的行为的界限。"① 显然，马克思是从犯罪的应受惩罚性与刑罚的罪有应得性的统一上来论述罪刑关系的。离开了报应的制约，预防犯罪就会成为实行严刑苛罚的借口。所以，我认为报应是制约着刑罚正当性的目的，是刑法保障机能的体现。

预防体现了刑罚目的中的效率原则。效率原则认为，一种结构，当改变它以使一些人（至少是一个）状况变好的同时不可能不使其他人（至少是一个）状况变坏时，这种结构就是有效率的。这样，对于一批产品在某些个人中的某种分配来说，如果不存在任何改善这些人中至少一个人的状况而同时不损害到另一个人的再分配办法，那么，这种分配就是有效率的。② 效率原则是以"最大多数人的最大幸福"为目的的，因此，为实现这个目的，可以付出一定的代价，而不失其正当性。刑罚目的中的效率原则是以防卫社会为基础的，当社会受到犯罪的侵害时，为了保障大多数社会成员的生命、财产的安全，有权惩治犯罪。任何刑罚，都是因其具有预防犯罪的作用而存在的。对于那些不可能预防或者代价太大的行为，都不适用刑罚。对此，边沁有过极为精辟的论述。边沁认为，所有的法律或应有的法律的一般目的都是在于增加全民的幸福；因而，它首先应尽可能排除任

① 《马克思恩格斯全集》，第1卷，140～141页，北京，人民出版社，1956。

② 参见［美］罗尔斯：《正义论》，63页，北京，中国社会科学出版社，1988。

何起到破坏幸福作用的事情。换句话说，排除伤害。根据这一功利主义原则，边沁认为下列情况应免予惩罚：(1) 无根据：不存在什么伤害事件需要防止；该行为对社会整体没有伤害。(2) 无效果：该伤害行为不能用惩罚去阻止。(3) 无益或代价太昂贵：如果惩罚，造成的伤害比它要防止的还要大。(4) 无必要：即使没有惩罚，伤害也会被防止，或自行停止；这就是利用较低的代价。[①] 否定刑罚的效率原则，将刑罚视为对犯罪的消极反应，或者完全不考虑惩罚效果的绝对的报应，都是我们所摒弃的。根据刑罚目的的效率原则，赋予刑罚制裁以积极的内容：它不仅是单纯的对犯罪的回报，而且是为防止犯罪的发生，从而防卫社会。所以，我认为预防是决定着刑罚效益性的目的，是刑法保护机能的反映。

刑法是保障机能与保护机能的统一。同样，刑罚目的是正当原则与效率原则的统一，也就是报应和预防的统一。这里所谓统一，是指在创制、适用、执行刑罚的时候，应当同时兼顾报应和预防这两个目的。当然，在不同的阶段，两者的关系是有所不同的，下面分别加以论述。

刑罚创制阶段，实际是刑事立法的过程。在这一阶段，立法者考虑的是需要用多重的刑罚来遏制犯罪的发生，因此，刑罚的一般预防的目的显然处于主导地位。但在对不同犯罪规定轻重有别的刑罚的时候，又应当兼顾刑罚的报应目的，使两者统一起来。

刑罚适用阶段，主要是刑罚裁量的过程。在这一阶段，司法者面对的是具体的犯罪和犯罪人。在这种情况下，只能根据其所犯罪行的大小来决定刑罚的轻重，因而主要是追求刑罚的报应目的。由于刑事立法规定的是相对确定的法定刑，其间存在一定的幅度，在这一幅度内，可以兼顾刑罚的预防目的，从而使两者统一起来。

刑罚执行阶段，就是对犯罪分子的改造过程。在这一阶段，行刑者面对的是一个已经被判处确定之刑的犯罪人。在这种情况下，根据犯罪分子的人身危险性以及具体犯罪事实，采取有效的改造措施，消除其再犯可能，成为主要任务。因

① 参见《西方法律思想史资料选编》，493～494 页，北京，北京大学出版社，1983。

此，主宰着行刑的是刑罚的个别预防目的。根据犯罪人改造表现，可以实行减刑、假释等制度，从而体现刑罚的预防目的。但根据刑法规定，减刑和假释都受原判刑罚的限制，这就是对刑罚的报应目的的兼顾，以免一味追求刑罚的预防目的而有失公正。同时，对于那些没有改造好的犯罪人则不得实行加刑，除非他在狱中重新犯罪而被依法判处刑罚。这也表明报应这一刑罚目的在行刑过程中并非无足轻重。

（本文原载《中南政法学院学报》，1991（1））

刑罚目的新论

一、刑罚的报应目的

报应（retribution）是指对某一事物的报答或者反应。在刑法理论中，作为刑罚的目的，报应是指刑罚作为对犯罪的一种回报、补偿的性质以及对此的追求。① 报应是一种十分古老的观念，作为一种理论形态，它经历了从神意报应到道义报应，再到法律报应这样一个演进过程。尽管在各种报应刑论之间存在理论上的差异②，但贯彻始终的是报应的基本精神，即根据已然之罪确定刑罚及其惩罚

① 英国学者指出：在英文中，报应一词为 retribution，指对所受的损害回复、回报或补偿。有时它被视为惩罚的目的之一，如满足由受害者自然产生的报复或报仇的本能要求，但相当大的社会范围内也可以适用，可以被看作是由社会强制进行的有节制的报复。参见［英］戴维·M. 沃克：《牛津法律大辞典》，772 页，北京，光明日报出版社，1989。

② 例如，康德的道义报应与黑格尔的法律报应之间就存在这种差异。道义报应是以道德义务论证报应的正当性，并由此引申出等量报应的观点；而法律报应是以法律义务论证报应的正当性，并由此引申出等价报应。关于上述两种报应论的比较，参见陈兴良：《刑法的启蒙》，北京，法律出版社，1998。

程度，追求罪刑之间的对等。因此，报应理论被称为一种回溯性的惩罚理论。[①]

（一）刑罚报应目的的论证

1. 正义

正义是报应论的理论基础。报应作为刑罚目的，是指对犯罪人适用刑罚，是因为他犯了罪，通过惩治犯罪表达社会正义观念，恢复社会心理秩序。正义是评价某一行为或者某一社会制度的道德标准，它往往成为一种行为或一种社会制度存在的正当性根据。[②] 刑罚制度同样也要合乎正义，而报应就是这种刑罚正义的体现。首先，报应要求将刑罚惩罚的对象限于犯罪人，刑罚不能适用于没有犯罪的人，即所谓有罪必罚，无罪不罚。因而，报应限制了刑罚的适用范围，这是报应刑的质的要求。其次，报应还要求将刑罚惩罚的程度与犯罪人所犯罪行的轻重相均衡。对犯罪人的刑罚惩罚不得超过犯罪的严重性程度，即重罪重罚，轻罪轻罚。因而，报应限制了刑罚的适用程度，这是报应刑的量的要求。[③]

---

① 德国学者指出：这种回溯性的惩罚理论是一种直觉—形式主义的观点，它力图证明惩罚是犯罪行为的直接必然的、合乎伦理—逻辑的结果。（参见［德］弗里德里希·包尔生：《伦理学体系》，523 页，北京，中国社会科学出版社，1988。）法国学者指出：依据报应目的，刑罚也就不可能抛开过去不予过问。立法者或社会主要考虑的问题都是过去发生的事。已经实行的犯罪，对社会已经造成的损害，对公共秩序已经造成的扰乱，行为人在实行犯罪的具体当时的罪过（故意或过失）以及道德责任，等等，都是过去的事由。刑罚导向制裁，报应也不可能离开其道德功能，即使为了犯罪人能够重返社会这一实用目的，报应也要考虑将来，但仍不会离开过去。（参见［法］卡斯东·斯特法尼等：《法国刑法总论精义》，421 页，北京，中国政法大学出版社，1998。）由此可见，报应是以已然之罪为基础的，是对过去发生的犯罪的一种回溯。

② 美国学者指出：正义是社会制度的首要价值，正像真理是思想体系的首要价值一样。一种理论，无论它多么精致和简洁，只要它不真实，就必须加以拒绝或修正；同样，某种法律和制度，不管它们如何有效率和有条理，只要它们不正义，就必须加以改造或废除。参见［美］约翰·罗尔斯：《正义论》，1 页，北京，中国社会科学出版社，1988。

③ 英国学者哈特将刑罚权与所有权相比较，指出：在刑罚的概念与所有权的概念之间有着值得考虑的相似之处。就所有权而言，我们应该把所有权的定义问题、为什么以及在什么样的情况下一种应该维护的好制度与个人通过什么样的方式才能变得有资格获得财产以及应该允许他们获得多少财产的问题区分开来。我们可以称之为定义问题、总的正当目的问题以及分配问题。分配问题又可细分为资格问题与分量问题。为此，哈特区分了总的正当目的的报应与分配中的报应。分配中的报应的正义性表现为两个方面：（1）责任（强以惩罚谁?）；（2）分量（应受何种惩罚?）。参见［英］哈特：《惩罚与责任》，4 页以下，北京，华夏出版社，1989。

2. 常识

常识是报应论的知识基础。报应作为一种常识，为社会所普遍认同。例如，善有善报、恶有恶报的观念深入人心。[①] 常识是一种社会的通识或者共识，它虽然不是一种理性思维的结果，但却具有强大的生命力。正是这种常识，为报应论提供了社会支持。[②] 因此，只要这种常识仍然在社会通行，报应就具有其存在的合理性。

3. 伦理

伦理是报应论的道义基础。报应作为刑罚目的，体现了刑罚的道义性。刑罚是一种法，它具有强制性，这种强制性不仅要求具有合法性，而且要求合乎伦理性。刑罚的报应性，就体现了伦理上的必要性，使刑罚不满足于成为一种外在的强制，而具有内在的道义根据。

（二）道义报应

道义报应是指根据犯罪人的主观恶性程度实行报应。根据道义报应的观点，对犯罪人发动刑罚，应以其道德罪过为基础，使刑罚与道德充分保持一致。[③] 道义报应的本质是将刑罚奠基于主观恶性，予以否定的伦理评价。道义报应揭示了刑罚的伦理意义，因而是刑罚的题中应有之义。

---

① 荀况指出："杀人者死，伤人者刑，此百王之所同，不知其所由来者也。"这里的不知其所由来，说明这种报应观念已经演化为人所共知的常识。

② 德国学者指出：在这里，直觉—形式主义理论又一次得到了常识的支持。常识也许会这样地来回答为什么要惩罚罪犯这个问题：哦，这当然是正当的，而且是因为他应当受到惩罚，这难道有什么奇怪的吗？康德和黑格尔也这样说道："这没有什么奇怪的；惩罚是绝对命令的要求；惩罚是邪恶的逻辑的必然结果！"（［德］弗里德里希·包尔生：《伦理学体系》，524 页，北京，中国社会科学出版社，1988。）

③ 道义报应论为康德所主张，康德虽然承认道德与法的区别，但又肯定法律义务与道德义务具有同一性，前者是以后者为基础的。德国学者文德尔班对康德的思想曾经作过以下评论：自由是康德全部实践哲学的中心概念，他又把自由当作他的法学基础。法律的任务就是制定一些条例，用这些条例让一个人的意志按照自由的普遍规律同另外一个人的意志结合起来，并通过强制执行这些条例以保证人格自由。令人感到高兴的是，我们观察到在这个思想结构中，康德的道德学原则是怎样在各处都起着决定性的作用的。因此，国家刑法之建立并不基于要维护国家的权力，而是基于伦理的报应的必然。参见［德］文德尔班：《哲学史教程》，下卷，765 页，北京，商务印书馆，1993。

（三）法律报应

法律报应是指根据犯罪的客观危害程度实行报应。根据法律报应的观点，对犯罪人发动刑罚，应以其客观上对社会造成的危害为基础。① 法律报应将刑法与道德加以区分，认为犯罪的本质并不是一种恶，尤其不能把罪过视为犯罪的本质而满足于对犯罪的否定的道德评价，而是强调犯罪是在客观上对法秩序的破坏，刑罚是对犯罪的否定。

（四）道义报应与法律报应

道义报应以道德罪过作为报应的根据，而法律报应以法律规定的客观危害作为报应的基础，两者存在明显的差别。但道义报应与法律报应都是对已然的犯罪的一种报应，对已然的犯罪人予以否定的伦理的与法律的评价，使刑罚兼具伦理上之必要性与逻辑上之必要性，从而体现社会伦理与法律的尊严，因而道义报应与法律报应具有内在同一性。

二、刑罚的预防目的

预防是指对某一事物的预先防范。在刑法理论中，作为刑罚目的，预防是指通过对犯罪人适用刑罚，实现防止犯罪发生的社会功利效果。预防同样是一种古老的观念，作为一种理论形态，存在个别预防论与一般预防论之分。预防观念经历了从威吓到矫正的演进过程。尽管各种预防刑论之间存在理论上的差异，但预防刑论的内在逻辑是一致的，即根据未然之罪确定刑罚及其惩罚程度。因此，预防理论被称为一种前瞻性理论。

① 法律报应注重从犯罪行为中去寻找刑罚的根据。黑格尔指出：犯人行动中所包含的不仅是犯罪的概念，即犯罪自在自为的理性方面——这一方面国家应主张其有效，不问个人有没有表示同意——而且是形式的合理性，即单个人的希求。认为刑罚即包含着犯人自己的法，所以处罚他，正是尊敬他是理性的存在。如果不从犯人行为中去寻求刑罚的概念和尺度，他就得不到这种尊重。参见［德］黑格尔：《法哲学原理》，103 页，北京，商务印书馆，1961。

（一）刑罚预防目的的论证

1. 功利

如果说，报应关注的是正义，那么，预防关注的是功利。功利，英文为utility，与价值、效益属于同类范畴，主要是作为评价某一行为或者某一社会制度的价值标准而使用的。[①] 根据功利原理，国家之所以设置刑罚，主要是因为它所蕴含的剥夺能够造成痛苦，使之成为犯罪的阻力，实现遏制犯罪产生的效果。其中，贝卡里亚、费尔巴哈意图通过法律的威吓而预防犯罪；而龙勃罗梭、菲利则意图通过矫正而预防犯罪。无论是威吓还是矫正，都意味着对刑罚功利效果的追求。

2. 目的

预防论是一种目的论，可以说目的是预防论的知识基础。预防论认为刑罚不是一种人或者社会对犯罪的本能或机械的反映，而是具有明显的目的性，即预防犯罪。[②] 离开了刑罚预防犯罪的目的，刑罚就是盲目的，缺乏存在的正当性。

3. 经验

预防论是建立在经验的基础之上的，它不是对刑罚的一种纯粹的哲学思辨，而是关注刑罚在社会生活中的效果，将其建立在日常社会生活经验的基础之上。[③] 因此，预防论是一种更为现实的观点，关注刑罚的实际作用。

---

① 英国学者边沁指出：所谓功利，意指一种外物给当事者求福避祸的那种特性，由于这种特性，该外物就趋向于产生福泽、利益、快乐、善或幸福（所有这些，在目前情况下，都是一回事），或者防止对利益攸关之当事者的祸患、痛苦、恶或不幸（这些也都是一回事）。假如这里的当事者是泛指整个社会，那么幸福就是社会的幸福；假如是指某一个人，那么幸福是那个人的幸福。参见周辅成编：《西方伦理学名著选辑》，下卷，212页，北京，商务印书馆，1987。这是功利主义哲学的创始人边沁对功利的经典性说明。边沁认为，功利是社会统治的基础，同样也是法律的基础。

② 预防论也可以称为目的论。1882年，德国学者李斯特在马尔布赫大学所作题为“刑法的目的思想”的就职演说中提出了目的刑主义。李斯特从目的刑主义出发，阐述了刑罚从盲目的、本能的、冲动的行为，到合目的性的进化过程。参见［日］木村龟二主编：《刑法学词典》，407页，上海，上海翻译出版公司，1991。

③ 德国学者指出：令人鼓舞的是刑法学正在开始抛弃思辨哲学的纯粹形式主义观念，并正在转向目的论观点。我觉得黑格尔对悟性的即因果性观点的轻蔑态度在这个领域中的影响尤其恶劣。它导致对惩罚的效果问题的完全忽视。目的论理论一方面搞清人们注意犯罪的原因，另一方面又让人们注意惩罚的效果；人们可以指望这种理论将在对付犯罪方面表现得更为成功。参见［德］弗里德里希·包尔生：《伦理学体系》，525～526页，北京，中国社会科学出版社，1988。

（二）个别预防

个别预防，又称特殊预防，是指通过对犯罪人适用一定的刑罚，使之永久或在一定期间内丧失再犯能力。个别预防最初是通过对犯罪人肉体的折磨而实现的，例如亡者刖足，盗者截手，淫者割其势，等等，使犯罪人丧失犯罪能力，正如中国晋代思想家刘颂所说：除恶塞源，莫善于此。① 随着人类文明的发展，人道主义的勃兴，这种残酷的刑罚受到猛烈抨击。以矫正为基础的近代个别预防论得以产生。矫正论注重消除犯罪人的人身危险性，通过生理与心理的矫治方法，使犯罪人复归社会。

（三）一般预防

一般预防，是指通过对犯罪人适用一定的刑罚，对社会上的其他人，主要是那些潜在的犯罪人产生阻止其犯罪的作用。一般预防的核心是威吓，威吓是借助于刑罚的惩罚性对社会成员产生的一种威慑阻吓效应。古代社会刑罚威吓是建立在恐怖之上的，并以人的肉体为祭品，这是一种感性的威吓。以恐怖为特征的刑罚威吓是专制社会的特征。② 当各种专制社会需要以恐怖来维持的时候，刑罚就成为制造恐怖的工具。以肉体威吓为特征的专制社会刑罚是一般预防理念的明证。其中，费尔巴哈的心理强制说最为著名。费尔巴哈提出了用法律进行威吓这句名言，认为为了防止犯罪，必须抑制行为人的感性的冲动，即科处作为恶害的刑罚，并使人们预先知道因犯罪而受刑的痛苦，大于因犯罪所能得到的快乐，只有这样才能抑制其心理上萌发犯罪的意念。③ 在费尔巴哈的心理强制说之后，又发展出追求

---

① 参见《晋书·刑法志》。

② 孟德斯鸠精辟地将恐怖视为专制政体的原则。因为在专制之下，君主把大权全部交给他所委托的人们。那些有强烈自尊的人们，就有可能在那里进行革命，所以就要用恐怖去压制人们的一切勇气，去窒息一切野心。一个宽和的政府可以随意放松它的权力，而不致发生危险。它是依据它的法律甚至它的力量，去维持自己的。但是在专制政体下，当君主有一瞬间没有举起他的手臂的时候，当他对那些居首要地位的人们不能要消灭就消灭的时候，那一切便都完了。因为这种政府的动力——恐怖——已不再存在，所以人民不再有保护者了。参见［法］孟德斯鸠：《论法的精神》，上册，26 页，北京，商务印书馆，1961。

③ 关于费尔巴哈的心理强制说，参见陈兴良：《刑法的启蒙》，108 页，北京，法律出版社，1998。

多元的一般预防作用的多元遏制论[1]和以忠诚为内容的积极的一般预防论[2]。

（四）个别预防与一般预防

个别预防与一般预防在刑罚预防的对象上有所不同：个别预防是以已然的犯罪人为作用对象的，目的在于防止这些人再次犯罪；而一般预防则是以潜在的犯罪人、被害人和其他守法公民为作用对象的，目的在于防止社会上的其他成员犯罪。尽管在预防对象上存在差别，但无论是个别预防还是一般预防，其共同目的都在于预防犯罪，由此决定了两者本质上的共同性。不仅如此，个别预防与一般预防还具有功能上的互补性。例如，刑罚威慑功能中，个别威慑与一般威慑是辩证统一的，将两者割裂开来或者对立起来的观点都是错误的。如果只考虑个别威慑而不考虑一般威慑，个案的处理效果会对社会产生不良的影响。同样，如果脱离个别威慑，过分强调一般威慑，甚至为追求一般威慑的效果不惜加重对犯罪人的刑罚，则是有悖于公正的。

三、刑罚目的二元论

在刑罚目的问题上，长期以来存在报应主义[3]与预防主义[4]之争，前者主张

① 多元遏制论不再把刑罚威吓当作一般预防的唯一手段，而是追求多元的一般预防作用。例如挪威学者安德聂斯指出：刑罚的一般预防作用有三：恫吓，加强道德禁忌（道德作用），鼓励习惯性的守法行为。参见［挪］约翰尼斯·安德聂斯：《刑罚与预防犯罪》，5页，北京，法律出版社，1983。

② 积极的一般预防是相对于消极的一般预防而言的。德国学者雅科布斯指出：刑罚清楚地并且高度地使刑罚后果所归属的行为具有了一种可能性，一种必须普遍地把这种行为作为不值一提的行动选择来学习的可能性。这种选择的无价值性是如此理所当然，以至于它要作为不可经历的选择而被排除掉。这不是威吓意义上的一般预防，而是学会对法律的忠诚意义上的一般预防。在雅科布斯看来，这种积极的一般预防与消极的一般预防是存在区别的：在积极的一般预防这里，刑罚——与在消极的一般预防那里不同——不是指向被认为是必须能威吓的作为潜在的未来的犯罪人的生产源的群体，刑罚更多地要以忠诚于法的市民为对象。参见［德］格吕恩特·雅科布斯：《行为 责任 刑法——机能性描述》，105页，北京，中国政法大学出版社，1998。

③ 报应主义亦称绝对理论（Die absoluten theorien），是以报应思想为基础的刑罚意义与目的的理论。参见林山田：《刑罚学》，2版，58页，台北，“商务印书馆”，1983。

④ 预防主义亦称相对理论（Die relative theorien），是以预防思想为基础的刑罚意义与目的的理论。参见林山田：《刑罚学》，2版，63页，台北，“商务印书馆”，1983。

以报应为目的，后者主张以预防为目的，两者均具有一定的合理性，又具有难以克服的片面性。在这种情况下，人们思考这样一个问题：报应与预防是否一定势不两立难以相容？对此思考的结果便是一体论的崛起。① 一体论的基本立论在于：报应与功利都是刑罚赖以生存的根据。因此，刑罚既回顾已然的犯罪，也前瞻未然的犯罪。对于已然的犯罪，刑罚以报应为目的；而对于未然的犯罪，刑罚以预防为目的。在预防未然的犯罪上，刑罚的目的既包括防止犯罪人再犯罪的个别预防，也包括阻止社会上其他人犯罪的一般预防。②

一体论主要存在以下三种形态。③

（一）自然犯与法定犯相区分的一体论

该论认为，刑罚具有报应与预防两方面的目的，这是从既存刑罚规范所必然得出的结论。对于自然犯的惩罚，其根据在于它们严重违背了社会道德。刑罚之于此类犯罪，目的主要是表达社会谴责，道义报应是其渊源所在。而法定犯，并未违背社会道德，即便违背道德，道德罪过的程度也相当轻。刑罚之于它们，纯系出于社会功利观念的要求，即仅仅是因为社会试图阻止其发生，才动用刑罚予以处罚。

---

① 一体论具有一定的代表性，正如学者哈特所指出：围绕刑罚制度的困惑与日俱增。对这一制度的任何在道德上讲得通的说明，都必然表现为诸种性质各异且部分冲突的原理的一种折中。参见［英］哈特：《惩罚与责任》，1页，北京，华夏出版社，1989。我国学者指出，当代西方学者在刑罚根据问题上基本持折中态度，试图从对诸刑罚根据论的扬弃、中和与整合中找到一种对刑罚的根据趋于完整的解释。由此形成了取代传统诸说而成为西方刑罚根据论之主流的所谓刑罚一体化理论。参见邱兴隆：《关于惩罚的哲学：刑罚根据论》，257页，北京，法律出版社，2000。

② 一体论亦称综合理论（Die Vereinigungstheorien），认为刑罚之意义与目的除了在于公正地报应犯罪之外，尚在于威吓社会大众，以及教化犯罪人。唯因报应、威吓与教化等刑罚目的，在本质上存在对立矛盾之处，故必须调和此等对立现象，将各种不同刑罚目的间之矛盾，减至最低限度，而能并存互助生效。参见林山田：《刑法通论》，下册，增订6版，696页，台北，1998。

③ 我国学者指出：一体论以熔报应与预防为一炉为特色，但是，不同的一体论者在为什么要与怎样将两者相结合问题上所持主张各异，从而形成了不同的一体论模式，包括：费尔巴哈模式、麦耶模式、奎顿模式、哈特模式、帕克模式、哈格模式、曼可拉模式、赫希模式、帕多瓦尼模式。参见邱兴隆：《关于惩罚的哲学：刑罚根据论》，257页，北京，法律出版社，2000。

（二）痛苦—谴责相统一的一体论

该论认为，刑罚既蕴含着痛苦，也潜藏着谴责。① 刑罚给人以痛苦的属性产生于威吓的需要，其根据是预防犯罪，即以痛苦相威吓，使犯罪保持在可以容忍的范围内。而刑罚的谴责性则有着独立于预防犯罪之外的根据，它不是针对犯罪人将来的行为，而是针对其已经实施的犯罪本身，也就是说，无论犯罪是否具有道德罪过，它们至少是错误行为，必须予以谴责，刑罚的谴责性便由此而生。因此，刑罚的痛苦性以功利为根据，其谴责性则以报应为根据。

（三）刑事活动阶段性的一体论

该论认为，刑罚根据应视刑事活动的阶段性而定。② 刑事活动分为立法、审判与行刑三个阶段，与此相适应，刑罚的目的也表现为三个方面。刑罚之在立法上的确定，即规定什么样的行为应受惩罚以及应受多重的惩罚，主要取决于一般预防的需要。也就是说，只有社会希望遏制其发生的行为才应受刑罚惩罚。在审判阶段，刑罚的裁量则以报应为根据，即只有对犯罪的人才能适用刑罚，对具体犯罪人所处的刑罚的分量应该与其犯罪的严重程度相适应。至于行刑阶段，占主导地位的是个别预防。对犯罪人是否实际执行已判处的刑罚，实际执行刑罚的方式，以及实际执行的刑罚的分量，均应以个别预防为根据，即应与教育改善犯罪人的需要相适应。③

一体论的提出，在一定程度上超越了报应刑论与预防刑论之争，试图将报应

① 我国学者将赫希的这种一体论称为该当（Desert Deservedness）论。赫希指出：刑罚有两个显著的特征——适用严厉的处理与施加谴责。施加谴责意味着国家代表其公民的利益表达对此类行为的否定。刑罚的谴责性构成适用严厉的处理之外的一种独立的证明刑罚的正当性的因素。参见邱兴隆：《刑罚报应论》，载陈兴良主编：《刑事法评论》，第6卷，273～274页，北京，中国政法大学出版社，2000。

② 日本学者将这一种一体论称为分配说。所谓分配说，就是与立法、审判上的适用和行刑三个阶段相适应分成报应、法的确认和教育三个概念。参见［日］福田平、大塚仁：《日本刑法总论讲义》，14页，沈阳，辽宁人民出版社，1986。

③ 刑事活动阶段性的一体论可以说是一种通论。例如意大利学者认为，报应论、特殊预防论和一般预防论的共同缺陷在于忽略了刑罚是一种变化的事物，不是僵死不变的东西，在法律实践的三个阶段（法定刑、宣告刑、执行刑）中它具有不同的表现形式。刑罚在法定刑阶段主要发挥一般预防作用。刑罚在司法阶段，其标准应该是报应和特殊预防。刑罚在执行阶段应着重发挥特殊预防功能。参见［意］杜里奥·帕多瓦尼：《意大利刑法学原理》，346页以下，北京，法律出版社，1998。

与预防兼容在刑罚目的之中。① 我认为，一体论的思想是可取的，在此基础上，可以提出刑罚目的二元论的命题。

首先，报应与预防是否截然对立，即两者是否存在统一的基础？我认为，报应与预防虽然在内涵上有所不同，但在根本上仍存在相通之处。报应主义强调刑罚的正当性，反对为追求刑罚的功利目的而违反刑罚正义性。但在不违反刑罚正义性的情况下，可以兼容预防的思想。② 同样，预防主义强调刑罚的功利性，反对为追求刑罚的报应目的而不顾刑罚功利性。这种刑罚的报应目的在不违反刑罚功利性的情况下，同样可以兼容功利的思想。③ 可以说，没有脱离预防思想的绝对报应，也没有脱离报应思想的绝对预防。从更深层次上说，报应与预防的关系是正义与功利的关系。报应体现了刑罚的正义性，正义要求某一事物的存在有其内在的正当根据。表现在刑罚上，就是刑罚必须建立在罪有应得的基础上。报应决定着刑罚正当性的目的，是刑法保障机能的体现。预防体现了刑罚的功利性，功利是以“最大多数人的最大幸福”为目的的，为实现这一目的，可以付出一定的代价而不失其正当性。表现在刑罚上，就是刑罚必须以预防犯罪为根据。因此，预防是决定着刑罚效益性的目的，是刑法保护机能的反映。我们追求的，应

---

① 日本学者提出了刑罚的复合性的命题，指出：刑罚作为今日的文明国家所维持的文化制度，其内容、性质绝不是过去的作为学派之争的对象所议论的那种简单的东西，不是报应刑主义或者教育刑主义这种一方面的认识所能穷尽的，现实的刑罚中，有报应的要素也有教育的要素，有赎罪的要素也有社会防卫的要素，有一般预防的要素也有特别预防的要素，这种种要素已经浑然一体，鉴于刑罚的复合性质，只要这种运用作为整体能够发挥刑罚的机能，它就是适当的运用。参见［日］大塚仁：《犯罪论的基本问题》，117页，北京，中国政法大学出版社，1993。

② 康德是一个最大限度的报应主义者，但在报应的前提下，康德并不反对功利追求。康德指出：他们（指犯罪人——引者注）必须首先被发现是有罪的和可能受到惩罚的，然后才能考虑为他本人或者为他的公民伙伴们，从他的惩罚中取得什么教训。参见［德］康德：《法的形而上学原理——权利的科学》，164页，北京，商务印书馆，1991。

③ 贝卡里亚是一个典型的预防主义者，明确提出刑罚的目的在于预防犯罪，包括一般预防与个别预防。但他又强调刑罚的正义性，以至于美国学者戴维指出：贝卡里亚始终将功利主义和报应主义冶于一炉，而且他一般更强调前者。参见［美］戴维：《切萨雷·贝卡里亚是功利主义者还是报应主义者》，载《法学译丛》，1985（5）。我国学者黄风也指出在贝卡里亚的刑罚思想中存在着相对论与绝对论这一难以协调的矛盾。参见黄风：《贝卡里亚及其刑法思想》，89页，北京，中国政法大学出版社，1987。我认为，贝卡里亚在整体上是一个预防主义者，但这种预防思想同时受报应观念的限制。

当是公正的功利。①

其次，报应与预防的统一，还存在一个如何统一的问题，即是以报应为主还是以预防为主。一般认为，报应与预防在刑罚目的的体系中并非并列的关系，报应是对刑罚的前提性的限制，而预防是对刑罚的价值性的追求。前者可以表述为"因为"，后者可以表述为"为了"。② 我认为，"因为"与"为了"都是人的行为的内在根据。在刑罚中，因为一个人犯罪才惩罚他，表明刑罚的这种报应是正当的；为了本人和其他人不再犯罪而加以惩罚，表明刑罚的这种预防是合理的。当然，就报应与预防两者而言，我认为应当以报应为主、预防为辅，即以报应限制预防，在报应限度内的预防才不仅是功利的而且是正义的。超出报应限度的预防

① 关于公正与功利的统一，可以参考美国著名学者博登海默对于公正与秩序之间关系的论述。博登海默指出：一个法律制度若要恰当地完成其职能，就不仅要力求实现正义，而且还须致力于创造秩序。这一论断可能会受到质疑，因为任何人为的制度都不可能同时实现两种价值，即一仆不能同侍二主。当这二主所追求的是截然不同的目标，发布的是互不一致的命令，而且几乎每从事一定的行动他们就发现其目的相左时，这种质疑便可能是正确的。但是从另一方面来看，当这二主为共同的主要目标奋斗并在追求这些目标中相互合作，而只在相对较少的情形下才分道扬镳时，对这二主中任何一位的服务就显然不会排斥对另一位的服务。在一个健全的法律制度中，秩序与正义这两个价值通常不会发生冲突，相反，它们往往会在一较高的层面上紧密相连、融洽一致。一个法律制度若不能满足正义的要求，那么从长远的角度来看，它就无力为政治实体提供秩序与和平。但在另一方面，如果没有一个有序的司法执行制度来确保相同情况相同待遇，那么正义也就不可能实现。因此，秩序的维护在某种程度上是以存在着一个合理的健全的法律制度为条件，而正义则需要秩序的帮助才能发挥它的一些基本作用。为人们所要求的这两个价值的综合体，可以用一句话加以概括，即法律旨在创设一种正义的社会秩序（just social order)。参见［美］博登海默：《法理学——法哲学及其方法》，318页，北京，中国政法大学出版社，1999。

② 德国学者指出：惩罚的实施是因为已经犯下的罪行，可是这个因为不是真正的理由，只是惩罚的近因。理由应当从后果中寻求，后果不在过去而在将来之中，惩罚是为了使犯罪者将来不再犯罪而由国家当局施行在犯罪者身上的一种痛苦。人们盖住一个井口是因为一个孩子曾掉进去过，是为了不再发生这样的事，他们建筑水坝是因为河水常常淹没农田，是为了能不再发生这样的情况。假如不是由于这个为了，那个因为也就不会推动他们按照上述的方式去行动。参见［德］弗里德里希·包尔生：《伦理学体系》，525页，北京，中国社会科学出版社，1988。在上述论述中，"因为"与"为了"的逻辑关系是成立的，但强调"为了"的意义而贬低"因为"的意义则并无根据。

尽管具有功利性但缺乏正义性。[①]

最后，报应与预防的统一，并且以报应为主、预防为辅，指的是在刑罚总体上以报应为主要目的，预防为附属目的，从而保持刑罚的公正性与功利性。但这并非意味着在刑事活动的各个阶段，报应与预防没有轻重之分。我认为，在刑事活动中，应当同时兼顾报应和预防这两个目的，但在刑事活动的不同阶段，两者又有所侧重：(1) 刑罚创制阶段，实际上是刑事立法的过程。在这一阶段，立法者考虑的是需要用多重的刑罚来遏制犯罪的发生。因此，一般预防的目的显然处于主导地位，但对一般预防的追求又不能超过报应的限度。并且，在对不同犯罪规定轻重有别的刑罚的时候，又应当兼顾刑罚的报应目的，使两者统一起来。(2) 刑罚裁量阶段，司法者应当根据行为人所犯罪行的大小来决定刑罚的轻重，因而是以报应为主。在法定刑幅度内，可以兼顾一般预防和个别预防，使两者得以统一。(3) 刑罚执行阶段，主要是指行刑过程。在这一阶段，行刑者应当根据犯罪人的人身危险性以及犯罪情节，采取有效的改造措施，消除其再犯可能。因此，个别预防成为行刑活动的主要目的。但这一目的的实现同样受到报应与一般预防的限制，例如减刑与假释都受到原判刑期的限制，以免过分追求个别预防效果而有损于报应与一般预防。

（本文原载《华东政法学院学报》，2001 (3)）

① 我国台湾地区学者林山田指出：综合理论依据调和思想，认为刑罚之意义与目的应以公正报应为主，并辅以一般预防与个别预防。申言之，刑罚之主要目的乃在于公正地报应行为人之罪者，并以刑罚之公正报应，威吓或教育社会大众而产生吓阻犯罪之一般预防功能，且善用执行刑罚之机会，从事受刑人之矫治与再社会化之工作，而收教化之个别预防功能。因此，刑罚应该是符合比例原则之公正刑罚，不可过分强调威吓社会大众一般预防功能，或是过分强调教化犯罪人之个别预防功能，而轻易破坏刑罚公正报应之刑罚本质。参见林山田：《刑法通论》，下册，增订版，696 页，台北，1998。

一般预防论

一般预防是刑罚目的之一，相对于个别预防来说，一般预防的涉及面更为广泛，它充分表现了刑罚对于社会的积极影响，因而是刑法哲学的主要课题之一，值得深入研究。本文拟对一般预防论的概念、功能、实现及评价问题略抒已见，就正于刑法学界。

一

一般预防，是相对于个别预防而言的，指通过对犯罪人适用一定的刑罚，而对社会上的其他人（主要是指那些不稳定分子）产生的阻止其犯罪的作用，从而实现预防犯罪的目的。由此可见，一般预防的概念可以从以下三个方面展开：

（一）一般预防的对象

一般预防的对象是犯罪人以外的社会上的其他人。这是一般预防区别于个别预防的一个显著特征。一般来说，一般预防的对象主要是指以下三种人：

1. 潜在的犯罪人

潜在的犯罪人，又称为未然的犯罪人，是指那些社会上的不稳定分子。这些人已经产生犯罪意念，具有犯罪的现实可能性。潜在犯罪人具有对社会造成危害的潜在危险性，因而是一般预防的首要对象。

2. 被害人

被害人是犯罪的受害者。被害人有狭义与广义之分：狭义上的被害人指直接受到犯罪侵害的当事人，广义上的被害人除上述当事人以外，还包括其亲属，尤其是在杀人等犯罪案件中，被害人死亡，感受到切肤之痛的往往是被害人的亲属。在被害者学（Victimology）中，门德尔松认为被害者与加害者之间存在“刑事上的对立者”（Couplepenal）的关系。[①] 正由于被害人与加害人即犯罪人之间存在这样一种对抗性的关系，被害人具有要求惩罚犯罪人的迫切愿望。如果这一愿望不能满足，被害人就会基于复仇的动机，对犯罪人进行复仇，从而构成新的犯罪。因而，被害人也是刑罚的一般预防的对象。

3. 其他守法公民

除潜在犯罪人和被害人以外的其他守法公民，能否成为一般预防的对象，是一个存在较大争论的问题。刑事古典学派的代表人物之一的费尔巴哈明确指出：“刑事法律是面向全体公民的；它威胁着每一个人。”[②] 苏联刑法学家 A. H. 特拉伊宁在评论费尔巴哈的这一论断时指出：实际情况同这些说法是极其矛盾的。在对流浪行为、罢工和工人违反雇佣合同等规定处以刑罚时，在对侵犯私有制的罪犯猛烈打击时，刑事法律实际威胁并不是“一切人”和“每一个人”，也不是同等地威胁着“一切人”和“每一个人”。法律所反对的是被剥削者的切身利益。[③] 在这里，特拉伊宁揭露了资本主义社会刑罚在其现实性上的不平等性。但是，特拉伊宁并未对全体公民是否可以成为一般预防对象作出评论。在苏联刑法学界，关于其他守法公民能否成为一般预防的对象也存在争论。贝斯特洛娃指出：“借

① 参见张智辉、徐名涓：《犯罪被害者学》，35 页，北京，群众出版社，1988。

② ［苏］A. H. 特拉伊宁：《犯罪构成的一般学说》，19 页，北京，中国人民大学出版社，1958。

③ 参见［苏］A. H. 特拉伊宁：《犯罪构成的一般学说》，20 页，北京，中国人民大学出版社，1958。

对犯罪者施用刑罚的方法达到影响四周人民意识的目的，称为一般预防的目的。"① 显然，根据这种说法，不仅社会上的不稳定分子，而且其他守法公民都能够成为一般预防对象。但杜尔曼诺夫则明确地说："在我国内认为一般预防的任务是预防社会成员们不去犯罪，这种说法是不对的。实际上需要预防的只是少数的动摇不稳分子。"② 这种争论，在我国刑法学界同样存在。有人认为，一般预防是指通过对罪犯适用刑罚来警诫社会上有可能犯罪的分子，防止他们走上犯罪道路，并教育和支持广大人民群众自觉遵守法律并同犯罪分子作斗争。③ 根据这种观点，广大人民群众也是一般预防的对象。但也存在与此相反的论述，认为群众是同犯罪分子作斗争的主体，他们蕴藏着同犯罪作斗争的积极性，绝大多数公民不犯罪，绝非出于刑罚的警诫，而是出于他们主人翁的责任感和遵纪守法的自觉性。因此，不能把人民群众作为刑罚的一般预防对象。④ 我认为，在社会主义社会，人民群众是同犯罪作斗争的有生力量，对于这一点谁也不会否定。关键是如何理解一般预防？那种认为只要把其他守法者作为一般预防的对象，就是对人民群众不信任的观点，其实是出于对一般预防的误解。例如我国刑法学界有人指出：一般预防即是通过对犯罪人适用刑罚的活动，发挥刑罚的司法威慑功能，阻却已产生犯罪欲念的人去实施犯罪。这就决定，只有对具有犯罪欲念的人才有刑罚威慑的必要，才有一般预防的必要，也只有这样的人才能进入一般预防对象的行列。而我国绝大多数公民，由于法律体现的是他们的意志，因而能自觉遵守法律；由于无论刑法规定的何种犯罪行为都直接或间接地危害着他们的利益，因而他们对犯罪都深恶痛绝。他们根本没有犯罪的欲念，相反，都有着很高的与犯罪作斗争的积极性。既然如此，刑罚有什么必要去对广大的奉公守法公民进行威慑呢？⑤ 显然，这种观点把一般预防归结为刑罚的威慑，因而得出了错误的结

① ［苏］贝斯特洛娃：《苏维埃刑法总论讲义》，6 页，北京，中国人民大学印行，1952。
② ［苏］杜尔曼诺夫：《苏联刑法概论》，36 页，北京，新华书店，1950。
③ 参见何秉松主编：《刑法教程》，149 页，北京，法律出版社，1987。
④ 参见曹子丹主编：《刑法教程》，164 页，北京，中国政法大学出版社，1988。
⑤ 参见周振想：《刑罚适用论》，139 页，北京，法律出版社，1990。

论。实际上，一般预防的含义并非仅仅是威慑，而且还包括教育、鉴别等意蕴。因此，我认为其他守法公民也是一般预防的对象。

（二）一般预防的形式

刑罚对于个别预防来说，是直接形式；对于一般预防来说，则是一种间接形式。也就是说，刑罚不仅作用于犯罪人，而且还间接地作用于其他人，这种作用当然不是个别预防那样的物理强制，但仍然具有现实的内容。

1. 一般预防与生命刑

生命刑虽然剥夺的是犯罪人的生命，但对于社会上的其他人，尤其是不稳定分子，具有强烈的震慑力。在历史上，统治者总是力图借助于生命刑的这种震慑力，采取公开的行刑方式，以达到一般预防的效果。

2. 一般预防与自由刑

自由刑采取对犯罪人剥夺或者限制人身自由的形式。丧失自由对于一个过惯了正常社会生活的人来说，将会产生极大的心理压力并且感到深切的痛苦。匈牙利诗人裴多菲的名句每一个人都记忆犹新："生命诚可贵，爱情价更高，若为自由故，两者皆可抛。"如果说裴多菲的诗句将自由的价值置于生命之上是一种文学的夸张，那么，贝卡里亚的以下这段话就不乏哲理："制止犯罪发生的最有效手段，并不是处死坏人这种骇人听闻但却是一瞬间的场面，而是被剥夺自由并且变为耕畜一样的人以自己的劳动来补偿他给社会造成的损失的这种长期的痛苦的实例。如果我犯了这种罪的话，那我也将要长久地过着同样的牛马般的生活，这种经常的从而也是有效的提示，是比人们总觉得好像很疏远而又模糊不清的死亡观念更为强而有力的。"① 尽管贝卡里亚的这一说法有一定的心理学根据，但是我还不能同意，因为生命刑重于自由刑，这已是世界性的共识。但是，贝卡里亚这段话所阐述的自由刑的一般预防作用，尽管被夸大了，还是为我所同意。

3. 一般预防与财产刑

财产是富贵的象征，以剥夺财产为内容的财产刑，对于贪财如命的犯罪人来

① ［意］贝卡里亚：《论犯罪和刑罚》，59页，重庆，西南政法学院，1980。

说不啻釜底抽薪。同样，财产刑也具有一般预防的作用。那些想要实施贪利的犯罪人，往往精于计算，想要通过犯罪手段攫取不义之财，最后却“赔了夫人又折兵”，因而得不偿失。基于这样一种考虑，犯罪者可能会因受到财产刑的威慑而悬崖勒马。因此，财产刑也具有一般预防的作用。

4. 一般预防与资格刑

资格刑不像其他刑罚那样具有强烈的震慑力，但由于资格刑往往涉及犯罪人的荣誉、人格等精神性的利益，一个被剥夺政治权利的人，在选举活动中往往自己感到低人一等，无脸见人。对于那些比较注重精神利益的人来说，资格刑也具有切实的一般预防作用。

（三）一般预防的目的

一般预防的目的是防止初犯，也就是通过对已然的犯罪人适用刑罚，震慑社会上的不稳定分子，安抚被害人，教育其他守法公民，从而防止犯罪的发生。

二

刑罚的一般预防目的，主要是通过刑罚的一般预防功能实现的，如果不深入阐述刑罚的一般预防功能，就难以科学地揭示刑罚的一般预防目的实现的内在机制。刑罚的一般预防功能主要体现为刑罚对一般人的影响，这种影响主要表现在以下几个方面：

1. 一般威慑功能

一般威慑是刑罚对潜在犯罪人产生的威吓慑止作用。一般威慑又可以分为立法威慑与司法威慑。立法威慑是指国家以立法的形式将罪刑关系确定下来，通过刑法规定犯罪是应受刑罚惩罚的行为，并具体列举各种犯罪应当受到的刑罚处罚，这就为全社会提供了一份罪刑价目表，使知法欲犯者望而止步，悬崖勒马。司法威慑是指法院对犯罪分子适用刑罚。行刑机关对已决罪犯执行刑罚，使意欲犯罪者因目击他人受刑之苦，而从中得到警诫。应当指出的是立法威慑和司法威慑是互相联系、不可分割的，既不能片面地强调立法威慑而忽视司法威慑，也不能片面强调司法威慑而忽视立法威慑。实际上，没有立法威慑，就不可能有后来的司法威慑；而没有司法威慑，立法威慑也不可能收到应有的效果，两者是密切结合的有机整体。

2. 一般鉴别功能

一般鉴别是刑罚对社会上的其他人发生的使其认清某一行为的性质的作用。一般鉴别对不知法而欲犯者的作用表现在：对实施同样或类似行为的犯罪人适用刑罚，告知其所将要实施的行为是犯罪，从而使之不付诸行动。一般鉴别对于自发守法者也具有鉴别功能，促使其向自觉守法者转化。

3. 补偿功能

犯罪作为一种危害社会的行为，一般都存在被害人。被害人因受到犯罪的侵害而在物质上受到了不同程度的损失，因而要求对犯罪分子适用刑罚：一方面惩罚犯罪人，另一方面使物质损失得到补偿。因而，刑罚对被害人具有补偿功能。

4. 安抚功能

犯罪行为对社会造成侵害，破坏了社会秩序，引起被害人的激愤与其他人的义愤。在这种情况下，通过对犯罪分子适用刑罚，可以平息民愤，满足社会公正的复仇要求。因此，安抚功能一方面是对被害人的功能，满足被害人要求惩罚犯罪分子的强烈愿望，抚慰其受到的精神创伤，并使其尽快从犯罪所造成的痛苦中解脱出来；另一方面，安抚功能也是对社会上其他成员的功能，人民法院对犯罪分子处以刑罚，体现了社会的正义要求，恢复被犯罪行为破坏了的心理秩序。

5. 鼓励功能

刑罚只能对犯罪分子适用，但其影响却波及整个社会，对社会全体成员都会发生作用。我不赞成那种把社会全体成员作为刑罚威慑对象的观点，但并不能由此否认刑罚对守法公民也有影响。如果说，刑罚之于犯罪分子主要表现为剥夺，之于潜在犯罪人主要表现为威慑，这些都是一种否定的功能，那么，刑罚之于守法公民，则主要表现为鼓励，这是一种肯定的功能，其结果在于强化公民的守法意识。

三

一般预防的实现不仅有其内在机制，而且还必须具备一定的外在条件。否则，一般预防只是一句空话而已。我认为，为实现一般预防，应当做到以下几点。

（一）刑罚必然

所谓刑罚必然，是指只要发生了犯罪必然受到刑罚处罚，任何人都难以逃脱法网。刑罚必然对于一般预防的实现具有重要意义。因为知法欲犯者往往具有较为强烈的侥幸心理，在犯罪心理学中，侥幸心理是一种趋利避害的冒险投机心理。行为人在认识上，即使认为不一定成功，也决心要付诸实施。在犯罪以前，侥幸心理表现得十分明显。[①] 在某种意义上可以说，侥幸心理是支配犯罪人的一种最重要的心理。而破除侥幸心理的最重要途径，就是刑罚必至，建立起犯罪与刑罚之间的必然的因果联系。对此，贝卡里亚与费尔巴哈都有十分精辟的论述。贝卡里亚指出："制止犯罪发生的一个最有效的手段，并不在于刑罚的残酷，而在于刑罚的不可避免。确信刑罚（即或是温和的刑罚）是不可避免的，这要比对其他更加残酷的刑罚的恐怖（但却抱有逍遥法外的希望），能产生更深刻的印象。"[②] 贝卡里亚这段话虽然是为了证明轻刑反对酷刑而说的，但他对刑罚不可避免性在制止犯罪中的作用的论述是很有见地的。难怪列宁重述贝卡里亚的这句话来说明这个道理：刑罚的防范作用绝不在于刑罚的残酷，而在于有罪必究。重要的不是对犯罪行为处以重刑，而是要把每一桩罪行都揭发出来。[③] 费尔巴哈也强调建立市民对刑罚不可避免的确信，把犯罪与刑罚的关系用法律明文规定下来（罪刑法定），也就是为了起到一般威吓心理的强制作用。[④] 因此，一旦犯罪，刑

---

① 参见罗大华主编：《法律心理学词典》，33页，北京，群众出版社，1989。

② ［意］贝卡里亚：《论犯罪和刑罚》，59页，重庆，西南政法学院，1980。

③ 参见《列宁全集》，2版，第4卷，364页，北京，人民出版社，1984。

④ 参见甘雨沛、何鹏：《外国刑法学》，上册，220页，北京，北京大学出版社，1984。

罚必至。建立犯罪与刑罚之间的一种必然因果关系的观念，对于实现一般预防来说，意义是十分重大的。

（二）刑罚及时

所谓刑罚及时，是指一旦犯罪发生，应当在尽可能短的时间内将案件破获，将犯罪人交付审判，及时地判处刑罚。如果刑罚不及时，犯罪人长时间逍遥法外，即使后来受到惩罚，刑罚的一般预防效果也会降低，甚至刑罚毫无效果，还会产生副作用。对此，贝卡里亚十分精辟地指出："刑罚跟随着犯罪来得愈快，它们之间的问题愈小，刑罚就愈公正，愈有益处……这是因为刑罚同犯罪之间的间隔愈小，犯罪和刑罚这两种观念在人们的头脑中的联系就愈紧密和持久，而它们将很自然地表现为一个是原因，另一个是必然的结果。"① 应该说，贝卡里亚这一论断是有一定的心理学根据的。如果刑罚不及时，在犯罪发生很长时间以后才使犯罪人受到惩罚，那么，这样的刑罚不仅不能得到群众的支持，甚至会引起群众的反感以及对犯罪人的同情。这也正是世界各国刑法规定时效制度的一个重要原因。为了做到刑罚及时，必须讲究诉讼效率，防止久拖不决，在最大限度上实现刑罚的一般预防作用。

（三）刑罚公开

所谓刑罚公开，是指规定犯罪与刑罚的刑事法律公之于众，以及刑事案件的审理过程除有特殊情况需要秘密进行以外，都应向社会公开。因此，刑罚公开包括立法公开与司法公开这两个互相联系的方面。立法公开，是指实行罪刑法定，为普通公民提供犯罪与刑罚的清单，以便遵守。因此，立法公开具有明显的一般预防意义。至于司法公开，首先是为了便于人民群众对刑事案件的审理过程进行监督。刑罚公开的另一重要作用是实现一般预防，即通过司法机关对刑事案件的公开审判，揭露犯罪，宣传法制，惩罚的是一个犯罪人，而受到教育的却是一大批人，从而较好地实现刑罚的一般预防。

（四）刑罚适当

所谓刑罚适当，是指刑罚应当与已然的犯罪事实、未然的再犯可能性相适

① ［意］贝卡里亚：《论犯罪和刑罚》，59页，重庆，西南政法学院，1980。

应。适度的刑罚，犯罪人能够接受，人民群众能够理解，因而有利于一般预防的实现。刑罚过轻，不足以体现刑罚的威慑力，难以使社会上的不稳定分子放弃犯罪的欲念，相反，甚至可能使这些人加速犯罪的进程，因为过轻的刑罚使他们解除了对刑罚的畏惧心理。刑罚过重，则不符合刑罚人道主义，不仅能够增强犯罪人对犯罪的忍耐力，造成其对刑罚的反应迟钝；而且得不到群众的支持，群众甚至转而同情犯罪人，使犯罪人不受处罚。对此，贝卡里亚曾经深刻地指出："刑罚的残酷引起与预防犯罪的目的本身相矛盾的两个有害的后果。第一个后果就是，保持犯罪与刑罚之间的必要的均衡性是困难的，因为无论富有发明能力的残忍性能将刑罚分为多少种和多少样，但总不能够超过人体的感受性的界限。如果达到了这个界限，那么对于那些更加有害的和骇人听闻的犯罪，就会找不到预防这些犯罪所必需的适当的刑罚。第二个有害的后果就是，残酷的刑罚甚至能产生使犯罪不受处罚的情形。对于人们来说，无论是善或是恶，都是有一定的限度。对人类来说，过于残酷的情景，只能是暂时狂怒的表现，但不能像法律那样成为一个固定不变的体系。如果法律确实残酷，那么它们或者将被修改，或者产生不可避免的不受处罚的情状。"① 不仅如此，过重的刑罚还会产生相反的效应，增加对犯罪的吸引力和神秘感，使有些人像热衷于冒险活动那样去进行犯罪冒险。总之，适当的刑罚是实现一般预防的必要条件，刑罚过轻或者过重都必将削弱或者消退刑罚的一般预防作用。

四

如何评价一般预防，这是一个极为复杂的问题。在刑法理论上，一般预防主义者努力论证一般预防的效果，而个别预防主义者则竭力贬低一般预防。两派观点孰是孰非，应当予以恰当的评价。

我认为，刑罚的一般预防功能是客观存在的，正如马克思指出："一般说来，

① ［意］贝卡里亚：《论犯罪和刑罚》，55 页，重庆，西南政法学院，1980。

刑罚应该是一种感化或恫吓的手段。可是……历史和统计科学非常清楚地证明，从该隐（Cain，基督教《圣经》中亚当的长子，曾杀死他的弟弟 Abel。——引者注）以来，利用刑罚来感化或恫吓世界就从来没有成功过。”① 在此，马克思肯定了刑罚具有感化或恫吓这种一般预防功能，但同时指出在人与人之间互相对立的剥削阶级社会，一般预防从来没有成功过。我认为，这一论断不仅是正确的，而且是十分深刻的。对于我们理解一般预防具有指导意义。

一般预防是现实而非幻想，根据在于：从心理学上来说，任何一个人对客观外界都能够作出相应的反应。而刑罚，实际上可以看作是向社会成员发出的一个信号，作为信号接收者的社会成员必然会对信号作出反应，而不可能无动于衷。因此，刑罚作用于公民必然产生一定的心理反应，这种心理反应称为刑罚的心理效应。总之，刑罚的一般预防效果存在是有其心理学根据的。无视这一点，就不是科学的态度。一般预防不仅具有心理学根据，而且具有刑法学根据。挪威著名刑法学家约翰尼斯·安德聂斯对此有过十分精辟的论述，他指出：“刑法提供一份必须追究责任的行为清单，并且规定出对违反者的刑罚。法庭的判决以及警察和监狱部门的活动，可以使全体居民了解刑法，强调刑事法律绝不是一句空话，同时还向人们详细宣布违反何种法律将受到何种惩罚。”② 从刑法学上来说，刑罚的一般预防是十分重要的，并且也是立法者所孜孜追求的。

我们虽然证明了一般预防的存在，但应当进一步指出，一般预防也不是包治百病的灵丹妙药，对此应当有清醒的认识。由于立法、司法、犯罪人本身的心理、生理以及其他社会原因，一般预防的效力总是有限的。因此，我们要在肯定一般预防的基础上，客观地对一般预防的局限性加以分析。在我看来，一般预防的局限性主要表现在以下几个方面：

其一，一般预防因人而异。尽管一般预防面对每一个公民，尤其是那些社会

① 《马克思恩格斯全集》，第 8 卷，578 页，北京，人民出版社，1961。

② ［挪］约翰尼斯·安德聂斯：《刑罚与预防犯罪》，33、47 页，北京，群众出版社，1983。

上的不稳定分子，但是，由于每一个人的心理和生理的特点存在较大差异——这一点是任何人都不能否定的，因此，一般预防对于不同的人效果截然不同。

其二，一般预防因罪而异。犯罪类型对于一般预防的效果也具有一定的影响。例如，对于自然犯与法定犯，一般预防的效果就有所差别。一般来说，刑罚对于自然犯具有较大的一般预防效果，而对于法定犯则效果不大。即使是在自然犯与法定犯的内部，一般预防也仍然存在差别。例如，对于自然犯中的性犯罪或者法定犯中的确信犯等，一般预防的效果也往往不佳。

其三，一般预防因时而异。在不同的治安形势下，一般预防的效果也有差别。当治安形势比较好、社会较为安定的时候，一般预防效果比较好，往往可以收到惩一儆百之效，并且适用较轻的刑罚足以制止较重的犯罪。而当治安形势比较差、社会较为混乱的时候，犯罪不断增加，对社会上的不稳定分子产生一定的感染力，犯罪就会像瘟疫一样迅速在社会里传染蔓延，刑罚的一般预防效果就相对较弱。

其四，一般预防因地而异。在不同的国家与社会，一般预防的效果是有很大差别的。因为一般预防起作用取决于各种社会因素，这些社会因素不同，刑罚的一般预防效果也就会产生差异。

以上一般预防的局限性充分说明，对于预防犯罪来说，一般预防并非仙丹。它在犯罪预防中的作用是有限的，应当正视这一点。

应当指出，我国对于一般预防是比较重视的，这既有历史传统的影响，也有现实社会的原因。因此，中国当前不是一般预防强调得不够，而是过分地依赖一般预防，在某种程度上对一般预防存在幻想，以至于一般预防笼罩在重刑主义的思想氛围之中。

从一般预防中不能得出必然导致重刑的结论，但是不可否认的是两者往往具有联系。安德聂斯在批评季尔堡关于“相信一般预防，就是赞同严刑”的观点时指出，他的这种说法是把实验问题和伦理学问题混为一谈。其实，这种批驳是苍白无力的。安德聂斯本人也不得不承认，看来似乎可以作出一个结论：除了个别例外，刑法的一般预防效果通常都随着惩戒措施的严厉化而增加。现代的专制制度无情地证明，严刑重典可以造成盲目服从的效果。① 由此可见，强调一般预防潜藏着导致重刑的可能性。

我国 1979 年制定的刑法，基本上是一部较轻缓的刑法。当然，由于制定刑法指导思想上的偏差，这部刑法在刑罚的分布上也存在一定的缺陷。此后，随着社会变革的开始，犯罪形势发生了很大的变化。实际上，社会变动而带来犯罪的增长，这几乎是一条犯罪学的规律，也是社会付出的必要代价。面对这种治安形势，1982 年、1983 年国家先后对刑法作了重大的补充修改，增加了 14 个死罪，刑罚大幅度加重。在这种情况下，我国的刑法已经是一部比较严厉的刑法。但即使如此，犯罪率依然居高不下，治安形势照样严峻。以经济犯罪为例，在经济建设取得显著成绩的同时，各种经济犯罪活动开始猖獗起来，其数量之大、情节之恶劣，为新中国成立以来所未有，因此，经济领域中的犯罪成为改革开放过程中一个引人关切的问题。为此，1982 年 3 月 8 日全国人大常委会作出了《关于严惩严重破坏经济的罪犯的决定》，随后，中共中央和国务院于 1982 年 4 月 13 日联合作出了《关于打击经济领域中严重犯罪活动的决定》。自此，各级司法机关把严惩严重破坏经济的罪犯作为中心工作之一，展开了打击经济犯罪的活动。但是，严惩既不能杜绝经济犯罪，也不能保证经济犯罪率下降。从 1982 年以来最高人民法院和最高人民检察院的工作报告中公布的有关统计数字来看，除个别年份数量相对有所下降外，从整体趋势来说经济犯罪案件的数量是逐年上升的，其中大案要案的增加更为突出。其他严重刑事犯罪，大体也是如此。在这种情况下，如何调整刑罚？对此，我国刑法学界存在轻刑化与重刑化两种互相对立的观点。我认为，重刑化的观点，在当前已经是重刑但却依然遏制不住犯罪发展势态的情况下，是过于迷信刑罚的一般预防作用，因而不足取。在这个问题上，菲利的以下这些话还是很值得一听的：刑罚的效力很有限这一结论是事实强加于我们的，并且就像边沁所说的，恰恰因为从前适用惩罚性法规没有能够成功地预防犯罪，所以每一个惩罚性法规的适用证明了这一点。不过，这一结论与公众舆论，

① 参见［挪］约翰尼斯·安德聂斯：《刑罚与预防犯罪》，35 页，北京，法律出版社，1983。

甚至与法官和立法者的观点直接对立。在犯罪现象产生和增长的时候，立法者、法学家和公众只想到容易但引起错觉的补救办法，想到刑法典或新的镇压性法令。但是，即使这种方法有效（很可疑），它也难免使人们忽视尽管更困难但更有效的预防性和社会性的补救办法。菲利强调指出：刑罚只是社会用以自卫的次要手段，医治犯罪疾患的手段应当适应导致犯罪产生的实际因素。而且，由于导致犯罪产生的社会因素最容易消除和改善，因此我们同意普林斯的观点："对于社会弊病，我们要寻求社会的治疗方法。"① 在这个意义上，我倾向轻刑化的观点，应当把刑罚的一般预防作用放在一个适当的位置，尤其要注意对犯罪的综合治理，铲除产生犯罪的社会土壤。只有这样，才能达到抑制犯罪的目的。当然，轻刑化是一个过程、一种趋势。在当前刑罚已经较重的情况下，不顾实际情况骤然大幅度降低刑罚量，可能会产生一些消极的后果。我认为，应当逐渐实行轻刑化。

总之，在中国当前，一般预防不是被忽视，而是被强调到了一个不恰当的程度，导致了重刑化。现在的问题，是要恰当地评价一般预防的作用，使之在预防犯罪中发挥应有的作用。

（本文原载《中南政法学院学报》，1993（2））

① ［意］菲利：《犯罪社会学》，70～71 页，北京，中国人民公安大学出版社，1990。

从威吓到忠诚：一般预防的话语转换

刑法的一般预防目的，尽管尚需某种理论上的辩护，但是承认其存在大体上已成共识。关键在于：如何实现一般预防？本文认为，从专制社会到法治社会，一般预防的内涵发生了重大的变化。从威吓到忠诚，勾勒出从消极的一般预防向积极的一般预防的转化。

一

威吓是借助于刑罚的惩罚性对社会成员产生的一种威慑阻吓效应。威吓作为刑罚所内含的一种属性早已为统治者所认识，并为追求威吓效应的最大化而极尽能事。可以说，古代社会的刑罚史，就是一部威吓史。当然，古代社会刑罚的威吓是建立在恐怖之上的，并以人的肉体为祭坛，此可谓感性的威吓。近代以降，刑罚的威吓发生了一场革命性的变化，这就是从肉体的威吓到心理的威吓的转换，此可谓理性的威吓。肉体的威吓和心理的威吓，尽管在形式上存在差别，但注重刑罚的威吓性是其所共有的性质。

中国古代刑法的残酷是人所共知的，尤其是法家所阐述的以“以杀去杀，以刑去刑”为核心的功利主义刑罚观，更是为这种刑罚威吓涂上了一层理论的色彩。法家代表人物韩非云：“刑盗非治所刑也。治所刑也者，是治胥靡也。故曰：重一奸之罪而止境内之邪，此所以为治也。重罚者，盗贼也；而悼惧者，良民也。欲治者奚疑于重刑。”此言可以说是为刑罚威吓提供了理论根据，并成为中国古代刑法的原则。中国古代刑法中的种种酷刑，如弃市、枭首和凌迟等，无不以人的肉体为道具，上演了一幕幕以恐怖为内容、以追求威吓效果为目的的刑罚戏剧。在欧洲大陆的封建专制社会，刑罚的恐怖同样笼罩着社会。在当时经常使用的死刑执行方式有火刑（即把人绑在火刑柱上烧死）、绞刑、砍头、轮刑（即把人绑在车轮上轧死）等等。统治者为了加强刑罚的威吓性，不断变换着花样，竭力把死刑搞成一种残酷的、令人毛骨悚然的表演。[①] 刑罚成为一种恐怖的表演景观，如同罗伯斯庇尔所说，死刑是整个民族进行的隆重的谋杀行为。在我们今天听来，颇有些耸人听闻，但却是活生生的历史真实。

以恐怖为特征的刑罚威吓是由专制社会的性质所决定的。专制是少数人对多数人的统治，这种统治需要以恐怖来维持。孟德斯鸠精辟地将恐怖视为专制政体的原则。因为在专制之下，君主把大权全部交给他所委任的人们。那些有强烈自尊心的人们，就有可能在那里进行革命，所以就要用恐怖去压制人们的一切勇气，去窒息一切野心。一个宽和的政府可以随意放松它的权力，而不致发生危险。它是依据它的法律甚至它的力量，去维持自己的。但是在专制政体之下，当君主有一瞬间没有举起他的手臂的时候，当他对那些居首要地位的人们不能要消灭就消灭的时候，那一切便都完了，因为这种政府的动力——恐怖——已不再存在，所以人民不再有保护者了。[②] 当这种专制社会需要以恐怖来维持的时候，刑罚就成为制造恐怖的合法工具，刑罚就成为残酷、血腥、镇压的代名词。刑罚之恶远远超过犯罪之恶，使专制政权成为一种暴政。

专制不仅是少数人对多数人的统治，而且以使人不成其为人为特征。在专制

---

① 参见黄风：《贝卡里亚及其刑法思想》，17 页，北京，中国政法大学出版社，1987。

② 参见［法］孟德斯鸠：《论法的精神》，上册，26 页，北京，商务印书馆，1961。

社会里，专制者的意志就是国家意志，具有至高无上的绝对权威，而其他人则都是没有意志的生物。孟德斯鸠指出：在专制的国家，绝无所谓调节、限制、和解、条件、等值、商谈、谏诤这些东西；完全没有相等的或更好的东西可以向人建议；人就是一个生物服从另一个发生意志的生物罢了。在那里，人们不得把坏的遭遇归咎于命运之无常，也不得表示对将来厄运的畏惧。在那里，人的命运和牲畜一样，就是本能、服从与惩罚。① 刑法成为使人屈从的工具，为了达到这一目的，刑罚以极其暴虐的形式表现出来。其中，死刑之残酷最甚。法国学者指出：一直以来，我们都从政治的、宗教的、世俗的、经济的或者别的什么角度去研究死刑——研究穷极人类想象的最可怕、最残忍、最恐怖的种种行刑手段，并且这类研究与探索从未曾中断过。这种研究往往与死刑的主要目的紧密相连，亦即刑罚的杀一儆百性，对胆敢超越权力与秩序的人进行警告。人类几乎将所有的科学与智慧都用于这类致死的艺术中。的确，这是一种真正的艺术，有规则、技术、发明、革新和各种各样的方式，独树一帜、花样迭出。各族人民的创造天赋被充分运用在对个人的侮辱、损毁和破坏上。死刑，这是一种惩罚，但同时也是上千种巧妙的折磨，一种比一种可怕。人类天生的残忍从未得到过这般广泛的运用，而数世纪以来，它却被称为“合法死亡”②。在这种刑罚暴虐面前，人类丧失了尊严，丧失了主体性，而只是刑罚威吓的客体。

专制社会刑罚的暴虐是以人的肉体为施展对象的，肉体是人的生物性的载体，肉体具有疼痛性，而刑罚就是要创造这种生理上的疼痛，将其发挥到超越忍受的限度。人均具有惧怕疼痛、排拒疼痛的本能。对犯罪人的疼痛性的展示，产生一种恐惧感，从而通过同病相怜的示范作用，使他人形成对刑罚的畏惧心理。因此，专制社会的刑罚威吓性是通过肉体这一中介而达到的。福柯提出了“以肉体史为背景来撰写一部惩罚史”的命题，指出：酷刑是以一整套制造痛苦的量化艺术为基础的。不仅如此，这种制造痛苦的活动还是受到调节的。酷刑将肉体效

① 参见［法］孟德斯鸠：《论法的精神》，上册，27页，北京，商务印书馆，1961。

② ［法］马丁·莫内斯蒂埃：《人类死刑大观》，14页，桂林，漓江出版社，1999。

果的类型、痛苦的性质、强度和时间与罪行的严重程度、罪犯的特点以及犯罪受害者的地位都联系起来。制造痛苦有一套法律准则。在用酷刑进行惩罚时，绝不会不加区别地同等地对待肉体。人们会根据具体的规则进行计算：鞭笞的次数，打烙印的位置，在火刑柱或刑轮上制造死亡痛苦的时间（由法庭决定，罪犯应被即刻处死还是慢慢处死，在何处表现恻隐之心），戕残身体的方法（断手或割嘴、割舌）。这些各种不同的因素扩大了惩罚方式，并根据法庭情况和罪行而加以组合。总之，这是肉体刑罚知识中一门需要长期学习的课程。① 对肉体施展的这种暴虐不仅贯穿在刑法惩罚当中，而且扩展到整个刑事追诉过程，这就是刑讯，贝卡里亚称之为一种合法的暴行。刑讯使作为犯罪后果的刑罚痛苦提前到发现犯罪的刑事追诉活动，从而使整个刑事司法活动弥漫着血腥。贝卡里亚指出：刑讯想让痛苦成为真相的熔炼炉，似乎不幸的筋骨和皮肉中蕴藏着检验真相的尺度，其结果是使强壮的罪犯获得释放，并使软弱的无辜者被定罪处罚。因为每一个人的气质和算计都随着本人体质和感觉的差异而各不相同，刑讯的结局正体现着个人气质和算计的情况。因此，一位数学家大概会比一位法官把这个问题解决得更好：他根据一个无辜者筋骨的承受力和皮肉的敏感度，计算出会使他认罪的痛苦量。② 因此，刑事司法活动就成为一种利用肉体的艺术。

专制社会建立在肉体痛苦之上的刑罚威吓理念表现出来的残暴性，似乎并非以简单的道德评价就可以得到清算。我认为，这种刑罚威吓理念的根源还是要到专制社会的权力结构中去寻找。至少，有以下几点可以作为我们分析的切入点：

其一，君权的神圣性。专制政权并非来自民选，因而不具备建立在民主之上的权力的合法性。在这种情况下，专制政权的合法性往往追溯到神意。神授的观念使君权披上了一层神圣的外衣。刑罚，作为君主的重要权力之一，同样在神的名义下行使。世俗的秩序与神界的秩序视同一体，前者只不过是后者的摹本，因

① 参见［法］福柯：《规训与惩罚》，37页，北京，三联书店，1999。

② 参见［意］贝卡里亚：《论犯罪与刑罚》，32～33页，北京，中国大百科全书出版社，1993。

而前者具有了后者的性质。正如苏联学者指出：世间的法律秩序是世界的、宇宙的秩序的组成部分，个别人对规则、礼仪、法律的任何违反，都会使天地间的和谐受到损害，并且孕育着世界性的灾难。因此也就产生了关于人类行为的十分详尽的规定，出现了众多的宗教伦理的禁忌和对违禁行为（不管是在世间还是阴间）的严厉惩罚。既然现在的秩序和法律是来源于神并且是不可侵犯的，所以破坏它们就被看作对神的挑衅。① 在这种情况下，犯罪被视为对圣物的亵渎，是违反神意的行为。对犯罪的惩罚，是所谓替天行罚，是神意的显现。因此，刑罚被赋予了某种神圣性。

其二，君权的至上性。专制社会中，君主的权力是至高无上的。犯罪，作为法律所禁止的行为，不仅侵害了直接受害者而且还冒犯了君主，侵犯了君权。对犯罪的惩罚，按照福柯的表述，是重建一时受到伤害的君权的仪式。以公开形式进行了行刑场面，通过展现君权最壮观时的情景来恢复君权，因而是一种表现权力失而复得的重大仪式。② 在这种情况下，刑罚就成为显示与炫耀君权的最佳场景，因而君主不会放过任何一个这样的机会。

其三，君权的唯一性。在专制社会，君权是权之本源，是社会中所有权力的终极渊源。刑罚权被视为君主个人的权利，一切惩罚都是以君主的名义实施的。尽管在某些专制社会，刑罚权的实际行使者——法官，会滥用这种权力，享有独断专行的权力，但这种司法权仍然只是君权的象征，它不可能替代君权。

上述君权的神圣性、至上性、唯一性，表明在专制社会，君权是一种不受限制的绝对权力，刑罚威吓只不过是这种君权行使所追求的实际效果而已。当然，君权的这种专断性的形成，是有社会、历史、经济原因的。但无论如何，专制政治对刑罚的残酷性是负有主要责任的。因为，在专制社会，统治的合法性并不来自社会的赋权，虽然宗教神学、道德禁忌、风俗习惯在维持这种合法化方面具有

① 参见［苏］涅尔谢相茨：《古希腊政治学说》，7～8页，北京，商务印书馆，1991。

② 参见［法］福柯：《规训与惩罚》，53页，北京，三联书店，1999。

一定的作用，但专制统治主要还是采用暴力加以维持的。当有权者陷入绝境时，他们的特征就是求助于压制机制。① 在这种情况下，刑罚残暴是必然的，刑法只能是政治维护的柔顺工具。

二

以肉体威吓为特征的专制社会刑罚的一般预防目的，在 18 世纪经由启蒙运动的努力，促成了以心理威吓为特征的法治社会刑罚的一般预防理念的建立。

对于专制社会的刑罚残酷，启蒙学者进行了深刻的批判与猛烈的抨击。其中，以贝卡里亚最具代表性。贝卡里亚在论及封建专制的残酷刑罚时指出：纵观历史，目睹由那些自命不凡、冷酷无情的智者所设计和实施的野蛮而无益的酷刑，谁能不触目惊心呢？目睹帮助少数人、欺压多数人的法律有意使或容忍成千上万的人陷入不幸，从而使他们绝望地返回到原始的自然状态，谁能不毛骨悚然呢？目睹某些具有同样感官，因而也具有同样欲望的人在戏弄狂热的群众，他们采用刻意设置的手续和漫长残酷的刑讯，指控不幸的人们犯有不可能的或可怕的愚昧所罗织的犯罪，或者仅仅因为人们忠实于自己的原则，就把他们指为犯罪，谁能不浑身发抖呢？② 在抨击专制刑法的残酷性的同时，启蒙运动解构了专制权力，将一种人道的精神注入法治社会的刑罚之中，由此促成了以罪刑法定主义为基础、以心理威吓为特征的一般预防主义的诞生。在此，我们同样以权力作为分析框架，审视启蒙学者视野中的刑罚权的理念。

其一，刑罚权的世俗性。将权力从宗教神学中解放出来，恢复其世俗的本来面目，这是启蒙学者的重要努力之一。在贝卡里亚那里，虽然宗教神学没有完全被否定，但他明显地将神明启迪与自然法则和社会契约相区分，认为前者与后二者之间是不可比拟的。贝卡里亚指出：宗教、自然、政治，这是善与恶的三大类

① 参见［美］诺内特、塞尔兹尼克：《转变中的法律与社会》，36 页，北京，中国政法大学出版社，1994。

② 参见［意］贝卡里亚：《论犯罪与刑罚》，42 页，北京，中国大百科全书出版社，1993。

别。这三者绝不应相互对立。然而，并不是由一者所得出的所有结论和义务，同样由其他两者那里得出。并非启迪所要求的一切，自然法同样要求；也并非自然法所要求的一切，纯社会法同样要求。不过，把产生于人类契约即人们确认或默许的公约的东西分离出来，倒是极为重要的，因为，它的力量足以在不肩负上天特别使命的情况下，正当地调整人与人之间的关系。① 在这种情况下，世俗权力的正当性不再是由神所赋予的，刑罚权也只是根据社会契约设定的一种权力，它的基础是现实的而非神学的。推翻神授法以后，需要为法重新寻找本源。这一本源被认为是社会契约，它同样是刑罚权的根据。

其二，刑罚权的合理性。启蒙学者力图将野蛮的刑罚改造成合理的刑罚。这种合理的刑罚是建立在理性与科学的基础之上的，其中犯罪与刑罚之间的比例关系的确定是核心命题之一。孟德斯鸠指出：刑罚的轻重要有协调，这是很重要的，因为我们防止大罪应该多于防止小罪，防止破坏社会的犯罪应该多于防止对社会危害较小的犯罪。② 犯罪与刑罚之间的比例性，在贝卡里亚的罪刑阶梯概念中得到更加充分的表现。贝卡里亚指出：如果说，对于无穷无尽、暗淡模糊的人类行为组合可以应用几何学的话，那么也很需要有一个相应的、由最强到最弱的刑罚阶梯，我们就有了一把衡量自由和暴政程度的潜在的共同标尺，它显示着各个国家的人道程度和败坏程度。③ 这里的罪刑阶梯，就是根据理性原则而设计的犯罪与刑罚的比例关系，它具有刑事政策的意蕴。

其三，刑罚权的分立性。权力的分立，是启蒙思想家为防止没有限制的权力的专制政权的出现而提出的一个重要的政治原理，其中以孟德斯鸠的三权分立最为著名。基于这种分权的理念，贝卡里亚将刑罚权分解为立法权与司法权，分别由立法机关与司法机关行使，从而为罪刑法定主义奠定了政治理论基础。按照贝卡里亚的构想，立法机关只能制定约束一切成员的普遍性法律，即规定犯罪与设置刑罚，但不能判定某一成员的行为是否构成犯罪并处以刑罚。这一使命只能由

① 参见［意］贝卡里亚：《论犯罪与刑罚》，2～3页，北京，中国大百科全书出版社，1993。

② 参见［法］孟德斯鸠：《论法的精神》，上册，91页，北京，商务印书馆，1961。

③ 参见［意］贝卡里亚：《论犯罪与刑罚》，66页，北京，中国大百科全书出版社，1993。

司法机关来承担，法官只能严格遵守法律，其唯一使命就是判定公民的行为是否符合成文法律。① 只有这样，才能使公民免受专制的统治。

可以说，启蒙学者，尤其是贝卡里亚，为法治社会的刑法设计了蓝图，从而使专制刑法转变为法治刑法。不过，仔细分析贝卡里亚的刑法思想，可以看出，在一般预防这一刑罚目的上，其关注的仍然是威吓。贝卡里亚指出：什么是刑罚的政治目的呢？是对其他人的威慑。② 这种威吓是建立在对人的本性的心理分析之上的。根据贝卡里亚的观点，欢乐和痛苦是支配感知物（这里的感知物指人——引者注）的两种动机。因此，立法者可以利用奖赏和刑罚来支配人的行为。刑罚显然是一种痛苦，它使人们远离犯罪。贝卡里亚指出：促使我们追求安乐的力量类似重心力，它仅仅受限于它所遇到的阻力。这种力量的结果就是各种各样的人类行为的混合；如果它们互相冲突、互相侵犯，那么我称之为"政治约束"的刑罚就出来阻止恶果的产生，但它并不消灭冲突的原因，因为它是人的不可分割的感觉。立法者像一位灵巧的建筑师，他的责任就在于纠正有害的偏重方向，使形成建筑物强度的那些方向完全协调一致。③ 贝卡里亚认为，刑罚具有对人的行为的纠偏功能，就是通过刑法规诫其他人，使之不去犯罪。刑罚对于犯罪的这种威吓性，仍然是刑罚存在的根据，它与专制刑法的刑罚威吓性的区别仅仅在于：后者只追求威吓的效果而前者追求威吓的效益。威吓效果主要体现在行刑上，通过行刑的残酷场景渲染犯罪的下场，从而烘托刑罚的威慑力。并且，一切能够产生刑罚威吓效果的手段都被认为是正当的，从而导致刑罚的滥用。而在威吓效益中，包含着某种功利性的考虑。例如，贝卡里亚指出了刑罚的残酷造成同预防犯罪的宗旨相违背的有害结果，而应当适用什么样的刑罚预防犯罪，这是一个可以用几何学的精确度来解决的问题。④ 而边沁更是基于功利主义原理，将刑罚视为一种必要的恶，排除滥用之刑、无效之刑、过分之刑与昂贵之刑，以获取

① 参见［意］贝卡里亚：《论犯罪与刑罚》，13 页，北京，中国大百科全书出版社，1993。
② 参见［意］贝卡里亚：《论犯罪与刑罚》，31 页，北京，中国大百科全书出版社，1993。
③ 参见［意］贝卡里亚：《论犯罪与刑罚》，66 页，北京，中国大百科全书出版社，1993。
④ 参见［意］贝卡里亚：《论犯罪与刑罚》，7 页，北京，中国大百科全书出版社，1993。

刑罚遏制犯罪的最大效益。[①] 这种刑罚效益原则，被福柯认为是一种精心计算的惩罚权力经济学。福柯认为，这些原则引起了权力（刑罚权——引者注）作用点的变化：不再是通过公开处决中制造过度痛苦和公开羞辱的仪式游戏运用于肉体，而是运用于精神，更确切地说，运用于在一切人脑海中谨慎地但也是必然地和明显地传播着的表现和符号的游戏。[②] 从运用犯罪人的肉体进行威吓，到通过心理强制进行威吓，从而使刑罚不再专注于对犯罪人的肉体的摧残和折磨，而是注重对社会上一般公民的精神上的威吓，刑罚威吓论完成了从古代到现代、从专制到法治的历史性转变。

对于以心理强制为特征的一般预防主义贡献最大的当推费尔巴哈，以至于其刑法学被称为心理强制主义的刑法学。费尔巴哈以威吓解读刑罚，认为市民刑罚是因为实施了权利侵害的犯罪行为而由国家以刑罚予以威吓的感性的害恶。因此，威吓是刑罚的题中之义。费尔巴哈将人视为自然的存在者，具有趋利避害的本能。人不仅追求快乐而逃避痛苦，而且为获得较大的快乐而放弃较小的快乐，为避免较大的痛苦而忍受较小的痛苦。这就是所谓“两利相衡取其大，两害相权取其轻”。将这一原理适用于刑法，就必然得出结论：为了防止犯罪，必须抑制行为人的感性的冲动，即科处作为害恶的刑罚，并使人们预先知道因犯罪而受刑的痛苦大于因犯罪所能得到的快乐，只有这样才能抑制其心理上萌发犯罪的意念。[③] 因此，费尔巴哈提出了“用法律进行威吓”这句名言。用法律而不是用行刑的恐怖场面进行威吓，这也正是费尔巴哈的立法威吓论与费兰基里（Filangieri）、

---

① 参见［英］边沁：《立法理论——刑法典原理》，66页以下，北京，中国人民公安大学出版社，1993。

② 参见［法］福柯：《规训与惩罚》，111页，北京，三联书店，1999。福柯将痛苦与痛苦的观念加以区分，由此提出充分想象原则，指出：如果说犯罪的动机是为了从中获取好处，那么刑罚的有效性就在于它会造成痛苦。这就意味着，处于刑罚核心的“痛苦”不是痛苦的实际感觉，而是痛苦、不愉快、不便利的观念，即“痛苦”观念的痛苦。惩罚应该利用的不是肉体，而是表象（representation）。更准确地说，如果它利用肉体的话，那么肉体主要是某种表象的对象而不是痛苦的对象。痛苦的记忆应该能够防止罪行重演。因此，应该尽量扩展惩罚的表象，而不是刑罚的现实。参见［法］福柯：《规训与惩罚》，104页，北京，三联书店，1999。

③ 参见马克昌主编：《近代西方刑法学说史略》，83页，北京，中国检察出版社，1996。

格麦林（Gmelin）等人的司法威吓论的主要区别。司法威吓论，又称行刑威吓论，主张利用刑罚的执行，使社会上一般人知道刑罚的恐怖而不敢犯罪，即凭借对犯罪人行刑威吓未犯罪的人以预防犯罪。这种司法威吓论实行的恐怖政策，是为酷刑进行辩护的一种学说。正如福柯指出：他们对法律规定的刑罚的肉刑残酷性作了一种限制性的“现代派的”解释。他们认为，严刑峻法之所以必要，是为了杀一儆百，使人铭记在心。福柯明确地将这种理论与启蒙思想加以区别，指出：实际上，维持着这种酷刑实践的并不是示范经济学——后者是在“启蒙思想家”（Idéologues）的时代所理解的那种经济学（即刑罚表象应该大于犯罪兴趣）——而是一种恐怖政策，即用罪犯的肉体来使所有的人意识到君主的无限存在。公开处决并不是重建正义，而是重振权力。① 费尔巴哈的心理强制说，是基于法律的一种威吓，这种威吓是通过实行罪刑法定主义，为公民提供一张罪刑价目表而实现的。为使这种威吓现实化，需要强化的不是行刑的血腥场面而是法律规定的明确性和必然性，导致法律禁止性规范的完善。正如挪威学者安德聂斯指出：当揭露出的犯罪危险性和罪刑的可能性超过犯罪的诱惑性时，一般预防就取决于刑罚的恫吓及遏制作用。这也正是费尔巴哈所建立的著名理论，即刑罚是针对公民的心理强制的理论。此后，他的理论开始去注意刑法在建立或加强另一种禁令时的效能。② 这样，刑罚的威吓就被限制在法律规范之内，具有充分的法律根据，因而获得了某种法的正当性。可以说，费尔巴哈以法治的精神重新建构了刑法威吓的一般预防主义。

三

以心理强制为特征的一般预防主义，相对于封建专制的以肉体威吓为特征的一般预防主义而言，其历史进步意义是不言而喻的。从残暴到人道，从无限制到

① 参见［法］福柯：《规训与惩罚》，53 页，北京，三联书店，1999。

② 参见［挪］约翰尼斯·安德聂斯：《刑罚与预防犯罪》，4～5 页，北京，法律出版社，1983。

有节制，从愤怒发泄到理性安排，体现了刑罚文明的进化。当然，以心理强制为特征的一般预防主义也受到某种诘难，这种诘难大体表现在以下三个方面。

其一，心理根据。

以心理强制为特征的一般预防主义借助的是某种心理上的强制作用，因而必然有其心理根据。这种心理根据就是18世纪流行于欧洲大陆的联想主义心理学。联想主义心理学把人的一切心理现象都归结为“观念的联想”，它把观念分为简单观念和复杂观念，复杂观念是由简单观念联合而成的，观念联合的纽带被解释为“吸引力”。因此，在联想主义心理学看来，心理现象同样是力的相互作用的结果，寻找人心理活动的规律就是寻找观念之间相互吸引的特殊的力学规则。例如，休谟在论述简单观念之间的连接或结合时指出：这是一种吸引作用（attraction），这种作用在精神界中正像在自然界中一样，起着同样的奇特作用，并表现于同样多的、同样富于变化的形式中。① 休谟把产生观念间联想的规律总结为三条：（1）相似律（law of similarity），指我们的思维过程很容易从一个观念转到任何一个和它类似的观念。（2）时空接近律（law of space-time contiguity），指由于感官在变更它们的对象时必须作有规律的变更，根据对象的互相接近的次序加以接受，所以想象时必须作有规律的变更，根据对象的互相接近的次序加以接受，所以想象也必然因在长期习惯之力获得同样的思想方法，并在想它的对象时依次经过空间和时间的各个部分。（3）因果律（law of causality），指由一种事物观念想到与它有因果关系的另一种事物观念。② 以心理强制为特征的一般预防主义就是建立在这种联想主义心理学之上的，正如我国学者指出：要想发挥刑罚的心理威慑作用，关键是要让人们一想到犯罪就自然而然地联想到刑罚，也就是让犯罪和刑罚成为一对相互联系、不可分割的统一观念。③ 然而，这种理论是以“心理的即意识的”命题为基础的，具有强烈的理性主义性质。因此，这种理论

① 参见［英］休谟：《人性论》，上册，24页，北京，商务印书馆，1980。

② 参见车文博：《西方心理学史》，107页，杭州，浙江教育出版社，1998。

③ 参见黄风：《贝卡里亚及其刑法思想》，121页，北京，中国政法大学出版社，1987。

容易忽略犯罪动机中的非理性因素，而在心理学上作出肤浅表面的解释。[①] 实际上，人的犯罪动机是十分复杂的，尤其是冲动性犯罪与突发性犯罪，其中非理性的、无意识的心理因素起到了很大的作用。如果无视这些心理因素，从"人是具有意志自由的理性动物"这样一个简单的前提出发，论证刑罚威吓的有效性，缺乏充分的心理根据。

其二，人性解释。

刑罚威吓的对象是人，因而威吓论包含着对人性的理解。专制社会的刑罚威吓是以对人的肉体摧残为手段的，具有使人不成其为人的性质。那么，以心理强制为特征的一般预防主义是否尊重人之为人的尊严呢？费尔巴哈曾经批评司法威吓论，指出：按照这种威吓论，把人只是当作事物对待，违反人的权利。即引用康德的"法哲学"说："犯罪人也是人。"[②] 言下之意，费尔巴哈本人的心理强制说是建立在"犯罪人也是人"的原则之上的。然而，黑格尔对此予以了断然的否定，指出：费尔巴哈的刑罚理论以威吓为刑罚的根据，他认为不顾威吓而仍然犯罪，必须对犯罪科以刑罚，因为他事先已经知道是要受罚的。但是怎样说明威吓的合法性呢？威吓的前提是人不是自由的，因而要用祸害这种观念来强制人们。然而法和正义必须在自由和意志中，而不是在威吓所指向的不自由中去寻找它们的根据。如果以威吓为刑罚的根据，就好像对着狗举起杖来，这不是对人的尊严和自由予以应有的重视，而是像狗一样对待他。威吓固然终于会激发人们，表明他们的自由以对抗威吓，然而威吓毕竟把正义摔在一旁。心理的强制仅仅跟犯罪在质和量上的差别有关，而与犯罪本身的本性无关，所以根据这种学说所制定的法典，就缺乏真正的基础。[③] 黑格尔从报应主义出发，抨击费尔巴哈的心理强制说是否定了人的尊严和自由。确实，单纯的强制并不能为刑罚提供正当性根据，刑罚的正当性根据还是应当到人的自由中去寻找。

其三，国家立场。

---

① 参见［挪］约翰尼斯·安德聂斯：《刑罚与预防犯罪》，4 页，北京，法律出版社，1983。

② 马克昌主编：《近代西方刑法学说史略》，84 页，北京，中国检察出版社，1996。

③ 参见［德］黑格尔：《法哲学原理》，102 页，北京，商务印书馆，1961。

刑罚威吓论，无论是肉体威吓还是心理强制，都是将公民当作威吓的客体，因而具有一种明显的国家主义立场，即基于国家本位的立场，对刑罚威吓功能的实现加以论证。在“朕即国家”的专制社会，国家立场具有明显的私人性。正如福柯指出：在中世纪以来的西方社会里，法律思想的研究主要围绕着王权来进行。正是应王权的要求，为了它的利益，作为它的工具或为它辩护，建立起了我们社会的法律大厦。西方社会的法律是满足国王要求的法律。① 在这种情况下，法律是独断的，刑法是恣意的。随着启蒙运动的勃兴、民主观念的推行，一种人的联合体——国家取代了君主。君主的法律转变为国家的法律，王权转变为国家权力。在这种情况下，统治权发生了根本性的变化。福柯指出：法律体系，无论它是理论还是法典，都应允了统治权的民主化，以及与集体统治权铰接在一起的公共权利的实现，同时也因为惩戒强制的机制深深地进入了这种统治权的民主化，以一种更紧凑的方式。我们可以这样说：从惩戒约束作为统治机制运转，并作为权利的实际运用隐藏自己开始，就需要在法律机器中加入统治权理论，并通过法律规则使其复兴和完成。这样，在从 19 世纪到当今的现代社会里，人们一方面有了公共权利的合法化、话语和组织，他们紧密围绕着社会实体至高无上的原则，每个人的最高权利通过国家的代表来实现；同时另一方面，人们有了惩戒强制严格的区分控制，它事实上保证这一个社会内聚力。② 在这种情况下，国家权力具有公共性，权力是有限制的，法律是规范化的。在刑法领域，从罪刑擅断走向罪刑法定。然而，以国家法律面貌出现的刑罚规范，其国家立场不仅没有弱化反而得以强化。在国家立场的关照下，片面强调刑法威吓。在这种情况下，刑罚威吓是形式上合法的却未必是实质上合理的。

古典的刑罚威吓论存在如上缺憾，以后发展起一种多元遏制论，被认为是一般预防的当代形态。③ 多元遏制论不再把刑罚威吓当作一般预防的唯一手段，而是追求多元的一般预防作用。例如挪威学者安德聂斯就认为，刑罚的一般预防作

① 参见［法］福柯：《必须保卫社会》，34 页，上海，上海人民出版社，1999。
② 参见［法］福柯：《必须保卫社会》，34 页，上海，上海人民出版社，1999。
③ 参见邱兴隆：《关于惩罚的哲学：刑罚根据论》，88 页以下，北京，法律出版社，2000。

用有三：恫吓；加强道德禁忌（道德作用）；鼓励习惯性的守法行为。安德聂斯指出：必须强调后者，因为，不少怀疑一般预防的人只看到恫吓效果。此外，即使有时不存在对刑罚的恐惧心理，也不能认为刑罚的次要作用是无足轻重的。对立法者来说，最重要的不仅要达到恫吓目的，而且要树立道德禁忌和习惯。[①] 这种多元遏制论，看到了道德与习惯在预防犯罪中的作用，论述了刑罚不仅在于通过威吓获得预防犯罪的直接效果，更重要的是通过支持道德、强化习惯获得预防犯罪的效果。这种效果也许是间接的，但效应是更为持久的。多元遏制论虽然在使一般预防合理化方面作出了巨大的努力，但由于它以遏制为特征的一般预防基点未变，仍然属于一种消极的一般预防主义。

四

英国学者赫伯特·斯宾塞指出：强制性的约束是消极性质的，而不能是积极主动的。他表达的是一种自由主义的理念，即使是使公民自由，也不能实行强制，否则奴役就将来临。斯宾塞指出：一个公民享有的自由不是由他生活其下的国家机器的本质决定的，无论是代议制的还是其他的，而是由强加于他之上的限制数量决定的。而且，无论这种机器是不是他曾参与组织的，除了为防止该机器或直接或间接地侵犯国民——即维护国民的自由，防止其受到侵略——所必需外，只要它使人民受到更多的约束，其行动就不合乎自由主义的精神。[②] 在刑法中也是如此，单纯追求外在强制效果的一般预防仍然是消极的。那么，什么是积极的一般预防呢？德国学者格吕恩特·雅科布斯提出了积极的一般预防（Positive Generalpravention）的命题。雅科布斯指出：刑罚清楚地并且高度地使用刑罚后果所归属的行动承受了一种可能性，一种必须普遍地把这种行动作为不值一提的行动选择来学习的可能性。这种选择的无价值性是如此理所当然，以至于它

① 参见［挪］约翰尼斯·安德聂斯：《刑罚与预防犯罪》，5页，北京，法律出版社，1983。

② 参见［英］赫伯特·斯宾塞：《国家权利与个人自由》，17页，北京，华夏出版社，2000。

要作为不可经历的选择而被排除掉。这不是威吓意义上的一般预防，而是学会对法律的忠诚意义上的一般预防。[①] 在雅科布斯看来，这种积极的一般预防与消极的一般预防是存在区别的：在积极的一般预防这里，刑罚——与在消极的一般预防那里（Negative Generalpravention）不同——不是指向被认为是必须被威吓的作为潜在的未来的犯罪人的生产源的群体，刑罚更多地要以忠诚于法的市民为对象。[②] 由此可见，积极的一般预防是以确立公民对刑法的忠诚为特征的，我国学者称之为忠诚论。[③] 积极的一般预防概念的提出，我认为是具有重大意义的。它表明刑罚观念上的一个重大转折。积极的一般预防具有以下内容：

其一，社会立场。消极的一般预防主义由其国家立场所决定，都“先验地”将刑法确定为是正当的，由此形成对犯罪行为的评判标准。质言之，刑法的权威来自某种政治权力的赋予，刑罚权是从国家权力派生出来的，不具有可考量性。专制社会的刑法具有宗教的神圣性，是君主意志的显现，臣民只能臣服，处于绝对的受支配的地位。而法治社会的刑法是以社会契约作为刑罚权来源的，因而不同于专制刑法。在社会契约论的理论框架中，包含着公民的意志。刑法是以人权保障为宗旨的，但建立在社会契约之上的国家具有其独立的意志，这种国家意志是凌驾于个人与社会之上的。刑法作为国家权力机关制定的法律规范，其权威性也是绝对的，公民以服从为义务。在上述情况下，都谈不上对刑法本身的批评。而积极的一般预防主义，通过刑罚适用确立对刑法的忠诚，这种刑法应当具有可

---

① 参见［德］雅科布斯：《行为 责任 刑法——机能性表述》，10页，北京，中国政法大学出版社，1998。

② 参见［德］雅科布斯：《行为 责任 刑法——机能性表述》，39页，北京，中国政法大学出版社，1998。

③ 周光权博士指出：德国当代有影响的机能主义刑法学派代表人物雅科布斯指出：刑罚的运用应当有助于确立公民对法律的忠诚。因此，合理的刑法正当根据应当是确立公民对刑法的忠诚。循此思路，我们完全可以说刑法的正当性既不在于满足报应，也不在于实现功利，而在于确立忠诚。能够确立公民的忠诚信念的刑法是正当的刑法；一部足以动摇公民对刑法的忠诚信念而只会导致恐惧心理和厌恶情绪的刑法则是不正当、不合理的。这种解说刑法正当根据的理论可以称为忠诚论。参见周光权：《刑法诸问题的新表述》，28页，北京，中国法制出版社，1999。我认为，忠诚论是否一种超越报应与功利的刑法正当性根据尚可探讨。按照雅科布斯本人的表述，这是一种积极的一般预防，因此，仍可在一般预防语境中找到其理论定位。

接受性。这里的可接受性是指它是以公众认同为基础的。[①] 刑法不是异己的力量，而是社会的一部分，建立在维持社会同一性的需要之上。雅科布斯指出：通过刑罚来解决社会问题，无论如何要通过作为社会的部分系统的法系统来实现。这就是说，问题的解决是在社会中进行的，应当排除使刑法和社会相分离的做法。刑法给社会制作了一张非常有说明力的名片，正如也可以从社会的其他部分相当可靠地逆推出刑法一样。[②] 这种从刑法的国家立场向社会立场的转变，表明刑法不再是社会的对立物，而是社会进化本身的产物，使刑法获得一种社会的定位，一种非国家的立场。在这种情况下，刑法的恐怖感与疏远感逐渐消退，其亲和力日益增加。

其二，规范确证。基于机能主义的刑法理论[③]，雅科布斯指出，刑罚的功能在于，从另一方面与对具有同一性的社会规范的对抗相对抗。刑罚确证了社会的同一性，也就是说，犯罪既不能被视为一种进化的开始，也不能被归结为一种认识上就能消除的结果（Kognitiv Zu Erledigencles Ereignis），而是应被视为一种有缺陷的交往，并且，这种缺陷要作为其罪责归于行为人。换句话说，社会坚持这些规范，而且拒绝自己被重新理解。根据这种认识，刑罚不只是一种维持社会同一性的工具，而且已经是这种维持本身。尽管可以把对社会的或者个人心理的结果的种种希望，例如维护或者确证对法的忠诚与刑罚联系起来，但是，刑罚已经不依赖这些结果，而意味着一种自我确认。[④] 根据雅科布斯的观点，规范是在

---

① 这里的认同是以理解为基础的。德国学者哈贝马斯指出：达到理解（Verstardigung）的目标是导向某种认同（Einverstandnis）。认同归于相互理解、共享知识、彼此信任、两相符合的主观际相互依存。认同以对可领会性、真实性、真诚性、正确性这些相应的有效性要求的认可为基础。参见［德］哈贝马斯：《交往与社会进化》，3页，重庆，重庆出版社，1989。

② 参见［德］雅科布斯：《行为 责任 刑法——机能性描述》，105页，北京，中国政法大学出版社，1998。

③ 雅科布斯指出：刑法的机能主义（Strafrechtlicher Funktionalismus）在此指的是这样一种理论，即刑法要达到的效果是对规范同一性的保障、对宪法和社会的保障。参见［德］雅科布斯：《行为 责任 刑法——机能主义描述》，101页，北京，中国政法大学出版社，1998。

④ 参见［德］雅科布斯：《行为 责任 刑法——机能主义描述》，103页，北京，中国政法大学出版社，1998。

社会交往中产生的，法的构造是通过规范实现的。因此，在这样的社会中，社会同一性是建立在规范之上的。而犯罪是对规范的违反，刑罚通过惩罚犯罪，以获得规范确证，从而维持社会同一性。因此，刑罚的一般预防就不再是消极的威吓，使人不得不服从规范；而是通过排除违反规范的行为，确证规范的有效性，使人学会对法律的忠诚。这里的忠诚，也可以理解为信仰。在这种情况下，服从法律不再是外在强制的产物，而是内心信仰的结果，刑法也不再是强迫的工具，而具有了某种终极的目的的意义。对此，美国学者伯尔曼提出这样一个问题：一种不可能唤起民众对法律不可动摇的忠诚的东西，怎么可能又有能力使民众普遍愿意遵从法律？如果法律仅仅是一种试验，如果司法判决也不过是执法者种种预觉（hunches），为什么个人或者团体应该遵守与他们的利益相悖的法律条文或命令？对于这个问题，会有不同的回答。伯尔曼介绍了工具论的回答：人们一般要服从法律，因为他们害怕不这样就会招致司法当局的强力制裁。显然，伯尔曼是不同意这样的答案的，认为这个回答绝不能令人信服。正如心理学研究现在已经证明的那样，确保遵从规则的因素，如信任、公正、可靠性和归属感远较强制力更为重要。伯尔曼指出：法律只在受到信任，并且因而并不要求强力制裁的时候，才是有效的；依法统治者无须处处都仰赖警察。今天，这一点已为一有力的反证所证实：在我们的城市里，惩罚最为严厉的那部分法律，也就是刑法，在它以其他手段不能引人尊敬的地方，也没有办法让人畏惧。如今，每个人都知道，没有任何警察可以夸耀的力量能够制止城市的犯罪。总之，真正能阻止犯罪的乃是守法的传统，这种传统又根植于一种深切而热烈的信念之中，那就是，法律不仅是世俗政策的工具，而且还是生活终极目的和意义的一部分。[①] 因此，刑法不能仅靠威吓使人遵从，而是要通过对规范有效性的确证，使人学会忠诚，刑罚的有效性应当建立在信仰之上。

其三，责任归属。一种能够使人产生信仰的刑法，本身应当是公正合理的。为此，雅科布斯提出责任刑法（Schuldstrafrecht）的概念，使责任与刑罚目的相

① 参见［美］伯尔曼：《法律与宗教》，43页，北京，三联书店，1991。

联系。雅科布斯指出：责任与目的的联系表现为，目的使责任变成有色的。因为责任刑法作为不应是无目的的刑法而应该是有益于维持秩序的刑法，需要长期存在，为此也需要这种性质的责任，使它即使考虑到责任时也能够长期存在。假如在目的充足和责任量定之间存在一种先天稳定的和谐，责任刑法也将长期存在，那么，它就不再需要为提供根据和划定界线而存在的责任。① 责任概念之引入刑法，使刑罚的分配正当化，从而使刑罚目的与刑事责任保持一种合理的关系。关于刑罚目的与刑事责任的关系，大多是将两者分离，或者以目的确定责任，或者以责任限定目的。雅科布斯则将目的与责任贯通，指出：进入责任之中的目的不可能被责任来限定，只有目的进入其中的责任才能给刑罚奠定根据。但是，被充分符合目的地确定的责任可以限定为实现没有进入责任中去的目的所要求的东西。作为一般预防派生物的责任限定了为实现特殊预防所要求的刑罚，并且，责任只有作为与目的相联系的因素才提供一个尺度，才首先适合于发挥限定刑罚的作用。② 一般预防的目的如果脱离了责任的限定，就会成为无限制地发动刑罚的驱动力，以目的的正当性证明手段的正当性。而责任如果没有一般预防目的的引导，又会变成机械的与盲目的。唯有贯彻了目的的责任，刑法才是合理的，才能为刑罚提供当然的界线。

积极的一般预防建立在使公民学会忠诚的基础之上，公民不再是威吓的客体，而是获得了某种人格体的存在。雅科布斯认为，刑法的行动者是人格体(Personen)——主体的人格化（Personalisierung Der Subjekte)。③ 雅科布斯区分了两种交往的形态：工具性交往与人格性交往。工具性交往意味着，交往可能是符合目的的或者不是，无论如何，参加者不与任何东西发生联系（因此在这种

① 参见［德］雅科布斯：《行为 责任 刑法——机能性描述》，6 页，北京，中国政法大学出版社，1998。

② 参见［德］雅科布斯：《行为 责任 刑法——机能性描述》，34～35 页，北京，中国政法大学出版社，1998。

③ 雅科布斯指出：人格体就意味着必须表演一个角色。人格（Persona）是一个面具，不只是戴有该面具者主体性的表现，更是一个社会能够理解的能力（Kompetenz）的描述。参见［德］雅科布斯：《行为 责任 刑法——机能性描述》，123 页，北京，中国政法大学出版社，1998。

交往中也不是人格体)，正如同与机器的交往：机器没有被正确地使用的权利。在人格性交往中，他人正好不只是一个战略性谋算的对象物，而是一个平等者——因为他被爱，在法的交往中他作为理性者或者参与了社会契约的缔结或者出于一个其他的原因——必须有一个什么原因，是法律上的人格体（Person in Recht)。[①] 在消极的一般预防视野中，公民处于被威吓的客体地位，因而刑罚与公民是一种工具性交往。而在积极的一般预防理念中，公民因责任而被刑罚处罚，法律把公民当作一个人格体来看待。通过这种处罚，激发公民对法律的忠诚，因而刑罚与公民是一种人格性交往。只有从工具性交往发展到人格性交往，刑法才能得到自觉的遵从。

五

美国学者诺内特、塞尔兹尼克将我们社会中的法律区分为三种类型：(1) 压制型的法律：作为压制性权力的工具的法律；(2) 自治型的法律：作为能够控制压制并维护自己的完整性的一种特别制度的法律；(3) 回应型的法律：作为回应各种社会需要和愿望的一种便利工具的法律。[②] 上述三种法律类型的区分，为我们建立了一种法律的分析框架。

刑法是一个基本法律部门，在任何社会中都存在。而且，刑法的法律强制性是其他法律所不能比拟的。然而，刑法的这种强制性，在不同类型的法律中表现形态是各不相同的。对此，美国学者诺内特、塞尔兹尼克指出：虽然强制存在于所有三种类型的法律中，但其意义却不一样：它在压制型法中是居支配地位的，在自治型法中是有节制的，而在回应型法中是潜在的。[③] 确实，在专制社会，法

---

① 参见［德］雅科布斯：《行为 责任 刑法——机能性描述》，135 页，北京，中国政法大学出版社，1998。

② 参见［美］诺内特、塞尔兹尼克：《转变中的法律与社会》，16 页，北京，中国政法大学出版社，1994。

③ 参见［美］诺内特、塞尔兹尼克：《转变中的法律与社会》，16～17 页，北京，中国政法大学出版社，1994。

是压制型的，刑罚威吓是以肉体为中介实现的，具有赤裸裸的暴力性。而在法治社会，法是自治型的，刑罚威吓是以心理强制为特征的，具有节制性。法治社会发展到一定程度，从自治型的法向回应型的法转变，强制更退居幕后，刑罚是以忠诚与信仰来维持的。上述三种类型法的区分，虽然不是简单的历史发展的描述，而是按照理想型（Idealtypus）的方法建立的用以分析和判断同一社会的不同法律现象的工具性框架①，但我们还是可以根据这三种法的类型在一个社会中的支配性地位，勾勒出法的历史演变过程。

中国古代具有漫长的封建专制历史，中国古代刑罚之严酷举世闻名。中国古代的刑罚主要是由肉刑与死刑构成的，这两种刑罚都是以肉体强制为特征的。在中国历史上，肉刑废除得较早，汉文帝下诏废除肉刑，此后虽然不断发生肉刑的废复之争，但肉刑始终没有在法律上恢复。② 但中国的死刑则一直在刑罚体系中占据主要地位。至清末，根据沈家本的统计：死罪凡八百四十余条。不惟外人所骇闻，即中国数千年来亦未有若斯之繁且重也。③ 清末修律，删除了凌迟、枭首、戮尸三项酷刑，死刑则依然保留下来。对此，我国学者指出：随着社会的发展，特别是17世纪以后，世界上许多国家从黑暗的中世纪逐步走向资本主义社会，其刑法的惩罚手段日趋于轻。而仍然继续沉溺于中华帝国古老“文明”的明、清“盛世”，其刑法则愈来愈野蛮。刑罚名目之繁多、方式之酷烈，闻之令人丧胆，成为中国传统文化积淀中最污秽的渣滓。④ 显然，刑罚的这种残酷性是与中国古代的专制政体有关的，虚弱的政权需要用暴力才能维持。在这种情况下，对于建立在肉体折磨之上的刑罚威吓效应的追求，也就是自然而然的了。这种残酷的刑罚，虽然能收一时之效，但长久地实施却使人的心灵逐渐麻木，从而抵消了刑罚的威慑力。为唤醒麻木的心灵，又需要采用更严厉的刑罚，由此陷入重刑主义的恶性循环。由此可见，刑罚是有限度的，刑罚威吓效果的发生也并不

① 参见季卫东：《法治秩序的建构》，297页，北京，中国政法大学出版社，1999。

② 参见陈兴良：《刑法的价值构造》，450页以下，北京，中国人民大学出版社，1998。

③ 参见李贵连：《沈家本与中国法律现代化》，88页以下，北京，光明日报出版社，1989。

④ 参见林剑鸣：《法与中国社会》，227～228页，长春，吉林文史出版社，1988。

是单纯地取决于严刑峻罚。

随着中国社会的现代化进程的启动，同样伴随着法治现代化的发生。在法治现代化过程中，刑罚威吓同样面临着从肉体威吓到心理强制的转变。由于我国当前处在社会转型当中，各种社会控制手段有所松弛。在这种情况下，刑罚对于维持社会秩序、维护社会稳定发挥着重要作用，因而刑罚威吓一直为社会所倚重。然而，一味地施以重刑，尤其是过度地追求刑罚的警诫效应，并非长久之计。我认为，在刑事法治的社会背景下，一般预防的威吓效应应当通过下述途径“合法地”获得：

其一，刑法严密。以心理强制为特征的一般预防主义，要通过规范实现刑罚威吓，这就意味着应当在罪刑法定原则的指导下，建立严密的刑法规范体系。美国学者在论及自治型法的特征时指出，自治型法是以规则为中心的。规则是使权力合法化的一种有效方法。它们准确地确定官方权威的范围和界限，因而就提供了表面上看来是清晰的检验责任的标准。同时，一项规则狭窄的程度足以限制法律批评和划定司法所涉及的范围。准确的规则虽然加强了控制，但它们也使注意力聚集于形式和细节，从而使公共政策的本质和更广泛的模式保持完整。[①] 在罪刑法定原则下的刑罚威吓，只能是一种以心理强制为内容的规范的威吓。因此，一种建立在理性之上的刑法规范体系的建立，是实现这种规范威吓的前提与基础。规范的威吓要求以规范限制威吓，通过规范实现威吓。任何超规范的刑罚威吓都是非法的，是不允许的。

其二，刑罚宽缓。法治社会的刑法，面临着双重的任务，正如德国学者拉德布鲁赫指出：刑法不只是反对犯罪人，也保护犯罪人。它的目的不仅在于设立国家刑罚权力，同时也要限制这一权力；它不只是可罚性的缘由，也是它的界限，因此表现出悖论性：刑法不仅要面对犯罪人保护国家，也要面对国家保护犯罪人。不单面对犯罪人，也要面对检察官保护市民，成为市民反对司法专横和错误

---

① 参见［美］诺内特、塞尔兹尼克：《转变中的法律与社会》，68页，北京，中国政法大学出版社，1994。

的大宪章（李斯特语）。[1] 在这种情况下，刑罚不再是国家单方面镇压犯罪的工具，同时也具有人权保障的机能。因此，刑罚的逐渐宽缓是符合时代发展趋势的。刑罚的宽缓，就是要理性地设计刑法的实施过程，使轻缓的刑罚最大限度地发挥威吓效果，并逐渐地走出重刑使刑罚威吓效果贬值乃至归于无效的怪圈，向轻刑化过渡。

其三，刑罚合理。刑罚威吓效果的获得，并不简单地依赖残暴的刑罚，而是要在严厉之中蕴含着情理。唯有如此，才能使犯罪人内心接受，使普通公民也获得某种正义感。为此，应当引入刑事政策的思想，使刑罚不再被机械地适用，而是一个有目的的过程。刑罚合理，在很大程度上取决于刑罚设置的合理，这是一个立法问题；还取决于刑罚分配的合理，这是一个司法问题。

从目前中国刑事法治的实践来看，一般预防主要是应当完成从肉体威吓到心理威吓的转变。当然，心理威吓仍然属于消极的一般预防。在这个转变中，我们也应当引入积极的一般预防观念。这就是通过理性的刑罚制度的建构，使之从社会认同中获得正当性，对公民产生亲和力，使之不再是在刑罚威吓力的作用下恐惧的对象，而是能够从中感受到正义的信赖，乃至信仰的对象。这是一个刑法融入社会、融入公民心灵的漫长过程，我们不能指望朝发夕至。关键在于：刑法需要不断地根据社会文明的发展重新塑造其自身的形象，真正成为蕴含着人性的刑法——不再是恐怖物，而是公民自由的圣经。

（本文原载《中国法学》，2000（5），原题目为《一般预防的观念转变》）

① 参见［德］拉德布鲁赫：《法学导论》，96页，北京，中国大百科全书出版社，1997。

刑事政策视野中的刑罚结构调整

世纪之交，面临体制转轨与社会转型带来的巨大的犯罪压力。如何调整刑罚结构，以实现刑法的保障人权与保护社会的双重机能，是摆在我们面前的一个重大课题。本文拟从刑事政策的基本理念出发，就刑罚结构调整问题略抒己见，求正于学界同人。

一

刑事政策意味着一种“选择”①，这种选择的结果将在极大程度上影响刑事立法，包括刑罚结构的构筑。

意大利著名刑法学家贝卡里亚指出：“刑罚的规模应该同本国的状况相适应。在刚刚摆脱野蛮状态的国家里，刑罚给予那些僵硬心灵的印象应该比较强烈和易

① 法国刑法学家马克·安赛尔（Marc Ancel）曾言，“刑事政策是由社会，实际上也就是由立法者和法官在认定法律所要惩罚的犯罪，保护‘高尚公民’时所作的选择”（［法］马克·安赛尔：《社会防卫思想》，12页，香港，香港天地图书有限公司，1988）。在安赛尔此言中，尽管关于刑事政策的内容尚可商榷，但将刑事政策视为一种“选择”，确是精当之论。

感。为了打倒一头狂暴地扑向枪弹的狮子，必须使用闪击。但是，随着人的心灵在社会状态中柔化和感觉能力的增长，如果想保持客观与感受之间的稳定关系，就应该降低刑罚的强度。”[①] 贝卡里亚这段话阐明了一个刑事政策的基本理念：刑罚的轻重不是一成不变的，而是以时间与地点为转移的，尤其是犯罪的态势在很大程度上决定着刑罚的规模和强度。正因为如此，刑罚结构，即刑罚的规模和强度，应当根据社会环境和犯罪态势的变动而及时进行调整。这种调整，就是一种选择：对刑罚规模与刑罚强度的选择。

基于刑事政策而对刑罚结构的调整，涉及对犯罪与刑罚这两种社会现象本身的分析。因为作为刑事政策的选择，总是有所凭据的。而没有对犯罪与刑罚的深刻认识，就不可能在刑事政策上对刑罚结构作出科学的选择。

在刑事政策的视野中，犯罪是作为一种对象物而存在的，一切刑事政策均围绕犯罪而展开。因此，对犯罪现象的正确认识是确立科学的刑事政策的前提与基础。正如我国台湾地区学者张甘妹指出：“刑事政策乃达到犯罪预防目的之手段，而此手段要有效，须先对犯罪现象之各事实有确实之认识，如同医生的处方要有效，首先对疾病情况所为之诊断要正确。”[②] 对于犯罪的认识，存在一个演变过程。古代社会，曾经把犯罪看作是魔怪作祟，以一种超自然的神学观点去理解犯罪。而在现代社会，犯罪越来越被看作是一种社会现象，它与一定的社会结构有着密切的联系。尤其是法国著名社会学家迪尔凯姆从社会学的观点出发，把犯罪视为一种正常的社会现象，它的存在及变化都决定于一定的社会形态与社会结构。迪尔凯姆指出：犯罪不仅见于大多数社会，不管它是属于哪种社会，而且见于所有类型的所有社会。不存在没有犯罪行为的社会。虽然犯罪的形式有所不同，被认为是犯罪的行为也不是到处一样，但是，不论在什么地方和什么时代，总有一些人因其行为而使自身受到刑罚的镇压。如果随着社会由低级类型向高级类型发展，犯罪率（即每年的犯罪人数占居民人数的比例）呈下降趋势，则至少

① ［意］贝卡里亚：《论犯罪与刑罚》，44 页，北京，中国大百科全书出版社，1993。

② 张甘妹：《刑事政策》，11 页，台北，三民书局，1974。

可以认为，犯罪虽然仍是一种正常现象，但它会越来越失去这种特性。然而，我们没有任何理由相信犯罪确实会减少。许多事实都在证明，好像情况正与此相反。自20世纪以来，统计资料为我们提供了观察犯罪行为动向的手段；实际上，犯罪行为到处都有增无减。迪尔凯姆由此得出结论：犯罪是一个社会的必然现象，它同整个社会生活的基本条件联系在一起，由此也就成为有益的，因为与犯罪有密切联系的这种基本条件本身是道德和法律的正常进化所必不可少的。[①] 尽管犯罪是一种极为复杂的社会—生物—心理现象，尤其是犯罪的生物性、心理性，即犯罪人的人身因素对于确立刑事政策也至关重要[②]，但刑罚结构的调整，主要涉及在对整体犯罪趋势预测的基础上，根据一定的刑事政策，对刑罚的规模和强度进行重新安排与定位。因此，作为一种社会现象的犯罪，更是我们关注的重点。

基于对犯罪现象的上述社会学分析，我们可以得出结论：犯罪存在的客观必然性，决定了它只能被抑制在一定的限度之内，而不可能被彻底消灭。因此，刑事政策只是抑制犯罪并将其控制在社会所能容忍的限度之内的策略，而不应希冀消灭犯罪。同时，犯罪不是孤立的现象，而是由一定的社会形态与社会结构决定的社会现象。因此，犯罪问题仅依靠刑罚是难以解决的，只有消除导致犯罪产生与存在的社会条件，才是治本之道。

正是犯罪现象的这种复杂性，决定了在此基础上形成的刑事政策界定上的歧

---

① 参见［法］迪尔凯姆：《社会学方法的准则》，83页以下、87页以下，北京，商务印书馆，1995。迪尔凯姆反对把犯罪看作是一种病态现象，肯定其是社会生活的正常成分。基于功能主义分析，迪尔凯姆甚至认为犯罪在一定条件下对社会是有利的。这种对犯罪的理性分析，是刑事政策的基础，也是人类对犯罪现象认识上所能达到的一个思想高峰。

② 刑事政策究竟是建立在对犯罪的社会分析基础之上从而成为对犯罪的社会治理对策，还是建立在对犯罪人的人身分析基础之上，从而成为对犯罪人的人身矫正对策，刑事古典学派与刑事实证学派存在不同看法。贝卡里亚刑事政策思想的中心是借助刑罚的心理威慑作用预防犯罪，因而偏重于一般预防。参见黄风：《贝卡里亚及其刑法思想》，124页，北京，中国政法大学出版社，1987。李斯特则认为，刑事政策并非对社会的，而是对个人的……是以个人的改善教育为其任务，因而偏重于个别预防。参见张甘妹：《刑事政策》，12页，台北，三民书局，1974。其实，两者并不矛盾，前者可谓宏观刑事政策，后者可谓微观刑事政策。本文偏重于探讨宏观刑事政策。

义。在学理上，刑事政策存在广义与狭义之分。广义说认为，刑事政策是指国家以预防及镇压犯罪为目的的一切手段与方法。依广义说，刑事政策之防止犯罪目的不必是直接、积极的或主要的，而是凡与犯罪之防止有间接或从属的目的之方法即可属之。申言之，广义的刑事政策并不限于直接的以防止犯罪为目的之刑罚诸制度，而间接的与防止犯罪有关的各种社会政策，例如居住政策、教育政策、劳动政策（失业政策）及其他公共保护政策等亦均包括在内。狭义说认为，刑事政策是指国家以预防及镇压犯罪为目的，运用刑罚以及与刑罚具有类似作用之诸制度，对于犯罪人及有犯罪危险的人发生作用之刑事上之诸对策。依狭义说，刑事政策之范围，不包括各种有关犯罪的社会政策在内，而仅限于直接的以防止犯罪为主要目的的刑事上之对策。①

我认为，刑事政策与社会政策是有所区别的，某些社会政策确有预防犯罪之作用，例如英国著名经济学家亚当·斯密指出："建立商业和制造业是防止犯罪的最好政策，因为商业和制造业有助于增进人们的自立能力。"② 但还是不能把这些社会政策混同于刑事政策。李斯特曾言："最好的社会政策，就是最好的刑事政策。"这也说明，社会政策毕竟不能等同于刑事政策。两者的区别在于：刑事政策是在既定社会条件下为遏制犯罪而专门设置的刑事措施。而社会政策虽然会在无形中对犯罪发生抗制作用，但不是专门为遏制犯罪而存在的。换言之，其存在根据不在于遏制犯罪，而是另有其社会经济目标的追求。就此而言，我倾向于对刑事政策作狭义上的理解。

尽管在刑事政策的理解上，我赞同狭义说，但刑事政策的广义说仍有启发意义。这是因为，犯罪是一种复杂的社会现象，因而仅依赖专门的刑事措施是无法抗制的，刑罚只是治标之策。这就引起我们对刑罚功能有限性的思考。无疑，在

① 参见张甘妹：《刑事政策》，2页以下，台北，三民书局，1974。在学理上，还有广义刑事政策学派、狭义刑事政策学派及折中学派之分，这一区分的主要标准是刑事政策学研究范围的宽窄，但与刑事政策的广义与狭义理解存在一定联系。参见卢建平：《刑事政策学研究的几个基本问题》，载中国人民大学法学院刑法专业：《刑事法专论》，上卷，228～229页，北京，中国方正出版社，1998。

② ［英］坎南编：《亚当·斯密关于法律、警察、岁人及军备的演讲》，173页，北京，商务印书馆，1997。

刑事政策的视野中，刑罚具有十分重要的地位，它是刑事政策得以实现的必要手段。① 但刑罚的功效是极其有限的，而正是在这一点上，往往存在理解上的误区。对刑罚的迷信是当代各种迷信中根深蒂固者，其由来已久。古代社会，由于对犯罪缺乏正确认识，因而将抗制犯罪的希望完全维系在刑罚身上，甚至将刑罚视为一种美好的事物。在专制社会，刑罚的扩张与滥用司空见惯，成为专制的工具，不仅没有给人民带来福祉，而且其恶更甚于犯罪。换言之，刑罚不仅没有消灭犯罪，而且在制造犯罪。在刑事古典学派那里，刑罚的必要性与人道性被一再地强调。但在刑罚威慑论的理论构造中，刑罚的效用还是被夸大了，以至于被认为是刑罚存在的主要根据。对此，意大利刑法学家加罗法洛指出："威慑只不过是一种有助于社会自身的有益效果，这种效果伴随着对缺乏适应能力的被告需要采取全部或部分的排斥。如果威慑被认作是惩罚的主要目的，社会就可以处死那些仍可以适应社会的被告，或者可以对他们实施无益的拷打；而且，侵犯被告权利所导致的损害小于被告违法行为所产生的自然结果。"② 因此，加罗法洛认为，威慑只是一种反射性的效果，不必特别关注这个问题。刑事实证学派在一定程度上破除了对刑罚功效的迷信，用一种较为科学的观点分析刑罚。菲利指出：刑罚的效力很有限这一结论是事实强加给我们的，并且就像边沁所说的，恰恰因为从前适用惩罚性法规没有能够成功地预防犯罪，所以每一个惩罚性法规的适用证明了这一点。不过，这一结论与公众舆论，甚至与法官和立法者的观点直接对立。在犯罪现象产生和增长的时候，立法者、法学家和公众只想到容易但引起错觉的补救办法，想到刑法典或新的镇压性法令。但是，即使这种方法有效（很可疑），它也难免会使人忽视尽管更困难但更有效的预防性和社会性的补救办法。菲利还强调指出，刑罚只是社会用以自卫的次要手段，医治犯罪疾患的手段应当适应导

---

① 刑事政策的手段具有多样性，刑事罚是重要手段，但不是唯一手段，还必须有一系列非刑罚处遇手段，诸如行政手段、经济手段、教育手段等相互配合。参见储槐植：《刑事政策的概念、结构和功能》，载《刑事一体化与关系刑法论》，368 页，北京，北京大学出版社，1997。值得一提的是，在刑事政策的手段中，保安处分占有相当重要的地位。保安处分在刑法中的确立，被认为是刑法刑事政策化的主要标志之一。

② ［意］加罗法洛：《犯罪学》，222 页，北京，中国大百科全书出版社，1996。

致犯罪产生的实际因素。而且，由于导致犯罪产生的社会因素最容易消除和改善，因而我们同意普林斯顿的观点："对于社会弊病，我们要寻求社会的治疗方法。"① 由此可见，刑罚的威慑力是有限的。刑法进化的一个重要特征就是从单纯的惩罚到预防的发展。而且，预防观念本身也有一个重要的变化，就是从刑罚威慑到刑罚矫正，从单纯依靠刑罚预防到采用多种措施进行社会预防。随着刑事政策概念的普遍推广，狭窄的刑法观念被突破了。换言之，出现了刑法刑事政策化的趋势。基于刑事政策一体化的考虑，刑法与其他制裁法，例如侵权行为法、行政处罚法，共同构筑防范犯罪的法律堤坝。在这一堤坝中，刑法是最后一道防线。在犯罪预防中，不再是单纯地依赖刑罚，而是使刑法与侵权行为法、行政处罚法互相协调，各显其能，以达到防范犯罪之目的。在这种情况下，刑罚表现出最后手段性的性质，即只有在侵权行为法与行政处罚法不足以抗制犯罪的情况下，才动用刑罚加以抗制。应当指出，刑罚的最后手段性并不是指其在控制犯罪中居于次要地位。毫无疑问，刑罚仍然是抗制犯罪的主要法律手段。刑事政策的观念，使我们在动用刑罚的时候，更关注刑罚的社会效果，而这一点离不开刑罚结构的合理配置。

刑事政策始终是与刑罚的功利追求联系在一起的，因而具有明显的目的性。事实上，虽然刑罚古已有之，但合理运用刑罚以期实现一定的功利目的的刑事政策观念却产生在近代。尽管中国古代亦存"刑期于无刑"之类的带有一定目的性的刑罚观念，但还只是只言片语，不能被视为刑事政策的原理。德国著名刑法学家李斯特曾经从目的刑出发，对刑罚的进化史作出以下描述："在我们能够认识的最早的人类文化史时期的原始形态下，刑罚是对于从外部实施侵犯个人及个人的集团生活条件行为的盲目的、本能的、冲动的一种反动行为。它没有规定任何目的象征，而它的性质是逐渐演变的。即这种反动行为从当初的当事人集体转移至作为第三者的冷静的审判机关，客观地演化成刑罚，有了刑罚的机能才可能有公正的考察，有了经

① ［意］菲利：《犯罪社会学》，70～71页，北京，中国人民公安大学出版社，1990。菲利以伪造货币的个例断然否定刑罚威吓在罪犯心理上的有效性，似有过激之嫌。参见［意］菲利：《实证派犯罪学》，26页，北京，中国政法大学出版社，1987。

验才可能认识刑罚合乎目的性，通过观念目的理解了刑罚的分量和目的，使犯罪成为刑罚的前提和刑罚体系成为刑罚的内容，刑罚权力在这种观念目的下形成了刑法。那么以后的任务是把已经发展起来的进化在同一意义上向前发展，把盲目反动向完全有意识地保护法益方向改进。”① 从盲目到目的，从机械到能动，从冲动到理性，这就是李斯特为刑罚的历史演进所勾勒的线索，同样也是刑事政策的发展轨迹。时至今日，刑法的刑事政策化，也就是合理化，已经成为一个基本理念。在这种情况下，刑事政策的价值取向，就成为一个十分重要的问题。

刑事政策的制定首先涉及的一个问题就是理性与情感的问题。换言之，刑事政策是基于对犯罪现象的理性认识的产物，还是基于对犯罪现象的朴素情感的反映？我认为应当是前者而非后者。在一定意义上说，刑事政策是建立在对犯罪发展规律的科学认识之上的。这种科学认识是排斥情感因素的，唯理性才能达到。对于犯罪的痛恨，是人皆有之的情感，这种情感的凝聚就成为民愤。民愤这种情感具有强烈的感情色彩。它虽然在个案的处理上具有一定的作用，但不能将刑事政策建立在民愤的基础之上。黑格尔曾经论述了原始社会的复仇与法律规定的刑罚之间的重要区别之一，就在于复仇具有主观任意性，而刑罚具有客观理智性。黑格尔指出：“在无法官和无法律的社会状态中，刑罚经常具有复仇的形式，但由于它是主观意志的行为，从而与内容不相符合，所以始终是有缺点的。固然法官也是人，但是法官的意志是法律的普遍意志，他们不愿意把事物本性中不存在的东西加入刑罚之内。反之，被害人看不到不法所具有的质和量的界限，而只把它看作一般的不法，因之复仇难免过分，重又导致新的不法。”② 在此，黑格尔指出了原始社会的复仇是一种个人任性的主观意志，这种主观意志没有质与量的限制，在每一次侵害中都可体现它的无限性，因而是一种新的侵害。由此形成世仇，陷于无限进程，世代相传以至无穷。为使复仇转化为刑罚，根据黑格尔的观点，就要求解决在扬弃不法的方式和方法中所存在的这种矛盾；就是要求从主观

① ［日］木村龟二主编：《刑法学词典》，407页，上海，上海翻译出版公司，1991。

② ［德］黑格尔：《法哲学原理》，104、107页，北京，商务印书馆，1961。

利益和主观形态下以及从威力的偶然性下解放出来的正义，这就是说，所要求的不是复仇的而是刑罚的正义。因此，黑格尔认为，要使复仇转化为刑罚，就要克服复仇的主观性与偶然性，使刑罚成为一种客观的扬弃犯罪的形式。刑事政策就是建立在对犯罪的客观性与必然性的理性认识之上的。唯有如此，才能实现其有效地制止犯罪的功利目的。在此，有一个如何对待民众对于犯罪的情绪的问题，实质上也就是如何对待民愤的问题。刑法作为在一定社会中发生作用的行为规范，不仅在于通过其强制性使人民遵从，更为重要的是，还要得到人民的内心认同。这种内心认同表明，刑法对于社会不是一种外力强加的规则，而是从事物本身引申出来的规则，是得到人民确信的。这种内心认同是刑法的基础之一，也是刑事政策的制定不可忽视的一个因素。但刑事政策又不能完全以民众的情绪为转移，立法者应当从民众的刑法意识中分离出情感的、偶然的反映与理性的、客观的意志，而不是一味地顺从与迁就。事实上，立法本身就具有一种引导民意的作用，立法机关应当把民意向正确的方向上引导，这是立法机关义不容辞的任务。其他国家的经验充分说明了这一点。例如，在废止死刑之国家中，因凶恶犯罪增加而民众要求恢复死刑之声不断。例如英国及加拿大的民意调查显示，赞同恢复死刑者恒达50%以上，但国会仍否决了死刑的恢复。议员认为民意代表之责任应是理性地指导民意尊重生命权，而非顺从情绪性报应诉求。人人应珍惜自己的生命，一样亦须尊重他人的生命。① 我国刑事政策（包括长期的与短期的）的制定，还带有一定的盲目性，在很大程度上是基于对犯罪现象的本能反应，而不是对犯罪规律理性认识的结果。往往是出现一个犯罪高潮，只是想要通过刑事惩罚予以镇压。尤其具有典型意义的是，各地逢年过节执行死刑的习惯性做法，反映出将社会治安的维持在何种程度上寄托在刑罚之上，也表明我们对犯罪现象缺乏科学的防范措施。我认为，犯罪与刑罚具有一种互动关系。在这种互动关系中，犯罪是一种活跃的、变动的因素，刑罚是由犯罪而产生的并以遏制犯罪为使命。相对于犯罪来说，刑罚是滞后的与消极的。犯罪的表现是无穷尽的，而刑罚的功能则是有限的。犯罪往往是无理性

① 参见张甘妹：《死刑存废的国际趋向》，载《现代法律》，1990（8）。

的、情绪性的产物，但刑罚却是立法者深思熟虑的结果。刑事政策作为刑罚运用的指导思想，必须立足于犯罪的规律性，而不能随着犯罪而盲动。

刑事立法是刑事政策的法律化，在创制刑法规范的时候是否基于理性分析，在很大程度上反映刑事立法是否受一种理性思维的指导。但恰恰在立法上，情绪的与想象的因素还在作祟。例如，设置某一犯罪的死刑，到底以什么为依据？在此，个案思维起到了重要的作用。我国学者储槐植在论及立法方式时，提出了典型立法与特例立法这两个概念。典型与特例是相对的两个概念。典型立法是指法定刑下限和上限均以典型为准，典型即在同类中最具代表性。法定刑幅度的典型立法方式，有利于收到宏观合理的功效，但也可能出现个案不合理（主要是刑罚过轻）的现象。特例立法的思路是，法定刑上限的依据是生活中发生概率极小的案件，即特例决定刑罚上限。这样做的结果是，特例（个案）可能符合罪刑相适应原则，但由于上限提得很高，整体刑罚量必然增加。[①] 两相比较，特例立法是微观合理宏观不合理，典型立法是宏观合理微观不合理。权衡得失，典型立法优于特例立法。这种特例立法就是个案思维的产物。立法公正是立法者的必然追求，但公正又有个别公正与一般公正之分。那么，立法上能否实现每一个案件的公正呢？我认为是不可能的。立法只能提供一般公正的规则。立法如果追求个别公正，势必在无形之中提高法定刑。这里的个别，是指发生概率极小的个案。任何一种犯罪，都存在这种发生概率极小的个案或者可以设想会出现这种发生概率极小的情形。如果所有犯罪的法定刑都以这种个案的公正作为设置标准，那么，个别公正就会以牺牲一般公正为代价，这显然是得不偿失的。因此，刑事政策应当以理性而不是情绪、以一般而不是个别为根据。

二

刑事政策追求刑罚的社会效果，但这一刑罚效果的追求又不能滥用刑罚，侵

---

① 参见储槐植：《刑事一体化与关系刑法论》，480页，北京，北京大学出版社，1997。

夺公民个人的自由与权利。对此，李斯特曾言：刑法是刑事政策不可逾越的樊篱。尽管李斯特十分重视刑事政策，首倡刑事政策学，但他仍然认为罪刑法定是刑事政策无法逾越的一道屏障，保护公民免受国家权威、多数人的权利、利维坦的侵害。① 由此可见，为实现刑事政策所预期的刑罚社会效果，在对刑罚结构进行调整的时候，受到功利性与人道性的双重制约。这里所谓功利性，是指刑法对犯罪的有效抑制，在调整刑罚结构的时候，应当使之适应遏制犯罪的需要。这里所谓人道性，是指刑法对人权的有效保障，在调整刑罚结构的时候，应当尽可能地使刑罚轻缓。要而言之，刑罚结构应当是在功利性与人道性的双重制约下，轻重搭配，科学合理。

当前世界各国刑事政策的趋向是两极化，也就是所谓“轻轻重重”。日本学者森下忠指出：第二次世界大战后，世界各国的刑事政策朝着所谓“宽松的刑事政策”和“严厉的刑事政策”两个不同的方向发展，这种现象称为刑事政策的两极化。② 由于刑罚结构是受刑事政策影响的，因而两极化的刑事政策趋向对于刑罚结构的调整具有重要意义。

“轻轻”是指对轻微犯罪，包括偶犯、初犯、过失犯等主观恶性不重的犯罪，处罚更轻。采取这种宽松的刑事政策，一方面是为了改善犯罪者更新和重返社会的条件，另一方面也是为了减轻执法机关的负担，特别是为了避免刑事设施和矫正设施人满为患的现象而采用以微罪处分、缓刑起诉、保护观察等非拘禁的刑事处分来代替自由刑的开放性的处遇政策。这种宽松的刑事政策在有关国际会议中得到肯定并进一步推行。1955 年在日内瓦召开的第一届预防犯罪及罪犯待遇的

---

① 参见［日］庄子邦雄：《刑罚制度的基础理论》，载《国外法学》，1979（3）（4）。日本学者曾经描述了一种二律背反的刑事政策的价值取向：一方面，强调受刑者、犯罪者的人权及作为人的尊严；另一方面是追求符合预防犯罪目的的犯罪对策。不难看出，这两个方面的政策要求在方向上是不能同一的。要达到预防犯罪、保卫社会的目的，牺牲某些个人利益是不可避免的，而强调受刑者的人权和尊严则必然要制约犯罪对策方向，两者形成二律背反式的紧张关系。但从日本现代整个社会政策的要求来说，刑事政策的这两方面的基本内容都不能放弃。因此，为调和两方面内容的关系，如何能够以最小限度的对犯罪者的侵害达到保全社会性利益的目的，就成了刑事政策的重要课题。参见何鹏主编：《现代日本刑法专题研究》，129 页，长春，吉林大学出版社，1994。

② 参见［日］森下忠：《犯罪者处遇》，4 页，上海，中国纺织出版社，1994。

会议上通过了《囚犯待遇最低限度标准规则》（United Nations Standard Miniomum Rules for the Treatment of the Prisoners），这一标准规则在各国提高被拘禁者的处遇方面作出了重大贡献。例如，标准第 57、58、59 条的指导原则是："57. 监禁和使犯人同外界隔绝的其他措施因剥夺其自由、致不能享有自决权利，所以使囚犯感受折磨。因此，除非为合理隔离和维持纪律等缘故，不应加重此项情势所固有的痛苦。""58. 判处监禁或剥夺自由的类似措施的目的和理由毕竟在保护社会，避免受犯罪之害。唯有利用监禁期间在可能范围内确保犯人返回社会时不仅愿意而且能够遵守法律、自食其力，才能达到这个目的。""59. 为此，监所应该利用适当可用的改造、教育、道德、精神和其他方面的力量及各种协助，并设法按照囚犯所需的个别待遇来运用这些力量和协助。"① 尤其是 1975 年第五届联合国预防犯罪和罪犯待遇大会通过并提交第三十届联合国大会以第 3452 号决议批准通过了《保护人人不受酷刑和其他残忍、不人道或有辱人格待遇或处罚宣言》，该宣言第 1 条明文规定："（1）为本宣言目的，酷刑是指政府官员、或在他怂恿之下，对一个人故意施加的任何使他在肉体上或精神上极度痛苦或苦难，以谋从他或第三者取得情报或招认，或对他做过的或涉嫌做过的事加以处罚，或对他或别的人施加恐吓的行为。按照囚犯待遇最低限度标准规则施行合法处罚而引起的、必然产生的或随之而来的痛苦或苦难不在此列。（2）酷刑是过分严厉的、故意施加的、残忍、不人道或有辱人格的待遇或处罚。"② 这些国际公约促进了罪犯处遇的人道化，推动了刑事政策向宽松方向发展。为此，各国采取了非刑罚化、非司法化等各种措施。尤其是非刑罚化的发展，使刑罚体系发生了重要变动。因为非刑罚化的重要形式之一是非监禁化，也就是回避自由刑的执行，由此而大量采用缓刑、假释等行刑制度。此外，非司法化也是宽松的刑事政策的重要表现，它表明单凭国家强制手段已不足以应付日趋严重的违法犯罪现象，从而不得不求助于社会各界，求助于公众。例如，美国的"转处"，就是争取公共的

---

① 张燕玲编：《联合国预防犯罪领域活动概况及有关文件选编》，21 页，北京，法律出版社，1985。

② 张燕玲编：《联合国预防犯罪领域活动概况及有关文件选编》，146 页，北京，法律出版社，1985。

和私人的帮助以及利用协调和调解程序，并且通过某些非官方机构和团体的介入，避免使冲突诉诸刑事诉讼。

"重重"是指对严重犯罪更多地、更长期地适用监禁刑。之所以采用这种严厉的刑事政策，主要是由于当前各国犯罪问题突出，尤其是恐怖犯罪、毒品犯罪、经济犯罪严重地影响社会的稳定。在这种情况下，明知刑法不是对付犯罪唯一的，甚至主要的方法，刑法的作用是有限的，但在没有其他有效措施的情况下，国家只能通过加重刑事处罚对此作出反应。因此，"重重"倾向反映了一种无奈、一种困惑、一种现实与理想的冲突，这也显示出刑罚目的观的现实主义倾向在西方国家重新抬头。"重重"主要表现为对重罪的重罚，强调犯罪人的责任。既然没有其他方法来防止犯罪，既然刑罚的改造作用发挥不了，则退而求其次，利用刑罚的惩罚作用和隔离作用。① 不仅如此，有关西方国家甚至还出现了要求恢复死刑或者恢复死刑执行的公众要求。例如，美国从 1967 年 7 月起全国实际上停止了死刑执行，但在 1977 年 2 月犹他州对一名死刑犯执行了死刑。这样，结束了美国刑事司法史上连续 10 年不执行死刑的历史。死刑执行的恢复，主要原因是社会治安问题严重，犯罪率增长，特别是严重罪案直线上升。在治安形势恶化的情况下，有必要强调刑罚的威慑功能。一般认为，死刑是所有刑罚方法中威慑力最大的一种。民意调查也反映出这种动向。1966 年盖洛甫民意测验表明，全美国赞成死刑的占 42%，反对死刑的占 47%。1981 年又做了一次民意调查，赞成死刑的上升为 70%，反对的下降为 25%。治安情况和公众意向是立法机关制定法律和司法部门执行法律时必然关注的基本依据。基于此，美国死刑执行数有回升趋势，尽管增长的绝对数极为有限。② 应当说，刑罚的这种反弹是正常现象，它是对刑罚过度轻缓化的一种反应。因此，这种"重重"现象的出现并非对刑法的人道性的否定与向重刑化的回归，而只是说明刑罚轻重受到各种因素的制约，人道性只是其中一个因素，不可将这种人道

① 参见杨春洗主编：《刑事政策论》，398 页以下，北京，北京大学出版社，1994。

② 参见储槐植：《美国刑法》，358 页，北京，北京大学出版社，1987。

性予以绝对化。

在我国刑法学界，究竟应奉行何种刑事政策，重重抑或轻轻，还是重重轻轻？这是一个十分现实的问题。我国学者储槐植曾经提出“严而不厉”的政策思想：“严”指刑事法网严密，刑事责任严格；“厉”主要指刑罚苛厉，刑罚过重。[①] 因此，严而不厉，实际上是指，“严”就是扩大犯罪圈（即犯罪化），从而增加刑罚规模；“不厉”就是降低刑罚强度。应该说，在增加刑罚规模这一点上，争议不大，因为随着市场经济的发展，各种新型犯罪大量出现，而在1979年刑法中对此未能反映，因而亟待将其犯罪化，扩大刑罚的干预面。但在是否降低刑罚强度上，则存在轻刑化与重刑化之争。

我国1979年制定的刑法，基本上是一部较为轻缓的刑法。此后，随着社会变革的开展，犯罪态势发生了一定的变化，严重的刑事犯罪与经济犯罪大幅度上升，大案要案居高不下，治安形势十分严峻。在这种情况下，立法者通过单行刑法与附属刑法的立法方式加重了刑罚。在刑法修订过程中，在对刑罚应当如何进行调整的问题上，我国刑法学界主要存在三种观点：（1）轻刑化。这种观点认为，我国现行刑事法律体系存在重刑化的倾向，其突出表现是挂有死刑、无期徒刑的条款过多，涉及罪名过广，适用对象过宽，而挂有罚金、缓刑、管制的条款过少，适用对象过窄，且多为选择刑种。同时，实际部门在刑种及量刑幅度的选择上偏重，依法判处死刑的人数较多。为此，有些学者主张刑罚应当向轻刑化方向发展，通过立法降低一些犯罪的法定刑幅度，从而达到整个刑事制裁体系的缓和化。其主要理由是：其一，轻刑化是历史发展的必然，也与我国国家性质、任务及文明发展的客观进程相一致。其二，轻刑化是商品经济的需要，它有利于创造一个适合社会主义商品经济发展的宽松环境。其三，轻刑化是社会主义民主的保障，从历史发展情况来看，重刑主义往往和专制主义是紧密联系的。其四，轻刑化是刑法科学化的要求，轻刑化的刑法就有可能促使人们在刑罚之外寻找更多

---

① 参见储槐植：《严而不厉：为刑法修订设计政策思想》，载储槐值：《刑事一体化与关系刑法论》，306页，北京，北京大学出版社，1997。

的科学方法，以便从根本上治理犯罪。[①]（2）重刑化。这种观点认为，我国现行刑法中的刑罚体系并非重刑主义。为了适应同犯罪作斗争的需要，应当修改刑法，使刑罚更趋严厉。其主要理由是：其一，就总体而言，我国刑法规定的刑罚种类还不够严厉。主要表现在还有拘役、管制等轻刑；并且，这些轻刑可适用于刑法分则规定的大多数犯罪。其二，有些犯罪的法定刑偏低。其三，刑罚应当充分发挥其威慑功能，稳定我国目前的治安情况，遏止经济犯罪的增长势头，创造一个安定的社会环境。其四，轻刑化作为刑罚发展的总趋势不能取代在某个国家的某个特定时期根据需要适当加重刑罚，以适应同犯罪作斗争的需要。[②]（3）适度化。这种观点认为，重刑化与轻刑化是两个极端，是片面的观点，是不符合我国的立法与司法的实际的。任何国家的刑罚体系都是由性质不同、轻重不同的刑罚种类构成，因为犯罪是一种复杂的社会现象，有的罪行重，有的罪行轻，决定对付犯罪的刑罚手段也必须有重有轻，一个科学的刑罚体系不能没有重刑与轻刑。从司法实践看，对犯罪一定要区别对待，有针对性地判处轻重不同的刑罚。因此，刑事立法与司法的指导思想，应该是宽严相济、轻重适当，既防止重刑化，又防止轻刑化。[③] 由上可知，我国刑法学界对于刑罚的发展方向还存在较大的分歧。

刑罚适度化的观点，既反对轻刑化又反对重刑化，态度折中，貌似有理，其实并非在同一个基础上探讨问题。轻刑化与重刑化是指刑罚轻重的发展趋势，涉及的是刑罚的整体调整。因此，轻刑化与重刑化是对刑罚的一种动态分析。而刑罚适度化的观点是对刑罚的一种静态分析，指出在一个已经确定的刑罚体系中，

---

① 参见王勇：《轻刑化：中国刑法发展之路》，载《中国刑法的运用与完善》，323 页以下，北京，法律出版社，1989。

② 参见何秉松：《我国犯罪趋势、原因与刑事政策》，载《政法论坛》，1989（6）。

③ 参见高格：《刑法思想与刑法修改完善》，载马克昌、丁慕英主编：《刑法的修改与完善》，21～22 页，北京，人民法院出版社，1995。类似的观点还见于，刘华：《论调整法定刑的适度与协调原则》，载杨敦先、曹子丹主编：《改革开放与刑法发展》，157 页，北京，中国检察出版社，1993；赵国强：《我国刑罚改革的理论探讨》，载《法学》，1989（7）；梁根林：《刑法改革的观念定向》，载陈兴良主编：《刑事法评论》，第 1 卷，137 页，北京，中国政法大学出版社，1997。

应该罪刑适度、相当，区别对待。显然，刑罚适度化的观点是正确的，但它不能代替轻刑化与重刑化的讨论，更不能以此作为否定轻刑化与重刑化的理由。因为无论在轻刑化还是在重刑化的刑罚体系中，同样都存在一个刑罚适度的问题。例如，在一个废除死刑的国家，其刑罚体系可以说是轻刑化的，最重之罪只能判处无期徒刑，依照罪行轻重分配刑罚分量，形成罪刑均衡的刑罚体系。在一个重刑化的刑罚体系中，只要不是对所有犯罪一律判处死刑，同样也存在一个罪刑均衡的问题。因此，轻刑化与重刑化是就刑罚的基准而言的，而刑罚适度化则是在这一基准给定的情况下某一刑罚体系内部的罪刑协调问题，两者不能混为一谈。在这个意义上，如果有第三种折中观点的话，应该是认为现在的刑罚已经轻重适宜，既没有必要向轻刑化调整，也没有必要向重刑化调整。但到目前为止，我还没有发现这种观点。因此，在这个问题上只存在轻刑化与重刑化两种观点的对峙。

"刑罚世轻世重"，这是中国古代刑法的一条重要原则。所谓"治乱世用重典，治平世用轻典"，说明世之治乱决定刑之轻重，刑应当与世相宜。正如韩非所言："法与时转则治，治与世宜则有功。"（《韩非子·心度》）毫无疑问，刑罚的轻重不是一成不变的，而是随着社会生活的发展而变化的，应当及时调整。关键问题在于如何把握社会生活的变化，这对于轻刑化还是重刑化具有决定性意义。我主张轻刑化的观点，主要理由如下：

（一）轻刑化的政治基础

法国著名启蒙学家孟德斯鸠曾经对政体的性质与刑罚的轻重之间的关系做了研究，指出：严峻的刑罚比较适宜于以恐怖为原则的专制政体，而不适宜于以荣誉和品德为动力的君主政体和共和政体。在政治宽和的国家，爱国、知耻、畏惧、责难，都是约束的力量，能够防止许多犯罪。对恶劣行为最大的惩罚就是被认定为有罪。因此，民事上的法律可以比较容易地纠正这种行为，不需要许多大的强力。在这些国家里，一个良好的立法者关心预防犯罪多于惩罚犯罪，注意激励良好的风俗多于施用刑罚。而在专制国家里，人民是很悲惨的，所以人们畏惧死亡甚于爱惜其生活。因此，刑罚便要严酷些。在政治宽和的国家里，人们害怕丧失其生活，甚于畏惧死亡，所以刑罚只要剥夺他们的生活就够了。[①] 由此可见，刑罚之轻重与政体的性质有着密切的联系。政治民主是一种承认少数服从多数的国家政权，与专制制度的国家相对立，它实行人民主权原则。只有在专制国家，由于少数人掌握国家政权，因而需要用严酷的刑罚维护其统治，重刑化是其必然结果。而在民主国家，法律体现人民的意志，因而实行轻刑化是可能的。我国政治民主化的程度越来越高，这就为刑罚的轻缓化提供了政治条件。政治民主化的一个重要标志就是人民群众以各种形式对国家政治生活的广泛参与，国家各项政策的制定都在相当程度上考虑到人民群众的意愿。在这种情况下，社会的整合力得以加强，各种社会矛盾得以及时化解。目前我国处于社会转型时期，失范现象还较为严重，但随着社会转型的逐渐完成，社会结构的逐渐磨合，我国社会必将进入一个稳定发展时期。在这种情况下，刑罚不再是主要的，更不是唯一的调整社会矛盾的手段。刑罚的重要性日渐消退，从而为轻刑化创造一定的社会条件。

（二）轻刑化的经济基础

市场经济是一种按照市场经济规则自律调节的国民经济。在市场经济的条件下，一切经济生活都发生于市场上，市场是商品生产、流通、分配的自由场所，体现了市场经营者之间或经营者与消费者之间根据平等自愿原则而发生的经济关系。在我国从计划经济向市场经济的转轨过程中，虽然由于市场经济的发展，各种新型的经济关系出现，刑事干预的范围有所扩大，但刑事干预的力度却应当有所节制。这里所谓刑事干预的力度的节制，主要就是指轻刑化。只有轻缓化的刑罚，才能为市场经济的发展提供宽松的社会法制环境。在市场经济以外的经济制度下，超经济的强制成为推动或者阻碍经济发展的手段。而这种超经济的强制往往采取刑罚的形式。而在市场经济制度下，刑事调整虽然仍是必不可少的，但从根本上来说，各种经济关系与经济矛盾主要还是通过市场的自发调整得以解决。在这种情况下，过分严厉的刑罚与市场经济的内在逻辑本身是矛盾的。因此市场

① 参见［法］孟德斯鸠：《论法的精神》，上册，82 页以下，北京，商务印书馆，1961。

经济必然呼唤轻缓化的刑罚。

（三）轻刑化的法律基础

刑事政策是刑法的灵魂与核心，刑法是刑事政策的条文化与定型化。因此，刑事政策对于刑法的发展具有直接的指导意义。刑事政策总是基于一定的犯罪态势提出来的，并且应当根据社会发展与犯罪变化的实际情况，及时地进行调整与校正，而不存在一成不变的刑事政策。我国当前抗制犯罪的主要刑事政策是20世纪80年代初提出的从重从快政策。应该说，这一刑事政策的提出有其特定的历史背景及当时历史条件下的合理性。依法从重从快政策的提出并实施，使我国刑法趋于重刑化。这对于维护当时的社会治安起到了一定的积极作用，使犯罪的发案率有所降低。但对于社会治安来说，刑事镇压毕竟只是治标的办法，而不能治本，即从根本上铲除犯罪产生的社会土壤。而且，当时提出的社会治安的根本好转这一目标，从现在来看也值得反思。事实上，社会治安应当争取的是一种动态的平衡。只要犯罪活动不造成社会动乱，社会变革与发展的活力仍然保持，社会治安就应当视为基本上正常。而根本好转缺乏量化的具体指标，同时不切实际，只是人们的一种主观愿望而已。实行依法从重从快的刑事政策已经十多年，现在应当从理论上反思这一刑事政策。我认为，依法从重从快的刑事政策已经实行十多年，虽取得一定效果，但并未达到理想的抗制犯罪的社会效果，应予适当调整。这种调整的方向应当是刑罚的轻缓化，通过切实有效的刑事法律活动，力求将犯罪控制在社会所能够容忍的限度之内。

最后应当指出，轻刑化是一个过程、一种趋势。在当前刑罚已经较重的情况下，不顾实际情况骤然大幅度地降低刑罚分量，可能会产生一些消极的后果。因此，应当逐渐实行轻刑化。而且，轻刑化是一个相对的概念，并且是同一定的犯罪态势相适应的。如果不顾客观实际地追求轻刑化，就必然使轻刑化归于无效，重刑化又卷土重来。更为重要的是，轻刑化只是指刑罚基准的趋轻发展态势，它与刑罚的适度性并不矛盾。因此，在轻刑化的情况下，仍然应该坚持区别对待这一原则，根据犯罪的严重程度适当地分配刑罚，以实现立法与司法的罪刑均衡。

三

根据刑事政策的理念，我国刑法的改革或曰现代化的一个重要的问题就是对刑罚结构进行合理调整。在调整刑罚结构的时候，应当注意以下问题。

（一）重刑结构还将继续存在

我国学者曾经对刑罚结构的类型作过论述，指出：从过去到未来，刑罚结构可能有五种类型：死刑在诸刑罚中占主导地位；死刑和监禁共同在诸刑罚方法中为主导；监禁在诸刑罚方法中为主导；监禁和罚金共同在诸刑罚方法中为主导；监禁替代措施占主导地位。第一种已成为历史，第五种尚未到来，中间三种在当今世界中存在。死刑和监禁占主导的可称重刑刑罚结构，监禁和罚金占主导的可称轻刑刑罚结构。监禁刑为主导的刑罚结构，法律上平均刑期在 3 年以上的归属重刑类，称次重刑；平均刑期在 3 年以下的归轻刑类。[①] 根据以上标准，我国当前的刑罚结构是以死刑和监禁刑为主导的，因而毫无疑问属于重刑结构。西方国家基本上是监禁和罚金占主导，甚至在这两种刑罚结构中，罚金又占主导地位，因而理所当然属于轻刑结构。中国之重与西方之轻，形成鲜明对照。但我认为，中国之重刑结构，有其存在的社会历史根源。尤其是中国当前处于经济转轨、社会转型的现代化发展初期，犯罪率猛然上涨，社会矛盾突出。在这种情势下，中国当前的重刑结构的存在是必然的，不必大惊小怪，更不能简单地以西方的轻刑结构来指责或否定中国的重刑结构。

（二）防止刑罚继续趋重

我国当前的重刑结构虽然具有存在的客观必然性，但并不能由此认为越重越好或者重刑有理。重刑，是不得已的。在许可的情况下，刑尽量要轻。这是一个具有人道主义信念的刑法学家应当具有的理念。应该说，当前我国的刑罚结构已经有过重之嫌，更要提防继续趋重。因为刑罚存在一个攀比问题，过多过分地使

① 参见储槐植：《试论刑罚机制》，载杨敦先、曹子丹主编：《改革开放与刑法发展》，148 页，北京，中国检察出版社，1993。

用重刑，必将使重刑贬值，从而引起刑罚进一步趋重，这是十分危险的。对此，孟德斯鸠曾经提出：经验告诉我们，在刑罚从轻的国家里，公民的精神受到轻刑的影响，正像其他国家受到严刑的影响一样。人们对严刑峻法在思想上也习惯了，正如对宽法轻刑也会习惯一样；当人们对轻刑的畏惧减少了，政府不久便不能不事事都有严刑。有的国家时常发生拦路抢劫，为着消除这种祸害，他们便发明了车轮轧杀刑；这个刑罚的恐怖，使抢劫暂时停止。但是不久以后，在大路上拦路抢劫又和从前一样了。由此，孟德斯鸠得出结论：治理人类不要用极端的方法，我们对于自然所给予我们领导人类的手段，应该谨慎地使用。① 孟德斯鸠的话应该引起我们深思，一味地使用重刑，其威慑力必然随着时间的推移而减损。而重刑化又是有限度的，不可能无限度地趋重。因此，防止刑罚攀比，从而继续趋重，具有重要意义。

（三）刑罚结构尽量科学合理

在任何刑罚结构中，总有轻重刑种搭配；说是重刑结构，无非是指重刑占主导地位或者比重较大而已，并非要否定轻刑。恰恰相反，更应当注重发挥轻刑的作用。为此，要使刑罚结构协调化。结构协调是指刑罚之间比例适度。例如死刑（终身监禁）与监禁刑之间、监禁刑内部长期刑与短期刑之间、监禁刑与罚金刑之间的比例要适度。② 这里的适度，主要指应该在轻重上互相衔接，不可畸轻畸重。从我国当前的刑罚结构来看，死刑与死缓及无期徒刑不够协调：一生一死，过于悬殊。死缓只相当于有期徒刑 24 年，无期徒刑则相当于有期徒刑 22 年，难以与死刑衔接。③ 为了限制死刑的适用，就有必要加强死缓与无期徒刑的严厉性。同时，对于 3 年以下有期徒刑等刑罚应进一步完善。虽然我国刑罚结构以重为主，但也应重重轻轻，合理配置。

---

① 参见［法］孟德斯鸠：《论法的精神》，上册，85 页，北京，商务印书馆，1961。

② 参见储槐植：《试论刑罚机制》，载杨敦先、曹子丹主编：《改革开放与刑法发展》，149 页，北京，中国检察出版社，1993。

③ 根据行刑实践，判处无期徒刑的罪犯往往经过 2 年可以减刑，一般减为有期徒刑 15 年至 20 年。因此，无期徒刑实际上相当于有期徒刑 22 年。死缓依法在 2 年期满以后减刑，即使减为无期徒刑，2 年以后又减刑，因而相当于有期徒刑 24 年。参见陈兴良：《刑法哲学》，修订 2 版，402 页，北京，中国政法大学出版社，1997。

（四）为轻刑化创造条件

轻刑化是一种历史发展的趋势，也是刑法人道性的必然要求。我国当前不可能马上实现刑罚宽缓，并不是宽缓不好，而是我国尚不具备实现刑罚宽缓的社会条件。基于这种考虑，我认为，我国应当逐渐创造刑罚宽缓的氛围，为将来条件成熟的时候实现轻刑化奠定基础。

我国第一部刑法是1979年制定的，此后随着犯罪态势与社会生活的剧烈变动，立法机关通过颁行单行刑法与附属刑法对1979年刑法作了重大的修改、补充，其中重要内容之一就是提高了刑罚的惩治强度。在这种情况下，我国刑法形成了一种重刑结构。1997年3月14日，我国完成了刑法修订。从修订后的刑法来看，对刑罚结构虽然作了一定程度的调整，但调整力度不大，基本上属于“微调”的性质。在此，对修订后的刑法的刑罚结构作一评述。

一是死刑的削减。

在修订后的刑法的刑罚结构中，死刑占有十分重要的地位。在刑法修订中，死刑的削减始终是一个引人注目的问题。死刑是重刑的主要表现，它的存在将在相当大的程度上决定着一个国家的刑罚结构的性质。一般认为，我国1979年刑法虽然有15个条文规定了28个死刑罪名，但总体上是一部比较宽和的刑法，是一部“不严不厉”的刑法。从20世纪80年代开始，为适应惩治严重刑事犯罪和经济犯罪的需要，增设了50多个死刑罪名。在这种情况下，我国刑法成为一部“厉而不严”的刑法。在刑法修订中，我国面临着一种选择：是制定一部“又严又厉”的刑法还是制定一部“严而不厉”的刑法？我国学者相当一致的观点是：应当大幅度地削减死刑。但从修订后的刑法关于死刑的规定来看，距离学者的期望还存在相当大的距离。立法机关明确表示：考虑到目前社会治安的形势严峻，经济犯罪的情况严重，还不具备减少死刑的条件。这次修订对现行法律规定的死刑，原则上不减少也不增加。[①] 由此可见，在1997年刑法修订中，对于死刑之所

① 参见王汉斌：1997年3月6日在第八届全国人民代表大会第五次会议上《关于〈中华人民共和国刑法（修订草案）〉的说明》。

以维持现状而没有进行大幅度的削减，主要是考虑到以下因素：（1）社会治安的形势严峻。当前我国社会上还存在严重的刑事犯罪，大案要案居高不下，社会治安遭受破坏，人民群众的安全感下降。尤其是车匪路霸十分猖獗，有些地方甚至出现了带有黑社会性质的犯罪组织为害一方，人民群众对此深恶痛绝。在这种社会治安形势没有根本好转的情势下对死刑作大幅度的削减，有可能使社会治安形势更趋恶化，不利于控制犯罪。（2）经济犯罪的情况严重。在现行刑法中，经济犯罪的死刑罪名占有很大的比重，在刑法学界对于经济犯罪废除死刑的呼声也比较高。但经济犯罪往往与职务犯罪联系在一起，例如贪污受贿等犯罪，其主体基本上是国家工作人员。随着我国经济体制上的转轨，经济犯罪的情况十分严重。尤其在当前惩治腐败的大背景下，过多地削减经济犯罪的死刑，难以被人民群众所认同。基于以上两点考虑，立法机关认为现在减少死刑的条件还不具备。由此可见，立法机关认为，并非死刑不应当削减，而仅仅是现在还不具备减少死刑的条件而已。

我认为，死刑问题既是一个理论问题又是一个现实问题。从理论上来说，死刑确实应当削减，否则与世界趋势背道而驰。但从现实上来说，死刑又确实不能大幅度地削减，这里存在一个中国的国情问题。但是，在 1997 年刑法修订中，对死刑完全维持现状，又似有保守之嫌。应该说，社会治安形势严峻，经济犯罪情况严重，这是有目共睹的客观事实。这种社会现实也确实给死刑减少带来极大的困难，但是否说死刑一点削减余地也没有呢？回答是否定的。实际上，有些死刑规定本来就是虚置的，予以适当削减，对于犯罪控制并无重大影响。其中最为典型的是修订后的刑法第 295 条规定的传授犯罪方法罪，这是 1983 年 9 月 2 日全国人大常委会《关于严惩严重危害社会治安的犯罪分子的决定》中新设的一个死刑罪名。传授犯罪方法罪在刑事审判中案件稀有，判处死刑更是十分罕见。而且，对于某些罪行严重的传授犯罪方法的犯罪分子按照共同犯罪中的教唆犯也能得到恰当的处理。在这种情况下，在修订后的刑法中保留传授犯罪方法罪，并维持其死刑规定，纯属多余，是典型的法律虚置现象。又如，非法集资罪、金融票据诈骗罪、信用证诈骗罪等金融犯罪与虚开增值税专用发票或其他发票罪、伪造或出售伪造的增值税发票等税收犯罪都保留了死刑，而这些犯罪的发生和金融管理秩序混乱、税收管理体制缺陷存在极大关系，主要应当通过加强社会经济管理、填补漏洞来防止这些犯罪的发生，而不能简单地施以重刑，乃至将死刑作为管理不善的补偿。事实上，如果金融管理和税收管理的正常秩序没有建立并健全，犯罪就不可避免，死刑也无济于事。因此，这里存在一个思想上的认识问题：死刑对于解决犯罪问题是否就那么灵验。由于这个问题很难通过社会实验来加以检测，因而重刑论者与轻刑论者各执一词。重刑论者指出：现在刑罚这么重，死刑这么多，犯罪尚且这么严重，如果轻刑化，犯罪将更趋严重。其逻辑结论是：为控制犯罪，刑罚还要进一步趋重。而轻刑论者指出：现在刑罚这么重，死刑这么多，犯罪仍然如此严重，可见刑罚对于犯罪不是万能的。其逻辑结论是：应当轻刑化。由此可见，从犯罪形势严峻、刑罚已经很重这样同一个事实出发，重刑论者与轻刑论者却得出了截然不同的结论。问题就是这样复杂。我认为，限制死刑乃至废除死刑，是一个总趋势，中国也不例外。刑罚不是越重越好，死刑不是越多越好，这应当成为我们的一个基本信念。在此基础上，又不能不承认削减死刑是要具备一定条件的，而这种条件又是逐步具备并且是要人去认识的。在条件已经具备的情况下，我们要正确地认识这种条件，并转化为削减死刑的实际行动。

应当指出，修订后的刑法对死刑罪名虽然基本没有削减，但在适用死刑的条件上有所限制，主要表现在盗窃罪、故意伤害罪上。在刑法修订中，1996 年 10 月 10 日的刑法修订草案曾经取消了这两个罪的死刑。但受个案思维①的影响，最终盗窃罪和故意伤害罪还是保留了死刑，但对死刑适用条件作了严格限制：盗窃罪适用死刑限于盗窃金融机构数额特别巨大和盗窃珍贵文物情节严重两种情形；故意伤害罪适用死刑限于致人死亡和以特别残忍手段致人重伤造成严重残疾两种情形。上述限制，尤其是盗窃罪的死刑，可谓“虽存犹废”，将对死刑的实际适

① 个案思维是指在立法中不是以一般公正为设置刑罚的标准，而是考虑个别案件的个别公正。例如，在盗窃罪死刑存废上，故宫盗宝案影响很大，在故意伤害罪死刑存废上，毁容致残案影响很大，由此影响立法上的取舍。

用产生重大影响。

二是管制的存废。

管制是限制自由刑。其不予关押的特点，使之显而易见地具有轻刑的性质。但在刑法修订中，对于是否保留管制刑却存在较大的争议。[①] 废除管制的主要理由之一是管制在司法实践中使用率很低，基本上是“名存实亡”。但大多数学者主张保留管制。从刑罚结构的合理构造上考虑，保留管制的好处是十分明显的[②]：（1）保留管制适应了世界范围内刑罚体系发展变化的趋势。刑罚体系是一个动态结构，当代刑罚体系发展的趋势是以财产刑、资格刑、名誉刑代替剥夺自由刑，一种多层次、多中心的刑罚体系正在形成和建立。承认管制在我国未来刑罚体系中应有的地位，适当扩大管制的适用范围，以降低剥夺自由刑的使用量，是大势所趋，也是历史的必然。（2）保留管制还符合刑罚方法发展变化的趋势。刑罚方法向开放性发展，是当今世界刑法变化发展的一个新趋势。这一趋势的实质是强调自由刑执行中注意发挥受刑人的主动性。自由刑既然以改造为目的，那么其执行便不能简单地依靠国家单方面地、强制性地实施，也不能单纯要求罪犯无条件地、全面地服从和接受。我国刑法中的管制与代表世界刑法发展趋势的开放性措施，在基本精神上是不谋而合的。而且，我国刑法规定的管制，吸收广大群众参加刑罚的执行，这对刑罚功能的发挥极为重要，而这一点却是国外开放性措施所无法比拟的。（3）管制属于轻刑，在我国刑法体系中，轻刑不是规定多了，而是规定少了。管制存废的争论本身足以引起我们的反思。从实践的情况来看，管制适用确实很少。但能否以此为理由取消管制？刑罚结构是一个具有内在逻辑的系统，轻重刑罚合理搭配，使之能够在较长时间内适应各个时期各种情况的需要。其中，难免有个别刑种是备而不用或少用的。就管制而言，目前由于犯罪形势严峻，需要重刑遏制，因而管制在一定程度上被虚置。但重刑不可能持久，轻刑化是必然趋势。管制作为轻刑在刑罚结构中的存在有其必要性。有鉴于

① 关于管制的存废之争参见陈兴良：《刑法哲学》，修订2版，410页以下，北京，中国政法大学出版社，1997。

② 参见周道鸾等主编：《刑法的修改与适用》，135页以下，北京，人民法院出版社，1997。

此，立法机关最终还是站在存置论的立场，并根据管制刑的缺陷作了适当的修订。

三是罚金的扩大。

罚金作为一种附加刑，体现的是对犯罪人的经济制裁。在1979年刑法中，罚金的适用范围是极其狭窄的，主要适用于一些轻微的经济犯罪。随着经济犯罪的日益增多，罚金刑在刑罚体系中的地位与作用越来越受到重视。如果说，在其他刑种的修订上还存在这样或那样的分歧意见，那么，在扩大罚金适用范围这一点上可以说几乎已是共识。我国著名刑法学家高铭暄对罚金的优越性作了以下论述：罚金刑适用规定的增加，反映了维护社会主义市场经济秩序和社会管理秩序的迫切需要，也表明罚金是对付经济犯罪、妨害社会管理秩序犯罪以及其中所包括的单位犯罪的有效方法。判处罚金，对于国家来说无疑具有很佳的经济性；同时对于谋取非法经济利益的犯罪人也是一剂苦药，给予他们一定的金钱上的剥夺，可使他们在经济上不仅捞不到便宜，而且有可能丧失再犯罪的“资本”。因此，罚金也具有重要的预防犯罪的作用，对其价值不可低估。关于罚金刑适用范围的扩大，高铭暄教授建议，凡是挂拘役的法定刑，一般都可以考虑增设单处罚金，作为供选择的刑种，这样可以使拘役有所分流，既可以少关一些人，减少自由刑场所的开支，同时也可以避免在某些场合下短期自由刑所带来的交叉感染的弊端。① 在刑法修订中，扩大罚金刑适用范围的意见为立法机关采纳。1979年刑法规定适用罚金的条文只有20条。其中，可以单处适用罚金的有5条，并处的有8条，单处或者并处的有7条。刑法修订前，单行刑法新设可处罚金的条文已达85条之多。而1997年修订后的刑法中，挂罚金刑的条文达139条，使罚金刑的适用范围大为扩大。应该说，罚金刑适用范围的扩大，是刑法修订中较为成功之举，它对于刑罚结构合理化具有重要意义。

毫无疑问，修订后的刑法中的刑罚结构仍然属于重刑结构。而且，在相当长

① 参见高铭暄：《论我国刑法改革的几个问题》，载高铭暄主编：《刑法修改建议文集》，10页以下，北京，中国人民大学出版社，1997。

的时间内，这一重刑结构还将继续存在下去。在这种情况下，我们寄希望于刑事司法。在法律现存的刑罚结构下，司法机关的刑罚适用活动应当体现刑事政策的精神。唯有如此，才能通过卓有成效的刑事司法活动，使刑罚结构在动态中趋向合理化。

（本文原载《法学研究》，1998（6））

刑罚改革论纲

在世界刑法史上，刑罚改革是一条基本的线索，正是刑罚改革使刑法适应社会的发展。在这个意义上说，世界刑法史就是一部刑罚改革的历史：刑罚改革是世界刑法史的主旋律。我国目前正处于社会发展的一个转折点上，和谐社会的社会发展目标之确立，为刑罚改革提供了动力与方向。为此，刑罚改革势在必行。本文根据我对刑罚制度的长期关注与研究，就我国刑罚改革的基本思路略抒己见，就教于同道。

一、刑事政策的适当调整

刑事政策是刑法的指导思想，刑罚改革必然以刑事政策的调整为前提与先导。我国的刑事政策有一个从惩办与宽大相结合到“严打”的转变过程。在1983年“严打”以前，我国官方正式承认的刑事政策是惩办与宽大相结合，至于在司法实践中落实到什么程度那是另外一个问题。我国1979年刑法第1条明确地将惩办与宽大相结合的刑事政策作为刑法制定根据载入刑法，从而使惩办与宽大相结合刑事政策获得了法律的认可。但从1983年“严打”以后，刑事立法与刑事司法发生了重大逆转，对犯罪（包括治安犯罪与经济犯罪）的严厉惩治成为刑法的首要使命。我国虽然没有明确地宣布放弃惩办与宽大相结合的刑事政策，但“严打”已经取代惩办与宽大相结合的刑事政策，成为实际上的刑法指导思想，这是一个不争的事实。及至1997年刑法修订，将刑法第1条关于惩办与宽大相结合刑事政策的规定予以删除，正式完成了从惩办与宽大相结合刑事政策到“严打”刑事政策在法律上的转变。“严打”刑事政策的提出，有其深刻的社会背景，也存在当时历史条件下的合理性，对我国社会治安的稳定曾经发挥过重要作用。但是，“严打”刑事政策本身存在一些负面的效应也是无可否认的，并且这种负面效应随着时间的推移而日益彰显。我认为，“严打”不能成为建设和谐社会的有效途径。因此，在和谐社会的建设目标确立以后，我们应当对达致这一目标的社会治理手段，包括刑事手段的合理性与正当性进行深刻的反思。“严打”刑事政策的负面效应主要反映在以下几个方面：一是“严打”与法治之间存在一定的紧张关系。“严打”虽然号称“依法从重从快”，但在实际运作中，由于“严打”以运动式、战役式的大规模的疾风暴雨式的方式推进，不可避免地对法治造成冲突，在强调打击犯罪的同时忽略了人权保障，这与法治的精神是背道而驰的。自“严打”开始，打击不力就成为一把悬在法院头上的达摩克利斯之剑，或者是一个戴在法院头上的紧箍，使法官在定罪上宁有勿无，在量刑上宁重勿轻。二是“严打”导致社会对重刑的依赖，使我国刑罚迅速趋重。在1983年“严打”以后，在刑事立法上通过颁布单行刑法，使死刑罪名从1979年刑法的28个增加到1997年刑法的68个。随着死刑罪名的增加，各种常见罪的刑罚普遍趋重。在刑事司法上虽然是在法定刑幅度内从重，但由于水涨船高的趋重效应的作用，实际判处的刑罚普遍加重，顶格判处的做法盛行。一定时间内缓刑及非监禁刑的弃用，都说明了这一点。由于“严打”能够在短时期内取得社会治安的暂时稳定，因而我国社会治安形成了对“严打”的严重依赖，重打轻防，甚至以打代防，“严打”取代了日常的社会治安管理以及对犯罪的防范。三是“严打”使刑罚效益发生贬值，过重的刑罚甚至成为犯罪的制造者。刑罚并非越重越好，刑罚的严厉性超过一定的限度，会发生边际效益递减，“严打”也是如此。1983年第一轮“严打”，短期效应明显，使犯罪率大幅下降，但这种效应保持不到 5 年，到 1988 年以后严重犯罪反而以前所未有的速度持续增长。1996 年发动第二轮“严打”，距离第一轮“严打”13 年，但效果明显不如 1983 年“严打”，因而在 2001 年又不得不发动第三轮“严打”。第三轮“严打”距离第二轮“严打”只有 5 年时间，即使“严打”密度加大，也不能提高“严打”的效益，这种“严打”效益递减的趋势是十分明显的。实践已经证明，“严打”并非长治久安之道，而只是扬汤止沸之举，在一定犯罪态势下不可不用但又不可久用。

基于以上对“严打”刑事政策的反思，我认为我国应当回归惩办与宽大相结合刑事政策。当然，考虑到惩办与宽大相结合的命题存在一定的局限性，其传统的内容诸如坦白从宽、抗拒从严等与法治精神存在一定冲突，我主张采用宽严相济刑事政策的命题，既能保留惩办与宽大相结合刑事政策的精髓，又能与国际上的轻轻重重两极化刑事政策暗合，更富于时代精神。宽严相济刑事政策不同于“严打”，“严打”是一味地从重，而宽严相济则对犯罪区分重与轻，重者严而轻者宽，重其重者，轻其轻者。由此可见，宽严相济刑事政策既不是一味从重，也不是一味从轻，而是把重的一手与轻的一手结合起来，从而发挥刑法遏制犯罪的更佳效果。

二、刑罚结构的合理设置

刑罚结构是刑罚方式的组合（配置）形式。刑罚改革，首先意味着刑罚结构的某种调整。从刑罚史的角度观察，存在以下四种刑罚结构：一是以肉刑、死刑为中心的刑罚结构；二是以死刑、自由刑为中心的刑罚结构；三是以自由刑为中心的刑罚结构；四是以财产刑为中心的刑罚结构。这四种刑罚结构呈现出一个刑罚趋轻的发展态势，这也是刑罚演变的轨迹。刑罚结构是与一定的社会形态相关联的，刑罚轻重是与社会文明程度成反比例的，因为刑罚本身是一种社会治理成本，因而只有在社会治理能力达到一定水平以后才能降低对刑罚的依赖，从而为轻刑化创造条件。就此而言，刑罚结构并非一个单纯的刑法问题，实际上是一个社会问题，非从社会角度观察不能得出正确结论。

我国目前的刑罚结构是以死刑、自由刑为中心的，从世界范围来看是一个重刑结构，甚至是一个超重刑结构。这一刑罚结构的不合理性不仅仅在于过重的刑罚设置，尤其是过多的死刑罪名；更在于我国刑罚体系存在着结构性缺陷，这就是死刑过重，生刑过轻，一死一生，轻重悬殊，从而极大地妨碍了刑罚功能的正常发挥。所谓死刑过重，是指我国在刑法上规定的死刑罪名过多，在司法上适用死刑过滥，从而使我国刑法成为一部重刑法典。如前所述，我国刑法中有 68 个死刑罪名，占我国刑法总罪名的七分之一，即七个罪名中就有一个死刑罪名。与此形成鲜明对照的是国际上已经形成限制死刑，乃至废除死刑的潮流。与国际潮流相比，我国死刑过重不言而喻。相对于死刑过重，我国刑罚结构中存在的另一个问题是生刑过轻。这里的生刑，包括死缓（因为死缓考验期满后一般会减为无期徒刑）、无期徒刑和有期徒刑。在我国刑法中，死缓相当于有期徒刑 14 年以上 24 年以下（不包括判决前羁押的时间），一般实际关押在 18 年左右。无期徒刑相当于有期徒刑 12 年以上 22 年以下（不包括判决前羁押的时间），一般实际关押在 15 年左右。有期徒刑最高为 15 年，数罪并罚不得超过 20 年（包括判决前羁押的时间）。由于我国存在减刑、假释制度，15 年有期徒刑最低关押 7.5 年，一般实际关押 12 年左右；20 年有期徒刑最低关押 10 年，一般实际关押 15 年左右。我国的生刑即使与美国的相比，也是过轻的：美国存在不得假释的终身监禁，而数罪并罚没有最高刑期的限制，实行并科原则，因而总和刑期动辄达到数十年，甚至数百年。美国部分州，例如加州实行“三次打击法”，采用橄榄球“三振出局”的规则：因犯重罪被三次打击的被告人，将受到严厉惩治。在“三次打击法”下被判决的被告人，将在监狱中度过大幅度累加的刑期，他们所服的刑期将远远超过其他的犯罪人。

为改变上述死刑过重、生刑过轻的刑罚结构，我认为应当在严格限制死刑的前提下，实行重者更重、轻者更轻的刑事政策。

首先是严格限制死刑。我认为中国不可能在短时间内废除死刑，但严格限制死刑是极为必要的，也是切实可行之道。限制死刑可以分为立法上限制与司法上限制两个方面。就立法限制而言，以减少虚置的死刑罪名为主要突破方向，并适当缩并常见罪的死刑罪名，具体方案如下：

1. 备而不用的死刑罪名之存废

备而不用的死刑罪名共有 21 个，包括：(1) 背叛国家罪；(2) 分裂国家罪；(3) 武装叛乱、暴乱罪；(4) 投敌叛变罪；(5) 间谍罪；(6) 为境外窃取、刺探、收买、非法提供国家秘密、情报罪；(7) 资敌罪；(8) 破坏武器装备、军事设施、军事通信罪；(9) 故意提供不合格武器装备、军事设施罪；(10) 战时违抗命令罪；(11) 隐瞒、谎报军情罪；(12) 拒传、假传军令罪；(13) 投降罪；(14) 战时临阵脱逃罪；(15) 阻碍执行军事职务罪；(16) 军人叛逃罪；(17) 为境外窃取、刺探、收买、非法提供军事秘密罪；(18) 战时造谣惑众罪；(19) 盗窃、抢夺武器装备、军用物资罪；(20) 非法出卖、转让武器装备罪；(21) 战时残害居民、掠夺居民财物罪。在上述死刑罪名中，保留以下 5 个死刑罪名：(1) 背叛国家罪；(2) 分裂国家罪；(3) 战时违抗命令罪；(4) 战时临阵脱逃罪；(5) 为境外窃取、刺探、收买、非法提供军事秘密罪。其余死刑罪名因适用的可能性极小而虚置，均可废除。

2. 经济犯罪的死刑罪名之存废

这里的经济犯罪是就广义而言的，包括经济秩序犯罪、财产犯罪和贪污贿赂犯罪。这些犯罪中共有死刑罪名 20 个，包括：(1) 生产、销售假药罪；(2) 生产、销售有毒、有害食品罪；(3) 走私武器、弹药罪；(4) 走私核材料罪；(5) 走私假币罪；(6) 走私文物罪；(7) 走私贵重金属罪；(8) 走私珍贵动物、珍贵动物制品罪；(9) 走私普通货物、物品罪；(10) 伪造货币罪；(11) 集资诈骗罪；(12) 票据诈骗罪；(13) 金融凭证诈骗罪；(14) 信用证诈骗罪；(15) 虚开增值税专用发票、用于骗取出口退税、抵扣税款发票罪；(16) 伪造、出售伪造的增值税专用发票罪；(17) 抢劫罪；(18) 盗窃罪；(19) 贪污罪；(20) 受贿罪。在上述死刑罪名中，保留以下 2 个死刑罪名：(1) 贪污罪；(2) 受贿罪。经济秩序犯罪的死刑均在废除之列，抢劫罪通过将以杀人为手段的抢劫设置为转化犯，以故意杀人罪论处，从而抢劫罪的死刑也可废除；至于盗窃罪的死刑现已限于盗窃金融机构数额特别巨大和盗窃珍贵文物情节严重两种情形。我认为，这两种情形的死刑也可废除。至于贪污罪和受贿罪的死刑，考虑到民众的心理承受能力，尤其是我国目前腐败犯罪现象还十分严重，暂时予以保留。但应当通过司法解释严格限制上述两罪的死刑适用条件，待条件成熟时，再将贪污罪和受贿罪的死刑予以废除。

3. 普通犯罪的死刑罪名之存废

这里的普通刑事犯罪，包括公共安全犯罪、人身犯罪和社会管理秩序犯罪。这些犯罪中共有死刑罪名27个，包括：(1) 放火罪；(2) 决水罪；(3) 爆炸罪；(4) 投放毒物罪；(5) 以危险方法危害公共安全罪；(6) 破坏交通工具罪；(7) 破坏交通设施罪；(8) 破坏电力设备罪；(9) 破坏易燃、易爆设备罪；(10) 劫持航空器罪；(11) 非法制造、买卖、运输、邮寄、储存枪支、弹药、爆炸物罪；(12) 非法买卖、运输核材料罪；(13) 盗窃、抢夺枪支、弹药、爆炸物罪；(14) 抢劫枪支、弹药、爆炸物罪；(15) 故意杀人罪；(16) 故意伤害罪；(17) 强奸罪；(18) 绑架罪；(19) 拐卖妇女、儿童罪；(20) 传授犯罪方法罪；(21) 暴动越狱罪；(22) 聚众持械劫狱罪；(23) 盗掘古文化遗址、古墓葬罪；(24) 盗掘古人类化石、古脊椎动物化石罪；(25) 走私、贩卖、运输、制造毒品罪；(26) 组织卖淫罪；(27) 强迫卖淫罪。在上述死刑罪名中，保留以下死刑罪名：(1) 故意杀人罪；(2) 走私、贩卖、运输、制造毒品罪。公共安全犯罪中，包括放火、决水、爆炸等，凡故意造成他人死亡的，都以故意杀人罪论处。在经过这样的立法技术处理后，危害公共安全犯罪均不包括故意杀人的内容，因而死刑均可废除。人身犯罪，除故意杀人罪保留死刑以外，其余死刑罪名均可废除。故意伤害罪，拐卖妇女、儿童罪未涉及对被害人生命的故意剥夺，不应保留死刑。强奸罪、绑架罪将故意造成他人死亡的内容剔除，以故意杀人罪论处，经过这种立法技术处理以后亦可废除死刑。应当指出：立法技术处理是十分重要的。目前我国刑法中死刑罪名过多，与立法技术有关，即将故意杀人这一最严重的犯罪内容广泛地包含在其他罪名之中，致使其他罪名不得不设置死刑。这种情形的罪名达十多个，采用转化犯的立法方式以后，死刑罪名将大为减少，又不影响对这些严重犯罪的惩处。至于社会秩序犯罪的死刑罪名，除毒品犯罪以外，余者均可废除。

经过以上删减、合并，我国刑法中的死刑罪名将减少至 9 个，但实际上对刑法惩治力度并无根本性的影响。除在立法上限制死刑以外，更为重要的是从司法上限制死刑。过去我们过于依赖对死刑的立法限制，忽视了对死刑的司法限制。实际上，死刑的司法限制是限制死刑的可行之道。例如韩国刑法（包括刑法典和特别刑法）中有 100 余种可判处死刑的规定，死刑罪名比我国还多，但从 1987 年至 1997 年，司法上实际执行死刑的才 101 人，可见其对死刑司法限制的力度之大。我国刑法对死刑适用条件规定得较为笼统，例如刑法第 48 条规定："死刑只适用于罪行极其严重的犯罪分子。对于应当判处死刑的犯罪分子，如果不是必须立即执行的，可以判处死刑同时宣告缓期二年执行。"这里的"罪行极其严重""不是必须立即执行"，都有很大的自由裁量余地。此外，刑法分则对具体犯罪的死刑适用条件规定为"情节特别严重""使公私财产遭受重大损失的""造成严重后果的""数额特别巨大并且给国家和人民利益造成特别重大损失的"等。这些盖然性规定具有双重效果：若要扩大死刑适用，司法机关可以借此而大开死刑之门；若要减少死刑适用，司法机关亦可以借此而关紧死刑之门。关键在于：我们想少杀还是多杀。

其次是重者更重。在严格限制死刑适用的前提下，为使刑罚结构合理，应当加重生刑。具体地说，某些过去判处死刑立即执行的犯罪，现在由于贯彻少杀政策不杀以后，改判死缓或者无期徒刑，为改变生刑过轻的倾向，应当加重死缓和无期徒刑的惩治力度。被判处死缓的，原则上关押终身；个别减刑或者假释的，最低应关押 30 年以上。被判处无期徒刑的，多数应关押终身；少数减刑或者假释的，最低应关押 20 年以上。有期徒刑的上限提高到 25 年，数罪并罚不超过 30 年。通过加重生刑，为死刑的减少适用创造条件。通过减少死刑与加重生刑，使刑罚威慑力从过去 80%依赖死刑，生刑的贡献率只占 20%，改变为 80%的刑罚威慑力通过生刑获得，死刑的贡献率只占 20%，从而减少对死刑的过分依赖，也使我国刑罚结构趋于合理。当然，加重生刑会大幅度地增加监禁成本，在我国目前的经济条件下能否承受这一监禁成本的增加？对这个问题，只有通过轻者更轻才能解决。

再次是轻者更轻。在严格限制死刑适用的前提下，在重者更重的同时，还应做到轻者更轻，即对较轻的犯罪，通常是指应处5年以下有期徒刑的犯罪，尽量减少关押，实行非监禁化。当前社区矫正试点在取得初步成效并全面推广以后，将会使非监禁刑的执行走上正轨，从而为非监禁刑的扩大适用创造条件。

三、刑罚轻缓的理性期待

刑罚结构调整是以现行刑罚威慑保持不变为前提的，通过死刑与生刑、重刑与轻刑的合理配置，使刑罚达到效益的最大化。我认为，随着我国法治文明的进步，对于刑罚的轻缓化是可以期待的。

我国目前的刑罚过重，这是二十多年来“严打”所形成的一种累积效应。现在值得我们思考的是：过重的刑罚难道真的如同我们预期的那样能够获得社会稳定吗？我的回答是否定的。我认为，过重的刑罚恰恰是社会治理不善的不得已的补偿。可悲的是，某些部门的领导并未意识到这一点，扩张犯罪、加重刑罚的呼声不绝于耳：对非医学需要的性别鉴定的犯罪化、对欠薪行为的犯罪化的立法建议时有所闻；对于金融犯罪提高惩治力度，甚至要求增加死刑的立法要求也提上议事日程。经济犯罪以及其他非暴力犯罪，世界各国几乎无一执行死刑的，我国目前如此众多的死刑罪名难道仍不敷用？来自某些部门、某些行业的这些声音恰恰是要为其管理无能推卸责任。如果我们的立法者听从这些建议，使我国刑罚进一步加重，必将祸国殃民，不可不加警惕。刑罚乃国家公器、社会公器，绝不能以个别人或者个别部门的意志为转移。

过重的刑罚不仅不能达到威慑犯罪的目的，而且会适得其反：制造犯罪。因为对公正的渴求是人所共同的，即使是犯罪人也期待着受到公正的惩罚。公正的惩罚使犯罪人能够悔过自新，重新做人。而不公正的惩罚使犯罪人产生对社会的敌视心理，出狱以后疯狂地报复社会。例如，鹿宪洲是一个前些年发生在北京的抢劫、杀人案件的犯罪分子，他在 1983 年“严打”中因犯罪被判处无期徒刑，吊销北京户口，押送到新疆服刑。在服刑四五年后，从监狱逃跑。此后，流窜全国各地，先后杀死 19 人，犯下滔天大罪。在该案审理的最后陈述中，鹿宪洲说了以下这番令人震惊的话：“1983 年我犯的只是一个轻罪，却判我无期徒刑，我认为这是不公正的。当时我就想，有朝一日我从监狱里出来，定要报复社会。如果出狱时年老了，杀不动成年人了，我就到幼儿园去杀小孩。”显然，鹿宪洲正是“严打”所造就的一个亡命之徒。正如同我们不顾自然规律会受到大自然的报复一样，我们不顾刑罚规律也会受到刑罚的报复。如果说，以上是鹿宪洲作为犯罪人的感受，那么犯罪人的亲属对重刑又是如何感受呢？我曾经接待过一位北大的退休职员，他儿子 23 岁，大学毕业后在证券公司工作，因炒股亏损，遂诈骗、盗窃证券公司的顾客资金，其中盗窃数额 49 万元，大多数已经归还。此案开始由海淀检察院向海淀法院提起公诉，在开庭以后发现应判处无期徒刑以上，又退回检察院，移送上级检察院向中院起诉。关押一年半以后，嫌疑人被判处无期徒刑，上诉被驳回。该老职员（年过 60 岁）向我诉说程序违法，定性不准，量刑过重，并拿出剪报，同样发生在北京的案件，案情相似却以贪污罪被判刑。我了解案情以后，告诉他根据现行刑法，定罪量刑没有错。至于报上的案例，只能说是法院判错了。但该老职员对同案不同判仍然大惑不解，对他儿子被判如此之重的刑感到大为不满。最后他对我说出这样令人震惊的话：“我儿子今年才 23 岁，等出狱也该 40 多岁了，那时他还能干什么？出狱后他去杀人放火，我也不会阻拦。”这当然是气话，但也确实在一定程度上反映了犯罪人亲属对重刑的感受。那么，社会公众对重刑又是什么感受呢？因为没有实证调查，也只能举例说明。南京某法院在一所大学法学院开庭审理一起抢劫案。这起案件就发生在该校区，被告人是来自农村的叔侄俩。因来南京多日未找到工作，无钱食宿。被告人在这种情况下产生了抢劫动机，一日傍晚持刀拦劫一名在校园里行走的大学生，大学生只有 50 元钱给了这两个被告人，被告人遂放其离去。被抢的大学生离开后立即报案，不出一个小时警察就将两名被告人抓获。本案事实清楚，证据确实充分，当庭宣判其叔有期徒刑 6 年、其侄有期徒刑 5 年。大学生旁听以后，都感到量刑过重，难以理解，像这样在衣食无着的情况下一时冲动抢劫，且未伤及人身，是否有必要判处如此重的刑罚？这样的判决结果，在我国目前的司法实践中并不为重，这样的判决每天都在生效着。但我们不禁要问：对这种轻微的犯罪果真需要如此重刑吗？这一个判决使一个犯罪人付出丧失自由的代价，也使一个家庭付出丧失劳动力的代价，又能为我们的社会增加什么呢？社会难道不是也要为此付出监禁成本吗？这一切，确实令人深思。在对一个犯罪人判刑的时候，我们不仅要考虑被害人的感受、法律的感受，也要考虑犯罪人及其亲属的感受，更要考虑社会公众的感受。在这些感受之间寻找某种平衡，这才是法官的感受，这种感受才能获得社会认同。过重，当然也包括过轻的刑罚，都对社会有弊无益。

古人云："刑罚世轻世重。"又云："治乱世用重典，治平世用轻典。"由此可见，刑之轻重系于世之治乱。我国正在建设和谐社会，和谐社会不能通过压制性手段而建成，而必须通过各种方式解决社会纠纷，刑罚只是不得已而用之的最后手段，并且刑罚必须与犯罪相均衡。我相信，和谐社会的建成之日就是治世的降临之时，刑罚的轻缓化是可以期待的。

（本文原载《法学家》，2006（1））

论行政处罚与刑罚处罚的关系

在法律制裁体系中，行政处罚与刑罚处罚占有十分重要的地位。随着我国行政法制的逐渐健全，行政处罚法的制定已经提上议事日程。在这种情况下，正确界定行政处罚与刑罚处罚之间的关系就成为一个亟待研究的重大课题。本文在对行政处罚与刑罚处罚的关系进行一般性的理论阐述的基础上，从立法与司法两方面对两者之关系作进一步论述，以期引起我国行政法学界与刑法学界的关注，并对其加以深入研究。

一、从法理上区分行政处罚与刑罚处罚

行政处罚与刑罚处罚是两种性质互异的法律制裁方法，对两者之间的关系首先应当从法理上予以科学区分，以便为立法与司法提供理论根据。

行政处罚，在大陆法系国家又称为行政罚（Verwaltungsstrafe），指对违反行政法上规定的义务的行为，根据一般统治权给予的制裁。① 质言之，行政罚是

① 参见［日］我妻荣等：《新法律学辞典》，181页，北京，中国政法大学出版社，1991。

作为行政不法的法律后果而存在的。因此，行政罚有广义与狭义之分。广义上的行政罚包括对构成犯罪的行政违法行为（刑法理论上称为行政犯罪或行政犯）的行政刑罚与行政法上的处罚。狭义上的行政罚又称为秩序罚（Ordnungsstrafe），用以作为一种“加重的行政命令”，而以罚锾为手段，是对于不遵守行政法规或不遵守行政义务者的一种警告。因此，行政罚或秩序罚显然有别于刑罚处罚。① 在我国，行政处罚都是在狭义上使用的，认为行政处罚是行政机关依法对实施了违反行政法律规范的违法行为的行政管理相对人进行的法律制裁。② 刑罚处罚，在大陆法系国家又称为刑事罚（Kriminalstrafe），指对犯罪行为，作为法律上的效果加给行为者的制裁。③ 作为对行政犯罪的制裁手段，行政刑罚属于广义上的行政罚。因此，从行政处罚与刑罚处罚的关系上说，在行政刑罚这一点上，基于对行政罚的广义理解，就具有行政处罚与刑罚处罚的双重属性。从狭义的行政罚来说，行政处罚与刑罚处罚的分野应该是清楚的。由于我国对行政处罚通常采狭义理解，因此从行政处罚和刑罚处罚的概念中，可以合乎逻辑地引申出两者间形式上的差别。这种差别主要表现在行政处罚与刑罚处罚的种类上。

我国行政法学界，一般根据行政处罚方式所作用的领域不同，将行政处罚分为精神罚、财产罚、行为罚和人身罚。精神罚是一种影响名誉的行政法律责任承担方式。财产罚是要行政违法行为的实施人向国家行政管理部门承担一定的财产上的责任，用以惩罚其所从事的违法行为。行为罚是一种剥夺或限制行政违法行为实施人的特定的行为能力的处罚方式。人身罚是对进行了违法行为的相对人的人身自由加以限制，又称自由罚。④ 我国刑法对刑罚处罚的种类（简称“刑种”）作了具体规定，分为主刑与附加刑两类，共 9 种。在刑法理论上，一般根据刑罚所剥夺犯罪人权利的性质，将刑罚分为生命刑（死刑）、自由刑（剥夺人身自

① 参见林山田：《刑罚学》，2 版，109 页，台北，“商务印书馆”，1983。

② 参见姜明安：《行政法与行政诉讼》，265 页，北京，中国卓越出版公司，1990。

③ 参见［日］我妻荣等：《新法律学辞典》，230 页，北京，中国政法大学出版社，1991。

④ 参见任志宽等：《行政法律责任概论》，138～145 页，北京，人民出版社，1990。

由）、财产刑和资格刑（剥夺行使某些权利的资格）。[①] 由此可见，从行政处罚与刑罚处罚的外在表现形式上看，两者的区别是明显的。

但是，我们不能满足于行政处罚与刑罚处罚之间在形式上的差别，还应当进一步从两者的制裁对象着手，探求行政处罚与刑罚处罚在性质上的区别。行政处罚是对行政不法的制裁，而刑罚处罚则是对刑事不法（即犯罪，本文为与行政不法相对应，一般采用刑事不法这个术语）的制裁。因而，正确区分行政不法与刑事不法就成为界定行政处罚与刑罚处罚关系的关键。

行政不法与刑事不法的区别问题，是刑法理论上一个聚讼不休的论题。主要存在以下三种观点[②]：一是量的差异理论，认为行政不法行为只是一种比犯罪行为具有较轻的损害性与危险性的不法行为，或是在行为方式上欠缺犯罪行为的高度可责性的不法行为，行政犯或违警犯在事实上即是一种"轻微罪行"。质言之，行政不法与刑事不法之间只有量的区别，因而这一观点称为量的差异理论。二是质的差异理论，认为行政不法与刑事不法之间具有质的区别。其中德国刑法学家戈登施密特（J. Goldschmidt）提出的行政刑法理论认为，司法与行政有着根本的区别，为达到司法目的而采取的强制手段，称为司法刑法，为达到行政目的而采取的强制手段，称为行政刑法。违反司法刑法的行为即为刑事不法，违反行政刑法的行为则为行政不法。三是质量的差异理论，认为行政不法与刑事不法两者不但在行为的量上而且在行为的质上均有所不同。刑事不法行为在质上显然具有较深度的伦理非价内容与社会伦理的非难性，而且在量上具有较高度的损害性与社会危险性；相对地，行政不法行为在质上具有较低的伦理可责性，或者不具有社会伦理的非难内容，而且在量上并不具有重大的损害性与社会危险性。我认为，以上三种理论从质、量或者质与量的统一上界定了行政不法与刑事不法的区别，就论述的内容而言，质量的差异理论综合了量的差异理论与质的差异理论，因而较为全面完整。但是，不法行为无论是其质、其量还是其质量，都是由一定

① 参见邱兴隆、许章润：《刑罚学》，161 页，北京，群众出版社，1988。

② 参见林山田：《经济犯罪与经济刑法》，修订 3 版，110～121 页，台北，三民书局，1981。

的政治、社会内容所决定的，归根到底，是以行为的社会危害性为转移的。刑事不法，往往具有较为严重的社会危害性，而行政不法则虽然具有一定的社会危害性，但尚未达到犯罪程度。立法者只能选择那些对社会具有较大的社会危害性、危及社会根本生存条件的行为规定为犯罪，并予以刑罚处罚，以显示对刑事不法行为的严厉的否定评价，对于一般的行政不法行为，则予以行政处罚。

应当指出，虽然行政不法与刑事不法存在社会危害性程度上的根本差别，但两者又有着不可分割的内在联系。这主要是指刑事不法中的行政犯，这种犯罪是一种禁止恶，其恶性源自法律的禁止规定，因而不同于自体恶的自然犯。因此，行政犯实际上是由行政不法转化为刑事不法，它具有行政不法与刑事不法的双重属性。在这个意义上，我同意我国台湾地区刑法学家林山田区别刑事不法与行政不法的三分法（参见下图）。①

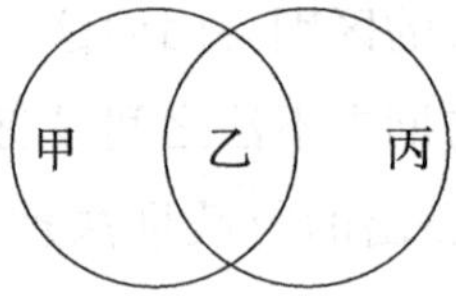

在上图中，甲为刑事不法（纯正的犯罪行为），乙为具有刑罚后果的行政不法（不纯正的行政不法行为），丙为具有行政罚后果的行政不法（纯正的行政不法行为）。

法国著名启蒙学家卢梭指出："刑法在根本上与其说是一种特别法，还不如说是其他一切法律的制裁力量。"② 在法律制裁体系中，刑罚处罚是其他法律制裁，包括行政处罚的后盾。违反行政法规的行为，只要其社会危害性达到一定的严重程度，立法者就将其规定为犯罪，予以一定的刑罚处罚。由此可见，行政处罚与刑罚处罚的区分只有相对的意义，这主要表现为行政不法与刑事不法之间的互相转化，导致行政处罚与刑罚处罚范围的互相消长。

当今国际上流行的非犯罪化与非刑罚化，往往就是将刑事不法转化为行政不

① 参见林山田：《经济犯罪与经济刑法》，修订3版，129页，台北，三民书局，1981。

② ［法］卢梭：《社会契约论》，63页，北京，商务印书馆，1962。

法。所谓非犯罪化（decriminalization），是指依立法者意图，认为法律原来规定的犯罪没有继续存在的必要，从而把该行为从法律规定中撤销，使行为合法化或行政违法化。[①] 随着非犯罪化，相应地还出现非刑罚化（depenalization），是指减轻法律规定的对某种犯罪的刑罚处罚，这些行为仍被认为是犯罪，但对待这些犯罪的方法与原有的刑事惩罚是不同的。西方国家非犯罪化的内容之一就是违警罪的非犯罪化。联邦德国在 1975 年进行的一项改革中排除了违警罪（性质不严重的轻微犯罪）的刑事犯罪的性质，把违警罪只视为一般的对法规的违反，因此对其只处行政罚款，而不处刑事罚金。葡萄牙进行了同样的革新，意大利也受到很大的影响。在非刑罚化思想的影响下，人们致力于组织对监禁的替代方法。在正在进行的刑法改革运动中，这种限制自由或限制权利的措施将会获得更大的发展。同时，人们致力争取公共的和私人的帮助以及利用协调和调解程序，并且通过某些非官方机构和团体的介入，避免冲突诉诸刑事诉讼。这一潮流在美国被称作“转处”，在加拿大被称作“非司法化”。[②] 非犯罪化与非刑罚化表现为对刑罚处罚范围与行政处罚范围的调整，其基本思想是主张刑罚谦抑，反对刑罚膨胀。应该说，非犯罪化与非刑罚化思潮所强调的犯罪的相对性观念、刑法的不完整性观念、刑罚的经济性观念和刑法的最后性观念值得我国借鉴，我国也确实存在个别犯罪的非犯罪化问题。但是，我认为，我国当前的主要问题不是非犯罪化，而是应当犯罪化。尤其是在经济体制改革以后伴生的大量商品经济所特有的经济犯罪中，许多都是行政不法，在现行刑法中没有规定，因而当务之急是使之犯罪化。这主要是由于中国的犯罪观念与西方不完全相同。如前所述，西方国家的非犯罪化主要是违警罪的非犯罪化，而在中国，相当于西方违警罪的危害治安行为并没有作为犯罪来处理，而是作为行政违法行为规定在《治安管理处罚条例》之中。因此，中国不可照搬西方的非犯罪化与非刑罚化。一个国家的行政处罚与刑罚处罚范围的确定，只能是根据本国的具体国情。我认为，根据我国法制建设的

① 参见黎宏、王龙：《论非犯罪化》，载《中南政法学院学报》，1991（2）。

② ［法］马克·安塞尔：《从社会防护运动角度看西方国家刑事政策的新发展》，载《中外法学》，1989（2）。

现状，应当在加强行政法制建设的同时，健全刑事法制，使行政法制与刑事法制互相协调，共同维护社会生活秩序。

二、从立法上正确处理行政处罚与刑罚处罚的关系

行政处罚与刑罚处罚的关系并不仅仅是一个纯粹的法理问题，更重要的是一个法律实际问题。首先表现为在立法上如何处理两者之间的关系。我认为，从立法上正确处理行政处罚与刑罚处罚的关系，应当注意以下两个问题。

（一）行政处罚与刑罚处罚之间内容上的协调化

行政处罚与刑罚处罚在性质上有所不同，由于行政不法的不法内涵较低，其立法反映也就较之刑事不法要缓和一些。正如我国台湾地区刑法学家林山田指出：行政罚或秩序罚不像刑事刑罚，它不具有“社会伦理的价值判断”的性质或社会伦理上的非难与谴责性。因为行政罚或秩序罚大多限定在财物的剥夺上，原则上只处以罚款。① 要言之，行政处罚与刑罚处罚之间在轻重上应当互相衔接、协调一致。我国行政处罚中包含人身罚，人身罚中的劳动教养是指对实施严重的行政违法行为的人员，依法实行强制劳动教育的一种行政处罚措施，是所有行政处罚手段中最为严厉的一种。按规定，劳动教养的期限为1年至3年，必要时得延长1年。从规定来看，劳动教养是对具有轻微罪行的人实行强制性教育改造的行政处罚，实际上具有保安处分的性质。但由于劳动教养关系到劳教人员的人身自由的限制甚至剥夺，而且时间最长的可达3年，就其实际效果来说，比作为刑罚的管制和拘役还要重，这就形成了两者之间的严重不协调。这个问题关系到刑罚与保安处分的关系，限于篇幅本文不展开论述。但我认为，出现这种行政处罚比刑罚处罚更为严厉的情况是不正常的，应当予以纠正。应将有关保安处分的内容引入刑罚体系，建立保安刑，使之与传统刑罚方法中的生命刑、自由刑、财产

① 参见林山田：《刑罚学》，2版，109页，台北，“商务印书馆”，1983。

刑和资格刑相并列，作为补充与强化前者的预防功能，尤其是个别预防功能而适用。[①] 这样，劳动教养作为一种保安刑被引入刑罚体系，行政处罚中的人身罚仅限于行政拘留。只有这样，才能较好地协调两者之间的衔接关系。

（二）行政处罚与刑罚处罚之间体例上的一体化

在法律体例中，行政处罚与刑罚处罚不是截然分开而是互相依存的，行政处罚与刑罚处罚之间体例上的这种一体化趋势，在我国法律中也表现得十分明显。这首先表现为在经济行政法规中规定刑事罚则，这种具有刑法性质的法律规范被称为附属刑法。附属刑法依附于经济行政法规而存在，它对于这些经济行政法规的实施具有重要的保障作用。在刑法理论上，往往把这种在经济行政法规中设置刑法规范的立法方式，称为散在型立法方式。散在型立法方式可以分为依附性与独立性两种，我国主要采用依附性的散在型立法方式，即经济行政法规中的刑法规范必须依附于刑法典才有其存在的意义。离开刑法典，这些刑法规范就无从发挥作用。这主要有以下三种情况：一是原则性的刑法规范，即在经济行政法规中笼统规定对某种行为依法追究刑事责任。二是援引性的刑法规范，即在经济行政法规中具体规定对某种行为依照刑法某一条款追究刑事责任。三是比照性的刑法规范，即在经济行政法规中类推规定对某种行为比照刑法某一条款追究刑事责任。依附性的刑法规范，主要具有以下功能：一是照应功能，指立法者在刑法已有明文规定的情况下，为了表明对某种违法行为的刑事否定评价，而在经济行政法规中作出重申性的规定。照应功能对于衔接行政处罚与刑罚处罚具有一定的意义。二是修改功能，指立法者在经济行政法规中，对刑法的某个具体规定加以修改，使之适应社会需要，并使刑罚处罚与行政处罚相协调。三是创制功能，指立法者在经济行政法规中通过类推立法，创制新罪名。由依附性的散在型立法方式依赖于刑法典这一特征所决定，它也存在一定的缺陷，主要表现在：一是经济行政法规中的原则性刑法规范不协调，无法在刑法典中找到可以照应的条款，从而使这类规定形同虚设。二是经济行政法规中的援引性刑法规范不明确，以至于有

① 参见陈兴良：《刑法哲学》，460页，北京，中国政法大学出版社，1992。

法难依。三是经济行政法规中的比照性刑法规范不合理，造成适用上的混乱现象。这些缺陷的存在，严重地影响了经济行政法规的适用效果。为此，我主张采用独立性的散在型立法方式，即在经济行政法规中设置具有独立罪名和法定刑的刑法规范。这种方式，早在 19 世纪末 20 世纪初就已产生，如美国 1890 年的《谢尔曼法》和德国 1909 年的《不当竞业法》，较晚些的如日本 1947 年的《禁止私人独占及确保公正交易法》、联邦德国 1966 年的《竞业限制法》、美国 1974 年的《反托拉斯诉讼程序与处罚法》等也采用了这种方式。独立性的散在型立法方式具有灵活、适时并且能与所在的经济行政法规融为一体的特征，受到各国的广泛青睐。但在我国，法学界对独立性的散在型立法方式存在否定的意见，立法者也没有采用这种方式。主要是一个观念更新的问题，是主观上没有妥善解决好在经济行政法规中能否规定具有独立罪名和法定刑的刑法规范这个问题，甚至宁可采用类推立法的方式，后来则采取刑法修正案的方式，使刑法规范从经济行政法规中剥离出来，也不在经济行政法规中规定独立性的刑法规范。我认为，独立性的散在型立法方式是各国广泛采用的一种立法方式，它在协调行政处罚与刑罚处罚方面具有重要作用，而且在立法权限之内，完全可以在经济行政法规中规定独立性的刑法规范。

如果说附属刑法是刑法内容依附于经济行政法规而存在，那么，在现行的单行刑法中，也附属地存在大量的行政处罚的内容，并使刑罚处罚与行政处罚互相衔接、融为一体。这表现为：一是在单行刑法中设专条规定行政处罚，例如《关于禁毒的决定》第 8 条规定："吸食、注射毒品的，由公安机关处十五日以下拘留，可以单处或者并处二千元以下罚款，并没收毒品和吸食、注射器具。吸食、注射毒品成瘾的，除依照前款规定处罚外，予以强制戒除，进行治疗、教育。强制戒除后又吸食、注射毒品的，可以实行劳动教养，并在劳动教养中强制戒除。"这一条款涉及的都是对吸食、注射毒品人员的行政处罚，内容包括拘留、罚款、没收、强制戒除、劳动教养等。二是在单行刑法中根据行为情节轻重，将行政处罚与刑罚处罚规定在同一条款之中。例如《关于惩治走私、制作、贩卖、传播淫秽物品的犯罪分子的决定》第 3 条规定："在社会上传播淫秽的书刊、影片、录像带、录音带、图片或者其他淫秽物品，情节严重的，处二年以下有期徒刑或者拘役。情节较轻的，由公安机关依照治安管理处罚条例的有关规定处罚。”这一条款根据传播淫秽物品情节的轻重，分别予以刑罚处罚与行政处罚。以上两种规定方式还见诸《关于严禁卖淫嫖娼的决定》和《关于严惩拐卖、绑架妇女、儿童的犯罪分子的决定》。我认为，在单行刑法中附属地规定行政处罚内容，有利于对某一专门问题的以刑法为主的综合法律调整，并能够协调好行政处罚与刑罚处罚的关系，因而是一种可行的立法方式。

行政处罚与刑罚处罚在法律体例上的这种一体化立法方式，既为行政处罚与刑罚处罚的协调带来了便利，同时也提出了《行政处罚法》制定的迫切任务。从刑罚处罚方面来说，由于刑法总则对犯罪与刑罚的一般性问题都作了系统规定，而且刑法第 89 条明确规定：“本法总则适用于其他有刑罚规定的法律、法令，但是其他法律有特别规定的除外。”因此，刑法总则对附属刑法与单行刑法起到了统率的作用，能够较好地协调刑法规范内部的关系。但从行政处罚方面来说，除《治安管理处罚条例》外，大量的行政处罚散见于各种经济行政法规中，但由于没有类似于刑法总则的这种共通规定，因而显得零碎而缺乏系统性。为此，我建议制定《行政处罚法》。在这方面，外国有关立法例值得我们借鉴。例如 1984 年苏联时期，俄罗斯联邦制定了《行政违法行为法典》，这一法典既包括行政违法行为处罚的总则、分则等实体化内容，又包括行政处罚决定的处理机关、诉讼、执行等程序法内容，体系庞杂。我认为，我国当前还不具备制定这样一部无所不包的行政违法行为法典的条件，但可以制定一部规定行政处罚共通问题的具有总则性质的《行政处罚法》，而分则性的内容则由各经济行政法规，甚至刑事法规具体规定。

三、从司法上正确处理行政处罚与刑罚处罚的关系

行政处罚与刑罚处罚的关系还在司法上表现出来。从司法上来说，正确处理行政处罚与刑罚处罚的关系，主要应当注意以下两个问题。

（一）行政不法与刑事不法的具体界定

在司法实践中，区分行政不法与刑事不法实际上是一个区分罪与非罪的问题。从我国刑法的有关规定来看，区分行政不法与刑事不法主要应当考虑以下因素：第一，情节轻重。情节轻重反映的是行为的社会危害性程度。因此，它对于区分行政不法与刑事不法具有重要意义。我国法律在许多情况下规定以情节轻重作为区分行政不法与刑事不法的标志。例如，《关于严禁卖淫嫖娼的决定》第3条规定："引诱、容留、介绍他人卖淫的，处五年以下有期徒刑或者拘役，并处五千元以下罚金；情节严重的，处五年以上有期徒刑，并处一万元以下罚金；情节较轻的，依照治安管理处罚条例第三十条的规定处罚。"这里的"情节较轻"是指那些不是为了营利或其他不正当利益，偶尔出于某种原因容留、介绍他人卖淫的行为。[①] 因此，凡是情节较轻的，应视为行政不法行为，予以行政处罚；否则，就是刑事不法行为，应当予以刑罚处罚。第二，数额多少。在经济犯罪中，犯罪数额是衡量行为对社会危害性的一个重要指数，因而对于区分行政不法与刑事不法也具有重要意义。我国刑法中规定的许多经济犯罪，都以数额作为划分罪与非罪的界限。例如根据《关于惩治走私罪的补充规定》，走私货物、物品价额不满2万元的，由海关没收走私货物、物品和违法所得，可以并处罚款。走私货物、物品价额在2万元以上的，则除情节较轻的以外，都应当作为走私罪处理。第三，后果大小。危害后果的大小对于区分行政不法与刑事不法具有直接意义。例如，我国刑法第187条规定的玩忽职守罪，就是以"致使公共财产、国家和人民利益遭受重大损失"作为区分罪与非罪标准的：具备这一危害后果的，就构成刑事不法，应予刑罚处罚；否则就是行政不法，应予行政处罚。应当指出，在司法实践中对具体行为区分行政不法与刑事不法的时候，以上情节、数额、后果三个因素不是截然分离的，应当加以综合分析判断，防止只强调一点而不及其余。

（二）行政处罚与刑罚处罚的双重处罚

在司法实践中，对于行政犯罪还存在一个能否双重处罚的问题，这里主要的

① 参见全国人大常委会法制工作委员会刑法室编著：《〈关于严禁卖淫嫖娼的决定〉和〈关于严惩拐卖、绑架妇女、儿童的犯罪分子的决定〉释义》，37页，北京，中国检察出版社，1991。

思想障碍是“一事不再理”。“一事不再理”（non bis in idem）源自古罗马法。在罗马共和国时期，法院实行一审终审制，因而实行“一事不再理”的原则。“一事不再理”就是指对于已发生法律效力的案件，除法律另有规定的以外，不得再行起诉和处理。这个原则普遍适用于民事案件的审判，同时也适用于刑事案件。① 适用于刑事案件时，“一事不再理”与英美国家的“防止重复定罪和刑罚的危险”（protection against double jeopardy）原则相类似，这一原则又被译为“一事不再理”，它指禁止使一个人因其同一罪行在第一次审判之后，再次处于被定罪和处罚的危险之中，亦即一个人因犯罪被起诉和审判之后，不得因同一罪行对其再次进行起诉和审判。② 由此可见，所谓“一事不再理”是指对同一犯罪不得重复定罪并予以刑罚处罚。因此，“一事不再理”中所说的两次处分，一般是指性质相同的两次处分，如对同一罪行判两次刑，并都付诸执行。而同时给予罪犯以刑罚处罚和行政处罚，则是两种性质不同的处罚，它们完全是独立存在的，并不发生两者择一的问题，更不存在违反“一事不再理”原则的情况。③ 我认为，对行政犯罪实行双重处罚具有以下根据：第一，理论根据。行政犯罪是构成犯罪的行政不法，具有行政违法与刑事违法的双重违法性。行政犯罪所具有的这种双重违法性，决定了它应受双重处罚，即既要受刑罚处罚，又要受行政处罚。第二，法律根据。双重处罚的法律根据可以分为直接法律根据与间接法律根据。直接法律根据例如我国刑法第 116 条的规定：“违反海关法规，进行走私，情节严重的，除按照海关法规没收走私物品并且可以罚款外，处三年以下有期徒刑或者拘役，可以并处没收财产。”在此，刑法规定对于同一走私行为，在处以没收走私物品并处以罚款这一行政处罚的同时，又处 3 年以下有期徒刑这一刑罚处罚。这是十分明显的双重处罚规定，尽管 1988 年《关于惩治走私罪的补充规定》将行政处罚改为判处罚金，但类似规定在刑法中仍然存在。例如刑法第 121 条规定：“违反税收法规，偷税、抗税，情节严重的，除按照税收法规补税并且可以

① 参见周枏等：《罗马法》，334 页，北京，群众出版社，1983。

② 参见孙膺杰、吴振兴主编：《刑事法学大辞典》，466 页，延吉，延边大学出版社，1989。

③ 参见张明楷主编：《行政刑法概论》，176 页，北京，中国政法大学出版社，1991。

罚款外，对直接责任人员，处三年以下有期徒刑或者拘役。”由此可见，对行政犯罪实行双重处罚具有直接的法律根据。间接的法律根据是指刑法第 31 条的规定：“由于犯罪行为而使被害人遭受经济损失的，对犯罪分子除依法给予刑事处分外，并应根据情况判处赔偿经济损失。”在这种刑事附带民事诉讼的情况下，同一犯罪行为，既受到刑罚处罚，又受到民事处罚。既然对同一犯罪行为可以实行刑罚处罚与民事处罚的双重处罚，当然也可以实行刑罚处罚与行政处罚的双重处罚。因此，这是对行政犯罪实行双重处罚的间接的法律根据。

在对行政犯罪实行双重处罚的时候，还应当注意实体与程序两方面的问题：从实体上说，行政犯罪应受双重处罚与实际上是否受到双重处罚不可混同。有些具体行政犯罪由于某种原因，可能实际上只受到了刑罚处罚和行政处罚中的某一种，但这并不等于说犯罪人不应受到双重处罚。之所以实际上只受到一种处罚，有两种情况：第一种情况是某些犯罪情节轻微，法律规定可以免予刑事处分。人民法院免予刑事处分后，交由主管部门予以行政处罚。第二种情况是在行政处罚与刑罚处罚所剥夺权益的内容相同的情况下，采取刑罚处罚吸收行政处罚的方法，实际只受到刑罚处罚。例如，作为行政处罚方法的拘留与劳动教养和作为刑罚处罚方法的剥夺自由刑，都是以剥夺自由为内容的，因而根据有关司法解释，可以将行政处罚折抵为刑罚处罚。最高人民法院 1957 年 9 月 30 日《关于行政拘留日期应否折抵刑期等问题的批复》指出：关于人民检察院或被害人对因违警行为而受过行政拘留处分的人又向人民法院提出公诉或自诉的，如果被告人的行为构成犯罪，应予处刑的，法院应予受理。如果被告人被判处刑罚的犯罪行为和以前行政拘留处分的行为系同一行为，其被拘留的日期，应予折抵刑期。此外，最高人民法院在 1981 年 7 月 6 日对劳动教养日期可否折抵刑期问题作出了肯定的答复。在这种情况下，刑罚处罚吸收行政处罚是合乎情理的，但并不能由此而否认行政犯罪应当受到双重处罚这一原则。从程序上说，在对行政犯罪实行双重处罚的时候，应当遵守刑事优先原则。所谓刑事优先，是指对行政犯罪需要同时予以刑罚处罚与行政处罚时，应当优先追究其刑事责任。因此，行政机关在处理行政不法案件的时候，发现已经构成犯罪的，应当及时将构成犯罪的案件移送司法机关立案追究。在追究刑事责任以后，除前述刑事处罚吸收行政处罚的两种情况以外，可以再行由行政机关予以行政处罚。在行政处罚与刑罚处罚竞合的情况下，实行刑事优先原则有利于打击犯罪，实现刑法的社会防卫机能。当然，对于个别在追究刑事责任的同时需要及时追究行政责任的，可以采取刑事附带行政的方式解决。

（本文原载《中国法学》，1992（4））

刑事矫正论

在一个社会里，犯罪现象是不可避免的。有犯罪现象，就有犯罪人。因此，对于犯罪人的态度就成为一个社会文明的标志。在刑罚学中，刑事矫正具有重要地位。

刑事矫正的思想来源于刑事实证学派。刑事古典学派中无论是报应主义还是功利主义，都不存在对犯罪人矫正的观念。报应主义将刑罚看作是一种报应，犯罪人受到惩罚是罪有应得。根据罪有应得的报应主义，罪犯被视为应受惩罚，因为他们是咎由自取。这种罪犯自己“挣得”刑罚的观点确定了一种义务，一种归于罪犯的必须补偿的债。同时，这是一种社会的债。这里包含着道德义务，因为，所有守法公民都受到了犯罪的威胁，债务（刑罚的义务）必须讨回。总之，报应主义的刑罚基本理论是建立在罪犯应受惩罚、他们是以他们过去的违法犯罪行为挣得了对他们的刑罚的原理之上的。正义的处罚被视为通过强制的代价（刑罚）消除非法所得（犯罪行为）的方法，以实现平等——罪犯与社会之间公平的平衡。这种立场的基础是道德判断。[①] 由此可见，报应主义将对犯罪人的刑事惩

① 参见［美］理查德·霍金斯等：《美国监狱制度：刑罚与正义》，94页，北京，中国人民公安大学出版社，1991。

罚看作是社会义务的清偿，不存在对犯罪人进行矫正的观念。功利主义则主要强调对犯罪人的威吓。贝卡里亚和费尔巴哈虽然同时主张一般预防和个别预防，但在他们的思想中，一般预防是占据主要地位的，甚至将其归为一般预防主义者都不过分。根据贝卡里亚的观点，刑罚主要应与行为的社会危害性相适应，因此，只考虑行为的差别，而不考虑行为人的差别。正如我国学者黄风所指出：贝卡里亚以为建立起犯罪与刑罚的阶梯并使之相互对称，就能有效地遏止诱惑人们犯罪的动力。其实，事情并不那么简单，一个人犯罪驱动力的大小主要取决于他所处的社会环境向他提出的要求以及他的心理素质和生理素质。要想防止犯罪人重新犯罪，就必须根据每个人的个性特点和反社会倾向性程度，采取不同的矫正措施，而不应只注意犯罪行为的危害结果。① 显然，在贝卡里亚的理论中没有矫正的思想。

刑事实证学派将关注的重点从行为转向行为人，从而使刑事矫正进入理论视野。因为矫正的对象是犯罪人，所以只有在重视犯罪人的刑事实证学派那里，才能找到刑事矫正的观念。在刑事实证学派中，龙勃罗梭根据天生犯罪人论，提出了剥夺犯罪能力的观点。剥夺犯罪能力是指监禁罪犯，使其与社会隔离，防止他们在社会上犯罪。应该说，剥夺犯罪能力是个别预防问题中的应有之义，但这只是一种消极的个别预防，尚不具备刑事矫正的积极内容。菲利也强调犯罪能力的剥夺，甚至提出：对于天生的或由于疾病引起犯罪的罪犯，不能随便把他们关上一个时期，而应当关到他们能适应正常的社会生活为止。这就是不定期的思想。同时，菲利开始提出矫正的概念，菲利的矫正概念来自治疗。因为菲利经常将犯罪与疾病相类比，把对犯罪的预防看作公共卫生，而且，在菲利的观点中，有些犯罪人本身就是精神病人，对于这样的犯罪人惩罚是无济于事的，只能进行治疗。对于犯罪人来说，这就是一种刑事矫正，以区别于一般治疗。因此，菲利指出：对于重犯的隔离，其管理的科学程度应当与现在精神病院的程度一样。这类机构的管理必须是科学的，对于罪犯的矫正也必须是科学的，因为重罪常常表现

① 参见黄风：《贝卡里亚及其刑法思想》，125页，北京，中国政法大学出版社，1987。

为罪犯个人的病态。[①] 及至李斯特，提出了更为明确的矫正思想，这反映在李斯特的一句名言中："矫正可以矫正的罪犯，不能矫正的罪犯不使为害。"

刑事矫正观念的提出，使人们对监狱的看法发生了根本变化，由此引发了一场监狱改革运动。监狱作为刑罚的附属物，具有与刑罚同样悠久的历史。早期的刑罚方式，主要是生命刑与身体刑，辅之以流刑。这些刑罚方式占据主要地位，决定了监狱尚不具备现代社会中的这种重要性。以流刑为例：流刑又叫作流放，就是将犯罪人从部落、氏族或一个国家中驱逐出去。放逐成为对许多问题的处理方式：将乞丐、游民和其他贫民从村庄中逐出，犯罪人和潜在犯罪人也会被逐出所在的社区。流刑包含着净化社会的个别预防的思想，但它本身不能说是一种矫正方式。

直到 18 世纪，监禁在欧洲才成为一种主要的刑罚方式。在此之前，监禁只是为了拘留的目的而关押人。最初的监狱，只是一处简易的、备有束缚犯人的锁链的关押场所，犯人在这里等待着对他们的公开惩罚。据文献记载，现代监禁始于 16 世纪的中叶至末期。之所以如此，一方面是由于这一时期监禁的数量急剧上升，另一个方面是由于改良思想（关心贫民救济）在此时得以广泛传播。由于上述两种现象的产生，加之受宗教流派（特别是卡尔文教）的影响，身体刑和生命刑遭到了越来越强烈的批判。其结果是，有期自由刑（最初是出于仁慈，而后则以法律形式固定下来）开始取代身体刑和生命刑，使犯人改恶从善的思想开始取代报应刑思想。这种刑罚思想上的转变之所以能够发生，虽然与最早出现于英格兰和荷兰的贫民救济情况有一定的联系，但主要还是因为当时一种令人忧虑的社会发展现象提供了这一机遇，即乞丐与流浪汉大量增加。在英格兰，由于种植业向畜牧业发展转变，许多原先从事农业生产的人员纷纷失业。而在整个欧洲，主要是"十字军东征"所致。"十字军东征"结束之后，在几乎所有的欧洲国家出现了大量的前参战人员，他们或沦为流浪汉，或沦为小偷或乞丐。上述社会发展中出现的情况首先在英格兰使人们认识到这样一个事实：社会问题再也不能只靠身体刑和生命刑来解决，而更主要是通过我们今天所说的劳动就业计划来解

① 参见［意］菲利：《实证派犯罪学》，51～52 页，北京，中国政法大学出版社，1987。

决。因此，1555年英格兰国王爱德华六世在教会的推动下，在其城堡内设立了一所劳动教养院（后称作“教养院”）。在这里，流浪汉、乞丐、妓女以及一些小偷首先应该习惯于劳动，以便通过这种方式，较好地重新返回社会。因此，那种单纯为了惩罚而惩罚的思想已退居次要地位。在这之后的几年间，感化院发展成为其他许多劳动教养场所的楷模。受英格兰模式的影响，阿姆斯特丹于1595年建起了一座男子管教所。这类机构之所以称为“管教所”，是因为人们希望把那些缺乏教养的人尽量收容起来，通过实施严格管教，使之习惯于正常的生活。因此，在管教所内如同感化院内一样设立了一些劳动工场，工作人员包括数名劳动工场的工长、一名教师以及一名医生等。尤其是对一些刑期较长的犯人，还专门设立了劳动奖金，以资鼓励。1630年由于实行“隔离监禁”制度，监狱规模得以不断扩大。①

在整个18世纪，商品经济促进社会迅速发展，同时也导致了犯罪的同步增长，监狱人口大量增加，而受到物质条件的限制，监狱的设施却得不到同步的改善与增加。在这种情况下，监狱内人满为患，居住条件恶劣，卫生条件极差，各种疾病流行，各类犯人杂居，交叉感染严重。18世纪监狱的黑暗状况，引发了一场监狱的改革运动。监狱改革的发难者是英国监狱学家约翰·霍华德。霍华德鉴于当时的监狱的恶劣状况，首次对英国的监狱进行了全面考察，并考察了法、德、荷、比等国的许多监狱，于1777年写出了《英格兰及威尔士监狱状况》一书，揭露监狱的黑暗，呼吁监狱的改革，并提出了监狱改革的设想。正如美国学者理查德·霍金斯、杰弗里·P. 阿尔珀特所说，他的著作产生了迅速的影响。两年后，在英国1779年的监狱法令中反映了他的思想。霍华德的目标反映在他的一个最有名的座右铭中：“单纯的刑罚难以控制罪犯，严格的纪律才能训导他们。”霍华德的著作及其对英格兰、欧洲和美国的影响，导致了对罪犯的改造（今天可称之为“矫正”）。②

① 参见徐久生等编译：《德国监狱制度：实践中的刑罚执行》，2～4页，北京，中国人民公安大学出版社，1993。

② 参见［美］理查德·霍金斯等：《美国监狱制度：刑罚与正义》，3页，北京，中国人民公安大学出版社，1991。

刑事古典学派中，贝卡里亚对封建监狱制度的黑暗进行了有力的抨击，指出：随着刑罚变得宽和，随着从监所中消除了凄苦和饥饿，随着怜悯和人道吹进牢门并支配那些铁石心肠的执法吏，法律将心安理得地根据嫌疑决定逮捕。[①] 但贝卡里亚并没有将监狱视为矫正场所。边沁对于近代监狱的发展作出了独特的贡献。在边沁时代，犯人一般不关在监狱里，而是被横加虐待或安置在囚船（用作监狱的船）上，或是被运到关押囚犯的殖民地和海岛上去。边沁反对这种做法，认为监狱应当安在城市中心，使之成为犯罪后果的鉴戒——懒惰的习气应当消灭，犯人应当学会有益的职业。因此，边沁设计了一种圆形监狱，认为可以通过监狱建筑的形状使犯人感到道德的约束和秩序的要求。圆形监狱一词源于两个希腊词："凡事"和"观察地点"。它最初被设想为一种组织劳动的工厂。其主要的设想是使所有的劳动者都在一个中心监督员的监视下劳动，以追求一种无所不在的监视工人劳动的效果。一种外墙将各个房间连接起来，中间建有监视塔的圆形建筑就可达到这种目的。圆形监狱的主要作用是：引导犯人意识自己的处境，他们处在一种不变的可被监视状态，以保证权力自动起作用。所以说，它的作用是保持不间断的监视，即使是在间断性工作时也是如此。一种完善的权力应倾向于放弃行使那些不必要的行为。这种建筑工具应是一种创造和保证其具有一种独立权力关系的机器。简单地说，犯人必须处在一种他们自身承受的权力情境的控制之下。为了实现这一点，由一名监督人同时不间断地监视不是不足，就是多余：不足是因为犯人知道他处在被监视下；多余则是因为事实上他无须监视。鉴于这种情况，边沁设计了这样的原则：权力必须具有可见性和不可证实性。可见性是指犯人的眼前总是晃动着他被监视之源——塔楼的高大影子。不可证实性是指犯人无法确证在哪一时刻他正处在监视下，但他们又都肯定他们总是处在监视下。边沁设计圆形监狱的目标并不是要获得最高限度的人力监视效果，而是要取得一种超越人力、给犯人形成一种监视人员无所（无时）不在的幻觉的效果。[②] 虽然

① 参见［意］贝卡里亚：《论犯罪与刑罚》，17页，北京，中国大百科全书出版社，1993。

② 参见［美］理查德·霍金斯等：《美国监狱制度：刑罚与正义》，38～39页，北京，中国人民公安大学出版社，1991。

边沁的这个设计本身没有得到广泛接受，但边沁的这套哲学受到监狱人员的广泛欢迎。其实边沁基本上是一位安乐椅式的思想家，对于监狱的实际情况了解并不多，其对监狱的设想也并不实用。因此，边沁仅是新式的监狱管理制度的倡导者而已，还说不上对监狱矫正制度有实际贡献。

在刑事实证学派中，龙勃罗梭注重对监狱的实际考察，在此基础上提出了对监狱改革的设想。龙勃罗梭对当时盛行的分格之监狱即独居式监狱进行了考察，认为分格之监狱虽对罪犯起到了隔离作用，并且减少了犯人之间的联系机会，但这种监狱办理费用极大，而且有一大害，即养成狱囚的惰性，使之成为自动式之机械，抹杀了人的个性。龙勃罗梭引述勃林司所云，分格监狱的宗旨在于隔断狱囚互相学习作恶的机会，而受好人的有益影响。但看守本身与罪犯同来自一处，在监狱仅能糊口，与狱囚无异，能尽看守之职者罕见。龙勃罗梭由此得出结论：我们对于监狱的观念应当改变。龙氏指出，刑罚学家竭力研究改良监狱之法，其中以爱尔兰制度最受人称赞。龙勃罗梭详细地介绍了这种分级监狱制度：首次被监禁者，给以枯寂之生涯，为期不得超过 9 个月，少者可为 8 个月，恶衣恶食，其工作是为人择乱麻。第二级为共同工作，监察极严，共分为 4 班，按班替减，只有那些工作勤奋、品行端正的人，方可递升。头班工作时，工作无报酬，只略给一些零花钱，记功分数达 54 次的人，可逐渐上升，其报酬亦增加，与社会也愈接近。经过此级，可以达到最自由的一级：可在旷野中工作，穿自己平日的衣服，领取工资；可以请假若干日，常与外面社会接触。待其监禁期满，则可以暂时恢复其自由，由警察随时监视，有过仍使其返狱。龙勃罗梭对于这种分级制度予以高度评价，认为这种逐渐解放方法适用于罪犯心理，而且是一种经济方法，罪犯恢复自由，始犹如梦，通过纪律感化方法得到自由，社会上也不致轻视出狱之人，囚犯出狱后也有一种自信心。在龙勃罗梭看来，监狱不单纯是对罪犯进行报应与刑罚执行的场所，更重要的是对罪犯进行救治的地方。因此，龙勃罗梭反对将罪犯一关了之的旧式监狱，而提倡与主张在监狱中对囚犯进行教育感化，使监狱从原来的封闭式逐渐转向开放式或半开放式，由此使监狱真正成为救治犯罪人的医院。

菲利也论述了监狱问题，明确指出现行监狱制度的失败。他指出，根据古典派刑法理论和古典派监狱规则建立起来的刑法制度具有以下缺陷：确定荒谬的道义责任标准；完全无视或忽视罪犯的生理、心理类型；一方面裁决与判决之间有空隙，另一方面判决与执行之间又有空隙，结果便会滥用宽赦；监狱中犯人相互交往，造成实际后果严重；造成数以百万计的人被处以愚蠢和荒谬的短期监禁；造成累犯难以抑制地增加。因此，菲利提出用一个与犯罪的主要原因相适应的、对社会防卫更有效的，同时减轻对其处理的人所造成的无端损害的刑罚制度来代替现行刑罚制度，并认为这是十分急迫的。① 正是在刑事实证学派的大力倡导下，监狱从过去消极地关押犯人的场所改造成对犯人进行刑事矫正的机构。

矫正这一术语是指法定有权对判有罪者进行监禁或监控之机构及其所实施的各种处遇措施。② 矫正的目的是对犯人进行再教育、重新培训和行为治疗，使之再社会化。矫正的可能性是建立在一定的科学基础之上的。矫正主要是对犯罪人格的改变，犯罪人格虽然是一种稳定的心理结构，但并不意味着这种心理结构一成不变，而是可能改变的。我国学者焦克论述了罪犯可以改造的科学根据：（1）哲学依据。对罪犯的改造，从哲学认识论的角度来看，实质上就是改变、矫正罪犯头脑中的对客观外界的错误歪曲的认识，使之获得正确认识的过程。（2）生理学依据。在犯罪人的犯罪意识和心理活动中，尽管建立在犯罪人先天遗传基础上的无条件反射起着一定的作用，甚至在个别犯罪人身上这种作用相当大（这种较为固定的神经联系经过监管教育、药物治疗和社会监护等手段，也仍是可以改善和控制的），然而在罪犯的犯罪意识和心理活动中起决定作用的是条件反射，即罪犯大脑皮层中建立的暂时神经联系。这种条件反射——暂时神经联系，首先不是先天具有的，而是在后天个体生活实践过程中形成的；其次不是固定不变的，而是随着外界条件或环境的变化，即外界刺激物（第一信号和第二信号）和刺激物刺激强度及频率的变化而变化。所以，根据巴甫洛夫的学说，在一定条件下，

① 参见［意］菲利：《犯罪社会学》，37、138页，北京，中国人民公安大学出版社，1990。

② 参见［美］克莱门斯·巴特勒斯：《矫正导论》，27页，北京，中国人民公安大学出版社，1991。

罪犯头脑中的这种有害于社会的暂时神经联系是可以改变的，它同样具有可塑性和灵活性。(3) 心理学依据。罪犯的心理从原则上说是可以改造的，即罪犯的犯罪心理能够被消除并在此基础上建立起新的健康的心理结构。犯罪心理之所以可以改造和消除，是因为其绝大部分因素或成分都是在众多相关因素影响和作用下形成的，又同样可以在众多相关因素影响和作用下被消除。[①] 不仅如此，人的行为的可矫正性也是基于行为科学对人类行为内在机制的揭示而得出的结论。

对人类行为的认识是对人的本性理解的重要内容之一，可以说，只有正确地揭示了人类行为的内在机制，才能科学地认识人的本性。无疑，在对人类行为的认识上，行为科学是一个历史的里程碑。在此之前，人们只是把行为视为人的本能，对人之如何行为并没有予以科学揭示。当然，也有一些哲学家已经通过直觉对行为机制有了一定的认识。例如 17 世纪法国著名哲学家笛卡儿认为，生物的某些自发性动作具有外显性。行为有时与外显活动有一定的关系。笛卡儿已经推测到行为具有外部可控性。及至 19 世纪，行为主义作为心理学的一种思潮与学派在西方兴起，对人类行为的内在机制进行了大量的研究，主要是从生理学角度来阐释人类行为。现代人类行为研究肇始于俄国著名生理学家巴甫洛夫在 20 世纪初进行的实验，他经过对狗的大量实验，提出了条件作用理论。巴甫洛夫研究了刺激与强化物之间的时间间距的影响，考察了刺激的多种属性能够获得控制的程度，也探讨了条件刺激不被强化时，其引起反应之力逐渐丧失的过程——他把这一过程叫作“消退”[②]。

真正使行为研究发展成为一个富有影响的学派的是美国心理学家华生。华生推广了巴甫洛夫的“刺激—反应”原理，认为人的一切行为都是条件作用的结果，都是后天学习而来的。并且，他提出人的学习行为表现出两条主要规律：频因律与近因律。前者是指某一反应对某一刺激发生的次数越多，该反应就越可能对该刺激再次发生；后者是指某一反应对某一刺激在时间上发生得越近，该反应

① 参见焦克：《犯罪犯的可改造性及其条件》，载《劳改法学理论新探》，201～216 页，北京，中国人民公安大学出版社，1991。

② ［美］斯金纳：《科学与人类行为》，45 页，北京，华夏出版社，1989。

就越可能对刺激再次发生。华生的理论被称为学习理论或学习心理学。在此基础上，美国著名心理学家斯金纳发展出一种操作性行为的理论。他不满足于用“刺激—反应”这一简单式来解释人的一切行为。在他看来，人的行为可分为两类：一类是由某一特定刺激引发的反射性行为，他称之为应答行为，但大多数行为不属于此类，而属于由环境引发的复杂的操作行为。操作行为由存在于环境中的各种刺激所引发，这些刺激太多且复杂，我们很难确定究竟是其中哪些刺激引发了行为。但是我们可以看出不同的环境会产生不同的行为，而环境的改变则会引起行为的改变。斯金纳认为人的行为不仅要受环境的制约，而且要受强化作用的影响，也就是说，要受行为所带来的结果的影响。通过对动物的大量实验，斯金纳发现强化作用主要有三种：一为正强化，即某一行为如果会带来使行为者感到愉快和满足的东西，如食物、金钱、赞誉、爱等，行为者就会倾向于重复该行为；二为负强化，即某一行为如果会消除使行为者感到不快和厌恶的东西，如噪声、严寒、酷热、电击、责骂等，行为者也会倾向于重复该行为；三为惩罚，即某一行为如果会带来令行为者不快的东西或者会取消令行为者愉快的东西，行为者就会倾向于终止或避免重复该行为，换言之，惩罚刚好是正强化与负强化的反面。基于上述发现，斯金纳提出，既然人的行为取决于环境和强化，那么，我们完全可以通过改变环境和运用各种强化手段来改造和控制人的行为。由此，斯金纳提出“文化设计”这一概念。这里的文化即是社会环境，它使那些生活在这一环境中的人的行为得以形成和维持。① 因此，文化设计就是根据行为科学的原理，依照一定的价值观念，选择与创造一定的社会环境。显然，在这个意义上，斯金纳行为科学引入了一个能够使之产生效益的社会领域。行为科学的研究成果，极大地丰富了对人类行为的内在机制的认识，并且为人类行为的社会控制提供了科学根据。法律，包括刑法，是一种社会控制的工具。正如美国著名法学家庞德指出：“在近代世界，法律成了社会控制的主要手段。”② 法律对社会的控制，尤其

① 参见［美］斯金纳：《超越自由与尊严》，72页，贵阳，贵州人民出版社，1987。

② ［美］庞德：《通过法律的社会控制·法律的任务》，10页，北京，商务印书馆，1984。

是刑法对社会的控制，是通过对人的行为的调控而实现的，其中，刑事矫正担当了重要的角色。因此，行为科学的基本原理可以用来重新诠释犯罪行为及作为对这种行为控制手段的刑事矫正，并能给它们以一种全新的启示。

在西方国家，刑事矫正主要有以下两种模式：其一，回归社会模式。这一模式强调作为犯罪原因的经济和社会条件，认为罪犯缺乏适宜的生活技能、缺乏正常的就业机会，形成了一种促发犯罪行为的压力。因此，回归社会模式围绕着重返社会进行有计划的训练，建立了重返社会制度，内容包括释前训练、劳动释放、教育释放、归假和社会扶助制度。但回归社会模式的实行十分困难，因为它要提供犯人可以在劳动力市场竞争的工作技能，帮助犯罪人释放后取得正常的就业机会。但这一切监狱难以控制，或者说超出了监狱控制的范围。正如美国学者指出：对犯人的矫正意味着要求向犯人传授基本的技能、知识和专门知识（而不仅仅是正确的思维方式），以保证犯人出狱后不从事犯罪活动也可保证自食其力。对许多犯人来说，这将代表着他们第一次以合法的方式去生活的机会。即使是矫正的需要被确认后，犯人矫正的概念仍然有第二个令人为难的问题：我们如何才能确定已提供的工作机会？当狱内的方案为有些人提供获得资格而对另一些人提供恢复资格的教育时，犯人释放后能否成功地重返还不一定。很显然，犯人应具有得到正当职业——常常在最好的经济时期他们缺乏的就业机会——的途径，而且他们应有机会，即不因为他们的犯罪记录而受歧视。但是，即使是最好的狱内计划也极少能对失业水平、就业歧视或出狱人的社会接受产生作用。矫正成功的关键因素常常不在矫正人员的控制之下。基于这一原因，回归社会模式在美国是相当失败的。

其二，康复治疗模式。这一模式是基于犯罪人本身的内在原因，认为犯罪人与守法公民根本不同，他们可能是病人，他们的反社会人格应加以治疗。美国大多数矫正机构中都有一定数量和形式的处遇疗法，像心理剧、心理疗法、交往分析、现实疗法、行为矫正疗法、治疗群体等。其中，令人感兴趣的是行为治疗方法在刑事矫正中的广泛适用。行为之所以可以治疗，其基本原理在于：如果所有的行为都要遵循学习的规律，那么变态行为也应属于习得性行为，而这一点正是行为心理学所坚持的。变态行为并不是病态，它所习得的方式跟所谓的正常行为一样，而它与后者的区别仅仅在于：它是非适应性的。在刑事矫正中，行为治疗方法主要有交互抑制方法、系统脱敏方法等。交互抑制，有时也称为反条件作用，即一个与不适应反应不相容的正常反应如果由引发前者的刺激而诱发，这刺激跟这个不适反应之间的联系便会削弱。系统脱敏就是使那种引起不适反应之间行为的刺激逐渐减弱直到消除，以便对反刺激形成新的反应。这种行为治疗方法可以用于行刑实践，这种行为矫正法，有时称为疗法或应急处理，它运用各种方式强化犯人的积极行为，消除消极行为。系统的减少敏感法、不良反应的消除法、条件反作用法和象征法是行为矫正的基本方法。行为矫正主要用来矫正具有某种行为问题的犯罪人，例如矫正性倒错犯罪人。在美国，比奇（Bech，1971）曾经通过系统脱敏法对恋童癖进行行为矫正，即通过电刺激的阴性作用逐渐降低性欲倒错的强度，使性变态者对倒错的性对象，如对儿童等不再发生性感。具体办法是先让性变态者坐在实验室观看屏幕上投射的幻灯片，每当出现儿童等倒错性对象时，同时出现电击；每当屏幕上出现成年妇女的图像时，非但没有电击，而且还给予奖励。以个别处遇为中心的康复医疗模式适合于监狱场所：个人用以确定症状；分类用以确定适合的方案；治疗用以解决问题（矫正方案）；治愈的程度用以确定释放与否（假释）。医疗术语表示着刑罚向治疗的转现并表达了一种犯人待遇的人道主义动机，矫正变成了治疗。当然，康复治疗模式并不是万能的，它要与回归社会模式结合起来。尽管这些矫正模式到目前为止效果都还不能令人满意，但由此出发对犯人进行矫正的思路却是正确的，为刑事矫正指出了发展方向。

我国的刑事矫正采用的是劳动改造模式，坚持惩罚与教育相结合。应该说，这是一个具有中国特色、符合中国国情的刑事矫正模式。在以往的实践中，我国对罪犯的改造取得了令人瞩目的成效，但随着社会经济的发展，这一矫正模式也暴露出一些问题，改造效果有所下降，主要表现为重新犯罪问题突出，尤其是1986年以后刑满释放人员的重犯罪呈上升的趋势。为此，有必要使我国的刑事矫正进一步完善。

（本文原载《中央政法管理干部学院学报》，1995（2））

罪犯处遇的法理分析

处遇一词是 treatment，traitement，behandlang 等词的翻译。Treatment，traitement 的词源，来自拉丁语的 trahere，它含有吸入、吸引、处理、对待、治疗的意思，其中处理与对待的意思和处遇最相符。① 罪犯处遇，又为犯罪者处遇(treatment of offenders，traitement des delin quants)，从狭义上来说，是指为使罪犯早日复归社会，防止他们重新犯罪而采取的各种处理、对待措施的总和；从广义上来说，也可以指罪犯的一般地位或者待遇。罪犯是犯罪的主体，又是刑罚的客体，因而在刑法中处于十分重要的地位。在法律上，如何对待罪犯，表明一个国家的社会文明与法律发达的程度。因此，罪犯处遇的人道性，也可以说是人道主义在刑法中的重要标志之一。

一、罪犯处遇的历史演进

罪犯处遇经历了一个从野蛮到文明的历史演变过程，这一历史也就是刑法的

① 参见［日］森下忠：《犯罪者处遇》，4 页，上海，中国纺织出版社，1994。

进化史。

在远古时代，生活环境十分恶劣。统治原始社会的只有一个信条，即至高无上的求生欲望。个人是无足轻重的，集体却至关重大。部落是活动的堡垒，它自成体系，依靠群力，为己谋利，只有排斥一切外来的东西，才能得到安宁。在这种情况下，个人离开群体是很难存活的。因此，对于违反习惯——而这种习惯又表现为各种各样的禁忌——的人，除血亲复仇以外，经常采用的一种惩罚方法就是将犯罪人从氏族或者部落中驱逐出去，这也就是流放的起源。驱逐的结果是使犯罪人与群体相隔绝，剥夺了他在氏族内生活的权利，这意味着取消了犯罪人做人的资格，使之成为与野兽为伍的非人。因此，这种放逐被认为是“间接死”或“非正式的死刑”[①]。美国学者指出：放逐是一种非常有效易行的刑罚，它便宜、省时并有效，它还具有象征性的意义；它能与宗教的涤罪仪礼相联系，蕴含着那些不适合某社区的人应被驱逐出去的意义；它还可以与世俗的权力相联系，放逐被描绘为一种死亡，因为罪犯将失去君主或政府的保护；它加强了忠于君主以获得保护的需要。[②] 正因为放逐具有这种便宜性，所以流放是古代社会经常采用的刑罚之一。后来，流放被利用来开发殖民地，因而开始了集体流放。罪犯被强制性地迁徙到未开发地区，从事艰苦的劳动。在这种情况下，流刑成为一种宽容措施。这主要是由于流放具有某种不特定性——放逐的命运无法预料，它是自由和监禁的奇怪结合，其情况犹如下面所描述的船载精神病人放逐的情景：“船载着人们漂向那无法确定的命运；在水上，我们的命运掌握在自己手里；每一次装载都可能是最后一次；我们被关在船上，无人可以脱逃。疯子被数千只手臂丢进了水里。大海展开着千万条道路，它是一个最自由、最开放，也是最广阔的监狱。它也是囚徒的通行路程。我们不知道船将在什么地方靠岸……”由于犯人这种无法预料的命运，判决者认为扩大了对犯人的宽容。对被判决的人而言，他们宁愿

① ［德］布普诺·赖德尔：《死刑的文化史》，62～63页，北京，三联书店，1992。

② 参见［美］理查德·霍金斯等：《美国监狱制度：刑罚与正义》，8页，北京，中国人民公安大学出版社，1991。

有一个面对着陌生的不确定世界的机会，而不愿面对着刽子手。[1] 与其受人的惩罚，不如受自然的惩罚，这也许是遭受流放的罪犯的心理。因此，就求生欲望而言，罪犯的这种非人处遇倒是胜于生命之剥夺。

在罪犯的原始处遇中，还有一种符号化的现象。符号化是指将罪犯通过特殊的标志符号与其他人相区别，以显示其罪犯身份，从而起到孤立、羞辱的作用。中国古代的象刑即是典型的一例。象刑一词出自《尚书·舜典》："象以典刑。"对于象刑在理解上存在不同认识，按照一般理解，象是服饰、象征的意思，象刑即是用"画衣冠、异章服"的办法来代替肉刑和死刑，以羞辱、惩罚犯罪人的一种象征性的刑罚制度。战国时法家慎到在《慎子》（佚文）中曾经这样追述古代的象刑："有虞之诛：以幪巾当墨，以草缨当劓，以菲履当刖，以艾鞸当宫，布衣无领当大辟。"这是说舜时采用象征性方法分别代替墨、劓、刖、宫、大辟五种刑罚。按照《尚书·吕刑》的记载，黥、劓、刖、宫、大辟这五种刑罚是尤和苗民创造的，后来被尧舜吸收改造。舜曾命令皋陶根据当时的形势对原来的刑罚制度进行修正，并委任皋陶为大法官。舜说："皋陶，蛮夷猾夏，寇贼奸宄，汝作士，五刑有服。"（《尚书·舜典》）皋陶的功绩有两项：一是将原来的刵刑改为刖刑，加重了对某些严重犯罪的惩处；二是创造了象刑，即《尚书·益稷》所说："皋陶方祗厥叙，方施象刑，惟明。"舜运用修正了的五刑来镇压异族的反叛活动，对本族犯罪者仍以流放为主，以示内外之别。随着氏族内部贫富分化及氏族权贵集团同平民斗争的加剧，五刑最终要施于氏族内部，不过，这要经历漫长的痛苦过程。起初，对氏族内部的犯罪者还多少保留着温情脉脉的薄纱，以区别于异族异类。于是，皋陶便发明了象刑这一特殊的惩罚手段，根据犯罪者犯罪轻重，以五种刑罚相类比，令罪犯都穿戴上特定的服饰，让执法者和百姓一望而知。[2] 由上可知，象刑是以奇章异服装饰罪犯，使之符号化，从而使之受到羞辱。尽管这种象刑很快就被更为严厉的刑罚取代，但罪犯这种符号化的现象在刑

---

① 参见［美］理查德·霍金斯等：《美国监狱制度：刑罚与正义》，8页，北京，中国人民公安大学出版社，1991。

② 参见武树臣等：《中国传统法律文化》，122～123页，北京，北京大学出版社，1994。

罚中一直保留了下来，中国古代的髡、耐（完）刑就是剃去头发、两鬓及胡须的耻辱刑。《说文》段玉裁注："髡者，剃发也。"古代髡刑是断长发为短发，一般是二寸左右。《史记·廉颇蔺相如列传》注引汉令："完而不髡曰耐。"这就是说，耐刑仅剃去鬓毛和胡须，完其发，所以又称完刑。《说文》段注："仅去鬓曰耐，亦曰完。谓其完者，言完其发也。"因此，髡刑与耐（完）刑都是剃其须发，以别于正常人，故同样带有羞辱性。同时，由于中国古代存在孝的观念，所谓"身体发肤，受之父母，不敢毁伤，孝之始也"，所以，强制性地剃去须发，含有不孝之意，更具伦理谴责性。外国古代亦有此类刑罚，例如《苏美尔亲属法》第1条和第2条规定：倘子告其父云"尔非吾父"，则应髡彼之发。倘子告其母云"尔非吾母"，则应髡彼之鬓。即使在现代行刑制度中，让罪犯穿上囚服也具有符号的意蕴。符号化，给罪犯打上特殊的印记，把他们同一般人区别开来，使其受到羞辱。

在肉刑盛行的封建时代，受刑人肉体上受到的折磨是难以言表的，受刑人完全处于任人宰割的处境，不仅遭受肉体上的痛苦，而且遭受精神上的创伤。因为肢体被毁，影响终身，而且异于常人，同样具有符号化的作用。肉刑由于其过于残酷，在历史发展的一定时期被废除，代之而起的是监禁的刑罚。中国古代的监禁刑源自西周的"圜土之法"，这里的圜土被认为是监狱的雏形。《周礼·秋官·司圜》云："司圜掌收教罢民：凡害人者，弗使冠饰，而加明刑焉，任之以事而收教之。能改者，上罪三年而舍，中罪二年而舍，下罪一年而舍。其不能改而出圜土者杀。虽出，三年不齿。凡圜土之刑人也，不亏体，其罚人也，不亏财。"这里的罢民是指"恶人不从化为百姓所患苦而未入五刑者"，因此，当时的监狱主要适用于未入五刑的罪犯，因而是对于轻罪适用之刑。及至《唐律》，这种监禁性的刑罚正式定名为徒刑。《唐律疏议》云："徒者，奴也，盖奴辱之。"因此，徒刑是在一定期间内剥夺罪犯的人身自由，并强迫其从事奴役性的惩罚劳动的一种刑罚。自此以后，徒刑成为中国古代广泛适用的刑罚。在西方古代及中世纪，对付罪犯的主要刑罚为生命刑及身体刑，虽然当时亦有以剥夺自由本身为目的之拘禁，但往往仅将罪犯幽禁于塔中或废旧的寺院中予以监视而已。当时虽然已经出现监狱，但监狱并不是作为自由刑执行的场所而存在，而仅仅用作拘禁犯人等待审判的场所。古罗马甚至明确禁止把监狱用作刑罚，甚至到了1532年《加洛林纳刑法典》，仍然遵守古罗马的这一原则，规定监狱是为了拘禁，不能用作刑罚。即使后来出现零星的监禁刑，在刑罚体系中也不占重要地位。现代监狱蜕变于大规模关押贫民和精神病人的矫正院，这种矫正院最初是监狱和收容机构的混合体。它既接受某些罪犯，主要是盗窃犯，也接受未犯过任何罪的单纯流浪汉。矫正院的重要意义在于：它突破了监狱不能用作刑罚的古老的罗马法信条，使监禁刑第一次大规模地出现于西方各国。在17世纪，监狱十分黑暗。苦役劳动是这个时期监禁刑的特色，犯人常被驱赶到矿山或筑路工地，身带镣铐，从事极其繁重的体力劳动，而且衣不蔽体、食不果腹。英国甚至设计出踏轮、曲柄机、投标等苦役方式，这些全都是无效劳动。难怪乎当时有人说："宁愿在地狱住一周，也不愿在监狱住一天。"这样的自由刑无异于肉刑的变种。[①] 在这种情况下，罪犯遭受残酷的迫害，处于一种非人的境地。

随着启蒙运动所宣扬的人道主义思想的传播，罪犯的处遇受到世人的关注。正如贝卡里亚指出的：人们已经认识到君主与臣民之间、国家与国家之间的真正关系。随着印刷业的发展，哲学真理成了共同的财富，这方面的交往振兴起来。国家之间悄悄地展开了一场产业战争。这是最符合人道的战争，是对于理智的人们可谓最值当的战争。这些成果都应归功于本世纪的光明。然而，只有极少数人考察了残酷的刑罚和不规范的刑事诉讼程序并向其开战，几乎整个欧洲都忽视了这一重要的立法问题。只有极少数人根据普遍原则去纠正几百年来所沿袭的谬误，至少是用已被认识的真理所具有的力量制止住了偏向势力过于放任的发展。这股偏向势力至今已把冷酷变成了一系列合法的惯例。受到残酷的愚昧和富奢的怠惰之宰割的软弱者在吞声饮泣；对于未经证实的或臆想中的罪犯所徒劳滥施的野蛮折磨正在变本加厉；最凶狠的刽子手是法律的捉摸不定，以及监狱的日益阴森恐怖。贝卡里亚满怀激情地指出：如果当我坚持人类的权利和神圣的权利时，

① 参见李贵方：《自由刑比较研究》，14～15页，长春，吉林人民出版社，1992。

恰恰是把某些暴政或愚昧（它们同样是灾难）的不幸牺牲品从死前的痛苦和抽搐中拯救出来，一个无辜者在惊喜中流出的泪水和发出的颂扬，对于我是一种安慰，它使我忘却了别人对我的轻蔑。① 贝卡里亚从人道主义出发，对中世纪残虐的刑罚进行了猛烈的抨击，并对深受酷刑之苦的无辜者表示了深切的同情，用理性的观念重新审视国家与罪犯之间的关系。贝卡里亚从契约论出发，认为刑罚权来自公民自身权利的转让，其限度应该是维护公共福利，同时亦应保障个人的尊严和权利。在贝卡里亚看来，罪犯也是人，之所以受到刑罚处罚，仅仅因为他违背了社会契约。“一旦法律容忍在某些情况下，人不再是人，而变成了物，那么自由就不存在了。”② 因此，人永远是人。只有在专制制度下，人才能不成其为人。尤其可贵的是，贝卡里亚改变了以往只把犯罪看作犯罪人的个人责任、国家处于绝对的处罚地位、罪犯则相应地处于绝对的被处罚地位的观念，提出了国家对于犯罪的防范责任，指出：我并不希望减少上述犯罪（同性恋、溺婴——引者注）所应当施加的正当威慑。然而，当我指出它们的根源时，坚信能从中得出一个结论：“只要法律还没有采取在一个国家现有条件下尽量完善的措施去防范某一犯罪，那么，对该犯罪行为的刑罚，就不能说是完全正义的（即必要的）。”③ 这一思想在当时可以说具有振聋发聩的意义，至今仍然不减其魅力。因此，贝卡里亚是第一个以理性的眼光对待罪犯的伟大思想家。

此后，康德从“人是目的”这一原则出发，对罪犯的人格给予了充分的尊重。康德指出：这样行动，无论是对你自己或对别的人，在任何情况下把人当作目的，绝不只当作工具。在康德看来，人是目的，是客观的目的，他的存在即是目的自身，没有什么其他只用作工具的东西可以代替它。因此，人是一种普遍有效适用于任何经验条件的先验原理，即道德律令。绝对命令所要求的普遍立法，其所以可能，正在于人作为目的是一律平等的。因而才有普遍有效性。④ 根据人

① 参见［意］贝卡里亚：《论犯罪与刑罚》，6～7 页，北京，中国大百科全书出版社，1993。
② ［意］贝卡里亚：《论犯罪与刑罚》，72 页，北京，中国大百科全书出版社，1993。
③ ［意］贝卡里亚：《论犯罪与刑罚》，94 页，北京，中国大百科全书出版社，1993。
④ 参见李泽厚：《批判哲学的批判：康德述评》，218 页，北京，人民出版社，1979。

是目的的原则，康德指出：惩罚在任何情况下，必须只是由于一个人已经犯了一种罪行才加刑于他。因为一个人绝对不应该仅仅作为一种手段去达到他人的目的，也不能与物权的对象相混淆。一个人生来就有人格权，它保护自己反对这种对待，哪怕他可能被判决失去他的公民的人格。[①] 因此，在康德看来，刑法是根据理性的判断而制定的，国家制定刑法是为了尊重人格、尊重人的尊严，这是自然法的要求。从尊重人格的观念出发，康德主张对罪犯要实行人道主义原则，不允许对犯人进行虐待。否则，有损于人的尊严，是对人格的污辱，是法律绝对禁止的。可以说，康德对罪犯的人格予以充分的关注，肯定了罪犯作为人的基本权利。

继康德之后，黑格尔抨击了封建酷刑，倡导人道主义。在批判欧洲中世纪的宗教裁判所对异教徒的迫害时，黑格尔指出：肉体苦刑本来只应该施行一次，却被反复不断地滥用，直到逼得被告人经不过重刑而招供才罢。在这过程中，假若被告人昏厥过去，审判者就说这是恶魔给他安眠；假若有神经错乱、手足痉挛、身体抽搐等事情发生，又说是恶魔给了他力量，如此等等。为此，黑格尔主张对所犯之罪限制所处之刑，这就是法律报应主义。黑格尔认为："刑罚既然包含着犯人自己的法，所以处罚他，正是尊敬他是理性的存在。如果不从犯人行为中去寻求刑罚的概念和尺度，他就得不到这种尊重。如果单把犯人看作应使变成无害的有害动物，或者以儆戒和矫正为刑罚的目的，他就更得不到这种尊重。"[②] 在黑格尔看来，犯罪行为是虚无的，犯罪者实施这种行为的意义当然不在于追求虚无，而是自觉地显现自己的人格的自由意志。那么相应的刑罚的实施就是以承认他的这种人格的自由意志为前提的，并以外在的形式满足了他的要求。应该指出，黑格尔这种刑罚是罪犯的权利和自我要求，以及对罪犯的尊重的观点，是当时人道主义在刑法中的表现形式。正如马克思指出：这种由康德首先提出、由黑格尔淋漓尽致地加以发挥的一套抽象地承认人的尊严的刑法理论，是德国古典唯

---

① 参见［德］康德：《法的形而上学原理：权利的科学》，164 页，北京，商务印书馆，1991。

② ［德］黑格尔：《法哲学原理》，103 页，北京，商务印书馆，1961。

心主义哲学所独有的。“毫无疑问，这种说法有些地方好像是正确的，因为黑格尔不是把罪犯看成是单纯的客体，即司法的奴隶，而是把罪犯提高到一个自由的、自我决定的人的地位。”①

二、罪犯处遇的模式考察

刑事古典学派的大力倡导，推进了罪犯处遇的人道化。罪犯被重新当作人来思考，而不再是司法的奴隶。但在刑事古典学派那里，基于对罪犯的意志自由的假设，使刑法包含对犯罪人较为明显的伦理上的否定评价。美国学者指出：我们发现早期的刑法改革具有双重的内容：（1）使法律及刑罚具有更大的控制和预防犯罪的功能（防止一般公民受罪犯侵害）。（2）保证国家权力在某种控制之下，并负有保护社会契约的义务（保护公民不受国王侵犯）。米歇尔·福柯认为，“刑罚改革源于反抗专制权力的斗争和与犯罪作斗争二者之间的要求和对非法行为之可容忍度的交会点”。改革既不是只源于对刑罚的人道主义要求，也不是只源于对公民犯罪行为社会危害性的单方面考虑。刑法改革必须看成是重新安排刑罚权力的策略。② 因此，刑事古典学派对罪犯的意志自由的肯定，主要基于刑事策略上的考虑，尤其是因为刑事古典学派所假设的意志自由的理性人，具有空洞抽象性，未能涉及罪犯的具体人格特征，因而缺乏实际的切合性。刑事实证学派改变了以往只注重罪犯的抽象人格的做法，对罪犯的具体人格予以了充分的关注，完成了从犯罪到罪犯的转换，因而开创了罪犯处遇的新纪元。法国学者安赛尔指出：随着死刑运用越来越少，肉刑的消失，终身监禁也成了例外，而一般的剥夺自由刑，不管它是重罪刑或轻罪刑，其最终结果几乎总是罪犯的被释放。所以，如何对待罪犯，如何组织好罪犯的关押，以及在可能情况下如何寻找一种有效的方法帮助罪犯重返自由生活等问题也提到了议事日程上。当人们谈及刑罚的个人

---

① 《马克思恩格斯全集》，第8卷，579页，北京，人民出版社，1961。

② 参见［美］理查德·霍金斯等：《美国监狱制度：刑罚与正义》，29～30页，北京，中国人民公安大学出版社，1991。

化或在刑罚执行期间应针对犯罪人确定具体制度时，在我们面前的就已经是活生生的具体的“罪犯”（犯罪人），而不是纯粹刑法意义上的抽象的“罪行”了。[①]根据刑事实证学派的观点，国家对一切，包括犯罪，都应采取积极的态度，把犯罪人当作一个人，尊重其个人尊严，把国家作为一种福利，任何人都能从中受利，即使是最坏的人也要受到国家的保护和关心。这样，刑事政策思想发展为根据犯罪人的个别犯罪原因，采取刑罚个别化，因人施教，改造、矫正犯罪人，使其复归社会。在这种情况下，不定期刑、缓刑、假释、保安处分以及监狱行刑过程中的分类处遇制度、心理分析、强制医疗方案等，相继在欧洲大陆各国普遍实行。在刑事实证学派的努力下，建立了以个别化为中心的刑事矫正制度，罪犯从单纯地接受惩罚的状态改变为接受各种形式的矫正，以便重新复归社会的处遇。

个别化（individualization）是刑事实证学派建立的罪犯处遇制度中的关键词之一。个别化有一个从刑罚个别化向处遇个别化的演变过程。早在 19 世纪，萨累伊（R. Suleilles）就提倡“刑罚个别化”（indeividualisation de lopeine）运动。萨累伊所提倡的刑罚个别化是着眼于增加选择刑、放宽法定刑幅度、多设置裁量上的加重或减轻情节，以放宽法官的裁量范围为目的的刑罚个别化。在 19 世纪后半叶到 20 世纪初，受意大利的实证学派主张的影响，并随着精神障碍者的保安处分和不良少年的保护处分形成处遇体系，处分的个别化（individualisation des mesures）和再社会化中个别化处遇（traitement indiridualise de resocialisation rukig）的问题，就成了犯罪者处遇的中心课题。我们从中不仅可以看到法官选择和决定适合于犯罪者人格的刑事裁判的重要性，而且也可以看出在矫正处遇阶段里所进行的个别化的重要意义。[②] 根据罪犯个别化的特征，分类进行矫正，从而使罪犯的人道处遇建立在科学的基础之上。

个别化处遇始于犯罪人的分类。刑事古典学派只注重犯罪行为而不重视对犯罪人的考察，因而贝卡里亚倾注心血的罪刑阶梯思想，实际上是犯罪的类型化。

---

① 参见［法］马克·安赛尔：《新刑法理论》，11～12 页，香港，香港天地图书有限公司，1990。

② 参见［日］森下忠：《犯罪者处遇》，35 页，上海，中国纺织出版社，1994。

自从龙勃罗梭开始，着眼于犯罪人的特征，尤其是其生物特征，对罪犯进行分类，力图使罪犯类型化。对罪犯进行分类，可以通过分类概念使无穷无尽的各种问题和因素简化，因为分类概念着重于以诊断方式确定的动态和症状的模式。正像在医学中一样，对类型和分类的诊断，对于理解越轨行为和理解矫正治疗方法是需要的。从龙勃罗梭起，人们就赋予人的各种生理类型的存在以重大意义。① 当然，罪犯分类不能仅仅以生理特征为标准，考虑到在西方国家广泛采用的治疗模式，罪犯分类中生理类型的重要性也就不言而喻了。德国学者施奈德指出：分类是对囚犯进行治疗的基础，是一个持续不断的过程。治疗目的在于改变囚犯的人格。在此目的达到之后，必须进行新的分类（即活力分类）。这一分类的前提是对囚犯人格的研究，即对囚犯身上出现的任何一种带有活力的变化的研究。因此，要进行这一分类，必须经常注意到囚犯在关押期间出现的变化和认识。人格既然是一种过程，那么人格研究当然亦是一种过程，所以，必须不断检查和修正治疗诊断。那种将分类理解为静止的罪犯类型学是非常错误的。只有当专家们（心理学家、精神病理学家、社会学家、教育学家与社会工作者）在安置、观察与诊断设施中不间断地反复进行分类，所有的分类才能取得丰富成果。② 实际上，罪犯分类不仅对于矫正具有重要意义，而且对于刑事立法与司法都具有积极意义。正是在这个意义上，我们可以将犯罪人的分类视为个别化的基础与前提。只有对罪犯作出科学的分类，才能使罪犯处遇人道化。

著名法学家萨累伊在其所著《刑罚的个别化》（1898 年初版）一书中曾提到，个别化的阶段有法律上的个别化、裁判上的个别化以及行政上的个别化等三种个别化。③ 这三种个别化具有时间上的先后顺序性，但只有把三者综合起来，才能对个别化作出完整的理解。所谓法律上的个别化，是指法律预先着重以行为作为标准，细分其构成要件，规定加重或减轻等。当然，不只是从行为角度进行构成要件的类型化，还包括在刑法中对某些犯罪人的类型加以特别规定，例如累

---

① 参见赵可：《犯罪学概论》，193 页，徐州，中国矿业大学出版社，1989。

② 参见［德］施奈德：《犯罪学》，906 页，北京，中国人民公安大学出版社，1990。

③ 参见［日］森下忠：《犯罪者处遇》，11 页，上海，中国纺织出版社，1991。

犯、惯犯等，以便刑罚不仅与犯罪行为的社会危害相适应，而且与犯罪人的人身危险性相适应。法律上的个别化，对于19世纪的刑事立法来说具有重要的意义。1832年法国以减轻刑罚（circonstances attenuantes）作为修改一般化的刑法的开始，法律上的个别化得到迅速发展。尤其是从19世纪末开始，由于各国在刑罚执行中采用缓期执行、假释、累犯加重等有关刑事政策，这就使法律上的个别化的内容更丰富多彩。20世纪，特别是到其后半叶，刑事政策立法的国际化更推动了法律上的个别化。第二次世界大战以后，欧洲大陆各国开始了一场引人注目的刑法改革运动。自1950年以后的30年时间里所有重要的发达的工业国家都卷入了这场运动，并且都对各自国家的刑事立法进行了全面的修改，旨在使刑法适应现代的要求。从第二次世界大战以后开始的“社会防护运动”主导了这次欧洲刑法改革的方向和进程。“社会防护运动”是一场刑事政策的思想运动和改革运动，该运动的主要倡导者是意大利的格拉马蒂卡以及法国的马克·安赛尔。从目前的情况来看，法律上的个别化，可以说各国大体上达到同样的水平。例如，1993年《法国刑法典》第132—24条专门规定了刑罚个人化方式，明确规定罪犯之人格在刑罚量定中的意义。法国学者在论及新刑法的这一规定时指出：我们是在经历了一个漫长的运动以后，才从严守法律条文的观念发展到今天的“刑罚多样化”的阶段，而这种刑罚多样化又是同承认“刑罚单独个人化”原则联系在一起的。新刑法典引入了“刑罚单独个人化”原则，并称之为“刑罚个人化”原则。[①]

法律上的个别化是基础，但仅有法律上的个别化是不够的，这就必须要有裁判上的个别化（individualisation indiciarire）。裁判上的个别化是指在刑事程序上的司法性的个别化，主要是体现在法官（诉讼法意义上的法官）根据犯人的主观情况所作出的刑事制裁（刑罚、保安处分、保护处分）的选择和决定之中的个别化。随着司法处遇形态的多样化，法官对处遇形态的选择，已经成为一个重要的

① 参见［法］皮埃尔·特律什、依尔·戴尔玛斯-马蒂：《法国刑法典序——为〈刑法典〉在中国出版而作》，载《法国刑法典》，6页，北京，中国人民公安大学出版社，1995。

课题。法官在选择司法处遇的时候，应充分考虑犯罪者的改造可能性以及再适应能力（faculte de readaption）。因此，法官在量定刑罚及其他处遇措施的时候，也更加注重个别化。

所谓行政上的个别化，是指在矫正处遇和保护性处遇的阶段里由行政机关所进行的执行个别化。这里的行政上的个别化，实际上是指行刑个别化，也是处遇上的个别化，这是个别化最主要的内容之一。处遇上的个别化是以犯罪人重返社会（recuperationsociale，resocialisation）为目的的，这里的重返社会就是再社会化。在社会学上，社会使新生的人类个体逐步接受文化传统、群体生活准则，获得社会生活的各种能力的过程，被称为个人社会化。换言之，社会化就是一定的社会特性在相互有联系的个人中间延伸与发展的过程。所以，社会化是个人与社会的一致化，是个人被社会同化。① 社会上的任何一个人，都存在一个社会化的问题。但个人在社会生活中，也可能接受与社会相抵触的文化从而导致反社会化，犯罪是反社会化中最为严重的行为，对于犯罪人来说，需要通过强制方法，使之再社会化。因此，再社会化是社会化失败以后或反社会化中断以后而进行的社会化过程。② 不仅如此，犯罪人在犯罪以后，还受到监禁等各种刑罚处分，这种刑罚处分的重要内容之一是使罪犯与社会相隔离，防止其危害社会。在刑满以后，罪犯由于在一定时期内脱离了社会生活，因而会对社会生活不适应。为此，也需要使罪犯再社会化。

为使犯罪人顺利地再社会化，在处遇上的个别化中，基于人道主义的原则，引入了各种个别化的技术，从而形成各种矫正模式，其中具有一定影响的是以下两种模式：（1）康复模式（rehabilitation model），又称为改过自新模式。在20世纪30年代至50年代期间，人们普遍认为监狱的主要功能应在于使犯人改过自新。实证犯罪学派为这种模式提供了理论根据，论点是：犯人只是病人，而非坏人，正是他们的疾病驱使其犯罪。康复模式旨在将监狱转化为治疗罪犯疾病的医

① 参见宋林飞：《现代社会学》，459页，上海，上海人民出版社，1987。
② 参见宋林飞：《现代社会学》，459页，上海，上海人民出版社，1987。

院，治疗者意在帮助犯人解决驱使其犯罪的内在冲突，使罪犯因此而得到康复。（2）重新回归模式。这种模式把社会当作治疗中心，认为监禁只应作为最后一种手段来使用。在此模式中，给犯人提供了广泛的重新回归活动项目，包括提前释放、工作释放、教育释放以及探亲等。如果必须把犯人监禁于矫正机构中，则精心确定其在狱内的各种矫正活动的过程。① 这两种模式都是以人道主义为基本理念的，是罪犯处遇个别化的重要进展。当然，在这些模式的具体操作中，也存在相当的困难，效果不尽如人意，以致人们开始怀疑这些模式的正确性。我认为，罪犯处遇的人道化，尤其是引入个别化的技术手段，是一个发展方向。但在实际运作中出现困难，也是不足为怪的。我相信，随着文明的不断发展，罪犯处遇的人道化程度必将更加提高。

（本文原载《河北法学》，1997（1））

① 参见［美］克莱门斯·巴特勒斯：《矫正导论》，21～22页，北京，中国人民公安大学出版社，1991。

罪犯教育管理工作科学化

自从《刑法修正案（九）》颁布以来，我国立法机关对刑罚结构进行了重大调整，这种调整给罪犯的教育管理工作带来了重大挑战，罪犯教育管理工作如何适应刑罚结构调整所带来的罪犯管理的压力，成为监狱管理部门的重大课题。

一、对于重刑犯和轻刑犯如何采取有效的教育改造措施

我在过去曾经提出过，我国刑罚结构存在一个重大缺陷，这个缺陷就是：死刑过重，生刑过轻。这里的“死刑”，指的是死刑立即执行。所谓死刑过重，指的是我国在立法上规定的死刑罪名过多，在司法活动中死刑适用的案件量过大。和这种死刑过重形成鲜明对照的是生刑过轻。生刑过轻，主要是指死缓和无期徒刑的执行期限过短，数罪并罚综合刑期限制过短。在死刑过重和生刑过轻这两者之间，我认为存在一定的相关性。死刑过重，在很大程度上是生刑过轻挤压而成的一种效果。就我国刑罚当前的结构调整而言，主要的矛盾是死刑过重的问题，因此逐步解决死刑过重这个问题，就是要通过减少或者限制死刑的适用来解决死刑过重的问题。在解决死刑过重问题的过程当中，有一个重要的举措，就是逐渐

加重生刑，主要是延长被判处死缓的犯罪分子和被判处无期徒刑的犯罪分子的实际执行期限。解决死刑过重，一方面要废除死刑罪名，另一方面要通过司法环节对死刑予以限制。

对于适用死刑立即执行的条件要严格掌握，对有些罪该处死的罪犯，如果具备一些不一定要适用死刑立即执行的条件，可判处死缓，并且以延长死缓的执行期限作为减少适用死刑立即执行的替代措施。在这样一个背景之下，我国从《刑法修正案（八）》开始，按照减少和限制死刑、逐渐提高死缓和无期徒刑的刑罚执行期限这样一种思路对刑罚结构进行调整。从减少死刑方面来看，《刑法修正案（八）》废除了13个死刑罪名，《刑法修正案（九）》废除了9个死刑罪名。与此同时，从《刑法修正案（八）》开始，逐渐加重了生刑，主要有以下几项举措：

一是限制减刑制度的设立。按照《刑法修正案（八）》的规定，对累犯以及部分暴力性犯罪，被判处死缓的犯罪分子，人民法院根据犯罪情节等情况，可以同时决定对其限制减刑。被限制减刑的死缓犯罪分子，依法减为无期徒刑的，实际执行不能少于25年，死缓刑满后依法减为25年的，实际执行不能少于20年。通过限制减刑制度，对部分判处死缓的犯罪分子，实际上延长了刑罚执行的期限。

二是对被判处死缓的犯罪分子的措施。在死缓期满以后，减为无期徒刑，延长有期徒刑的期限。刑法第50条规定，死缓期间如果确有重大立功表现，2年期满以后，减为15年以上25年以下有期徒刑。《刑法修正案（八）》修改为，减为25年有期徒刑。通过这项修订，对一般的被判处死缓的犯罪分子，延长了刑罚执行期限。

三是对贪污受贿数额特别巨大，或者有其他特别严重情节的，人民法院根据犯罪情节等情况，可以同时决定在其死缓期满依法减为无期徒刑后，实行终身监禁不得减刑和假释。

终身监禁制度，主要是针对极个别的贪污受贿的犯罪分子，用以代替判处死刑立即执行。但是这部分案件从最近几年情况来看，实际上是个别的。因此，我认为，终身监禁这个制度不会在大范围内适用，只限于个别情况。但是终身监禁制度的设立，在刑罚体系上来看，就出现了名副其实的无期徒刑。这也是延长对极个别罪行极其严重的犯罪分子关押期限的立法动向，值得我们注意。在加重生刑以后，罪犯刑罚执行的时间得以延长，对监狱形成了巨大压力。不仅刑期延长，而且减刑和假释都受到了更为严格的限制，罪犯在监狱的实际执行时间也延长了。

在加重生刑的同时，我国在废除劳动教养制度以后，犯罪的门槛有所降低，刑法中增加了一些被判处 3 年以下有期徒刑的轻罪，在某种意义上可以说形成了一个轻罪体系，以取代劳动教养的功能。可以预见，将来刑法中轻罪的数量还会不断地增加。从目前的情况来看，判处轻罪的刑事案件达到了相当大的比例。例如，按照最高人民法院的统计，醉酒驾驶构成的危险驾驶罪在判处刑罚案件当中的比重就达到了 1/10，有些基层法院甚至达到了 1/3。这些轻刑犯涌入监狱，对于监狱是一个很大的考验。中央政法委推行了认罪认罚从宽处罚制度的试点，就是要解决这部分轻刑犯的问题。如果犯罪人认罪认罚，就可以获得从宽处罚，在程序上可以采取速裁程序。因为我国的刑诉程序分为普通程序和简易程序。速裁程序是比简易程序更加简化的司法程序。最高人民法院也在全国各地试点。在推行了认罪认罚从宽处罚制度以后，对于那些犯罪在 3 年以下、情节比较轻并且认罪认罚的犯罪分子就可以不判实刑，而是使用缓刑，进行社区矫正，还有极少数可以不判处刑罚。可以预计，随着认罪认罚从宽处罚制度的推行，可以解决一部分轻刑犯的问题。但是，轻刑犯对于监狱的压力仍然存在，因此将来监狱在押罪犯可能会出现两极化的趋势，也就是一部分重刑犯的数量、比重会不断增加，另外一部分轻刑犯的数量、比重同样会不断增加。对这两部分人如何采取有效的教育改造措施，对于监狱来说都是值得关注的问题。

二、罪犯教育管理工作科学化的实践探索

对于监狱服刑罪犯，我国长期以来就实行教育改造的方针。这次中央又提出了罪犯教育管理工作科学化的监狱工作要求，我认为这并不是对以往罪犯教育改

造监狱工作方针的否定，而是对罪犯教育改造提出的更高要求。因此，我们应当在科学化方面进行有效探索，提高监狱教育改造的水平。在这里，我想谈谈劳动改造和教育改造的关系。

在过去相当长的一段时间里，一直比较强调劳动改造。这种对劳动改造的强调和过去的体制有一定的关联，因为过去相当长时间内，我们国家经济发展水平比较低，监狱经费不能得到保障。在这样的一个背景下，劳动改造被作为监狱工作的一个重点内容提了出来。随着监狱经费问题的有效解决，虽然劳动改造仍然是罪犯改造的一个方面，但现在更应把教育改造提高到一个重要的位置上。这些年来，我认为司法部在罪犯教育改造方面做了大量的工作。各地监狱求实创新，也在罪犯教育改造方面做了积极的探索，为罪犯教育管理工作科学化提供了有效的思路。例如，司法部在监狱教育改造当中引入并推行了循证矫正科学化的四个观点，就是罪犯教育改造的有益尝试。另外在研讨会上，来自各地监狱管理局的领导同志，对各地在罪犯改造方面采取的措施和取得的经验做了很好的介绍。例如：浙江省监狱管理局大力推进罪犯职业技术教育；北京市监狱管理局推行矫正项目对罪犯进行分类教育，具有个别性和针对性，取得了较好的效果；江苏省监狱管理局提出构筑罪犯评估体系，推进罪犯危险性评估和罪犯改造质量评估；在罪犯分类评估方面，四川省监狱管理局进行了深入的探讨，给我们展示了这一方面的成果。这些经验对于罪犯教育管理工作的科学化具有重要的启示。

从这些情况来看，我发现了监狱工作的一些新变化。首先，监狱的罪犯教育理念已经发生了深刻的变化。从来自各地监狱管理部门的领导同志和有关理论工作者的介绍来看，现在罪犯教育的有关理念已经和过去完全不一样了。在过去很长一段时间，我们把监狱定位为专政工具，把国家和罪犯的关系看成一个敌我关系。这种意识形态和政治化的形象，在很大程度上阻碍了罪犯教育的科学化。现在，政治化的理念已经逐渐淡薄，更多的是吸收了科学性较强的理论观念。在研讨会上，有关理论研究工作者也提出了监狱应当以罪犯为本的理念。我认为这种观点是先进的，这种理念的改变必将会带来监狱罪犯改造在教育科学化方面的进展。

其次，罪犯教育正在探索各种科学方法。各地的监狱管理部门都在根据本地监狱的实际情况和条件，对罪犯教育管理工作的科学化进行有益的探索。这些探索虽然目前只是一些试点，或者只是个别监狱的探索，但这些经验正在逐渐上升为一些理论，对于将来实现罪犯教育改造的科学化具有积极的意义。尤其值得高兴的是，各地监狱的领导同志在讨论这些问题的时候，都采用了一套非常科学化、理性化的话语体系，这样的改变是令人欣慰的。另外，我认为罪犯教育工作目前还处于一个转型当中。在转型时期，还没有形成统一的标准和模式，现在还在一个初级阶段。因此，这项工作还需要不断推进，要及时地上升为一种理论，在理论上进行论证，并且逐渐地提升为一定的工作规范，在条件具备的情况下，在全国范围内进行推广。我认为这项工作是有远大前景的。

三、关于罪犯教育管理工作科学化的思考

（一）罪犯教育的目标

罪犯教育的目标，我认为，不是使罪犯成为一个好人，也不是使罪犯成为一个有文化知识的人，而是要消除罪犯的人身危险性，减少其再犯可能性。人身危险性和再犯可能性的关系是一个值得研究的问题，两者也不能完全等同。具备人身危险性只是有再犯可能，但这种再犯可能转换为现实还与一定的社会条件有关系。监狱对罪犯的教育和学校对学生的教育，除了国家强制性的特点以外，两者在性质和功能上都存在重大差别。学校教育以提升学生知识水平为目标，尤其是专业教育，在传授之前，学生可能对某专业的知识一无所知。此时，对学生的专业教育就像在白纸上作画，只要把专业知识传授给学生，学生就能够对某一专业从不知到知，并且掌握某一专业领域的思维方法，具有一定的知识创新能力。但监狱对罪犯的教育则完全不同，罪犯已经形成了扭曲的价值观和错误的人生观，某些罪犯甚至具有一定的犯罪人格。在这种情况下，以消除罪犯人身危险性为内容的罪犯教育就不是简单地传授某种知识，而是要用正确的价值观和人生观去取代罪犯原有的错误的价值观和人生观，还要针对不同罪犯的犯罪原因进行个别矫

正。从这个意义上说，对罪犯与其说是教育不如说是矫正。矫正是一种特殊的教育，和一般的教育不一样。矫正的功能是双重的，一方面要消除原有的错误观念，另一方面要灌输一些新的、有利于罪犯将来能够消除人身危险性的知识。因此，我认为罪犯矫正的科学化是罪犯教育科学化中的重中之重。

（二）罪犯教育的核心

我认为，罪犯教育的核心是罪犯人身危险性评估。社会危害性与人身危险性，是对犯罪评价的重要范畴。在定罪量刑的时候，以犯罪的社会危害性为主要评价根据，以罪犯的人身危险性为必要的补充。但在监狱教育中，社会危害性退居次要地位，人身危险性上升为评价的主要根据。因为罪犯教育的工作目标，就是要消除罪犯的人身危险性，而不是消除社会危害性。社会危害性是一个已然的概念。例如，对于杀人罪来说，社会危害性表现为非法剥夺他人生命，人死不能复生，因此在罪犯教育工作中，社会危害性只是对罪犯教育的一个前提。当然，犯何种类型的罪对罪犯教育具有一定的意义。罪犯教育矫正的重点是消除人身危险性，因此对罪犯进行人身危险性评估是工作的基础。这里的人身危险性评估和罪犯狱内危险性的评估不一样。罪犯狱内危险性评估主要指有没有自杀危险，有没有越狱逃跑的危险，有没有伤害其他罪犯的危险。而罪犯的人身危险性主要指，从以往的犯罪经历和犯罪事实中反映出来的、犯罪人将来有没有再犯罪的可能性。这种人身危险性的评估，我认为是罪犯教育的一个核心问题。对罪犯首先要进行分类，甚至对监狱也要进行分类。过去对罪犯分为重刑犯和轻刑犯，分类的根据主要是所犯罪行的轻重，也就是根据社会危害性来分类。这种分类当然有一定的合理性，但是将来在对罪犯的分类，甚至是对监狱的分类上，要逐渐转向以罪犯的人身危险程度作为分类标准。因为人身危险程度的不同使监狱对罪犯教育所采取的有关措施也会不同。

人身危险性的评估是罪犯教育工作科学化的基础和前提。罪犯人身危险性评估本身就是一项科学含量极高的工作。北大刑法专业有一位老教授——张文教授，前些年曾经到监狱进行调研，感触很深。回到学校以后，他提出了行为人刑罚这样一个理论。张文教授把犯罪人分为真的犯罪人和假的犯罪人，真的犯罪人是指具有人身危险性的犯罪人，假的犯罪人是指没有人身危险性或者人身危险性很小的犯罪人。张文教授认为，我们真正需要惩罚的是具有人身危险性的犯罪人，这些犯罪人才是真正的犯罪人，而对于那些没有人身危险性的犯罪人，要采取更为宽大的措施。这里也有一个如何对监狱教育改造的资源进行分配的问题。我们只有根据人身危险性的大小，对犯罪人进行了有效的分类，才能合理配置教育改造的资源。张文教授这个思想对我很有启发，但关键在于如何科学测定罪犯的人身危险性。人身危险性的评估不仅对罪犯教育具有实体性意义，而且对于法院的刑罚裁量也有重要意义。

我们需要建立罪犯人身危险性评估的指标体系。这项工作是罪犯教育改造的基础性工作，甚至也是整个刑事司法的基础性工作。前面提到了限制减刑，对哪些人限制减刑要进行严格的限制。只能对那些人身危险性很大的犯罪人限制减刑，对其他人就不应该限制减刑。人身危险性的评估是在教育改造当中需要使用的一项内容，同时，在法院进行刑罚裁量、缓刑的时候也需要采用人身危险性评估的有关结论。但是人身危险性评估工作，尤其是提出一套评价指标体系的任务，很难由公、检、法来完成，只能由监狱管理部门来完成。因为监狱管理部门最有条件来做这项工作。这项工作如果做好了，不仅对我们监狱的罪犯教育改造具有非常重要的意义，而且对于整个刑罚的实施都具有重要的指导意义。

（三）罪犯教育的方法

罪犯教育应当采取科学矫正的办法，提高罪犯教育的科技含量，使罪犯教育符合教育规律，这是罪犯教育管理工作科学化的应有之义。司法部刘振宇副部长在研讨会的讲话中明确提出了罪犯教育管理工作科学化的基本内涵，即按照教育管理规律开展罪犯教育管理，通过用科学理念指导教育管理，用科学方法实施教育管理，提高教育管理的科学技术含量，促使罪犯的教育管理更加符合科学的性质或者状态，进而达到提高教育管理工作效果和效率的目的。我认为，这段话对罪犯教育管理工作科学化的内涵进行了很好的解释，是非常正确的。事实证明，如果我们还是沿袭旧办法，就难以实现对罪犯教育管理工作的科学化，也不能有效实现罪犯教育管理工作的目标。

我认为，罪犯教育管理科学化的途径是，建立以罪犯人身危险性评估为核心的矫正方案。这种方案来自监狱管理工作的实践，同时又有科学论证，具有标准化和模式化的特点，就像工业产品的质量标准以及保障措施，生产一项产品，产品质量要达到标准，而且围绕产品质量标准又有一些实施的方案。只有这样，才能保证生产出来的产品都是合格的。对于罪犯教育改造而言，人身危险性的评估是一个重要的工具。对罪犯进行有效的人身危险性评估以后，就可以检验教育改造的质量，看看人身危险性是不是得到了减少和有效的控制，并且可以围绕如何减少罪犯的人身危险性来开展矫正工作。

罪犯教育管理工作如何实现科学化，是一个关系到我国监狱工作方向性的重大问题。对于这个问题，我认为应当吸收具有各种专业背景的人士进行严肃的科学论证。因为这项工作涉及许多学科的知识，不仅涉及法律知识，还涉及教育学、心理学、统计学等各方面的知识，要把它作为一个科学问题，作为一个理论来论证。

研讨会是理论探讨的一个出发点，会上有来自监狱管理实践第一线的领导同志，介绍了他们实践探索的经验。这些经验对我们将来的研究具有重要的启发。与此同时，我们的理论工作者也从各种不同的角度对罪犯教育管理工作科学化进行了理论探讨。尽管这种理论探讨从目前的情况来看，还有一些务虚的性质，问题还不是特别集中，但务虚性质的研讨能够进一步开拓我们的视野。会议以后，我觉得我们的理论工作者可能要和监狱管理部门从事实践工作的同志进一步结合起来，进行理论和实际相结合的调查研究。在这个基础上，提出一些方案，再围绕这个方案来进行理论的论证，不断完善方案。论证以后，方案要再回到实践当中，进行试点，通过试点发现问题，再对方案进行修改。在条件成熟的情况下，应当作为一个正式的工作方案在各地进行试点，这样就能够使监狱罪犯教育改造工作真正走上科学化的轨道。这样，监狱对罪犯的管理工作才能规范化、法治化，也才能够有效实现监狱教育管理的目标。

（本文原载《犯罪与改造研究》，2017（6），原标题为《关于罪犯教育管理工作科学化的问题》）

十一、刑罚体系

刑种设置的法理分析

刑罚是由各种刑罚方法体现出来的，这种刑罚方法就是指刑种。刑种设置是一个国家对于刑罚量的总体安排的重要内容，它反映出这个国家刑罚的轻重程度，因而是其刑罚人道性的主要标志之一。当前，我国正在修改刑法。在这种情况下，对刑种设置的法律研究更具有现实意义。

一、刑种设置的历史演进

刑种设置是一个刑罚的创造过程，各种刑罚方法依照一定的次序排列，就构成了一个国家的刑罚体系。由于犯罪的多样性，作为对犯罪制裁手段的刑罚也必然呈现出多样化的体系性特征。通过对刑种设置的历史考察，我们可以看出，刑罚体系经历了一个从以死刑与肉刑为中心到以自由刑为中心，乃至现代正逐渐地以罚金刑以及其他非监禁化的刑罚种类为中心的发展史，从而勾勒出刑罚从残酷到人道的历史演变的轨迹。

以死刑和肉刑为中心的刑罚体系，主要出现在古代社会。中国古代刑罚，根据历史文献的记载，源于苗族。《尚书・吕刑》指出："苗民弗用灵，制以刑。惟作五虐之刑，曰法，杀戮无辜。”这里的五虐之刑，指苗族的劓、刵、黥等肉刑。这些刑罚，最初是用来对付异族的，对同族而有罪者，则采用鞭、扑、金、流和赎刑等方式处罚之。夏朝不仅盛行肉刑，而且死刑也极为残酷，例如有孥戮之刑，就是除本人外，罪及其子，用作祭社的牺牲。如果说夏朝的刑罚是在吸收苗族的五虐之刑的基础上形成的，还比较杂乱，那么，经过商及至周朝，基本上形成了比较完备的刑罚体系。商朝的刑罚，据典籍记载源于夏五刑而有所损益。《晋书·刑法志》指出：“夏后氏之王天下也，则五刑之属三千。殷因于夏，有所损益。”所谓五刑，指剕、劓、墨、宫、大辟。到了周朝，在周穆王时，司寇吕侯受命制定五刑。五刑之律共三千条，其中墨刑一千条，劓刑一千条，剕刑五百条，宫刑三百条，大辟二百条。这就是中国奴隶制的五刑。

自公元前476年开始，中国历史上的奴隶制瓦解，封建制全面确立，一直到公元618年隋朝统治的终结，前后一千多年，中国古代的刑罚经历了一个漫长的蜕变过程。春秋战国时期，奴隶社会的刑罚制度逐渐消亡，秦汉时期，尤其是汉文帝废除肉刑后，封建社会的刑罚制度逐渐形成与发展，及至隋代而基本定型。春秋时期，各国除援用西周的五刑之外，增加了烹、枭首、戮尸、镮等酷刑。特别是秦国开始使用族刑，株连之法盛行。战国时期，李悝在总结春秋各国立法经验的基础上，编著了《法经》一书。在刑罚种类上，见诸《法经》的有笞、诛、膑、刖、夷族、夷乡等。而且，战国时期已经出现徒刑和死刑的初步划分。徒刑有鬼薪、城旦，死刑有车裂、剖腹、枭首、腰斩、抽肋、体解、镬烹等。这个时期的刑罚种类繁多，已经完全超出夏、商、周三代的刑罚体系，给人的印象是十分杂乱的，还没有建立起系统的刑罚体系。秦朝的刑罚以残暴著称，根据睡虎地秦墓竹简，当时的刑罚种类有：(1) 死刑，例如戮、弃市、磔、定杀等；(2) 肉刑，例如黥、劓、刖、宫等；(3) 徒刑，例如城旦舂、鬼薪白粲、隶臣妾、司寇、候等；(4) 笞刑；(5) 耻辱刑，例如髡、耐（完）刑；(6) 迁刑；(7) 赀，以财自赎；(8) 赎刑，根据赎的方式，又可以分为金赎、赀赎、役赎等；(9) 废，适用于担任一定公职的人和王族成员等有官爵的人；(10) 谇，申斥责骂；(11) 连坐；(12) 收，又称籍没。由上可见，秦朝的刑种名目繁多，手段残酷，反映了当时刑罚制度的剧烈变化。其中徒刑的出现，对于后世刑罚体系的发展具有深远影响。汉朝，随着肉刑的废除，刑罚有所轻缓。废除肉刑对中国刑罚体系的发展产生了重大的作用。三国两晋及至隋朝，中国的刑罚制度曲折发展。魏晋南北朝时刑罚种类逐步简化，到隋开皇时最后确定了封建制的五刑，即死、流、徒、杖、笞。隋朝不仅在法律上彻底废除了肉刑以及枭首、车裂等残酷的刑种，而且使刑罚更为轻缓。因此，隋朝的开皇律是自汉文帝废除肉刑以来对刑罚制度的又一次重要改革。中国古代的刑罚体系，到唐朝发展得极为完备。《唐律》规定的五刑，即笞、杖、徒、流、死成为定制。五代及宋、元、明、清各朝的刑罚体系基本上沿袭《唐律》，略有损益而已。由奴隶制的五刑——墨、劓、剕、宫、大辟到封建制的五刑——笞、杖、徒、流、死，终于完成了中国古代刑种的漫长的历史演变过程，刑罚种类臻于成熟。

古代社会刑罚严酷，不仅中国如此，而且各国皆然。西方古代的刑罚体系也是以死刑和肉刑为中心的，而且从体系构造上来说，还不如中国古代刑法和谐统一。在中世纪以前，西方虽然也有一些著名的法典，但这些法典诸法合体，刑法的内容尚不集中，更未见完整的刑罚体系。但从内容来看，刑罚主要是以死刑和肉刑为主，十分残酷，尤其是在刑罚中糅进了宗教迫害的成分，使肉体摧残与精神折磨合为一体，以此作为恐怖的统治方法。例如，意大利学者朱塞佩·格罗索认为古罗马最初的刑法表现为一种根深蒂固的并且含有宗教成分的诉讼，指出：宗教成分在古罗马早期的刑事处罚中占有较大比重，这首先表现为对触犯神明的罪犯普遍适用献祭刑（consecratio）（该词产生于套语 sacer esto［你将作为祭品了］），即：将犯罪人开除出共同体，让他在被遗弃中赎罪；或者让他落入神的权力之下，接受神的报复。这种赎罪形式可以直接表现为被作为牺牲品献祭（如悬挂在绞刑架［suspensio all'arbor infelix］、作为最严厉处罚［puniri more maiorum］的千百万棒打死，或沉入水底［poena cullei］），也可以表现为让犯罪人接受神的报复，因而受刑人可以被任何人白白杀死。《十二铜表法》含有对欺骗门客（clienti fraudem fecerit）的庇主处以献祭刑（sacer esto）的规定。除上述情况外，《十二铜表法》还反映出这种刑罚在其内容上的独立过程，这一进程虽然仍保留着宗教成分而且在一些情况中只使人看到一种特殊的献祭形式，但是，它是刑事司法世俗化进程中的一步。对于夜晚毁坏庄稼的人，为向丰收保护神献祭而处死（accisione a cerere），实质也是一种献祭刑。对纵火者科处的火刑，虽然我们也可以从中发现早期的宗教特点，但它已体现出以牙还牙的刑罚所具有的报复意义。对于为致使某人死亡而实施魔法的人（malamcarmen incantare），以及对庄稼施用魔法的人（fruge sexcantare），曾经科处极刑，在这里，最古老的惩罚肯定就是献祭刑。[①] 在西方中世纪，也没有形成统一的刑罚体系，仍以死刑和肉刑为主。例如早期日耳曼法的犯罪主要有叛逆、逃跑、懦夫、放火、暗杀、道德败坏等。刑罚就是死刑与处于法律保护之外。所谓处于法律保护之外，即犯罪者失去一切权利，得不到法律保护，与死刑无异。后期，出现了侵犯国王、教会、领主的犯罪，均属于违背效忠义务和信仰的严重犯罪，根据 780 年查理大帝颁布的萨克森地区敕令，对上述罪一般均处死刑，并没收其财产。西方中世纪最有影响的法典之一《加洛林纳刑法典》也以残酷著称，广泛采用死刑和肉刑，执行方式如焚刑、绞刑、溺刑、活埋、肢解等，十分残酷。正如恩格斯所评论的那样：《加洛林纳法典》中的各章论到“割耳”“割鼻”“挖眼”“断指断手”“斩首”“车裂”“火焚”“夹火钳”“四马分尸”等等，其中没有一项没有被这些尊贵的老爷和保护人因一时高兴就用在农民身上。[②] 古代社会以死刑和肉刑为中心的刑罚体系，是由当时的社会状况所决定的，尤其是在专制统治之下，刑罚成为维护这种政治统治的主要手段。为适应这种统治的需要，刑罚的严厉与残酷也就不可避免。

进入近代以后，随着人道主义思潮兴起，刑罚改革成为当务之急。在这种情况下，自由刑作为中世纪滥用的死刑的替代刑逐渐成为刑罚体系的中心。在法国，1776 年马特雷将贝卡里亚写于 1764 年的《论犯罪与刑罚》一书译成法文出版，在法国引起强烈反响，同时也产生了激烈的争论，由此推进了刑罚改革、关

① 参见［意］朱塞佩·格罗索：《罗马法史》，126～127 页，北京，中国政法大学出版社，1994。

② 参见《马克思恩格斯全集》，第 7 卷，397 页，北京，人民出版社，1961。

于死刑的改革、设立模范监狱、废除拷问等。其中，自由刑就是这种刑罚改革的重要成果之一。[①] 1810年制定的《法国刑法典》创制了第一个具有近代意义的刑罚体系，将刑罚划分为身体刑、名誉刑和惩治刑三类。其中，身体刑为死刑、无期重惩役、流放、有期重惩役和轻惩役；名誉刑为枷项、驱逐出境和剥夺公民权；惩治刑为定期拘押，定期禁止行使某些公民权、民事权或亲属权以及处罚金。在刑罚体系中，虽然还残存着残酷性和野蛮性的痕迹，但自由刑在刑罚体系中已经占据十分重要的地位，成为广泛适用的一种刑罚方法。此后，又经过多次重大修改，尤其是1832年第一次对刑法典进行修改，主要是对刑罚的种类有所减削，对刑罚有所减轻；1863年第二次对刑法典进行修改，又减轻了某些惩罚手段，但未有实质性改变。在英国，经过18世纪的刑法改革，废除了绝大部分残酷刑罚。在改革以前，英国适用死刑的罪名多达240种。到19世纪，可判处死刑的犯罪种类大大减少，死刑只适用于叛逆罪和谋杀罪。监禁在英国法中曾不是一种刑罚，而只是进行审判的一种强制手段。随着殖民地的建立，许多罪犯被送往海外殖民地服苦役，也称为“刑役”。19世纪后，由于边沁等人强调对罪犯的教育和改造，监禁开始成为一种刑罚手段。

经过刑法改革，西方形成了由生命刑、自由刑、财产刑与资格刑构成的刑罚体系。其中，自由刑是一种适用最为广泛、最主要的刑罚方法。在自由刑登上刑罚体系的宝座以后，为了适应实际需要，又出现了一个自由刑单一化的运动，使自由刑本身在立法设置上更为完善，也更为人道。之所以提出自由刑单一化问题，主要是因为在大部分西方国家，当以监禁为主要内容的自由刑作为刑罚方法登上历史舞台时，正值野蛮的资本原始积累时期，资产阶级期望通过监禁的严厉性、痛苦性，惩罚、威慑那些不肯向新秩序就范的人，主要是无产者、流浪者、乞丐等，以为通过狱中“艰苦的劳动、艰难的食物、坚硬的床”，就可以既实现特别威慑，又实现一般威慑。所以，当时设计了五花八门、名目繁多的监禁刑，以适用于不同情节的犯罪人。这种情况类似于奴隶社会设计死刑、肉刑，被一种

① 参见何鹏：《外国刑事法选论》，6～7页，长春，吉林大学出版社，1989。

野蛮、原始的报复刑观念支配着，想方设法增加刑罚的痛苦性。比如英国，19世纪的监禁包括下列一些形式：苦役、附艰苦劳动的监禁、无艰苦劳动的监禁。苦役是最重的，犯人被迫从事那些毫无意义的笨重劳动，如踏轮、投标、曲柄机等。附艰苦劳动的监禁，虽比苦役略逊一等，但仍然非常艰苦，通常是在船上、矿山或建筑工地从事繁重的劳动。无艰苦劳动的监禁本身又分为三级。这样，英国就等于存在五个层次的监禁。可谓种类繁多，且都以折磨犯人为宗旨。这样，当刑罚人道化思想日益传播，人们的刑罚观念发生根本性变化之后，反对这些类别复杂、内容野蛮的刑罚方法就成为社会普遍的要求。监禁不再是为了摧残、折磨罪犯，而应是为了使其复归社会。所以在这个意义上，自由刑的单一化主要不是因为自由刑的类别太多，而是由于其野蛮、残酷。① 自由刑的单一化取得了一定的进展，英国 1948 年的《刑事审判法》把自由刑简化为监禁一种，联邦德国 1969 年的刑法典也把以往的重惩役、轻惩役、禁锢及拘留等统一为无期监禁与有期监禁。由此可见，自由刑的单一化并非一种技术性的改革，而主要是通过合并各种不同类别的自由刑，废除某些野蛮的自由刑执行方法，使被处自由刑的犯罪人在设施内享受基本相似的待遇，至少不存在具有侮辱性、折磨性、野蛮性的差异。② 因此，自由刑单一化的动因是人道主义。

进入现代以来，由于犯罪激增，累犯突出，自由刑没有起到明显的抑制犯罪的效果。尤其是短期自由刑，对于犯人不仅没有起到改善作用，反而还有使犯人受到交叉感染而更加变坏之虞。在这种情况下，罚金刑的适用率越来越高，大有取代自由刑而成为刑罚体系中心的趋势。罚金刑作为短期自由刑的替代手段开始受到人们的重视。1925 年在伦敦召开的第十届国际刑法与刑务会议作出了应当毫不犹豫地用其他刑罚来代替短期自由刑的决议，并推举罚金刑作为代用刑之一，同时还指出，在允许的情况下，把自由刑易罚金刑的权限交给法官，以扩大适用罚金刑。此后，在 1960 年召开的联合国第二届防止犯罪与关于犯罪者待遇

① 参见李贵方：《自由刑比较研究》，82～83 页，长春，吉林人民出版社，1992。
② 参见陈兴良：《刑法哲学》，319～320 页，北京，中国政法大学出版社，1992。

的会议上，罚金刑也被推崇为代替短期自由刑的适当制度。[①] 在有关西方国家，罚金刑的适用越来越普遍。例如，英国的治安法院在其全部犯人中，17 岁以上 21 岁以下被处罚金刑的，1938 年为 18%，1956 年为 47%；21 岁以上被处罚金刑的，1938 年为 32%，1956 年为 55%，1975 年达到 88%。无论是总数还是比例都在逐年增加。在联邦德国，罚金刑在全部刑罚适用中，1882 年为 25%，1912 年为 51.8%，1955 年为 70%，逐年增加。在日本，1950 年罚金刑为确定判决总数的 95%，其中大部分适用于违反道路交通法的案件，也呈现出每年递增的趋势。[②] 在这种情况下，西方以自由刑为中心的刑罚体系受到强烈的冲击，罚金刑在刑罚体系中的地位日益上升，这代表着刑罚体系向着人道化发展的趋势。

二、刑种设置的结构调整

刑种设置虽然受到人道性的制约，但同时又受到功利性的制约。这里所谓功利性，是指刑罚对犯罪的有效抑制。因此，刑种设置不仅随着人道主义的发展而逐渐向轻缓化的方向调整，而且要根据犯罪态势的变化作出相应的调整，以能够有效地抑制犯罪。总而言之，刑种设置应当是在人道性与功利性的双重制约下，轻重搭配，科学合理。

当前世界各国刑事政策的趋向是两极化，也就是所谓“轻轻重重”。日本学者森下忠指出：第二次世界大战后，世界各国的刑事政策朝着所谓“宽松的刑事政策”和“严厉的刑事政策”两个不同的方向发展，这种现象为刑事政策的两极化。[③] 由于刑种设置是受刑事政策影响的，因而两极化的刑事政策趋向对于刑种设置的结构调整具有重要意义。

“轻轻”是指对轻微犯罪，包括偶犯、初犯、过失犯等主观恶性不重的犯罪，处罚更轻。采取这种宽松的刑事政策，一方面是为了改善犯罪者更生和重返社会

① 参见何鹏：《外国刑事法选论》，244 页，长春，吉林大学出版社，1989。

② 参见［日］菊田幸一：《犯罪学》，319～320 页，北京，群众出版社，1989。

③ 参见［日］森下忠：《犯罪者处遇》，4 页，上海，中国纺织出版社，1994。

的条件，另一方面也是为了减轻执法机关的负担。特别是为了避免刑事设施和矫正设施人满为患的现象，而采用以微罪处分、缓刑起诉、保护观察等非拘禁的刑事处分来代替自由刑的开放性的处遇政策。这种宽松的刑事政策在有关国际会议中得到肯定并进一步推行。1955 年在日内瓦召开的第一届预防犯罪及罪犯待遇的会议上通过了《囚犯待遇最低限度标准规则》(United Nations Standard Minimum Rules for the Treatment of the Prisoners)，这一标准规则在各国提高被拘禁者的处遇方面作出了重大贡献。例如，该标准规则第 57、58、59 条确立了指导原则。第 57 条规定："监禁和使犯人同外界隔绝的其他措施因剥夺其自由、致不能享有自决权利，所以使囚犯感受折磨。因此，除非为合理隔离和维持纪律等缘故，不应加重此项情势所固有的痛苦。"第 58 条规定："判处监禁或剥夺自由的类似措施的目的和理由毕竟在保护社会，避免受犯罪之害。唯有利用监禁期间在可能范围内确保犯人返回社会时不仅愿意而且能够遵守法律，自食其力，才能达到这个目的。"第 59 条规定："为此，监所应该利用适当可用的改造、教育、道德、精神和其他方面的力量及各种协助，并设法按照囚犯所需的个别待遇来运用这些力量和协助。"① 尤其是 1975 年第五届联合国预防犯罪和罪犯待遇大会通过并提交第三十届联合国大会以第 3452 号决议批准通过了《保护人人不受酷刑和其他残忍、不人道或有辱人格待遇或处罚宣言》，该宣言第 1 条明文规定："(1) 为本宣言目的，酷刑是指政府官员或在他怂恿之下，对一个人故意施加的任何使他在肉体上或精神上极度痛苦或苦难，以谋从他或第三者取得情报或招认，或对他做过的或涉嫌做过的加以处罚，或对他或别的人施加恐吓的行为。按照囚犯待遇最低限度标准规则施行合法处罚而引起的、必然产生的或随之而来的痛苦或苦难不在此列。(2) 酷刑是过分严厉的、故意施加的、残忍、不人道或有辱人格的待遇或处罚。"②

---

① 张燕玲编：《联合国预防犯罪领域活动概况及有关文件选编》，21 页，北京，法律出版社，1985。

② 张燕玲编：《联合国预防犯罪领域活动概况及有关文件选编》，146 页，北京，法律出版社，1985。

这些国际公约促进了罪犯处遇的人道化，推动了刑事政策向宽松方向发展。为此，各国采取了非刑罚化、非司法化等各种措施。尤其是非刑罚化的发展，使刑罚体系发生重要变动。因为非刑罚化的重要形式之一是非监禁化，也就是回避自由刑的执行，由此而促使大量采用缓刑、假释等政策，它表明单凭国家强制手段已不足以应付日趋严重的违法犯罪现象，而不得不求助于社会各界，求助于公众。例如，美国的“转处”，就是争取公共的和私人的帮助以及利用协调和调解程序，并且通过某些非官方机构和团体的介入，避免使冲突诉诸刑事诉讼。

“重重”是指对严重犯罪更多地、更长期地适用监禁刑。之所以采用这种严厉的刑事政策，是由于当前各国犯罪问题突出，尤其是恐怖犯罪、毒品犯罪、经济犯罪严重地影响社会的稳定。在这种情况下，明知刑法不是对付犯罪唯一的，甚至不是主要的方法，刑法的作用是有限的，但在没有其他有效措施的情况下，国家只能通过加重刑事处罚对此作出反应。因此，“重重”倾向反映了一种无奈、一种困惑、一种现实与理想的冲突，这也显示出刑罚目的观的现实主义倾向在西方国家重新抬头。“重重”主要表现为对重罪的重罚，强调犯罪人的责任。既然没有其他方法来防止犯罪，既然刑罚的改造作用发挥不了，则退而求其次，利用刑罚的惩罚作用和隔离作用。① 不仅如此，有关西方国家甚至还出现了要求恢复死刑或者恢复死刑执行的公众要求。例如，美国从 1967 年 7 月起实际上停止了死刑执行，但在 1977 年 2 月犹他州对一名死刑犯执行了死刑。这样，结束了美国刑事司法史上连续 10 年不执行死刑的历史。死刑执行的恢复，主要原因是社会治安问题严重，犯罪率增长，特别是严重罪案直线上升，在治安形势恶化情况下有必要强调刑罚的威慑功能。一般认为死刑是所有刑罚方法中威慑力最大的一种，民意调查也反映出这种动向。1966 年盖洛甫民意测验表明，全美国赞成死刑的占 42%，反对死刑的占 47%。1981 年又做了一次民意调查，赞成死刑的上升为 70%，反对的下降为 25%。治安情况和公众意向是立法机关制定法律和司法部门执行法律时必然关注的基本依据。近年来，美国死刑执行数有回升趋势，

① 参见杨春洗主编：《刑事政策论》，398～399 页，北京，北京大学出版社，1994。

尽管增长的绝对数极为有限。[①] 应当说，刑罚的这种反弹是正常现象，它是对刑罚过度轻缓化的一种反应。因此，这种“重重”现象的出现并非对刑法的人道性的否定与向重刑化的回归，而只是说明刑罚轻重受到各种因素的制约，人道性只是其中一个因素，不可将这种人道性予以绝对化。

贝卡里亚指出：刑罚的规模应该同本国的状况相适应。在刚刚摆脱野蛮状态的国家里，刑罚给予那些僵硬心灵的印象应该比较强烈和易感。为了打倒一头狂暴地扑向枪弹的狮子，必须使用闪击。但是，随着人的心灵在社会状态中柔化和感觉能力的增长，如果想保持客观与感受之间的稳定关系，就应该降低刑罚的强度。[②] 贝卡里亚这段话的中心意思是说，刑罚的宽和即人道并无一个一成不变的标准，以时间与地点为转移。应该说，这一见解是极为深刻的。由此分析中国当前的刑种设置问题，我认为，应当从中国的实际情况出发确定我国的刑罚规模。根据这一思路，关于当前我国的刑罚结构，存在以下问题值得研究。

第一，重刑结构还将继续存在。我国学者曾经对刑罚结构的类型作过论述，指出：从过去到未来，刑罚结构可能有五种类型：死刑在诸刑罚方法中占主导地位；死刑和监禁共同在诸刑罚方法中为主导；监禁在诸刑罚方法中为主导；监禁和罚金共同在诸刑罚方法中为主导；监禁替代措施占主导地位。第一种已成为历史，第五种尚未到来。中间三种在当今世界中存在。死刑和监禁占主导的可称重刑刑罚结构，监禁和罚金占主导的可称轻刑刑罚结构。监禁刑为主导的刑罚结构，法律上平均刑期在 3 年以上的归重刑类，称次重刑；平均刑期在 3 年以下的归轻刑类。[③] 我国当前的刑罚结构是以死刑和监禁刑为主导的，因而毫无疑问属于重刑结构。西方基本上是监禁和罚金占主导，甚至在这两种刑罚中，罚金又占据主导地位，因而理所当然属于轻刑结构。中国之重与西方之轻，形成鲜明对照。但我认为，中国之重刑结构，有其存在的社会历史根源。尤其是中国当前处

① 参见储槐植：《美国刑法》，358 页，北京，北京大学出版社，1987。

② 参见［意］贝卡里亚：《论犯罪与刑罚》，44 页，北京，中国大百科全书出版社，1993。

③ 参见储槐植：《试论刑罚机制》，载杨敦先、曹子丹主编：《改革开放与刑法发展》，148 页，北京，中国检察出版社，1993。

于经济、社会转型的现代化发展初期，犯罪率猛然上涨，社会矛盾突出。在这种情势下，中国当前的重刑结构的存在是必然的，不必大惊小怪。更不能简单地以西方的轻刑结构来指责或否定中国的重刑结构。

第二，防止刑罚继续趋重。中国当前的重刑结构虽然具有存在的客观必然性，但并不能由此认为越重越好或者重刑有理。重刑，是不得已的。在许可的情况下，刑罚尽量要轻。这是一个具有人道主义信念的刑法学家应当具有的观念。应该说，当前中国刑罚结构已经有过重之嫌，更要提防继续趋重。对此，孟德斯鸠曾经指出：经验告诉我们，在刑罚从轻的国家里，公民的精神受到轻刑的影响，正像其他国家受到严刑的影响一样。人们对严刑峻法在思想上也习惯了，正如对宽法轻刑也会习惯一样；当人们对轻刑的畏惧减少了，政府不久便不能不事事都用严刑。有的国家时常发生拦路抢劫，为着消除这种祸害，它们便发明了车轮轧杀刑；这个刑罚的恐怖，使抢劫暂时停止。但是不久以后，在大路上拦路抢劫又和从前一样了。由此，孟德斯鸠得出结论：治理人类不要用极端的方法；我们对于自然所给予我们领导人类的手段，应该谨慎地使用。[①] 孟德斯鸠的话应该引起我们深思，一味地适用重刑，其威慑力必然随着时间的推移而减损，而重刑化又是有限度的，不可能无限度地趋重。因此，防止刑罚攀比，从而继续趋重，具有重要意义。

第三，刑罚结构尽量科学合理。任何刑罚结构中，总有轻重刑种搭配，说是重刑结构，无非是指重刑占主导地位或者比重较大而已，并非要否定轻刑。恰恰相反，更应当注重发挥轻刑的作用。为此，要使刑罚结构协调化。结构协调是指刑罚方法之间比例适度，例如死刑（终身监禁）与监禁刑之间、监禁刑内部长期刑与短期刑之间、监禁刑与罚金刑之间的比例要适度。[②] 这里的适度，主要指应该轻重上互相衔接，不可畸轻畸重。从我国当前的刑罚结构来看，死刑与死缓及无期徒刑不够协调：一生一死，过于悬殊。死缓只相当于有期徒刑 24 年，无期

① 参见［法］孟德斯鸠：《论法的精神》，上册，85 页，北京，商务印书馆，1961。

② 参见储槐植：《试论刑罚机制》，载杨敦先、曹子丹主编：《改革开放与刑法发展》，149 页，北京，中国检察出版社，1993。

徒刑则相当于有期徒刑 22 年，难以与死刑衔接。为了限制死刑的适用，就有必要加强死缓与无期徒刑的严厉性。同时，对于 3 年以下有期徒刑等刑罚还应进一步完善。虽然我国的刑罚结构以重为主，但也应重重轻轻，合理配置。

第四，为轻刑化创造条件。轻刑化是一种历史发展的趋势，也是刑法人道性的必然要求。我国当前不可能马上实现刑罚宽缓，并不是宽缓不好，而是我国尚不具备实现刑罚宽缓的社会条件。基于这种考虑，我认为我国应当逐渐创造刑罚宽缓的氛围，为将来条件成熟的时候实现轻刑化奠定基础。

（本文原载《中央检察官管理学院学报》，1996（4））

死刑存废与人权保障

生命权是人权的最基本也是最核心的内容之一，因此，讨论人权不能不涉及以剥夺生命权为内容的死刑问题。某些国际人权组织甚至以死刑的存与废作为衡量一个国家人权状态的尺度。在这种情况下，应当如何认识死刑存废与人权保障的关系，是一个十分尖锐而又不容回避的问题。

一

在西方历史上，第一次明确提出废除死刑观点的是意大利著名刑法学家贝卡里亚。他根据社会契约论，论证了死刑的非正义性和不必要性。贝卡里亚认为，人们最初在订立社会契约的时候，只交给公共当局一份尽量少的自由，这里当然不包含处置自己生命的生杀予夺大权。他明确指出："死刑不可能成为一种权利，因此也不是一种权利。"① 并认为死刑不仅不是一种权利，而且"不可能是有益的，因为它为人们提供了残酷的榜样"②。他还十分自豪地说："如果我能证明

① ［意］贝卡里亚：《论犯罪和刑罚》，57页，重庆，西南政法学院，1980。

② ［意］贝卡里亚：《论犯罪和刑罚》，62页，重庆，西南政法学院，1980。

出，死刑既不是有益的也不是必要的话，那我在保卫人类的事业方面就获得了胜利。”① 贝卡里亚废除死刑的观点一经传播，在当时的欧洲大陆引起极大反响，因此，他被认为是死刑存废之争的挑起者。

应当说，贝卡里亚对于废除死刑的论证并非无懈可击。德国著名哲学家康德就批评了贝卡里亚关于死刑不可能包括在最早的公民契约中，即公民不会这样处置自己生命的观点，认为他的这种说法完全是诡辩和对法的歪曲。康德从报应主义出发，明确指出：“谋杀人者必须处死。在这种情况下，没有什么法律的替换品或代替物能够用它们的增或减来满足正义的原则。没有类似生命的东西，也不能在生命之间进行比较，不管如何痛苦，只有死；因此，在谋杀罪与谋杀的报复之间没有平等问题，只有依法对人执行死刑。”② 德国另一著名哲学家黑格尔则从否定社会契约论出发，驳斥贝卡里亚的观点。黑格尔指出：“贝卡里亚否认国家有处死刑的权利，其理由，因为不能在社会契约中包含着个人同意，听任把他处死；毋宁应该推定与此相反的情形。可是，国家根本不是一个契约，保护和保证作为单个人的个人的生命也未必就是国家实体性的本质，反之，国家是比个人更高的东西，它甚至有权对这种生命财产本身提出要求，并要求其为国牺牲。”③ 至于处死是否应当得到犯人的同意，黑格尔指出：“贝卡里亚要求，对人处刑必须得到他的同意。这是完全正确的。但是犯人早已通过他的行为给予了这种同意。不仅犯罪的本性，而且犯人自己的意志都要求自己所实施的侵害应予扬弃。”④

尽管如此，同意贝卡里亚废除死刑观点的也是大有人在。例如，意大利著名刑法学家菲利，在刑法观点上截然不同于贝卡里亚，但在废除死刑这一问题上，菲利宣称自己是一个“诚服的死刑废除论者”。他明确指出：“由于死刑在正常时

---

① ［意］贝卡里亚：《论犯罪和刑罚》，57页，重庆，西南政法学院，1980。
② 《西方法律思想史资料选编》，425页，北京，北京大学出版社，1983。
③ ［德］黑格尔：《法哲学原理》，103页，北京，商务印书馆，1961。
④ ［德］黑格尔：《法哲学原理》，104页，北京，商务印书馆，1961。

期不必要，而且对能够生效的那部分人又不能适用，因此只能将它废除。”① 法国著名思想家罗伯斯庇尔更是颇有些危言耸听地说：“死刑只不过是整个民族进行的隆重的谋杀行为而已。”②

死刑存废两派观点互相对立、各执一词。尽管在理论上未就死刑存废达成共识，但这一争论本身对世界各国产生了深远的影响，废除死刑或者限制死刑已经成为国际性趋势。根据大赦国际 1987 年 5 月在意大利锡拉库礼召开的死刑问题国际学术讨论会上提供的数字，当时在法律上宣布废除死刑的国家已达 48 个，这一数字还包括实际上不适用死刑的国家。目前世界上没有死刑及不处死刑的国家共 85 个，在全球 180 个国家中占 47%；保留死刑的国家共 95 个，占 53%。虽然，到目前为止，保留死刑的国家还是占多数，但在这些国家，死刑受到严格限制。根据有关材料，将废除死刑和限制死刑的情况分述如下。

（一）废除死刑

废除死刑，不仅指法律上废除死刑，而且包括事实上废除死刑，主要有以下三种情况：

（1）完全废除死刑，即通过法律规定，无论在平时还是在战时，对任何犯罪均宣告废除死刑。属于这种情况的国家有 38 个。

（2）部分废除死刑，即对普通刑事犯罪废除死刑，对叛国罪或军事犯罪则保留死刑；或宣告平时废除死刑，战时对某些犯罪保留死刑。属于这种情况的国家有 17 个。

（3）事实上废除死刑，即在法律上仍保留死刑，但实际上在相当长一段时间内从未判过死刑或从未执行过死刑。属于这种情况的国家有 30 个。

（二）限制死刑

死刑应当受到严格限制，这已经成为世界上大多数国家的共识。死刑限制主要规定在各国刑法中，个别的国际公约中也有相关规定，包括以下内容：

① ［意］菲利：《犯罪社会学》，166 页，北京，中国人民公安大学出版社，1990。

② ［法］罗伯斯比尔：《革命法制和审判》，69～70 页，北京，商务印书馆，1965。

1. 对死刑适用范围的限制

在保留死刑的国家中，都将死刑的适用仅限于少数几种犯罪，主要是谋杀等严重侵犯人身权利的犯罪。例如加拿大只对谋杀罪规定了死刑，爱尔兰只对谋杀正在执行职务的警察或监管人员或者政治谋杀规定了死刑。

2. 对死刑适用对象的限制

《公民权利和政治权利国际公约》和《美洲人权公约》等国际性文件都规定对审判时怀孕的妇女、犯罪时不满 18 岁的未成年人、政治犯和指控犯罪时已满 70 岁的人不适用死刑。这些规定已被许多国家采纳，从而使死刑的适用对象受到严格限制。

3. 对死刑实际执行的限制

现在有些国家对死刑的实际执行采取了极其严格的限制，从而使死刑实际执行的数量大为减少，如日本、斐济、马达加斯加、尼日尔等国。还有些国家刑法规定了死刑易科制，例如罗马尼亚。

4. 对死刑判决程序的限制

各国刑法一般都对死刑判决程序作了严格规定，以防止滥用。对死刑判决程序的限制包括：适用死刑必须事实清楚、证据确凿；被判处死刑的人都有权向上一级法院上诉；被判处死刑的人应享有寻求赦免或减刑的权利；非有一定高级权威的法院作出的最后判决，不得执行死刑。

废除死刑与限制死刑虽然成为当今各国立法的趋势，但也并非一帆风顺，尤其是死刑的废除，在不少国家往往是几起几落。例如意大利 1889 年废除死刑，1926 年恢复死刑，第二次世界大战后又宣告废除死刑。西班牙 1932 年废除死刑，1934 年恢复死刑，1938 年又宣告废除死刑。苏联（苏俄）先后在 1917 年、1920 年和 1947 年三次宣告废除死刑，又在 1918 年、1922 年和 1950 年三次恢复死刑。有些国家虽然在法律上废除了死刑，但事实上还存在法外死刑。据统计，委内瑞拉 1980 年有二百多名犯人被处死，乌拉圭在 1973 年至 1977 年处死四十多人，而这些国家在法律上都是废除死刑的。不仅如此，目前还有一些国家在增加死刑条款，例如智利、朝鲜、苏丹、卢旺达、突尼斯、安哥拉、乌干达、利比亚、科威特、冈比亚等。尤其是对贩毒等几种特殊的国际性犯罪，许多国家都增加了死刑规定。因此，尽管当今世界上废除死刑的呼声很高，但死刑作为一种刑罚方法，在可以预见的将来远远未达到废弃不用的地步。

二

人权理论起源于17世纪英国哲学家洛克的自然权利说和18世纪法国哲学家卢梭的天赋人权说。洛克和卢梭的思想是资产阶级革命的理论概括或思想启蒙。自从18世纪以来，有关人权的重要文献绝大多数都深受洛克和卢梭的人权思想的影响。

一般认为，人权理论有以下三个发展阶段：第一代人权概念，以公民、政治权利为核心内容。第二代人权概念，以经济、社会和文化权利为核心内容，是社会主义运动的产物。第三代人权概念，即所谓新一代人权，现在有六个方面的问题正在考虑之中：环境、发展、和平、共同继承财产、交流和人道主义援助。

随着人权理论的发展，人权保障也从国内法的保障向国际法的保障发展，尤其是新一代人权概念的出现，使人权运动走向国际舞台。

国内法是人权保障的传统形式，尤其是第一代人权概念，表现为公民、政治权利，完全是一个宪法问题。在这种情况下，人权实质上就是公民权。正如马克思指出，“这种人权一部分是**政治**权利，只有同别人一起才能行使的权利。这种权利的内容就是**参加这个共同体**，而且是参加**政治**共同体，参加**国家**。这些权利属于**政治自由**的范畴，属于**公民权利**的范畴”[①]。为了保障这种公民的基本人权，宪法不仅记载了这些人权，而且明确规定对这些人权的保障方式。例如法国《人权宣言》第8条规定：“法律只应判处绝对而且明显地非判处不可的刑罚，除非依据一项犯罪前已公布在案的法律，并合法执行，任何人都不应受到处罚。”这就是所谓罪刑法定主义，它旨在限制政府权力，保护个人权利，这一精神体现在

① 《马克思恩格斯全集》，第1卷，436页，北京，人民出版社，1956。

1791年法国的宪法中，并通过1810年的《法国刑法典》第4条“没有在犯罪行为时以明文规定的刑罚的法律，任何人不得处以违警罪、轻罪和重罪”的规定加以条文化，而成为人权的基本保障。

人权保障从国内法发展到国际化，这是第二次世界大战以后出现的新动向。1948年12月10日联合国大会通过的《世界人权宣言》是人权保障国际化的第一个重要文献。更为系统全面地保障人权的国际化文件是1966年的《联合国人权公约》，该公约包括《经济、社会、文化权利国际公约》、《公民权利和政治权利国际公约》和《公民权利和政治权利国际公约任择议定书》三个条约。前两个国际公约广泛地规定了公民及政治权利、经济社会文化权利，并于1976年生效。除此以外，还有《欧洲人权公约》《美洲人权公约》《消除对妇女一切形式歧视公约》《禁止酷刑和其他残忍、不人道或有辱人格的待遇或处罚公约》，这些国际公约都是以保障人权为宗旨的。

随着人权及其保障的国际化，出现了国内人权法与国际人权法的分化。国内人权法主要是指国内法所规定的人权，实际上就是指公民的基本权利。尽管某些国际公约规定了国际人权准则，但它还是一个国内法的问题。国际人权法主要是指确认涉及国家之间关系的环境、发展、和平、共同继承财产、交流和人道主义援助等权利的国际法。因此，人权既是一个国内法的问题，又是一个国际法的问题。人权保障也应当是国内法与国际法并举，这是世界人权运动发展的必然结果。

三

在分别考察了死刑存废与人权保障的基础上，有必要对两者进行联结考察。在这里，我们首先面临的是这样一个问题：保留死刑必然与人权理论相抵触，或者说保障人权必然要求废除死刑吗？回答是否定的。

从历史上看，倡导人权理论的先驱者洛克和卢梭并没有提出废除死刑的观点，而是对死刑持肯定的态度。洛克认为，在自然状态下，个人对个人具有处罚其违反自然法的罪行，包括将其处死的权力。但在政治社会，人们把处罚的权力完全放弃了，交由社会来行使。因此，洛克认为政治权力包括判处死刑的权利，只要这一切都是为了公众福利。① 卢梭则更为具体地指出："对罪犯处以死刑，也可以用大致同样的观点来观察，正是为了不至于成为凶手的牺牲品，所以人们才同意，假如自己做了凶手的话，自己也得死。在这一社会契约里，人们所想的只是要保障自己的生命，而远不是要了结自己的生命；绝不能设想缔约者的任何一个人，当初就预想着自己要被绞死的。"② 洛克和卢梭在宣扬人权思想的同时，并没有由此得出废除死刑的结论。

这是否意味着他们的人权观与死刑观之间存在矛盾呢？并非如此。卢梭宣称："对罪犯处以死刑，这与其说是把他当做公民，不如说是把他当作敌人。"③ 在这种逻辑的支配下，死刑不仅不与人权理论相矛盾，反而恰恰是保障人权的手段之一。因此，尽管洛克和卢梭竭力弘扬人权，视之为天赋，但并没有将人权与死刑对立起来，出于社会更高利益的需要，生命权仍是可以剥夺的，即使是死刑废除论的首倡者贝卡里亚，也并非一个彻底的死刑废除论者。贝卡里亚认为，在以下两种情况下，死刑可以认为是必要的：第一，当一个人甚至被剥夺了自由以后，他还拥有这样的联系和这样的实力，以致威胁到国家的安全，而且他的存在可能引起不利于现存政体的变革；第二，一个人死亡是制止其他人犯罪的唯一有效的手段。④ 当然，人们由于过分注重贝卡里亚对死刑的非正义性和不必要性的论证，往往容易忽视他在一定功利需要下仍可适用死刑的观点。

死刑存废之争，在西方历史上已经延续了二百多年，虽然这场争论使人们对死刑制度进行了理性的反思，因而对于刑罚改革具有一定的积极意义，但是，这场争论本身存在一个最大的缺陷，就是抽象地谈论死刑存废问题，而没有联系一定的物质生活条件，因而难免陷入空谈。实际上，死刑作为一种刑罚制度，连同

---

① 参见［英］洛克：《政府论》，下篇，4 页，北京，商务印书馆，1964。
② ［法］卢梭：《社会契约论》，2 版，46 页，北京，商务印书馆，1980。
③ ［法］卢梭：《社会契约论》，2 版，47 页，北京，商务印书馆，1980。
④ 参见［意］贝卡里亚：《论犯罪和刑罚》，58 页，重庆，西南政法学院，1980。

人权观念，都属于上层建筑的范畴，决定于一定的经济基础。因此，关于死刑存废应当同一定社会的物质生活结合起来考察。在一定的国家，死刑存废取决于以下两个因素：第一，社会存在的因素，这是死刑废除的物质基础。这里所谓的社会存在包括社会的物质文明程度和社会物质生活水平。在社会的物质文明程度和社会物质生活水平较高的社会，犯罪所造成的危害与人所能够创造的物质价值的反差大，人们比较注重人的生命的价值。因而，死刑废除的物质条件较为具备。反之，在一个物质生活水平较低的社会，犯罪对社会造成的危害大，人的生命价值相对低。因而，缺乏死刑废除的必要的物质条件。第二，社会意识的因素，这是死刑废除的精神基础。在社会文化程度较高的社会，朴素的报应观念逐渐丧失市场，对待犯罪的态度较为理智。而且，由于人们的文化水平高，较为轻缓的刑罚就足以制止违法犯罪。因而，死刑废除的精神条件较为具备。反之，在一个社会文化程度较低的社会，杀人偿命的观念十分浓厚。而且，人们的文化水平低，只有用较为严厉的刑罚才能慑止违法犯罪。因而，缺乏死刑废除的必要的精神条件。事实说明，凡是不具备这两方面条件的，死刑即使废除了，还会重新恢复。而随着这两方面条件的逐渐具备，死刑废除将成为现实。因此，如果不考虑到一定国家的民族传统和国情，那么从人权保障中得出废除死刑的结论无疑是偏颇的。

更为重要的是，死刑存废是一个国家的内政。由于各个国家的物质生活条件存在差别，各国根据自己的国情选择死刑的存废，对此不应横加干涉。而且，保留死刑与有关人权保障的国际公约并不矛盾。例如，《公民权利和政治权利国际公约》第6条规定：“（1）人人有固有的生存权。这个权利应受法律保障。不得任意剥夺任何人的生命。（2）凡未废除死刑之国家，非犯情节最大之罪，且依照犯罪时有效并与本公约规定及防止及惩治残害人群罪公约不抵触之法律，不得科处死刑。死刑非依管辖法院终局判决，不得执行。（3）生命之剥夺构成残害人群罪时，本公约缔约国公认本条不得认为授权任何缔约国以任何方式减免其依防止及惩治残害人群罪公约规定所负之任何义务。（4）受死刑宣告者，有请求特赦或减刑之权。一切判处死刑之案件均得给予大赦、特赦或减刑。（5）未满18岁之人犯罪，不得判处死刑；怀胎妇女被判死刑，不得执行本刑。(6) 本公约缔约国不得援引本条，而延缓或阻止死刑之废除。”由此可见，这一国际公约并没有把保留死刑与人权保障截然对立起来，因此，保留死刑并不能被认为是违反这一国际公约。

当然，废除死刑问题也有国际化的趋势。20 世纪 70 年代以后，废除死刑的国际化趋势逐渐显露出来。1971 年，联合国大会呼吁以国际人权的准则来保障人权。1980 年，联合国秘书处在为第六次联合国预防犯罪和罪犯待遇大会准备的一份文件中强调：“死刑是残酷的、不人道的和堕落的刑罚……这种刑罚不应当被接受。”1984 年，联合国大会又批准了由联合国经济和社会理事会拟定的《保障将被处死刑者人权的保护措施》，以便为被控死罪的罪犯提供最严密的法律程序上的保障。1989 年 12 月 15 日，第 44 届联合国大会，以 59 票赞成、26 票反对、48 票弃权，通过了废止死刑的国际公约。尽管如此，是否加入这一国际公约，各国仍有根据本国国情作出选择的权利。

综上所述，我们认为废除死刑固然是人权运动所追求的一个目标，但死刑的存废决定于一个国家的物质生活条件及国情。因此，保留死刑并不意味就是侵犯人权，人权保障也不能当然地得出废除死刑的结论。

四

中国是一个发展中的第三世界国家。1979 年，我国已开始直接参加联合国人权领域的活动，1982 年，我国成为联合国人权委员会的成员国，并在一些人权公约上签字。但是，对于死刑存废，中国的立场是明确的，这就是：在当前中国的社会条件下，保留死刑是必要的。原因十分简单，中国现在还不具备废除死刑的条件。在这种情况下，侈谈废除死刑是没有实际意义的。当然，中国目前虽然不能废除死刑，限制死刑却是完全应当的，这也是符合人权保障的世界潮流的。我们认为，对死刑的限制主要表现在以下两个方面。

（一）立法限制

自从 1980 年刑法实行以来，经过全国人大常委会多次补充立法，我国刑法中共有 37 个条文规定了五十多种死刑罪名。显然，我国刑法中的死刑应予削减，将死刑保留在确属必要的范围之内。

1. 实质性削减

我国刑法中死刑的削减，首当其冲的是经济犯罪、财产犯罪及某些并非特别严重的侵犯人身权利罪和扰乱社会管理秩序罪。我国经济犯罪与财产犯罪中的死罪几乎占所有死罪的 20%，这是各国立法例所罕见的。世界上保留死刑的国家，一般都把刑法中的死刑条文限制于谋杀等旨在剥夺他人生命权利的犯罪。这在一定程度上反映了死刑的刑罚等价观念。而经济犯罪和财产犯罪，发生在经济生活中，它所侵害的客体是经济秩序和财产关系。因此，对这些犯罪适用死刑有悖于死刑的刑罚等价观念。而且，死刑也并不是预防经济犯罪和财产犯罪的灵丹妙药，对于经济犯罪更是如此。1982 年 3 月全国人大常委会《关于严惩严重破坏经济的罪犯的决定》施行以后，走私、投机倒把等经济犯罪的法定最高刑都上升为死刑。但是，死刑的适用并没有扭转经济犯罪高发的趋势。死刑对经济犯罪的预防作用实在微乎其微，靠死刑是无法遏制此类犯罪的。死刑对经济犯罪效果不佳，主要是因为经济犯罪是由经济、政治、法律等各种因素促成的。国家政策上的失误、经济管理上的混乱、政治机构中的腐败、行政关系网的干扰、社会监督的疲软、刑事立法的不足等等，无一不与经济犯罪日益猖獗有关。因此，预防经济犯罪的关键不在于施以死刑，而在于完善法制、堵塞漏洞、清除腐败、违法必究。除走私、投机倒把、贩毒、盗运珍贵文物出口、贪污、受贿、盗窃等经济犯罪和财产犯罪可以削减死刑以外，流氓，故意伤害，拐卖人口，强迫妇女卖淫，引诱、容留妇女卖淫，传授犯罪方法等犯罪都可以废除死刑，因为这些犯罪的性质都不是特别严重，而且从各国立法例看，对这些犯罪适用死刑十分罕见。这些死罪仅占我国刑法规定的所有死罪的不到 1/3，即使废除了这些犯罪的死刑，我国刑法中的死刑条款仍然在世界各国刑法中领先。

2. 技术性削减

我国刑法中除某些犯罪可以明文废除死刑外，还有一些犯罪是有必要规定死刑的，只是由于立法技术欠佳使得这些死刑条款膨胀。为此，有必要进行技术性削减。例如，我国刑法第 101 条规定了反革命杀人罪，可以判处死刑。刑法第 132 条规定的故意杀人罪，法定最高刑也是死刑。同是故意杀人，只因犯罪目的不同而分立为两个罪名，徒然增加了一个死罪。两者完全可以合并，对反革命杀人的以故意杀人罪从重处罚。这样，可以减少一个死刑条款。又如，刑法第 139 条规定的强奸罪、奸淫幼女罪，第 150 条规定的抢劫罪都可以判处死刑。实际上，之所以将这些犯罪的法定最高刑规定为死刑，主要是因为这些犯罪涵括了故意杀人的内容。如果将故意杀人的内容从强奸罪、奸淫幼女罪和抢劫罪中排除出去，规定强奸、奸淫幼女、抢劫而故意杀人的，实行数罪并罚，就可以削减这三种犯罪的死刑。此外，反革命罪中死刑条款占较大比重，有些是属于备而不用的，有保留的必要，但也有一部分与普通刑事犯罪的死刑相竞合，例如刑法第 100 条的反革命破坏罪，其在客观表现方面无异于危害公共安全中的爆炸、放火、决水等犯罪，两者可以合并。通过以上这些技术性的调整手段，可以削减某些死刑条款。

（二）司法限制

除了在立法上对死刑作出实体的限制，在司法中也应当严格限制死刑的适用。立法限制对于减少死刑适用来说固然十分重要，但司法限制在某种意义上更为重要，因为对死刑的立法规定是对事不对人的，而死刑的司法适用是针对具体案件具体案犯的，如果适用不当，就会造成误判难纠的后果。我们认为，最高司法机关应当对死刑适用问题作出司法解释，使适用死刑的条件法定化、具体化，还可以通过发布判例等形式，使死刑适用的条件具有形象性、可比性。另外，我国刑法规定了死缓制度，在性质上类似于外国刑法中的死刑易科制，对于减少死刑的实际执行具有重要意义。但由于立法规定不够完善，死缓在司法适用中也还存在一些亟待改进的问题。例如，法律对于死刑立即执行与死刑缓期执行的界限没有具体规定，仅以“如果不是必须立即执行的”界定之，弹性很大。各地司法机关理解各异，因而适用上也各行其是，不利于法制统一。同时，死缓改为执行死刑的条件规定得不明确，导致刑法理论上其说不一。而且在司法实践中被判处死缓者中只有极个别人被执行死刑，有些犯罪分子没有悔改表现，甚至有抗拒改造情节，也减为无期徒刑，这影响了死缓制度的实施效果。

我们认为，在当前不能马上废除死刑的情况下，可以考虑通过扩大死缓制度的适用范围，限制死刑的实际执行，以此作为向废除死刑的过渡。具体设想是：放宽适用死缓的范围，甚至规定绝大多数判处死刑的犯罪都适用死缓。与此同时，限制减为无期徒刑或者有期徒刑的条件。在刑法中对死缓改为执行死刑的条件加以明确规定，凡是符合这些条件的，应当执行死刑。这样，给绝大多数判处死罪的罪犯一个最后的悔改机会。在死缓期间具有抗拒改造的法定情节的，实属死不悔改，依法执行死刑。总之，通过切实可行的司法限制措施，可以真正使死刑依法严格适用，从而使刑法发挥强有力的人权保障机能。

（本文与杨敦先合著，原载《中外法学》，1991（6））

死刑存废之应然与实然

死刑，是存置还是废止，这是一个问题。

从应然性来说，我们应当提出死刑废止的问题，并大力加以弘扬。在进入21世纪的今天，作为一名刑法学者，我们应当进行死刑废止论的启蒙。也许有人会说，在犯罪形势严峻、死刑广泛适用的今日中国，宣扬死刑废止论是不合时宜的。对此，笔者大不以为然。难道我们今天比意大利刑法学家贝卡里亚第一次正式提出死刑废止论时还更不具备条件吗？回答是否定的。1764年，贝卡里亚在《论犯罪与刑罚》一书中对欧洲中世纪封建专制社会的刑法进行了猛烈的抨击，并以过人的勇气提出了死刑废止论。贝卡里亚提出："死刑并不是一种权利，笔者已经证明这是不可能的；而是一场国家同一个公民的战争，因为，它认为消灭这个公民是必要的和有益的。然而，如果笔者要证明死刑既不是必要的也不是有益的，笔者就首先要为人道打赢官司。"① 贝卡里亚以人道的名义向死刑发出了死刑令。只要我们考察一下贝卡里亚提出死刑废止论所处的时代背景，就不能不对他的巨大勇气表示由衷的敬佩了。在贝卡里亚生活的时代，欧洲刚从中世纪

① ［意］贝卡里亚：《论犯罪与刑罚》，52页，北京，中国法制出版社，2002。

的黑暗岁月中走出来，严刑苛罚仍然是这个时期刑法的根本特征。在英国，根据著名法学家布莱克斯通在18世纪60年代保守的估计，当时英国仅规定死刑的成文法便达一百六十多部，而每部成文法中又规定了数种乃至数十种死罪，更不用说普通法上的死罪数了。对于英国刑法的残酷性，恩格斯指出："谁都知道，英国的刑法典在欧洲是最森严的。就野蛮来说，早在1810年它就已经毫不亚于加洛林纳法典了：焚烧，轮辗，砍四块，从活人身上挖出内脏等等曾是惯用的几种刑罚。不错，从那时起最令人愤慨的酷刑固然已经废止，但刑法中仍然原封不动地保留了大量野蛮的和卑劣的酷刑。处死刑的有七种罪（杀人、叛国、强奸、兽奸、鸡奸、破门入盗、暴力行劫、纵火杀人）；而以前应用范围广泛得多的死刑，也只是到1837年才限制在这几个方面。"[1] 在法国，就在贝卡里亚提出死刑废止论的前十年——1757年3月2日，达米安因谋刺国王被判处死刑并被残酷地执行。这一死刑执行场景，正如同罗伯斯庇尔所说的那样，是一场整个民族进行的隆重的谋杀。法国著名思想家米歇尔·福柯引述了一位目击现场的官员布东留下的记载，详尽地描述了处死的过程。[2] 在贝卡里亚的祖国意大利也是如此，废除死刑的观点与18世纪意大利的刑罚残酷现状是格格不入的。1792年1月12日，意大利伦巴第刑事立法改革委员会开会讨论了死刑的存废问题，贝卡里亚处于少数派地位。直至1794年11月28日逝世，贝卡里亚也没有在自己的祖国实现废除死刑的梦想。1859年意大利托斯卡纳地区通过法令废除了死刑。1889年意大利统一后的第一部刑法典第一次废除死刑，但在1926年又恢复了死刑。第二次世界大战结束后，1947年意大利刑法典废除了普通刑事犯罪和平时军事犯罪的死刑，一直到1994年才废止了战时军事犯罪的死刑，从而最终实现了死刑的废止。这时，距离1764年贝卡里亚提出死刑废止论，已经时隔二百多年。可以想见，贝卡里亚提出死刑废止论的时候，他的心灵是何等的寂寞。正如贝卡里亚所言："同信守蒙昧习惯的众人发生的喧嚣相比，一个哲学家的呼声确实太微

① 《马克思恩格斯全集》，第1卷，701页，北京，人民出版社，1956。

② 参见［法］福柯：《规训与惩罚：监狱的诞生》，1页，台北，桂冠图书股份有限公司，1992。

弱了。”①

死刑废止论，是从刑罚人道主义出发所得出的必然结论。如果仅仅从功利主义出发，死刑是具有其存在的合理性的。尽管死刑对于犯罪的威慑力，往往被死刑存置论夸大，并且为大多数当政者所迷信，但相对于其他较轻的刑罚，作为最重之刑的死刑，其威慑力仍是其他刑罚所难以企及的。问题在于：难道死刑具有其他刑罚所不具备的威慑力，它就一定是正当的吗？如果答案是肯定的，那么，任何一种残酷之刑，包括盗者截手、奸者去势以及历史上曾经广泛存在的肉刑，就都具有正当性了。如果说，一种刑罚只要能够起到遏制犯罪的效果，就是一种正当的刑罚，那么这仅仅是一种刑罚的功利主义。这种刑罚功利主义往往导致重刑主义，陷入只要目的是正当的就可以不择手段的非道德主义的思想误区。中国春秋时期法家所宣扬的“以杀去杀，虽杀可也；以刑去刑，虽重刑可也”的思想，就是其极端之例。确实，从古至今，对于刑罚威慑效果的追求始终如一，没有任何变化。但是实现这一威慑效果的手段随着社会文明程度的发展和人道思想的弘扬而发生了巨大的变化。如果说，在野蛮落后的古代社会，通过严刑苛罚获得刑罚的威慑效果被认为是理所当然而被视为正当，那么，社会文明发展到今天，人道主义已经不允许通过残酷的刑罚去追求刑罚的威慑效果，否则就是不正当的。正是在这样一个社会历史背景下，死刑从过去的天然正当演变为如今因其野蛮残酷而即将退出历史舞台。因此，人道是超越功利的，人道是人类的必然选择。在死刑问题上也是如此，它在人道的法庭上，面临着被审判的命运。为死刑辩解的另一种逻辑是杀人者死。这是一种报应的刑罚理念，它曾经是死刑存置论的理论基础。在历史上，那些著名的报应论者，例如康德、黑格尔，大多是坚定的死刑存置论者。刑罚报应主义主张以恶制恶，从而实现刑罚之善，以刑罚之不人道应对犯罪之不人道，从而实现刑罚之人道。其实，报应主义的这些观点是似是而非的。报应本身起源于原始社会的同态复仇，追求犯罪与刑罚之间的对等性，从而在一定程度上体现了刑罚的公正性。但报应观念当中仍然保留着一种情

① ［意］贝卡里亚：《论犯罪与刑罚》，59页，北京，中国法制出版社，2002。

绪化的、非理性的残余。在一个理性主导的社会里，报应观念逐渐消退，并且受到限制。刑罚人道主义必然要求超越功利与报应，从而为死刑废止论提供理论支持。

从实然性上来说，死刑废止是一个漫长而曲折的过程，不可能一蹴而就。因此，死刑存废也不应囿于抽象的讨论，而必须结合一个国家的实际状况。正如日本学者正田荡三郎指出："死刑作为理念是应当废除的。然而抽象地论述死刑是保留还是废除，没有多大意义。关键在于重视历史的社会的现实，根据该社会的现状、文化水平的高下等决定之。"① 那么，从现实来说，目前中国是否具备废除死刑的社会条件呢？笔者的回答是否定的。因为死刑废止需要具备物质文明程度与精神文明程度这两个方面的条件，而目前中国都还是不具备的。从物质文明程度上来说，中国尚是一个发展中国家，虽然我国正在建设全面小康社会，但距离这个目标尚有一段距离。在这种物质条件落后的情况下，犯罪对社会造成的危害就显得比较大。可以设想，同样是盗窃 1 000 元财物，在经济发达地区与在经济落后地区，其危害程度是有所不同的。在经济发达地区，如果月收入 5 000 元，这1 000元只是一周的收入。而在经济落后地区，如果月收入 1 000 元，这 1 000 元就是 1 个月的收入。因此，同样是盗窃 1 000 元，在经济落后地区造成的危害是经济发达地区的 5 倍。由此可见，犯罪对社会的危害在一定程度上是与经济发达程度成反比例关系的。进一步引申，越是经济发达的社会，对于犯罪越具有容忍性。而且，物质文明程度提高以后，抗制犯罪的物质条件也大为改善，社会可以采用刑罚以外的条件措施有效地防范犯罪。实际上，防范犯罪要优于惩罚犯罪，这个道理是容易懂的。但惩罚犯罪远比防范犯罪省力省钱，因此，在物质文明程度较低的社会，人们往往将惩罚犯罪放在第一位，而死刑则被视为一种最为节省成本的刑罚支出，因而滥用。当一个社会的物质文明没有发展到一定程度时，当权者是不可能舍弃死刑这一刑罚方法的。

除物质文明程度以外，对于死刑废止来说，精神文明程度也是十分重要的。

① 转引自马克昌：《比较刑法原理：外国刑法学总论》，844 页，武汉，武汉大学出版社，2002。

事实证明，在一个精神文明程度较低的社会，报应观念就较为强烈，对于死刑的认同感也就较强。而只有当精神文明程度发展到一定水平，超越报应的刑罚人道主义思想才具有存在的社会土壤。我国目前精神文明程度也还处在一个较低的水平上，废止死刑还缺乏广泛的社会认同。尤其是在中国传统法律文化中，杀人者死之类的报应观念源远流长，成为中华民族社会心理的重要组成部分，它对于死刑的废止起着强烈的阻却作用。因此，从物质文明与精神文明两个方面来说，我国目前尚不具备死刑废止的条件。

我国目前不宜废止死刑，但却应当对死刑加以严格限制。因此，限制死刑是我国的当务之急。死刑的废止是以刑罚轻缓化为前提的，只有经过刑法改革，逐渐实现了刑罚轻缓化，死刑的废除才有可能真正提上议事日程。在欧洲各国，到19世纪中叶已经基本上实现了刑罚轻缓化，从而为进一步废除死刑创造了条件。例如，英国19世纪司法改革的重要内容之一就是改革严酷的刑法。早在1826年，罗伯特·皮尔就呼吁对残酷而混乱的刑法进行修改、整理、汇编，使之明确化、法典化，可惜这一要求未被政府采纳。不过，在以后的几十年内，刑事罪特别是死刑罪有所减少。1837年，英国议会通过了几个法案，进一步限制了死刑罪的数量，取消了违背人道主义的颈手枷等酷刑，因债务而被监禁的历史也宣告结束。1861年，英国议会又连续通过6个法案，对刑法进行了较大修改，它们构成了现代英国刑法的核心。这些法案规定，只有叛国，谋杀，武装海盗，纵火烧毁皇家造船厂、军械库或船只才可被判死刑，不得在公共场所处决死刑犯人。上述改革大大缓和了刑法的严酷性。① 在法国和德国，也大体上在这个时期完成了刑法改革，其标志分别是1810年的《法国刑法典》和1871年的《德国刑法典》。这两部刑法典虽然都还保留死刑，但死刑罪名已经大量减少，并且死刑执行的残酷方法也已被废除。而在这个时期，我国正处于清朝末期，延续了数千年的严刑酷罚还是我国当时刑罚的主要内容。正如沈家本所言：顺治时，律例内真正死罪，凡二百三十九条，又杂犯斩绞三十六条。而至清末时，死罪凡八百四十

① 参见程汉大主编：《英国法制史》，406页，济南，齐鲁书社，2001。

余条，较之顺治年间，增十之七八，不唯外人所骇闻，即中国数千年来亦未有若斯之繁且重也。[①] 此时，中西在刑罚的残酷性程度上形成鲜明的对比与反差，从而也为列强在中国实行治外法权提供了借口。在清末刑法改革中，沈家本主持修订《大清律例》，减八百余项死罪为二十余种。经过清末刑法改革，中国逐步实现了刑法的近代化，在死刑问题上也缩短了与西方国家的距离。清末至今，又一个多世纪过去了。在这一期间，经历了两次世界性的废除死刑高潮。尤其是1989年12月15日，第44届联合国大会通过了废止死刑的国际公约，进一步推动了废除死刑运动的发展。到目前为止，已有将近一半的国家在法律上废除了死刑或者在事实上不执行死刑。即使是在保留死刑的国家，死刑的适用也受到严格限制。与此同时，我国的死刑未减反增。1979年刑法中有28个死罪，至1997年已经增至68个，几乎占整个罪名的七分之一。在这种情况下，死刑限制是十分迫切的。笔者认为，应当在较短的时间内，将死刑罪名减少到20个左右，尤其是经济犯罪与财产犯罪应当废止死刑，那些备而不用的死刑罪名也应予以废止。再经过一个时期的努力，将死刑限于故意杀人等个别特别需要保留死刑的罪名，逐步地减少社会对死刑的依赖程度。在社会条件具备的情况下，最终废止死刑。

综上所述，笔者对死刑是存置还是废止这个问题的回答是：从应然性来说，我是一个死刑废止论者；从实然性来说，我是一个死刑存置论者，确切地说，是一个死刑限制论者。

（本文原载《法学》，2003（4））

① 参见李贵连：《沈家本与中国法律现代化》，95页，北京，光明日报出版社，1989。

关于死刑的通信

一、引言

2004年4月16日，我收到一封寄自上海的来信，写信人名叫蔡翔，一个公民，也是我主编的《中国死刑检讨》一书的读者。在这封信中，蔡翔系统地陈述了他对死刑的一些观点，并自称是一名坚定的“严格限制死刑论”的支持者。2003年11月，我曾经收到一位名叫李倬才的死囚的来信，信中李倬才谈了他对死刑的亲身感受，尤其是对死刑核准程序的看法。作为死刑的适用对象，李倬才对死刑的立场不会引起我们更大的诧异。而读完蔡翔的来信，我惊讶于他对死刑这样一个专门问题的深入分析，这是我所见到的法律圈外之人对死刑最深刻的见解。在一片喊杀的喧嚣声中，蔡翔的声音也许是微弱的，但绝对是令人深思的，同时也使我对中国死刑限制乃至最终废除的前景有了更为乐观的期许。

二、来信

尊敬的陈兴良教授：

您好！

我读了您所编著的《中国死刑检讨》一书，感想极多。在此，我把自己的一些观点呈现给您，供您参考。我的水平有限，而且您工作也很繁忙，我的来信恐怕要担（耽）误您不少时间了，在此先表示歉意吧！

我是一名坚定的"严格限制死刑论"的支持者。我阅读了不少死刑方面的法学著作，作者有您，还有高铭暄、赵秉志、邱兴隆、胡云腾、李云龙、沈德咏……和你们理性的论述不同，我对死刑所带的感情因素要多些。

触（促）使我关心这一沉重话题的起因很偶然。1995年1月初的一天上午，我的眼球被报上一段文字抓住了，一个年仅27岁的幼儿园女出纳为了男友贪污公款而被判处死刑。临刑前，这个本来活泼可爱的女孩拉着看守的手，哭着嚷着："救救我！"于心不忍的看守替她穿上洁白的羊毛衫，并几次"违反"规定打开手铐让她最后活动活动。把女孩送上开往刑场的囚车后，几位看守忍不住泪水长流……

这是个真实的悲剧，发生在我的故乡——上海。随信附上一份材料：《一个政法女记者的手记》（著者：陆萍），其中《生命透支的悲哀》一文，是发生在那个姑娘身上的悲剧再现。您如果抽出时间读读它，一定会被深深震撼的！

我第一次读到《生命透支的悲哀》一文时，泪水难抑，以后每次读它，心中都痛苦不已。我为发生如此悲惨的悲剧感到非常难过。有理由相信，那个姑娘要是能活下来，一定能够忏悔赎罪，改过自新的。要是判的不是"死刑立即执行"，而是"死缓"就好了！

陆萍老师是上海优秀的作家、诗人、政法类新闻记者，像她那样，对死囚给予了极大的人道主义角度的关注的记者在其他地方也有。如果您进入google网站，输入"刘伊平"并搜索，会有几条关于"刘伊平，周小瑾"的信息。周小瑾是在广东工作的政法记者，她和陆萍老师一样有着一颗怜悯、人道的心。而网页上的文字同样让人悲哀。

广州：易芳27，刘伊平22；西藏拉萨：扎西措姆23。这三个名字属于民航系统的工作人员，都犯了贪污重罪（数额的确是巨大的），并都在 20 世纪 90 年代初严厉打击经济犯罪的高潮时期被处决，没有得到悔罪改造的机会，数字是她们死时的年龄：27，22，23。这些数字难道不让人悲哀么？

这里，请允许我插入一段题外话。广州的易芳和刘伊平（当然还有许多其他死囚）被处决之时，是广东省高级人民法院原院长麦崇楷主持工作之时。曾有文章描述麦的优秀事迹，我感到难以理解的是，麦犯罪时是否也曾想到过签发过的那些死刑判决书？他是否心中有愧？（以他犯罪的案值和所受惩罚来看，他是够幸运的。）

今年年初，有一本潘军先生所写的小说《死刑报告》深深打动了我，其中和您在一些刑法（死刑）著作中引用的案例相类似，当然他采用文学艺术的形式表现了出来。那是一部好作品啊！

我支持您所提出的“严格限制死刑”的观点，是的，我坚决支持您和您的同事们所大声疾呼的“限制死刑”的观点。我相信你们并不是在简单讨论一个学术上的问题，而是带着强烈的对生命价值的尊重、对生命被毁灭的惋惜来讨论这一问题，是带着强烈的人道主义的关注的。

我从网上看到：既有对您的支持和理解，也有对您的攻击。我愿意相信反对您观点的人们是完全因为痛恨犯罪，“疾恶如仇”。但我站在您的一方，我相信您绝非同情犯罪和罪犯，而是站在更高的起点，思考什么是真正的惩罚，到底怎样才是真正意义上的伸张正义，以及最重要的人道主义！

经过反复思考，我支持您在书中提出的一个观点，对于贪利型的经济罪犯，不处死而长期监禁并处财产刑。这从逻辑上是有说服力的，人的生命是无价的，用无价的生命赔偿有价的物质有很大的不合理性。我和其他人一样痛恨腐败，但我不认为一定要用毁灭生命的最极端形式。严格监管，堵住漏洞更加重要。北欧国家、新加坡和我国香港地区可以成为我们学习的对象，而断头台不是最好、最有效的选择。

为了研究、思考死刑问题，我查阅了许多案例和记载。从建国前的斗争岁月到建国初的一长段时间，“镇反”常常是和死刑紧密相连的。“镇反”有其必要性和正当性，但是“死刑扩大化”似乎从来就不是新鲜的话题。死刑扩展到长期放弃敌对活动的原敌对人员、已悔罪人员、有不同观点的人，乃至敌对分子家属，无辜者就不用说了……在国家重新走上正轨后，刑事犯罪的确有增多的现象。从这个情况来说，“严打”有合理性，符合人民的利益。但是“死刑扩大化”的现象又一次出现。看看当时的死刑数量！

我读到一些案例，（非致人死伤）的抢劫、盗窃的案值即使以当时的标准来说，也难以称为巨大，而罪犯依然被处死。在20世纪80年代，有一个让许多犯人被处决的罪名是“流氓罪”，许多案例显示，这个罪涉及了淫乱、集体乱交……是的，这些行为即使以现在的道德标准来衡量，也毫无疑问是极不道德的，以死刑来惩罚，也许符合我们这个民族的文化传统，但实在是太非人道了。有不少性罪错的死囚，其罪行是淫乱，（非强暴）恐怕不一定有害人之心吧！更多的是出于年轻时那种冲动，消除空虚……那么，动用死刑，这难以让人信服吧！

我不得不提到一点，被处决的死囚中，许多人的年龄低得让人心颤呀！有的刚满18岁！

潘军先生的《死刑报告》中提到的涉外死刑案件，在我所在的城市上海同样发生过：20世纪80年代末，一个小偷潜入美国领事馆，偷窃物品价值数万元，最后他被处决。

非常坦率地说，我对这种漠视生命价值的死刑极为厌恶，尽管它以法律的名义。我认为这种死刑也无助于我国的国际形象。

作为一名“严格限制死刑论”的支持者，我认为我国的司法机关对死刑的成效过于夸大，过于把死刑作为一种工作成绩，而对于死刑给死囚及其家属带来的巨大肉体、精神痛苦过于漠视，对生命价值过于轻视，把死刑所必然包含的非人道主义因素过于淡化了！

这样一种推崇死刑的文化，继承的封建主义因素过多，与社会主义倡导的刑罚文化、刑罚本质不相符合，不能算是先进的和文明进步的。

江泽民同志提出：生存权是最基本的人权。我完全支持这一论断，从尊重人权的角度说，应当严格限制死刑！

…… ……

当然，无论是“镇反”，还是“严打”，政策本身的目的是正确的，愿望是美好的，符合绝大多数人民的利益。但是，政治家不可能关注每一个死刑案件，这就对司法官员提出了较高的要求。死刑针对的绝不仅是抽象的整体概念——敌对分子、反革命、犯罪分子，而更是针对个体，单个的、活生生的生命，司法官员有义务对生命的毁灭慎之又慎。客观来说，罪犯一旦被捕，犯罪行为即中止，就停止了继续危害国家利益和他人利益。司法官员有职责慎重思考：罪犯是否邪恶到非杀不可，是否无药可救，是否有悔罪改过的可能……“从重从快”的提法，若针对的是非死刑的刑罚，没有什么大问题。一旦涉及死刑，就应慎重慎重再慎重！

从我国的刑罚文化传统来说，历代都是极为推崇死刑的。而对生命价值的尊重几乎就是多余的奢侈品。一项（带有暴力色彩的）政策的执行从上到下，似乎有一只无形的晶体管在起“放大”的作用。死刑所造成的冤案就不必说了，即使罪犯真的有罪，“死刑扩大化”现象远比“死刑谨慎论”来得普遍。这不仅反映在我国的死刑数量上，也反映在司法官员的政策阐述中，无论是向人大提交的报告，还是在一些会议上，高级司法官员都坚持了“动用死刑绝不手软”的原则，似乎从来不讨论死刑所涉及的非人道主义问题。

从资料来看，国外有不少国家在整个社会这一层面都进行过有关死刑的讨论：上至政治家、议会，下至平民百姓，当然包括法律学者。而且司法官员既从执法者，也从自然人的角度来进行讨论：关于死刑的功效性，人道主义矛盾，是否与人权理念、宪法精神相符……这是值得我们借鉴的。

…… ……

《生命透支的悲哀》一文中那个已被处决的姑娘死在 1993 年年初，冬天尚未过去、春天尚未来到的 2 月。《九三年》，也是一部伟大的文学作品的名字。雨果是伟大的，他的著作也是伟大的，作品的伟大之一就在于它深刻反映了作者本人的人道主义理想，闪耀着人性的光芒。郭文是一位优秀的统帅、一名勇敢的战士，他不是，也不愿成为一名行刑者。是否应该释放朗德纳克我们暂不讨论，但他这一释放敌人的行为与战场上英勇的拼杀一样震撼人心。他在死牢中与恩师的彻夜长谈闪耀着理性、人道的光辉，他是一个真正的英雄、真正的革命者。真正的革命者为胜利和正义而战，但他不会像罗伯斯庇尔那样对断头台狂热崇拜，不认为罪恶只有用鲜血才能洗去……

比较一下，我们已处于21世纪了，难道我们比古人更缺乏怜悯和人道精神么？

死刑不一定代表正义，但一定代表（国家）权力。对断头台鼓掌当然比向它质疑更保险。但是，“死刑”是有理由让人们来讨论的。

有一点我承认，我国在死刑制度上有一个巨大进步的地方：一个人如果有了不同的观点，不大可能会被处死了。我并没有经历过非常的“文化大革命”时期，我间接地了解到发生在林昭、遇罗克、张志新、李九莲、钟海源身上的事。他们总算在我国追求法治的漫漫长路上留下了自己的名字。更多的人有着同样的遭遇，有的人所犯的“罪”只是说“错”了一句话……

的确，现在宽容多了（“宽容”，不也是一部优秀著作的名字吗?）。

我相信，犯罪是丑恶的但也是悲剧性的，而死刑同样是一场悲剧。可以相信，未来这种悲剧会越来越少，因为它不属于自然规律，而是可以避免的，希望越来越大。今年的人代会中，人大代表提出了死刑复核权回归最高人民法院的议案，高级司法官员也作出了相应的积极答复；人权保障也明文入宪。最近，人民陪审员又有可能加入实质性的审判过程……这些措施，都是有助于严格限制死刑的啊！

陈教授，不瞒您说，我在1995年年初读到上海那个因贪污而被处决的姑娘临刑前哭救的文字后，也收集了一些关于限制死刑的论述，再加上我自己的一些感想，寄给了一些司法机构和新闻机构，呼吁限制死刑，不过结果嘛……我是一个普通人啊！

学者、作家、记者理应成为一个社会的良心，因为他们手中的笔显示着正义感，具有强大的社会召唤力！笔的力量大于剑！您的著作和您所开辟的研讨会绝不会白费，人们会思考、反省，最终，您会得到大家支持的！您和您的同事们会被证明是正确的！

生命是多么宝贵啊！难道不应被好好珍惜么？

此致

敬礼

公民、读者：蔡翔

2004 年 4 月 8 日

三、回信

蔡翔先生：

您好！

来信收悉，你对“严格限制死刑论”的坚定支持使我感动。信中系统地阐述了你对死刑的见解，尽管如同你在来信中所说，这不完全是理性的论述，更多的是带有感情因素的理解，但我认为，这丝毫也不影响你的这些见解的深刻性，甚至比某些对死刑的空洞议论意义更大。因为这些见解都是发自你的内心，是你的真情实感之流露。

死刑问题本来是一个社会问题，也是与公民休戚相关的问题。然而，当死刑没有落到我们自己头上的时候，我们总以为那是一个“他人”的问题，一个与自身并没有直接关联的问题。更由于长期以来正统意识形态的熏陶，我们对死刑已经熟视无睹甚或麻木不仁了，没有对其正当性产生任何质疑，总以为被判处死刑者均是一些十恶不赦者，“死当其罪”。我们没有认真地思考过：国家有权力剥夺一个公民的生命么？被判处死刑的是一些什么人——他们不是我们这个社会的成员么？说到麻木，我不禁想起鲁迅在《药》这篇小说中对死刑看客的生动描述：“——一阵脚步声响，一眨眼，已经拥过了一大簇人。即三三两两的人，也忽然合作一堆，潮一般向前赶；将到十字街口，便突然立住，簇成一个半圆。老栓也向那边看，却只见一堆人的后背，颈项都伸得很长，仿佛许多鸭，被无形的手捏住了的，向上提着。静了一会，似乎有点声音，便又动摇起来，轰的一声，都向后退……”至于吃人血馒头，更是惊人的一幕。如果你看过莫言的小说《檀香刑》，一定会对中国古代凌迟的场面，也就是千刀万剐的死刑执行场景留下深刻的印象。

我总是在想，鲁迅描述的是一个世纪以前的“故”事，100年过去了，人们对死刑的看法会有所改变。可惜，这种改变并不显著。当一个社会的公民对死刑停留在一种肤浅的认识水平上时，这个社会对于死刑就会有高度的认同。在这样的社会里废除死刑就是天方夜谭。因此，在我们这个社会，需要的是关于死刑的启蒙。

今日国际上死刑废除运动之所以蓬勃发展，与240年前意大利刑法学家贝卡里亚关于死刑的启蒙是分不开的！贝卡里亚站在人道主义的立场上对死刑进行了发聩振聋的抨击，认为死刑是一种酷刑，指出了死刑制度的一个悖论：体现公共意志的法律憎恶并惩罚谋杀行为，而自己却在做这种事情。它阻止公民去做杀人犯，却安排一个公共的杀人犯。贝卡里亚认为，这是一种荒谬的现象。[①] 贝卡里亚对于死刑不仅有理性的思考，例如首次提出死刑不是一种权力，而且更是从感情的角度对死刑的影响进行了分析。贝卡里亚指出：刑场与其说是为罪犯开设的，不如说是为观众开设的，当怜悯感开始在观众心中超越了其他情感时，立法者似乎就应当对刑罚的强度作出限制。[②] 这里的怜悯感，是指观众对死刑的残酷性的情感反应。正是这种观众的反感，才是死刑废除的社会心理基础。对此，日本学者大谷实也有十分深刻的论述：当死刑冲击一般人的感情，使其感到残忍时，便应当废除死刑。[③] 对于这一观点，我深以为然。确实，在一个死刑不能引起公众的残忍感，甚至还会引起公众的观赏欲的社会，是不具备废除死刑的心理基础的。

显然，死刑涉及社会心理。以往我们对死刑的思考，大多是从政治制度与经济制度入手的，对于死刑的社会心理基础的关注是不够的。德国学者布鲁诺·赖德尔提出了“死刑是为了正义吗?”这样一个天问式的问题，指出，在这里，人

---

① 参见［意］贝卡里亚：《论犯罪与刑罚》，54、57页，北京，中国法制出版社，2002。

② 参见［意］贝卡里亚：《论犯罪与刑罚》，54页，北京，中国法制出版社，2002。

③ 参见［日］大谷实：《刑事政策学》，113页，北京，法律出版社，2000。

们常常产生的疑问是：国家为什么可以杀死一个公民？有充分的道理吗？国家在道德上有这种权力吗？还有，国家有那项任务和必要吗？启蒙时期以来，240 年里，这个问题被哲学家、法学家、政治家谈论不休，也成为广泛的社会舆论关注的对象。但是，争论来争论去，都没能得到满意的答案。就是说，最终把死刑问题嵌入现代的世界形象中是不可能的。其理由为，人们常把死刑问题当作法律问题加以谈论，然而，实际上，它远不只是法律问题，它是整个社会的问题。在这里，不用说它与正义无关，而是说它与一种完全不同的社会心理的欲望相联系。因此，在法院里，死刑问题往往是过于沉重的负担。从现代的一般观念来说，主持正义需要冷静的合理性和客观性。然而，对死刑的需求出自情绪的深层。无论怎样想对死刑进行理性的思考，遇到这种事态时常都无法应付。① 这种死刑存在的社会心理，起源于远古时代的以血还血为内容的复仇心理。恩格斯曾经指出：死刑只不过是原始社会同态复仇习俗的文明形式而已。② 显然，血亲复仇在古代社会具有社会整合作用，为个人提供保护。当然，血亲复仇形成复仇的恶性循环，同样具有一种社会破坏作用。血亲复仇随着国家权力的扩张而逐渐受到限制乃至于最终被废弃，但复仇心理却沉淀在人们心中，成为一种稳定的社会心理结构，并以死刑来满足这种社会心理。对此，赖德尔深刻地指出：正因为以血复仇在人类意识的原始初期为复杂的精神冲突提供了宣泄口，起到了重要作用，所以它通行古今东西。正因为这种精神冲突是人类普遍的现象，所以每个人对它的反应都一样。随着人类意识的进一步提高，尤其是发现了个人和个人责任后，以血复仇也最终被放弃。但是对替罪羊的需求仍未改变，并企图变换形式来实现这一目的。所以，国家执行的死刑也是一种以血复仇，是改换形式的对替罪羊的需求。③ 因此，死刑在一定程度上满足了复仇的社会心理。

正因为复仇是死刑存在的社会心理基础，因而死刑的最终废除，有待于复仇心理的淡化乃至于祛除。而要做到这一点，应当在社会上宣扬宽容心。宽容是一种社

① 参见［德］布鲁诺·赖德尔：《死刑的文化史》，2 页，北京，三联书店，1992。

② 参见《马克思恩格斯选集》，2 版，第 4 卷，95 页，北京，人民出版社，1995。

③ 参见［德］布鲁诺·赖德尔：《死刑的文化史》，2 页，北京，三联书店，1992。

会的美德，仁政就是建立在宽容基础之上的，而专制是以残暴为特征的，宽容恰恰是与残暴相对立的。在一个缺乏宽容的社会里，死刑必然有其存在的心理基础。长期以来，宽容这种美德是不见容于我们这个社会的，尤其是在斗争哲学的影响下，对抗是受到赞扬的，宽容是受到诋毁的。“对敌人的宽容，就是对人民的残酷”，这样的语录同样可以引申为：“对罪犯的宽容，就是对被害人的残忍。”在这样一种以二元对立为理念的意识形态中，复仇之心进一步得到强化。因此，从长远计，为最终废除死刑，我们这个社会需要培育宽容，培育人道主义精神。

为培育宽容，我们应当揭露死刑的残酷性。死刑是一种杀人，而且是一种“合法”的杀人，它在本质上与“非法”的杀人并无二致。如果说，“非法”的杀人在大多数情况下是激愤性的，而“合法”的杀人则是国家理性的体现，具有国家暴力的特征。你作为一个普通公民，并没有亲眼看见死刑的执行，为什么会对死刑的残酷性有如此深刻的体验？你的来信说明了这一切，你还给我寄来了记者陆萍所写的《生命透支的悲哀》一文①，正是读了该文以后，你才开始关注死刑，并成为一个死刑的严格限制论者。该文的主人公孙某，是上海市长宁区某幼儿园的出纳，因贪污16万元公款而被判处并最终执行死刑。陆萍在文中详尽地描述了死刑执行前后的情况，由于记者本身也是女性，又兼作家与诗人，富有更多的同情心，因而她的描写打动了你，也打动了我。尤其是临刑之前打扮的那一段：“她梳洗一新，从里换到外，空气里有一股香皂的芳香。她用热水洗过，两颊显得青春红润；洗过后的湿发，黑乌乌的梳得整整齐齐；紧贴在额前的一绺刘海有点参差，但很显秀雅。她红肿的眼泡，发青的眼窝，有点浮肿的脸面以及整个苗条的身架，却一点也没有消退勃发生命期中的光彩。她里面露出棉毛衫粉红色的领子，外套一件红碎格的羊毛衫，早上那件被手铐磨破袖口的腈纶衫已经换去了，里面一件新腈纶衫的小方领子整整齐齐地翻在外面的羊毛衫圆领上，她站在铁栅前的小空地上，神情沮丧又无奈地望着我……”而对此情此景，陆萍的感想是：“作为一个将赴黄泉的女囚，做毫无价值的精心准备梳理，抑或是女人的天性使然？我

① 参见陆萍：《一个政法女记者的手记》，1～36页，上海，上海人民美术出版社，1996。

这样想着的时候，马上又感到在这种场合下作这样的类比实在过于冷漠。我的脑海中不是黑云白浪翻滚就是一片沙漠一片空白。有很多次我对自己说等她这段话说完我马上离开此地。但是又不知是一种什么原因，使我的采访又连缀到下一段时刻。我与所有的人一样，很想知道有关罪恶深处以及生死交界地的神秘境遇与心态，但一旦身临其境时，我的灵魂与躯壳常常会出现背道而驰状。”在此，陆萍描写的是一个女囚临死之前对美的追求与向往。死亡结束了这一切。

这个真实的案件之所以使人对女囚产生同情，更因为她犯的不是杀人罪，而仅仅是贪污16万元。尽管在1995年，16万元还是一个天文数字，但在今天它只不过是中产阶级一两年的收入而已，却要了一个人的命。显然，像孙某这样的案件，现在已经是不可能判处死刑了，现在贪污数百万元，甚至上千万元的贪官，判处死缓的也不是多得很么？前不久号称“安徽第一贪”的尹西才，法院认定其身为国家工作人员，利用职务上的便利侵吞公款共计902万余元，其行为已构成贪污罪。尹西才的家庭财产中，尚有人民币1 901万余元、美元66万余元不能说明其合法来源，其行为构成巨额财产来源不明罪。法院认为，尹西才贪污数额特别巨大，情节特别严重，依法应予严惩。鉴于尹西才归案后，能够催要120万元欠款用于退赃，因此判处尹西才死缓。[①] 尹西才贪污的数额差不多是孙某的56倍之多，仅仅在不到10年以后，尹西才贪污900万元可以不处死，孙某却为其16万元的贪污款而命丧黄泉。当然，从法律上说，不能认为对孙某判处死刑是错了，因为法律规定贪污10万元以上就可判处死刑。但对经济犯罪判处死刑，其正当性确实是值得怀疑的。我在1990年出版的《经济刑法学（总论）》一书中，就提出了对经济犯罪废除死刑的观点。[②] 其中一个重要理由就是对经济犯罪适用死刑违背刑罚的等价观念。如果说，杀人者死是刑罚等价观念的体现，它为杀人罪保留死刑提供了正当性根据，那么，对经济犯罪适用死刑确实与等价报应的观念是有悖的。如果说，在一般情况下，报应观念是死刑存置论的根据，那

① 参见《法制与新闻》，2004（5）。

② 参见陈兴良主编：《经济刑法学（总论）》，137页以下，北京，中国社会科学出版社，1990。

么，就经济犯罪而言，报应观念恰恰是死刑废止论的根据。这里存在一个生命的价值问题。生命是无价的，对经济犯罪适用死刑就是使生命物化为一定的价值，是对生命的贬毁。

更为重要的是，物质价值是处于变动之中的，并且总是贬值的，而生命价值是永恒的。不仅物质价值如此，某些道德价值也是如此。你在来信中叙及20世纪80年代以死刑惩罚淫乱的往事，现在想来恍如隔世。我清楚地记得在1983年“严打”当中，一个王姓女子因与十多人发生性关系而以流氓罪被判处死刑。面对死刑判决，这王姓女子说了这么一段话：性自由是我选择的一种生活方式，我的这种行为现在也许是超前的，但20年以后人们就不会这样看了。不幸而被言中，在20年后的今天，尽管性自由仍未成为主流的社会道德，但人们对于性行为已经宽容多了。在刑法中流氓罪已经取消，与多人发生性关系，只要不妨害公共秩序，连犯罪也够不上了，更不用说被判处死刑。我们可以将王姓女子的命运与时下网上流行的木子美比较一下。木子美不仅放纵性行为，而且在网上公开记载性爱体验的日记，名曰《遗情书》。据《遗情书》记载，木子美性放纵的方式多种多样：不仅频频更换性伴侣，还曾经当着朋友的面与朋友的朋友性交。此外，日记内容显示，木子美并不拒绝参加多男多女集体性派对。著名社会学专家李银河在听说木子美其人其事后，认为这标志着“在中国这样一个传统道德根深蒂固的社会中，人们的行为模式发生了剧烈的变迁”[①]。木子美性滥交而走红一时，名利双收。但王姓女子却为生活方式而丧失了生命，这真是一种悲哀。你在信中谈到，现在一个人如果有了不同的观点，已经不太可能会被处死了。相比之下，这确是一个重大的进步。这表明我们这个社会已经在一定程度上实现了政治宽容，但宽容应当是更广泛的，道德宽容、法律宽容都应是题中之意。死刑，恰恰是不宽容的产物。

孙某这个案件还使我想到文学作品在死刑启蒙中的作用。以往我们的文学作品都是为阶级斗争服务的，充满意识形态色彩，培育的是人们的仇恨心理，一有

① 木子美：《遗情书——我的性爱日记》，2～4页，武汉，长江文艺出版社，2003。

温情便是资产阶级人性论而受到批判。我们也许都还记得小时候语文课本中刘文学的故事：在“文化大革命”中，一个名叫刘文学的小学生发现地主在搞阶级破坏，与之斗争并当场把这个地主杀死而被誉为英雄。在“文化大革命”以后，又爆出翻案文章，说那个被杀死的地主并非在搞破坏，而是刘文学为当英雄而蓄意将其杀死。在此，杀人犯与英雄只有一步之遥。历史真相已经无法搞清，死者死矣，无论是有辜还是无辜。但在这样一种氛围中长大的人，从小在心里埋下了仇恨的种子。这种仇恨的种子像革命样板戏《智取威虎山》中小常宝所唱的那样：“要发芽，要开花。”这种仇恨的芽、仇恨的花使我们这个社会缺乏宽容，缺乏同情，并成为死刑存在的社会心理基础。

你对死刑的残酷性的认识来自陆萍《生命透支的悲哀》一文中对死囚临死之前生活状况的真实描述。我也看了该文，发现陆萍仅仅以一个生者的姿态表达了对一个即将死去的人的一种人道意义上的同情。文中言及面对女囚执行死刑之日的临近，作者的心情格外沉重：“因而对一个生命同类的即将消失，不管这消失是属于自然意义上的还是社会意义上的，我们都从生命消失本身的折射中，清清楚楚切切实实地读到了死亡的阴影，这震撼是这样强烈这样深刻，这样无可逆转。当她为她所犯下的罪恶，已经交付出她的全部生命；当她走到了人生的终极，已经受到了法律最严厉的制裁时，活着的人往往会站在生命的断崖处，以生命同类的人道眼光，给以象征式的关怀、安慰与温情。”① 我在这里说陆萍“仅仅”是一种同情，尽管这种同情已属不易，但并未涉及对死刑的更深层次的思考。在《生命透支的悲哀》一文中，陆萍点题的话是这样说的：“她的死原本罪有应得，但这份透支生命的悲哀，在当今社会变革、观念交替冲撞的生活大背景前，是可以演绎成一种财富，也可以重复一种灾难的，问题全在于或目睹或耳闻这场生命悲剧的人的自身的思考了。”② 因此，作者是在“罪有应得”的前提下来表示对死者的同情的，这种同情尽管是有意义的，但又不能不说是肤浅的、廉

① 陆萍：《一个政法女记者的手记》，10 页，上海，上海人民美术出版社，1996。

② 陆萍：《一个政法女记者的手记》，23 页，上海，上海人民美术出版社，1996。

价的。陆萍对死刑存废问题并非没有任何思考，在文中有一情节：当她听到孙某已被处死时，愣在电话机边，久久无语。想起有个叫韩述之的人在一篇对死刑存废问题的思考的文章中所阐述的主题：杀其必杀，才能少杀。[①] 陆萍基本上是以这样一种死刑观为前提表达其对死囚的同情之心的。韩述之是上海的一位老法学家，他的死刑观其实与中国古代法家的死刑观是一脉相承的，可以说是一种功利主义死刑观，这就是韩非所说的“以杀去杀，虽杀可也”的命题。死刑，只要是为止杀，其杀就是正当的。这是一种典型的以目的的正当性论证手段的正当性的逻辑谬误。

你在信中提到了作家潘军和他的作品《死刑报告》，并对该作品予以赞赏。潘军在《死刑报告》出版后给我寄来一本，并在信中谈到因为该书的写作，阅读了一些中外关于刑罚，尤其是死刑方面的著述，包括我的著作。因此，在《死刑报告》一书中可以看到潘军作为一名作家对死刑的深刻思考。在与潘军见面时，我曾对他说，就我所知，《死刑报告》是中国第一部对死刑从正面加以思考的文学作品，其意义就在于以文学作品的形式将法学家关于死刑存废的思考表达出来，从而引起了社会的广泛反响。正如内容简介所言：“这是当代中国第一部关注死刑的小说。小说通过对一个叫落城的地方几宗死刑案件的解析，对当代中国的死刑制度进行了深入的思考，并以文学的方式第一次近距离地探讨死刑问题。某种意义上，作家潘军这回是以文学的形式探讨法学的课题，但就小说文本而言，依然有着可贵的探索。小说以女警官柳青、记者陈晖和律师李志扬的视角展开故事，与之并行的是多年前美国那宗被称为‘世纪审判’的辛普森案件的审理过程，如此的交织，形成了两种司法体系和刑罚观念的比照，同时也不得不对似乎恒定不变的刑罚观念和今天的死刑的适用进行深思。作家娴熟的叙述方式，使作品洋溢着人类终极关怀的精神，而显示的思辨色彩和独特视角，更让人心灵震撼。”《死刑报告》对死刑制度作了全方位的探讨，将社会上发生的一些曾经引起轰动的案件以文学形式表现出来，涉及错杀问题、死刑复核程序问题。尤其是作

① 参见陆萍：《一个政法女记者的手记》，3页，上海，上海人民美术出版社，1996。

品穿插叙述美国辛普森案，表明作家是更想在证据与程序上讨论死刑案件。从错杀角度讨论死刑当然是有意义的，但它还不能从根本上动摇死刑制度。死刑问题，归根到底还是一个人性与人道的问题。《死刑报告》结尾处言及法国雅克·德里达教授在北大的一场讲演，题为《宽恕：不可宽恕与不受时限》。德里达指出："宽恕的可能在于它的不可能，宽恕不可宽恕者才是宽恕存在的前提条件，宽恕的历史没有终结，因为宽恕的可能性正来自于它看似不可能、看似终结之处。"① 因此，只有宽恕以及建立在宽恕之上的人道精神，才能真正克服死刑的悖论：对被告人的仁慈就是对被害人的残忍。其实，德里达在 2001 年中国之行中，在香港中文大学曾经作过一场"关于死刑"的讲演，对死刑进行了历史的解构，这是我所见到的关于死刑的最深刻的思考之一。在这篇讲演的末尾，德里达阐明了死刑与宽恕的对立性：尽管宽恕语义与法律及刑法的语义存在着极端的异质性，我们还是禁不住认为正是基于死刑作为合法机制，作为法制状态下由国家管理的刑罚，死刑在其概念、目地（的）、断言中企图成为，我强调它企图成为不同于杀戮、不同于犯罪、不同于一般杀人的别的东西，禁不住去思考死刑对于被判者的生命来说，不可逆转地终止了任何改正、赎罪，即便是懊悔的前景。因此，在德里达看来，死刑意味着无可补偿或不可宽恕、不可逆转的不宽恕。②

在《死刑报告》中，以美国辛普森案作为对比，其实不是一个好的选择。辛普森案主要是一个证据问题，更何况美国是一个保留死刑的国家。辛普森假如被定罪，可能也难逃一死。而恰恰是欧洲，成为国际死刑废除运动的发源地和推动者。这也许与欧洲的文化传统有关。除了在《死刑报告》中提到的法国著名学者雅克·德里达，另一位同样是法国著名学者的利科，也在北大作过讲演，其题目是《公正与报复》，在这篇讲演中论及报复之于公正的意义。此外，在《从道德到制度》的座谈中，他同样论及死刑。利科将取消死刑归结为国家的自制。③ 因

---

① 潘军：《死刑报告》，274 页，北京，人民文学出版社，2004。

② 参见杜小真、张宁主编：《德里达中国讲演录》，206 页，北京，中央编译出版社，2003。

③ 参见杜小真编：《利科北大讲演录》，25 页，北京，北京大学出版社，2000。

此，死刑存废是一个国家理性的问题。当然，国家又是由人民构成的。因此归根结底，死刑存废还是一个人民的选择问题。但人民又需要有人代表，这里就涉及一些伟大人物对于死刑废除的推动作用。往前追溯，法国历史上著名的思想家伏尔泰，在其一生中，曾经为三起案件的死刑犯辩护，房龙在《宽容》一书中对此作了描述。尤其是卡拉斯案中，在整个社会都认为审判是合法和公正的时候，伏尔泰敢于单枪匹马，面对整个社会。房龙指出：伏尔泰打击的这一点已经开始奏效了，它即使不是为了宽容，至少也是为了反对不宽容。[①] 在欧洲，法国并不是最早废除死刑的国家，甚至是最后一个废除死刑的国家。法国死刑的废除经历了艰难而曲折的过程，对此，法国司法部前部长罗贝尔·巴丹戴尔在《为废除死刑而战》一书中作了精彩而详尽的描述。巴丹戴尔长期担任律师，曾经为多名死刑犯辩护，此后成为一名废除死刑运动的中坚分子，在其担任司法部部长期间卓有成效地推动了死刑在法国的废除。巴丹戴尔自述其在担任司法部部长后，为时还不到两个月，在大多数法国人的心目中，其中也包括在左翼的心目中，“我已经成了宽容的化身，是犯罪的保护人。就是在这样的气氛中，我准备着废除死刑的法案”[②]。

你在来信中谈到政治家与司法官在死刑废除中的作用，谈到广东省高级人民法院原院长麦崇楷犯罪时是否也曾想到签发过的那些死刑判决书，他是否心中有愧。答案当然是否定的。签发死刑判决书对我们的司法官员来说只是一种例行公事，甚至用不着自己亲自动手，办事人员把院长的大印给盖上就可以了。相比之下，外国的司法官员对于死刑判决又是一种什么心态呢？我在《从“枪下留人”到“法下留人”》的讲演中，曾经谈到这样一段话：“我记得，在欧洲的一个国家，这个国家当时是保留死刑的，死刑的执行令是由这个国家的司法部部长签署的。在这个国家，死刑都是在夜间在监狱里面执行的。就在签署死刑命令的这个晚上，这个签署死刑令的司法部部长一个晚上都睡不着觉。他想到经过自己签署

① 参见［美］房龙：《宽容》，340页，北京，三联书店，1985。

② ［法］罗贝尔·巴丹戴尔：《为废除死刑而战》，188页，北京，法律出版社，2003。

的死刑执行令今天晚上就要执行，一个活生生的人经过他的手被执行死刑了，他的心里总是有一种挥之不去的郁闷，心里总是忐忑不安。第二天早上他碰到了一位贵妇，这位贵妇看到这位部长满面憔悴，就问怎么回事。这位部长就说，因为昨天晚上执行了我所签署的死刑执行令，所以一个晚上都没有睡好觉。这时这个贵妇就对部长说，你真可怜，要签署死刑执行令，而我不用。这样一个描述，已经记不清从哪本书上看到的了，当时我看了之后有很深的感触，这就说明了像这些国家它们的官员，掌握生杀予夺大权的司法官员，他们由于心理上对死刑的这么一种抵触，而不愿意判处死刑。”① 上面这段话中涉及的那个故事的出处记不清了，但我在巴丹戴尔的《为废除死刑而战》一书中看到有两段与此相关的描述。第一段是1970年时任法国总统的蓬皮杜所说的：“每一次当我面对一个被判处死刑的人犯，每一次当我并且只有我一个人作出决定时，对我都是一场良心的演示。”另一段是关于1976年时任法国总统的德斯坦，因收到被害女子的母亲的来信，请求不要反对处决那个杀害她女儿的凶手，否则她将永远不再相信司法，德斯坦总统作出不特赦杀人犯拉努奇的决定。同年7月的一天晚上，拉努奇在监狱被处死。德斯坦在其回忆录《权利和死亡》第1卷中，对于执行拉努奇死刑当天黎明的情形作了以下叙述：“我待在爱丽舍宫。我看了看有着日出时间计算内容的日历，将闹钟调到日出时间。在清晨4时，虽然在这个季节，仍然是黑夜。街道上没有任何声音。我打开了窗帘。在远方，有市政清洁车在街道上轻缓滑行。我试图在模糊不清和充满睡意的大脑里对执行事件进行排序：打开牢门，穿过走廊，来到院子……突然，我发觉天空已经变得灰白，在树的边缘已经出现了亮色。我看了看闹表：6点钟了！也许我又重新入睡了。死刑应当已经执行了！我画了一个十字。为什么要这么做呢？我只是将我做过的记下来罢了。我打开了收音机，听6点的新闻。记者念了一张贴在监狱门上的通告：死刑犯已于今晨4点多被执行。我直躺着，很疲倦，心中波澜不惊。”② 有这样的总统，此后法国

① 陈兴良主编：《中国死刑检讨：以“枪下留人案”为视角》，57～58页，北京，中国检察出版社，2003。

② ［法］罗贝尔·巴丹戴尔：《为废除死刑而战》，6页及43页注①，北京，法律出版社，2003。

终于废除死刑，就不难理解它是逻辑之必然。

你在信中提到了罗伯斯庇尔，他是法国大革命时期著名的革命党人。罗伯斯庇尔对待死刑存废态度的变化以及其最终被推上断头台的命运是耐人寻味的。在法国大革命胜利的初期，罗伯斯庇尔是一个坚定的死刑废除论者，主张“把规定杀人的血腥法律从法国人的法典中删去，因为公共利益比起理智和仁爱更禁止杀人”。罗伯斯庇尔还提出：从人道和正义的观点看来，社会所如此看重的那些令人厌恶的场面（指死刑执行的场面——引者注），只不过是整个民族进行的隆重的谋杀行为而已。[①] 但后来在处置路易十六的问题上，罗伯斯庇尔主张判处死刑，此后又主张将死刑适用于叛国罪。罗伯斯庇尔在论述关于改组革命法庭时指出：“这个法庭必须由十个人组成，这十个人只应担任侦查犯罪和运用刑罚的工作。增加陪审员和法官的人数是无益的。因为这个法庭只是处理一种犯罪，即叛国罪，只是运用一种刑罚，即死刑；对于这种犯罪行为让人们去选择刑罚，那是荒谬的，因为对这种犯罪行为应该只有一种刑罚，并且也正在运用这种刑罚。”[②] 这样，法国就进入了一个恐怖的时代：这种恐怖就是以断头台为象征并通过死刑而制造的，其始作俑者就是罗伯斯庇尔。房龙以《革命的不宽容》为题对此作了生动的描述：1794 年 5 月 7 日早晨，法国人民被正式告知说上帝又重新确立了，灵魂的不朽又一次被公认为是一种信仰。6 月 8 日，新上帝正式向盼望已久的信徒们亮相了。罗伯斯庇尔身着一件崭新的蓝色马甲，发表了欢迎词。他得到了一生中最高的地位，从一个三流城市里的默默无闻的法律执事变成了法国革命的高级教士……为了确保万无一失，两天后他又通过了一项法律，法律规定，凡被怀疑犯有叛国罪和异教罪的人（二者又一次被视为一体，就像宗教法庭时代一样）都被剥夺一切自卫手段。这个措施非常奏效，在后来的 6 个星期中，就有一千四百多人在断头台倾斜的刀下掉了脑袋。[③] 最后，死刑终于降临到罗伯斯庇尔头上。尽管法国大革命给后世留下了宝贵的政治遗产，但它也给后人留下了值得思

---

① 参见［法］罗伯斯庇尔：《革命法制和审判》，68、69 页，北京，商务印书馆，1979。

② ［法］罗伯斯庇尔：《革命法制和审判》，156～157 页，北京，商务印书馆，1979。

③ 参见［美］房龙：《宽容》，359～360 页，北京，三联书店，1985。

索的问题。

著名作家林达在论及罗伯斯庇尔之死时指出：由于罗伯斯庇尔，从象征激进革命开始，已经走到了象征恐怖，他也就失去了同情者。巴黎人似乎早已在期待这一天，期待他的断头。他们隐隐地感觉，这将预示着恐怖时期的结束。他们也没有去想，这样的以牙还牙又意味着什么。不论是对于旧制度的终结，还是对于大革命恐怖时期的终结，独立的、不受上层操纵也不受公众舆论操纵的司法公正，从来也没有真正出现过。法国大革命始终宣称自己在追求实质正义，可是，并不那么动听的、保障实质正义真正实现的程序正义，却被忽略了。[①] 后人的沉思当然已经与死去的罗伯斯庇尔无关，我所感兴趣的是在罗伯斯庇尔被送上断送台的时候作何感想。这使我想起李斯，秦始皇的第一任丞相，曾建言制定“有敢偶语《诗》《书》者弃市，以古非今者族，吏见知不举者与同罪”的酷法虐刑。司马迁是这样描述李斯临死前的情形的：“（秦）二世二年七月，具斯五刑，论腰斩咸阳市。斯出狱，与其中子俱执，顾谓其中子曰：‘吾欲与若复牵黄犬俱出上蔡东门逐狡兔，岂可得乎！’遂父子相哭。而夷三族。”[②] 如同罗伯斯庇尔一样，李斯也是一个悲剧人物，得势于死刑，失势于死刑。岂非报应乎？

死刑存废的思考始于二百多年前，可以说是学者首先发难。但真正废除死刑都有赖于政治家的决策。因此，政治家在死刑存废中发挥着巨大的作用。尤其是当需要冒与民意相抵触的危险时，政治家更需要巨大的勇气。这里我们终于涉及一个敏感的话题：民意。在传统的死刑理由中，有一句广为人知的俗语叫作“不杀不足以平民愤”。因此，民愤成为支持适用死刑的一种民意基础。从已经废除死刑的国家来看，几乎没有哪一个国家是在民意的支持下废除死刑的。当法国于1981年废除死刑时，当时民意测验表明，2/3的法国人反对废除死刑，如果采用全民公决的办法，采取全民公投肯定通不过。[③] 因此，弗朗索瓦·密特朗在竞选

① 参见林达：《带一本书去巴黎》，278页，北京，三联书店，2002。

② （汉）司马迁：《史记·李斯列传》，载《二十四史》，第1卷，176页，天津，天津古籍出版社，1999。

③ 参见张宁：《死刑：历史与理论之间》，载《读书》，2004（2）。

的电视演说中指出："在我的意识中，在我的意识信条里，我反对死刑。"紧接着，他补充说："我没有必要去解读那些持相反意见的民意调查。大多数人的意见是赞成死刑，而我呢，我是共和国总统候选人。我说的是我所想的，我说的是我所认为的，我说的是我的精神契合，是我的信仰，是我对文明的关注。我不赞成死刑。"① 如果仅仅把废除还是赞同死刑作为当选总统的唯一根据，那么密特朗是肯定当选不了总统的。好在当选总统涉及政治、经济、内政、外交等诸多因素的考虑，密特朗还是当选了总统。在这种情况下，废除死刑的理由不是尊重民意，而是履行诺言。这是耐人寻味的。在这种情况下，密特朗作为一个大国政治家在废除死刑问题上的胆识是值得赞赏的。当然，中国的情况与法国又有所不同，根据中国社会科学院法学研究所 1995 年进行的关于死刑的问卷调查，主张废除死刑的仅占 0.78%。② 尽管这次调查的栏目设计不尽合理，调查人数也只有 5 000 人，但这一调查结果大体上反映了中国民众对于废除死刑的态度。在这种赞同死刑占绝对主导地位的情况下，要想让我国政治家作出违背民意的废除死刑的决定几乎是痴人说梦。当然，在这种情况下，并不是说政治家在死刑问题上完全无所作为，至少削减死刑罪名是存在极大余地的，关键的问题是：做还是不做。关于政治领袖如何对待死刑问题上的民意，从而承担起政治责任，梁根林博士在《公众认同、政治抉择与死刑控制》的讲座中提出了"善解民意"这样一个颇具创新意味的命题："政治领袖应当是善解民意，这也是考验你这个政治领袖是不是一个成熟的政治家、是不是有一个政治家的风范的重要标志。我们的政治家要体察民意，要尊重、体现、顺应并理性地引导民意，在这个过程当中我们要特别注意，强调所谓的民主不等于民粹主义，在这个过程当中，作为政治领袖在体现民意的过程中不应当简单地、盲目地附和、迎合、迁就民意，简单地复制民意。"③ 此言极是。在死刑存废问题上我们应当寄希望于政治家。

---

① ［法］罗贝尔·巴丹戴尔：《为废除死刑而战》，170 页，北京，法律出版社，2003。

② 参见胡云腾：《存与废：死刑基本理论研究》，336 页，北京，中国检察出版社，1999。

③ 陈兴良主编：《法治的言说》，360 页，北京，法律出版社，2004。

相对于政治家而言，学者是更为超脱的，因此也可以走得更远一些。但再怎么远，总还是不能离开中国这个现实。在《死刑存废之应然与实然》一文中，我明确地指出了我之死刑存废观：从应然性上来说，我是一个死刑废止论者；从实然性上来说，我是一个死刑存置论者，确切地说，是一个死刑限制论者。[①] 因此，在应然性上主张废除死刑的时候，我是站在学者的立场上；而在实然性上主张保留但严格限制死刑的时候，我是站在政治家的立场上。我的这种说法，似乎是一种讨巧或者折中，但也往往两面不讨好：既不见容于死刑废除论，又不见谅于死刑存置论。当然，死刑在目前中国是否可能马上废除，是一个可以讨论的问题。张宁先生对我关于现阶段中国不具备废除死刑之社会条件的论证观点提出了批评[②]，但也并没有见到他对死刑目前在中国已经具备废除的社会条件之论证。我从物质文明与精神文明两个方面展开对死刑存废的分析，这只是一种大致的分析思路。当然，死刑存废还有其他一些因素在起作用，比如宗教因素、文化因素，甚至还有一些偶然因素。宗教等因素可能会超越物质与制度的制约，这一点也是不可否认的。但宗教与死刑的关系又同样是受物质与制度制约的，两者之间没有直接的对等性。日本学者团藤重光在讨论亚洲精神以及政治性风土与死刑的废止时指出：在亚洲生根的最大的宗教，我首先可以举佛教。佛教是以慈悲为根本。这么说，佛教与死刑的废止在本质上必定有互相强力连接的东西存在。团藤重光以日本在王朝时代有长达350年之久没有执行死刑的时期为例，说明这可能是日本国民温和的国民性使然，但其背后的佛教的影响不容忽视。[③] 我国学者邱兴隆也以佛教的影响解释唐代两次大幅度削减死刑，以至于死刑的适用数量微乎其微的历史事实，指出：在中国的唐代，佛教的重要戒律之一是忌杀生，而死刑与忌杀生的戒律相抵触。作为削减死刑的指导思想的“承大道之训，务好生之

---

① 参见陈兴良主编：《中国死刑检讨——以“枪下留人案”为视角》，7页，北京，中国检察出版社，2003。

② 参见张宁：《死刑：历史与理论之间》，载《读书》，2004（2）。

③ 参见［日］团藤重光：《死刑废止论》，201～202页，台北，商鼎文化出版社，1997。

德”，很难说不是佛教忌杀生的戒律的折射。[①] 尽管如此，我们很难解释佛教流行的亚洲，恰恰是在各大洲中死刑废止最为滞后的洲，亚洲各大国几乎没有一个国家废除死刑。由此可见，宗教因素也不是决定性的。另就民意因素而言，在支持死刑的民意占60%甚至70%的情况下，废除死刑尚不至（于）引起民意哗然。但在支持死刑的民意占90%甚至95%的情况下，废除死刑就缺乏明显的社会认同，对此不能不加以注意。

胡云腾博士曾经提出废除死刑的百年梦想。这一百年又分为三个阶段，其中第一个阶段是从现在起到2010年左右，为大量废除死刑的阶段，届时争取达到的目标是：(1) 将我国现行刑法中的死刑罪名限制在15个左右（军职罪死刑除外）；(2) 全部死刑案件的复核权收回最高人民法院；(3) 死刑实际适用的数量降为现在的十分之一左右。[②] 当胡云腾提出废除死刑的百年梦想时，大部分人都认为这是一种悲观的看法，废除死刑难道需要一百年时间？当时，对此我也有同感。但现在我已经不这么认为，就以胡云腾提出的废除死刑的百年梦想的第一阶段而言，如期实现就极为困难。胡云腾的观点是在1994年提出的，距今已经10年过去了，距离2010年也只有6年时间。在胡云腾提出的三个目标中，大概只有死刑案件的复核权收回最高人民法院这一项有可能实现，至于其他两项均根本不可能实现，死刑罪名与10年前大体上相同，实际适用死刑的数量虽自1997年修改刑法对盗窃罪死刑适用条件严格限制后，死刑数量有所减少，但远远未减到十分之一左右的程度。因此，如果没有重大转机，要想在百年内废除死刑，还真是一个“梦想”！由此可见死刑废除之途的漫长且艰难。

贝卡里亚在论及死刑时曾经指出：“同信守蒙昧习惯的众人发生的喧嚣相比，一个哲学家的呼声确实太微弱了。然而，那些分散在大地上的少数明智者，将在内心深处向我发出共鸣。”[③] 贝卡里亚的这句话似乎有民愚论的色彩，但我们也不能不承认民众是需要启蒙的，因而就要有明智者的存在。而明智是知识分子的

① 参见邱兴隆主编：《比较刑法》，第1卷·死刑专号，59页，北京，中国检察出版社，2001。

② 参见胡云腾：《死刑通论》，302～303页，北京，中国政法大学出版社，1995。

③ ［意］贝卡里亚：《论犯罪与刑罚》，59页，北京，中国法制出版社，2002。

使命，在死刑问题上更是如此！同时，我也为有你这样明智的公民而高兴。另外，我还想说，陆萍、潘军这样一些作家也是值得我们尊敬的。

诚挚的！

陈兴良

2004年5月3日

（本文原载《北大法律评论》，第6卷·第2辑，北京，北京大学出版社，2005）

中国死刑的当代命运

死刑存废，按照日本学者西原春夫的说法，迄今已经成了一个枯竭的问题，所剩的只是关于存续或者废除的法律信念而已。[①] 的确，死刑存置论与死刑废止论在刑法学界的争论自1764年贝卡里亚首次挑起以来已经长达240年，各自所能想到的理由几乎已经穷尽。对于死刑，现在的问题是：在一个具体的国家，比如中国，如何废止？更进一步的问题是：中国已经走上死刑废止之路了吗？中国如何走完死刑废止之路？这些问题，都是十分现实的，需要结合中国的具体国情进行分析。本文拟在对中国死刑废止问题进行历史的回顾与现状的阐述的基础上，对中国死刑的当代命运进行一次学理上的探讨。

一

世界各国几乎是以相同的方式走上一条死刑之路，却以不同的方式走上一条死刑废止之路。中国历来就有“杀人者死”的法律文化传统，因而对最严重的犯

① 参见［日］长井圆：《围绕舆论与误判的死刑存废论》，载《外国法评译》，1999（2）。

罪适用死刑是理所当然的。尤其是春秋时期的法家，主张“以杀去杀，虽杀可也”[①]，由此赋予死刑以某种正当性。在近两千年的封建专制社会，此种死刑观念被历代统治者奉为圭臬。《汉书·刑法志》云：“故圣人因天秩而制五礼，因天讨而作五刑。大刑用甲兵，其次用斧钺；中刑用刀锯，其次用钻凿；薄刑用鞭扑。大者陈诸原野，小者致之市朝，其所繇来者上矣。”[②] 每谈至此，一种刑罚的血腥味扑面而来，使人窒息。不过，透过血腥味，我最感兴趣的还是“其所繇来者上矣”一语。这句古语译为现代汉语，意思是“这种做法由来已久”[③]。这使我联想起荀子的一句话：“杀人者死，伤人者刑，此乃百王之所同，不知其所由来者也。”由此可见，死刑自古皆然。

中国古代的旧五刑是“墨、劓、剕、宫、大辟”，隋唐以后形成新五刑：“笞、杖、徒、流、死”。从新五刑到旧五刑，肉刑改为身体刑，唯一不改的是死刑。肉刑的废除，是中国古代刑罚进步的一大标志性成果。它发起于汉，完成于唐，虽历经曲折，但终至废弃。关于肉刑废除的缘起，《汉书·刑法志》同样有所记载，其中少女缇萦自愿赎父刑罪的故事且不详表，我们可以回味一下汉文帝读完缇萦上书后的一段话：“盖闻有虞氏之时，画衣冠异章服以为戮，而民弗犯，何治之至也！今法有肉刑三，而奸不止，其咎安在？非乃朕德之薄而教不明与？吾甚自愧。故夫训道不纯而愚民陷焉，《诗》曰：‘恺弟君子，民之父母。’今人有过，教未施而刑已加焉，或欲改行为善，而道亡繇至，朕甚怜之。夫刑至断支体，刻肌肤，终身不息，何其刑之痛而不德也！岂为民父母之意哉！其除肉刑，有以易之；及令罪人各以轻重，不亡逃，有年而免。具为令。”[④] 这一段话似乎表露了汉文帝的慈悲，但我却从中读出一种虚伪：肉刑虽然残酷，毕竟生命尚在，而死刑则夺命丧生，其残酷更甚于肉刑。何以汉文帝对死刑之残酷视而不见，却对肉刑之痛楚如此感慨。果然，以笞刑替代肉刑：当劓者，笞三百；当斩

① 《商君书·画策》。

② 高潮、马建石主编：《中国历代刑法志注译》，5 页，长春，吉林人民出版社，1994。

③ 高潮、马建石主编：《中国历代刑法志注译》，7 页，长春，吉林人民出版社，1994。

④ 高潮、马建石主编：《中国历代刑法志注译》，28 页，长春，吉林人民出版社，1994。

左止者，笞五百；当斩右止，及杀人先自告，及吏坐受赇枉法，守县官财物而即盗之，已论命复有笞罪者，皆弃市。其结果是："外有轻刑之名，内实杀人。斩右止者又当死，斩左止者笞五百，当劓者笞三百，率多死。"① 及至汉景帝时期颁布《箠令》，对笞刑的行刑加以限制，笞者的生命方得以保全。汉文帝主观上改重为轻，客观上却改轻为重，这当然是有意外因素的，但废肉刑存死刑，这确实是令人难以理解的。况且，虽然肉刑废除，但死刑的执行方法以制造痛苦为能事，因而死刑实际上涵括肉刑。

中国古代的死刑罪名是十分惊人的，对此，沈家本有以下简要的统计："中国刑法，周时大辟二百，至汉武帝时多至四百九条，当时颇有禁纲渐密之议。元魏时大辟二百三十条。隋开皇中除死刑八十一条。唐贞观中又减大辟九十三条，比古死刑殆除其半，刑法号为得中。"② 当然，这一死罪数目未必完全准确。例如，虽有周朝大辟之属二百的记载，但西周《周礼·秋官·司刑》又有"杀罪五百"之说。及至汉孝武帝时期，据《汉书·刑法志》记载：大辟虽四百九条，但死罪决事比万三千四百七十二事。③ 由于汉代广泛实行比附，因而死罪名虽 409 个，但经过比附，实则多达 1 万多种可判死刑的情形。在中国历史上，唯一出现的对死刑的限制发生在唐贞观年间，令人诧异的是，这次是以恢复肉刑以削减死刑的形式出现的。《旧唐书·刑法志》记载："及太宗即位，又命长孙无忌、房玄龄与学士法官，更加厘改。戴胄、魏徵又言旧律令重，于时议绞刑之属五十条。免死罪，断其右趾。"④ 在唐太宗与其侍臣的对话中，我们第一次发现古人对于死刑与肉刑轻重之比较。太宗谓侍臣曰："前代不行肉刑久矣，今忽断人右趾，意甚不忍。"谏议大夫王珪对曰："古行肉刑，以为轻罪。今陛下矜死刑之多，设断趾之法，格本合死，今而获生，刑者幸得全命，岂惮去其一足？且人之见者，甚足惩诫。"上曰："本以为宽，故行之。然每闻恻怆，不能忘怀。"又谓萧瑀、

① 高潮、马建石主编：《中国历代刑法志注译》，29 页，长春，吉林人民出版社，1994。

② （清）沈家本：《历代刑法考》（四），2028 页，北京，中华书局，1985。

③ 参见高潮、马建石主编：《中国历代刑法志注译》，32 页，长春，吉林人民出版社，1994。

④ 高潮、马建石主编：《中国历代刑法志注译》，245 页，长春，吉林人民出版社，1994。

陈叔达等曰："朕以死者不可再生，思有矜愍，故简死罪五十条，从断右趾。朕复念其受痛，极所不忍。"叔达等咸曰："古之肉刑，乃在死刑之外。陛下于死刑之内，改从断趾，便是以生易死，足为宽法。"这里的肉刑（断右趾）与死刑，孰轻孰重，确是一个值得思考的问题。从生命的观点来看，当然是死刑重而肉刑轻；但从痛苦的角度来看，死刑未免不是一种痛苦的解脱，因而似乎又是死刑轻而肉刑重了。当然，以死刑执行的残酷方法论，死刑的残酷程度又何尝输于肉刑。这里涉及一个残忍观念的问题。我国学者张宁专门对死刑与残酷观念之关系进行了考证，其中论及：中国古代第三次恢复肉刑的争议中，曹操认为用肉刑代替死刑是一种仁恩，而反对者认为，肉刑残忍，"非悦民之道"[①]。中国古代刑法中肉刑终未恢复，尽管恢复肉刑的呼声几度高涨，而死刑则大行其道。其基本规律似乎与中国封建社会的改朝换代的节律相合拍：在开国之际，统治者甫夺天下，处于强盛之际，具有治天下的自信心，因而刑罚轻缓，主要表现为死刑减少，几个死刑最少的时期都是治世：文景之治、贞观之治等。其中，唐太宗时期的贞观四年（公元630年），"天下断死罪二十九人"[②]。唐玄宗时期的开元二十五年（公元737年），"其年刑部断狱，天下死罪唯有五十八人"[③]。由此而创中国古代少杀之最。而当处于末世时，天下大乱，社会动荡，复用重刑，尤其倚重死刑，死罪遂之剧增。及至有清一代，据沈家本统计，清律死罪条目，顺治时律例内真正死罪，凡二百三十九条，又杂犯斩绞三十六条。迨后杂犯渐改为真犯，他项又随时增加，计现行律例内，死罪凡八百四十余条，较之顺治年间增十之七八，不唯为外人所骇闻，即中国数千年来，亦未有若斯之繁且重者也。[④] 清代死刑罪名之多乃中国数千年来之最，并非妄言。美国学者曾根据沈家本的统计，将

---

① 张宁：《解构死刑与德里达的死刑解构》，载赵汀阳主编：《论证》(3)，71～72页，桂林，广西师范大学出版社，2003。

② 高潮、马建石主编：《中国历代刑法志注译》，317页，长春，吉林人民出版社，1994。

③ 高潮、马建石主编：《中国历代刑法志注译》，283～284页，长春，吉林人民出版社，1994。

④ 参见（清）沈家本：《历代刑法考》（四），2028页，北京，中华书局，1985。

自唐至清历代法律所规定的可以处死刑之罪加以统计，列表如下①：

法　典	分项数字	合　计
《唐律》(653年)	绞刑罪144 斩刑罪89	233
《宋律》(963年)	绞刑罪144 斩刑罪89 (后来增加死刑罪60项)	293
《元律》	死刑罪135 (包括凌迟刑罪9项)	135
明律（1397年）	凌迟刑罪13 斩立决刑罪38 绞立决刑罪13 斩监候刑罪98 绞监候刑罪87 另有：《问刑条例》死刑罪20 "杂犯"死刑罪13	282
《大清会典》	绞监候刑罪272 斩监候刑罪218 绞立决刑罪71 斩立决刑罪222 凌迟刑罪30	813

在中国清朝时期，欧洲国家已经完成资产阶级革命，对封建专制刑法进行了彻底改革，其中死刑大幅度减少。其实，在欧洲中世纪，刑罚之酷烈、死刑之繁较之中国封建社会有过之无不及。根据英国著名法学家布莱克斯通在18世纪60年代保守的估计，当时英国仅规定死刑的成文法便达一百六十多部，而每部成文法中又规定了数种乃至数十种死罪，更不用说普通法上的死罪数量了。对于英国

① 参见［美］D. 布迪、C. 英里斯：《中华帝国的法律》，96页，南京，江苏人民出版社，1993。表中《大清会典》一项系根据该书第98页内容增补。

刑法的残酷性，恩格斯指出："谁都知道，英国的刑法典在欧洲是最森严的。就野蛮来说，早在1810年它就已经毫不亚于加洛林纳法典了：焚烧，轮辗，砍四块，从活人身上挖出内脏等等曾是惯用的几种刑罚。不错，从那时起最令人愤慨的酷刑固然已经废止，但刑法中仍然原封不动地保留了大量野蛮的和卑劣的酷刑。处死刑的有七种罪（杀人、叛国、强奸、兽奸鸡奸、破门入盗、暴力行劫、纵火杀人）；而以前应用范围广泛得多的死刑，也只是到1837年才限制在这几个方面。"① 由此可见，在1837年前后，在英国死罪从以往的数百种减至8种。而在法国，以法国大革命为界限，在此以前的刑罚也是十分残酷的。法国著名学者米歇尔·福科曾经指出：迄法国大革命为止，刑罚的基本形式是由1670年法令规定的。该法令规定了下列刑罚等级，"死刑、拷问、苦役、鞭刑、公开认罪、放逐"。肉体惩罚占的比重极大。习俗、犯罪性质、犯人的身份也都在考虑之中。福柯引用苏拉日的叙述，极刑包括很多种类：对有些犯人可直接处以绞刑，对有些犯人则先断手或割舌，再送上绞架。对重罪犯人有些可用刑轮裂肢折磨至死，然后再肢解躯干，有些则在死前肢解躯干，有些可先绞死再车裂，有些可烧死，有些则先绞死再焚尸，有些可用四马分尸，有些可斩首，有些可击碎其头。② 只是在法国大革命以后，随着人道主义思想的传播，刑罚才逐渐轻缓，死刑也得到限制。在这种情况下，中国清律刑罚之重、死刑之多才与欧洲各国刑罚之轻、死刑之少形成鲜明的对比。正是在这样一种历史背景之下，沈家本领导了清末刑法改革。

清末刑法改革的一个重要动因是收回治外法权，而治外法权的出现又与中西刑法重轻悬殊有关。对此，沈家本在《奏议删除律例内重法折》中指出："臣等以中国法律与各国参互考证，各国法律之数意固不能出中律之范围，第刑制不尽相同，罪名之等差亦异，综而论之，中重而西轻者为多。盖西国从前刑法，较中国尤为惨酷，近百数十年来，经律学家几经讨论，逐渐改而从轻，政治日臻美

① 《马克思恩格斯全集》，第1卷，701页，北京，人民出版社，1956。

② 参见［法］福柯：《规训与惩罚》，35页，北京，三联书店，1999。

善。故中国之重法，西人每訾为不仁，其旅居中国者，皆籍口于此，不受中国之约束。夫西国首重法权，随一国之疆域为界限，甲国之人侨寓乙国，即受乙国之裁制，乃独于中国不受裁制，转予我以不仁之名，此亟当幡然变计者也。方今改订商约，英、美、日、葡四国均允中国修订法律，首先收回治外法权，实变法自强之枢纽。臣等奉命考订法律，恭绎谕旨，原以墨守旧章，授外人以口实，不如酌加甄采，可默收长驾远驭之效。现在各国法律既已得其大凡，即应分类编纂，以期赴日成书，而该馆员等佥谓宗旨不定，则编纂无从措手。臣等窃维治国之道，以仁政为先，自来议刑法者，亦莫不谓裁之以义而推之以仁，然则刑法之当改重为轻，固今日仁政之要务，而即修订之宗旨也。”[①] 由此可见，沈家本确立的清末刑法改革的宗旨是改重为轻。

死刑是重中之重，因则改重为轻必然包含对死刑的改轻。死刑的改轻分为以下两项：一是减弱死刑的残酷性。中国古代死刑的残酷，在很大程度上体现在死刑执行方式上。在清末刑律中，尚有凌迟、枭首、戮尸之刑。这些刑罚之酷烈，一言难以尽。因此，沈家本在《奏议册除律例内重法折》中提出：“现在改订法律，嗣后凡死罪，至斩决而止，凌迟及枭首、戮尸三项，著即永远删除。所有现行律例内，凌迟、斩枭各条俱改为斩决，其斩决各条俱改为绞决，绞决各条俱改为绞监候，入于秋审情实，斩监候各条俱改为绞监候，与绞候人犯仍入于秋审，分别实、缓办理。”[②] 删除凌迟、斩首、戮尸三项重法以后，死刑执行方法仅剩斩绞两项。此后，沈家本又进一步提出“死刑唯一”的观点。在《死刑唯一说》一文中，沈家本指出：“废止死刑之说，今喧腾于欧美各洲矣，而终未能一律实行者，政教之关系也。唯死刑止用一项，则东西各国所同。”因此，沈家本主张死刑不应再分轻重，“将来修纂新律仍应逐条酌定去留，一律改为绞决”[③]。沈家本的死刑唯一说之提出并付诸实施，大大地减轻了死刑的残酷性，使中国死刑执行方式与世界各国的保持一致。二是减少死刑罪名。应当指出，在修改死刑执行

---

① （清）沈家本：《历代刑法考》（四），2024 页，北京，中华书局，1985。

② （清）沈家本：《历代刑法考》（四），2027 页，北京，中华书局，1985。

③ （清）沈家本：《历代刑法考》（四），2099、2114 页，北京，中华书局，1985。

方法中就包含了将死罪改为非死罪的内容。例如，绞刑改为绞监候、斩监候改为绞监候，入于秋审，分别实、缓办理，都是改重为轻。此外，沈家本还提出将虚拟死罪改为流徒。这里所谓虚拟死罪，是指虽有死罪之名而无死罪之实者。在《虚拟死罪改为流徒折》中，沈家本指出：臣等查现行律例内，其虚拟死罪而秋审例缓者，莫如戏杀、误杀、擅杀三项。戏杀初无害人之意，死出意外，情节最轻。误杀虽有害心，而死非互斗之人，亦初意之所不及。擅杀情节轻重不等，而死者究系有罪之人。故此数项罪犯，在各国仅处惩役禁锢之刑。考之《唐律》戏杀、误杀各按其当场情形，分别徒、流，并无死罪。擅杀分而论及徒、流、绞四等，亦不概问死罪。中国现行律例，不分戏、误、擅杀，皆照斗杀拟绞监候，秋审缓决一次，即准减流。其重者，缓决三次减流。盖虽名为绞罪，实与流罪无殊，不过虚拟死罪之名，多费秋审一番文牍而已。现当综核名实并省繁重之际，与其空拟以绞，徒事虚文，何如径改为流，俾归简易。[①]

经过清末刑法改革，死刑罪名大为减少。1910 年颁布的《大清新刑律》将《大清刑律》中的 840 项死罪减为二十余项，死刑罪名只有侵犯皇室、内乱、外患、妨害国交、妨害社会秩序、妨害交通、强盗、杀人、杀死尊亲属、奸非等二十余种。[②] 二十余个死刑罪名，是中国历史上死刑罪名的一个新低，与当时各国刑法比较，亦属较少。从这个意义上说，经过清末刑法改革，中国死刑制度实现了近代化。

二

自 1910 年《大清新刑律》颁布，至今将近一百年，在这一百年间，中国社会发生了翻天覆地的变化。但就死刑而言，变化并不大，甚至死刑罪名大为增加。现仅就我国 1979 年刑法到 1997 年刑法，死刑增加的情形加以叙述。

---

① （清）沈家本：《历代刑法考》（四），2029 页，北京，中华书局，1985。

② 参见胡云腾：《死刑通论》，46 页，北京，中国政法大学出版社，1995。

1979年刑法是在“文化大革命”结束以后人心思治的社会背景下出台的，也是自1949年新中国成立以后制定的第一部刑法。该刑法第1条明确规定了惩办与宽大相结合的刑事政策，并以此作为刑法制定的根据。在死刑问题上，1979年刑法坚持“少杀”政策。关于“少杀”政策的根据，当时我国学者一般都引用毛泽东关于“可杀可不杀的，不杀”的语录。例如我国著名刑法学家高铭暄教授在论及1979年刑法关于死刑的规定时指出：我们是无产阶级专政的社会主义国家，不靠杀人来统治。我们党和国家历来对死刑的适用采取非常严肃而又谨慎的态度。毛泽东同志多次指出：“必须坚持少杀，严禁乱杀。”① 在保留死刑的前提下尽量少处死刑，不仅可以获得社会同情，有利于分化瓦解犯人，有利于争取教育罪犯的家属、子女，而且可以保存一批劳动力为社会创造财富，还可以保留一批活证据，有利于逐步彻底肃清反革命。总之，这样做，对人民事业、对国际影响都有好处。②

在这样一种死刑政策思想的指导下，1979年刑法中的死刑规定相对来说是较为合理的，主要表现在：一是刑法总则对死刑适用作出了某些限制性的规定，例如对死刑对象的限制——死刑只适用于罪大恶极的犯罪分子，犯罪的时候不满18岁的人和审判的时候怀孕的妇女，不适用死刑。1979年刑法还规定了死缓制度，尽管这一制度被认为是我国刑事政策上的一个重大创造，但实际上它与封建刑法中的监候相似。在我国明清时期被判处死刑的罪犯分为两种：一是立决，即决不待时，不必等待秋审、朝审即可按照规定手续执行死刑。二是监候，即暂时监禁等候，不立即执行，待至秋审、朝审时，按具体情况分别处理。监候有斩监候（判处斩刑的罪犯暂时监禁等候）与绞监候（判处绞刑的罪犯暂时监禁等候）之别。例如《清律·斗殴》规定：“嫡孙、众孙殴伤庶祖母者，照殴伤庶母例减一等科断，至死者拟绞监候，谋故杀者，拟斩监候，秋审时酌量情节办理。”凡秋审案件，情实者，一般十月以前即被处决；可矜者，一般减为流刑、徒刑，在

① 《毛泽东选集》，2版，第4卷，1271页，北京，人民出版社，1991。

② 参见高铭暄：《中华人民共和国刑法的孕育和诞生》，73～74页，北京，法律出版社，1981。

本年内分别执行。此后，监候逐渐演变成沈家本所说的虚拟死刑：虽判死刑，一般均改判为徒流。在这种情况下，死缓与监候具有一定的类似性。当然，死缓制度将死刑与缓刑结合起来，已经不再是监候制度中一种刑事程序上的安排，而具有根据死缓期间的表现来确定考验期届满后刑罚的变更。从这个意义上说，死缓制度吸收了缓刑的成分，具有现代行刑制度的优点，因而又与封建刑法中的监候制度有所区分。无论如何，在1979年刑法中将原先在司法实践中已经开始适用的死缓制度，第一次以立法的形式加以确认，是具有重要意义的。死缓制度运用得当，可以成为坚持少杀政策的一种法律措施。二是刑法分则对死刑罪名作了限制。1979年刑法规定了28个死刑罪名。其中，反革命罪15个，危害公共安全罪8个，侵犯公民人身权利、民主权利罪3个，侵犯财产罪2个。在这28个死刑罪名中，反革命罪死刑罪名占到了50%以上，但这15个死刑罪名具有备而不用性质，在普通刑事犯罪中，死刑适用较多的是杀人、放火、强奸、抢劫等。从1979年刑法中死刑罪名的分布情况来看，政治色彩较浓。这是一个鲜明的特点。

从1978年开始，实行改革开放政策，随之我国进入一个社会剧烈变动的转型时期。在计划经济体制下对社会和公民的严格控制松弛以后，犯罪率大幅度增长。根据历年统计资料，1979年改革开放以前三十年间，我国刑事犯罪案件每年立案数一般都在50万起以下（大案5万起以下）。改革开放后，1979年立案数突破60万起，以后连续上升，1981年达到89万起。[①] 在这种严峻的犯罪形势面前，我国开始了“严打”运动。死刑，正是随着“严打”而膨胀。

首先是1982年全国人大常委会《关于严惩严重破坏经济的罪犯的决定》（以下简称1982年《决定》），对走私罪、投机倒把罪、盗窃罪、惯窃罪、盗运珍贵文物出口罪、贩毒罪和受贿罪增设了死刑，开展了经济领域的“严打”。对盗窃罪增设死刑，这是十分罕见的。在唐律中，一般盗窃罪亦称凡盗，并无死罪。

① 参见俞雷主编：《中国现阶段犯罪问题研究（总卷）》，6页，北京，中国人民公安大学出版社，1993。

《唐律·贼盗律》规定:"窃盗,不得财,笞五十;得财,一尺杖六十,一匹加一等;五匹徒一年,五匹加一等,五十匹加役流。"而监临官犯窃盗则重于凡盗,赃满三十匹,就处绞刑。① 在清律中,一般盗窃罪也非死罪。《清刑律·贼盗》规定:"凡窃盗,已行而不得财,笞五十,免刺;但得财,以一主为重,并赃论罪,为从者,各减一等。初犯,并于右小臂膊上刺'窃盗'二字。再犯,刺左小臂膊。三犯者,绞。"由此可见,只对三犯窃盗者才处以绞刑,并且是绞监候,而且,也并非对三犯者一律处以绞刑,如条例规定:"窃盗三犯,除赃至五十两以上照律拟绞外,其五十两以下至三十两,应发遣黑龙江当差者,照名例分别改遣之例问发;三十五两以下至十两以上者,发边卫充军。如银不及十两,钱不及十千者,俱杖一百,流三千里。"② 但根据1982年《决定》,犯盗窃罪,情节特别严重的,即可判处死刑。

对于这里的情节特别严重,1984年11月2日最高人民法院、最高人民检察院《关于当前办理盗窃案件中具体应用法律的若干问题的解答》第6条第1项规定:"是指盗窃财物数额特别巨大,同时,又有其他特别严重的情节。后者,例如:重大盗窃集团的首要分子;盗窃银行金库、国家珍贵文物、救灾救济款物的;盗窃急需的生产资料,严重妨害生产建设或者造成其他严重损失的;盗窃生活、医疗急需款物,造成严重后果的;盗窃外国人、华侨、港澳同胞财物,引起外事交涉或者造成恶劣政治影响的,等等。"按照这一规定,盗窃罪的情节特别严重,是指在盗窃财物数额特别巨大的同时,还具有其他特别严重情节。但上述司法解释第6条第2项却规定:"盗窃财物数额特别巨大,情节特别严重,判处无期徒刑或者死刑的,按照有关规定,'个人盗窃公私财物数额在三万元以上的,应依法判处死刑。个人盗窃公私财物数额在一万以上不满三万元,情节特别严重的;盗窃集团的首要分子,情节恶劣、后果严重或者屡教不改的,应依法判处无期徒刑或者死刑'……在当前审判工作中,以上规定,供内部掌握试行。"按照

① 参见钱大群、夏锦文:《唐律与中国现行刑法比较论》,345页,南京,江苏人民出版社,1991。

② 《大清律例》,392～393页,北京,法律出版社,1999。

上述规定来理解，盗窃1万元为数额特别巨大，但如果盗窃数额为3万元，根据有关规定，就属于情节特别严重，可直接判处死刑。我注意到该司法解释的表述是“按照有关规定”，并对“有关规定”的内容加上引号。显然，这里的“有关规定”并非最高人民法院、最高人民检察院自身的规定，而是某种内部规定。通过这一司法解释，盗窃3万元可判处死刑的量刑标准确立了，导致盗窃罪的死刑适用率激增，在相当长的一个时期内，盗窃罪的死刑适用率居高不下。尤其是这一司法解释所引用的“有关规定”，反映了在盗窃罪的死刑适用上唯数额论的倾向。这种倾向到1992年才有所扭转。1992年12月11日最高人民法院、最高人民检察院《关于办理盗窃案件具体应用法律的若干问题的解释》第6条第2项规定：“盗窃公私财物数额特别巨大的，或者盗窃数额接近特别巨大并具有其他特别严重情节的，依法判处十年以上有期徒刑或者无期徒刑，可以并处没收财产。盗窃公私财物数额特别巨大，同时具有其他特别严重情节的，依法判处无期徒刑或者死刑，可以并处没收财产。”根据这一司法解释，判处死刑必须是数额特别巨大与具有其他特别严重情节同时具备。这对于仅凭盗窃财物数额而判处死刑的做法是一种修正。但由于司法惯性的影响，在相当长时间里，各地司法机关仍然仅凭盗窃数额特别巨大而判处死刑。

在1982年《决定》中，除盗窃罪以外，新增的贩毒罪死刑，也在某些毒品泛滥地区广泛得到适用。在部分省、市、自治区毒品犯罪案件的死刑复核权下放以后，这些地区的毒品犯罪适用死刑案件在整个死刑案件中所占比重甚高。总之，1982年《决定》开启了对经济犯罪广泛适用死刑之门。

其次是1983年全国人大常委会《关于严惩严重危害社会治安的犯罪分子的决定》(以下简称1983年《决定》)，对流氓罪，故意伤害罪，拐卖人口罪，非法制造、买卖、运输枪支、弹药、爆炸物罪，盗窃、抢夺枪支、弹药、爆炸物罪，组织、利用反动会道门进行反革命活动罪，利用封建迷信进行反革命活动罪，强迫妇女卖淫罪，引诱、容留妇女卖淫罪，传授犯罪方法罪规定了死刑。其中，对故意伤害罪规定死刑，也前所未有。1979年刑法第134条规定，故意致人重伤的法定最高刑是7年有期徒刑，故意伤害致人死亡的法定最高刑是无期徒刑。但

1983年《决定》第1条第2款规定，故意伤害他人身体，致人重伤或者死亡，情节恶劣的，或者对检举、揭发、拘捕犯罪分子和制止犯罪行为的国家工作人员和公民行凶伤害的，可以在刑法规定的最高刑以上处刑，直至判处死刑。这样，故意致人重伤的法定最高刑就从有期徒刑7年提高到死刑。对故意伤害适用死刑，这在中国古代封建刑法中也是未曾有过的重刑。汉初，刘邦入关"约法三章"：杀人者死，伤人及盗抵罪。也就是说，对杀人与伤人是严格区分的。只对杀人处死刑，对伤人与盗窃均只适用死刑以外的其他刑罚。在中国古代唐律中，一般伤害有轻伤与重伤及伤害致死之分。轻伤又分为二，刑重者亦只是徒二年而已。重伤亦分为二：其一，"诸斗殴，折跌人支体，及瞎其一目者，徒三年"。其二，"即损二事以上，及因旧患令至笃疾，若断舌，及毁败人阴阳者，流三千里"。至于伤害致死，根据伤害工具规定一定的保辜期限，"限内死者，各依杀人论；其在限外，及虽在限内，以他故死者，各依本殴伤法"。因此，对一般伤害是没有死刑的，只有殴伤各级官吏致死者，斩；殴伤皇帝和官吏的亲属致死者，斩。[①]大清刑律对故意伤害罪的规定，与唐律的规定基本相同。对一般重伤，如折人肋，眇人两目，堕人胎，及刃伤人者，杖八十、徒二年。对折跌人肢及瞎人一目者，杖一百、徒三年。瞎人两目，折人两肢，损人二事以上，及因旧患令至笃疾，若断人舌，及毁败人阴阳者，并杖一百、流三千里。如此而已。但根据1983年《决定》，故意重伤，情节恶劣的就可判处死刑。这里的情节恶劣，在司法实践中一般被理解为：动机恶劣，手段残酷，实施重伤行为，造成严重伤残结果的；重伤多人的；重大伤害的累犯；重大伤害共同犯罪的主犯；等等。[②] 由于这些情节具有较大的弹性，因而司法机关在故意伤害（重伤）适用死刑上具有较大的裁量权。至于故意伤害致人死亡，认定标准虽然确定，但在死刑适用条件上司法机关同样具有较大的裁量权。中国社会通行杀人者死的规则，而一般百姓对于杀人致死与伤害致死并不作严格区分，一般民众的心理是一命抵一命，因而在

① 参见乔伟：《唐律研究》，204页以下，济南，山东人民出版社，1985。

② 参见林准主编：《中国刑法教程》（修订本），376页，北京，人民法院出版社，1994。

刑法对伤害致死有死刑规定的情况下，司法机关往往受到来自死者家属的强大压力。为平息民愤，司法机关往往对伤害致死适用死刑，因而形成伤害致死与杀人同罪的情形，严重地背离了罪刑均衡这一刑法基本原则。

除上述1982年《决定》与1983年《决定》大量增加死刑罪名以外，从1988年到1995年，又有数个全国人大常委会的决定或者补充规定增加了死刑罪名。至此，1979年刑法及有关单行刑法中的死刑罪名已经达到74个之多。可以说，从1982年到1995年，是我国刑法中死刑罪名急剧膨胀的一个时期。

由上述内容可以看出来，我国死刑罪名的增加，主要是表现在经济犯罪死刑罪名增加与普通刑事犯罪死刑罪名增加这两个方面。这与我国社会的改革开放是密切相关的。经济犯罪是与经济改革相联系的，在计划经济体制下，由于对经济活动实行严格的国家管制，除投机倒把罪以外，严重的经济犯罪是不存在的。而随着经济体制从计划经济转向市场经济，各种市场经济法律制度出现，与之相关的经济犯罪也大幅度地增长。在我国缺乏市场经济管制经验的情况下，对严重经济犯罪适用死刑就成为不得已的选择。从经济犯罪死刑罪名增加的情形来看，从走私犯罪、毒品犯罪的死刑，到伪劣商品犯罪、金融犯罪和增值税专用发票犯罪的死刑，经济犯罪死刑罪名大量增加。而普通刑事犯罪是与社会开放相联系的。随着经济体制的转轨，我国社会也进入一个转型期。尤其是随着城市化进程的启动，人口流动势不可挡，它在给社会带来活力与生机的同时，也给社会治安管理带来难题。外来人口犯罪正在销蚀着城市的安全感，在犯罪中所占比重大幅度攀升。随着社会开放，各种在我国早已绝迹的丑恶现象又死灰复燃，并引发了拐卖人口犯罪、卖淫嫖娼犯罪、绑架勒索犯罪等。为遏止这些犯罪，立法机关对普通刑事犯罪也大量增加了死刑罪名。随着死刑罪名的增加，我国先后发动了三场“严打”运动：第一场是1983年“严打”。这是我国第一次“严打”，这是一场以党和国家名义制定、部署，并在全国范围实施的严厉打击严重刑事犯罪活动的斗争，始于1983年9月，结束于1987年1月。这次“严打”，使全国立案数从1981年的89万起，回落到1984年的51万起。1985年至1987年略有回升，但从1988年开始，立案数又大幅度上升，1988年达82.7万起，1989年达197.1

万起，1990年达221.6万起，1991年达236.5万起。[①] 尽管这一发案数成倍增加的原因是多方面的，例如公安机关大力纠正立案不实等，但基本上反映了案件猛增的客观现实。这一发案数大幅度增加的现实，也宣告1983年“严打”未能奏效。当时提出的“严打”目标是经过三五年的“严打”，使社会治安根本好转。但从发案数来看，1983年“严打”只是使1984年的全国发案数回落，此后发案数急剧回升，并未达致社会治安根本好转的预期目的。距第一次“严打”之后的9年，1996年4月我国开展了第二次“严打”，打击重点被称为六害：杀人、抢劫、强奸等严重暴力犯罪，流氓犯罪、涉枪犯罪、毒品犯罪、流氓恶势力犯罪以及黑社会性质的犯罪等严重刑事犯罪。这场“严打”持续了不到一年时间，其声势已经远不如1983年“严打”。这次“严打”的实际效果，同样是不能令人满意的。1996年全国的发案数为166万起，至1997年微降为161.3万起。但在第二次“严打”结束以后，发案数又陡增为198万起，1999年突破200万起大关，达到224.9万起。[②] 第三次“严打”从2001年4月开始，为期两年，将带黑社会性质的团伙犯罪和流氓恶势力犯罪和爆炸、杀人、抢劫、绑架等严重暴力犯罪以及盗窃等严重影响群众安全的多发性犯罪作为重点打击对象，并且采取了“严打”与整治相结合的做法。[③] 尽管如此，“严打”声势日减，从全国性的活动逐渐成为以公安机关为主体的对犯罪的整肃运动。从客观效果来讲，“严打”能收一时之效，却非长治久安之道。死刑的广泛适用，正是“严打”的必然产物。伴随着每一次“严打”运动，全国都会掀起一个死刑适用高潮，尤其以1983年“严打”为盛。在这种情况下，死刑难免有被滥用之虞。正如我国学者指出：“在1983年‘严打’期间，有的地方一度出现了将适用死刑的条件定得过低的情况，如对仅抢劫一两次，但并没有造成严重后果的犯罪分子适用了死刑。像这种做法，已经

① 参见俞雷主编：《中国现阶段犯罪问题研究（总卷）》，6页，北京，中国人民公安大学出版社，1993。

② 参见汪明亮：《“严打”的理性评价》，117页，北京，北京大学出版社，2004。

③ 参见张穹主编：《“严打”政策的理论与实务》，22页，北京，中国检察出版社，2002。

不是重用死刑的问题，而是滥用死刑了。”[①] 这种情形，是应当绝对予以避免的，否则，我们就会成为历史的罪人。

1997 年刑法修订，就是在第二次“严打”的背景下进行的，因此也就错过了一次对死刑从立法上加以削减的机会。在 1997 年刑法修订前，我国刑法学界对于死刑问题已经基本上达成共识，就是要对死刑进行缩减与限制。例如高铭暄教授指出：目前刑法中可判死刑之罪，约占全部现行刑法典（含特别刑法）罪种数的 29%，这是一个令人震惊的数字，不仅在新中国成立以来的刑法史上是空前的，而且在当代世界保留死刑的各国刑法中也是名列前茅的。死刑多，不是一件值得骄傲的事情。人民民主专政需要有死刑，我们绝不废除死刑；但人民民主专政也需要“少杀”政策，我们绝不能靠杀人来统治。高铭暄教授认为：死刑主要适用于危害国家安全、危害国防、危害公共安全、使用暴力严重侵犯人身权利和财产权利的某些故意犯罪，以及重大的毒品犯罪和贪利型渎职犯罪。对于非暴力性的财产犯罪和经济犯罪，原则上不挂死刑。只有这样，才能在罪种上把死刑大大压缩下来，而且这样做与国际通例也是吻合的。[②] 尽管高铭暄教授对于应当削减多少个死刑罪名未给出明确的回答，但其大力缩减死刑罪名的殷切之情灼然可见。然而，我国刑法学界的要求严格限制死刑的这些意见并未被立法机关采纳。1997 年刑法经修订以后，基本上保留了原有的死刑罪名，只是略有减缩，共计 68 个。对此，王汉斌副委员长于 1997 年 3 月 6 日在第八届全国人民代表大会第五次会议上所作的《关于中华人民共和国刑法（修订草案）的说明》中指出：“关于死刑问题，有些同志认为现行法律规定的死刑多了，主张减少。考虑到目前社会治安的形势严峻，经济犯罪的情况严重，还不具备减少死刑的条件，这次修订，对现行法律规定的死刑，原则上不减也不增加。”[③] 1997 年刑法修订时之所以未对死刑加以较大幅度的削减，除由于前述“严打”背景以外，还与死

① 胡云腾：《死刑通论》，179 页，北京，中国政法大学出版社，1995。

② 参见高铭暄主编：《刑法修订建议文集》，8、10 页，北京，中国人民大学出版社，1997。

③ 高铭暄、赵秉志编：《新中国刑法立法文献资料总览》（中），1837 页，北京，中国人民公安大学出版社，1998。

刑的公众认同有关。在我国社会，公众对死刑有着强烈的认同感。在这种情况下，立法机关在顺从民意的名义下未对死刑加以缩减，也在情理之中。

一百年是一个轮回。在一百年前，中国封建社会刑罚，尤其是死刑之残酷，与西方各国刑罚之轻缓形成鲜明对照。经过沈家本领导的清末刑法改革，中国刑法与各国刑法之间的这种差距基本上消除了，从而实现了中国刑法的近代化。在一百年后，西方各国的刑罚进一步轻缓化，尤其是废除死刑、限制死刑已经成为国际潮流。相较之下，我国刑法中的死刑极度膨胀，因而目前我国刑罚的严厉性程度与西方各国的相比，其对比度较之清末有过之而无不及。在这种情形之下，就提出了中国死刑何从何去的当代命运问题。

三

中国走向死刑废止是一个逐渐的过程，这一点已经成为我国学者的共识。除个别学者主张死刑的速废论以外，绝大多数学者都主张死刑的渐废论，渐废论其实就是死刑限制论。即使在个别场合曾经激烈地主张中国应当立即废除死刑的邱兴隆教授在有关论文中也平实地指出："在今天，国际人权法在死刑问题上呈现出要么限制要么废除的双轨态势，相应地，中国采取无论限制还是废除死刑的政策都不失为与国际人权法上的死刑态度接轨的选择。然而，无论是从普通民众的情绪还是从决策者的心态来看，换言之，从中国的具体国情来看，中国在短期内不具有废除死刑的可行性。与此不同，中国在现阶段采取限制死刑的政策，则是一种完全可行的选择。"① 我认为，这是一种较为客观的态度。应当指出：死刑限制论，就其主张逐渐废除死刑而言，应当属于死刑废止论；就其认为不可能立即废除死刑而言，又是死刑存置论。但是，这种死刑渐废论只不过是就客观状况而言，它与主观上赞同保留死刑的死刑存置论是存在立场上的重大差别的，不应将两者混为一谈。

---

① 邱兴隆主编：《比较刑法》，第 1 卷 · 死刑专号，97 页，北京，中国检察出版社，2001。

中国如何逐步地废除死刑？提出这个问题，就使我想起胡云腾博士提出的中国废除死刑的百年梦想。胡云腾博士在1995年就提出了百年废除死刑的想法，认为废除死刑的进程要分三个阶段[①]：第一阶段：从现在起到公元2010年左右，为大量废除死刑的阶段，届时争取达到的目标是：（1）将我国现行刑法中的死刑罪名限制在15个左右（军职罪死刑除外）；（2）全部死刑案件的复核权收回最高人民法院；（3）死刑实际适用的数量降为现在的十分之一左右。第二阶段，从2010年到2050年左右。这是基本废除死刑的阶段。届时争取达到的目标是：死刑罪名只保留故意杀人、叛乱、恐怖活动等两三种，每年实际适用死刑的数量，再降为2010年的十分之一左右。第三阶段，从2050年到2100年。这是全面废除死刑的阶段。届时争取达到法律上没有死刑、实践中不适用死刑的目标。在实现这一目标的过程中，可以再分一些步骤，如先废除死刑立即执行，对罪大恶极的犯罪分子全部判处死缓，尔后再将死缓废除，逐步过渡到全面废除死刑。我记得当年听到胡云腾提出的废除死刑的百年梦想的时候，大有一种不以为然之感：难道死刑废除如此之难，需要等上一百年？现在看来，百年废除死刑还真是梦想。按照胡云腾博士的设计，到2010年左右，应将死刑限制在15个左右（军职罪死刑除外）。自胡云腾博士提出这一设想到现在（2005年）已经10年过去了，距离2010年也不过只有5年时间了，而我国刑法中的死刑罪名一个未减。因此，第一阶段的设想就有可能落空，只有死刑复核权收归最高人民法院行使这一点可望在2010年前实现。由此可见，废除死刑在我国确实是一个艰难的过程。我想探讨的是：中国目前为什么还有这么多的死刑罪名以及废除死刑的条件到底是什么？我们往往说，中国目前还不具备废除死刑的条件。那么，我们就需要回答废除死刑的条件是什么。只有明确了废除死刑的条件才能逐渐地为创造这些条件而努力。我认为，我们是在讨论中国这样一个具有数千年封建传统的而且具有13亿人口的国家，在社会转型这样一个大的历史背景下死刑的存废问题，因此，中国的国情是首先需要考虑的一个因素。唯有如此，我们才不至于将中国死刑存废

① 参见胡云腾：《死刑通论》，302页以下，北京，中国政法大学出版社，1995。

问题简单化。

死刑废除的条件，在刑法理论上始终是一个存在争议的问题。我国学者曾经从各个方面论证了死刑废除的条件，例如有的学者认为，死刑废除需要具备以下四个条件：(1) 从物质条件上讲，这个社会中绝大多数人的物质生活能够得到较为充分和比较均衡的保障。(2) 从观念上看，在这个社会中生命及其价值能够得到社会上绝大多数人的真正的尊重。(3) 刑罚不再是预防犯罪的最主要措施。(4) 社会真正认识到个人犯罪并不完全是个人的选择，社会也负有责任。如果一个国家或地区要废除死刑，以上四个条件必须同时具备，缺一不可。① 应该说，这一关于死刑废除的条件的论述还是具有可取之处的。我在《刑法哲学》(1992年初版) 一书就曾经提出分析死刑存废问题的一个基本框架，这就是物质文明程度与精神文明程度。同样，物质文明程度与精神文明程度达到一定水平，也是死刑废除的必要条件。

我认为，在一定的国家，死刑存废取决于以下两个因素：第一，社会存在的因素。这是死刑废除的物质基础。第二，社会意识的因素。这是死刑废除的精神基础。② 这个观点，我至今还是坚持的。关于死刑废除的条件，也可表述为物质条件与精神条件两个方面。当然，这一论述有过于泛泛之弊，因而往往遇到喜好较真的学者的指摘。例如，物质文明程度是否可以成为不废除死刑的条件？有的学者认为答案可以是否定的，因为美国和日本的物质文明程度都不比欧洲的低，为什么后者废除了死刑，而前者没有？平安朝时的日本停止死刑 350 年，难道其时的物质条件比今日日本的更高？中国古代有时也通过大赦解决刑罚成本的问题，难道是因为经济更为发达？③ 其实，这样的说法是没有意义的。我们讨论的是，中国目前难以立即废除死刑，是否与物质文明程度较低有关。如果回答是肯定的，那么，物质文明程度与死刑存废之间就是具有相关性的，或者像我国学者

① 参见陈世伟：《论死刑废除的条件——基于现实的立场》，载赵秉志、邱兴隆主编：《死刑正当程序之探讨——死刑的正当程序学术研究会文集》，566 页以下，北京，中国人民公安大学出版社，2004。

② 参见陈兴良：《刑法哲学》，3 版，391 页，北京，中国政法大学出版社，2004。

③ 参见张宁：《死刑：历史与理论之间》，载《读书》，2004 (2)。

指出的那样，至少可以成立这样一个命题：贫困所导致的低教育水平、低效社会管制和高犯罪率，会对废除死刑形成较大阻力。① 事实证明也是如此。例如我国学者曾经对世界上 145 个国家和地区的死刑存废与这些国家的经济发展水平、国民教育素质及人类发展指数等变量进行了实证分析，得出结论：死刑的存废与一个国家的经济发展水平和国民教育素质及人类发展指数是显著相关的，即死刑或存或废既不是偶然的选择，也不是少数人所能决定的，而是取决于一个国家的物质文明和精神文明发展阶段和水平。② 当然，也并不能由此得出结论：在物质条件和精神条件已经具备的国家，就一定废除了死刑，因为客观上能不能废除是一个问题，而主观上想不想废除是另一个问题：既有客观上能而主观上不想的，也有主观上想而客观上不能的。当然，还有另外一种情形：客观上不能而主观上不想的。只有在客观上能而主观上想的情况下，才能水到渠成地废除死刑。我们现在首先需要讨论的是客观上能不能的问题，其次才讨论主观上想不想的问题。更何况，客观条件与主观条件又不是一一对应的，这恰恰反映出事物的复杂性。同样，死刑存废也是一个极为复杂的问题。不能认为，别的国家已经废除死刑，所以我国一定能够废除死刑，正如在社会经济文化发展上，我们应当承认这种发展的不平衡性。在我看来，在死刑存废问题上任何简单化的态度都是无济于事的，也是应当尽量避免的，否则，天真的愿望往往在严酷的现实面前碰得头破血流。

为使对死刑废除条件的讨论更加深入与具体，以下我将从四个方面论述在中国废除死刑的条件。

（一）民意的影响

在讨论死刑存废时，民意是一个不可或缺的话题。但是，民意与死刑存废之间的相关性究竟如何，是一个十分迷惘的问题。在一定意义上说，民意成了一张可以随意出的牌，关键在于是否想出这张牌。我这么说，似乎是对民意的亵渎。但民意本身就是一种虚幻的存在，尤其是对于死刑之民意，从来没有一个实证的

① 参见陈灵海：《死刑存废问题：民主还是哲学》，载《法学》，2005（3）。

② 参见孙运梁：《死刑存废实证分析报告》，载陈兴良主编：《刑事法评论》，第 14 卷，257 页以下，北京，中国政法大学出版社，2004。

数据显现。

民意的两面性以及对于死刑存废的可有可无性，是我们面对民意的时候首先获得的一种感觉。例如，在保留死刑的国家，民意往往成为一种重要的支持因素。例如英国学者胡德在论及民意与废除政策时指出："在对是否废除、保留或恢复死刑进行决策时，民意非常频繁地被引为主要因素之一。例如，日本、一些原苏联国家、中国、泰国及其他一些地区的政府官员都宣称，支持死刑的民意的力量使得对死刑的废除无法进行。"① 在这种情况下，民意成为拒绝废除死刑的挡箭牌，似乎在民意不赞同废除死刑的情况下，废除死刑是违反民意的，由此表现死刑废除是不可行的。因此，民意是否赞同废除死刑就成为死刑废除的一个条件，只有当这一条件具备时，死刑才有可能废除。但我们同样看到相反的情形，即有相当一些废除死刑的国家，在废除死刑的时候是没有民意支持的。例如法国是在 1981 年废除死刑的，但当年在法国支持死刑的民意始终是占上风的。力主废除死刑的前法国司法部部长罗贝尔·巴丹戴尔在论及法国死刑废除的艰难历程时提到了当时民意的情况。1981 年年初，有一家周刊在头版用大号字宣布"法国人赞成死刑"（63%）。其社论的撰写人写道："没有任何一项民意调查显示有如此多的大多数人赞成死刑。"② 因此，密特朗总统当时是在违背民意的情况下毅然废除死刑的。那些为满足加入欧盟的条件而采取休克疗法断然废除死刑的原东欧国家，更是根本没有考虑民意。即使是在废除死刑的国家，当犯罪率上升时，支持恢复死刑的民意也总是甚嚣尘上。例如英国是在 1973 年对普通犯罪废除死刑，在 1998 年对所有犯罪废除死刑的，但在 2000 年的一项民意调查发现对某些严重犯罪有相当比例的人赞成适用死刑，其中对谋杀儿童的犯罪有 58%的被调查者首选适用死刑。这与 1995 年的死刑支持率相比已有所下降：1995 年恢复死刑的问题被讨论并最终被议会否决之时，英国 76%的被调查者是支持死刑的。③ 由

① ［英］罗吉尔·胡德：《死刑的全球考察》，475～476 页，北京，中国人民公安大学出版社，2005。

② ［法］罗贝尔·巴丹戴尔：《为废除死刑而战》，168 页，北京，法律出版社，2003。

③ 参见祁胜辉：《支持死刑民意的内在驱动力分析——死刑存废的命运》，载陈兴良主编：《刑事法评论》，第 15 卷，9～10 页，北京，中国政法大学出版社，2004。

此可见，废除死刑的国家也面临着要求恢复死刑的民意的巨大压力。但是，这些国家的立法机关并未为之所动，仍然维持了死刑的废除。由此就产生了一个疑问：民意对于死刑存废的影响究竟何在？

这里涉及对民意的界定。民意，顾名思义是指民众的意愿。但民意从来没有一种正式的表达形式，一般是以民意调查反映的。但由民意调查具体操作方面的因素所决定，其结论并不十分可靠。中国没有对死刑存废作过官方的、十分严格的民意调查。中国社会科学院法学研究所曾在 1995 年做过一次中国公民的死刑意识调查，调查主题是对死刑的态度，发放问卷 5 006 份，收到有效答卷 4 983 份。这被认为是国内第一次关于死刑的较大范围的问卷调查。全体被调查对象对死刑的态度是：（1）太多，3.04％；（2）不多，42.2％；（3）合适，31.48％；（4）太少，22.47％；（5）对任何犯罪都可处死刑，0.78％。[①] 从以上调查结果来看，第（2）（3）（4）（5）项结论都是认同我国目前刑法中的死刑的，以上四项相加为 95％以上，只有第（1）项不认同我国目前的死刑。这一调查并不十分专业，尤其是对死刑的态度这样一种主题设计十分空泛，并且不是对死刑存废的一种民意调查，因而其局限性是显而易见的。但它也较为正确地反映了我国民众 95％以上认同死刑这一基本民意。由此可见，目前我国支持死刑的民众占据绝对多数，废除死刑之违背民意是显而易见的。2003 年“网易”曾经就死刑存废对 16 612 名网民进行过网上调查，其中，赞同“废除死刑”的为 2 504 人，占 15.1％；而主张保留死刑的为 13 837 人，占 83.3％；另有 271 人选择“不好说”，占 1.6％。[②] 这一调查在网上进行，不同于直接的发卷调查，但其数据同样具有一定的可信度。它所反映的网民对死刑存废的意见更为直接，表明绝大部分公众支持保留死刑。我认为，民意多与少之间的差距达到一定程度就会产生性质上的差别。50％当然是一条中线，是区分民意对死刑存废之态度的分界线。但 60％的，甚至 70％的对死刑存置论的支持度与 90％的支持度又是完全不同的。

① 参见胡云腾：《存与废：死刑基本理论研究》，335 页以下，北京，中国检察出版社，1999。

② 参见《您对中国废除死刑制度有何看法?》，载 http：//talkshow.163.com/vote/vote-results.php?voteID=5088。

如果说于前者还有选择或裁量余地的话，那么于后者几乎没有选择或裁量的可能性。对于中国死刑的民意，不可不加以重视。

当然，对死刑的民意并非一成不变，民意是随着社会发展，尤其是治安形态的转变而变化的。关键问题在于：民意是可以引导的。剩下的问题只是：我们究竟想将民意往支持死刑的方向引导还是往废除死刑的方向引导？我认为，在为废除死刑创造条件时，往废除死刑的方向引导民意具有重要意义。关于引导民意，官方当然有着不可推卸的职责。尤其是在个案中，司法机关在适用死刑时应当减少对民意（这里主要是指民愤）的依存度。这里我尤其想提出一个问题，就是媒体在死刑民意引导方面的重要作用。在我国，媒体越来越成为一种独立的社会力量，尤其是网络媒体以传统媒体所无法想象的技术优势，成为民意表达的重要渠道，甚至形成所谓网络民意。虽网络民意不同于传统意义上的民意，但它毕竟是民意的一个重要组成部分，对社会具有重大的影响力。以往我国传统媒体对死刑的报道基本上是重复官方的态度，以打击犯罪等政治话语为中心而展开，因此，其对民众的影响都是对死刑持正面的肯定态度。这在很大程度上引导着死刑民意。近来，媒体独立性增强，尤其是通过网络技术所提供的网络表达平台，媒体对死刑的报道也逐渐地摆脱传统教条的束缚，显示出一种前所未有的生机和活力。例如2002年夏天，我国主流媒体对董伟死刑案的报道，这是死刑第一次作为一种质疑的对象进入公众视野。人们似乎第一次对故意杀人的死刑犯产生了同情，要求枪下留人。特别值得一提的是，2005年媒体先后报道了三起死刑冤案，分别是河北的聂树斌案、湖北的佘祥林案、湖南的滕兴善案。聂树斌与滕兴善早在十多年前已经被判处并执行死刑，因而该两案的复查结果至今未披露。[①] 而佘祥林未被判处死刑，因而他很快就被平反昭雪。这三个案件主要与证据有关，均可被称为死刑冤案。它们的披露第一次使社会公众意识到错杀的客观存在，因而

① 2016年12月2日，最高人民法院第二巡回法庭对被告人聂树斌故意杀人、强奸妇女再审案公开宣判，宣告撤销原审判决，改判聂树斌无罪。

2006年1月18日，湖南省高级人民法院依照审判监督程序对滕兴善故意杀人案作出再审判决，滕兴善被宣告无罪。

对其死刑具有正当性的信念产生了重大冲击。我相信，随着死刑的司法适用中存在问题的逐渐暴露，对死刑的民意是会发生逆转的。当然，这一过程是缓慢的。我们既要有足够的耐心，又不能消极地等待。

（二）政治家的抉择

民意是影响死刑存废的一个重要因素，但又不是唯一的决定性因素。面对民意向背，政治家存在一个对死刑存废的抉择问题。

死刑存废，从根本上来说是一个刑事政策问题，而刑事政策又是由政治家根据一定的犯罪现实作出的某种决策。在某种意义上说，刑事政策被解析为刑事政治。既然如此，政治家在刑事政策形成中的作用是不容忽视的。当然，这里的政治家是广义的，主要是指立法者，当然也指那些决策权的实际掌握者。

在一个民主国家，立法机关是通过民意产生的，因此，法律是人民意志的体现。但是，民意代表是否一定要遵从民意，这却是政治学上的一个复杂问题。英国学者胡德指出："政府在多大程度上将普通大众表达的意见作为其刑事政策的基础，当然要取决于其政治理念及所深信的法律权威的源泉。例如，几乎所有中东国家与北非国家都坚信，保留死刑是明确的伊斯兰圣训。与此相反，在西方自由代议制民主国家，法律的基础是赋予经选举产生的代表的授权，立法者没有遵循民意的义务。尽管大多数的民众持反对态度，法国、德国、英国及加拿大仍然废除了死刑。自其时始，这些国家一直坚定地坚持——尽管很难达成一致意见——公众情绪本身并不能决定刑事政策、就该事项作出自己的决定是经选举产生的代表的责任这一观点。"① 尽管民选代表可以独立地作出某项决定，但民意自然是不能不顾及的。这就需要政治家的胆识。在保留死刑的汹涌民意面前，毅然决定废除死刑，甚至独立地表达废除死刑的观点，都是需要勇气的。梁根林教授提出了"死刑的政治抉择——什么是政治领袖应有的贡献"这样一个命题，对于政治领袖在死刑存废中的关键作用予以了充分的肯定并且充满期待，指出："对于死刑制度的存与废、限制还是重用这样一个本质上属于政治选择的刑事政

① ［英］罗吉尔·胡德：《死刑的全球考察》，477～478页，北京，中国人民公安大学出版社，2005。

策问题，政治领袖如何运用其政治智慧、展示其政治政见、承担其政治责任，如何对待和引导民意，对于死刑制度的存置与废止、限制还是重用，事实上起着决定性的作用。”[①] 对此，我亦深以为然。当然，我所反对的是另一种倾向，就是过分地寄希望于救世主式的政治人物。这也是不现实的。对此，邱兴隆教授在关于死刑的论坛中，曾经提了一个小插曲。在半醉半醒之间谈到死刑问题时，邱兴隆曾经套用古希腊阿基米德的名言——给我一个支点，我将撬动地球，说了这么一句关于政治家与死刑存废的名言：“给我一个开明的政治家，我一天之内就能废除死刑。”[②] 其实，这里的后一个“我”应该替换成政治家。能够一天废除死刑的不可能是如邱兴隆及我辈学者，而是政治家。不过，这样的政治家是否真有还是一个问题。是追求长治久安还是求稳怕乱，这在一定程度上已经不是一个法律问题。

我认为，在死刑问题上，涉及一个更为根本的问题是政治自信问题。我注意到在梁根林教授的《公众认同、政治抉择与死刑控制》一文中，反复出现的是这样一些政治关键词：政治领袖、政治抉择、政治智慧、政治远见和政治责任。我恰恰没有读到政治自信一词，这是令人感到有所缺憾的。政治自信来自统治的正当性与合法性，具有政治自信的政治家才能具有政治胆识。在死刑存废问题上也是如此。在我国学者以往关于死刑存废的讨论中，虽然没有直接使用政治自信这个概念，但在内容上已经有所涉及。例如高铭暄教授在论及死刑缩减时有这么一句话：“我们绝不能靠杀人来统治。”[③] 这里的“不靠杀人来统治”就是对政治自信的最好诠释。换言之，一个需要靠杀人来统治的政权必然缺乏政治自信。政治自信的反义词就是政治虚弱，而这种政治虚弱恰恰需要靠死刑加以掩饰。我国是一个人民民主国家，是建立在人民拥护的政治基础之上的。就此而言，应当是具有政治自信的。当然，将这种政治自信转化为废除死刑的实际行动，似乎还有赖于政治家的开明，或者是所谓政治智慧。

---

① 梁根林：《公众认同、政治抉择与死刑控制》，载《法学研究》，2004（4）。

② 陈兴良主编：《法治的使命》，231页，北京，法律出版社，2003。

③ 高铭暄主编：《刑法修改建议文集》，8页，北京，中国人民大学出版社，1997。

（三）犯罪的控制

死刑作为一种刑事措施，当然是与犯罪有关的。中国古代就有所谓刑罚世重世轻之说，因而引申出“治平世用轻典，治乱世用重典”的经典命题。死刑当然是重典，其适用于乱世也就是理所当然的了。当然，对这里的“乱世”要从社会发展史上进行重新界定，它既指末世，例如中国封建社会的改朝换代之时，同时，它还指社会转型之世。就此而言，乱世并非一个纯粹的贬义词。

社会转型时期犯罪控制具有其特殊性，这就是如何处理国家权力在社会控制中的作用。随着社会转型，国家权力将逐渐地从某些社会领域中退让出来，通过赋予公民以更大的权利，推动社会的进步与发展。就此而言，在社会转型时期，国家权力应当限缩。但与此同时，在社会转型时期，由于社会失范，各种社会问题，包括犯罪现象，就会突显。为保证社会的稳定与有秩序，国家权力又需要强化，从而在犯罪控制中发挥应有的作用。这样，就出现了一个二律背反的悖论：我们能不能在使国家权力对社会整合发挥正面功效的同时防止其滥用？对于死刑来说，同样存在这样一个悖论。美国学者约翰逊是以这样一种方式提出问题的：我们能不能建构这样一种死刑制度，就是在确保对十恶不赦的人实行死刑的同时，又不伤害那些真正无辜的人？① 进而言之，谁能保证被适用死刑的人一定是十恶不赦的人？这确实是一个难题，也是一个几乎不可能完成的任务。为此，我国学者提出了弱化国家对公民的强权关系的命题，认为弱化国家对公民的强权关系包括降低刑罚的厉度。降低刑罚的厉度可以减弱国家对个人的强权关系，同时促进公民权利的实际获得。由于死刑是刑罚的一极，且是厉的一极，对整个刑罚体系的厉度有着直接的影响，故死刑的增加，无论立法上的增加还是司法上的增加，使整个刑罚适用趋烈；死刑的削减，特别是立法上的减少，使整个刑罚趋缓。死刑削减与公民权利的实际获得有如下关系：死刑削减，国家对公民的强权关系将可能弱化，公民权利可能有实际的增长；死刑增加，或者保持不变，国家

① 参见［美］大卫·特德·约翰逊：《美国与日本的死刑悖论》，载陈兴良主编：《刑事法评论》，第15卷，57页，北京，中国政法大学出版社，2004。

对公民的强权关系没有根本变化，公民权利只能处于弱势。基于弱化国家对公民的强权关系的需要，中国必须控制死刑。这是转型的需要。① 应当说，这个结论是正确的。但是，刑罚。尤其是死刑的削减，是否会降低国家对社会的控制能力？对这个问题的回答取决于社会在多大程度上依赖刑罚，包括死刑，以实现对社会的控制。

我认为，一个社会的管理能力与对刑罚的依赖程度是成反比的。换言之，一个社会的管理能力越强，那么对刑罚的依赖度越低，反之亦然。在某种意义上说，刑罚，尤其是死刑，是对社会管理不善的一种不得已的补偿。因此，如何降低社会管理和犯罪控制中对死刑的依赖程度，就成为废除死刑的一个必不可少的前提条件。应当说，我们的社会存在着对死刑的迷信心理，期望通过死刑来有效地控制犯罪。但是，死刑的威慑力是有限的，对此我们必须有足够的认识。尽管死刑迷信是一种社会心理，但这种社会心理又具有一定的事实基础，这就是我国社会在对犯罪的控制上还在很大程度上依赖刑罚，尤其依赖死刑。

（四）刑罚结构的调整

死刑毕竟是一种刑罚制度，因而刑罚结构的合理化是死刑废除的重要条件之一。这里涉及刑罚结构的概念。一个国家的刑法中，存在着各种刑罚方法，这些刑罚方法不是孤立地发生作用的，而是形成一个刑罚体系共同发挥作用。我国学者曾经对刑罚结构作过以下界定：刑罚结构就是组成刑罚系统的刑罚要素相互联系的稳定形式和相互作用的基本方式。② 刑罚结构存在合理的与不合理的之分：合理的刑罚结构是轻重刑罚相互搭配，轻者自轻，重者自重，轻轻而重重，刑罚能够发挥其遏制犯罪、实现正义的社会功能。而不合理的刑罚结构是轻重刑罚搭配失当，各种刑罚互相功能抵消，难以发挥刑罚的整体功效。死刑是刑罚结构中的重刑，在保留死刑的情况下，通过刑罚结构的调整可以降低对死刑的依赖，从

① 参见翟中东：《犯罪控制：动态平衡论的见解》，245页，北京，中国政法大学出版社，2004。

② 参见梁根林：《刑罚结构论》，11页，北京，北京大学出版社，1998。

而为废除死刑创造条件。

对于我国目前的刑罚结构，我认为是存在着结构性缺陷的，这主要表现为生刑与死刑之间差距悬殊：生刑过轻而死刑过重。这里的生刑包括死缓、无期徒刑及有期徒刑等刑罚方法。在我国司法实践中，死缓在2年考验期满以后，除故意犯罪应处死刑以外，一般都要减刑：没有故意犯罪的，减为无期徒刑。确有重大立功表现的，减为15年以上20年以下有期徒刑。在这种情况下，无期徒刑在执行2年以后，为与死缓平衡，势必进行减刑，一般减为20年有期徒刑；确有重大立功表现的，减为15年有期徒刑。因此，死缓实际执行期限最长为24年（审判前羁押的期限除外），无期徒刑实际执行期限最长为22年（审判前羁押的期限除外）。由此可见，生刑的最高刑是24年，死刑则被执行死刑，一生一死，刑之轻重若此。为此，我认为，应当大幅度加重生刑，具体设想是：死缓期满以后改为无期徒刑的，原则上终身监禁。无期徒刑的，应当在关押10年以上才考虑减刑，实际执行期不得少于20年（现行刑法规定不得少于10年）。同时，提高有期徒刑的上限，从15年提高到20年；数罪并罚最高从现在的不超过20年提高到25年甚至30年。在提高生刑的同时，才有可能减少死刑，并为最终废除死刑创造条件。

通过设立长期监禁刑来减少死刑的适用这一设想，我在《刑法哲学》（1992年初版）一书中已经有所阐述[①]，并且现在越来越成为我国刑法学界的共识。例如司法部副部长张军在“当代刑法与人权保障”论坛上，主张设立20年、30年的长期刑，以此逐渐减少死刑的适用。张军认为，在实践层面全面废止死刑在我国现阶段很难，因为我国刑法要考虑到打击犯罪和保障人权的统一。更为可行的办法是改革我国的刑罚制度，增设20年、30年的长期刑。设立了长期刑以后，死刑在审判机关自然就会减少适用。今后修改刑法时，立法机关也会考虑逐步减少死刑罪名。[②] 我认为，这是减少死刑适用的切实可行之道。当然，增设长期监

① 参见陈兴良：《刑法哲学》，3版，42～1422页，北京，中国政法大学出版社，2004。

② 参见廖卫华：《司法部建议增设20年或30年长期形逐渐减少死刑》，载《新京报》，2005-01-17。

禁刑会加大监禁成本，这里存在一个社会能否承受的问题；而且，减少死刑适用以后被害人是否接受，也是一个值得关注的问题。我认为，这些问题都应当逐渐得到解决。例如，欲减少监狱人口，应当实行重重而轻轻的两极化的刑事政策：重者更重，轻者更轻。所谓重者更重，是指增设长期监禁刑，使那些不足以被判处死刑的严重犯罪分子受到较为严厉的刑罚惩治；而轻者更轻，是指对轻微犯罪实行非监禁化，大力推行社区矫正。重者更重势必增加监狱人口，而轻者更轻有助于减少监狱人口，两相抵消，并不会使我国的监狱人口骤然增加。至于减少死刑适用如何使被害人接受，应当在对犯罪人判处长期监禁刑的同时，尽量使被害人获得物质上的赔偿。在犯罪人无力赔偿的情况下，应当建立国家刑事补偿制度。

以上废除死刑的四个条件，仍然是以物质文明程度与精神文明程度为支撑的。以上四个条件是逐渐具备的，其具备程度决定着死刑废止的进程。

四

死刑的废止毕竟只有通过立法活动与司法活动才能完成，因此，对中国死刑当代命运的考察，死刑的立法与司法应当是最终的归宿。

（一）死刑的立法设置

我国关于死刑的立法，可以分为总则与分则两部分。从总体上看，刑法总则除将死刑立即执行与死刑缓期执行的条件设置为“不是必须立即执行的”，过于概然以外，基本上体现了对死刑的限制精神。问题主要在于刑法分则规定的死刑罪名过多过滥。因此，对死刑的立法限制，要从削减死刑罪名着手。在此，存在以下三个问题需要研究。

1. 备而不用的死刑罪名之存废

在我国刑法中，有相当一部分死刑罪名是备而不用的。这主要是指危害国家安全犯罪的死刑、危害国防利益犯罪的死刑和军人违反职责犯罪的死刑。在这些死刑罪名中，危害国家安全罪共有 7 个死刑罪名，分别是：（1）背叛国家罪；

(2) 分裂国家罪；(3) 武装叛乱、暴乱罪；(4) 投敌叛变罪；(5) 间谍罪；(6) 为境外窃取、刺探、收买、非法提供国家秘密、情报罪；(7) 资敌罪。上述罪名，自1979年刑法实施以来，似乎并无一例适用死刑。即使是“四人帮”，也只是被适用死缓而已。危害国防利益犯罪共有2个死刑罪名：(1) 破坏武器装备、军事设施、军事通信罪；(2) 故意提供不合格的武器装备、军事设施罪。这两个罪名，自1997年刑法实施以来，从未有过适用死刑的案例。军人违反职责犯罪共有12个死刑罪名：(1) 战时违抗命令罪；(2) 隐瞒、谎报军情罪；(3) 拒传、假传军令罪；(4) 投降罪；(5) 战时临阵脱逃罪；(6) 阻碍执行军事职务罪；(7) 军人叛逃罪；(8) 为境外窃取、刺探、收买、非法提供军事秘密罪；(9) 战时扰乱军心罪；(10) 盗窃、抢夺武器装备、军用物资罪；(11) 非法出卖、转让武器装备罪；(12) 战时残害居民、掠夺居民财物罪。在这些犯罪中，四个是战时所犯之罪，其余则为平时、战时均可犯之罪。从司法实践来看，上述死刑罪名只有个别适用的案例。因此，军人违反职责犯罪的死刑，也可归入备而不用之列。上述三类死刑罪名共计21个，占我国刑法所有死刑罪名的三分之一弱。

如何对待这些备而不用的死刑罪名，这是在死刑立法中首先需要解决的。从各国废止死刑的实践来看，对于军事犯罪的死刑与普通犯罪的死刑一般都是分而论之的，往往是先废除普通犯罪的死刑，最后才废除军事犯罪的死刑。至于政治犯罪，一般只有内乱罪与外患罪属于死刑罪名，也在最后才考虑废除。鉴于这种情形，在我国上述三种备而不用的死刑罪名也不可能因其不用而废除。换言之，不用并非其废除的理由。但我认为不用可以成为削减的理由。也就是说，对这些死刑罪名应当大幅度地限缩。具体而言，危害国家安全犯罪的死刑中，按照各国刑法通例，只需保留背叛国家罪和分裂国家罪的死刑，余皆可废止。背叛国家罪相当于外患罪，分裂国家罪相当于内乱罪。危害国防利益犯罪的两个死刑罪名，我认为没有必要设立。军人违反职责犯罪的死刑罪名可以适当削减，保留战时违抗命令罪、战时临阵脱逃罪和为境外窃取、刺探、收买、非法提供军事秘密罪的死刑，其余死刑可废止。

2. 经济犯罪的死刑之存废

对经济犯罪适用死刑，这在世界各国都是极为罕见的，因此，最应废除的就是经济犯罪中的死刑罪名。早在1990年我所主编的《经济刑法学（总论）》一书中，我们就提出了我国刑法对经济犯罪应当废除死刑的观点。[①] 现在，这一观点也逐渐成为我国刑法学界的主流观点。例如在2004年召开的中国刑法学年会上，关于死刑的议题中，有8篇论文是以经济犯罪死刑废除为中心内容的。[②] 可以说，对经济犯罪适用死刑，与报应观念都是相悖的，其不合理性显而易见。我国刑法中的经济犯罪，包括以下三类犯罪：一是破坏社会主义市场经济秩序犯罪（以下简称经济秩序犯罪），二是侵犯财产犯罪（以下简称财产犯罪），三是贪污贿赂犯罪。下面对这些罪名的死刑存废分而论之。

（1）经济秩序犯罪的死刑存废。

根据我国刑法分则第三章的规定，经济秩序犯罪中共有16个死刑罪名，名列各章死刑罪名之冠。这些罪名分别是：1）生产、销售假药罪；2）生产、销售有毒、有害食品罪；3）走私武器、弹药罪；4）走私核材料罪；5）走私假币罪；6）走私文物罪；7）走私贵重金属罪；8）走私珍贵动物、珍贵动物制品罪；9）走私普通货物、物品罪；10）伪造货币罪；11）集资诈骗罪；12）票据诈骗罪；13）金融凭证诈骗罪；14）信用证诈骗罪；15）虚开增值税专用发票、用于骗取出口退税、抵扣税款发票罪；16）伪造、出售伪造的增值税专用发票罪。关于上述死刑罪名，我国学者分别对走私假币罪、走私贵重金属罪，走私普通货物、物品罪，伪造货币罪，集资诈骗罪，票据诈骗罪，信用证诈骗罪，虚开增值税专用发票罪的死刑废止问题专门作过研讨。[③] 应该说，这些罪名的死刑完全是不合理的。至于生产、销售有毒、有害食品，涉及致人死亡或者对人体健康造成特别严重危害的，应当根据主观罪过与客观后果，分别以故意（间接故意）杀人罪、过

① 参见陈兴良主编：《经济刑法学（总论）》，140页以下，北京，中国社会科学出版社，1990。

② 这8篇论文收入陈兴良、胡云腾主编：《死刑问题研究》，北京，中国人民公安大学出版社，2004。

③ 这些论文收入赵秉志主编：《中国废止死刑之路探索：以现阶段非暴力犯罪废止死刑为视角》，北京，中国人民公安大学出版社，2004。

失致人死亡罪论处。

(2) 财产犯罪的死刑存废。

根据我国刑法分则第五章的规定，财产犯罪共有抢劫罪和盗窃罪两个死刑罪名，其中抢劫罪是常用的死刑罪名。2001 年 5 月最高人民法院《关于抢劫过程中故意杀人案件如何定罪问题的批复》规定：行为人为劫取财物而预谋故意杀人，或者在劫取财物过程中，为制服被害人反抗而故意杀人的，以抢劫罪定罪处罚。因此，我国刑法中的抢劫罪与故意杀人罪之间存在着整体法与部分法之间的法条竞合关系，即抢劫罪的构成要件中包含了故意杀人罪的内容。就此而言，抢劫罪的死刑设置似乎具有合理性。但如果将这种采用故意杀人手段进行抢劫的行为设置为转化犯，规定以故意杀人罪论处，则可以适用故意杀人罪的死刑。在这种情况下，抢劫罪的死刑就应当废除。若此，则对于入户抢劫、在公共交通工具上抢劫、抢劫银行或者其他金融机构、多次抢劫或者抢劫数额巨大、抢劫过失致人重伤、死亡和冒充军警人员抢劫、持枪抢劫等情形，就不能适用死刑，法定最高刑为无期徒刑。至于盗窃罪，1997 年刑法修订时将盗窃罪的死刑适用限于两种情形：一是盗窃金融机构，数额特别巨大的；二是盗窃珍贵文物，情节严重的。我认为，对这两种盗窃行为也没有必要设置死刑。

(3) 贪污贿赂犯罪的死刑存废。

根据我国刑法分则第八章的规定，贪污贿赂犯罪中共有贪污罪和受贿罪两个死刑罪名。贪污贿赂犯罪属于职务型经济犯罪。由于我国当前腐败现象较为严重，因而贪污贿赂犯罪的死刑在惩腐倡廉方面具有一定的作用。但是，腐败现象的根源在于权力的集中垄断，这是一种制度性的缺陷，只能通过制度创新加以解决。死刑并非反腐败的灵丹妙药，对此我们应当有足够的认识。当然，考虑到民众的心理，尤其是我国目前腐败现象还十分严重，贪污罪和受贿罪的死刑在短时间内难以废除，但应当通过司法解释严格限制上述两罪死刑的适用条件。待条件成熟时，再将贪污罪和受贿罪的死刑予以废除。

3. 普通刑事犯罪的死刑之存废

除前述死刑罪名以外，我国刑法中的普通刑事犯罪也保留了较多的死刑罪名，这些罪名是更为常用的。对这些死刑罪名的存废如何认识也是一个重要问题。这里的普通刑事犯罪主要包括以下三类犯罪：一是危害公共安全罪（以下简称公共安全犯罪），二是侵犯人身权利罪（以下简称人身权利犯罪），三是妨害社会管理秩序罪（以下简称社会秩序犯罪）。下面对这些罪名的死刑存废分而论之。

（1）公共安全犯罪的死刑存废。

根据我国刑法分则第二章的规定，公共安全犯罪中共有 14 个死刑罪名，仅次于经济秩序犯罪中的死刑罪名。这些死刑罪名是：1）放火罪；2）决水罪；3）爆炸罪；4）投放危险物质罪；5）以危险方法危害公共安全罪；6）破坏交通工具罪；7）破坏交通设施罪；8）破坏电力设备罪；9）破坏易燃易爆设备罪；10）劫持航空器罪；11）非法制造、买卖、运输、邮寄、储存枪支、弹药、爆炸物罪；12）非法买卖、运输核材料罪；13）盗窃、抢夺枪支、弹药、爆炸物、危险物质罪；14）抢劫枪支、弹药、爆炸物、危险物质罪。在上述犯罪中，放火、决水、爆炸、投放毒物、以危险方法危害公共安全、破坏交通工具、破坏交通设施、破坏电力设备、破坏易燃易爆设备等犯罪，都是根据犯罪手段及危害客体设立的罪名，并且均包含故意杀人的内容，因此，其死刑之设置似乎具有合理性。但一般性地以造成严重后果为适用死刑的条件，对于未故意杀人而是过失致人死亡或者造成财产重大损失的也适用死刑，显然会不适当地扩大死刑的适用范围。因此，我认为应当将这些犯罪的法定最高刑设置为无期徒刑，并且规定：犯本罪故意造成他人死亡的，以故意杀人罪论处。至于劫持航空器罪，刑法第 121 条规定：犯本罪致人重伤、死亡或者使航空器遭受严重破坏的，处死刑。这是死刑的绝对法定刑规定，似不合理。劫持航空器而故意造成他人死亡的，应以故意杀人罪论处，因此本罪的法定最高刑亦应为无期徒刑。除上述罪以外的其他公共安全犯罪，均不涉及对人身的重大损害，尤其是涉枪犯罪，属于危险物品的管理问题，故不应设置死刑。

（2）人身犯罪的死刑存废。

根据我国刑法分则第四章的规定，人身犯罪共有 5 个死刑罪名：1）故意杀人罪；2）故意伤害罪；3）强奸罪；4）绑架罪；5）拐卖妇女、儿童罪。在这 5

个罪名中，故意杀人罪可以说是“死刑保留论的最后堡垒”①，因而必将是最后废除的死刑罪名。当然，我国刑法在死刑罪状的设计上殊不合理：采用简单罪状，未能区分各种情节的杀人。因而在我国目前的司法实践中只要故意杀人而没有法定或酌定的从轻处罚事由的，一般均判处死刑，而不考虑故意杀人本身情节是否严重。董伟死刑案就是一个典型的例子，在该案的二审裁定中，有这样的表述：“其（指董伟——作者注）行为已经构成了故意杀人罪，又无法定或酌定从轻处罚之情节，故应当依法严惩。”② 这里的“依法严惩”当然是指判处死刑，并且还是立即执行。由此可见，即使在故意杀人罪保留死刑的情况下，加以司法限制也是十分必要的。强奸罪应当分为普通强奸与加重强奸（即因强奸而故意造成妇女死亡）：普通强奸不应保留死刑，加重强奸可以保留死刑。至于绑架罪，我国刑法第239条规定，“致使被绑架人死亡或者杀害被绑架人的，处死刑，并处没收财产”。杀害被绑架人是故意杀人的行为，可按照故意杀人罪判处死刑。致使被绑架人死亡，主观上是过失的，属于绑架罪的结果加重犯，不应设置死刑。故意伤害不应与故意杀人同罪，其死刑应当废除。拐卖妇女、儿童罪，侵犯的是妇女、儿童的人身自由权，并未侵害其生命权，故不应保留死刑。

（3）社会秩序犯罪的死刑存废。

根据我国刑法分则第六章的规定，社会秩序犯罪共有8个死刑罪名：1）传授犯罪方法罪；2）暴动越狱罪；3）聚众持械劫狱罪；4）盗掘古文化遗址、古墓葬罪；5）盗掘古人类化石、古脊椎动物化石罪；6）走私、贩卖、运输、制造毒品罪；7）组织卖淫罪；8）强迫卖淫罪。我认为，上述8个罪名的死刑均应废除。在我国目前所有死刑罪名中，传授犯罪方法罪是最莫名其妙的一个。正如我国学者指出：“无论从侵害法益的重要程度，还是从对被传授者实施犯罪造成的重大法益被侵害后果所起的作用，抑或是从传授者的主观恶性和人身危险性方面

① 付立庆：《死刑保留论的最后堡垒——由一个广受关注的死刑个案展开》，载陈兴良、胡云腾主编：《死刑问题研究》，809页，北京，中国人民公安大学出版社，2004。

② 对此的评论，参见付立庆：《地狱的通途和天堂的方向——“枪下留人案”的文本追问》，载陈兴良主编：《中国死刑检讨：以“枪下留人案”为视角》，77～78页，北京，中国检察出版社，2003。

考虑，传授犯罪方法罪的罪行严重程度均没有达到该适用死刑的程度，因而对该罪保留死刑直接违背了《刑法》第48条规定的适用死刑条件及第5条规定的罪责刑相适应原则，使对传授犯罪方法罪适用的刑罚超出了合理报应的限度，并与社会的公平正义相悖。”① 在我看来，传授犯罪方法罪之罪名设立都缺乏正当理由，更遑论其死刑配置。事实上，自该罪设立以来，我亦未见一例传授犯罪方法罪适用死刑的，甚至认定构成该罪的案件都极为少见。因此，传授犯罪方法罪的死刑既不合理又无必要。对于暴动越狱和聚众持械劫狱，如果故意杀人的，应以故意杀人罪论处，没有必要设置死刑。对于盗掘古文化遗址、古墓葬和盗窃古人类化石、古脊椎动物化石，尽管盗窃客体具有重要文化历史意义，但其价值毕竟不能大于人的生命，其死刑废除理所当然。至于毒品犯罪，稍微复杂一些。在一些毒品犯罪泛滥地区，毒品犯罪成为适用死刑的大户。由于毒品犯罪的严重危害性，在短时间内尚难以废除其死刑，我认为宜从司法适用上加以严格限制，待将来毒品犯罪得到有效遏制，条件成熟时再考虑毒品犯罪死刑的废除问题。至于组织卖淫罪和强迫卖淫罪，其只是对社会管理秩序的破坏，不涉及对生命法益的侵犯，因而应废除死刑。

（二）死刑的司法限制

在不能完全废除的情况下，对死刑的司法限制是十分重要的。有些国家的刑法中死刑罪名虽多，但司法中适用极少，从而达到死刑虽存犹废的效果。例如韩国现行刑法上可宣告死刑的罪名有：8项关于国家法益的罪名，2项关于社会法益的罪名，9项关于个人法益的罪名等，共19项。在特别刑法上规定死刑的有：14项关于特定犯罪加重处罚的法律；1项关于暴力行为等处罚的法律；3项关于保障犯罪打击的特别措施法；12项国家保安法；54项军事刑法。可见，韩国刑事法体系中规定了一百余种可判处死刑的犯罪，比我国刑法中的死刑罪名还要多。但从1987年至1997年间，在韩国共执行了101人死刑，其死刑适用的罪名

① 刘志伟、梁剑：《关于对传授犯罪方法罪废除死刑的思考》，载赵秉志主编：《中国废止死刑之路探索：以现阶段非暴力犯罪废止死刑为视角》，105页，北京，中国人民公安大学出版社，2004。

均为杀人，包括普通杀人、抢劫杀人、亲属杀人和诱拐杀人。[①] 韩国刑事法中死刑罪名之多与司法中死刑适用之少形成了鲜明对比，可以说韩国司法机关在实际限制死刑方面发挥了重大作用。如此可见，在刑法保留死刑的情况下，司法机关对于限制死刑并非无所作为。反观我国，不仅刑法上死刑罪名多，而且司法实践中死刑适用多。刑法上的死刑罪名可以统计，但我国司法机关每年到底适用了多少次死刑却无从知晓，使研究死刑的学者一筹莫展。

那么，对于死刑适用如何从司法上加以限制呢？我认为应从以下三个方面考虑。

1. 死刑裁量规则之制定

死刑的司法限制主要是严格死刑适用条件。我国刑法总则规定，死刑只适用于罪行极其严重的犯罪分子。至于究竟达到何种程度属于罪行极其严重，刑法未作具体规定。在刑法分则中，往往有对个罪适用死刑条件的规定，例如情节特别严重，对国家和社会危害特别严重等。这些死刑适用条件过于概括，使司法机关在死刑适用上具有较大的自由裁量权。我认为，应当通过司法解释，对各种犯罪适用死刑的条件加以具体化，提供统一的死刑裁量规则。

2. 死缓适用范围之扩大

死缓制度的立法初衷是限制死刑的适用。例如高铭暄教授指出："死刑缓期执行制度是我国刑事政策上的一个重大创造，是贯彻'不杀'政策的重要方法。死缓制度有力地说明，我们国家对那些犯有死罪，但还不是非杀不可的犯罪分子，没有放弃对他们进行改造的一线希望，这就可以把死刑的适用实际上缩小到最小的范围。"[②] 但在刑法上，适用死缓的条件被界定为"不是必须立即执行"，这是一种若有似无的模糊规定。如何掌握，关键就在于刑事政策的指导。在严格适用刑法的情况下，可杀可不杀的犯罪分子不杀，对之适用死缓，确实起到了限

① 参见金仁善：《关于韩国执行死刑的现况与死刑制度的改善方向的再思考》，载赵秉志主编：《中韩刑法基本问题研讨："首届中韩刑法学术研讨会"学术文集》，168页，北京，中国人民公安大学出版社，2005。

② 高铭暄：《中华人民共和国刑法的孕育和诞生》，75页，北京，法律出版社，1981。

制死刑的作用。但在“严打”高潮来临之际，可杀可不杀的犯罪分子亦杀，则有可能对本该被判处无期徒刑的犯罪分子判处死缓。这就是死缓的降格适用。为避免这种情况，应当通过立法或者司法解释，将死缓适用条件具体化。在此前提下，可以扩大死缓的适用范围，使死缓制度在限制死刑方面真正发挥作用，实现其立法初衷。

3. 死刑复核权之收回

死刑复核程序是我国刑法专为死刑设置的一个特别程序，意在防止错杀。但从一开始最高人民法院就没有真正行使过死刑复核权。在 1979 年刑法实施（1980 年 1 月 1 日）仅 43 天后，全国人大常委会就于 1980 年 2 月 12 日作出决定，将杀人、强奸、抢劫、放火等犯有严重罪行应当被判处死刑的案件的核准权授予省、自治区、直辖市高级人民法院行使。死刑复核权的下放，意味着死刑复核程序与二审程序合一，实际上取消了死刑复核权。从目前暴露出的死刑冤案来看，均是高级人民法院核准死刑的案件，没有一起经最高人民法院核准死刑的案件。可见，最高人民法院在死刑适用条件的掌握上较之高级人民法院更为严格。[①] 因此，我认为最高人民法院应当收回死刑复核权。

中国尚未走上死刑废止之路，中国应当走上死刑废止之路！我相信，这一天不会太遥远了。我期望，死刑在我的有生之年废止。让我们敲响中国死刑的丧钟吧！

（本文原载《中外法学》，2005（5））

---

① 参见陈兴良：《受雇佣为他人运输毒品犯罪的死刑裁量研究》，载《北大法律评论》编辑委员会编：《北大法律评论》，第 6 卷第 2 辑，371 页以下，北京，法律出版社，2005。

死刑适用论

死刑是一个十分古老的刑种。在当今国际人权运动日益发展的情况下，死刑逐渐成为被废弃的刑种。但是，在当前中国刑罚体系中，死刑还占据着相当重要的地位。如何理解关于死刑的国际规则与中国立法现状之间的巨大差距？怎样认识当前中国死刑存在的必要性，以及在何种程度上对死刑从实体法与程序法两个方面加以限制？这就是本文所要研究的问题。

一、联合国关于死刑适用的准则

死刑曾经是古代社会及中世纪各国通用并十分流行的一种刑罚方法，它来源于原始社会的复仇习俗。一直到 19 世纪上半叶，死刑在欧洲大陆与英国还都盛行。以英国为例，根据英国著名法学家布莱克斯通在 18 世纪 60 年代保守的估计，当时英国仅规定死刑的成文法便达一百六十多部，而每部成文法中又规定了数种，乃至数十种死罪，更不用说普通法上的死罪数量了。直到 1837 年，英国的死刑才被限制在杀人、叛国、强奸、兽奸、鸡奸、破门入盗、暴力行动、纵火杀人等罪名。乃至 19 世纪初开始，世界上掀起了一场限制死刑，乃至废除死刑的刑法改革运动，死刑面临越来越猛烈的抨击。时至今日，废除死刑已经成为国际潮流。

废除死刑的呐喊，首先出于意大利著名刑法学家贝卡里亚。贝卡里亚在古典自然法的基础上，论证了死刑的非正义性和不必要性。贝卡里亚认为，人们最初在订立社会契约的时候，只交给公共当局一份尽量少的自由，这里当然不包含处置自己生命的生杀予夺大权。因此，贝卡里亚指出：死刑并不是一种权利，而是一场国家同一个公民的战争，因为，它认为消灭这个公民是必要的和有益的。然而，在贝卡里亚看来，死刑既不是必要的，也不是有益的。[①] 当然，贝卡里亚也并非一个彻底的死刑废除论者。贝卡里亚认为，只有根据两个理由，才可以把处死一个公民看作是必要的。第一个理由：某人在被剥夺自由之后仍然有某种联系和某种力量影响着这个国家的安全，或者他的存在可能会在既定的政府体制中引起危险的动乱。再者，当一个国家正在恢复自由的时候，当一个国家的自由已经消灭或者陷入无政府状态的时候，混乱取代了法律，因而处死某些公民就变得必要了。除非处死他是预防他人犯罪的根本的和唯一的防范手段。这是死刑据以被视为正义和必要刑罚的第二个理由。[②] 贝卡里亚废除死刑的观点一经传播，在当时的欧洲大陆引起极大反响。在过去数千年漫长的岁月里，死刑日复一日、年复一年地被适用，乃至被滥用着。一部人类发展史又何尝不是用鲜血写成的历史。在这种情况下，人们对死刑的适用麻木了、习惯了，死刑被认为是天经地义的，甚至被神圣化了。贝卡里亚是第一个用理性的眼光思考死刑这一社会现象的人，他对于社会与国家是否具有对公民个人判处死刑的权力产生了怀疑：死刑的正当根据到底是什么？死刑难道真是有益的吗？这些问题困扰着贝卡里亚，并使他对此作出了发人深省的回答。贝卡里亚指出：人们可以凭借怎样的权利来杀死自己的同类呢？这当然不是造就君权和法律的那种权利。君主和法律它们仅仅是一份份少量私人自由的总和，它们代表的是作为个人利益结合的普遍意志。然而，有

---

① 参见［意］贝卡里亚：《论犯罪与刑罚》，45 页，北京，中国大百科全书出版社，1993。

② 参见［意］贝卡里亚：《论犯罪与刑罚》，45～46 页，北京，中国大百科全书出版社，1993。

谁愿意将对自己的生死予夺大权奉予别人呢？每个人在对自己作出最小牺牲时，怎么会把位于一切财富之首的生命也搭进去呢？如果说这已成为事实的话，它同人无权自杀的原则怎么协调呢？要是他可以把这种权利交给他人或者交给整个社会，他岂不是本来就应该有这种权利吗？① 贝卡里亚以釜底抽薪之势，从根本上否认社会或国家具有判处公民死刑的权利。尽管贝卡里亚并不是一个彻底的死刑废除论者，但他出于正义与人道之心而为废除死刑呐喊，这使他成为永载史册的废除死刑的先驱。

从贝卡里亚提出死刑废除论的《论犯罪与刑罚》这本不朽之作出版的这一年即1764年起算，至今已经两个多世纪过去了。如果说，在当时贝卡里亚的废除死刑的呼声尚属孤独的呐喊，那么，现在废除死刑的呼声已经震耳欲聋，成为大势所趋。世象变化是如此之巨大，这也许是贝卡里亚当时所没有想到的。当然，我们绝不能把现在死刑废除的潮流归功于某个人的倡导，这其实是由深刻的社会原因所决定的。在我们看来，在一定的国家，死刑存废取决于以下两个因素：第一，社会存在的因素。这是死刑废除的物质基础。这里所谓社会存在包括社会的物质文明程度和社会物质生活水平。在社会的物质文明程度和社会物质生活水平较高的社会，犯罪所造成的危害与人所能够创造的物质价值的反差大，人们比较看重人的生命的价值，因而，死刑废除的物质条件较为具备。反之，在一个物质生活水平较低的社会，犯罪对社会造成的危害大，人的生命价值相对较低，因而，缺乏死刑废除的必要的物质条件。第二，社会意识的因素。这是死刑废除的精神基础。在社会精神文明程度较高的社会，朴素的报应观念逐渐丧失市场，对待犯罪的态度较为理智，而且，由于人们的文化水平高，较为轻缓的刑罚就足以制止违法犯罪，因而，死刑废除的精神条件较为具备。反之，在一个精神文明程度较低的社会，杀人偿命的观念十分浓厚，而且，人们的文化水平低，只有用较为严厉的刑罚才能制止违法犯罪，因而，缺乏死刑废除的必要的精神条件。事实说明，凡是不具备这两方面条件的，死刑即使废除了，还会重新恢复。随着这两

① 参见［意］贝卡里亚：《论犯罪与刑罚》，45页，北京，中国大百科全书出版社，1993。

方面条件的逐渐具备，死刑废除将成为现实。可见，当今世界上废除死刑运动的兴起，是和社会物质文明与精神文明发展密切相关的，而不是取决于个别人的意愿。

关于死刑的废除与限制，在联合国人权公约中得到反映，并成为通行的联合国刑事司法准则之一。《公民权利和政治权利国际公约》（1976 年 3 月 23 日生效）第 6 条规定：（1）人人皆有天赋之生存权，此种权利应受法律保障。任何人之生命不得无理剥夺。（2）凡未废除死刑之国家，非犯情节最大之罪，且依照犯罪时有效并与本公约规定及《防止及惩治灭绝种族罪公约》不抵触之法律，不得科处死刑。死刑非依管辖法院终局判决，不得执行。（3）生命之剥夺构成残害人群罪时，本公约缔约国公认本条不得认为授权任何缔约国以任何方式减免其依《防止及惩治灭绝种族罪公约》规定所负之任何义务。（4）受死刑宣告者，有请求特赦或减刑之权。一切判处死刑之案件均得获大赦、特赦或减刑。（5）未满 18 岁之人犯罪，不得判处死刑，怀胎妇女被判死刑，不得执行其刑。（6）本公约缔约国不得援引本条，而延缓或阻止死刑之废除。[①] 此外，《欧洲人权公约》《美洲人权公约》等国际公约都有类似规定。1985 年欧洲理事会还对《欧洲人权公约》作出《关于废除死刑的第六附加议定书》的增补，并得到生效。到目前为止，已有 14 个欧洲国家在这个文件上签字。1989 年 12 月 15 日，第四十四届联合国大会，以 59 票赞成、26 票反对、48 票弃权，通过了废止死刑的国际公约。在人权理论的影响下和国际公约的推动下，世界上已经有些国家废除了死刑。根据某国际组织于 1987 年 5 月在学术讨论会提供的数字，当时在法律上宣布废除死刑的国家已达 48 个，这一数字还不包括实际上不适用死刑的国家。1990 年 5 月国际刑法学协会在巴黎召开的理事会上，东欧一些国家如波兰、匈牙利、罗马尼亚、捷克斯洛伐克等的代表在发言中强调保留死刑同保护人权相矛盾，刑法改革要以《欧洲人权公约》为准则，要同欧洲人权委员会合作，死刑应当废除。[②] 由此可见，废

① 参见王德禄、蒋世和编：《人权宣言》，37～38 页，北京，求实出版社，1989。

② 参见杨敦先：《国际刑法学协会与刑法学动态》，载《中外法学》，1990（6），78 页。

除死刑的国家还将增加。目前世界上没有死刑及不处死刑的国家共 85 个，在全球 180 个国家中占 47%。保留死刑的国家共 95 个，占 53%。虽然，到目前为止，保留死刑的国家还占多数，但在这些国家，死刑受到严格限制，这种限制主要表现在以下几点。

（1）死刑适用范围的限制。在保留死刑的国家中，都将死刑的适用限于少数几种犯罪，主要是谋杀等严重侵犯人身权利的犯罪，例如加拿大只对谋杀罪规定了死刑，爱尔兰只对谋杀正在执行职务的警察或监管人员或者政治谋杀规定了死刑。

（2）死刑适用对象的限制。《公民权利和政治权利国际公约》和《美洲人权公约》等国际性文件都规定对审判时怀孕的妇女、犯罪时不满 18 岁的未成年人、政治犯和被指控犯罪时已满 70 岁的人不适用死刑。这些规定已被许多国家采纳，从而使死刑的适用对象受到严格限制。

（3）死刑实际执行的限制。现在有些国家对死刑的实际执行采取了极其严格的限制，从而使死刑执行的数量大为减少。据有关组织统计，日本 1984 年执行 1 件死刑，1985 年执行 3 件，1988 年执行 2 件。斐济、马达加斯加在 1970 年至 1975 年期间所有被判处死刑的罪犯，都改服长期监禁或苦役。在尼日尔，7 名被判处死刑的罪犯都得到了赦免。还有些国家规定了死刑易科制，例如罗马尼亚刑法第 55 条第 2 款规定："在犯罪者已出庭受审的情况下，从判决生效之日起，2 年内未执行死刑的，死刑易科为 25 年监禁。如犯罪者未出庭受审，或已逃避主管机关的管辖，自首投案或被逮捕后 2 年内未执行死刑的，或自死刑判决生效之后 7 年内未执行死刑的，死刑易科为 25 年监禁。"

（4）死刑判决程序的限制。各国刑法一般都对死刑判决程序作了严格规定，以防止滥用。对死刑判决程序的限制规定包括：适用死刑必须事实清楚、证据确凿；被判处死刑的人都有权向上一级法院上诉；被判处死刑的人应享有寻求赦免或减刑的权利；非由有一定高级权威的法院作出的最后判决，不得执行死刑。

（5）死刑执行方法的限制。联合国经济和社会理事会《保障将被处死者人权的保护措施》规定，执行死刑应尽量降低死刑犯遭受痛苦的程度。现在世界各国一般都采用绞杀、枪杀等死刑执行方法。

最后应当指出，尽管当今世界废除死刑的呼声很高，但死刑作为一种刑罚方法，在可以预见的将来，达不到废弃不用的程度。

二、中国刑法中的死刑适用

中国关于死刑的政策，可以概括为以下三句话：一是不可不杀，二是不可多杀，三是防止错杀。如果说，不可不杀与不可多杀，主要是刑法的内容，那么，防止错杀则主要是刑事诉讼法的任务。在此，仅就不可不杀与不可多杀略作论述。

不可不杀表明中国目前仍有保留死刑之必要，其理由除中国现在还不具备废除死刑的物质条件与精神条件以外，主要还在于：(1) 中国当前还存在较为严峻的治安形势。刑罚是社会防卫手段之一，死刑亦不例外。在严重犯罪大量存在，并且危害到社会秩序和人身安全的治安形势下，废除死刑是不明智的。(2) 中国几千年流传下来的"杀人者死"的报应观念在中国人心中已经根深蒂固，即使是正当防卫杀人不负刑事责任都难以被一般公众认可，对非法杀人不处以死刑，难以平息民愤。(3) 中国现在人权意识还有待增强，由于受到社会物质生活条件的限制，人的潜能未能得到充分发挥，因而人的生命价值相对来说较低，死刑较易为一般公众所接受。基于以上原因，当前在中国谈废除死刑是徒劳的。还有必要指出，西方某些人权组织与人士以死刑指责中国并作为人权记录不佳的表现之一，除个别属于别有用心的攻击以外，大部分是用西方的价值观念来观察中国所得出的结论，与中国国情相距甚远。从中国国情出发，当前中国保留死刑确有必要，这也正是中国坚持不可不杀政策的原因。

不可多杀表明中国坚持少杀政策。当然，多杀与少杀并没有一条绝对的界线，而且随着犯罪态势的起伏也会变化。下面，将从 1979 年刑法中的死刑到 1997 年刑法中的死刑的立法演变过程描述如下：

1979 年刑法是新中国成立以来的第一部刑法，这部刑法在死刑上采取了十分慎重的态度，以死刑罪名而言，控制是十分严格的。在1979年刑法中，死刑罪名主要有以下这些：（1）反革命罪中规定了15个死刑罪名，分别是：1）背叛祖国罪；2）阴谋颠覆政府罪；3）阴谋分裂国家罪；4）策动叛乱罪；5）策动叛变罪；6）投敌叛变罪；7）持械聚众叛乱罪；8）聚众劫狱罪；9）组织越狱罪；10）间谍罪；11）特务罪；12）资敌罪；13）反革命破坏罪；14）反革命杀人罪；15）反革命伤人罪。（2）危害公共安全罪中规定了8个死刑罪名：1）放火罪；2）决水罪；3）爆炸罪；4）投毒罪；5）以其他危险方法危害公共安全罪；6）破坏交通工具罪；7）破坏交通设备罪；8）破坏易燃易爆设备罪。（3）侵犯公民人身权利、民主权利罪中规定了3个死刑罪名：1）故意杀人罪；2）强奸妇女罪；3）奸淫幼女罪。（4）侵犯财产罪中规定了2个死刑罪名：1）抢劫罪；2）贪污罪。综上所述，我国1979年刑法在7个条文中规定了28个死刑罪名。

值得注意的是，我国1979年刑法还从以下几个方面对死刑的适用作了限制。

（1）死刑适用对象的限制。

1979年刑法第43条规定，死刑适用于罪大恶极的犯罪分子。这里的罪大，是指犯罪行为及其后果极其严重，给社会造成的损失特别巨大。它所体现的是犯罪的客观危害程度。这里的恶极，是指犯罪分子的主观恶性和人身危险性特别大。它所体现的是犯罪的主观罪过程度。由此可见，并非触犯死刑罪名的犯罪分子都应当被判处死刑，只有那些罪大恶极者才可被适用死刑。这就从死刑适用对象上作出了严格的限制。

（2）未成年犯和审判时怀孕的妇女不适用死刑。

1979年刑法第44条规定，犯罪的时候不满18岁的人和审判的时候怀孕的妇女，不适用死刑。已满16岁不满18岁的，如果所犯罪行特别严重，可以判处死刑缓期2年执行。这一规定将未成年人和审判时怀孕的妇女排除在死刑适用范围之外，有利于限制死刑。对未成年犯之所以规定不适用死刑，主要是由于未成年犯年龄尚轻，对社会的认识尚浅，其生理和心理发育也不成熟，辨认与控制自己行为的能力弱。对未成年人犯罪主要采取教育挽救的措施，使之改过从善、重新做人。因此，1979年刑法规定对未成年犯不适用死刑是十分科学的。而且，在司法实践中，中国司法机关对于犯罪的时候不满 18 岁的人不适用死刑掌握是十分严格的：这里的不适用死刑，是指不允许判处死刑，而不仅仅是不执行死刑，待满 18 岁以后再执行死刑。这里的不满 18 岁，是指不满 18 周岁，即按公历年、月、日计算不满 18 岁实足年龄。过完 18 岁生日，从第二天起方可认定为满 18 岁。个别犯罪分子犯罪极为严重，但还差 1 天就满 18 岁，根据最高人民法院司法解释的精神，也不能被判处死刑。这里的犯罪的时候不满 18 岁，是指犯罪行为实行之时不满 18 岁，而不是指犯罪行为预备之时不满 18 岁。此外，犯罪行为发生时不满 18 岁，即使犯罪结果发生于行为人满 18 岁以后，仍应视为犯罪的时候不满 18 岁。此外，如果犯罪行为连续或者持续而跨越 18 岁的，可否判处死刑？根据最高人民法院司法解释的规定，主要根据行为人在已满 18 岁以后所犯的罪依法是否可以和应当判处死刑来衡量。当然，1979 年刑法第 44 条虽然规定对犯罪时不满 18 岁的人不适用死刑，但同时又规定已满 16 岁不满 18 岁的，如果所犯罪行特别严重，可以判处死刑缓期 2 年执行。正如中国学者指出：这一规定是对未成年人适用死刑保留的一个尾巴，它表现了中国刑法在对未成年犯不适用死刑问题上的不彻底性。① 而且，从学理上说，不适用死刑与可以判处死缓存在逻辑上的矛盾，因为死缓是死刑的执行制度，它以罪该处死为前提。而 1979 年刑法第 44 条一方面规定对犯罪的时候不满 18 岁的人不适用死刑，另一方面又规定可以判处死缓，这实际上是把死缓当作一个独立刑种加以规定，明显不妥。对怀孕的妇女之所以规定不适用死刑，主要是基于刑罚人道主义的考虑，是一种恤刑措施，旨在不株连胎儿的生命和保护孕妇及胎儿的人身权益。1979 年刑法规定的对审判时怀孕的妇女不适用死刑，是指不判处死刑（包括不判处死缓），而不仅仅是不执行死刑，待分娩以后执行死刑。这里的审判时，是指从羁押到执行的整个诉讼过程，而不是仅指法院审理阶段。因此，应对审判一词作广义理解，即指一个案件的整个诉讼过程。对于在各个诉讼阶段怀孕的妇女，都不适用死刑。在审判过程中怀孕的妇女，即使事后流产，也应被视同怀孕的妇女，不适

① 参见胡云腾：《死刑通论》，223 页，北京，中国政法大学出版社，1995。

用死刑。

（3）死缓制度对限制死刑适用具有重要意义。

1979年刑法第43条规定，对于应当判处死刑的犯罪分子，如果不是必须立即执行的，可以判处死刑同时宣告缓期2年执行，实行劳动改造，以观后效。这就是中国刑法中的死缓制度。死缓在中国刑法中不是独立的刑种，而是死刑的一种执行制度。刑法分则中没有规定死缓，凡是规定可以判处死刑的犯罪，都可以适用死缓；反之，没有规定死刑的犯罪，都不能适用死缓。死缓制度的设立，使一部分罪该处死但不是必须立即执行死刑的犯罪分子有一个求生的机会，从而起到“刀下留人”的作用，减少了死刑的实际适用，是少杀政策的生动体现。根据我国刑法规定，适用死缓必须具备以下两个条件：一是罪该处死的。罪该处死是指犯罪行为的社会危害性已经达到罪大恶极的程度。这里的罪该处死是适用死缓的前提条件。如果犯罪分子所犯罪行尚未达到应该处死的程度，则不应对犯罪分子判处死缓。二是不是必须立即执行的。不是必须立即执行，在大部分情况下是因为该类犯罪的社会危害性同必须立即执行的犯罪的社会危害性有程度上的差别，即危害性小于必须立即执行的情况下。但在少数情况下是从刑事政策和社会需要角度考虑而适用死刑。根据司法实践经验，不是必须立即执行的情况主要有：犯罪分子有投案自首或者立功表现的；共同犯罪中有多名主犯，其中的首要分子或者最重要的主犯已被判处死刑立即执行，其他主犯不具有严重罪行的；被害人具有明显过错，引起罪犯激愤而实施犯罪行为的；其他有余地的情况，例如为保留活证据而不杀的，或者有海外关系，系侨眷、侨属而不杀的；等等。根据我国刑法的规定，对于被判处死刑缓期执行的犯罪分子，强迫实行劳动改造，以观后效。犯罪分子在缓期执行期间，如果确有悔改，2年期满以后，减为无期徒刑；如果确有悔改并有立功表现，2年期满以后，减为15年以上20年以下有期徒刑；如果抗拒改造情节恶劣，查证属实的，由最高人民法院（包括高级人民法院）核准，执行死刑。因此，对于死缓犯在2年考验期届满以后，可以按照以下三种情况处理：1）死缓犯在2年缓期执行期间，如果确有悔改表现，2年期满后，减为无期徒刑。这里的确有悔改表现，主要是指：认罪服法；一贯遵守监狱纪律；积极参加政治、文化技术、法律学习；积极参加劳动，爱护公物，完成劳动任务等。2）死缓犯在2年缓期执行期间，如果确有悔改并有立功表现的，减为15年以上20年以下有期徒刑。这里的确有立功表现，是指揭发检举监内外犯罪分子的犯罪活动；在生产中有发明创造或有重大技术革新；在日常生活中舍己救人；在抢险、救灾中有突出贡献；其他有利于国家和人民的重大事迹等。犯罪分子有上述几种表现之一的，即可以视为有立功表现。3）死缓犯在2年缓期执行期间，如果抗拒改造，情节恶劣，查证属实的，由最高人民法院（包括高级人民法院）核准，执行死刑。这里的抗拒改造，情节恶劣，不是指一般的抗拒改造行为，一般是指抗拒改造行为的社会危害性达到了犯罪的程度。在死缓期间重新犯罪的，表明这种犯罪分子死不悔改，因而应当执行死刑。

以上几个方面的规定，表明1979年刑法对死刑的罪种与适用都作了严格限制，体现了少杀政策。

1979年刑法颁布以后，随着经济体制改革的发展，中国进入了一个体制转轨、社会转型的历史时期，其特点是社会整合力减弱、失范效应发生，出现了一个犯罪高潮，刑事犯罪与经济犯罪对社会造成严重的压力。为此，全国人大常委会先后通过了二十多个单行刑法，对刑法有关内容作了大量的修改、补充，其中包括增加了大量死刑罪名，这些死刑罪名在单行刑法中分布情况如下。

（1）1981年《关于惩治军人违反职责罪暂行条例》有10个条文（第4、10、11、12、14、16、17、18、19、20条）规定了13个死刑罪名：1）窃取、刺探、提供军事机密罪；2）盗窃武器装备罪；3）盗窃军用物资罪；4）破坏武器装备罪；5）破坏军事设施罪；6）阻碍执行军务罪；7）战时造谣惑众罪；8）临阵脱逃罪；9）违抗作战命令罪；10）谎报军情罪；11）假传军令罪；12）自动投降敌人罪；13）掠夺、残害战区无辜居民罪。

（2）1982年《关于严惩严重破坏经济的罪犯的决定》有1个条文（第1条）对刑法中的7种犯罪增设了死刑：1）走私罪；2）套汇罪；3）投机倒把罪；4）盗窃罪；5）盗运珍贵文物出口罪；6）贩毒罪；7）受贿罪。

（3）1993年《关于严惩严重危害社会治安的犯罪分子的决定》有1个条文

（第1条）对刑法中的9种罪名增设了死刑：1）流氓罪；2）故意伤害罪；3）拐卖人口罪；4）非法制造、买卖、运输枪支、弹药、爆炸物罪；5）盗窃、抢夺枪支、弹药、爆炸物罪；6）组织反动会道门进行反革命活动罪；7）利用封建迷信进行反革命活动罪；8）强迫妇女卖淫罪；9）引诱、容留妇女卖淫罪。另外，该决定第2条还增设了一个新的死刑罪名：传授犯罪方法罪。

（4）1988年《关于惩治泄露国家秘密犯罪的补充规定》规定了1个死刑罪名：窃取、刺探、收买、非法提供国家秘密罪。

（5）1990年《关于禁毒的决定》规定了1个死刑罪名：走私、运输、制造毒品罪。

（6）1991年《关于惩治盗掘古文化遗址古墓葬犯罪的补充规定》规定了1个死刑罪名：盗掘古文化遗址、古墓葬罪。

（7）1991年《关于严惩拐卖、绑架妇女、儿童的犯罪分子的决定》有2个条文（第1、2条）规定了3个死刑罪名：1）拐卖妇女、儿童罪；2）绑架妇女、儿童罪；3）绑架勒索罪。

（8）1991年《关于严禁卖淫嫖娼的决定》有2个条文（第1、2条）规定了2个死刑罪名：1）组织他人卖淫罪；2）强迫他人卖淫罪。

（9）1992年《关于惩治劫持航空器犯罪分子的决定》规定了1个死刑罪名：劫持航空器罪。

（10）1993年《关于惩治生产、销售伪劣商品犯罪的决定》有2个条文（第2、3条）规定了2个死刑罪名：1）生产、销售假药罪；2）生产、销售有毒食品罪。

（11）1995年《关于惩治破坏金融秩序犯罪的决定》有4个条文（第1、8、12、13条）规定了4个死刑罪名：1）伪造货币罪；2）集资诈骗罪；3）金融票据诈骗罪；4）信用证诈骗罪。

（12）1995年《关于惩治虚开、伪造和非法出售增值税专用发票犯罪的决定》有2个条文（第1、2条）规定了2个死刑罪名：1）虚开增值税专用发票罪；2）伪造或出售伪造的增值税专用发票罪。

以上单行刑法共规定了46个死刑罪名。当然，在这些死刑罪名中，有一部分是从普通法中分出来的特别法，故虽然死刑罪名增加了，但死刑适用范围并未扩大，例如拐卖人口罪是死刑罪名，后来《关于严惩拐卖、绑架妇女、儿童的犯罪分子的决定》增设了拐卖妇女、儿童罪的死刑，但这毕竟是拐卖人口罪的一部分，实际适用范围没有扩大。尽管存在极少数这种重复规定死刑罪名的情形，但总体来说，死刑罪名是大大增加了。死刑的适用从严格限制到广泛适用，以至于中国学者认为死刑政策发生了变化：从1979年刑法中的死刑规定到单行刑法中的死刑规定，有一个发展变化的过程，而贯穿这一过程的主线，是立法机关先后奉行的不同死刑政策。制定刑法典（1979年刑法）时，立法机关奉行的是严格限制死刑适用的刑事政策，有关的规定无不围绕着这一宗旨展开。而制定单行刑法时，立法机关所奉行的是重用死刑的刑事政策，有关的规定都在强调死刑的威慑力和重视适用死刑。死刑立法政策或者说指导思想转变的主要原因，有以下几点：(1) 面对日渐猖獗的严重刑事犯罪和严重经济犯罪，国家目前还没有找到比死刑更好、更有效的惩治和遏制方法；(2) 立法机关认为死刑是惩治这些恶性犯罪的有效办法；(3) 立法机关认为中国刑法中的死刑规定，远远不敷当前惩治犯罪之需。① 我认为，以上分析是有一定道理的。

截止到刑法修订之时，1979年刑法规定了28个死刑罪名，加上单行刑法中的46个死刑罪名，中国刑法中的死刑罪名已经达到74个之多。难怪中国有人发出“急剧膨胀的死刑立法”的惊呼，并且将其视为一种“危险的倾向”②。从刑事司法来说，处刑普遍较重，死刑适用显著增加。

在刑法修改过程中，到底是奉行少杀政策、严格限制死刑，还是继续扩大死刑适用范围，成为一个争论的热点问题。有的学者认为，中国尚处在社会主义初级阶段，当前社会治安形势较为严峻，由于死刑罪名不足，打击不力，严重刑事犯罪的发案率长期居高不下，已对社会的安全和人民群众的生活构成了威胁，人

① 参见胡云腾：《死刑通论》，193页，北京，中国政法大学出版社，1995。

② 鲍遂献：《对我国死刑问题的深层思考》，载《法律科学》，1993 (1)，54～55页。

民群众强烈要求加大死刑的适用力度，严厉打击和惩处那些严重危害社会治安的犯罪分子；死刑有着其他刑种不可代替的巨大震慑作用，不仅不应减少，而且应适当增加，并提高死刑适用率。但多数学者主张限制和减少死刑的适用范围，其主要理由是：（1）慎杀和少杀，是中国一贯奉行的政策。修改刑法时，理应贯彻“少杀”精神。（2）死刑本身具有严重的缺陷，其功能也是有限的。司法实践中，一旦死刑适用失误，不仅难以换用，而且还将产生一系列的副作用。再者，从治理犯罪的角度来看，犯罪原因是复杂的，治理犯罪的方法也多种多样，死刑仅是治理犯罪的一种方法，靠增加死刑是不能解决问题的。近些年来，中国立法机关根据犯罪的情况，从加强同犯罪作斗争的需要出发，先后增加了一些死刑罪名，扩大了死刑的适用范围，但严重刑事犯罪的发案率并未因此而下降。（3）当今世界，废除死刑和限制死刑适用范围已成为国际性的发展趋势。中国是社会主义国家，死刑罪名过多，国际形象将受到影响。因此，应当顺应潮流，限制和减少死刑的适用范围。[①] 我认为，在刑法修改中应当严格限制死刑，降低刑罚量。面对犯罪的增长，人们最本能，也是最直观的反应就是加重刑罚。事实上，犯罪发生是由一定社会因素决定的，中国当前犯罪的大量增长，与经济转轨和社会转型有着密切关系。在这种情况下，对犯罪的严厉惩治虽然是必要的，但关键还在于理顺社会关系、调整社会结构，使社会进入一个平稳发展的阶段。因此，刑罚只是治标之策而非治本之道。我们不能单纯地依赖重刑，更不能崇尚与迷信重刑。对此，意大利著名刑法学家菲利指出：刑罚的效力很有限。这一结论是事实强加给我们的，并且就像边沁所说的，恰恰因为从前适用惩罚性法规没有能够成功地预防犯罪，所以每一个惩罚性法规的适用证明了这一点。不过，这一结论与公众舆论，甚至与法官和立法者的观点直接对立。在犯罪现象产生和增长的时候，立法者、法学家和公众只想到容易但引起错觉的补救办法，想到刑法典或新的镇压性法令。但是，即使这种方法有效（很可疑），它也难免会使人们忽视尽管更困难

① 参见高西江主编：《中华人民共和国刑法的修订与适用》，174～175 页，北京，中国方正出版社，1997。

但更有效的预防性的和社会性的补救办法。菲利强调：刑罚只是社会用以自卫的次要手段，医治犯罪疾患的手段应当适应导致犯罪产生的实际因素，而且，导致犯罪产生的社会因素最容易消除和改善，因此我同意普林斯的观点："对于社会弊病，我们要寻求社会的治疗方法。"[①] 因此，刑罚并非必然与犯罪的增长成正比，关键在于如何采取更为有效的措施对犯罪进行综合的社会治理。当然，在当前"严打"的氛围下减少死刑、降低刑罚分量，还会受到来自社会的压力。普通百姓对于犯罪深恶痛绝，要求严惩之声不绝于耳。在这种情况下，有一个正确对待民众呼声的问题。我们应当采取的是一种理性的态度，而不能一味地顺从与迁就。更何况，从国际潮流来看，限制死刑已成趋势，废除死刑的国际呼声也日益高涨。从中国的实际情况出发，保留死刑当然是十分必要的，但限制死刑也理所当然。我们认为，刑法中的死刑罪名以保留在30个左右为宜。对于经济犯罪、财产犯罪以及其他除危害国家安全罪以外的非暴力犯罪，尽可能地取消死刑之适用。但在刑法修改中，立法机关虽然没有采纳扩大死刑适用范围的观点，但也没有对死刑加以严格限制，故死刑未能大幅度地减少。对此，王汉斌副委员长于1997年3月6日在第八届全国人民代表大会第五次会议上所作的《关于〈中华人民共和国刑法〉(修订草案)的说明》中指出，关于死刑问题，有些同志认为现行法律规定的死刑多了，主张减少。考虑到目前社会治安的形势严峻、经济犯罪的情况严重，还不具备减少死刑的条件，这次修订，对现行法律规定的死刑，原则上不减也不增加。由此可见，中国修订后的刑法基本上保留了此前法律规定的死刑罪名。

根据修订后的刑法，我国法律规定的死刑罪名如下：

(1) 危害国家安全罪有1个条文(第113条)规定了7个死刑罪名：1)背叛国家罪；2)分裂国家罪；3)武装叛乱、暴乱罪；4)投敌叛变罪；5)间谍罪；6)为境外窃取、刺探、收买、非法提供国家秘密、情报罪；7)资敌罪。

(2) 危害公共安全罪有5个条文(第115、119、121、125、127条)规定了

① 转引自[意]菲利：《犯罪社会学》，70～71页，北京，中国人民公安大学出版社，1990。

14个死刑罪名：1）放火罪；2）决水罪；3）爆炸罪；4）投毒罪；5）以危险方法危害公共安全罪；6）破坏交通工具罪；7）破坏交通设施罪；8）破坏电力设备罪；9）破坏易燃易爆设备罪；10）劫持航空器罪；11）非法制造、买卖、运输、邮寄、储存枪支、弹药、爆炸物罪；12）非法买卖、运输核材料罪；13）盗窃、抢夺枪支、弹药、爆炸物罪；14）抢劫枪支、弹药、爆炸物罪。

（3）破坏社会主义市场经济秩序罪有8个条文（第141、144、151、157、170、199、205、206条）规定了15个死刑罪名：1）生产、销售假药罪；2）生产、销售有毒、有害食品罪；3）走私武装、弹药罪；4）走私核材料罪；5）走私假币罪；6）走私文物罪；7）走私贵重金属罪；8）走私珍贵动物、珍贵动物制品罪；9）伪造货币罪；10）集资诈骗罪；11）票据诈骗罪；12）金融凭证诈骗罪；13）信用证诈骗罪；14）虚开增值税专用发票、用于骗取出口退税、抵扣税款发票罪；15）伪造、出售伪造的增值税专用发票罪。

（4）侵犯公民人身权利、民主权利罪中有4个条文（第232、236、239、240条）规定了5个死刑罪名：1）故意杀人罪；2）强奸罪；3）奸淫幼女罪；4）绑架罪；5）拐卖妇女、儿童罪。

（5）侵犯财产罪中有2个条文（第263、264条）规定了2个死刑罪名：1）抢劫罪；2）盗窃罪。

（6）妨害社会管理秩序罪中有5个条文（第295、317、328、347、358条）规定了8个死刑罪名：1）传授犯罪方法罪；2）暴动越狱罪；3）聚众持械劫狱罪；4）盗掘古文化遗址、古墓葬罪；5）盗掘古人类化石、古脊椎动物化石罪；6）走私、贩卖、运输、制造毒品罪；7）组织卖淫罪；8）强迫卖淫罪。

（7）危害国防利益罪中有2个条文（第369、370条）规定了2个死刑罪名：1）破坏武器装备、军事设施、军事通信罪；2）故意提供不合格的武器装备、军事设施罪。

（8）贪污贿赂罪中有1个条文（第383、386条）规定了2个死刑罪名：1）贪污罪；2）受贿罪。

（9）军人违反职责罪中有11个条文（第421、422、423、424、426、430、

431、433、438、439、446 条）规定了 13 个死刑罪名：1）战时违抗命令罪；2）隐瞒、谎报军情罪；3）拒传、假传军令罪；4）投降罪；5）战时临阵脱逃罪；6）阻碍执行军事职务罪；7）军人叛逃罪；8）非法获取军事秘密罪；9）为境外窃取、刺探、收买、非法提供军事秘密罪；10）战时造谣惑众罪；11）盗窃、抢夺武器装备、军用物资罪；12）非法出卖、转让军队武器装备罪；13）战时残害居民、掠夺居民财物罪。

根据以上统计，修订后的刑法中规定的死刑罪名为 68 个，与修订前的刑法中的 74 个相比，减少了死刑罪名 6 个。尽管死刑罪名减少得不多，但无论是在刑法总则还是刑法分则，通过修改对死刑适用条件还是作了一些限制，主要表现在以下几个方面。

（1）对死刑适用对象的修改。

1979 年刑法第 43 条规定，死刑只适用于罪大恶极的犯罪分子。修订后的刑法第 48 条修改为死刑只适用于罪行极其严重的犯罪分子。以“罪行极其严重”取代“罪大恶极”，更易于把握，可以认为对适用死刑的要求更加严格了。这里所谓罪行极其严重，可以从犯罪分子的主观恶性，犯罪行为的残忍、残酷及恶劣程度，犯罪造成特别大的危害后果等方面予以考察判断。

（2）对未成年犯适用死缓的修改。

1979 年刑法第 44 条虽然规定对已满 14 岁不满 16 岁的人不适用死刑，但同时又规定如果所犯罪行特别严重，可以判处死刑缓期 2 年执行。由于这一规定与对未成年犯不适用死刑的规定自相矛盾，而且违反中国已加入的联合国《儿童权利公约》——该公约规定对未成年犯不得判处死刑，因而，修订后的刑法规定对未成年犯绝对不适用死刑包括死缓。

（3）对死缓变更条件的修改。

1979 年刑法第 46 条将死缓减刑条件规定为确有悔改或者确有悔改并有立功表现。但在司法实践中，对悔改条件不好掌握。有些被判处死缓的犯罪分子，在考察期间内虽无悔改或者立功表现，但也无严重的抗拒改造情节，考察期届满后减刑于法无据，因为并无明显的悔改表现；而执行死刑也于法无据，因为没有抗拒改造的表现。为此，修订后的刑法将死缓减刑条件修改为没有故意犯罪。只要在死缓考察期间没有故意犯罪，就可以减为无期徒刑；如果确有重大立功表现的，则可以减为15年以上20年以下有期徒刑。1979年刑法还规定，死缓犯在考察期间如果抗拒改造，情节恶劣，查证属实的，由最高人民法院裁定或者核准，执行死刑。这里的抗拒改造，情节恶劣的客观标准不好掌握，在刑法理论上对于抗拒改造情节恶劣也存在多种不同的理解。为了使死缓改为立即执行的条件更为明确，修订后的刑法修改为，如果故意犯罪，查证属实的，由最高人民法院核准，执行死刑。故意犯罪有明确的法律根据，较之抗拒改造情节恶劣易于掌握。而且，死缓犯在考察期间实际上很难轻易再犯较轻的罪行，所犯罪行一般都是越狱、杀人等较重之罪。因而，修订后的刑法之规定是科学合理的，较之1979年刑法的规定有所进步。

(4) 对刑法分则之死刑适用条件的限制。

修订后的《刑法》虽然规定了68个死刑罪名，但对适用死刑的条件作了较为严格的限制。例如，危害国家安全罪中被处死刑的，必须是对国家和人民危害特别严重、情节特别恶劣；重大刑事犯罪中被判处死刑的，必须是情节特别严重，或者造成严重后果，或者致人重伤、死亡，或者致使公私财产遭受重大损失，等等。这些规定体现了刑法总则关于死刑只适用于罪行极其严重的犯罪分子的规定。

尤其值得注意的是，刑法分则还对故意伤害罪与盗窃罪这两种适用死刑较多之罪的情节作了严格限制，从而大大地缩小了死刑实际适用的范围。

关于故意伤害罪，1979年刑法第134条并没有规定死刑，但1983年9月2日全国人大常委会《关于严惩严重危害社会治安的犯罪分子的决定》补充规定：对故意伤害他人身体，致人重伤或者死亡，情节恶劣的，或者对检举、揭发、拘捕犯罪分子和制止犯罪行为的国家工作人员和公民行凶伤害后，可以在刑法规定的最高刑以上处刑，直至判处死刑。这样，就把故意伤害罪的法定最高刑由无期徒刑提高到死刑。由于这里规定只要致人重伤情节恶劣就可以判处死刑，而情节恶劣之规定过于笼统与概括，所以在司法实践中容易导致死刑滥用。为此，修订后的刑法修改为，“致人死亡或者以特别残忍手段致人重伤造成严重残疾的，处十年以上有期徒刑、无期徒刑或者死刑”。由此可见，对故意伤害罪适用死刑时，既不能只看行为人的行为是否致人重伤，也不能只看其行为是否特别残忍或是否造成严重残疾。而必须同时具备致人重伤、手段特别残忍、造成严重残疾这三种情形，才能对故意伤害罪适用死刑。由此可见，修订后的刑法对故意伤害罪适用死刑的条件规定较之前述决定之规定更为严格。

关于盗窃罪，1979 年刑法第 151、152 条没有规定死刑，但 1982 年 4 月 1 日全国人大常委会《关于严惩严重破坏经济的罪犯的决定》将盗窃罪的法定最高刑提高为死刑。在司法实践中，对盗窃数额特别巨大的，就可以被判处死刑，而没有其他构成要件上的严格限制。在这种情况下，对盗窃罪适用死刑在整个死刑案件中约占 30%～50%。在刑法修改中，关于对盗窃罪是否应当规定死刑，在刑法学界存在较大争议，主要存在以下两种观点。① 第一种观点认为，对盗窃罪不应规定死刑。其主要理由是：（1）对盗窃罪规定死刑并不能遏制盗窃犯罪；（2）从司法实践来看，单纯以盗窃数额作为判处盗窃罪死刑的标准，不利于鼓励罪犯投案自首、坦白交代罪行，也不利于积极退赃；（3）盗窃罪侵犯的只是财产所有权，并没有危及人的生命与健康；（4）对于盗窃犯罪，很多国家的刑罚处罚重点放在罚金刑及短期监禁上，正确运用经济惩罚，能产生与其他刑罚同样的威慑和惩罚作用，它不仅能增加国库收入，而且能弥补犯罪造成的损失；（5）运用法律杀盗窃犯罪，不符合社会发展进步的需要。而坚持对盗窃罪规定适用死刑的观点认为，上述理由确有引人深思和参考的价值，但是，制定刑事政策不能完全脱离现存国情：（1）从中国目前犯罪的实际情况看，严重刑事犯罪呈上升趋势，大案、特大案屡发不止，作为长期高发案的盗窃犯罪也是如此，盗窃数额越来越大，其严重的社会危害性有增无减。在今后相当长的时间内，这种状况也不会有根本性转变。因此，如果简单照搬国外对盗窃犯罪适用罚金刑和短期监禁的做法，显然是既不适时也不适情。对盗窃罪规定可以适用死刑，虽不能从根本上遏制住整个

① 参见周道鸾等主编：《刑法的修改与适用》，569～570 页，北京，人民法院出版社，1997。

盗窃犯罪，但对于有效地阻止严重盗窃犯罪的猖獗势头是有着重要的积极作用的，毕竟死刑的威慑作用是不可否定的。（2）虽然盗窃罪属于侵犯财产的犯罪，但它在客观上对人民群众的财产安全感和社会秩序稳定性在心理方面所造成的破坏性影响，是不能低估的。特别是那些盗窃国家金库、珍贵文物的严重犯罪，已严重侵犯了国家和人民的重大财产利益，不采取极其严厉的刑罚手段予以打击，保护人民就无从谈起；不惩一儆百，就无以体现法律的不可侵犯性。（3）经济惩罚对一般盗窃犯罪会收到一定的效果，但是，对于那些盗窃成性、屡判屡犯、专门做大案的严重盗窃犯罪分子，就未必能收到预想的成效。因此，既要注重经济惩罚手段的适用，也应当加强其他刑罚手段的适用，规定死刑就是其中的一个重要内容。（4）在以往司法实践中，对盗窃罪适用死刑确实存在着随意性较大、量刑标准不尽一致的弊病，但这完全可以通过完善立法、明确规定适用死刑的限制条件加以解决。在经过慎重考虑，立法机关采取了上述保留盗窃罪的死刑的意见，但同时又将盗窃罪的死刑适用限于以下两种情形：（1）盗窃金融机构，数额特别巨大的；（2）盗窃珍贵文物，情节严重的。以上两种盗窃案件在整个盗窃犯罪案件中只占极少比例，因而盗窃罪实际适用死刑的范围大为缩小。

综上所述，我认为经过修订以后，我国刑法中的死刑罪名仍然较多，但由于对死刑适用条件作了较为严格的限制，因而在一定程度上限制了死刑的适用。随着中国经济发展，物质文明与精神文明将提高，犯罪对社会压力将减轻，可以预见中国刑法将逐渐减少死刑，并最终走上废除死刑之路。

三、死刑的复核程序

死刑是一种极刑，因而需要慎之又慎。为此，各国都有关于死刑程序的特殊规定。中国刑法和刑事诉讼法也都对此作了专门规定。1997 年修订的刑法第 48 条第 2 款规定：死刑除依法由最高人民法院判决的以外，都应当报请最高人民法院核准。死刑缓期执行的，可以由高级人民法院判决或者核准。中国 1996 年修正的刑事诉讼法也规定了死刑复核程序。在中国刑事诉讼法中，死刑复核是指对没有死刑最后决定权的审判机关所作出的死刑裁判进行复审核准的审判程序，是对死刑案件在两审终审制的前提下所增加的特别审判程序。其目的在于通过对死刑裁判的复查审理活动，由具有死刑最后决定权的机关控制死刑裁判的生效，以便从事实和法律上监督死刑案件的审判质量，并从诉讼程序上保证统一适用刑法规定的死刑。① 由此可见，死刑复核程序对于保证死刑的正确适用、防止错杀是十分必要的。

根据中国刑法与刑事诉讼法的规定，死刑复核程序的内容如下。

（一）死刑复核权

1979 年的刑法和刑事诉讼法都明确规定死刑复核权由最高人民法院行使。应该说，这一规定对于保障死刑的正确适用具有十分重大的意义。但在刑法和刑事诉讼法实施以后，由于在司法实践中判处死刑的案件较多，最高人民法院难以承担全部复核工作。在这种情况下，为适应及时有效地依法严惩严重危害社会治安的刑事犯罪分子的客观要求，第五届全国人大常委会第十三次会议于 1980 年 2 月 12 日决定，“在 1980 年内对现行的杀人、强奸、抢劫、放火等犯有严重罪行应当判处死刑的案件，最高人民法院可以授权省、自治区、直辖市高级人民法院核准”。1981 年 6 月 10 日，全国人大常委会又作出决定，明确规定：（1）1981 年至 1983 年内，对于犯有杀人、抢劫、强奸、爆炸、放火、投毒、决水和破坏交通、电力等设备的罪行，由省、自治区、直辖市高级人民法院终审判决死刑的，或者中级人民法院一审判决死刑，被告人不上诉，经高级人民法院核准的，以及高级人民法院一审判决死刑，被告人不上诉的，都不必报最高人民法院核准。（2）对反革命犯和贪污犯等判处死刑，仍然按照刑事诉讼法关于死刑复核程序的规定，由最高人民法院核准。如果说，上述死刑复核权的变更尚属权宜之计，那么，1983 年 9 月 2 日全国人大常委会通过修改《人民法院组织法》，规定死刑案件除由最高人民法院判决的以外，应当报请最高人民法院核准；杀人、强奸、抢劫、爆炸以及其他严重危害公共安全和社会治安判处死刑案件的核准权，

① 参见陈光中主编：《中国刑事诉讼程序研究》，302 页，北京，法律出版社，1993。

最高人民法院在必要的时候，得授权省、自治区、直辖市的高级人民法院行使，使高级人民法院享有部分刑事案件的死刑复核权制度化了。根据这一规定，1983年9月7日最高人民法院审判委员会第177次会议讨论决定：在当前严厉打击刑事犯罪活动期间对杀人、强奸、抢劫、爆炸以及其他严重危害公共安全和社会治安，被判处死刑的案件的核准权，本院依法授权各高级人民法院和解放军军事法院行使。尽管这是一项制度化规定，但仍然是有条件的，这种条件主要表现在以下三点[①]：（1）只有在“必要的时候”才允许授权。什么是“必要的时候”，应由最高人民法院根据形势、任务和条件来判断。（2）只能在法律规定的几类案件的范围内进行授权。在这几类案件中是全部授权还是只授权其中的一部分，最高人民法院应有机动的权力。就是说，它既可以将这几类案件的死刑案件的核准权依法全部授予高级人民法院行使，也可以将其中部分死刑案件的核准权授予高级人民法院行使。（3）关于授权的对象，最高人民法院也应有选择的余地。就是说，它根据形势发展的不平衡性和案件的地区差别性，既可以授权给全部高级人民法院行使，也可以将某些死刑案件的核准权授予个别高级人民法院行使。例如1991年6月6日和1993年8月8日最高人民法院分别决定将云南省和广东省的毒品犯罪死刑案件的核准权，依法授予云南省和广东省高级人民法院行使，但最高人民法院判决的和涉外的毒品犯罪死刑案件除外。在1996年刑事诉讼法修改中，对死刑核准权问题提出了三种主张[②]：一是死刑核准权统一由最高人民法院行使；二是维持现状；三是对死刑案件实行三审终审制，以第三审替代死刑复核程序。这次修改刑事诉讼法时，没有增加可以在必要时授权的规定。主要理由在于：中国对死刑的一贯政策一是不废除，二是慎重，因此，对死刑案件应统一由最高人民法院核准。授权高级人民法院核准死刑案件，是在特殊时期对特定案件采取的暂时措施，在执行中也存在一定问题，实际上已形成二审与核准死刑程序合一，不利于对死刑案件的严格审核。从长远全局和基本法律制度讲，不规定授

---

① 参见陈光中主编：《中国刑事诉讼程序研究》，306页，北京，法律出版社，1993。

② 参见周道鸾、张泗汉主编：《刑事诉讼法的修改与适用》，336～338页，北京，人民法院出版社，1996。

权为宜。但是，人民法院组织法的“授权”规定，现在还没有修改。这是考虑到目前死刑复核的任务还比较重，要将已授权的案件的复核权全部收回归最高人民法院，还需要有一定的时间和条件，需要逐步创造条件，才能加以解决。[①] 我同意这种看法，主张在适当的时候收回死刑复核权，由最高人民法院统一行使。

（二）死刑立即执行的复核程序

1996年修订后的刑事诉讼法第200条规定：“中级人民法院判处死刑的第一审案件，被告人不上诉的，应当由高级人民法院复核后，报请最高人民法院核准。高级人民法院不同意判处死刑的，可以提审或者发回重新审判。高级人民法院判处死刑的第一审案件被告人不上诉的，和判处死刑的第二审案件，都应当报请最高人民法院核准。”这是刑事诉讼法关于死刑立即执行复核程序的规定。由于当前死刑复核权分别由最高人民法院与高级人民法院行使，因而核准程序分为以下两种情形。

1. 最高人民法院死刑核准程序

报请最高人民法院判处死刑的案件，按下列情形分别办理：（1）中级人民法院判处死刑的第一审案件，被告人不上诉、人民检察院不抗诉的，在上诉、抗诉期满后立即报请高级人民法院复核，高级人民法院同意判处死刑的，报请最高人民法院核准；不同意判处死刑的，可以提审或者发回重新审判；高级人民法院复核提审后所作的改判为死刑缓期2年执行的判决即为终审判决，不需经过复核程序。（2）中级人民法院判处死刑的第一审案件，被告人上诉或者人民检察院抗诉，高级人民法院终审裁定维持死刑判决的，报请最高人民法院核准；高级人民法院经第二审不同意判处死刑，所作的改判为死刑缓期2年执行的判决，也为终审判决，不需再经复核程序。（3）高级人民法院判处死刑的第一审案件，被告人不上诉、人民检察院不抗诉的，在上诉、抗诉期满后立即报请最高人民法院核准。（4）依法应当由最高人民法院核准死刑的案件，判处死刑缓期2年执行的罪

① 参见陈光中、严端主编：《中华人民共和国刑事诉讼法释义与应用》，271页，长春，吉林人民出版社，1996。

犯，在死刑缓期执行期间，如果故意犯罪，查证属实，应当执行死刑的，由高级人民法院报请最高人民法院核准。

2. 高级人民法院死刑核准程序

高级人民法院审理授权核准死刑的案件，按下列情形分别办理：（1）中级人民法院判处死刑的第一审案件，被告人不上诉、人民检察院不抗诉的，在上诉、抗诉期满后立即报请高级人民法院核准；（2）中级人民法院判处死刑的第一审案件，被告人上诉或者人民检察院抗诉的，高级人民法院经第二审、复核同意判处死刑的，作出维持死刑判决的裁定；不同意判处死刑的，可以直接改判或者发回重新审判；（3）依法授权应当由高级人民法院核准死刑的案件，判处死刑缓期2年执行的罪犯，在死刑缓期执行期间，如果故意犯罪，查证属实，应当执行死刑的，报请高级人民法院核准。

（三）死刑缓期2年执行的复核程序

1996年修正的刑事诉讼法第201条规定："中级人民法院判处死刑缓期二年执行的案件，由高级人民法院核准。"这是关于判处死刑缓期2年执行的案件的核准权的规定。这类案件的核准权在高级人民法院。复核死刑缓期2年执行的案件，应当按下列情形处理：（1）中级人民法院判处死刑缓期2年执行的第一审案件，被告人不上诉、人民检察院不抗诉的，报请高级人民法院核准。高级人民法院同意判处死刑缓期2年执行的，作出予以核准的裁定；不同意判处死刑缓期2年执行的，可以直接改判；如果认为必须判处死刑立即执行的，应当发回中级人民法院重新审判，对于重新审判的判决，可以上诉、抗诉。（2）中级人民法院判处死刑缓期2年执行的第一审案件，被告人上诉或者人民检察院抗诉的，高级人民法院经第二审同意判处死刑缓期2年执行的，作出维持原判的裁定；不同意判处死刑缓期2年执行的，直接改判或者发回重新审判。

（本文原载《联合国刑事司法准则与中国刑事法制》，为该书第十八章，北京，法律出版社，1998）

经济犯罪死刑废除论

近几年来，经过全国人大常委会多次补充立法，我国刑法中的死罪由 19 个增至 34 个，几乎占所有犯罪的 20%。这在世界刑事立法中是遥遥领先的。尤其是经济犯罪中的死罪，由 1 个（贪污罪）增至 7 个，几乎占所有死罪的 20%。这更属各国立法例所罕见（根据全国人大常委会《关于处理逃跑或者重新犯罪的劳改犯和劳教人员的决定》中的加重处罚规定，对伪造国家货币罪、贩运伪造国家货币罪和诈骗罪，事实上也可能判处死刑）。有鉴于此，我们认为，适当限制死刑的适用范围，废除经济犯罪的死刑规定，应当成为修改、完善刑法的重要内容。

法国伟大的启蒙思想家孟德斯鸠曾经指出，任何刑罚，只要它不是绝对必要的，都是专制的。我们之所以提出废除经济犯罪中的死刑，其根本原因就在于：我们认为，死刑对经济犯罪是不必要的。

一、死刑反映了比较强烈的等价观念

说到死刑的等价观念，恐怕“杀人偿命”是最典型不过的了。其实，这种古老的刑罚等价观念，即使在现代立法者心中也是根深蒂固的。不少保留死刑的国家，都把刑法中的死刑限适用于旨在剥夺他人生命权利的犯罪。例如爱尔兰刑法只对谋杀正在执行职务的警察或监管人员或者为反对国家和参加不法组织而实施的政治谋杀规定了死刑；美国纽约州刑法只对杀害执行职务的治安人员以及正在执行无期徒刑的罪犯杀害警卫人员或者其他罪犯规定了死刑；加拿大刑法只对谋杀罪规定了死刑；日本刑法在对放火、溢水、烧毁或浸害建筑物的行为规定死刑的同时规定这些建筑物必须是供人使用的建筑物，否则，不能处以死刑。有的国家（如罗马尼亚）的刑法虽然对危害国家安全罪和战时军职罪规定了死刑，但它仍然间接地反映了死刑的刑罚等价观念。

应当指出，现代意义上的死刑的刑罚等价观念与古代“以牙还牙、以血还血”的报复刑是不能相提并论的，它在相当程度上反映了刑罚的公正合理性，体现了罪刑相适应的基本原则。倘若在刑事立法中坚持这种等价观念，无疑有利于限制死刑的适用范围，有利于减少死刑带来的种种弊端。而经济犯罪是一类发生在经济领域中的犯罪，它所侵害的客体是社会经济秩序，故对其适用死刑有悖于死刑的刑罚等价观念。有人认为，经济犯罪也存在一个暴力问题，也会侵犯他人的生命权利，如武装走私。我们不否认这一客观事实，但是，对经济犯罪不规定死刑，不等于对于在实施经济犯罪过程中侵犯他人生命权利的行为不能适用死刑，因为这里有一个牵连犯罪的问题。例如，武装走私分子若开枪打死缉私人员，其行为同时就构成了故意杀人罪，按照牵连犯“从重处断”的处罚原则，可以按故意杀人罪论处。

二、死刑的适用对象与刑法的锋芒指向不能混为一谈

不少同志指出：当前国家的中心任务是发展生产力，搞好商品经济建设。但是，大量事实表明，经济犯罪是实现这一中心任务的头号敌人，它所表现出来的社会危害性已经大大超出其他普通刑事犯罪的社会危害性。因此，今天刑法的锋芒所指向的应当是经济犯罪。我同意这种观点，然而，关于对刑法锋芒指向的犯

罪是否一定适用死刑，却颇有异议。

我认为，刑法锋芒指向哪一种或哪一类犯罪，并不取决于犯罪的社会危害性大小，而是主要取决于国家当时的中心任务及犯罪发案率的高低。例如，新中国成立初期，国家的中心任务是巩固新生政权，因而反革命罪是当时刑法打击的重点。时至今日，由于国家的中心任务变了，反革命罪的发案率大大降低，所以经济犯罪就成了刑法打击的重点。但是，如果由此得出经济犯罪的社会危害性要大于反革命罪的社会危害性的结论，显然是不符合事实的。刑法锋芒指向的犯罪并非就是社会危害性最大的犯罪，更不能将其与死刑的适用混为一谈。另外，分析犯罪的社会危害性，还有一个宏观与微观的问题。经济犯罪是一个类概念，它由许多具体的犯罪集合而成。我们强调经济犯罪的社会危害性，一方面固然与国家的中心任务有关，另一方面也是与经济犯罪的范围之广、影响之大分不开的。至于说到某种具体的经济犯罪，则不能一概而论。例如，拿投机倒把罪与故意杀人罪相比，就很难说前者的社会危害性大于后者的。而死刑作为一种最严厉的刑罚，只能适用于具体的犯罪。因此，从宏观的角度考察经济犯罪的社会危害性，并不能得出对经济犯罪必须适用死刑的结论。

三、死刑不是预防经济犯罪的灵丹妙药

实践是检验真理的唯一标准。对经济犯罪来说，死刑是否有效，实践已经作了明确的回答。例如，自 1982 年 4 月全国人大常委会《关于严惩严重破坏经济的罪犯的决定》施行以后，走私、投机倒把等经济犯罪的法定最高刑都上升为死刑，但是，死刑的适用并没有扭转经济犯罪泛滥的趋势。据 1987 年统计，全国检察机关 1986 年立案侦查的经济犯罪案件比 1984 年增加近 30%，比 1985 年增加 72.5%，其中查处的经济大案要案比 1985 年增长 1.2 倍。另据有关材料反映，当前的走私活动不仅大案要案上升，案值大幅度增加，走私物品向大宗电器、生产原料、违禁品转化，而且走私成员日趋庞杂，走私手段更加狡猾。凡此种种表明，死刑对经济犯罪的预防作用实在微乎其微，靠死刑是无法遏制经济犯

罪的。

死刑之所以对经济犯罪成效不大，主要原因是经济犯罪是由经济、政治、法律等各种因素促成的。国家政策上的失误、经济管理上的混乱、政府机构中的腐败、行政关系网的干扰、社会监督的疲软、刑事立法的不足等等，无一不是导致经济犯罪日益猖獗的重要原因。由此可见，要彻底改变经济犯罪屡打不下的局面，关键不在于广施重刑，而在于完善法制、堵塞漏洞、清除腐败、违法必究。关于这一点，香港廉政公署对贪污、受贿虽不适用死刑，但通过及时的惩治、积极的防范、普遍的宣传使其大为减少的经验，是值得我们借鉴的。意大利著名的刑法学家贝卡里亚曾经指出，要使刑罚成为公正的刑罚，就不应当超过足以制止人们犯罪的严厉程度。这话是不无道理的。如上所述，如果我们根据死刑的刑罚等价观念及经济犯罪的具体危害程度，对经济犯罪适用无期徒刑能够基本体现罪刑相适应原则，而且实践已经证明，死刑对经济犯罪的作用甚微，而积极采取其他经济、政治、法律等措施更能有效遏制经济犯罪的话，那么，毫无疑问，死刑对经济犯罪来说便是一种毫无必要的刑罚了。它并不足以减少和预防经济犯罪，相反，它会产生种种弊端，如罪犯及其家属的逆反心理、司法部门对重刑的依赖思想等等。质言之，对经济犯罪适用死刑，是弊大于利的，是得不偿失的。

四、废除经济犯罪死刑是可行的

一般来说，是否适用死刑，主要取决于犯罪的危害程度，与死刑的适用率并不发生直接联系，而且，死刑适用率高也不见得是件好事。然而，对一种规定了死刑的常见罪来说，适当考虑一下死刑适用率还是不无裨益的。经济犯罪是目前发案率较高的一类犯罪，走私、投机倒把、贪污、受贿等规定了死刑的经济犯罪更为猖獗，大案要案连续不断。但令人奇怪的是，从近几年的审判实践来看，对这类严重经济犯罪适用死刑的比例却很低，甚至判无期徒刑的也不多，不少数额巨大的经济犯罪实与法人犯罪不无联系。当然，如果我们孤立地看待这一情况，自不能得出废除这些犯罪死刑的结论。问题在于，如果我们将这一情况与前面几点论证结合起来考察的话，就不难看出废除经济犯罪死刑的可行性了。这种可行性表明，废除经济犯罪的死刑，绝不会造成网开一面或者致使犯罪分子有恃无恐的局面。事实上，刑罚之是否有效，关键在于刑罚的及时性和不可避免性。离开了这两点，再重的刑罚也是无济于事的。

需要顺便指出的是，社会总是要向前发展的，随着我国商品经济秩序的不断好转和社会主义法制的不断完善，经济犯罪一定会受到充分的遏制，大案要案一定会大幅度下降。由此不难设想，在经济犯罪肆意横行的今天，死刑适用率尚且如此低下，那么，在经济犯罪大为减少的明天，死刑适用率又会有多少呢？据此我们认为，废除经济犯罪死刑不仅在今天是可行的，而且也是符合社会发展的总体趋势的。

五、各国刑事立法例可资参考

毋庸置疑，国情不同，立法也必然有异。对于同样性质的经济犯罪，不同国家的刑法所给予的处罚有轻有重，更是在所难免。但是，在保留死刑的国家中，对经济犯罪不规定死刑；在废除死刑的国家中，对经济犯罪不规定无期徒刑，这几乎可以说是各国刑事立法的通例，或者至少是一种立法趋势。这一立法趋势表明，在绝大多数国家的立法者看来，对经济犯罪适用死刑或无期徒刑是不合适的。下面，我们不妨将某些国家关于走私罪、伪造国家货币罪和受贿罪的处刑规定作一简略比较，以资参考：(1) 走私罪，均无死刑或者无期徒刑的规定。刑期排列如下：在东欧社会主义国家中，波兰规定的最高刑为 25 年自由刑；保加利亚规定的最高刑为 12 年自由刑；苏联规定的最高刑为 10 年自由刑；民主德国规定的最高刑为 10 年苦役监禁，且有加重处罚情节；罗马尼亚规定的最高刑为 7 年自由刑；匈牙利规定的最高刑为 5 年自由刑。在其他非社会主义国家中，联邦德国规定的最高刑为 15 年自由刑；阿根廷规定的最高刑为 8 年自由刑；秘鲁规定的最高刑为 8 年自由刑；意大利规定的最高刑为 5 年监禁，再犯可增加 2/3 刑期；日本规定的最高刑为 5 年苦役劳动；巴西规定的最高刑为 4 年监禁。(2) 伪造货币罪。在保留死刑的国家中，除苏俄刑法典有死刑规定外，其余均无死刑规定。如日本规定的最高刑为无期惩役；罗马尼亚规定的最高刑为 20 年监禁；西班牙规定的最高刑为短期监牢（最长不超过 20 年）；印度规定的最高刑为 7 年监禁；法国规定的最高刑为 5 年监禁。在废除死刑的国家中，瑞士规定的最高刑为 20 年重惩役自由刑；联邦德国规定的最高刑为 15 年自由刑；意大利规定的最高刑为 12 年惩役，且规定有加重处罚情节；巴西规定的最高刑为 12 年监禁；奥地利规定的最高刑为 10 年自由刑。（3）受贿罪。在保留死刑的国家中，除苏俄刑法典有死刑规定外，其余均无死刑规定。如西班牙规定的最高刑为长期监禁；日本规定的最高刑为 15 年惩役；罗马尼亚规定的最高刑为 10 年监禁；法国规定的最高刑为 10 年有期徒刑；印度规定的最高刑为 3 年监禁。在废除死刑的国家中，意大利规定的最高刑为 12 年有期徒刑；巴西规定的最高刑为 12 年监禁；联邦德国规定的最高刑为 5 年自由刑，若犯罪人为法官、仲裁人则为 10 年自由刑；瑞士规定的最高刑为 5 年惩役；奥地利规定的最高刑为 3 年自由刑。

以上，我们扼要地阐述了废除经济罪死刑的几点理论依据。当然，要深入研究这个问题，还有待作更广泛、更精辟的论证。本文仅仅作抛砖引玉之用，以求教于法学界的同人。我们相信，随着时间的推移，历史必将会对其作出公正的回答。

（本文与赵国强合著，原载《法治通讯》，1989（7））

死刑政策之法理解读

在目前中国尚不具备废除死刑的条件的情况下，应当严格限制死刑的适用，必须采取“坚持少杀，防止错杀”的死刑政策。坚持少杀，主要表现为在刑事实体法上严格把握死刑的适用条件，尽量减少死刑的适用，使死刑成为不得已而用之的一种极端性的刑罚手段。而防止错杀，则主要表现为在刑事证据法上从严掌握死刑适用的证据标准，排除一切合理怀疑，避免死刑冤错案件的发生。

一、死刑政策的演变

死刑是一种法律制度，具体而言是一种刑罚制度。然而，死刑又是一个刑事政策问题，可以说是受政策性因素影响最大的一种法律制度，因此，死刑政策是刑事政策的应有之义。正如我国学者所指出的：“死刑政策作为一种具体的刑事政策，是整个刑事政策的重要组成部分，死刑政策的制定离不开一般刑事政策的约束与指导。虽然在刑事政策的一般理解上我们赞同狭义说，即将刑事政策的范围限定在以预防、镇压犯罪为直接目的的国家强制对策上，但刑事政策的广义说乃至最狭义说也在一定程度上对死刑政策起着影响与约束作用。借助不同层次刑事政策概念的把握，将有助于深入理解我国的死刑政策。”[①] 死刑的刑事政策涉及刑事政策的各个层面，但最为重要的还是从法律的观点出发，如何正确地制定与运用死刑的政策。这个意义上的死刑政策，其实可以分为死刑的立法政策与死刑的司法政策。就死刑的立法政策与司法政策的关系而言，两者都十分重要。当然，司法受到立法的限制，对于死刑来说也是如此。刑法对死刑的规定，直接决定着死刑的司法适用的范围。对死刑的限制首先是对死刑的立法限制，因此，死刑的立法政策是极为重要的。但是，对于死刑来说，立法限制不仅仅是一个法律问题，甚至也不仅仅是一个政策问题，而在很大程度上是一个政治问题，需要考虑各种政治因素与影响。因此，从立法上解决死刑问题是终极性的，也是具有相当难度的。在这种情况下，关于死刑的司法政策就显得十分重要。从司法上限制死刑适用具有个案性，波及面较小，调整与回旋的余地较大，更容易掌控与操作。对我国的死刑政策也可以从立法政策与司法政策这两个方面来加以考察。

我国的死刑政策来自对敌斗争的政策与策略，因而从一开始就是把死刑当作一种对敌斗争的手段加以运用的。在这种情况下，对于死刑来说更多的是追求功利效果，因此，死刑在较大范围内被较为广泛地适用。在当时的情况下，这种死刑运用的政策与策略具有政治上的正当性。这个阶段可以被称为死刑的政治化阶段，死刑被从政治的角度考量，死刑的法律性未得到应有的关注。从 1949 年新中国成立一直到 1979 年的 30 年间，我国没有刑法，当然也就没有对死刑的法律规制。但是，这个时期逐渐形成了“不可不杀，不可多杀，防止错杀”的死刑政策。然而，受到当时时代背景的影响，多杀与少杀的界限是相对的，错杀也是客观存在的。尽管如此，坚持少杀与防止错杀作为死刑政策的核心内容还是得到了强调。

1979 年，我国制定了第一部刑法典，它标志着我国刑事法治的建设进入一个有法可依的阶段。1979 年刑法对死刑体现了严格限制的立法思想，规定了 28

① 马松建：《死刑司法控制研究》，18 页，北京，法律出版社，2006。

个死刑罪名。1979年刑法将罪大恶极作为死刑适用的条件，为在司法活动中严格适用死刑提供了法律标准。可以说，1979年刑法从立法上体现了少杀政策，这是值得充分肯定的。迄今为止，1979年刑法也是我国死刑罪名最少的刑法。在1979年刑法中能够贯彻少杀政策，主要与当时的政治气候相关。1979年刑法制定之际，恰好是“文化大革命”结束之时。彼时，人心思治，因此，刑法也体现了轻刑与慎刑的立法指导思想。死刑政策就是这种立法指导思想的产物。从20世纪80年代开始，我国进入改革开放的时代，随着对个人的各种政治管束的放松，我国社会逐渐从压制型社会向开放型社会转变。伴随着这种社会转型，社会治安有所恶化，各种大案要案大量发生，对社会秩序与公共利益造成严重破坏。在这种情况下，我国出台了“严打”的刑事政策。正是在这一较为轻缓的刑事政策向“严打”的刑事政策转变的历史背景下，死刑政策发生了重大变化。

1983年开始的“严打”运动是我国刑事政策的一个重大转折，也是死刑政策变化的一个节点。从立法上来说，随着一系列单行刑法的颁布，死刑罪名在大量增加，尤其是常见多发的普通刑事犯罪增加了死刑。这对于死刑的司法适用也产生了重大影响。例如，对于在司法实践中最为常见的盗窃罪，1979年刑法并没有规定死刑，但1983年的“严打”决定规定了死刑，由于盗窃罪在整个犯罪中占有相当大的比例，因此，这导致死刑适用有较大幅度的增加。不仅如此，司法解释还对盗窃罪设置了较低的死刑适用标准。例如，在20世纪90年代初期，司法解释规定盗窃公私财产3万元以上就属于盗窃罪的情节特别严重，可以判处死刑。在这个时期，盗窃罪的死刑在整个死刑中占据了相当大的比例。及至1997年刑法修改时，我国刑法中的死刑罪名已经达到了70个左右，增长速度是十分惊人的。在1997年刑法修改过程中，如何对待死刑的修改，是一个引人注目的焦点问题。但在当时第二次“严打”的背景之下，立法机关并没有对死刑罪名进行大幅度的删减，而是采取了既不增加也不减少的保守态度，最终在1997年刑法中确定了68个死刑罪名。

从“严打”开始，我国的死刑政策是否发生了重大调整或者变化，这是一个在我国刑法学界存在争议的问题。具有代表性的观点认为，这个时期我国的死刑政策已经从限制死刑转变为强化死刑。有学者指出："我们所称'坚持少杀'的死刑政策，在立法上均已无有效保障，《刑法》《刑事诉讼法》为贯彻'少杀'政策而确立的限制性制度几乎全部修改。因此，若仍然坚持说我国现阶段的死刑政策仍是'坚持少杀''可杀可不杀的不杀'，似有脱离实际之嫌。现行的死刑政策似表述为强化死刑较为实际。"[①] 对于这种观点我是认可的。从"严打"开始，死刑的立法政策与司法政策都发生了逆转，从限制到扩张的趋势是极为明显的。

从 1983 年"严打"开始，死刑政策之所以发生上述重大变化，我认为其原因可以归结为以下三个方面：第一，基本刑事政策的变化。如前所述，1979 年刑法还是以刑法的轻缓化为政策目标的，反映在死刑问题上，当时刑法中的死刑罪名较少，而且死刑的适用受到了较为严格的限制。但在"严打"开始以后，从重从快严厉打击犯罪成为刑事政策的主导思想，而死刑成为最为有效的"严打"手段，扩大死刑的适用也就成为贯彻"严打"刑事政策的必然结果。由此也可以看到，死刑政策在很大程度上受到基本刑事政策的制约，一个国家的基本刑事政策发生变化以后，死刑政策也会随之发生变化。第二，死刑制度的功利性效果的强化。死刑作为惩治严重犯罪的手段，有其一定的合理性。从报应刑的角度来说，重罪重判是公正的，对那些严重的犯罪适用死刑符合刑法的报应要求。与此同时，从目的刑的视角来看，死刑作为极刑，具有其他较轻刑罚所不具有的功利效果。这也符合一般常识。以上关于死刑的见解，一般来说是正确的。但是，在"严打"刑事政策的指导下，将死刑作为追求"严打"效果的主要手段，还是过于强调了死刑的功利效果，在某种程度上甚至出现了对死刑之威慑性效果的迷信。在社会公众那里，通过适用死刑打击严重犯罪，尤其是通过对贪腐的犯罪分子适用死刑来惩治腐败的呼声较高。主政者则期望通过适用死刑遏制犯罪，恢复社会秩序，于是在社会治理中形成了对死刑的一定程度的依赖，并为死刑的扩大适用提供了社会心理基础。第三，传统文化为死刑的扩大适用提供了合理性基础。我国是一个具有数千年专制传统的国家，为了维护专制统治，统治者采取了

① 赵秉志：《刑法争议问题研究》，上卷，627 页，郑州，河南人民出版社，1996。

重刑主义的刑事政策。因此，重刑思想具有历史传统。具体到死刑，尤其是杀人罪的死刑来说，植根于民族心理中的“杀人者死”的传统观念强烈支持对杀人罪适用死刑。这也为死刑的适用提供了正当性根据。基于以上三个方面的原因，强化死刑的政策思想容易在我国得到推行。当然，在以上三点中，我认为，刑事政策的变化还是主要的因素。主政者对死刑的态度直接决定着死刑政策的变化，这也是不可否定的。总之，对于死刑政策的变化，尤其是从限制死刑到强化死刑的变化，我们应当持一种客观的态度，实事求是地分析死刑政策变化的社会政治和社会心理原因。

死刑政策是刑事政策的一个面相，它也随着刑事政策的转变而改变。从2004年开始，我国的刑事政策又出现了一次重大调整，这就是从“严打”的刑事政策向宽严相济刑事政策的改变。如果说，“严打”刑事政策强调的是对犯罪从重从快打击的一面，在更大程度上是一种对犯罪的惩罚政策，那么，宽严相济的刑事政策则是从宽政策与从重政策的统一，同时还是轻罪政策与重罪政策的统一。这一刑事政策对死刑政策也必然产生影响，这种影响体现在对死刑的适用加以较为严格的限制。这也是对重罪实行区别对待的必然结果。在这种情况下，我国的死刑政策从扩张回归限制，坚持少杀、防止错杀的死刑政策重新确立。

从以上死刑政策的历史演变过程中，我们可以清晰地发现：死刑政策是随着整个刑事政策而改变的，刑事政策对死刑政策具有明显的制约性，同时，死刑政策的演变也是和我们国家的法治发展密切相关的。可以说，随着刑事法治建设的进步，我国坚持少杀、防止错杀的死刑政策也会得到贯彻与落实。

二、坚持少杀政策的阐述

在我国当前尚不具备立即废除死刑的条件的情况下，坚持少杀是极为现实可行的死刑政策，也是限制死刑的应有之义。坚持少杀是慎刑思想的体现，要求在适用死刑的时候严格把握死刑的适用标准，对于那些可杀可不杀的犯罪人，一定坚持不杀，以控制死刑数量。对于坚持少杀可以从立法与司法这两个层面加以考察。

（一）坚持少杀政策的立法体现

在立法上坚持少杀，就是要通过立法严格规定死刑适用的法定条件，严格控制死刑罪名。前者表现在刑法总则关于死刑适用条件的规定上，后者表现在刑法分则关于死刑罪名的规定上。

就刑法总则对死刑适用条件的规定而言，应该说我国刑法还是作了较为严格的规定。我国刑法第 48 条第 1 款规定："死刑只适用于罪行极其严重的犯罪分子。"这里的罪行极其严重，是指犯罪的客观危害极其严重和犯罪的主观恶性极其严重，也就是所谓罪大恶极。应当指出，罪行极其严重是刑法总则的一般规定，刑法分则对适用死刑的条件往往加以具体规定，例如情节特别严重、情节特别恶劣、造成严重后果、危害特别严重等。在适用死刑的时候，应当同样遵守上述刑法总则与刑法分则关于死刑适用条件的规定。我国 1979 年刑法将死刑的适用条件规定为罪大恶极，但 1997 年刑法修改为罪行极其严重。对于这种修改，我国学者存在各种不同的解读，因为罪大恶极包括客观上的罪大与主观上的恶极这两个方面，而罪行极其严重只包括客观方面的评价，从文字来看，它确实是强调了犯罪的客观方面。但我国学者基本上还是从客观与主观两个方面对死刑适用条件进行了解读，当然，客观上的危害应当被放在第一位。这里还应当指出，联合国《公民权利与政治权利国际公约》第 6 条第 2 款明确规定：在未废除死刑的国家，只能对最严重的犯罪判处死刑。这里的"最严重的犯罪"（the serious crimes），根据联合国经济及社会理事会《保护面对死刑的人的权利的保障措施》第 1 条的规定，应当被理解为"对蓄意而结果为害命或其他极端严重的罪行"。由此可见，我国刑法对作为死刑适用条件的"罪行极其严重"的表述虽然在文字上与联合国上述公约对作为死刑适用条件的"最严重的犯罪"的表述更为接近了，但在内容上还是存在相当大的距离的。上述公约对死刑的适用主要限于涉及人命的犯罪，排除了对非涉及人命的犯罪与其他非暴力犯罪的死刑适用，但我国刑法中的死刑适用范围还包括非暴力犯罪。

就刑法分则规定的死刑罪名来说，如前所述，我国刑法规定的死刑罪名还是较多的，包括了非暴力犯罪。1997 年刑法规定了 68 个死刑罪名，主要涉及危害国家安全的犯罪、危害公共安全的犯罪、破坏市场经济秩序的犯罪、侵犯人身的犯罪、侵犯财产的犯罪、妨害社会管理秩序的犯罪、危害国防利益的犯罪、贪污贿赂犯罪、军人违反职责的犯罪。也就是说，在我国刑法分则规定的十类犯罪中，除了渎职罪，其他九类犯罪都规定了死刑。由此可见我国刑法中的死刑罪名分布之广。值得注意的是，《刑法修正案（八）》对死刑罪名进行了削减，共计减少了 13 个死刑罪名，包括：（1）走私文物罪；（2）走私贵重金属罪；（3）走私珍贵动物、珍贵动物制品罪；（4）走私普通货物、物品罪；（5）票据诈骗罪；（6）金融凭证诈骗罪；（7）信用证诈骗罪；（8）虚开增值税专用发票、用于骗取出口退税、抵扣税款发票罪；（9）伪造、出售伪造的增值税专用发票罪；（10）盗窃罪；（11）传授犯罪方法罪；（12）盗掘古文化遗址、古墓葬罪；（13）盗掘古人类化石、古脊椎动物化石罪。这些罪名死刑的取消，虽然是对刑法分则的修订，但其意义并不局限于分则，而可以说是我国死刑立法改革所取得的实质性进展。当然，这次被取消死刑的 13 个罪名，其死刑基本不用或者极少适用，对于死刑的实际效果还是十分有限的，其死刑取消对于限制死刑的立法宣示意义更为重要。我认为，在条件具备以后，还应进一步从立法上限制死刑，应当逐渐取消那些经济性非暴力犯罪以及程度较轻的暴力犯罪的死刑，使死刑的立法限制对司法产生实际效果。只有这样，才能推进我国死刑制度的改革。

（二）坚持少杀政策的司法体现

对死刑的限制不仅应当体现在立法上，更应当体现在司法上。从某种意义上说，对死刑的司法限制比对死刑的立法限制更为重要，因为对死刑的立法限制具有较大的政治风险，而且程序也较为复杂，但对死刑的司法限制主要是针对个案的，相对来说风险较小。当然，目前社会上对死刑较为敏感，刑罚民粹主义对死刑适用也具有较大的影响。例如，李昌奎故意杀人案中，被告人李昌奎与被害人王某飞存在感情纠纷。2009 年 5 月 16 日，李昌奎将王某飞强奸后杀死，并将其弟王某红（3 岁）杀死。对于本案，云南省昭通市中级人民法院以故意杀人罪判处李昌奎死刑立即执行，剥夺政治权利终身；以强奸罪判处被告人李昌奎有期徒刑 5 年；两罪并罚，决定执行死刑立即执行，剥夺政治权利终身。由被告人李昌奎赔偿附带民事诉讼原告人经济损失共计人民币 30 000 元。一审宣判以后，被告人不服，提起上诉。云南省高级人民法院经过审理以后认为：上诉人李昌奎目无国法，将王某飞掐致昏迷后对其实施奸淫，而后又将王某飞、王某红姐弟杀害的行为，分别构成强奸罪、故意杀人罪，应依法严惩。上诉人李昌奎在犯罪后到公安机关投案，并如实供述其犯罪事实，属自首；在归案后认罪、悔罪态度好，并赔偿了被害人家属部分经济损失。故上诉人李昌奎及其辩护人所提上诉人具有自首情节、认罪悔罪态度好、积极赔偿被害人家属的上诉理由和辩护意见属实，本院予以采纳。鉴于此，对李昌奎应当判处死刑，但可以不立即执行。遂作出如下判决：（1）维持云南省昭通市中级人民法院（2010）昭中刑一初字第 52 号刑事附带民事判决第二及第一项中对被告人李昌奎强奸罪的定罪量刑及对故意杀人罪的定罪部分；撤销第一项中对故意杀人罪的量刑部分。（2）上诉人（原审被告人）李昌奎犯故意杀人罪，判处死刑，缓期 2 年执行，剥夺政治权利终身。李昌奎故意杀人案被改判死缓的判决被媒体披露以后，引发社会公众和舆论的广泛质疑。后云南省高级人民法院提起再审。云南省高级人民法院经再审认为：被告人李昌奎因求婚不成及家人的其他琐事纠纷产生报复他人之念，强奸、杀害王某飞后，又残忍杀害王某飞年仅 3 岁的弟弟王某红，其行为已分别构成强奸罪、故意杀人罪，且犯罪手段特别残忍，情节特别恶劣，后果特别严重，社会危害极大，虽有自首情节，但不足以对其从轻处罚。原二审死缓判决量刑不当，故改判死刑立即执行。本案在报请最高人民法院核准以后，李昌奎被执行了死刑。从李昌奎杀人案的犯罪情节来看，应该说是极为严重的，尤其是杀死两人，属于罪行极其严重，适用死刑当然没有问题，关键是应否适用死缓。本案中被告人李昌奎存在自首情节，并且本案属于婚姻家庭纠纷引起的故意杀人案。云南省高级人民法院原二审正是根据这些情节对李昌奎适用死缓。这一判决结果体现了对死刑严格限制的政策思想，但还是难以被被害人亲属和社会公众接受，在强大的舆论压力下云南省高级人民法院不得不通过再审改判死刑立即执行。从本案死刑适用的反复过程可以看到，死刑的界限如何把握确实是一个值得深入探讨的问题。

应该说，这些年来最高人民法院出台了一系列有关死刑的司法政策，并且通过行使死刑核准权，对死刑适用的实体与证据条件严格加以把关，对于限制死刑的适用起到了重要作用。例如，2010 年最高人民法院颁布了《关于贯彻宽严相济刑事政策的若干意见》（以下简称《意见》），根据宽严相济的刑事政策提出了具体的死刑司法政策。《意见》第 29 条规定："要准确理解和严格执行'保留死刑，严格控制和慎重适用死刑'的政策。对于罪行极其严重的犯罪分子，论罪应当判处死刑的，要坚决依法判处死刑。要依法严格控制死刑的适用，统一死刑案件的裁判标准，确保死刑只适用于极少数罪行极其严重的犯罪分子。拟判处死刑的具体案件定罪或者量刑的证据必须确实、充分，得出唯一结论。对于罪行极其严重，但只要是依法可不立即执行的，就不应当判处死刑立即执行。"这一政策虽然是原则性的，但对于死刑的司法适用具有一般性的制度意义。除此以外，最高人民法院还针对那些适用死刑较多的罪名的死刑适用问题作了较为具体的规定。例如，对于故意杀人罪的死刑适用条件，最高人民法院颁布的《在审理故意杀人、伤害及黑社会性质组织犯罪案件中切实贯彻宽严相济刑事政策》中，明确提出了将故意杀人案件区分为两类不同性质的案件的政策："实践中，故意杀人、伤害案件从性质上通常可以分为两类：一类是严重危害社会治安、严重影响人民群众安全感的案件，如极端仇视国家和社会，以不特定人为行凶对象的；一类是因婚姻家庭、邻里纠纷等民间矛盾激化引发的案件。对于前者应当作为严惩的重点，依法判处被告人重刑直至死刑。对于后者处理时应注意体现从严的精神，在判处重刑尤其是适用死刑时应特别慎重，除犯罪情节特别恶劣、犯罪后果特别严重、人身危险性极大的被告人外，一般不应当判处死刑。对于被害人在起因上存在过错，或者是被告人案发后积极赔偿，真诚悔罪，取得被害人或其家属谅解的，应依法从宽处罚，对同时有法定从轻、减轻处罚情节的，应考虑在无期徒刑以下裁量刑罚。"这些政策精神对于限制故意杀人罪的死刑适用具有重大意义。

此外，最高人民法院还通过颁布指导性案例，对死刑适用进行案例指导。在最高人民法院颁布的指导性案例中，王志才故意杀人案与李飞故意杀人案就是具有典型意义的案例。关于死刑立即执行与死刑缓期执行的界限，尽管以往的政策原则是明确的，司法解释的规定也是可行的，但是在具体操作上仍然不易掌握。例如，对于民间纠纷引发的故意杀人案件，司法解释提出原则上不应适用死刑立即执行。那么，这里的原则内与原则外如何界分，就是一个较为困难的问题。而王志才故意杀人案的裁判要旨指出："因恋爱、婚姻矛盾激化引发的故意杀人案件，被告人犯罪手段残忍，论罪应当判处死刑，但被告人具有坦白悔罪、积极赔偿等从轻处罚情节，同时被害人亲属要求严惩的，人民法院根据案件性质、犯罪情节、危害后果和被告人的主观恶性及人身危险性，可以依法判处被告人死刑，缓期二年执行，同时决定限制减刑，以有效化解社会矛盾，促进社会和谐。"李飞故意杀人案的裁判要旨指出："对于因民间矛盾引发的故意杀人案件，被告人犯罪手段残忍，且系累犯，论罪应当判处死刑，但被告人亲属主动协助公安机关将其抓捕归案并积极赔偿的，人民法院根据案件具体情节，从尽量化解社会矛盾角度考虑，可以依法判处被告人死刑，缓期二年执行，同时决定限制减刑。"这两个裁判要旨是从具体案件中引申出来的，结合案情能够更为准确地把握死刑立即执行与死刑缓期执行的界限，而这也正是案例指导制度中的裁判规则所具有的优越性。

三、防止错杀政策的阐述

防止错杀对于死刑制度的正当性具有重要意义，如果不能有效地防止错杀，死刑制度的正当性必将大打折扣。防止错杀主要是一个证据与程序的问题，对此我国刑事诉讼法的规定也存在一个演变过程。我国刑事诉讼法对于死刑并没有规定特殊的证明标准，而是统一地要求达到"事实清楚，证据确实、充分"的程度。但1983年"严打"中提出了"两个基本"的证据标准，即基本事实清楚，基本证据确实、充分。两个基本的证据标准在一定程度上降低了死刑的证据标准，对于扩大死刑的适用范围起到了推动作用。从最近暴露出来的一些冤案来看，其与在死刑适用上没有采取严格的证明标准存在着重要关系。值得注意的是，2010年6月13日，最高人民法院、最高人民检察院、公安部、国家安全部、司法部颁布了《关于办理死刑案件审查判断证据若干问题的规定》（以下简称《规定》)。《规定》第1条对死刑案件的证据标准作了一般性规定："办理死刑案件，必须严格执行刑法和刑事诉讼法，切实做到事实清楚，证据确实、充分，程序合法，适用法律正确，确保案件质量。"这一规定明确了死刑的证据必须达到事实清楚，证据确实、充分。这对于保证死刑案件的质量具有重要意义。此外，《规定》第5条还对这里的证据确实、充分作了具体规定：（1）定罪量刑的事实都有证据证明；（2）每一个定案的证据均已经法定程序查证属实；（3）证据与证据之间、证据与案件事实之间不存在矛盾或者矛盾得到合理排除；（4）共同犯罪案件中，被告人的地位、作用均已查清；（5）根据证据认定案件事实的过程符合逻辑和经验规则，由证据得出的结论为唯一结论。这一关于证据确实、充分的具体认定标准，对于死刑案件的质量把关具有准则性的意义。同时，《规定》第5条第2款还对需要证明的死刑事实进行了界定："办理死刑案件，对于以下事实的证明必须达到证据确实、充分：(一）被指控的犯罪事实的发生；（二）被告人实施了犯罪行为与被告人实施犯罪行为的时间、地点、手段、后果以及其他情节；（三）影响被告人定罪的身份情况；（四）被告人有刑事责任能力；（五）被告人的罪过；（六）是否共同犯罪及被告人在共同犯罪中的地位、作用；（七）对被告人从重处罚的事实。"这一对需要证明的死刑案件的事实的细化规定，使死刑案件中"事实清楚"的内涵更加明确，摈弃了两个基本的规定，对于防止死刑冤案的发生具有重要意义。

从死刑适用的证据标准的演变，可以清楚地看出我国司法机关在贯彻防止错杀政策方面所作出的不懈努力。与此同时，近些年在司法实践中也暴露出若干起发生在十多年前的死刑冤错案件，司法机关对其进行了平反。这些死刑冤错案件的发生，正是由于没有严格把握死刑证明标准。以下对具有典型性的三起死刑冤错案件进行分析。

（一）浙江萧山五青年抢劫杀人案

1995年3月20日，浙江省萧山市女出租车司机徐某华遇害。仅半年不到的8月12日，又一名叫陈某江的出租车司机被杀害。当时年龄在20岁左右的5名青年田孝平、陈建阳、田伟冬、王建平、朱又平被萧山市公安局认定为真凶，并于 1995 年 11 月陆续到案。1997 年 7 月，杭州市中级人民法院判处陈建阳等 5 人中的 3 人死刑、1 人死缓、1 人无期徒刑。同年 12 月，浙江省高级人民法院将陈建阳等 3 人改判为死缓，其他 2 人维持死缓和无期徒刑。2012 年春，浙江省警方通过指纹比对发现了涉嫌其中一起案件的项某。2013 年 5 月 30 日，嘉兴市中级人民法院判处项某死缓，对陈建阳等 5 人进行了平反。在本案中存在着以下明显的问题：（1）口供定罪，没有任何足以证明陈建阳等 5 人抢劫杀人的客观证据。本案中只有 2 名出租车司机被害的证据，但没有证据证明该 2 名出租车司机系陈建阳等 5 人所杀，而是完全将陈建阳等 5 人的口供作为定罪根据。（2）有利于被告人的证据不予认定。在本案现场勘查的时候，侦查人员从死者的出租车上提取到一枚指纹，与陈建阳等 5 人的都比对不上。对于如此重要的有利于被告人的证据，公安机关竟然没有认定，也没有作任何合理解释。（3）隐匿证据。公安机关将现场提取的指纹予以隐匿，没有入卷。因此，检察机关并不知道，也无法据此对本案事实进行严格审查。当然，公安机关虽然隐匿该指纹但尚未销毁，而是将该枚指纹输入了指纹库，后来该指纹被其他地方的公安机关比对上，由此真凶被发现。（4）刑讯逼供。在本案中存在明显的刑讯逼供，其中 1 名被告人还因此将舌头咬碎。

（二）浙江杭州张氏叔侄强奸杀人案

2003 年 5 月，安徽省货车司机张辉、张高平叔侄搭载老乡王某从安徽省到杭州，离开后，王某被奸杀。杭州市西湖区公安机关指控张氏叔侄涉嫌强奸罪和故意杀人罪。2004 年 4 月，杭州市中级人民法院分别判处张辉死刑、张高平无期徒刑；10 月，浙江省高级人民法院对张辉改判死缓，对张高平改判 15 年有期徒刑。2011 年 11 月，从死者指缝中提取的人体组织经过 DNA 鉴定，比对上此前因强奸杀人已被执行死刑的犯罪人勾某。2013 年 3 月 26 日，浙江省高级人民法院宣告张氏叔侄无罪。在本案中存在着以下明显的问题：（1）在死者指缝中提取的人体组织的 DNA 比对不上的情况下，以不能排除是在生活中接触到的其他人留下的为由，仍然认定张氏叔侄犯有强奸罪和故意杀人罪。这里涉及对排除合理怀疑的理解。排除合理怀疑是指排除有利于被告人的合理怀疑，基于此，本案明显没有排除合理怀疑。如果把排除合理怀疑错误地理解为排除不利于被告人的合理怀疑，则本案就应被定罪。排除有利于被告人的合理怀疑是无罪推定原则的派生原则，而排除不利于被告人的合理怀疑是有罪推定思想的必然结论。(2) 在控方对有利于被告人的证据不予认定以后，该证据没有进入庭审。对于有利于被告人的证据的排除应该是法庭的当场排除，而不是控方的单方排除，这是侦查中心主义与审判中心主义的根本区别。而在本案中，有利于被告人的证据没有进入庭审，致使庭审难以起到查清案件事实的作用。(3) 刑讯逼供。在本案中，同样存在着严重的刑讯逼供。

（三）河南平顶山李怀亮强奸杀人案

2001 年 8 月，河南省平顶山市的李怀亮被控奸杀同村少女。2003 年，河南省叶县人民法院判处李怀亮 15 年有期徒刑，后被平顶山市中级人民法院发回重审。2004 年 8 月，此案被移送平顶山市中级人民法院，该院一审判处李怀亮死刑。2005 年 1 月，河南省高级人民法院发回重审。2006 年 4 月，平顶山市中级人民法院判处李怀亮死缓；9 月，河南省高级人民法院再次发回重审。2013 年 4 月 25 日，平顶山市中级人民法院宣告李怀亮无罪。在本案中存在着以下明显的问题：(1) 没有直接证据。只有证明被害人被强奸杀害的证据，而没有李怀亮强奸杀人的证据。(2) 本案存在证据采集、证据固定以及鉴定方面的瑕疵。(3) 刑讯逼供。该案平反的意义在于：在没有发现真凶的情况下予以平反，体现了疑罪从无的原则。

上述死刑冤错案件只是冰山一角，值得庆幸的是，最终被告人都被改判死缓而得以保全生命。但还是存在着一些冤错案件的被告人已经被执行死刑，例如湖南省的藤兴善以及目前正在审理中的王书金案所涉及的聂树斌。面对死刑冤错案件的爆发，我们不仅应该反思死刑的证据制度，还要反思整个刑事司法理念与司法制度。第一，司法理念上坚持无罪推定还是有罪推定，始终是一个尚未完全解决的问题。无罪推定的含义是只要不能证明有罪就是无罪，需要证明的是有罪，无罪是不需要证明的。这一原则要求控方承担有罪的举证责任，如果控方的举证不能成立，法院就应该判决无罪。而有罪推定的含义则正好相反：只要不能证明无罪就是有罪，需要证明的是无罪，有罪是不需要证明的。我国刑事诉讼法的规定体现了无罪推定的司法理念，但在司法实践中有罪推定的思想还根深蒂固。在对命案等涉及死刑的案件的审理中，除非有证据证明被告人无罪，否则法院不敢判决无罪，而往往采取疑罪从轻的做法。此举虽然保全了被告人的生命，但还是铸成了冤案。因此，只有司法理念彻底转变，才能杜绝死刑冤错案件的发生。第二，刑讯逼供也是造成死刑冤错案件的原因之一。很难想象，在没有杀人的情况下，如果没有外界巨大的压力，被告人在明知会被判处死刑的情况下会违心地承认自己杀人。这种造成巨大外界压力的手段就是刑讯逼供。几乎每一个死刑冤错案件的背后都存在着刑讯逼供的黑影。应该指出，虽然每一起死刑冤错案件中都存在刑讯逼供现象，但并非所有刑讯逼供都一定会造成冤错案件，绝大多数刑讯逼供并没有造成冤错案件。绝不能把刑讯逼供分为造成冤错案件的刑讯逼供与没有造成冤错案件的刑讯逼供，并认为只有造成冤错案件的刑讯逼供才是错误的、应当杜绝的，而没有造成冤错案件的刑讯逼供使犯罪分子受到了惩罚，对于打击犯罪具有积极作用。这样的认识是完全错误的。刑讯逼供是违反人性的，是野蛮司法的表现，在现代法治社会是应当被绝对禁止的。由此可见，死刑冤错案件与司法文明程度是密切相关的，只有在一个司法文明程度较高的法治社会，死刑冤错案件才能得到避免。第三，死刑冤错案件的发生还与刑事诉讼程序相关。我国刑事诉讼法规定了公、检、法三机关互相配合、互相制约的关系，但在具体操作过程中该三机关配合有余、制约不足。此外，现行刑事诉讼法对于辩护方在刑事诉讼中的地位与作用强调得还不够，辩护人未能发挥应有的作用。在上述这些死刑冤错案件中，辩护律师都作了无罪辩护，但法院对于律师的辩护意见置之不理，不予采纳。为了防止错杀，在对死刑案件的审理中，应当更加突出律师的辩护功能，同时也使法官居于更加中立的裁判者的地位。

（本文原载《中国人民大学学报》，2013（6））

死刑罪名废除争议：观察与评论

《刑法修正案（九）（草案）》（以下简称《草案》）公布以后，引发的其中一个讨论的热点问题是死刑罪名的废除。《草案》提出了拟废除的 9 个死刑罪名，围绕着这些死刑罪名是否应该废除，社会公众和学界都产生了较大的争议。作为一名法律研究者，我对于我国死刑罪名减少的立法进程是持完全肯定的态度的。然而，对于各种反对意见，尤其是对《草案》能否通过具有表决权的有关人士的反对意见，应该格外予以关注。在此，发表我个人对这一问题的见解。

一、死刑罪名减少之难

《刑法修正案（八）》启动的在立法上减少死刑罪名的进程，对于我国的死刑制度的演变具有里程碑的意义，表明了我国的死刑从不断增加到逐渐减少的历史性转变。从 1979 年刑法的 28 个死刑罪名，到 1997 年刑法的 68 个死刑罪名，我国的死刑罪名从少到多，经历了一个 18 年的增长周期，死刑罪名增加了约 40 个。从 2011 年颁布的《刑法修正案（八）》开始，我国刑法中的死刑罪名进入了一个减少的周期，18 年以后能否减到 28 个死刑罪名？现在尚不能预料。一般的规律是，增易减难。死刑罪名的增加之所以容易，原因就在于它具有一个堂而皇之的理由，这就是打击犯罪。当我们面临犯罪侵害的时候，首先想到的就是采取严厉的刑罚进行阻吓。因此，死刑罪名的增加往往不需要过多的理由。

当想要把死刑罪名减下来的时候，就需要十分充足的理由，并且这种理由要能够压倒打击犯罪这一理由。这就变得相当困难。相对来说，把那些在司法实践中基本不用的死刑罪名予以废除，难度小一些，因为，不影响打击犯罪就是最好的理由。而其他犯罪的死刑的废除，面对影响打击犯罪的压力，殊为不易。例如，关于集资诈骗罪的死刑，《刑法修正案（八）》制定时立法者就考虑过是否和其他金融诈骗罪的死刑一起废除。相比较之下，其他金融诈骗罪的死刑极少适用，而集资诈骗罪的死刑时而适用。因此，在影响打击犯罪的理由支持下，集资诈骗罪被从当时废除死刑罪名的名单中剔除。即使是现在《草案》再次将其纳入废除死刑罪名的名单，还是存在来自某些方面的反对意见。

《刑法修正案（八）》废除了 13 个死刑罪名，相对来说较为顺利，社会震动较小，公众接受度较高。这是值得庆幸的。《草案》拟废除 9 个死刑罪名，这 9 个死刑罪名包括：（1）走私武器、弹药罪；（2）走私核材料罪；（3）走私假币罪；（4）伪造货币罪；（5）集资诈骗罪；（6）组织卖淫罪；（7）强迫卖淫罪；（8）阻碍执行军事职务罪；（9）战时造谣惑众罪。

从目前的情况来看，减少死刑罪名的立法努力遇到了较大的阻力。这种阻力并非来自公众，或者说主要不是来自公众，而是来自那些对《草案》通过具有表决权的相关人士。因此，减少死刑罪名的前景不容乐观。

2014 年 12 月 17 日《法制日报》发表了记者陈丽平的报道：《一些常委委员建议认真研究减少死刑罪名原则走私核材料罪等不应取消死刑》。该文较为真实地反映了全国人大常委会委员分组审议《草案》时关于废除死刑罪名的讨论情况。部分委员对某些死刑罪名的取消提出了不同意见，论及不应该废除死刑的罪名包括：（1）组织卖淫罪和强迫卖淫罪。对该罪不应取消死刑，因为其主观恶性、再犯可能性等要素均具备。特别是在现实中，强迫幼女卖淫的现象层出不穷，民愤极大，建议对组织卖淫罪和强迫卖淫罪的死刑取消持慎重态度。（2）走私武器、弹药罪。对于走私武器、弹药这种行为，我们放松管理，起不到震慑作用，将给国家安全造成极大的安全隐患。(3) 走私核材料罪。该罪虽然在实践中较少适用，但一经发生，将造成巨大的社会危害。(4) 走私伪造货币罪。该罪的行为和后果都很严重，对社会的损害更大。(5) 战时造谣惑众罪。虽然现在是和平时期，但并不排除今后可能发生战争，如果不保留战时造谣惑众罪的死刑，不利于战时指令的执行。(6) 集资诈骗罪。该罪不应该被免除死刑，因为它最容易引起社会动荡、引发群体性事件，会干扰和危害国家的经济、金融安全。(7) 伪造货币罪。该罪不应该被免除死刑，其理由与不废除集资诈骗罪的死刑的理由相同。综上，对于《草案》拟减少的 9 个死刑罪名，除个别以外，委员们基本上都提出了不同意废除死刑的意见。如果以上意见都被采纳，则等于全盘推翻了《草案》废除死刑罪名的方案。这些意见是在正式审议《草案》的会议上发表的，对《草案》废除死刑罪名将会产生重大影响。

当然，在审议过程中，也有委员提出来一些具有建设性的意见，例如，有关人士提出质疑：废除某一个死刑罪名的标准究竟是什么？具体来说，到底是以较少适用作为废除死刑罪名的标准还是以危害较小作为废除死刑罪名的标准？这些问题确实是应该引起重视的。从整体上看，有关法律专业人士发表的意见，还是倾向于维持死刑罪名。而这一立场，将会对我国减少死刑罪名的立法进程产生较大的消极作用。

二、减少死刑罪名难在哪

死刑罪名减少的难点在哪里？这是一个值得我们思考的问题。在我看来，难点还是在于缺乏正确的死刑观。这里所谓死刑观，是指对死刑的态度和立场。死刑观的不同，决定了死刑制度在我国的命运，也决定了我国废除死刑的立法进程。死刑观有正义观和功利观这两个维度：前者从公正与否的角度阐述死刑存在的合理性，而后者则从功利的角度论证死刑存在的必要性。在我国，死刑存在的根据主要还是一般预防，即预防必要性。这是能够从前述报道所披露的委员的发言得到印证的。例如，相关人士言及集资诈骗罪的死刑不应取消的理由是，它容易引起社会动荡、引发群体性事件，会干扰和危害国家 的经济、金融安全。由此，在这些人士看来，保留集资诈骗罪的死刑是必要的。这一论述中的潜台词是，如果取消了集资诈骗罪的死刑，就会引起社会动荡、引发群体性事件，会干扰和危害国家的经济、金融安全。这种思想反映了在维护国家的经济、金融安全方面对死刑的严重依赖。其实，这是对死刑功能的一种误解，以为死刑能够起到威慑作用，减少某种犯罪的发生。

这里涉及对犯罪产生的根源的认识。一定的犯罪植根于一定的社会形态，是一定的生活状态的征表。以集资诈骗罪为例，它反映了当前我国金融由国家垄断、金融的市场化程度较低、资金流动性较差的现实。在现有的国家金融体制下，金融难以满足市场的实际需求。在这样一种背景下，各种形式的集资诈骗行为才会层出不穷。集资诈骗罪在我国是一种常见多发的经济犯罪，而在实现了金融市场化的国家，几乎见不到集资诈骗罪的踪影。可以说，集资诈骗罪是金融垄断的并发症，与金融垄断形影相随。因此，如果不从金融体制改革入手，解决金融市场化的体制障碍，集资诈骗罪就难以得到有效的抑制。即使是对该罪适用死刑，也会徒劳无功。如果实现了金融市场化，不要说死刑，集资诈骗罪也几乎会消亡。由此可以得出结论，对于死刑对犯罪的威慑功能，我们不能迷信，更不能将死刑作为达成某种社会或者经济目标的根据和手段。现在看来，减少死刑的当务之急是改变死刑观，摒弃那种崇尚死刑的错误观念，树立起对死刑功能的正确认知。这就是死刑的启蒙，这种启蒙应该是全民的启蒙。

三、废除死刑罪名应当注意的问题

在讨论《草案》拟废除的 9 个死刑罪名的时候，我认为应当注意以下三个问题。

（一）不能以保留特定罪名的理由来论证必须保留该罪的死刑

在讨论是否废除某一罪名的死刑时，有些反对废除该罪死刑的理由几乎就是取消该罪的理由。例如，前面我所提到的反对废除集资诈骗罪死刑的理由是，取消集资诈骗罪的死刑，就会引起社会动荡、引发群体性事件等说辞。这一理由用于反对取消集资诈骗罪可能是恰当的，但用于反对废除集资诈骗罪的死刑则并不适当。就集资诈骗罪而言，虽然该罪设置了死刑，但在司法实践中对集资诈骗罪真正适用死刑的案例并不多，仅个别案例。例如，对于吴英集资诈骗案，虽然一审法院和二审法院均判处死刑立即执行，但最高人民法院没有核准死刑，而是发回重审，重审法院改判处为无期徒刑。对吴英是否适用死刑？在集资诈骗罪立法规定了死刑的情况下，这只是一个量刑问题，即其罪行是否达到了刑法所规定的特别严重程度。最高人民法院对该案不核准死刑的裁定，还是获得了社会公众的认同，并没有产生消极的社会后果。因此，不能以反对取消某一罪名的理由作为反对废除某一罪名之死刑的理由。即使某一罪名的死刑废除了，但还可以最高判处无期徒刑，犯罪分子还是能受到法律的应有惩罚。

（二）不能以抽象危害为根据论证保留某一罪名的死刑

在我国刑法中，备而不用的死刑罪名占有较大比重。在死刑不是一种立法的稀缺资源的情况下，备而不用的死刑罪名具有其合理性，因为这些犯罪的死刑尽管处于基本不用的状态，但一旦需要，适用死刑能够满足司法实践的需要。但是，在减少死刑成为一种新常态，死刑成为一种稀缺的刑罚资源的情况下，首先应当废除的就应该是这些备而不用的死刑罪名。在一定意义上说，备而不用的死刑罪名本身具有虚置的性质，除非绝对必要。这在立法上来说，是一种法律资源的浪费。在我国刑法中，确实存在着较多的这种立法虚置现象。例如，我国刑法规定了处罚预备犯的一般原则，据此，任何犯罪的预备犯都是可罚的。与以着手实行犯罪为刑事处罚起点的其他国家的刑法相比，我国刑法的处罚范围相当广泛。但在实际上，只有少数严重犯罪的预备犯才受处罚，绝大多数犯罪的预备犯并不受处罚，由此形成立法所设定的处罚范围与司法实践中的实际处罚范围之间的重大出入，这就是立法虚置的典型表现。在死刑立法上，这种立法虚置现象主要反映在大量备而不用的死刑罪名的设置上。虽然1997年刑法规定了68个死刑罪名，但常用的死刑罪名只不过5个而已，这就是：故意杀人罪，故意伤害罪，强奸罪，抢劫罪，贩卖、运输、制造毒品罪。这五个罪名的死刑适用案件几乎达到全部死刑案件的九成。其他死刑罪名，要么是偶尔适用，要么是完全不适用。

尤其值得一提的是，有些死刑罪名，不仅死刑没有适用过，即不存在死刑案例，甚至连一般案例都没有发生过。这样的罪名，这样的死刑，完全是法律稻草人。例如，《草案》拟废除的死刑罪名之一走私核材料罪：走私核材料罪是我国刑法分则第三章第二节“走私罪”中的一个罪名，在现实生活中，并没有出现走私核材料罪的案件，更不用说走私核材料而被判处死刑的案件。因此，走私核材料罪属于典型的备而不用的死刑罪名。《草案》拟将走私核材料罪的死刑予以废除，有关人士提出了异议，认为：虽然走私核材料罪在实践中极少适用，但如果发生，后果不堪设想，将造成巨大的社会危害，因此，反对废除走私核材料罪的死刑。我认为，这一反对理由是难以成立的。这里所谓走私核材料罪的巨大的社会危害是建立在假设该罪发生的基础上的，因此，它只是一种抽象的社会危害而非现实的社会危害。一种犯罪，只有在它实际发生的情况下，其对社会的危害才是现实的，这时才需要动用刑罚进行惩治。抽象的社会危害性不能成为对某一罪名设置死刑的根据。同样，也不能以抽象危害为根据论证保留某一罪名的死刑。例如，地球毁灭对于人类来说是最大的灾难，那么，是否有必要在刑法中设置一个毁灭地球罪，并且设置死刑呢？按照“如果发生，后果不堪设想，将造成巨大的社会危害”这一逻辑进行推理，完全有设置毁灭地球罪并规定死刑的必要。但世界上没有一个国家的刑法典这样做，因为现在还没有一个人具有毁灭地球的能力。

（三）不能以死刑存废的一般根据代替死刑个罪存废的具体根据

《草案》公布以后，围绕着 9 个拟废除的死刑罪名，社会各界人士展开了激烈的争论。应该说，这是十分正常的现象。但是，这种争论目前还是停留在观念层面，而难以获得实证资料的支撑。对死刑罪名的废除持支持和反对意见的双方，基本上都是较多地阐述立场，其论证上则显得十分薄弱，尤其是缺乏实证资料的佐证。我国学者不能像国外学者那样进行基于死刑司法资料的实证研究。例如，各个死刑罪名的适用数据，对于了解死刑罪名在司法实践中的实际适用状况具有重要意义。如果这些数据以年度为单位呈现其变动情况，并且以地域为单位呈现其分布情况，则可以反映这些死刑罪名司法适用的真实状态，对于死刑罪名的废除具有较强的说服力。但除了个别公开的案件，社会公众对死刑罪名的适用情况所知甚少，即使是刑法学者也无从了解死刑数据。在这种情况下对我国死刑的讨论，包括对《草案》拟废除的9个死刑罪名是否应当赞同的讨论，都处于一种盲人摸象的处境。这在极大程度上限制了对这一问题的讨论的广度与深度。

因此，目前关于《草案》拟废除的9个死刑罪名的讨论，并不是对某一死刑罪名是否应当取消死刑的讨论，而是对一般死刑罪名是否应当取消死刑的讨论，因为，取消某一罪名之死刑的理由与废除所有死刑罪名的根据之间是有区别的。我们现在是在保留死刑的前提下，逐渐地减少死刑，因此，那些主张完全废除死刑的人士不能简单地以废除死刑的一般根据代替取消某一罪名的死刑的理由，同样，那些主张完全保留死刑的人士也不能简单地以保留死刑的一般根据代替保留某一罪名的死刑的理由。遗憾的是，现在我们对《草案》拟废除的死刑罪名的讨论还局限在这样一个观念的层面，互相之间难以说服，因为只有立场的对立，没有共识的建立。立场是价值评判，具有较强的主观偏好；而共识是以事实为基础的，容易达成一致。因此，依目前这种状况，要想将围绕着《草案》拟废除的死刑罪名的肯定与否定的争论引向深入，前景不容乐观。

从《刑法修正案（八）》开始启动的死刑罪名减少的进程中，每次都在修正草案中提出了拟废除死刑罪名的清单。不可否认，这一清单的提出征求了相关部门和专家学者的意见，具有一定根据与基础。但是，为什么这个罪名被纳入取消死刑的行列，而另外一个罪名却未能被纳入取消死刑的行列？缺乏统一与合理的根据与安排。在这种情况下，我认为应该建立减少死刑罪名的立法路线图，也就是根据轻重缓急，对现有的死刑罪名进行全面审查，然后排列出取消死刑罪名的顺序；而不是像现在这样，每次只考虑这次减少死刑罪名的名单，而缺乏宏观的和全面的安排。我国刑法中的死刑罪名不可能一次性地废除，而只能是循序渐进、分批次地废除。在这种情况下，对死刑罪名应该根据轻重缓急，作出批次取消的安排。在作这种安排的时候，我认为应当考虑以下原则：（1）非暴力犯罪先于暴力犯罪废除死刑；（2）备而不用的死刑罪名先于偶尔适用的死刑罪名废除死刑；（3）偶尔适用的死刑罪名先于经常适用的死刑罪名废除死刑。

（本文原载《中国法律评论》，2015（2））

减少死刑的立法路线图

一、死刑的立法限制与司法限制的适当分工

限制死刑已经成为中央的政策，并且正在逐渐落实。限制死刑在立法和司法这两个领域具有不同的表现：在立法上表现为减少死刑罪名，在司法上表现为减少死刑的适用。前者为一般限制，后者为个案限制。显然，这两者于对死刑的限制具有同等重要的意义。

如果对死刑的立法限制和司法限制的性质进行分析，就会发现这两者具有不同的特点。死刑的立法限制涉及取消死刑罪名，可谓减少死刑的一劳永逸之道。不过，死刑的立法限制需要通过较为复杂的立法程序，并且死刑罪名废除以后不可能恢复，且具有一定的政治风险。而死刑的司法限制只是就对个案是否适用死刑进行考量，通过严格死刑适用的条件来减少死刑的具体适用。不过，在有被害人的犯罪中，对个案通过裁量不适用死刑，往往会遇到被害人方的抵制。在个别民愤较大的案件中，还会存在民意的反弹。因此，死刑的立法限制与司法限制虽然在死刑限制上可谓殊途同归，但就具体操作来说是各有利弊。从死刑的最终废

除来说，当然有赖于立法，但是，死刑的司法限制是达至死刑废除的必由之路。因此，就对死刑加以限制，以便最终废除死刑的法律进程来说，立法与司法必须相向而行，发挥各自的功能。

从世界各国废除死刑的途径来看，一般都是首先在司法上严格限制死刑，减少死刑的适用，降低社会公众对死刑的期待然后在条件成熟的情况下，最终从法律上废除死刑。就此而言，废除死刑是水到渠成的结果。当然，也有以下两种例外。一是死刑的立法休克式废除。例如2000年12月欧盟通过了《欧洲联盟基本权利宪章》，其第2条明确规定："不得对任何人判处或执行死刑。"这就宣告在欧盟范围内废除死刑，并且废除死刑成为加入欧盟的先决条件。某些东欧国家为了加入欧盟，骤然之间废除死刑。二是死刑的司法麻醉式废止。例如韩国在刑法典以及特别刑法中设立了百余个死刑罪名，韩国宪法裁判所甚至确认适用死刑不能被视为违宪，韩国大法院维持着同样的立场。[①] 但从1997年12月30日开始韩国在司法实践中停止了死刑的执行，通过司法的途径达到了事实上废除死刑的效果。不能不说，以上两种情况都是较为特殊的个案。我国的废除死刑之路可能比其他国家的更加曲折且漫长，立法与司法两个方面应该并举，唯此才能艰难地推进我国的死刑改革进程。

综观我国刑法中的死刑罪名，大体上可以分为三类：一是备而不用的死刑罪名，二是偶尔适用的死刑罪名，三是经常适用的死刑罪名。在我国目前的刑法中，备而不用的死刑罪名占二分之一左右，比重最大。在剩下的约二分之一的死刑罪名中，偶尔适用的死刑罪名又占到三分之二左右。经常适用的死刑罪名在所有死刑罪名中所占的比重最小。在我国司法实践中，故意杀人罪、故意伤害罪、强奸罪、抢劫罪和走私、贩卖、运输、制造毒品罪是五种适用死刑最多的常见多发犯罪，虽然没有对这五种犯罪适用死刑的确切数据，但对这五种犯罪适用死刑的案件数量在死刑案件总数中的比重相当大。在这种情况下，经常适用的死刑罪名在短时间内不可能成为从立法上废除死刑的罪名，而只能通过司法来限制或减

① 参见李在祥：《韩国刑法总论》，496页，北京，中国人民大学出版社，2005。

少其死刑的适用。换言之，死刑的立法限制重在面子，而死刑的司法限制重在里子，可谓各得其所。

《刑法修正案（八）》废除的13个死刑罪名中，包括备而不用的死刑罪名：(1）走私文物罪；(2）走私贵重金属罪；(3）走私珍贵动物罪；(4）走私珍贵动物制品罪；(5）传授犯罪方法罪；(6）盗掘古文化遗址、古墓葬罪；(7）盗掘古人类化石、古脊椎动物化石罪。这些罪名的死刑基本上没有适用过，存在较为严重的死刑虚置的情况。同时，《刑法修正案（八）》废除的13个死刑罪名中还包括偶尔适用的死刑罪名：(1）走私普通货物、物品罪；(2）票据诈骗罪；(3）金融凭证诈骗罪；(4）信用证诈骗罪；(5）虚开增值税专用发票、用于骗取出口退税、抵扣税款发票罪，伪造、出售伪造的增值税专用发票罪；(6）盗窃罪。其中，盗窃罪是一个常见多发的罪名。在20世纪90年代初期，盗窃罪是一个经常适用的死刑罪名，适用死刑的案件相当多。但在1997年刑法修订时，盗窃罪的死刑适用仅限于盗窃金融机构数额特别巨大和盗窃珍贵文物情节严重这两种情形，因此，该罪演变为偶尔适用死刑的罪名。甚至可以说，盗窃罪的死刑已经名存实亡。因此，在《刑法修正案（八）》中将盗窃罪的死刑废除也就顺理成章了。在这个意义上说，盗窃罪死刑之废除是一个成功的范例。

二、备而不用的死刑罪名的立法废除

在《刑法修正案（九）（草案）》所拟废除的9个死刑罪名中，走私武器、弹药罪，走私核材料罪、走私假币罪、伪造货币罪、阻碍执行军事职务罪、战时造谣惑众罪属于备而不用的死刑罪名，基本上没有适用死刑的案例。关于对这些罪名是否废除死刑在对《刑法修正案（九）（草案）》的讨论中存在较大的争议。

《法制日报》2014年12月17日发表了记者陈丽平的报道：《一些常委委员建议认真研究减少死刑罪名原则　走私核材料罪等不应取消死刑》。该文较为真实地反映了全国人大常委会委员分组审议《刑法修正案（九）（草案）》时关于废除死刑罪名的讨论情况。该报道中涉及11位全国人大常委会委员和全国人大法律委员会委员的发言内容，他们对某些死刑罪名的取消提出了不同意见，所论及的不应该废除死刑的罪名包括：(1) 组织卖淫罪和强迫卖淫罪，认为不应取消该罪的死刑，因为其主观恶性、再犯可能性等要素均具备。特别是在现实中，强迫幼女卖淫的现象层出不穷，民愤极大，建议对组织卖淫罪和强迫卖淫罪的死刑取消持慎重态度。(2) 走私武器、弹药罪，认为对走私武器、弹药这种行为，我们放松管理，起不到震慑作用，将给国家安全造成极大的安全隐患。(3) 走私核材料罪，认为虽然在实践中较少适用，但如果发生，社会危害巨大，后果不堪设想。(4) 走私伪造货币罪，认为该罪的行为和后果都很严重，对社会的损害更大。(5) 战时造谣惑众罪，认为虽然现在是和平时期，但并不排除今后可能发生战争，如果不保留战时造谣惑众罪的死刑，不利于战时指令的执行。(6) 集资诈骗罪，认为该罪死刑不应该免除，因它最容易引起社会动荡、引发群体性事件，会干扰和危害国家的经济、金融安全。(7) 伪造货币罪，认为该罪死刑不应该被免除，其理由与不废除集资诈骗罪死刑的理由相同。因此，对于《刑法修正案（九）（草案）》拟减少的 9 个死刑罪名，除了个别罪名，委员们基本上都提出了不同意废除死刑的意见。

如果以上意见都被采纳，则等于全盘推翻了《刑法修正案（九）（草案）》废除死刑罪名的方案。在以上所论及针对这些死刑罪名是否应该被废除的讨论中，涉及的第一个问题是：废除某一个死刑罪名的标准究竟是什么？具体来说，到底是以较少适用作为废除死刑罪名的标准还是以危害较小作为废除死刑罪名的标准？[①] 所涉及的第二个问题是：在废除死刑罪名的时候，是否应该主要以较少发生作为一个重要的依据？同时涉及的第三个问题是：废除了某个罪名的死刑，是否就意味着对某种行为放松管理？由此引申出来的问题是：死刑的功能到底何在？对这些问题的澄清，对于备而不用的死刑罪名的废除具有重要意义。

应该说，在刑法中被规定了死刑的犯罪都是重罪，这是没有疑问的。如果罪

① 参见陈丽平：《一些常委委员建议认真研究减少死刑罪名原则 走私核材料罪等不应取消死刑》，载《法制日报》，2014-12-17。

行本身较轻，应该是不会设立死刑的。当然，在所有被规定了死刑的罪名中，若相互比较的话，也还存在轻重之别。例如，故意杀人罪和强奸罪虽然都是死刑罪名，但一般来说，故意杀人罪肯定要比强奸罪重，这是没有异议的。在减少死刑罪名的时候，当然应该将那些相对较轻的罪名的死刑予以取消，这也是符合常理的。例如，暴力犯罪与非暴力犯罪（主要是指财产犯罪和经济犯罪）相比，暴力犯罪要重于非暴力犯罪，因此，首先应当废除的是非暴力犯罪的死刑。这也是一种共识。在《刑法修正案（九）（草案）》拟废除的9个死刑罪名中，除了强迫卖淫罪含有一定暴力因素（是否属于暴力犯罪，尚可以讨论），其他罪名都是非暴力犯罪。在这些非暴力犯罪中，其侵害的客体也是有所不同的，其中，走私武器、弹药罪，走私核材料罪、走私假币罪、伪造货币罪、集资诈骗罪侵害的是市场经济秩序，属于经济犯罪的范畴。而组织卖淫罪和强迫卖淫罪侵害的是社会管理秩序，阻碍执行军事职务罪和战时造谣惑众罪则属于军人违反职责罪。这些犯罪不仅在现有的死刑罪名中属于犯罪较轻的，而且也是极少适用，甚至根本就没有适用过的罪名。有些罪名，不仅没有适用过死刑，甚至连犯罪案件都没有发生过一起。走私核材料罪就是典型的例子。既然没有此类案件发生，就表明这种死刑罪名本身具有立法虚置的性质，其严重的危害性也只是存在于想象当中，而不具有现实的危害性。相对于具有现实危害性的死刑罪名，这些不具有现实危害性的死刑罪名难道不是首先应当被考虑取消吗？因此，所谓很少适用不是废除死刑的理由，还要考察犯罪的社会危害性的论点，孤立地来看，似乎有理。但当与很多适用的死刑罪名相比，在社会危害性差不多的情况下，是否很少适用的死刑罪名首先应当被废除呢？其答案可以说是不言自明的。

取消这些备而不用的死刑罪名，是否会削弱刑法的威慑力呢？这也是一个值得思考的问题。对于那些极少适用的死刑罪名来说，取消其死刑会影响刑法的威慑力的一个基本逻辑前提在于：这些死刑罪名之所以不适用，是因为死刑的威慑力发挥了作用。但是，这一逻辑前提并不存在，因为，某些死刑罪名不仅死刑没有适用过，而且此类犯罪案件本身也基本上没有发生过。在这种情况下，死刑是完全虚置的，其威慑力只存在于我们的想象当中，是一种虚幻的存在而非现实的存在。

除此之外，将死刑能够发挥威慑功能作为死刑存在的合理性根据这种死刑观念是一种刑罚功利主义的产物，表现了对一般预防效果的片面追求。在我国当今社会，总是存在对刑罚，尤其是死刑的迷信心理，以为死刑所具有的一般预防效果可以达到。其实，这种死刑观本身就是不可取的。如前所述，在我国司法实践中，盗窃罪曾经成为死刑适用的主要罪名，一个时期内对盗窃罪适用死刑的案件占有极大的比重。1997 年刑法修订的时候，对盗窃罪适用死刑的条件作了严格限制。当时，一位检察长曾经对笔者说，这是这次刑法修订的一个重大失误，并预计盗窃案件的数量会有大幅度的增长。但这种预计并没有得到验证，盗窃案件没有大幅度增长，尤其是重大盗窃案件的数量没有明显增加。这就为《刑法修正案（八）》取消盗窃罪的死刑创造了条件。由此可见，在考虑对某种罪名废除死刑的时候，我们总是杞人忧天地以为将这些罪名的死刑废除以后会天下大乱。其实，大可不必。世界上大多数国家已经废除死刑，但没有哪个国家发生过天下大乱的情形；甚至，犯罪率都没有明显提高。因此，在废除死刑之前，首先应该废除的是我们对死刑的错误观念。

至于那种把废除某个罪名的死刑视为对某种犯罪行为放松管制的观念，更是难以成立的。对某个犯罪取消死刑并不是将这种犯罪行为非罪化，而只是不适用死刑而已，还可以最高判处无期徒刑。怎么能得出取消其死刑就是放松对这种犯罪行为的管制的结论呢？就管制而言，刑罚，包括死刑，并不是社会管制的最佳手段。在社会管理中，我们应当减少对刑罚的依赖，尤其是减少对死刑的依赖。在某种意义上说，死刑恰恰是社会管理不善的补偿而已。

综上所述，对于那些备而不用的死刑罪名来说，其不用或者基本上不用，当然应该成为废除其死刑的首要考虑因素。在目前的情况下，从立法上减少死刑罪名，如果不从那些不用或者基本上不用的死刑罪名下手，难道还从那些经常适用的死刑罪名开启死刑废除之路吗？笔者认为，对于那些备而不用的死刑罪名应尽可能地从立法上予以取消，这是我国刑法减少死刑罪名的一个根本出路。如果确立了这样一种减少死刑罪名的思路，则立法上减少死刑罪名具有极大空间。

三、偶尔适用的死刑罪名的立法废除

在《刑法修正案（九）（草案）》拟废除死刑的罪名中，集资诈骗罪、组织卖淫罪和强迫卖淫罪属于偶尔适用死刑的罪名，而在一个时期内对集资诈骗罪和组织卖淫罪适用死刑的案件还时有发生。因此，关于对这些罪名是否应废除死刑也是存在较大争议的。

集资诈骗罪是我国刑法所规定的金融诈骗罪的一种，是指采取非法集资手段所实施的诈骗犯罪。因为集资是针对社会上不特定的多数人所实施的，具有社会波及面较广、被害人数量较多、涉案资金巨大等特点，所以在《刑法修正案（八）》考虑废除死刑罪名的时候，票据诈骗罪、金融凭证诈骗罪、信用证诈骗罪等其他金融诈骗罪的死刑均被取消，唯独集资诈骗罪的死刑保留了。当时所提出的理由就是：集资诈骗罪具有对社会治安的危害性，基于“维稳”的需要，应当保留集资诈骗罪的死刑。

应该说，在现实生活中，非法集资现象大量发生，这和我国金融体系改革与创新严重滞后于市场经济发展，是有着极为密切的关联的。在非法集资过程中，就会滋生出集资诈骗案件。集资诈骗案件确实具有影响面广泛的特点，对社会正常经济秩序和生活秩序造成了较为严重的冲击，也给政府的“维稳”带来较大的压力。然而，从法律层面来说，集资诈骗罪往往容易引发争议，其与非法吸收公众存款罪之间的界限就不容易划分，因此，对该罪是否适用死刑是一个极具争议的话题，甚至演化为一个公众议题。发生在 2012 年的吴英集资诈骗案，就是一个十分典型的案件。对于该案，浙江省金华市中级人民法院一审以集资诈骗罪判处吴英死刑立即执行，浙江省高级人民法院二审裁定维持了对吴英的死刑判决。及至死刑复核阶段，最高人民法院经复核认为：吴英集资诈骗犯罪事实清楚，证据确实、充分，一审判决、二审裁定定性准确、审判程序合法。吴英主观上具有非法占有的目的。吴英在早期高息集资已形成巨额外债的情况下，明知必然无法归还，却使用欺骗手段继续以高息（多为每万元每天 40 元至 50 元，最高年利率超过180%）不断地从林某平等人处非法集资。吴英将集资款部分用于偿付欠款和利息，部分用于购买房产、车辆和供个人挥霍，部分进行随意处置和捐赠。吴英通过购买服装、化妆品、吃喝等花费集资款逾1 000万元，拥有4辆宝马车，还花费375万元为自己购买法拉利跑车1辆。吴英取得集资款项后，为了炫富，以骗取更多的资金而出手大方，在向杨某陵等人借款3 300万元炒期货全部亏损后，谎称盈利，竟另筹资分给杨等"红利"1 600万元，后又陆续从杨处骗得资金5 000多万元；公司员工外出办事结余90万元，主动要其不必上交财务；等等，最终导致3.8亿元集资款无法归还。吴英在集资过程中使用了诈骗手段。为了进行集资，吴英隐瞒其资金均来源于高息集资并负有巨额债务的真相，并通过在短时间内注册成立多家公司和签订大量购房合同等进行虚假宣传，为其塑造"亿万富姐"的虚假形象。集资时，其还向被害人编造欲投资收购商铺、烂尾楼和做煤炭、石油生意等"高回报项目"，骗取被害人的信任。吴英非法集资对象为不特定公众。吴英委托杨某等人为其在社会上寻找"做资金生意"的人，事先并无特定对象。事实上，其非法集资的对象除林某平等11名直接被害人以外，还包括向林某平等人提供资金的100多名"下线"，也包括俞某素等数十名直接向吴英提供资金因先后归还或以房产等抵押未按诈骗对象认定的人。在集资诈骗的11名直接被害人中，除蒋某幸、周某红二人在被骗之前认识吴英外，其余都是经中间人介绍而为其集资，并非所谓的"亲友"。林某平等人向更大范围的公众筹集资金，吴英对此完全清楚。吴英集资诈骗数额特别巨大，给受害人造成重大损失，同时严重破坏了国家金融管理秩序，危害特别严重，应依法惩处。吴英归案后，如实供述所犯罪行，并供述了其贿赂多名公务人员的事实。综合全案考虑，对吴英判处死刑，可不立即执行。遂根据《中华人民共和国刑事诉讼法》第236条和《最高人民法院关于复核死刑案件若干问题的规定》第4条的规定，裁定不核准吴英死刑，发回浙江省高级人民法院重新审判。浙江省高级人民法院经重审，判处吴英死刑缓期2年执行。

在对吴英集资诈骗案的讨论中，涉及吴英的行为是否属于非法集资的争论，如果连非法集资都不能构成，那就不可能构成集资诈骗罪。如果存在诈骗行为，也只能构成普通诈骗罪，当然也就不存在死刑适用问题。退而言之，即使吴英的行为构成集资诈骗罪，是否应该适用死刑呢？这本身是一个量刑问题，也是一个刑事政策的把握问题。在考虑对集资诈骗罪是否适用死刑时，存在三个需要考量的要素：一是集资的数额；二是不能归还的数额；三是造成群体性的事件，严重扰乱社会秩序。在以上三个考量要素中，笔者认为只有第三个才能成为对集资诈骗罪适用死刑的根据。在《刑法修正案（八）》考虑废除13个非暴力犯罪的死刑的时候，其他金融诈骗罪的死刑都废除了，只留下集资诈骗罪的死刑。如果从诈骗数额和损失数额来说，其他金融诈骗罪的数额也可能达到数以亿元计。保留集资诈骗罪的死刑，当时的理由是集资诈骗罪是涉众型犯罪，容易引发群体性事件，从维护社会秩序考虑，没有废除死刑。在吴英集资诈骗案中，她是向11个债权人借款，虽然这11个债权人背后还有120多个出资人，但并没有引发群体性事件，故仅仅因为集资诈骗数额特别巨大、经济损失特别严重而适用死刑是需要慎重考虑的。

这里还有必要指出，目前在经济社会中之所以大量存在非法集资现象，是和国家金融垄断有关的。在某种意义上说，非法吸收公众存款罪名之设立就是以维护金融垄断为目的的。非法集资其实就是一种没有获得合法地位的民间金融活动或者地下金融活动，这种民间金融活动由于缺乏法律规范和法律保护，处于一种严重的无序状态，很容易引发集资诈骗等犯罪。吴英集资诈骗案就是在这样一种背景下发生的，与我国金融体制的根本缺陷相关。但是，死刑不应该成为金融管理不善的补偿，我们不能靠杀人来维护金融管理秩序。因此，即使吴英的行为构成集资诈骗罪，也不应当适用死刑。从吴英集资诈骗案可以看出，集资诈骗罪的死刑适用本身就存在着极大的争议。

在关于集资诈骗罪司法适用死刑和立法保留死刑的理由中，最为重要的一条就是“维稳”，这显然是对刑罚的一般预防的考量。由此也可以看出，在我国死刑保留论中，对死刑的威慑效果的追求占据了重要的位置。这里涉及死刑是否具有威慑效果的问题。对此的讨论可以说是十分激烈，肯定与否定的立场针锋相对。但在绝大多数情况下，人们还是宁信其有而不信其无。这种难以实证的所谓威慑效果成为剥夺生命的刑罚存在的根据，这是荒谬的。事实上，类似集资诈骗这样的犯罪，其发生的原因是十分复杂的。例如高艳东博士在讨论吴英集资诈骗案时认为集资诈骗罪是一种结构性、制度性犯罪，指出："集资诈骗罪的发生与金融垄断体制使经营者逼良为娼、民间集资的发生存在必然性，犯罪原因中有相当多的制度因素，对集资者适用死刑在前提上缺乏正当性。从出资者的角度看，民众非理性地参与集资与投资渠道狭窄密切相关，资本有逐利性的天性，在通货膨胀、楼市限购、股市低迷、行业垄断的背景下，缺乏释放空间的游资会自动涌向市场，刑法的后盾性、刑罚的副作用，决定了死刑不能充当市场的灭火器。以重刑净化市场，不仅是刑法懒惰的表现，更是把体制缺陷转嫁给集资者。"① 这一分析可以说是十分精辟的，直抵问题的要害。

组织卖淫罪和强迫卖淫罪在性质上与集资诈骗罪有所不同，它不是经济犯罪而是一种有伤风化的犯罪，是指设置卖淫场所或者设置变相卖淫场所，招募卖淫人员进行卖淫活动，或者利用从事服务行业等便利条件，组织、操纵其所控制的卖淫人员有组织地进行卖淫活动或者采取暴力、胁迫手段，迫使他人卖淫的行为。在我国刑法中，虽然组织卖淫罪和强迫卖淫罪是两个独立的罪名，但组织卖淫罪中包含了强迫卖淫行为。② 因此，废除组织卖淫罪的死刑势必同时也要废除强迫卖淫罪的死刑。在我国刑法中，卖淫嫖娼行为本身不是犯罪，而组织卖淫、强迫卖淫以及引诱、容留、介绍卖淫等行为则被规定为犯罪，甚至组织卖淫罪和强迫卖淫罪还被设置了死刑。根据刑法规定，对组织卖淫罪和强迫卖淫罪适用死刑的条件是情节特别严重。关于这里的情节特别严重，刑法和司法解释都没有规定，在司法实践中一般根据组织卖淫的人数、次数，卖淫所得数额，以及强迫卖淫的暴力手段以及造成的严重后果等因素进行综合考察，以便决定是否适用死刑。

组织卖淫和强迫卖淫案件中如何把握死刑适用条件，在司法实践中也是一个存在较大争议的问题。例如，周军辉、秦星强迫卖淫案就是一件曾经引起社会广

---

① 高艳东：《诈骗罪与集资诈骗罪的规范超越：吴英案的罪与罚》，载《中外法学》，2012（2）。

② 参见全国人大常委会法制工作委员会刑法室编：《中华人民共和国刑法条文说明、立法理由及相关规定》，728页，北京，北京大学出版社，2009年。

泛关注的案件。对于该案的两名被告人的名字我们似乎不熟悉，但只要说到唐慧这个名字，就会有更多人知道。唐慧是该案被害人（未成年幼女）的母亲，为追求判处周军辉、秦星的死刑，唐慧多次上访，并在法院办公楼内长期食宿，给法院施加压力。后唐慧被劳动教养，这又引发了一场行政诉讼。唐慧母女的遭遇，确实令人同情。但被告人是否应当被判处死刑，还是一个严肃的法律问题，不应过分迁就被害人以及被害人亲属的意愿。该案的犯罪事实是：2006 年，被告人秦星伙同其男友陈刚（同案被告人，已判刑）在湖南省永州市零陵区永州市职业技术学院医学院对面某超市负一层“快乐溜吧”溜冰，结识了被害人张甲（女，时年 10 岁）和被告人周军辉。后周军辉返回医学院附近的某理发店上班。之后，张甲来到该理发店，与周军辉一起吃晚饭。当晚，周军辉将张甲带至永州市职业技术学院对面的某出租屋看碟、留宿并发生了性行为。次日上午，周军辉带张甲离开了该出租屋。在前往理发店的途中，张甲被其舅母发现并带回家。2006 年 10 月 3 日下午，张甲再次到理发店找周军辉，周军辉通过朋友“魏勇”与陈刚联系后，将张甲带至“柳情缘”，交由秦星安排张甲卖淫。此后，周军辉多次从秦星处领取张甲卖淫所得款共一千余元。外出打工后周军辉又委托朋友魏治敏（绰号“韦剑”）继续领取张甲的卖淫所得款。其间，张甲因不服从卖淫安排，与秦星发生争吵并朝秦星脸部打了一巴掌。陈刚见状朝张甲脸部打了一下，周军辉闻讯赶来亦打了张甲脸部一下，要张甲尊重老板、听从安排。2006 年 12 月下旬，张甲被刘润、蒋军军、兰小强、秦某（均系同案被告人，已判刑）接出饮酒并被采取暴力手段强行奸淫。同月 30 日，张甲被其亲属找到并带离“柳情缘”。经鉴定，张甲患生殖器疱疹及创伤后应激障碍。对于该案，永州市中级人民法院以强迫卖淫罪判处周军辉、秦星死刑立即执行。周军辉、秦星上诉以后，湖南省高级人民法院维持了死刑立即执行的判决。在死刑复核阶段，最高人民法院经审理认为：被告人周军辉、秦星伙同他人利用被害人年幼、身心脆弱、缺乏自我保护能力的特点，采取暴力、胁迫等手段，强迫不满 14 周岁的幼女卖淫，二被告人的行为均构成强迫卖淫罪；周军辉明知被害人是不满 14 周岁的幼女而与之发生性关系，其行为构成强奸罪；秦星伙同他人采取招募、容留等手段组织多名妇女从事卖淫活动，其行为构成组织卖淫罪，均应依法数罪并罚，予以惩处。周军辉、秦星强迫不满14周岁的幼女多次卖淫，控制卖淫所得，其间被害人又被他人轮奸，致被害人患有生殖器疱疹及创伤后应激障碍，严重侵害了幼女的身心健康，犯罪性质恶劣，犯罪情节、犯罪后果严重。在强迫卖淫的共同犯罪中，二被告人均起主要作用，系主犯，应当按照其所参与的全部犯罪处罚。第一审判决、第二审裁定认定的强迫卖淫、强奸、组织卖淫事实清楚，证据确实、充分，定罪准确，审判程序合法。鉴于周军辉、秦星强迫卖淫的暴力、胁迫程度，犯罪情节的恶劣程度尚未达到情节特别严重，对二被告人以强迫卖淫罪判处死刑立即执行系量刑不当。本案复核期间出现新的证据，可能影响对秦星是否构成立功的认定，依法应予查明。因此，最高人民法院不核准死刑，发回湖南省高级人民法院重新审理。湖南省高级人民法院重审以后，对周军辉、秦星判处无期徒刑。

在上述案件中，组织、强迫其他妇女卖淫的情况没有涉及，因此，组织卖淫和强迫卖淫主要还是围绕张甲这名幼女而展开的。此外，该案还存在强奸罪。因此，在该案中，所谓情节特别严重并不是表现在组织卖淫的人数、次数，卖淫所得数额等方面，而是主要表现在强迫幼女卖淫，并且对幼女的身心造成了较为严重的损害后果方面。因为被害人母亲的施压，一审法院、二审法院分别判处死刑立即执行。最终，还是最高人民法院在死刑核准阶段严格把关，没有核准死刑判决。也就是说，该案的社会危害性，根据司法机关所掌握的标准，并没有达到适用死刑的程度。

组织卖淫罪和强迫卖淫罪侵害的客体是社会风化，一般是没有被害人的犯罪。相对来说，强迫卖淫罪是有被害人的。当然，采取强迫方法组织他人卖淫的时候，也是有被害人的。因此，情况显得有些复杂，例如，是否应当将强奸行为设置为组织卖淫罪的加重构成事由，就是值得商榷的。但通常来说，组织卖淫罪的组织者与被组织者之间是一种利益共同体，都是为了通过卖淫活动获取非法利益。至于嫖客，不能被称为组织卖淫罪的被害人，而是组织卖淫的消费者。因此，以卖淫嫖娼为内容的组织卖淫活动具有自足的性质，只是因为侵害到社会风化秩序才为法律所禁止，甚至被规定为犯罪。在某些卖淫嫖娼活动合法化的国家，当然也就不存在这种犯罪。从这个意义上说，组织卖淫罪没有引起直接的民愤，即使作为犯罪予以处罚，适用死刑无论如何也是超出必要限度的法律反应措施。因此，在条件具备的情况下，废除组织卖淫罪的死刑，是完全必要的。不仅如此，还应该逐渐降低组织卖淫罪的惩罚力度。

集资诈骗罪、组织卖淫罪和强迫卖淫罪属于经济管理犯罪和社会管理犯罪，严格来说，都属于法定犯的范畴。这些犯罪的发生都与一个国家的经济管理体制和社会管理体制以及其管理能力存在密切关系。在一个经济混乱和管理不善的社会，这些犯罪的存在具有必然性。关于这些犯罪的应对之道，并不在于轻易地动用刑罚，更不用说适用死刑，而是要改革管理体制，改进管理方式，提高管理能力。

在司法实践中，这些犯罪虽然较为多发，但判处死刑的案件不是太多，因此属于偶尔适用死刑的罪名。以集资诈骗罪和组织卖淫罪为例，每年判处死刑的案件也不过寥寥数件而已。因单纯的强迫卖淫而被判处死刑的案件更是罕见。而且，几乎每一件涉及这些犯罪的死刑案件都会引起社会公众的广泛关注。例如，在曾成杰集资诈骗案中，2013 年 7 月 12 日被告人曾成杰被执行死刑。对于此案就存在极大的争议。在曾成杰被执行死刑一年以后，《刑法修正案（九）（草案）》将集资诈骗罪列为拟废除死刑的罪名，媒体因此把曾成杰称为集资诈骗罪的最后一个死刑犯。其是否为最后一个尚未定论，但曾成杰没有等到取消集资诈骗罪死刑的这一天。

相对于备而不用的死刑罪名的废除与死刑的实际减少没有关联而言，偶尔适用的死刑罪名的废除在客观上具有减少死刑适用的作用。这一点是尤其值得肯定的。因为司法对立法具有依从性，在刑法规定了死刑的情况下，会增强被害人及其亲属对被告人判处死刑的欲求，这也会对法院形成压力。例如，在上述周军辉、秦星强迫卖淫案中，被害人的母亲唐慧一再向法院施压，甚至要求法院对涉案的 7 名被告人都判处死刑。而按照犯罪事实，该案根本就不具备判处死刑的条件。在这些罪名的死刑被废除以后，司法的压力解除了，有利于对此类案件的更为公正的处理。

四、死刑废除立法进程的法理思考

从《刑法修正案（八）》取消13个死刑罪名到《刑法修正案（九）（草案）》拟取消9个死刑罪名，限制死刑的立法进程已经启动。这是令人欣慰的。但是，随着这一立法进程的向前推进，死刑废除的阻力会越来越大。对此，立法者必须要有思想准备。《刑法修正案（九）（草案）》的死刑废除方案就面临着来自有关人士的不同见解的考验。客观地说，这些意见中确实存在着一些值得我们深刻思考之处。例如，有关人士指出，减少死刑应遵循一个原则，即“什么类的死刑可以减少、什么类的死刑不能减少”①。换言之，现在立法减少死刑罪名有些缺乏章法，到底哪些死刑罪名能减、哪些死刑罪名不能减，哪些死刑罪名先减、哪些死刑罪名后减，并没有一张明确的路线图。

目前，逐渐减少死刑已经成为共识，但关于如何实现这一目标，还缺乏深入的理论论证。胡云腾博士在1993年就曾经在其博士论文中提出中国废除死刑的百年梦想，其将废除死刑的进程分为三个阶段。其中有些设想是具有参考价值的，例如，胡云腾博士把应当废除的死刑罪名分为可以立即废除死刑的罪名和可以在近期废除死刑的罪名，并认为：“由于各个罪名废除死刑的条件有早有晚，因而也有个时间顺序问题，有的立即就可以废除，有的则需要过一段时间以后才能废除。”② 在此，首先需要确立的是废除死刑的原则。关于这个问题，在理论上已经存在的共识是：非暴力犯罪与暴力犯罪相比，非暴力犯罪的死刑应该优先废除。对此，似乎没有争议。但非暴力犯罪的罪名还很多，那么，在非暴力犯罪中又是哪些犯罪的死刑可以优先废除呢？对此，可能会存在较大的争议。如前所述，在非暴力犯罪的死刑罪名中，备而不用的和偶尔适用的死刑罪名，又应当成为优先废除的死刑罪名。关于其中的道理笔者在前面已作论述：相对于经常适用

---

① 陈丽平：《一些常委委员建议认真研究减少死刑罪名原则 走私核材料罪等不应取消死刑》，载《法制日报》，2014-12-17。

② 胡云腾：《死刑通论》，305页，北京，中国政法大学出版社，1995。

的死刑罪名所具有的现实化的危害性而言，备而不用的和偶尔适用的死刑罪名所具有的非现实危害性更应支持取消其死刑。

在关于死刑罪名是否废除的讨论中，还涉及对犯罪性质的考量。例如相关人士指出，应被废除的死刑罪名应该有以下几个特征：一是，这个罪不涉及国家安全。如果涉及国家安全，就不宜取消死刑。二是，这个罪不涉及公共安全。公共安全方面的犯罪危害性很大，如果这个罪名涉及公共安全，原来又规定了死刑的，根据当前的情况和反恐的需要，暂时不取消。三是，非暴力、不涉及他人的生命。只有确定了这样一个原则，才能考量哪一个罪的死刑应该保留、哪一个罪的死刑可以被取消。[①] 在以上论述中，涉及国家安全、公共安全和个人安全等法益。据此，可以将犯罪分为侵害国家法益的犯罪、侵害社会法益的犯罪和侵害个人法益的犯罪。这是从贝卡里亚以来就确立的犯罪三分法，具有悠久的历史。按照以往的传统观念，从侵害国家法益的犯罪到侵害社会法益的犯罪，再到侵害个人法益的犯罪，这是一个社会危害性程度从重到轻的排序。将这种思维带入对死刑罪名的考量，必然得出结论：侵害个人法益犯罪的死刑废除优先于侵害社会法益犯罪的死刑废除；侵害社会法益犯罪的死刑废除应当优先于侵害国家法益犯罪的死刑废除。然而，这种观念恰恰是不合时宜的，属于国家本位和社会本位的刑法观。在二战以后，随着人权观念的勃兴，同时也随着民主制度的健全和社会治理能力的提升，个人本位的刑法观崛起，刑法将保护个人权利而不是保护国家和社会利益作为其首要职责。在这种情况下，侵害个人法益的犯罪越来越受到刑法的重视，而侵害国家法益的犯罪和侵害社会法益的犯罪的刑罚也逐渐轻缓化。在死刑方面，从各国的情况来看，侵害国家法益犯罪和侵害社会法益犯罪的死刑一般都是较早废除的，而侵害个人法益犯罪的死刑则较晚废除，例如，故意杀人罪就被称为死刑的最后堡垒。联合国《公民权利和政治权利国际公约》第 6 条第 2 款规定，死刑只适用于“最严重的犯罪”。对于这里的“最严重的犯罪”，较为一

---

① 参见陈丽平：《一些常委委员建议认真研究减少死刑罪名原则 走私核材料罪等不应取消死刑》，载《法制日报》，2014－12－17。

致的解释是谋杀以及其他带有严重后果的暴力犯罪。[①] 由此可见，不能简单地认为只要是侵害国家法益的犯罪和侵害社会法益的犯罪，其死刑废除就不能先于侵害个人法益犯罪的死刑废除。

在我国刑法中，设置的各个罪名之间过多地出现法条竞合，尤其是部分法与整体法的竞合，例如，故意杀人罪被其他犯罪广泛地包含，从而使其他犯罪的严重程度大为提高，并为死刑罪名的增加奠定了逻辑基础。在没有废除死刑的国家，故意杀人罪是必然设置死刑的罪名。但是，在已废除死刑的国家，故意杀人罪囊括了所有的故意杀人行为，因此，只要一个故意杀人罪就可以评价所有的杀人行为。然而，在我国刑法中，除故意杀人罪以外，包含故意杀人行为的罪名至少还有以下这些罪名：（1）放火罪；（2）决水罪；（3）爆炸罪；（4）投放危险物资罪；（5）以危险方法危害公共安全罪；（6）强奸罪；（7）绑架罪；（8）抢劫罪。如果不将这些罪名中的故意杀人行为予以分离，则在故意杀人罪的死刑没有废除的情况下，这些罪名的死刑是不可能废除的。因此，为了从数量上减少死刑罪名，还需要对罪名进行技术性的处理。这也是减少死刑罪名的一个有效途径。

通过以上分析，我们就可以为逐步废除死刑设立一张路线图，它提供了我国刑法中现有所有死刑罪名废除的先后顺序。这种顺序是根据以下原则安排的：首先，根据非暴力犯罪中的死刑罪名优先于暴力犯罪中的死刑罪名废除的原则，将非暴力犯罪中的死刑罪名纳入废除的视线；其次，根据备而不用的和偶尔适用的死刑罪名优先于经常适用的死刑罪名废除的原则，在非暴力犯罪的死刑罪名中，先考虑废除那些备而不用的和偶尔适用的死刑罪名；最后，根据暴力程度轻重，在暴力犯罪的死刑罪名中先废除暴力程度较轻的死刑罪名。如此循序渐进，可实现死刑废除的最终目标。在通过刑法修正案的方式逐渐废除死刑罪名的时候，应当具有前瞻性，不应每次都单独地提出拟废除的死刑罪名，而应列出一张逐步废除死刑的罪名清单，并排出废除死刑的批次，供社会讨论。

（本文原载《政治与法律》，2015（7））

---

① 参见［法］威廉姆·夏巴斯：《国际法上的废除死刑》，114页，北京，法律出版社，2008。

死刑限制论的一个切入

——以故意杀人罪为线索的展开

一、问题的提出：由一个死刑案件谈起

潘某因琐事与安成、安军兄弟发生矛盾，被安成用水果刀刺伤后住院治疗。安成被公安局行政拘留5日，并被要求支付潘某的住院医疗费用。安成在被释放的当日，便与安玉、安军等兄弟四人商议找潘某让其出院。后安军、安玉等三人到医院找潘某协商未成。当天下午，安玉给堂弟安兴打电话让其帮助调解，安兴便与陶某等人去医院找到潘某让其出院，潘某以病未好为由拒绝。当晚8时许，安兴又带领李某、陶某、武某等五人再次来到医院让潘某出院，由此发生争执。期间安兴打潘某两耳光，被李、陶二人拉开并推出病房。在病房外安兴与去医院探望潘某的两个人发生厮打，潘某听到后即从褥下抽出尖刀一把，冲出病房朝安兴连捅数刀，致安兴倒地，同时将抱住潘某拉架的陶某左臂刺伤；随即又朝武某身上连捅十数刀，将武某捅死。后潘某让医务人员向公安局报案。该市人民检察院以故意杀人罪起诉潘某。一审法院认定，被告人潘某的行为已构成故意杀人罪，且自首情节，而被害人安兴对引发本案负有一定的责任；然而，另一被害人

武某对本案的发生并无过错，被告人潘某却以残忍手段将其杀害，并致被害人安兴重伤、陶某轻微伤的严重后果。这表明其主观恶性深、人身危险性大，不足以从轻处罚。据此，一审法院以故意杀人罪判处潘某死刑。对此，潘某不服，并以主观上不具有杀人的故意、原判淡化了本案的起因和冲突、量刑偏重为由提起上诉，认为原判间接加重了上诉人的主观恶性，同时忽视了被告人自首情节在量刑中应发挥的减轻处罚的作用。二审法院虽然同样认定了辩护理由强调的潘某自首和被害人有过错的情节，但最终还是选择完全支持一审法院的判决及其理由，认为潘某的罪行极其严重，辩护人的辩护意见不能成立，并裁定驳回上诉、维持原判。①

本案本无特别之处，然而还是有一些问题值得深入思考，比如，被告人潘某的行为是故意杀人还是故意伤害（致人死亡）？两罪的区分标准何在？即使本案被告人潘某的行为构成故意杀人罪，应该如何评价被害人有过错这一重要事实？在具体案件之中该如何准确理解刑法中规定的“罪行极其严重”？依据承认实然条件的死刑限制论，对什么样的故意杀人案件才应该判处死刑？故意杀人这一传统观念之中最为严重的自然犯罪在当下的死刑限制论的语境之中能够扮演何种角色？所有这些问题都可以由本案引申出来，引人反思。

二、故意杀人罪与故意伤害（致人死亡）罪

从上述案情可知，被告人潘某的行为应该属于义愤状态下的激情行为，他对于自己造成被害人死亡后果的行为是无预谋的。从主观上讲，这涉及故意杀人罪与故意伤害罪的区分问题。

在一般情况下，两罪的区分是比较容易的，但是在故意伤害造成被害人死亡的结果时，两罪在主观上都是“故意”，在客观上又都具有被害人死亡的结果，因而不易区分。我国刑法理论上的通说主张以主观上的故意的内容来区分两

① 参见 http：//www.lawyer.net/case/ease _ detail.asp? id=6839。

者——明知并希望或者放任这种结果发生的，就具有剥夺他人生命的故意，不论是否造成被害人死亡，行为的性质都属于故意杀人；只存在伤害他人身体健康的故意，却意外地导致被害人死亡结果发生的，只构成故意伤害罪。① 尽管通说的观点完全符合犯罪构成理论，但是，理论上标准的明确不等于实践中具体问题的解决。在具体案例之中，由于客观情况具有复杂性和主观故意具有隐蔽性，准确认定故意的内容有时是十分困难的。

就本文所切入的个案来说，按照通说的标准来分析，该案案发是由于被害人安兴三番两次逼迫被告人潘某出院不成，动手打了潘某后又殴打探望潘某的人。面对这种肆无忌惮的欺侮，潘某一忍再忍，最终作出了过分的行为。该案的判决书中没有表明案发前的争执中被告人潘某有无过错。可以说，如果没有被害人安兴的无事生非，就不会有该案的发生，所以被害人是有责任的。就被告人潘某使用的工具"剔骨尖刀"和打击的次数"十数刀"来看，可以说被告人潘某确实放任了他人死亡结果的发生，认定其有杀人的故意是有一定道理的。但是，潘某上诉时辩称"主观上不具有杀人的故意，而是伤害致死"，也引导我们必须注意被告人潘某平时的一贯表现、被告人潘某与被害人安兴的关系、该案中的具体情况等一系列问题。就该案来说，只根据外部的客观因素确定而不考虑被告人潘某义愤情况下的主观状态，难免有违背个别公正之嫌。

三、被害人过错与量刑情节

在本案这种被害人有明显过错、故意杀人罪和故意伤害（致人死亡）罪明确区分不十分容易，而犯罪人最终被判处故意杀人罪的情况下，为什么不能以"被害人有过错"这个辩护理由为突破口来争取处以较轻的法定刑呢？这里，实际上涉及立法规定与司法实践的疏离问题。

① 参见赵秉志主编：《中国刑法案例与学理研究》，分则篇（三）侵犯公民人身权利、民主权利罪，54～59页，北京，法律出版社，2001。

被害人有过错，在我国刑法中是从轻处罚的酌定情节。应该看到，被害人有过错对故意杀人罪的量刑，尤其是死刑的裁量，具有重要的意义。但在司法实践中往往存在着重法定情节轻酌定情节的倾向，特别是对于酌定从轻处罚的情节，常常不予考虑。该案二审法院认定：尽管被害人安兴在本案的起因上有过错，上诉人潘某又有自首情节，但被害人武某对本案的发生无过错，上诉人潘某所犯罪行极其严重，因此，不予从轻处罚。法院在量刑时虽考虑到了相应的问题，但是并没有采纳相应的事由并体现在实体判决之中，故该情节没有对量刑起到减轻作用。

事实上，在杀人是因当场受到挑衅而引起的情况下，犯罪人的主观恶性及刑事责任应该有大幅度降低的空间。根据刑法第 232 条的规定，故意杀人的，处死刑、无期徒刑或者 10 年以上有期徒刑；情节较轻的，处 3 年以上 10 年以下有期徒刑。这一规定要求司法机关正确区分情节严重的杀人与情节较轻的杀人，以便准确选择相应的法定刑幅度。义愤杀人，虽属故意杀人，但其杀人的故意是由义愤引起的，因此，主观方面的罪责是比较轻的，其应属于具有较轻情节的故意杀人罪。但是事实上，尽管区分情节严重的杀人与情节较轻的杀人以及对情节较轻的杀人判处较轻的法定刑在理论界得到了强有力的支持和认可，但是在司法实践中，情节较轻的故意杀人罪相对于情节严重的故意杀人罪来说总是少数情况。另外，关于何种情况属于故意杀人罪中的“情节较轻”，立法本身并无具体规定，司法解释也无明确的规定。这样，被害人有过错而导致义愤杀人的，从对法官的实体判决的实际影响来说，其是否属于情节较轻本身仍然是一个问题。在笔者看来，为了减少和限制故意杀人罪的死刑适用，我们应该采取“列举加概括”的方式明确规定“情节较轻”的不同情况，就本案来说，我们在立法上有必要将被害人有过错这一酌定从轻情节法定化，并且将之直接规定为多种“情节较轻”中的一种。这样，才能够明确而有效地规制刑事法官的实体断案行为。

四、故意杀人罪与死刑

该案二审判决书记载：原判认为……被告人潘某作案后委托他人代为投案，

并如实供述自己的罪行，属自首。被害人安兴对引发本案负有一定责任。鉴于被害人武某对本案的发生并无过错，被告人潘某却以残忍手段将其杀害并致被害人安兴重伤、陶某轻微伤的严重后果，其主观恶性深、人身危险性大，故对其不足以从轻处罚。故二审法院维持了一审法院的死刑判决。为什么被判故意杀人罪的人有法定的或者酌定的从轻处罚情节，法院也没有对其判处较轻的法定刑而仍然判处死刑呢？这，除了存在立法导向的问题，还与我们对"罪行极其严重"的理解有关。

首先，看我国刑法第232条和第234条的表述。刑法第232条规定，故意杀人的，处死刑、无期徒刑或者10年以上有期徒刑；情节较轻的，处3年以上10年以下有期徒刑。刑法第234条第2款规定，故意伤害致人死亡的，处10年以上有期徒刑、无期徒刑或者死刑。通过比较这两种犯罪的法定刑配置可见，尽管两罪所面临的刑罚种类一样，但是不同的刑罚排列顺序意味着立法者不同的预期和导向：故意杀人的，首先考虑死刑；故意伤害致人死亡的，则首先考虑10年以上有期徒刑。故意杀人罪的罪刑配置清楚地体现了"杀人者死"的报应化倾向。同样情况下，是以故意杀人罪还是以故意伤害罪起诉和判决，在很大概率上决定着被告人会不会被判处死刑立即执行。

其次，看刑法第48条中关于死刑适用范围的原则性限制。该条规定，"死刑只适用于罪行极其严重的犯罪分子……"。但是，正如有学者指出旨在，"罪行极其严重"的规定"明显具有虚幻性"[①]，以致这个本来旨在原则性地限制死刑适用的条款，事实上造成了死刑扩张适用的可能。尽管我们在学理解释上愿意将这里的"罪行极其严重"解释为"主客观相统一"，但是，问题在于，一是该条的规定忽视了对人身危险性的要求；二是司法实践中即使考虑到了人身危险性，也是简单地以犯罪行为的客观危害后果来衡量的，并未全面、充分考虑犯罪的原因、动机，犯罪有无预谋等重要因素。从上述该案二审判决书的记载中就很容易看出这种倾向。于是，在对故意杀人案的裁判中，我们不难看到这样一种司法逻

① 曲新久：《刑事政策的权力分析》，251页，北京，中国政法大学出版社，2002。

辑：只要死了人，行为人又是故意的，那就是“罪行极其严重”，就应该判处死刑。这里，客观危害成了决定性的因素，主观恶性则多少沦落为一种附庸。[①]

五、本文的三点结论

对故意杀人罪死刑适用个案的研究表明，故意杀人罪的死刑适用反映的是该罪的立法规定问题，而相应的立法规定映射的是死刑适用的限制问题。

第一，相对于死刑废除论而言，死刑限制论成为目前我国刑法理论界更为现实的选择，与之相适应，要求在刑事立法与刑事司法过程中对死刑的适用作出限制。具体说来，在死刑限制论被承认的情况下，在故意杀人罪等严重危害人身安全的暴力犯罪中配置死刑是受到肯定的，也与我国的经济发展水平和精神文明程度相适应，能为“杀人者死”的国民报应情结所接受。同时，应当“明确适用死刑的法定条件，确立适用死刑的刚性标准”[②]。这里就要求在刑法总则中对死刑适用的条件作全面、明确的一般规定，从罪行的性质、情节、后果和社会危害程度等客观情况，以及行为人的主观恶性、人身危险性等个人情况两方面入手，用能够给司法人员提供实质性指导的形象的语言描述死刑的适用条件，以避免重客观条件轻主观条件，并尽量避免刑法总则对死刑适用条件的规定中语言描述的笼统性导致的理解偏颇和任意裁量的可能。

第二，在我国每年判处死刑的案件中故意杀人罪占有相当的比重，因此，我们必须检讨并且完善我国刑法对故意杀人罪的规定，在刑法总则全面、明确界定适用死刑的一般条件的基础上，将这个条件落实到对故意杀人罪的规定中，结合不同情况的故意杀人罪的具体性质、可能的危害结果以及行为人实施该罪造成的危害结果可能表征的主观恶性程度，界定适用死刑的情况，对谋杀、激情杀人、

① 从这个角度来说，笔者认为，1997 年刑法将死刑适用的原则性条件由 1979 年刑法规定的“罪大恶极”改为“罪行极其严重”，不是什么向客观主义的进步，相反，是一个恶性的倒退。

② 梁根林：《中国死刑控制十大论纲——立足于中国国情和国际潮流的系统设计》，载《死刑问题研究》（上册），440 页，北京，中国人民公安大学出版社，2004。

义愤杀人、杀婴等等作出明确的单独规定。与上述建议相对应，在立法上，将被害人有过错这一成熟的酌定从轻情节法定化。此举对于限制司法擅断、保障被告人的人权以及实现司法公正来说具有重要意义。

第三，不但学者要在解释论上通过实质解释为削减死刑作出贡献[①]，而且法官在实际司法，尤其是死刑司法的时候应该坚持这样的理念。这就要求对“罪行极其严重”作限制解释，绝不能简单地以结果定罪。如果仅以造成死亡结果的社会危害性来判定行为人具有人身危险性，进而定故意杀人罪并适用死刑的话，人身危险性实际上就成为死刑扩张适用的一个摆设甚至帮凶。笔者认为，人身危险性实际上是依附于社会危害性而存在的，是可有可无的。只有综合故意杀人案件的全案情况，认定被告人不仅确实造成了严重的社会危害，而且（而非“从而”）显现出较强的反社会性和人身危险性，才能属于“罪行极其严重”。严格死刑适用时的“主客观相统一标准”，是我们在明确故意杀人罪的死刑适用的“最后堡垒”地位之后，在这一堡垒中对死刑适用所作出的慎重选择。

（本文与葛向伟合著，原载《法学杂志》，2005（5））

① 参见张明楷：《刑法学者如何为削减死刑作贡献》，载《当代法学》，2005（1）。

从“枪下留人”到“法下留人”

——董伟死刑案引发的法理思考

一、引子

2002年夏天，一个被称为“枪下留人”案的死刑案件引起了全社会的瞩目。从2002年4月29日董伟死刑案被最高人民法院暂缓执行一事见诸媒体始，到2002年9月5日董伟最终被执行死刑止，报纸、杂志以及新闻网站纷纷发表评论，展开对死刑正当性的讨论。可以说，这是死刑第一次进入主流媒体的视野，也受到主流社会的关注。

那么，“枪下留人”案到底是一起什么案件呢？根据法院认定，本案的事实是：

被告人董伟于2001年4月30日晚，与延安市河庄坪乡石屹塔村希望小学教师曹某在舞场相识。同年5月1日下午，董伟又约了曹某、郝某、封某在延安市区游玩、吃饭、喝酒直到次日凌晨。5月2日零时许，董伟与曹某等四人来到延安电影院通宵舞厅，曹、郝、封等三人先进入舞厅，董伟在舞厅门口与来舞厅跳舞的宋某（死者，19岁）发生口角，进而厮打在一起，被在舞厅门口检票的薛某、石某和前来舞厅跳舞的延安市体校学生高某等人拉劝开后，宋阳下了舞厅门口台阶离去，董伟站在舞厅门口。当宋阳离开舞厅门口至约二十米远的灯具店店门旁时，董伟从人行道上拣起一块六边形水泥质地砖，向宋的头部连续击打3砖，致宋阳倒地后逃离现场。宋阳被在场的刘某、高某送往延安大学医学院附属医院抢救，经抢救医治无效，于2001年5月9日1时30分死亡。经法医尸检，宋某系被他人用钝器打击头部造成闭合性颅脑损伤导致呼吸心跳中枢衰竭而死亡。董伟于5月3日下午逃至安塞县城，于次日下午被公安机关在安塞县城北门加油站门外抓获归案。

根据上述事实，陕西省延安市中级人民法院于2001年12月21日认定被告人董伟的行为构成故意杀人罪，依法判处死刑，立即执行。陕西省高级人民法院于2002年4月22日维持了死刑判决。这本是一起极为普通的死刑案件，但它在二审时遇到了一个执着的辩护律师——朱占平，因而发生了以下戏剧性的一幕：

4月29日，朱占平律师来到最高人民法院。9时45分以要进大院买《最高人民法院公报》为借口领到一张通行证，终于迈进了最高人民法院的大门。

9时50分，朱占平一路小跑，冲进了最高人民法院刑一庭李武清副庭长的办公室。李副庭长正在收拾东西，电脑、书籍等物品还堆放在地板上没有归位。李副庭长腾开一点地方，让这名远道而来的西安律师先坐下。可朱占平根本就坐不住，他开始用最简练的语言介绍了案情和申诉理由。

9时55分，李副庭长听完朱占平的介绍，马上就找到负责西北片的有关法官调阅了申诉材料。看完材料后他看了看表，立即组织人员一面向院长呈文请求下达暂缓执行命令，一面与本案的一、二两审法院联系。

10时整，因办公室的电话还没装好，李副庭长就用手机联系有关人员。因电脑没有连线，无法查找到所需的电话号码，李副庭长就打电话辗转询问。

10时15分，董伟的亲属打来电话告诉朱占平，执行任务的武警已经戴上了口罩，看样子马上就要执行死刑了。此时，李副庭长右手在记录电话号码，左手在不停地拨打着手机。

10时18分，李副庭长首先接通了陕西省高级人民法院一位副院长的电话，随即辗转得到了执行法官的电话号码。

10时24分，李副庭长拨通了执行法官的手机："你是不是在执行一个叫董伟的案子?""是。""枪响了没有?"在得到否定的回答后，李副庭长立即说："我是最高人民法院刑一庭，现在通知你把这个案子推迟到下午3时执行，这期间我们会给你新的指令。"

执行法官简直不能相信自己的耳朵，追问道："你是谁?"李副庭长回答："李武清，武装的武，清白的清。开着你的手机，省高院杨副院长会给你指示的。"此时距行刑的时间只有4分钟。

最高人民法院院长的死刑暂缓执行命令很快签署下来。就在此时，朱占平律师的手机响了，董伟的父亲和家人在电话里激动得放声大哭："救下了！救下了！要是电话晚来4分钟就人头落地了！朱律师，我们全家怎么感谢你啊！"此时，朱占平的眼睛湿润了，李副庭长的额头也沁满了汗水……"我为共和国有您这样认真负责的法官而自豪!"心情异常激动的朱占平紧紧握住了李副庭长的手。李副庭长说："死刑案件剥夺的是一个人的生命，我们必须慎之又慎!"他顿了一下又说："而且，我还没有见过像你这样敬业的律师!"

死刑突然被暂缓执行，董伟的命运到底如何？这像一个悬念吊起了公众的胃口。然而，本案并非如人们所期望的那样以众人皆大欢喜告终，而是以董伟最终被执行死刑而结束。

最高人民法院的死刑暂缓执行令下达以后，陕西省高级人民法院根据最高人民法院的指示，另行组成合议庭。合议庭成员除原二审合议庭成员韩均升、张聪利和刘仲屹三人外，增加了张宽祥和田伟二人。经过审查全案，检查有关证人证言并反复讨论后，合议庭于2002年8月26日作出终审裁定。终审裁定认为，(董伟）其行为已构成故意杀人罪，又无法定或酌定从轻处罚之情节，故应依法严惩。原审判决认定的基本犯罪事实清楚，基本证据确实、充分，定罪准确，量刑适当，审判程序合法。根据这一裁定，2002年9月5日，董伟在最高人民法院的死刑暂缓执行令下达128天后被执行死刑。

这一死刑执行虽然多少有些出乎普通百姓的预料或者期待，但对于一直关注该案的我来说，并不意外。在现行的死刑立法与司法的语境中，董伟被执行死刑是该案合乎逻辑的结局。对于老百姓来说，更关注的是董伟的命运——人的命运；而对于我来说，更关注的则是死刑的命运——制度的命运。对于董伟的辩护律师来说，更关注的是董伟依据现行的法律被判处死刑是否合理；而我更关注的是据以判处董伟死刑的法律（实体法与程序法）是否合理。我认为，对董伟死刑案的反思，不应囿于枪下是否应该留人，而应包括法下是否应该留人。

二、死刑：实体法的考察

杀人者死，这是中国老百姓的一种根深蒂固的信念，也是中国法律文化传统中至今仍然存活的原则。然而，我国现行刑法中关于死刑的规定，并不限于杀人者死这一范围。下面，从刑事政策、立法与司法三个方面，对我国刑法中的死刑进行分析。

（一）死刑之刑事政策分析

我国关于死刑的刑事政策，可以概括为：“不可不杀”、“尽量少杀”与“防止错杀”。其中，“尽量少杀”又具体化为“可杀可不杀的，不杀”。上述死刑的刑事政策是20世纪50年代制定的，在相当长一个时期内曾经指导我国的司法实践，并且取得了良好的社会效果。当然，这一刑事政策中，“不可不杀”的内容较为确定，但“尽量少杀”中的“少杀”与“多杀”的内容就不那么确定了，它是一个相对的概念。至于可杀与可不杀，更是一个由法官自由裁量的问题，没有绝对的标准。但从20世纪80年代初“严打”开始，在治乱世用重典的思想指导下，“尽量少杀”的死刑政策发生了动摇，死刑随之大量适用，从“可杀可不杀的，不杀”演变为“可杀可不杀的，杀”①。死刑政策的这一变化固然有着犯罪

① 梁根林：《解读刑事政策》，载陈兴良主编：《刑事法评论》，第11卷，36页，北京，中国政法大学出版社，2002。应当指出，梁根林将从少杀到多杀视为应然的刑事政策与实然的刑事政策相脱节的一个范例，而我则认为这是死刑政策变化的结果。

大幅度增加这一现实背景，但对死刑威慑力的过分迷信也是重要原因之一，并且正好迎合了公众的报应心理。从刑事政策角度分析，死刑应当从“多杀”回归“少杀”。理由如下：

（1）死刑作用的有限性。死刑不是解决现实犯罪问题的灵丹妙药，因为犯罪是社会矛盾激化的产物。在当前我国社会转型进程中，各种社会矛盾错综复杂，恶性犯罪时有发生。在这种情况下，保留死刑是必要的，但过多地适用死刑对于犯罪来说则是无济于事的。而且，过分地依赖死刑，往往麻痹我们的神经，反而使社会矛盾的解决迟缓化。事实已经证明，死刑的威慑力是有限的，在存在死刑的国家与废除死刑而以无期徒刑作为最高刑的国家，死刑与无期徒刑对犯罪的威慑力是相等的。因此，我们应当将更大的精力花费在社会矛盾的解决上，在能够采用其他刑罚方法解决社会矛盾的情况下，尽量采用其他刑罚方法，以减少对死刑的过度依赖。

（2）死刑成本的高昂性。任何刑罚在具有一定的社会效益的同时，都需付出一定的代价，刑罚从来都不是无本万利的。对死刑成本的认识，以往在刑法理论中是被忽视的，由此形成一种认识上的误区，认为死刑是一种节约的刑罚。的确，从有形成本的支出来看，死刑是要比其他刑罚更为节省，尤其是在我国的速决程序中，死刑的程序并不比其他刑罚的程序更为复杂。但从无形的社会成本来看，死刑的代价是昂贵的，它既消灭可以创造劳动价值的人的生命，又在满足被害人复仇心理的同时造成了死者亲属的怨恨。如果死刑滥用，更会导致社会积怨。因此，在能够不杀的情况下绝对不杀，在能够少杀的情况下绝对不多杀，这应当是正确的选择。

（3）死刑限制的必然性。从国际范围来看，死刑之被废弃、被限制是必然的发展趋势。1966 年联合国《公民权利和政治权利国际公约》第 6 条虽然没有明确提出废除死刑，但申明：“人人有固有的生命权。这个权利应受法律保护。不得任意剥夺任何人的生命。”在《欧洲人权公约》《美洲人权公约》等国际公约中都有此类规定。1985 年欧洲理事会对《欧洲人权公约》作出《关于废除死刑的第六附加议定书的增补》，并得到生效。该议定书第 1 条明确规定：“死刑应予废除。任何人不应被判处死刑或被处决。”及至1989年，联合国又通过了《旨在废除死刑的〈公民权利和政治权利国际公约〉第二项任择议定书》。该议定书第1条规定：“（1）在本议定书缔约国管辖范围内，任何人不得被处死刑。（2）每一缔约国应采取一切必要措施在其管辖范围内废除死刑。”上述国际公约表明了对死刑逐渐限制乃至最终废除的严正立场。我国虽然有着本国的特殊情况，但在死刑问题上应当与国际潮流保持一致，至少不能背道而驰。随着我国加入国际人权公约，在死刑政策上应当有所调整，向着限制死刑的方向努力。

日本学者大谷实在论及死刑的刑事政策意义时指出：“从刑罚史来看，随着文明的进步，死刑逐渐受到限制。又，已经废除死刑的国家也不在少数。因此，可以预想，将来，死刑会在世界各国的刑罚制度中消失。”① 由此可见，死刑政策是受人类文明发展限制的。尽管一个国家的死刑政策是由这个国家当局作出的，但不能不受到人类文明的国际性发展趋势的影响。我国的死刑政策从多杀到少杀，从少杀到不杀，即从限制死刑到废除死刑，虽非一日之功可成，却也应当切实地向这个目标逐步地接近。

从刑事政策角度观察董伟死刑案，我认为董伟属于可杀可不杀之列，在严格限制死刑的刑事政策下，不杀是完全可以的。而在目前并未严格限制死刑的刑事政策下，杀也是一种合乎逻辑的结果。如果不从刑事政策上对死刑加以严格限制，成千上万个董伟将会被杀。

（二）死刑的立法分析

刑事政策首先反映在立法上，死刑亦如此。从1979年刑法中28个死罪到1997年刑法中68个死罪，正好反映了我国死刑政策从限制到放宽的一种发展趋势。当然，这种趋势也是与我国社会转型以后出现的犯罪高潮相吻合的，反映了立法者意图通过死刑镇压犯罪的主观努力，但这种努力基本上是失败的。我国刑法中果真需要这么多的死罪吗？回答是否定的。我国的死刑立法应当从以下三个方面加以修改。

---

① ［日］大谷实：《刑事政策学》，112页，北京，法律出版社，2000。

1. 死刑罪名的削减

目前我国刑法中的死刑罪名分布如下：（1）危害国家安全罪中7个死刑罪名；（2）危害公共安全罪中14个死刑罪名；（3）破坏社会主义市场经济秩序罪中15个死刑罪名；（4）侵犯人身权利、民主权利罪中5个死刑罪名；（5）侵犯财产罪中2个死刑罪名；（6）妨害社会管理秩序罪中8个死刑罪名；（7）危害国防利益罪中2个死刑罪名；（8）贪污贿赂罪中2个死刑罪名；（9）军人违反职责罪中13个死刑罪名。在上述死刑罪名中，至少有三分之一属于备而不用的，这些死刑罪名在司法实践中极少适用，形同虚设，纯粹是为了起到某种威慑作用，故这些死刑罪名是首先可以被取消的。此外，财产犯罪与经济犯罪的死刑罪名在我国刑法中也占三分之一，这些犯罪虽然严重地侵犯了经济秩序，但毕竟没有使用暴力手段，也未侵犯公民的人身权利和社会的根本利益，即使在保留死刑的国家，也没有规定对财产犯罪与经济犯罪处死刑，因而我认为应予废除。剩下的约三分之一、大约二十个的死刑罪名，虽然在目前还有其保留必要性，但应在立法技术上加以调整，进一步合并死刑罪名，从而达到减少死刑的目的。例如，我国刑法第239条规定，致使被绑架人死亡或者杀害被绑架人的，处死刑，并处没收财产。这是关于绑架罪中的死刑的规定。其实，致使被绑架人死亡的情形属于故意伤害致人死亡，而杀害被绑架人的情形属于故意杀人。对于这两种情形，刑法完全可以像其他条文那样设置为转化犯，即规定以故意伤害罪和故意杀人罪处刑，而没有必要再规定死刑。

2. 死刑适用条件的严格规定

关于死刑适用条件，刑法第48条规定："死刑只适用于罪行极其严重的犯罪分子。"这是刑法关于死刑适用条件的总则性规定。但十分明显，这一规定具有过于抽象的弊端。刑法分则在对个罪的规定中，仍然使用一些概括性的用语。例如刑法第199条规定，"犯本节第一百九十二条（集资诈骗罪——引者注，下同）、第一百九十四条（票据诈骗罪、金融凭证诈骗罪）、第一百九十五条（信用证诈骗罪）规定之罪，数额特别巨大并且给国家和人民利益造成特别重大损失的，处无期徒刑或者死刑，并处没收财产。"这里规定的死刑适用条件是"数额特别巨大并且给国家和人民利益造成特别重大损失”。这一适用条件同样缺乏明确性，在很大程度上取决于法官的主观判断，不利于从立法上限制死刑的适用。死刑适用条件的具体化，应从立法上加以完善。例如，我国刑法规定故意杀人罪可处死刑，但故意杀人的情节是各种各样的，许多国家的刑法都分别杀人的不同情形分设罪名，例如许多国家的刑法都将谋杀罪作为特别严重的故意杀人罪单设罪名，英美法系国家还将谋杀罪进一步分为一级谋杀罪与二级谋杀罪，此外，再设立义愤杀人、受托杀人等情节较轻的罪名。即使是对于故意杀人罪，也只对谋杀罪处死刑，对其他杀人罪并不规定死刑。而我国刑法对故意杀人罪定了情节减轻犯，但情节是否较轻的认定完全由法官确定，并不利于从立法上控制死刑的适用。

3. 死缓制度作用的进一步发挥

我国有死刑缓期 2 年执行的制度，它对于贯彻少杀政策曾经起到了积极的作用。日本在刑法修改中，借鉴中国的死缓制度，提出了“死刑的缓期执行”的提案，将死缓作为死刑的替代刑。其内容为：(1) 法院对应当判处死刑的案件，根据裁量，可以判处死刑，但缓期 5 年执行；(2) 对于被判处死刑缓期执行的人，应放在刑事设施中，进行改造所必要的处遇；(3) 过了 5 年的缓期期限后，可以由法院将死刑改判为无期徒刑；(4) 被改判无期徒刑的人，自死刑判决确定之日起 20 年后才能被假释。该提案在提议判处死刑缓期执行的同时，又设计了比普通的无期徒刑更重的无期刑，目的是用间接的方法来减少或消灭死刑宣告。① 后来日本刑法修改搁置了，但“死刑的缓期执行”的提案仍然应当引起我们的重视。我国是死缓制度的发源地，如何进一步发挥死缓制度对死刑的替代作用是应当被着重考虑的一个问题。目前在死刑适用中，存在着死缓降格适用的情况，即对于应当判处无期徒刑的犯罪分子判处了死缓，其结果是完全抵消了死缓的死刑替代作用。我认为，应当在立法上明确死缓的适用条件。现在刑法规定的死缓适用条件是“如果不是必须立即执行的”，这一规定弹性很大，各地司法机关理解

① 参见［日］大谷实：《刑事政策学》，114 页，北京，法律出版社，2000。

各异，因而适用上也各行其是，不利于法制统一，应当予以明确。我认为，在当前不能马上废除死刑的情况下，可以考虑扩大死缓的适用范围，限制死刑的实际执行，作为向废除死刑过渡的替代措施。具体设想是：放宽适用死缓的范围，甚至规定对判处死刑的犯罪一律适用死缓。刑法将死缓被改为立即执行的条件加以明确规定，凡是具备这些条件的，应当执行死刑。这样，给犯有死罪的犯罪分子一个最后的悔改机会。在死缓期间具有抗拒改造的法定情节的，实属死不悔改，杀之无赦。

从刑事立法角度来考察董伟死刑案：董伟的故意杀人行为，属于由琐事引发的杀人，与那种蓄意谋杀还是有区别的。如果在刑法中对谋杀单设罪名并规定死刑，对其他故意杀人行为不规定死刑，则当然可以避免死刑的适用。即使是故意杀人罪配置了死刑，是否可处死缓呢？如果在刑法中不是笼统地规定死缓适用条件，则可以为死缓的适用提供明确的法律规定。因此，董伟被处死刑，我认为，与我国目前刑事立法，尤其是死刑立法的粗疏是有关系的。

（三）死刑的司法分析

死刑的法律规定最终要由司法机关适用，因此，司法机关能否正确地掌握死刑的适用标准，对于限制死刑具有重要意义。应该说，最高人民法院在限制死刑方面还是作出了重要努力的。例如 1999 年 10 月 27 日《全国法院维护农村稳定刑事审判工作座谈会纪要》指出："对于被害人一方有明显过错或对矛盾激化负有直接责任，或者被告人有法定从轻处罚情节的，一般不应判处死刑立即执行。""对于故意伤害致人死亡，手段特别残忍，情节特别恶劣的，才可以判处死刑。"这一规定，对于限制故意杀人罪和故意伤害（致人死亡）罪的死刑适用起到了积极作用。当然，由于我国刑法对死刑适用条件规定得过于抽象，各地司法机关在死刑适用上存在一些问题，需要加以改进。

(1) 唯后果论对死刑适用的影响。根据犯罪构成理论，犯罪后果只是犯罪构成诸要件中的一个要件，尽管它对行为的社会危害性具有重要的影响，但它绝不是定罪量刑的唯一因素。而在司法实践中，法官在确定是否适用死刑的时候，过多地考虑犯罪后果，尤其是对于故意杀人等案件中，只要造成了死亡后果，往往就判处死刑。我认为，在死刑适用上，应当综合考虑犯罪的各种情节，而不是仅考虑犯罪后果。犯罪手段是否残忍、犯罪动机是否卑劣等，都是在适用死刑时应当予以考虑的因素。

（2）唯数额论对死刑适用的影响。在财产犯罪与经济犯罪中，往往存在一定的犯罪数额，犯罪数额对定罪量刑具有重要意义。但在司法实践中如果过于注重犯罪数额，而忽视其他情节在死刑适用中的作用，同样会造成死刑适用上的偏差。因此，在死刑适用中应当克服唯数额论，将犯罪数额放到整个犯罪案件中去加以综合考虑。唯此才能克服片面性，正确地裁量死刑。

（3）民愤对死刑适用的影响。某些性质严重的犯罪往往引起较为强烈的社会反响，在新闻媒体予以披露或者炒作以后，更是如此。这种社会反响反映了一定的民愤。在有被害人的犯罪中，被害人及其亲属的反应，会对司法机关造成极大的压力，因而在一定程度上影响死刑的适用。我认为，在死刑适用中虽然需要在一定程度上考虑民愤的因素，但它并不是死刑适用的决定性因素，尤其不能屈从于被害人及其亲属的压力而在不应判处死刑的情况下适用死刑。

从刑事司法角度来观察董伟死刑案：董伟的行为是否符合死刑立即执行的条件，仍然是一个值得研究的问题。陕西省高级人民法院在对该案的终审裁定中认为，董伟的行为已构成故意杀人罪，又无法定或酌定从轻处罚之情节，故应依法严惩。这其实是判处董伟死刑的理由。但这一理由是否能够成立呢？我认为是它值得推敲的。这一理由确立了一个原则，即：犯故意杀人罪，只要没有法定或酌定从轻处罚情节，都应当被判处死刑立即执行。但刑法规定的死刑适用条件是罪行极其严重。所谓罪行极其严重，是指所犯罪行对国家和人民的利益危害特别严重和情节特别恶劣。因此，没有法定或酌定从轻情节不等于罪行极其严重。如果仅仅从有无法定或酌定从轻情节来理解罪行是否极其严重，那显然是对死刑适用案件的过于宽泛的理解。就董伟死刑案来说，尽管没有法定和酌定的从轻处罚情节，但该案的罪行并不极其严重，因为董伟与死者并无怨仇，只是在跳舞过程中因琐事发生争执，在厮打中董伟用人行道上的地砖连续击打被害人头部，致其死亡。从后果来看，董伟的行为造成他人死亡，后果当然是严重的。但这一故意杀人是突发性的而非预谋性的，致死工具是随地拾取的地砖而非事先准备的，在故意杀人中属于情节严重但尚不属于情节极其严重。即使判处死刑，也不应立即执行，而是应当适用死刑缓期2年执行。

三、死刑：程序法的考察

董伟故意杀人案在审理过程中暴露出来的问题，更为突出地反映在程序法上。程序是为保障实体公正而设置的，但程序自身又有其公正的独立价值。由于死刑关系到人之生死，因此，各国刑法都对死刑规定了严格的程序。我国刑事诉讼法对于死刑案件除规定了普通程序以外，还专门规定了死刑复核程序；同时刑法规定，由最高人民法院行使死刑复核权。但在目前司法实践中，死刑案件的审理程序方面存在一些问题得研究。

1979年的刑法和刑事诉讼法都明确规定死刑复核权由最高人民法院行使。但在1979年刑法和刑事诉讼法实施不久，由于司法实践中判处死刑的案件较多，最高人民法院难以承担全部复核工作。在这种情况下，为了适应及时、有效地依法严惩严重危害社会治安的刑事犯罪分子的客观要求，1980年2月12日，也就是在1979年刑法和刑事诉讼法生效仅2个月后，全国人大常委会就作出决定："在1980年内对现行的杀人、强奸、抢劫、放火等犯有严重罪行应当判处死刑的案件，最高人民法院可以授权省、自治区、直辖市高级人民法院核准。"1981年6月19日，全国人大常委会又作出决定，明确规定：(1) 1981年至1983年内，对犯有杀人、抢劫、强奸、爆炸、放火、投毒、决水和破坏交通、电力等设备的罪行，由省、自治区、直辖市高级人民法院终审判决死刑的，或者中级人民法院一审判决死刑，被告人不上诉，经高级人民法院核准的，以及高级人民法院一审判决死刑，被告人不上诉的，都不必报最高人民法院核准。(2) 对反革命犯和贪污犯等判处死刑，仍然按照刑事诉讼法关于死刑复核程序的规定，由最高人民法院核准。如果说上述死刑复核权的变更尚属权宜之计，那么，1983年9月2日全国人大常委会通过修改《人民法院组织法》，规定死刑案件除由最高人民法院判决的以外，应当报请最高人民法院核准；杀人、强奸、抢劫、爆炸以及其他严重危害公共安全和社会治安判处死刑案件的核准权，最高人民法院在必要的时候，得授权省、自治区、直辖市的高级人民法院行使，就使高级人民法院享有部分刑事案件的死刑复核权制度化了。根据这一规定，1983 年 9 月 7 日最高人民法院审判委员会第 177 次会议讨论决定：“在当前严厉打击刑事犯罪活动期间对杀人、强奸、抢劫、爆炸以及其他严重危害公共安全和社会治安判处死刑的案件的核准权，本院依法授权各高级人民法院和解放军军事法院行使。”尽管这是一项制度化规定，但仍然是有条件的，这种条件主要表现为以下三个限制①：（1）只有在“必要的时候”才允许授权。什么是“必要的时候”，应由最高人民法院根据形势、任务和条件来判断。（2）只能在法律规定的几类案件的范围内进行授权。在这几类案件中是全部授权还是只授权其中的一部分，最高人民法院应有机动的权力。这就是说，它既可以将这几类案件的死刑的核准权依法全部授予高级人民法院行使，也可以将其中部分案件的死刑核准权授予高级人民法院行使。（3）授权的对象，最高人民法院也应有选择的余地。就是说，根据形势发展的不平衡性和案件的地区差别性，它既可以授权给全部高级人民法院，也可以授予个别高级人民法院核准权。例如 1991 年 6 月 6 日和 1993 年 8 月 18 日最高人民法院分别决定将云南省和广东省的毒品犯罪死刑案件的核准权，依法授予云南省和广东省高级人民法院行使，但是，最高人民法院判决的和涉外的毒品犯罪死刑案件除外。在 1996 年刑事诉讼法修改时，我国学者针对死刑核准权问题提出了三种主张②：一是死刑核准权统一由最高人民法院行使；二是维持现状；三是对死刑案件实行三审终审制，以第三审替代死刑复核程序。但最后刑事诉讼法没有增加可以在必要时授权的规定。主要理由在于：中国对死刑的一贯政策是：一不废除，二是慎重。因此，死刑案件应统一由最高人民法院核准。授权高级人民法院核准死刑案件，是在特殊时期对特定案件采取的暂时措施，在执行中也存在一定问题，实

① 参见陈光中主编：《中国刑事诉讼程序研究》，306 页，北京，法律出版社，1993。

② 参见周道鸾、张泗汉主编：《刑事诉讼法的修改与适用》，336～338 页，北京，人民法院出版社，1996。

际上已经形成死刑案件的二审程序与核准程序合一，不利于对死刑案件的严格审核。从长远全局和基本法律制度说，不规定授权为宜。[①] 尽管在立法上的这种考虑是正确的，但并没有解决司法实践中死刑核准权的下放问题。因此，在1996年刑事诉讼法实施以后，死刑核准权下放的现状并未得到改变，甚至根本没有被提到议事日程上来。这种将最高人民法院的死刑核准权授予高级人民法院行使的做法，我认为存在以下缺陷。

（一）程序虚置

刑事诉讼法对一般刑事案件实行二审终审，但对死刑案件在二审之上专门设立一个复核程序。其制度设计的初衷是对死刑持慎重态度，防止错杀。但最高人民法院将死刑核准权授予高级人民法院行使以后，死刑案件的二审程序与核准程序合一，实际上取消了案件复核程序，因而有违立法初衷。实际上，最高人民法院将死刑案件核准权授予高级人民法院行使以后，如果重视死刑案件复核程序的独立性，完全可以专门设立死刑案件复核庭，使死刑案件的二审程序与复核程序相分离。尽管这种做法在效果上不如最高人民法院亲自行使死刑案件核准权，但至少使死刑案件的复核机构与人员相对独立于死刑案件的二审机构与人员，从而在一定程度上发挥死刑案件复核程序的作用。现在的做法是将死刑案件的二审程序与复核程序完全合二为一，因而出现了程序虚置。对于这个问题，最高人民法院是负有相当责任的。因为法律是将死刑核准权授予最高人民法院的，最高人民法院在将死刑核准权授予高级人民法院的时候，应当对高级人民法院行使死刑核准权的程序作出规定，对高级人民法院的案件核准活动加以规范，使之更加符合立法的要求。遗憾的是，我并没有看到最高人民法院在这方面的努力，只看它一放了之，持一种放任态度。这是极不应该的。我仍然寄希望于最高人民法院，指望最高人民法院在死刑核准活动的规范化方面有所作为。

（二）标准失衡

死刑核准权统一由最高人民法院行使，最大的优越性在于统一全国的死刑适

① 参见陈光中、严端主编：《中华人民共和国刑事诉讼法释义与应用》，271页，长春，吉林人民出版社，1999。

用标准。刑法关于死刑适用标准的规定本身就是极其笼统的，例如“罪行极其严重”，不同法院不同法官对此完全可能产生不同的看法。在这种情况下，死刑适用是否正确取决于司法机关是否正确掌握适用标准。死刑核准权授予高级人民法院行使以后，这种死刑核准权的分散性就决定了死刑适用标准的不统一。死刑适用在全国范围内是否应当有一个统一标准，这是一个值得研究的问题。中国地域辽阔，各地经济发展不平衡，沿海经济发达地区与中西部经济落后地区之间的犯罪情况存在重大差别，各地的法治状态也各不相同。在这种情况下，各个地区根据本地政治、经济发展程度和犯罪现状，采取一些具有地方特点、因地制宜的刑事政策，应当是允许的。例如关于经济犯罪的数额标准，各省、自治区、直辖市在最高司法机关统一规定的数额幅度内自行决定本地的数额标准，使之具有一定的灵活性。但是，我认为，在死刑适用标准上不允许各自灵活掌握，而应当全国统一标准，因为死刑关涉一个人的生死，在中华人民共和国领域内，中华人民共和国公民的生命权应当受到法律的同等保护，对公民生命的剥夺也应当适用同一个标准，而不允许各地有不同标准。这里还应当指出，最高人民法院将严重的刑事犯罪案件的死刑核准权授予高级人民法院行使，而保留了危害国家安全犯罪案件、经济犯罪案件和涉外犯罪案件的死刑核准权。这种做法，同样会带来程序上的不平等，其结果是不同阶层的人员在死刑适用程序上所获得的待遇是不同的。这种做法，有悖于我国宪法规定的法律面前人人平等原则。就刑事司法而言，贯彻法律面前人人平等原则，不仅要做到刑法上的平等，而且要做到刑事程序法上的平等。对此，我们应当予以足够的重视。

（三）机能缺损

刑事程序仅是一种裁判的规则，因而具有规范审判活动的机能，更为重要的是，刑事程序还有一种对报应情绪的间隔与抑制机能。法国学者保尔·利科于1999年在北京大学曾经发表过题为“公正与报复”的讲演。在这个讲演中，利科讨论了公正与报复的关系。在利科看来，报复本身意味着一种公正，这种基于报复的公正是一种道德的公正，这种公正是与义愤相联系的。但社会公正、制度公正，其目的正是要超越报复。为使公正超越报复，利科提出以第三者制度为中介，因为第三者的仲裁角色在一定条件下有助于切断公正与报复之间的联系，而公正与报复之间需要一个正确距离。利科指出：诉讼程序规则自身就构成了有损于报复精神而提前实行的公正，而这些是在诉讼为和平仲裁冲突提供适当的推论范围的情况下进行的。这就是确立诉讼程序规则的不容置疑的功绩，因为这些规则可以使作为特殊机制的诉讼把暴力范围内的冲突转移到语言和话语的范围内。[①] 对杀人者处以死刑，本身具有一种报应性，但它之所以不同于作为犯罪的杀人，原因就在于它超越了报应，达到一种制度的公正与法律的公正。而死刑程序就是使这种报应的公正向法律的公正转化的中介，它必须与杀人的犯罪保持一定的正确距离。事实证明，这种距离越小，报应成分就越强；这种距离越大，公正成分就越强。最高人民法院行使死刑核准权，就能超越犯罪发生的某一地域性报应情绪的影响，达到最大限度的法律公正。否则，诉讼程序对报应情绪的这种抑制机能就会缺损，这显然不利于法律公正的实现。

最高人民法院收回死刑核准权，这是现阶段中国死刑制度法治化中需要解决的一个迫切问题。这并不是一个法律问题，因为法律已经明确规定死刑核准权由最高人民法院行使。可以说，这是一个实践问题，是一个如何落实法律的问题。最高人民法院收回死刑核准权遇到的主要障碍是一个物质条件问题：最高人民法院承担死刑核准的人手不足，难以胜任全国这么多死刑案件的复核工作。我认为，这个物质条件问题背后隐藏着的仍然是一个思想认识问题。这里首先存在一个人与物的关系问题：人的生命是天地间最宝贵的，即使是犯有死罪的人，其生命仍然是重要的。仅仅因为物质条件不充足的原因而不承担法律授予的死刑核准职能，这个理由无论如何是难以服人的。这是一种见物不见人的认识。更何况，目前全国死刑案件之所以多，与最高人民法院下放死刑核准权有一定的关系：死刑核准权下放导致死刑适用标准失控，从而造成死刑案件增加，而死刑案件增加，又成为最高人民法院收回死刑核准权的障碍。由此形成了一个恶性循环的怪圈。如果最高人民法院收回死刑核准权，就可以严格掌握死刑适用标准，从而减

① 参见杜小真编：《利科北大讲演录》，1～6 页，北京，北京大学出版社，2000。

少死刑案件。在这种情况下，最高人民法院就能承担死刑案件复核工作。由此形成良性循环。为使最高人民法院能够承担死刑案件复核工作，我认为，可以考虑在各行政大区设最高人民法院巡回法庭，专门负责所在行政区域死刑案件的核准。由此可以减轻所有死刑案件核准都在北京进行所增加的司法成本。

董伟死刑案暴露出来的最大问题就是死刑复核程序。中国《新闻周刊》以《未出膛的子弹击中杀人程序》为题，虽然不无夸张，但也切中要害。确实，董伟死刑案使我们对我国目前死刑程序的正当性产生怀疑，从而开始检讨我国的死刑程序，尤其是死刑复核程序。这在我国刑事司法史上是具有重要意义的一个个案。从我国现行的死刑程序来看，董伟经一审、二审，最终被判处死刑，似乎是一种必然的结果。该案中经律师努力，最高人民法院下达死刑暂缓执行令后，陕西省高级人民法院重新组成合议庭进行审理，在合议庭人员的组成上，不能不说存在一定的瑕疵：重新组成的合议庭，只是在原合议庭三个成员的基础上，增加了两个人。有这样一种合议庭组成，维持原有的死刑判决也是可以预料的结果。此外，死刑案件的二审一般都是书面审理，这也在一定程度上影响了死刑判决的公正性。一般的刑事案件由于数量大而不开庭，人们尚可以理解。但像董伟死刑案这样的被判处死刑并且辩护人主张无罪或者证据不足的死刑案件也不开庭，只能说明在我国司法实践中，程序意识是何等之淡漠。在刑事法治的背景下，程序正义越来越受到社会的重视，死刑适用至少应当从实现程序正义做起。这就是我的结论。

（本文原载《中外法学》，2003（1））

死刑适用的司法控制

——以首批刑事指导案例为视角

案例指导制度的功能不仅在于指导定罪，而且在于指导量刑。死刑的司法适用具有较强的政策性，更需要通过案例进行指导。在最高人民法院发布的第一批和第二批指导性案例中，有两个案例涉及死刑的适用以及限制减刑制度的适用，这就是王志才故意杀人案和李飞故意杀人案。本文拟通过对这两个刑事指导案例的法理分析，使我们更加深刻地把握死刑适用的条件，并对死刑适用的司法控制进行探讨。

兹将两个指导性案例的基本案情介绍如下：

(1) 王志才故意杀人案。王志才与赵某某（女，殁年 26 岁）在山东省潍坊市科技职业学院同学期间建立了恋爱关系。2005 年，王志才毕业后参加工作，赵某某考入山东省曲阜师范大学继续专升本学习。2007 年赵某某毕业参加工作后，王志才与赵某某商议结婚事宜。因赵某某家人不同意，赵某某多次提出分手，但在王志才的坚持下两人继续保持联系。2008 年 10 月 9 日中午，王志才在赵某某的集体宿舍再次谈及婚恋问题，因赵某某明确表示两人不可能在一起，王志才感到绝望，愤而产生杀死赵某某然后自杀的念头，即持赵某某宿舍内的一把单刃尖刀，朝赵的颈部、胸腹部、背部连续捅刺，致其失血性休克死亡。次日 8

时30分许，王志才服农药自杀未遂，被公安机关抓获归案。归案后王志才如实供述自己罪行，并与其亲属积极赔偿，但未与被害人亲属达成赔偿协议。

(2) 李飞故意杀人案。2006年4月14日，李飞因犯盗窃罪被判处有期徒刑2年，2008年1月2日刑满释放。2008年4月，经他人介绍，李飞与徐某某(女，殁年26岁)建立了恋爱关系。同年8月，两人因经常吵架而分手。8月24日，当地公安机关到李飞的工作单位给李飞建立重点人档案时，其单位才得知李飞曾因犯罪被判刑一事，并以此为由停止了李飞的工作。李飞认为其被停止工作与徐某某有关。同年9月12日21时许，李飞拨打徐某某的手机，因徐某某外出，其表妹王某某(被害人，时年16岁)接听了李飞打来的电话，并告知李飞，徐某某已外出。后李飞又多次拨打徐某某的手机，均未接通。当日23时许，李飞到哈尔滨市呼兰区徐某某开设的“小天使形象设计室”附近，再次拨打徐某某的手机，与徐某某在电话中发生吵骂。后李飞破门进入徐某某在“小天使形象设计室”内的卧室，持室内的铁锤多次击打徐某某的头部，击打徐某某表妹王某某的头部和双手数下。稍后，李飞又持铁锤先后再次击打徐某某、王某某的头部，致徐某某当场死亡、王某某轻伤。为防止在场的“小天使形象设计室”学徒工佟某报警，李飞将徐某某、王某某及佟某的手机带离现场抛弃，后潜逃。9月23日22时许，李飞到其姑母李某某家中，委托其姑母转告其母亲梁某某送钱。梁某某得知此情后，及时向公安机关报告，并于次日晚协助公安机关将来姑母家取钱的李飞抓获。本案审理期间，李飞的母亲梁某某代为赔偿被害人亲属4万元。

一、死刑适用条件的司法考察

王志才故意杀人案与李飞故意杀人案都是十分典型的由婚恋纠纷引起的杀人案件。在目前的司法实践中，此类杀人案件占有相当的比重。如何处理由婚恋纠纷所引起的杀人案件，对于司法机关来说是一个重要的课题。在对上述两个故意杀人案的处理中，涉及死刑立即执行与死刑缓期执行的界限区分问题。应该指出，死刑立即执行与死刑缓期执行同属于死刑的范畴，都是以犯罪分子所犯罪行极其严重、论罪应当判处死刑为前提的。那么如何区分死刑立即执行与死刑缓期执行的界限呢？从我国刑法第48条的规定来看，适用死刑缓期执行的条件是："对于应当判处死刑的犯罪分子，如果不是必须立即执行的，可以判处死刑同时宣告缓期二年执行。"在个案中对犯罪分子是否判处死缓，完全取决于法官对于该犯罪分子是否必须立即执行的内心确信。当然，在刑法理论上还是可以为死刑立即执行与死刑缓期执行的区分提出刑法教义学的根据。

（一）死刑适用条件的一般理解

值得注意的是，1979年刑法关于死刑适用条件采用的是"罪大恶极"一语，从客观上的社会危害性极大与主观上的人身危险性极大这两个方面为死刑适用提供了一般性条件。尽管"罪大恶极"四字仍然是极为概括性的，但毕竟指出了从主、客观这两个方面加以考察的基本思路。但是，1997年刑法将"罪大恶极"一语修改为"罪行极其严重"一词。那么，这一修改的用意究竟何在呢？对于这一修改，高铭暄教授指出：1979年刑法颁布后，对于"罪大恶极"，一些学者指出，这一死刑适用标准在理论上有多种解释，实践中理解和执行标准不一，势必造成司法的不统一，故应当将其具体化为"犯罪性质和危害后果特别严重，而且犯罪人的主观恶性特别巨大"。考虑到立法用语的规范化要求，1997年1月10日的刑法修订草案将"罪大恶极"修改为"罪行极其严重"。后来，这一修改为1997年刑法所沿用。在这里，"罪行极其严重"应当被理解为犯罪性质和犯罪情节极其严重，而且犯罪分子的主观恶性也极其严重。① 从以上解释来看，"罪行极其严重"是"罪大恶极"的替代语，两者只是具体与抽象的关系，立法者试图采用较为具体的"罪行极其严重"一语代替"罪大恶极"一词。当然，"罪行极其严重"一语其实也并不具体。从立法本意来说，"罪行极其严重"仍然是客观危害与主观恶性的统一。但是，从文字来看，"罪行极其严重"一语似乎只是指客观上的危害而并不包括主观上的恶性。例如有学者指出，不论刑法的修改意义

① 参见高铭暄：《中华人民共和国刑法的孕育诞生和发展完善》，225～226页，北京，北京大学出版社，2012。

如何，单从文字上理解，似乎让人感觉到在死刑的适用上，修订刑法更加注重了客观罪行的标准，因而冲淡了可能因为单纯恶极被判处死刑的适用。但这同样带来了一个不得不令人思索的问题：立法者将“罪大恶极”修改为“罪行极其严重”，岂不是降低了死刑（包括死缓）适用的条件？亦即按照新刑法之规定，是否只要从犯罪的客观危害一个方面去确定是否应当判处死刑，而置行为人的主观恶性和人身危险性于不顾？立法者对这一词语的修改，无论是旨在将概念含义具体化还是要对死刑适用的条件作实质性的变更，降低死刑适用条件的立法意图是可以排除的。唯一合理的解释是立法者为了便于司法操作，力求概念明确化。出于这一初衷的用语却导致了不应有的概念异化（罪行极其严重与将罪大恶极具体化的立法本意相去甚远），这不能不说是立法技术上的一个缺憾。① 以上学者所说的概念异化，是指立法上的言不达意。在这种情况下，如果根据立法者的本意，“罪行极其严重”应该包括客观上的危害极其严重与主观上的恶性极其严重这两个方面。但如果仅从法条的文字来理解，则“罪行极其严重”是指客观上的危害极其严重而不能包含主观上的恶性极其严重。我国刑法学界的解释基本上还是采取基于立法者本意的理解。

值得注意的是，储槐植教授对我国刑法规定的死刑适用条件作了全新的解读。他指出：“罪行极其严重”为死刑适用的一般化标准，即不能因人而异，属行为刑法，体现形式理性，同等情况同等对待；具体则是要因人而异，属行为人刑法，体现实质理性，不同情况不同对待。综观刑法第 48 条，兼有形式理性与实质理性，协调行为刑法与行为人刑法，是谓矛盾统一。刑法第 48 条同时规定了死刑适用的标准和死刑执行的两种方式，即死刑立即执行和缓期 2 年执行，两种执行方式的区分主要取决于“犯罪分子”的不同情况，理论和实践都只能得出这样的结论。② 根据以上论述，对于我国刑法第 48 条所规定的死刑只适用于罪行极其严重的犯罪分子，应该将“罪行极其严重”与“犯罪分子”这两个用语分别

① 参见黄伟明：《死缓制度的当代价值》，137 页，北京，科学出版社，2007。

② 参见储槐植：《死刑司法控制：完整解读刑法第四十八条》，载《中外法学》，2012（5）。

理解。“罪行极其严重”是指客观上的危害特别严重，这是死刑适用的一般标准。而“犯罪分子”则是对行为人的主观恶性的考察，其决定了死刑执行方式，即是死刑立即执行还是死刑缓期执行。由此可见，储槐植教授认为应当根据文字本身对法条进行解释，适用死刑的条件是“罪大”，而决定死刑是否立即执行的条件是“犯罪分子”是否“恶极”。在这种情况下，就必然得出这样的结论：1979 年刑法的法定死刑圈小，1997 年刑法的法定死刑圈大。因此，死缓的适用条件就是“罪大”但不“恶极”①。这一解释当然具有一定的新意。根据储槐植教授的这一解释，罪大恶极是死刑立即执行的适用条件，罪大不恶极则是死刑缓期执行的适用条件。这对于正确区分死刑立即执行与死刑缓期执行是具有参考价值的。当然，其也认识到这样一种对刑法第 48 条关于死刑适用条件的理解与立法本意并不符合，但又认为这是立法初义（原义）在司法实践过程中发生了合乎生活逻辑的蜕变，是客观解释论之典范。从司法实践中的情况来看，确实是客观上的“罪大”容易把握，而主观上的“恶极”不太容易把握。而恰恰是主观上是否恶极对于确定是否适用死缓具有重要意义，对故意杀人罪的死刑适用来说尤其如此。

关于对死刑适用条件的理解，因为该条件是适用于所有的死刑案件的，因此我们还要考虑到不同犯罪类型之间的差别。一般来说，故意杀人、故意伤害、强奸、抢劫等所谓自然犯的主观恶性是较为明显的，可以从其客观危害当中比较容易地分离出来。然而诸如贪污、受贿等职务犯罪以及集资诈骗等法定犯，除了犯罪数额这一客观危害的要素区分度较高，其主观恶性的差别并不太大。在这种情况下，即使是死刑立即执行与死刑缓期执行的区分也在很大程度上取决于犯罪数额的要素。因此，笔者还是倾向于对罪行极其严重加以更为全面的解释，以之为一个综合性的判断标准。在这个意义上，笔者认为死刑适用条件需要的是政策上的指导。死刑立即执行与死刑缓期执行之间并没有根本性的区分，换言之，这种

① 储槐植：《遵从立法多判死缓：罪大但不恶极》，载赵秉志主编：《刑法评论》，2012 年第 1 卷，237 页，北京，法律出版社，2012。

区分本身是相对的。因此，对死刑适用标准从政策上予以把握是极为重要的。当然，这并不是说，刑法教义学的分析可以缺位。即使是体现死刑政策的司法解释，还是需要通过刑法教义学的分析而具体化，并在个案中得到适用。

（二）故意杀人罪的死刑适用

基于杀人者死的传统观念，在我国刑法中，故意杀人罪是判处死刑最多的罪名之一。在这种情况下，如何限制故意杀人罪的死刑适用是我国司法机关面临的一个考验。对于故意杀人罪来说，在将他人杀死的情况下，主要是适用死刑立即执行还是适用死刑缓期执行的界限把握问题。本文所涉及的王志才故意杀人案和李飞故意杀人案，均是如此。在故意杀人罪中，客观上的危害特别严重的标准是较为容易把握的，这就是指将人杀死。换言之，只要将人杀死，一般而言就具备了适用死刑的条件。关于这一点也是存在法律根据的：我国刑法第 232 条对故意杀人罪的法定刑是按照“死刑、无期徒刑或者十年以上有期徒刑”这样一个从重到轻的顺序排列的。这在我国刑法分则关于法定刑的规定中可谓独一无二。这表明，立法者认为故意杀人是我国刑法中最为严重的犯罪，对其应当适用最为严厉的刑罚。这一立法精神与我国公众对故意杀人罪的法感觉是吻合的。就我国目前的死刑限制来说，更多的还应当是大量减少非暴力犯罪的死刑适用，而对故意杀人罪的死刑限制应当慎之又慎。从各国废除死刑的经验来看，故意杀人罪是死刑废除的最后堡垒。在对大量的非暴力犯罪适用死刑的情况下，冒然减少故意杀人罪的死刑适用必然会引起民意的反弹，这是值得我们警觉的。当然，这并不意味着只要是故意杀人罪就一概适用死刑，尤其是适用死刑立即执行。对故意杀人罪适用死刑在死刑适用中所占的比重较大，如果在故意杀人罪的死刑适用上无所作为，则减少死刑适用就缺乏力度。因此，对于故意杀人罪的死刑适用应当采取一种谨慎而又稳妥的做法。

对于故意杀人罪来说，当务之急是减少死刑立即执行的适用，同时扩大死刑缓期执行的适用。所以，对于故意杀人罪来说，死刑立即执行与死刑缓期执行的区分是更为重要的。目前，在我国司法实践中，关于故意杀人罪的死刑适用的政策、法律根据主要是 1999 年 10 月 27 日《全国法院维护农村稳定刑事审判工作座谈会纪要》（以下简称《纪要》）的规定。在论及故意杀人罪的死刑适用时，《纪要》指出："对故意杀人罪是否判处死刑。不仅要看是否造成了被害人死亡的结果，还要综合考虑案件的全部情况。对于因婚姻家庭、邻里纠纷等民间矛盾激化引发的故意杀人犯罪，适用死刑一定要十分慎重，应当与发生在社会上的严重危害社会治安的其他故意杀人犯罪案件有所区别。对于被害人一方有明显过错或对矛盾激化负有直接责任，或者被告人有法定从轻处罚情节的，一般不应判处死刑立即执行。"根据这一规定，在考虑对故意杀人罪是否判处死刑的时候，应当考虑以下三个方面的因素。

一是杀人起因所决定的犯罪性质。正如世界上没有无缘无故的爱，也没有无缘无故的恨一样，世界上也没有无缘无故的杀人。即使是那些在一般人看来是无故杀人的情形，其实也是有因的杀人，只不过该杀人原因与被害人无关而已。在一定程度上，杀人的起因决定着故意杀人罪的性质。《纪要》区分了两种杀人犯罪，即因婚姻家庭、邻里纠纷等民间矛盾激化引发的故意杀人犯罪与发生在社会上的严重危害社会治安的其他故意杀人犯罪；并且认为这两种杀人犯罪之间存在着性质上的根本区分。这是在对故意杀人罪适用死刑时首先必须把握的一条政策、法律界限。以上两种杀人犯罪的主要区分就在于杀人的起因：前一种杀人犯罪是婚姻家庭、邻里纠纷等民间矛盾激化引发的，后一种杀人犯罪是其他原因引发的。针对民间矛盾激化引发的杀人犯罪，《纪要》特别列举了婚姻家庭纠纷、邻里纠纷这两种情形。所谓婚姻家庭纠纷引发的杀人犯罪，是指当事人处理婚姻家庭事务不当产生矛盾，后这种矛盾激化，从而引发的杀人犯罪案件。在这种杀人案件中，被告人与被害人之间存在着较为密切的人际关系，甚至是亲属关系。例如，发生在夫妻之间的杀人案件中，其父母子女既是被告人的亲属，又是被害人的亲属，具有双重身份。所谓邻里纠纷引发的杀人犯罪，是指被告人与被害人之间存在着邻里关系的杀人犯罪案件。以上杀人案件都是从民事纠纷转化而来的刑事犯罪案件，并且都发生在熟人之间。这就决定了这种杀人犯罪是一种侵犯他人生命权的单纯的杀人犯罪案件。与这种婚姻家庭、邻里纠纷等民间矛盾激化引发的杀人犯罪案件不同，发生在社会上的严重危害社会治安的其他故意杀人犯罪，具有两个特征：一是发生地域的公共性，二是严重危害社会治安。所谓发生地域的公共性，是相对于发生在家庭或者邻里之间而言的，表明这两种犯罪在犯罪地点上的差异。所谓严重危害社会治安，是指对社会治安的危害性。这对于故意杀人罪来说是一种间接的危害后果。当然，以上两个因素，前者是表象性的因素，后者才是实质性的因素。以上两个特征决定了上述两种故意杀人罪之间在杀人起因上不同。例如，寻衅滋事、聚众斗殴引发的杀人案件以及报复性的杀人案件等，不仅侵犯了被害人的生命权，而且严重危害社会治安。这些杀人案件的被害人是不特定的，因此会使其他人产生心理上的恐惧与影响。由此可见，以上两种杀人犯罪在性质上是有所不同的。

有关的司法文件曾经论及区分这两类不同性质的故意杀人案件的原则。例如，最高人民法院《在审理故意杀人、伤害及黑社会性质组织犯罪案件中切实贯彻宽严相济刑事政策》指出，在实践中，故意杀人、伤害案件从性质上通常可分为两类：一类是严重危害社会治安、严重影响人民群众安全感的案件，如极端仇视国家和社会，以不特定人为行凶对象的；一类是因婚姻家庭、邻里纠纷等民间矛盾激化引发的案件。对于前者，应当作为严惩的重点，依法判处被告人重刑直至死刑。对于后者，处理时应注意体现从严的精神，在判处重刑，尤其是死刑时应特别慎重，除犯罪情节特别恶劣、犯罪后果特别严重、人身危险性极大的被告人以外，一般不应当判处死刑。对于被害人存在过错，或者是被告人案发后积极赔偿、真诚悔过，取得被害人或其家属谅解的，应依法从宽处罚；对于同时有法定从轻、减轻处罚情节的，应考虑在无期徒刑以下裁量刑罚。以上司法文件关于正确区分两类不同性质的故意杀人案件的精神是十分可取的，应当在司法活动中切实地予以贯彻。

二是被害人的过错。被害人的过错，是对故意杀人罪适用死刑时需要考虑的一个重要因素。被害人有过错，除诈骗罪以外，一般都会影响对被告人的量刑。这是一个基本原则。对于故意杀人罪来说，在考虑是否对被告人适用死刑的时候，尤其需要注意被害人是否存在过错，以及这种过错在何种程度上影响对被告人的死刑适用。

在犯罪学上，被害人的过错也是犯罪起因的一种，它对于促使被告人实施犯罪行为起到了一定的激发作用。换言之，被害人的过错本身就是引起被告人的犯罪行为的动因。在暴力犯罪中，被害人的过错所引起的案件往往占有一定的比例。根据我国学者的总结归纳，在司法实践中，被害人的过错在暴力犯罪案件中主要有以下四种表现形式：（1）挑衅。这类被害人的过错主要发生于聚众斗殴、民事纠纷等原因引起的故意杀人、故意伤害等暴力犯罪案件中。挑衅是指被害人向他人进行攻击而使之受到刺激。被害人的故意挑衅行为，在一定的情景之下，激发了被告人的犯罪意识及犯罪行为，因而可以认为，被害人在犯罪起因上存在过错。（2）激将，即在一般纠纷或争吵斗殴中被害人使用激将语言或行为诱发犯罪人的犯罪意识导致被害人受到侵害。学理上往往把激将称为“被害人推动”：加害人本无实施严重加害行为的故意，被害人用语言刺激加害人，从而促使加害人实施犯罪行为。（3）暴力或生活中品质恶劣的其他行为。这类被害人过错主要发生在婚姻家庭矛盾引发的暴力犯罪案件中。比如，被告人长期因生活琐事遭其丈夫即被害人的殴打与辱骂，被告人因此将被害人杀死。又如，被告人的配偶与第三者发生不正当性关系，被告人十分愤怒，遂将其配偶或第三者杀死等。上述情况下的被告人原亦系被害人，但正是案件中被害人的种种恶劣行为，经长时间的积累而导致了被告人的报复心理，使被告人实施了犯罪，因而被害人的行为与案件的发生具有直接的因果关系。（4）贪欲。被害人的贪欲常常表现为勒索的行为，这种勒索的对象包括金钱等物质利益，也包括其他非物质的利益。比如，被害人因敲诈麻将室老板而被该老板开枪打死。又如，被害人与被告人发生不正当两性关系后，常常以将此事告知被告人的工作单位为要挟，多次向被告人索要巨额钱款，被告人不堪重负，遂起意将被害人杀死。[①] 应该说，以上的总结与归纳还是较为符合实际的。上述被害人的过错，都或多或少地对被告人实施暴力犯罪起到了一定的激发作用，在对被告人量刑的时候都是应当予以考虑的。但是，对是否判处死刑以及是否适用死缓等的裁量产生作用的并不是一般意义上的被害人

① 参见任志中：《死刑适用问题研究》，249～250页，北京，知识产权出版社，2012。

的过错，而是重大且明显的被害人的过错。这里的重大过错，是指该被害人的过错对于被告人实施杀人犯罪行为具有根本性的激发作用，例如被害人抓住被告人的把柄进行再三的勒索，促使被告人将被害人杀死。这就是一种重大的过错，因为这一勒索行为本身不仅是违法的而且涉及犯罪。但如果只是一般性的言语辱骂刺激，进而导致被告人杀人的，虽然被害人也有一定的过错，但这一过错是微小而非重大的。这里的明显过错，是就该被害人的过错的表现程度而言的，指这种过错具有显而易见的性质，根据社会一般人的是非观都会认为存在着过错，而不是只有被告人自认为的过错。因此，在是否存在被害人的过错的判断上，应当采用社会一般人标准说，而不是被告人的个人标准说。这是合理的。

被害人的过错在故意杀人案件中之所以能够影响死刑的适用，主要是因为它反映出被告人的主观恶性较小。最高人民法院《在审理故意杀人、伤害及黑社会性质组织犯罪案件中切实贯彻宽严相济刑事政策》指出，主观恶性是被告人对自己的行为及社会危害性所抱的心理态度，在一定程度上反映了被告人的改造可能性。一般来说，经过精心策划的、有长时间计划的杀人、伤害，显示出被告人的主观恶性大；激情犯罪、临时起意的犯罪、被害人的过错行为引发的犯罪，显示出被告人的主观恶性较小。对主观恶性大的被告人要从严惩处，对主观恶性较小的被告人则可考虑适用较轻的刑罚。在对故意杀人罪适用死刑的时候，被害人的过错以及程度是一个重要的指数，对于是否适用死刑以及死刑立即执行与死刑缓期执行的区分，都具有重大的影响。司法实践中法官应当实事求是地认定被害人的过错，以便对被告人进行正确的量刑。在以往最高人民法院发布的参考案例中，曾经有因为被害人存在过错而从死刑立即执行改判死刑缓期执行的案例。例如，在王勇故意杀人案[①]中，一审法院以被害人有明显过错判处被告人王勇死刑缓期 2 年执行。一审宣判后，附带民事诉讼原告人以对王勇应当判处死刑立即执行、赔偿数额太少为由提起上诉。二审法院经审理认为：原审被告人王勇故意非法剥夺他人生命，已构成故意杀人罪，且犯罪手段凶残，情节特别严重，应依法

① 该案详情可参见最高人民法院编：《刑事审判参考》，第 3 辑，北京，法律出版社，1999。

严惩。但被害人无故打伤原审被告人王勇的父亲，又找到王勇家，对引发本案有一定的过错责任，且原审被告人王勇作案后能投案自首，故依法从轻判处。原判决定罪准确，量刑适当，审判程序合法，故裁定驳回上诉、维持原判。有关裁判理由指出：在本案中，被害人董某无理纠缠并打伤被告人王勇的父亲，引起被告人与被害人争吵、厮打，并用刀当场杀死被害人。被害人董某打伤被告人王勇父亲，与被告人王勇杀死董某的行为是紧密联系的。被害人无故纠缠被告人王勇的父亲，并致其父头皮血肿、胸壁软组织损伤，属于有严重过错。因此，虽然被告人王勇用菜刀对被害人头部、面部等要害部位连砍数刀，致其死亡，手段残忍，后果严重，亦可以酌情予从轻处罚。[①] 王勇故意杀人案是以被害人有明显过错而对被告人适用死刑缓期执行的一个范例，对于此后司法实践中根据被害人的明显过错对被告人正确适用死缓具有参考价值。当然，我们也还需注意，在王勇故意杀人案中，不仅存在被害人有明显过错这一个酌情从轻的情节，而且还存在着被告人自首这一法定从轻情节。

三是法定的从轻情节。是否具有法定的从轻情节，对于故意杀人罪的死刑适用同样具有重要意义。所谓法定的从轻情节，是相对于酌定的从轻情节而言的，一般是指自首、立功，以及《刑法修正案（八）》新增的坦白。关于自首、立功与坦白，在刑法中都有明文规定，但这些法定的从轻情节如何在故意杀人罪的死刑裁量中得到正确适用，是一个需要进一步研究的问题。值得注意的是，有关司法文件中都有关于这方面的规定，这为司法机关处理此类问题提供了参考依据。例如，最高人民法院《在审理故意杀人、伤害及黑社会性质组织犯罪案件中切实贯彻宽严相济刑事政策》指出，对于自首的故意杀人、故意伤害致人死亡的被告人，除犯罪情节特别恶劣、犯罪后果特别严重的，一般不应考虑判处死刑立即执行。对于亲属送被告人归案或协助抓获被告人的，也应视为自首，原则上应当从宽处罚。对于具有立功表现的故意杀人、故意伤害致死的被告人，一般也应当体现从宽，可考虑不判处死刑立即执行。但如果犯罪情节特别恶劣、犯罪后果特别

① 参见最高人民法院编：《刑事审判参考》，第3辑，21页，北京，法律出版社，1999。

严重的，即使有立功情节，也可以不予从轻处罚。从以上规定可以看出，凡是具有自首、立功等法定的从轻处罚情节的，除特殊情况以外，一般都可以考虑适用死刑缓期 2 年执行。当然，如何在故意杀人案件中正确地进行死刑立即执行与死刑缓期执行的裁量，仍然是一个具有较高的政策把握难度与法律理解深度的专业问题，可谓差之毫厘，谬以千里。对此，笔者将在下文结合个案进行较为细致的探讨。

（三）指导案例的比较分析

王志才故意杀人案和李飞故意杀人案都有一个从死刑立即执行到死刑缓期执行的改判过程，这里涉及故意杀人罪的死刑立即执行与死刑缓期执行的正确区分问题。从上述两案的具体案情来看，既存在着从轻处罚的情节，又存在着从重处罚的情节。

关于王志才故意杀人案，裁判理由认为：被告人王志才的行为已构成故意杀人罪，罪行极其严重，论罪应当判处死刑。鉴于本案系婚恋纠纷引发，王志才求婚不成，恼怒并起意杀人，归案后坦白悔罪，积极赔偿被害方经济损失，且平时表现较好，故对其判处死刑，可不立即执行。同时考虑到王志才故意杀人手段特别残忍，被害人亲属不予谅解，要求依法从严惩处，为有效化解社会矛盾，依照《中华人民共和国刑法》第 50 条第 2 款等规定，判处被告人王志才死刑缓期 2 年执行，同时决定对其限制减刑。由此可见，王志才故意杀人案具有以下从轻处罚的情节：（1）本案系婚恋纠纷引发。（2）归案后坦白悔罪。（3）积极赔偿被害方经济损失。（4）平时表现较好。王志才故意杀人案具有的从重处罚情节是：被害人亲属不予谅解，要求依法从严惩处。

关于李飞故意杀人案，裁判理由认为：被告人李飞的行为已构成故意杀人罪，罪行极其严重，论罪应当判处死刑。本案系民间矛盾引发的犯罪；案发后李飞的母亲梁某某在得知李飞杀人后的行踪时，主动、及时到公安机关反映情况，并积极配合公安机关将李飞抓获归案；李飞在公安机关对其进行抓捕时，顺从归案，没有反抗行为，并在归案后始终如实供述自己的犯罪事实，认罪态度好；在本案审理期间，李飞的母亲代为赔偿被害方经济损失；李飞虽系累犯，但此前所犯盗窃罪的情节较轻。综合考虑上述情节，可以对李飞酌情从宽处罚，对其可不判处死刑立即执行。同时，鉴于其故意杀人手段残忍，又系累犯，且被害人亲属不予谅解，依法判处被告人李飞死刑缓期 2 年执行，同时决定对其限制减刑。由此可见，李飞故意杀人案具有以下从轻处罚的情节：(1) 本案系民间矛盾引发的犯罪。(2) 案发后李飞的母亲梁某某在得知李飞杀人后的行踪时，主动、及时到公安机关反映情况，并积极配合公安机关将李飞抓获归案；李飞在公安机关对其进行抓捕时，顺从归案，没有反抗行为，并在归案后始终如实供述自己的犯罪事实，认罪态度好。(3) 在本案审理期间，李飞的母亲代为赔偿被害方经济损失。李飞故意杀人案具有的从重处罚情节是：(1) 累犯。(2) 被害人亲属不予谅解。

应该说，以上两案都是罪行极其严重，因此就故意杀人罪而言，具备适用死刑的条件。但问题在于：是否应当适用死刑缓期执行？根据最高人民法院关于故意杀人罪适用死刑的有关司法解释，对于由婚姻家庭、邻里纠纷等民间矛盾激化引发的故意杀人犯罪，适用死刑一定要十分慎重，应当与发生在社会上的严重危害社会治安的其他故意杀人犯罪案件有所区别。对于被害人一方有明显过错或对矛盾激化负有直接责任，或者被告人有法定从轻处罚情节的，一般不应判处死刑立即执行。这里的“一般不应判处死刑立即执行”，笔者认为其界限是明确的。王志才故意杀人案和李飞故意杀人案的情形都符合上述司法解释的规定，不宜判处死刑立即执行，而应当判处死刑缓期执行。在此，我们可以将上述两案与轰动一时的李昌奎故意杀人案进行一个比较性的考察。

李昌奎故意杀人案的案情如下：李昌奎与王某飞存在感情纠纷。2000 年 5 月 14 日，李昌奎之兄李某与王家飞之母陈某因琐事发生打架，李昌奎得知此事后便于 5 月 16 日 13 时许赶到家，在途经王某金家门口时遇见被害人王某飞及其弟王某红（3 岁），李昌奎与王某飞发生争吵，进而抓打，在抓打过程中李昌奎将王某飞掐晕后抱到王某金家的厨房门口实施强奸。后又将被害人王某飞抱到王某金家的堂屋，王某飞醒来后跑向堂屋，李昌奎便提起一把条锄打击王某飞的头部致王某飞当场倒地，并将王某飞拖入王某金家的堂屋左面第一间房内，又提起王某红的手脚将其头猛撞门框。后又在王某金家的屋里找来一根绳子勒住已经昏迷的王某红和王某飞的脖子。经法医鉴定王某飞、王某红均系颅脑损伤伴机械性窒息死亡。对于该案，云南省昭通市中级人民法院以故意杀人罪，判处李昌奎死刑，剥夺政治权利终身；以强奸罪，判处被告人李昌奎有期徒刑 5 年，决定执行死刑，剥夺政治权利终身；判决被告人李昌奎赔偿附带民事诉讼原告人经济损失共计人民币 30 000 元。一审宣判以后，李昌奎不服，提起上诉。云南省高级人民法院经过审理以后认为：上诉人李昌奎目无国法，将王某飞掐致昏迷后对其实施奸淫，而后又将王某飞、王某红姐弟杀害的行为，分别构成强奸罪、故意杀人罪，应依法严惩。上诉人李昌奎在犯罪后到公安机关投案，并如实供述其犯罪事实，属自首；在归案后认罪、悔罪态度好，并赔偿了被害人家属部分经济损失，故上诉人李昌奎及其辩护人所提上诉人具有自首情节，认罪、悔罪态度好，积极赔偿被害人家属的上诉理由和辩护意见属实。鉴于此，对李昌奎应当判处死刑，但可以不立即执行。故作出如下判决：(1) 维持云南省昭通市中级人民法院（2010）昭中刑一初字第 52 号刑事附带民事判决第二及第一项中对被告人李昌奎强奸罪的定罪量刑及故意杀人罪的定罪部分；撤销第一项中对故意杀人罪的量刑部分。(2) 上诉人（原审被告人）李昌奎犯故意杀人罪，判处死刑缓期 2 年执行，剥夺政治权利终身。此结果被媒体披露以后，引发社会公众和舆论的广泛质疑。后云南省高级人民法院经再审认为，被告人李昌奎因求婚不成及家人的其他琐事纠纷产生报复他人之念，强奸、杀害王某飞后，又残忍杀害王某飞年仅 3 岁的弟弟王某红，其行为已分别构成强奸罪、故意杀人罪，且犯罪手段特别残忍，情节特别恶劣，后果特别严重，社会危害极大，虽有自首情节，但不足以对其从轻处罚。故改判死刑立即执行。在报请最高人民法院核准以后，云南省高级人民法院对李昌奎执行了死刑。

李昌奎故意杀人案中的从重处罚的情节包括：(1) 杀死 2 人，且手段极其残忍。(2) 将被害人掐晕后实施强奸。除此以外，也存在以下从轻处罚的情节：(1) 本案系婚恋纠纷引发的故意杀人案件。(2) 被告人自首。(3) 赔偿被害人家属部分经济损失。

将李昌奎故意杀人案与王志才故意杀人案和李飞故意杀人案相比，从轻处罚的情节相差不多，但犯罪行为方面相差较大，即李昌奎所犯罪行远比王志才和李飞所犯罪行严重。但云南省高级人民法院原二审判决仅仅根据本案系婚恋纠纷引发的故意杀人案件、存在自首以及赔偿了被害人家属部分经济损失这些从轻处罚的情节，就将死刑立即执行改判为死刑缓期执行。这里存在的质疑意见是：本案是否应当适用有关司法解释关于民间纠纷引发的故意杀人案件一般不应当判处死刑立即执行的规定？更为重要的问题是：在死刑裁量中，究竟如何平衡客观上的危害与主观上的恶性之间的关系？

本案是否属于民间纠纷引发的故意杀人案件的问题，涉及对本案起因及性质的判断，与对本案的死刑裁量也是密切相关的。对于《纪要》所称的婚姻家庭、邻里纠纷等民间矛盾（以下简称民间纠纷）激化所引发的故意杀人案件，在进行刑法教义学解读的时候，首先涉及的问题是：从地域来说，该故意杀人案件是否必须发生在农村？详言之，发生在农村以外地域的民间纠纷引发的故意杀人案件，是否也适用《纪要》关于一般不判处死刑立即执行的规定？对于这个问题，笔者认为，虽然农村更多地保留了熟人社会的特征，因此这种民间纠纷激化所引发的故意杀人案件在数量上也是较多的，《纪要》对此作出了针对性的规定，但是，不能由此而将《纪要》的适用范围仅限于农村。事实上，由婚姻家庭纠纷引发的故意杀人案件，在城镇也并不鲜见。至于邻里纠纷，由于城镇，尤其是大城市，熟人社会的特征逐渐消失，呈现出陌生人社会的性质，邻里关系不如农村的那样密切，因此，纯粹的邻里纠纷引发的故意杀人案件确实较为少见，但如果发生了此类邻里纠纷引发的故意杀人案件，也还是要参照《纪要》的精神处理。同时，《纪要》强调的是民间纠纷引发的故意杀人案件，婚姻家庭、邻里纠纷只是其所列举的例子，除此以外的民间纠纷引发的故意杀人案件也应该适用《纪要》的规定。当然，农村的与城镇的民间纠纷在表现形式上有所不同。在农村，除了较为常见的婚姻家庭、邻里纠纷，还有水利纠纷、山林纠纷、赡养纠纷、殡葬纠纷以及村界纠纷。在城镇，则有出租车收费纠纷、停车收费纠纷、交通纠纷等。这些纠纷不可能发生在农村，具有城市纠纷的特征。而且，这些纠纷不是熟人之间的纠纷，而是陌生人之间的纠纷；这些纠纷不是发生在私密场所而是发生在公共场所。但这些纠纷同样具有民间纠纷的性质，因此，由这些纠纷引发的故意杀人案件也应当参照适用《纪要》。在这个意义上，笔者认为，应当突破《纪要》中的地域限制，而是按照案件的性质确定是否适用其规定。

无疑，李昌奎故意杀人案发生在农村，具备适用《纪要》的前提条件，这是没有问题的。但问题的关键在于：引发李昌奎杀人的是否属于民间纠纷，尤其是邻里纠纷？对此，我国学者指出，该案中，在自然意义上引发血案的纠纷，是在被害人王某飞的母亲与李昌奎的哥哥之间发生的"收费纠纷"，而王某飞、王某红与李昌奎本都不属于该纠纷的直接当事人。即使承认李昌奎与王某飞之间另外存在直接的"感情纠纷"，但是无论如何，李昌奎与3岁幼儿王某红之间不存在任何直接的纠纷，其杀死王某红的行为不能被评价为《纪要》中规定的由"邻里纠纷"矛盾激化引发的杀人案件，因此即使其存在自首情节，也不宜适用"邻里纠纷引发的杀人一般不判处死刑立即执行"的规定。云南省高级人民法院的二审判决将李昌奎故意杀人案放在《纪要》的背景下理解，方向是对的，不能说它是没有根据的判决，但是具体到"邻里纠纷"的引用上，则是仅依据字面作了过于宽泛的、教条化的理解。① 以上观点是有一定道理的。当然，笔者认为，在该案中所谓的民间纠纷是存在的，故意杀人行为在一定程度上说也是这些纠纷所引发的。但是，在该案中这种民间纠纷对量刑究竟有多大的影响，是值得研究的。更为重要的是，在该案中，李昌奎杀死王某红显属滥杀无辜。在这种情况下，还能否根据《纪要》不判处死刑立即执行？这是一个政策界限的把握问题，也是该案引起我们思考的一个更为重要的问题。

即使是根据《纪要》的精神，对于民间纠纷引发的故意杀人案件，也只是一般不判处死刑立即执行，而不是一律不判处死刑立即执行。那么，李昌奎故意杀人案是否属于"一般不判处死刑立即执行"的范畴呢？对此，原二审判决并没有加以深入的论证。在李昌奎故意杀人案中，行为人触犯了两个罪名：一是故意杀人罪，二是强奸罪。对于这种犯有数罪的情形，首先应当分别定罪量刑，然后再考

① 参见车浩：《从李昌奎案看"邻里纠纷"与"手段残忍"的涵义》，载《法学》，2011（8）。

虑如何并罚。因此，在对故意杀人罪进行量刑的时候，不应把强奸罪作为从重处罚情节加以考虑。换言之，不能因为在故意杀人罪以外还犯有一个强奸罪，而在故意杀人罪不应当被判处死刑立即执行的情况下，考虑强奸罪而对被告人判处死刑立即执行。但是，在李昌奎故意杀人案中另外一个犯罪要素是必须考虑的，那就是李昌奎杀死 2 人。在日本刑法中，生命法益是一身专属法益，因此杀死 1 人即构成一个杀人罪，杀死 2 人即构成两个杀人罪，应当对此进行数罪并罚。但在我国刑法中，对于同种数罪是不并罚的，而是作为一罪加以处罚。但是，杀死 1 人与杀死 2 人在量刑上是绝不能一视同仁的。如果只是杀死 1 人，根据其情节判处死刑缓期执行还是适当的，但在杀死多人的情况下，死刑缓期执行的判决确实存在罪刑不相称的问题。

在李昌奎故意杀人案中，还存在一个问题，即如何看待自首在量刑，尤其是死刑裁量中的作用。我国刑法规定："对于自首的犯罪分子，可以从轻或者减轻处罚。其中，犯罪较轻的，可以免除处罚。"可见，我国刑法对自首采取的是裁量性的而非强制性的从轻或者减轻处罚的制度。因此，对于自首的犯罪分子，如果其所犯罪行极其严重，不予从轻或者减轻也是可以的，并不违反刑法的规定。当然，在一般情况下应当从轻或者减轻处罚。那么，在李昌奎故意杀人案中，是否因为存在自首情节而予以从轻处罚呢？减轻处罚当然不可能。不过，从死刑立即执行降为死刑缓期执行，究竟是从轻处罚还是减轻处罚，在学理上也还是不明确的。笔者还是认为，这是从轻处罚而非减轻处罚。在自首的情况下，是从轻处罚还是减轻处罚，以及是否不予从轻处罚或者减轻处罚，都取决于所犯罪行的轻重。因此，在李昌奎故意杀人案中，最终还是要回到对李昌奎故意杀人行为的客观危害性的评价上来。作为死刑适用条件的罪行极其严重，仍然是一个相对的概念。也就是说，在罪行极其严重当中，还是存在着程度上的区分。当罪行达到极其严重这个界限的时候，就具备了适用死刑的基本条件。在达到这一条件以后，还存在着死刑立即执行与死刑缓期执行的区分。对于这一区分来说，并不是不再考虑罪行严重程度这个因素，而只考虑主观恶性以及人身危险性这个因素。无疑，李昌奎杀死 2 人是其故意杀人犯罪情节特别严重的一个重要因素。

此外，还要论及故意杀人罪的所谓手段特别残忍。在王志才故意杀人案和李飞故意杀人案中，都存在手段特别残忍这一说法，甚至存在以手段特别残忍代称罪行极其严重的现象。笔者认为，这是不正常的，不能将手段特别残忍这一用语泛化，以至于将其适用于所有的故意杀人案，只要是故意杀人就是手段特别残忍，这显然是一种错误的认识。在故意杀人罪中，存在手段特别残忍的故意杀人与手段不是特别残忍的故意杀人之分。换言之，手段特别残忍并不是一句套语、可以随便乱用，而是需要证据证明、需要论证的一个影响量刑的具体情节。事实上，王志才故意杀人案与李飞故意杀人案中，都只是一般性的杀人，还谈不上手段特别残忍。有学者认为，目前我国司法实践中对于故意杀人的案件，当其他因素不发挥影响或影响很小的时候，对于以特别残忍手段杀人者一般处以死刑立即执行，而对于不是以残忍手段杀人者一般处以死缓、无期徒刑甚至有期徒刑，这也是司法实践中长期以来形成的一种不成文的裁判惯例。① 其实，并不尽然。司法实践中并没有自觉地形成以手段是否特别残忍作为区分死刑立即执行与死刑缓期执行的标准的惯例。在王志才故意杀人案和李飞故意杀人案中，重审判决虽然都认定杀人手段特别残忍，但仍然判处死刑缓期执行。可见，故意杀人罪的手段特别残忍在相当程度上是一句内容空泛的套语。另外，杀死多人或者杀死妇孺老人也不能被称为手段特别残忍。就故意杀人罪的手段特别残忍而言，这里的手段是指杀人所采取的具体方法以及行为方式，例如杀人毁容、杀人碎尸等。如果只是出于将人杀死的目的而采取一般的杀人手段，就不存在手段特别残忍的问题。换言之，手段特别残忍的杀人只是故意杀人罪中较为例外或者较为特殊的一种类型，它并不能等同于罪行极其严重。也就是说，即使没有采取手段特别残忍的方式杀人，同样可以被认定为罪行极其严重。那么，李昌奎的故意杀人是否属于手段特别残忍呢？对此，有学者作了肯定的回答，认为李昌奎故意杀人的手段残忍性表现在两个方面：一方面，李昌奎将被害人王某飞掐晕后实施强奸，再用锄头猛击其头部，性质上属于先奸后杀；另一方面，李昌奎又对无辜幼儿王某红实施

① 参见车浩：《从李昌奎案看“邻里纠纷”与“手段残忍”的涵义》，载《法学》，2011（8）。

暴力，依据法院判决书的描述，“提起王某红的手脚将其头猛撞房间门框”①。这里涉及的问题是：先奸后杀是否属于故意杀人的手段特别残忍？将人摔死是否属于故意杀人的手段特别残忍？就一般社会公众的观念而言，该故意杀人手段引起了众怒，挑战了法律与道德的底线，这是可以肯定的。但从刑法来说，是否属于故意杀人的手段特别残忍，还是需要论证而不能简单地予以赞同。就先奸后杀而言，这是指犯有故意杀人罪与强奸罪两罪，根据数罪并罚原则，应当分别评价。笔者认为，不能将此前构成的强奸罪作为此后实施的故意杀人罪的手段特别残忍加以评价。其实，除了先奸后杀还有先杀后奸。先杀后奸当然只构成故意杀人罪，其后的强奸行为实际上是奸尸，在刑法上并不构成强奸罪。但是，在这种情况下，奸尸情节可以作为故意杀人罪的从重处罚情节予以考虑，将其视为手段特别残忍的杀人或许具有一定的道理。至于李昌奎杀死 3 岁幼儿所采用的摔死手段，是否属于特别残忍，也还值得研究。摔死也只是使用较少的一种杀人手段，很难说一定就是特别残忍的手段。总之，对于故意杀人罪的手段特别残忍需要进行刑法教义学的分析，而不是在社会公众观念的意义上使用。

在李昌奎故意杀人案中，其杀人犯罪的罪行极其严重，足以抵消自首的法定从轻处罚情节与由民间纠纷引发等酌定从轻处罚情节，属于《纪要》所规定的“不判处死刑立即执行”的例外情形。因此，云南省高级人民法院原二审将本案从一审的死刑立即执行改判为死刑缓期执行，确实存在着政策界限把握上的疏失，甚至严重偏差。正如有学者指出的，李昌奎虽有自首等从轻处罚情节，但其从轻处罚情节对刑罚轻重调节的整体作用力要明显弱于所具有的从重处罚情节的作用力，在整体上无法降低其犯罪行为的社会危害程度，因而不足以对其从轻处罚。②

通过将王志才故意杀人案、李飞故意杀人案与李昌奎故意杀人案作对比性考察可以发现，死刑立即执行与死刑缓期执行之间的界限还是不够明晰，有关规定

---

① 车浩：《从李昌奎案看“邻里纠纷”与“手段残忍”的涵义》，载《法学》，2011（8）。

② 参见赵秉志、彭林：《我国死刑适用若干重大现实问题探讨——以李昌奎案及其争议为主要视角》，载《当代法学》，2012（3）。

更多的是一种政策把握而非裁量规则的指引。当然，这些案例对于此后的死刑判决还是具有重要的参照作用的。

二、限制减刑制度的司法裁量

限制减刑制度是《刑法修正案（八）》新设的一种刑罚制度。我国刑法第50条第2款规定："对被判处死刑缓期执行的累犯以及因故意杀人、强奸、抢劫、绑架、放火、爆炸、投放危险物质或者有组织的暴力性犯罪被判处死刑缓期执行的犯罪分子，人民法院根据犯罪情节等情况可以同时决定对其限制减刑。"根据我国刑法第78条第2款第3项的规定，限制减刑的犯罪分子实际执行的刑期应当按照以下规定执行："人民法院依照本法第五十条第二款规定限制减刑的死刑缓期执行的犯罪分子，缓期执行期满后依法减为无期徒刑的，不能少于二十五年，缓期执行期满后依法减为二十五年有期徒刑的，不能少于二十年。"这就是我国刑法关于限制减刑制度的完整规定。

限制减刑制度是为减少死刑适用而设立的一种制度，因此将其称为死刑制度的一部分也不为过。事实上，我国刑法就是把限制减刑制度规定在死刑当中的。在限制减刑制度设立之前，随着在以往刑法修订中死刑罪名的增加，我国刑法的刑罚体系中存在着一个结构性矛盾，就是"死刑过重，生刑过轻"。针对这一结构性矛盾，笔者提出了"限制死刑，加重生刑"的对策，指出：在严格限制死刑适用的前提下，首先应当做到重者更重。这里所谓重者更重，是指那些严重犯罪，包括暴力犯罪与非暴力犯罪，由过去判处死刑立即执行改判为死缓和无期徒刑以后，应当加重死缓和无期徒刑的处罚力度。被判处死缓的原则上关押终身；个别减刑或者假释的，最低应关押30年以上。被判处无期徒刑的，多数应关押终身；少数减刑或者假释的，最低应关押20年以上。将有期徒刑的上限提高到25年，数罪并罚时不超过30年。[①] 笔者的以上观点虽然是使生刑趋重之论，但

① 参见陈兴良主编：《宽严相济刑事政策研究》，20页，北京，中国人民大学出版社，2007。

从根本上说还是为了减少死刑适用，调整我国刑罚体系，使其结构更为合理。在《刑法修正案（八）》的立法讨论过程中，围绕着如何加重生刑，存在一个从“不得减刑”到“限制减刑”的转变过程。对此，高铭暄教授曾经作过以下描述：最初拟定的条文是以“不得减刑”为基调的，以此体现宽严相济刑事政策的要求。但也有意见认为这一规定过于严厉，只强调了刑罚的惩罚性，不符合我国以改造人为宗旨的刑罚目的。立法机关综合各方面意见，将草案原先“不得再减刑”写法改为“限制减刑”，并最终获得通过。[①] 尽管这只是有限度地加重生刑，但对于减少死刑的适用还是具有积极意义的。

限制减刑实际上在死刑立即执行与死刑缓期执行之间增加了一个裁量的层次，即除死刑立即执行以外，由于限制减刑制度的存在，死刑缓期执行分为了两种：一种是没有附加限制减刑的死刑缓期执行，另一种是附加了限制减刑的死刑缓期执行。那么，限制减刑如何适用呢？笔者认为，并非对刑法所列举的各种被判处死刑缓期执行的犯罪分子一概适用限制减刑，而只是对于那些本来应当被判处死刑立即执行，但因为存在着某些从轻处罚情节，而判处一般的死刑缓期执行又不足以体现罪刑相适应原则的犯罪分子，才能适用限制减刑的规定。因此，法官需要在死刑立即执行与死刑缓期执行之间进行尺寸的艰难拿捏。从王志才故意杀人案和李飞故意杀人案的情况来看，这两个案件都属于由民间纠纷引发的杀人案件；而且在李飞故意杀人案中，李飞的母亲梁某某在得知李飞杀人后的行踪时，主动、及时到公安机关反映情况，并积极配合公安机关将李飞抓获归案；李飞在公安机关对其进行抓捕时，顺从归案，没有反抗行为，并在归案后始终如实供述自己的犯罪事实，认罪态度好。虽然没有认定成立自首，但其效果相当于自首。但无论是王志才故意杀人案还是李飞故意杀人案，都存在着一些从重处罚的因素需要考虑。例如，在王志才故意杀人案中，其亲属虽然积极赔偿，但未与被害人亲属达成赔偿协议，因此不判处死刑立即执行存在着来自被害人亲属方面的

① 参见高铭暄：《中华人民共和国刑法的孕育诞生和发展完善》，230页，北京，北京大学出版社，2012。

压力。而在李飞故意杀人案中，被告人系累犯，且被害人亲属不予谅解。在这种情况下，在判处死刑缓期执行的同时限制减刑，笔者认为是一种较为合理的判决结果，既减少了死刑立即执行的适用，又体现了对犯罪分子的较为严厉的惩罚，也给了被害人亲属一个交代。换言之，在以上两个案件中，如果被告人王志才不仅积极赔偿，而且与被害人亲属达成了赔偿协议，获得了被害人亲属的谅解，则只能被判处死刑缓期执行，不应再被限制减刑；如果被告人李飞不是累犯，并且获得了被害人亲属的谅解，同样不应再被限制减刑。因此，从实体裁量上说，王志才故意杀人案和李飞故意杀人案中对限制减刑适用条件的把握，为此后司法机关正确适用限制减刑提供了可以参照的样板。

在限制减刑的适用中还存在一个限制减刑制度的时间效力问题。《刑法修正案（八）》是2011年5月1日生效的，那么，对于此前发生的符合限制减刑规定的案件，是否适用限制减刑呢？这个问题涉及对刑法的溯及力的理解与适用。2011年4月25日最高人民法院《关于〈中华人民共和国刑法修正案（八）〉时间效力问题的解释》第2条明确规定："被告人具有累犯情节，或者所犯之罪是故意杀人、强奸、抢劫、绑架、放火、爆炸、投放危险物资或者有组织的暴力犯罪，罪行极其严重，根据修正前刑法判处死刑缓期执行不能体现罪刑相适应原则，而根据修正后刑法判处死刑缓期执行同时决定限制减刑可以罚当其罪的，适用修正案后刑法第五十条第二款的规定。"王志才故意杀人案和李飞故意杀人案的一审与二审都是在《刑法修正案（八）》生效之前作出的，而限制减刑的判决作出的时间是2011年5月3日，可以说是第一批适用限制减刑的案件。

三、最高人民法院在控制死刑中的作用

王志才故意杀人案和李飞故意杀人案中被告人经历了一个由死而生的司法转折过程，即一审和二审法院都宣告了死刑立即执行的判决，只是到了最高人民法院的死刑复核程序，才因最高人民法院没有核准死刑立即执行、发回原审法院，最终被改判为死刑缓期执行并宣告限制减刑。在王志才故意杀人案中，山东省潍

坊市中级人民法院于2009年10月14日以（2009）潍刑一初字第35号刑事判决，认定被告人王志才犯故意杀人罪，判处死刑，剥夺政治权利终身。山东省高级人民法院于2010年6月18日以（2010）鲁刑四终字第2号刑事裁定，驳回上诉，维持原判，并依法报请最高人民法院核准。最高人民法院根据复核确认的事实，以（2010）刑三复22651920号刑事裁定，不核准被告人王志才死刑，发回山东省高级人民法院重新审判。山东省高级人民法院于2011年5月3日作出（2010）鲁刑四终字第2－1号刑事判决，以故意杀人罪改判被告人王志才死刑，缓期2年执行，剥夺政治权利终身，同时决定对其限制减刑。对于李飞故意杀人案，黑龙江省哈尔滨市中级人民法院于2009年4月30日以（2009）哈刑二初字第51号刑事判决，认定被告人李飞犯故意杀人罪，判处死刑，剥夺政治权利终身。黑龙江省高级人民法院于2009年10月29日以（2009）黑刑三终字第70号刑事裁定，驳回上诉，维持原判，并依法报请最高人民法院核准。最高人民法院根据复核确认的事实和被告人母亲协助抓捕被告人的情况，以（2010）刑五复66820039号刑事裁定，不核准被告人李飞死刑，发回黑龙江省高级人民法院重新审判。黑龙江省高级人民法院于2011年5月3日作出（2011）黑刑三终字第63号刑事判决，以故意杀人罪改判被告人李飞死刑缓期2年执行，剥夺政治权利终身，同时决定对其限制减刑。从以上两案的诉讼过程来看，可以假设，如果没有最高人民法院的死刑核准程序，即高级人民法院具有死刑案件的终审权，则王志才和李飞两被告人均已被执行死刑。由王志才故意杀人案和李飞故意杀人案死刑判决结果的逆转，可以明显地看出最高人民法院在控制死刑方面的重要作用。

限制死刑可以分为立法控制与司法控制。立法控制是指通过立法程序，减少死刑罪名，以达到限制死刑的目的。而司法控制是指通过司法裁量活动，减少死刑判决，以达到限制死刑的目的。死刑的立法控制与司法控制，可以说是各有利弊。立法控制从根本上取消了某些罪名，使法律上的死刑罪名减少，具有一劳永逸之效。这是死刑的立法限制之利。但死刑的立法限制同样存在弊端，这就是具有一定的政治风险：在死刑的社会基础尚较为稳固的情况下，骤然减少死刑，可能会引起社会动荡。而死刑的司法控制是一种个案的控制，社会影响没有那么大，但对个案的死刑控制可以达到积沙成塔的累积效应。从世界各国限制与废除死刑的经验来看，除了个别国家出于某种特定目的，例如加入以废除死刑为前提的欧盟而对死刑采取休克疗法以外，大多数国家都首先通过司法逐渐减少，乃至完全不用死刑。在社会就废除死刑达成共识的情况下，再水到渠成地在立法上废除死刑。当然，死刑的司法控制也会受到来自被害人以及亲属和民意的较大压力，在较为极端的个案，如李昌奎故意杀人案中，如果把握不好，同样会有风险。笔者认为，在目前中国的具体国情下，对于限制死刑来说，主要还是应当采取司法控制的途径。

死刑的司法控制，从法院的级别上来说，可以区分为最高人民法院的控制与中、高级人民法院的控制。中、高级人民法院承担着死刑案件的一审与二审，可以说是处在死刑案件审理的第一线，承担着死刑司法控制的主要职责。但是，中、高级人民法院毕竟属于地方法院，因此在审理死刑案件的时候更多地受到来自各方面的干扰与压力。相对来说，最高人民法院更具有超脱性。因此，最高人民法院在死刑的司法控制方面发挥着其独特的作用。最高人民法院对死刑的司法控制又可以分为直接控制与间接控制，兹分别论述如下。

（一）最高人民法院对死刑的直接控制

最高人民法院对死刑的直接控制是指通过履行对死刑案件的复核职责，严格控制死刑适用条件，以期通过个案的改判或者不核准，直接减少死刑的适用。应该说，最高人民法院对死刑的直接控制是以其行使死刑核准权为前提的。我国1979年刑法虽然规定最高人民法院行使死刑核准权，但在20世纪80年代初的“严打”中，基于严厉惩治犯罪的需要，死刑核准权被授予高级人民法院行使以后，除少部分特殊类型的案件外，最高人民法院对具体案件的死刑复核权不复存在。自2007年1月1日起，死刑案件的核准权统一收回最高人民法院行使。此后，最高人民法院严格掌握死刑适用条件，统一死刑裁判标准，对于那些没有达到死刑立即执行条件的案件不予核准死刑，从而对死刑的司法控制起到了重要的把关作用。从实际情况来看，那些没有被核准死刑的案件，存在的主要问题有：

(1) 对于具有法定从轻处罚情节的案件，充分体现和落实政策不够。(2) 对于由日常琐事、感情纠葛、民间矛盾激化引发的案件适用死刑立即执行，从严把握不够。(3) 对于共同犯罪案件，仔细区分各被告人在共同犯罪中的地位、作用的差别，体现区别对待的政策精神不够。(4) 对于被告人同时具有从重、从轻处罚情节的，综合考虑，争取更好裁判效果的司法能力有待加强。(5) 做附带民事调解工作不力，积极争取当地党委、政府及有关部门的支持与协助，充分发挥基层组织的作用不够。(6) 有的案件，直至复核阶段再做依法不核准的善后工作，才实现被害方对依法被从轻处罚的被告人的谅解。应该说，最高人民法院通过行使死刑复核权，对于减少死刑适用起到了重要的作用。

（二）最高人民法院对死刑的间接控制

最高人民法院对死刑的间接控制，是指通过制定死刑的司法政策、颁布死刑的指导性案例，为死刑适用提供明确可行的统一规则，指导中、高级人民法院的死刑审判活动，以达到限制死刑的司法适用之目的。笔者认为，最高人民法院对死刑的直接控制与间接控制之间，存在着某种相关性。最高人民法院通过死刑案件的核准工作，可以较为具体地发现中、高级人民法院在死刑适用方面存在的问题，然后通过制定死刑适用的政策与规则，指导中、高级人民法院对死刑案件审判活动，并使这种指导具有针对性与有效性。

最高人民法院对死刑的间接控制，主要存在以下三种方式。

1. 制定控制死刑的司法政策

我国刑法的死刑政策从总体上说是“保留死刑，严格控制和慎重适用死刑”的政策。在目前世界上已有相当多的国家废除死刑的情况下，考虑到我国的犯罪状态和具体国情，在短时期内我国尚不具备废除死刑的条件，仍然存在保留死刑的必要性。但是，减少、限制死刑是势在必行的一项措施，应当在条件许可的情况下，尽可能地减少死刑的适用。从20世纪80年代初“严打”以来，我国立法上的死刑罪名一直呈现增长的势头，直到《刑法修正案（八）》，立法机关取消了刑法中的13个罪名的死刑，从而开启了减少死刑罪名的立法发展进程。这是具有里程碑意义的一个事件，也足以表明我国死刑政策的价值取向。在这种情况下，死刑的司法政策应当是与死刑的立法政策同步的，并且是方向一致的，即都是要严格控制死刑。最高人民法院在制定死刑的司法政策方面起步较早，本文前面提及的《纪要》对于故意杀人罪的死刑适用的控制就起到了积极的作用。尤其值得注意的是，2010年最高人民法院颁布了《关于贯彻宽严相济刑事政策的若干意见》(以下简称《若干意见》)，根据宽严相济的刑事政策具体提出了死刑的司法政策。《若干意见》第29条规定：要准确理解和严格执行“保留死刑，严格控制和慎重适用死刑”的政策。对于罪行极其严重的犯罪分子，论罪应当判处死刑的，要坚决依法判处死刑。要依法严格控制死刑的适用，统一死刑案件的裁判标准，确保死刑只适用于极少数罪行极其严重的犯罪分子，拟判处死刑的具体案件定罪或者量刑的证据必须确实、充分，得出的结论唯一。对于罪行极其严重，但只要是依法可不立即执行的，就不应当判处死刑立即执行。

可以说，在司法活动中控制死刑，严格把握死刑适用标准是宽严相济刑事政策的应有之义。最高人民法院所制定的死刑适用方面的司法政策对于中、高级人民法院审理死刑案件的司法活动具有重要的指导意义。

2. 提供死刑案件的裁判规则

我国刑法第50条对死刑适用条件的规定是极为抽象、笼统的，即使是死刑立即执行与死刑缓期执行的法律界限也是具有裁量性的。这是由立法本身的局限性所决定的。但是，司法活动所面临的死刑案件需要的是极为具体的裁判规则。在这种情况下，最高人民法院承担着制定死刑案件裁判规则的使命。死刑案件的裁判规则可以分为实体规则与证据规则两个部分。相对来说，制定统一、完整的死刑适用的实体规则是有难度的。从目前的情况来看，最高人民法院主要是在那些与适用死刑较多的罪名相关的司法解释中，制定了死刑适用的实体规则。例如，运输毒品罪的死刑适用存在较多问题，尤其是对于那些受雇佣为他人运输毒品的案件，其毒品的数量巨大，如何掌握死刑适用标准，是一个值得关注的问题。2008年《全国部分法院审理毒品犯罪案件工作座谈会纪要》(以下简称《毒品犯罪纪要》)，就对运输毒品罪的刑罚适用问题作了规定，其中就涉及运输毒品罪的死刑适用问题。《毒品犯罪纪要》规定了毒品犯罪死刑适用的数量加情节的原则，即掌握死刑数量标准，应当结合本地毒品犯罪的实际情况和依法惩治、预防毒品犯罪的需要，参照最高人民法院复核毒品犯罪案件的典型案例，恰当把握。例如，关于运输毒品罪的死刑适用，《毒品犯罪纪要》指出：对于运输毒品犯罪集团首要分子，组织、指使、雇佣他人运输毒品的主犯或者毒枭、职业毒贩、毒品再犯，以及具有武装掩护，暴力抗拒检查、拘留或者逮捕，参与有组织的国际毒品犯罪，以运输毒品为业，多次运输毒品或者其他严重情节的，应当按照刑法、有关司法解释和司法实践实际掌握的数量标准，从严惩处，依法应判处死刑的必须判处死刑。对于有证据证明被告人确属受人指使、雇佣参与运输毒品犯罪，又系初犯、偶犯的，可以从轻处罚，即使毒品数量超过实际掌握的死刑数量标准，也可以不判处死刑立即执行。毒品数量超过实际掌握的死刑数量标准，不能证明被告人系受人指使、雇佣参与运输毒品犯罪的，可以依法判处重刑直至死刑。应该说，这一规定对于运输毒品罪的死刑适用是具有指导性的，它有利于区分运输毒品犯罪中不同性质的案件，使运输毒品罪的死刑适用具有更为明确的裁判规则。

除了死刑案件的实体裁判规则，还有死刑案件的证据规则亦十分重要。因为死刑涉及对人的生命的剥夺，因此死刑案件对在证据标准上比一般的案件要求的高，必须达到确实、充分，排除合理怀疑，得出的结论应当具有唯一性。为此，最高人民法院、最高人民检察院、公安部、国家安全部、司法部颁布了《关于办理死刑案件审查判断证据若干问题的规定》（以下简称《规定》），对办理死刑案件的证据规则作了专门规定。《规定》第 2 条确立了死刑证据的裁判原则，即“认定案件事实，必须以证据为根据”。这是“以事实为根据”的法律原则的具体化。其实，它不仅适用于死刑案件，而且适用于普通案件。《规定》还细化了死刑案件的证明标准，明确了死刑案件的证明对象。《规定》还创设了死刑案件中对证据的裁判规则，其第 33 条对死刑案件中间接证据的裁判规则作了具体规定，强调根据间接证据定案的，判处死刑应当特别慎重。以上这些死刑案件的证据规则，对于保障死刑案件的证据质量具有重要意义。

3. 颁布死刑案件的指导案例

通过案例指导死刑的司法适用，这是一个较为直观且具有成效的途径。最高人民法院历来重视对死刑适用的案例指导。在《最高人民法院公报》《刑事审判参考》等刊物中，都颁布了一些死刑案件的指导案例。如本文前面提及的王勇故意杀人案，就刊登在最高人民法院刑庭所编的《刑事审判参考》中，它传达了最高人民法院有关死刑的政策精神和裁判规则。与此同时，最高人民法院还注重通过案例进行死刑案件审判工作的内部工作指导。例如，2009 年最高人民法院《关于印发严格执行死刑政策依法不核准死刑典型案例的通知》（以下简称《通知》）选择 19 个严格执行死刑政策依法不核准死刑的典型案例，印发给各中、高级人民法院，要求组织刑事法官和审判委员会委员进行学习讨论。《通知》中印发的死刑案例大多是故意杀人案，并对依法不核准的理由都作了具体说明，这对于中、高级人民法院把握死刑适用的条件无疑具有直接的示范效应。

应该说，指导案例所提供的裁判规则具有较司法解释和政策更为具体的表现形式，对于司法活动来说，具有更为直观的可参照性。关于死刑立即执行与死刑缓期执行的界限，尽管以往的政策原则是明确的，司法解释的规定也是可行的，但是在具体操作上仍然不易掌握。例如，关于民间纠纷引发的故意杀人案件，司法解释提出原则上不应适用死刑立即执行，那么，这里的原则内与原则外如何界分就是一个较为疑难的问题。而王志才故意杀人案的裁判要旨指出：“因恋爱、婚姻矛盾激化引发的故意杀人案件，被告人犯罪手段残忍，论罪应当判处死刑，但被告人具有坦白悔罪、积极赔偿等从轻处罚情节，同时被害人亲属要求严惩的，人民法院根据案件性质、犯罪情节、危害后果和被告人的主观恶性及人身危险性，可以依法判处被告人死刑，缓期二年执行，同时决定限制减刑，以有效化解社会矛盾，促进社会和谐。”李飞故意杀人案的裁判要旨指出：“对于因民间矛盾引发的故意杀人案件，被告人犯罪手段残忍，且系累犯，论罪应当判处死刑，但被告人亲属主动协助公安机关将其抓捕归案，并积极赔偿的，人民法院根据案件具体情节，从尽量化解社会矛盾角度考虑，可以依法判处被告人死刑，缓期二年执行，同时决定限制减刑。”这两个裁判要旨是从具体案件中引申出来的，结合案情能够更为准确地把握死刑立即执行与死刑缓期执行的界限，而这也正是案例指导制度中的裁判规则所具有的优越性。

2010年最高人民法院正式建立了案例指导制度，使案例指导成为一种除司法解释以外的裁判规则的提供方式。在最高人民法院公布的第一批和第二批指导性案例中，就有王志才故意杀人案和李飞故意杀人案涉及死刑适用问题。通过这两个依法不核准死刑的案例，故意杀人罪的死刑适用的裁判规则确立了。这是值得我们重视的。

（本文原载《法学》，2013（2））

忻元龙绑架案：死刑案件的证据认定

——高检指导性案例的个案研究

死刑适用不仅涉及死刑以及死缓的实体标准的掌握问题，而且涉及死刑案件的证据认定问题。前者是一个刑法问题，而后者则是一个刑事诉讼法问题。最高人民检察院（以下简称高检）颁布的（检例第2号）忻元龙绑架案，主要涉及的是死刑案件的证据认定问题。本文从证据法角度，结合忻元龙绑架案，对死刑案件的证明标准和证据判断问题进行研究。

一、忻元龙绑架案的官方文本

（一）要旨

对于死刑案件的抗诉，要正确把握适用死刑的条件，严格证明标准，依法履行刑事审判法律监督职责。

（二）基本案情

被告人忻元龙，男，1959年2月1日出生，汉族，浙江省宁波市人，高中文化。2005年9月15日，因涉嫌绑架罪被刑事拘留，2005年9月27日被逮捕。

被告人忻元龙因经济拮据而产生绑架儿童并勒索家长财物的意图，并多次到浙江省慈溪市进行踩点和物色被绑架人。2005年8月18日上午，忻元龙驾驶自己的浙 B3C7××通宝牌面包车从宁波市至慈溪市浒山街道团圈支路老年大学附近伺机作案。当日下午 1 时许，忻元龙见女孩杨某某（殁年 9 岁）背着书包独自一人经过，即以“陈老师找你”为由将杨某某骗上车，将其扣在一个塑料洗澡盆下，开车驶至宁波市东钱湖镇“钱湖人家”后山。当晚 10 时许，忻元龙从杨某某处骗得其父亲的手机号码和家中的电话号码后，又开车将杨某某带至宁波市北仑区新碶镇算山村防空洞附近，采用捂口、鼻的方式将杨某某杀害后掩埋。8 月 19 日，他乘火车到安徽省广德县购买了一部波导 1220 型手机，于 20 日凌晨 0 时许拨打杨某某家电话，称自己已经绑架杨某某并要求杨某某的父亲于当月 25 日下午 6 时前带 60 万元赎金到浙江省湖州市长兴县交换其女儿。尔后，忻元龙又乘火车到安徽省芜湖市打勒索电话，因其将记录电话的纸条丢失，将被害人家的电话号码后四位 2353 误记为 7353，电话接通后听到接电话的人操宁波口音，而杨某某的父亲讲普通话，由此忻元龙怀疑是公安人员已介入，遂停止了勒索。2005 年 9 月 15 日忻元龙被公安机关抓获，他供述了绑架杀人经过，并带领公安人员指认了埋尸现场，公安机关起获了一具尸骨，从其浙 B3C7××通宝牌面包车上提取了杨某某头发两根（经法医学 DNA 检验鉴定，是被害人杨某某的尸骨和头发）。公安机关从被告人忻元龙处扣押波导 1220 型手机一部。

（三）诉讼过程

被告人忻元龙绑架一案，由浙江省慈溪市公安局立案侦查，于 2005 年 11 月 21 日移送慈溪市人民检察院审查起诉。慈溪市人民检察院于同年 11 月 22 日告知了忻元龙有权委托辩护人等诉讼权利，也告知了被害人的近亲属有权委托诉讼代理人等诉讼权利。按照案件管辖的规定，同年 11 月 28 日，慈溪市人民检察院将案件报送宁波市人民检察院审查起诉。宁波市人民检察院依法讯问了被告人忻元龙，审查了全部案件材料。2006 年 1 月 4 日，宁波市人民检察院以忻元龙涉嫌绑架罪向宁波市中级人民法院提起公诉。

2006 年 1 月 17 日，浙江省宁波市中级人民法院依法组成合议庭，公开审理了此案。法庭经审理认为：被告人忻元龙以勒索财物为目的，绑架并杀害他人，其行为已构成绑架罪。手段残忍、后果严重，依法应予严惩。检察机关指控的罪名成立。

2006 年 2 月 7 日，宁波市中级人民法院作出一审判决：(1) 被告人忻元龙犯绑架罪，判处死刑，剥夺政治权利终身，并处没收个人全部财产。(2) 被告人忻元龙赔偿附带民事诉讼原告人杨某风、张某彬应得的被害人死亡赔偿金 317 640 元、丧葬费 11 380 元，合计人民币 329 020 元。(3) 供被告人忻元龙犯罪使用的浙 B3C7××通宝牌面包车一辆及波导 1220 型手机一部，予以没收。

忻元龙对一审刑事部分的判决不服，向浙江省高级人民法院提起上诉。

2006 年 10 月 12 日，浙江省高级人民法院依法组成合议庭，公开审理了此案。法庭经审理认为：上诉人忻元龙以勒索财物为目的，绑架并杀害他人，其行为已构成绑架罪。犯罪情节特别严重，社会危害极大，依法应予严惩。但鉴于本案的具体情况，对忻元龙判处死刑，可不予立即执行。2007 年 4 月 28 日，浙江省高级人民法院作出二审判决：(1) 撤销浙江省宁波市中级人民法院 (2006) 甬刑初字第 16 号刑事附带民事判决中对忻元龙的量刑部分，维持判决的其余部分；(2) 被告人忻元龙犯绑架罪，判处死刑，缓期 2 年执行，剥夺政治权利终身。

被害人杨某某的父亲不服，于 2007 年 6 月 25 日向浙江省人民检察院申诉，请求提出抗诉。

浙江省人民检察院经审查认为，浙江省高级人民法院二审判决改判忻元龙死刑缓期 2 年执行确有错误，遂于 2007 年 8 月 10 日提请高检按照审判监督程序提出抗诉。高检派员到浙江专门核查了案件相关情况。高检检察委员会两次审议了该案，认为忻元龙绑架犯罪事实清楚，证据确实、充分，依法应当判处死刑立即执行，浙江省高级人民法院以"鉴于本案具体情况"为由改判忻元龙死刑缓期 2 年执行确有错误，应予纠正。理由如下：

一、忻元龙绑架犯罪事实清楚，证据确实、充分。本案定案的物证、书证、证人证言、被告人供述、鉴定结论、现场勘查笔录等证据能够形成完整的证据体系。公安机关根据忻元龙的供述找到被害人杨某某尸骨，忻元龙供述的诸多隐蔽细节，如埋尸地点、尸体在土中的姿势、尸体未穿鞋袜、埋尸坑中没有书包、打错勒索电话的原因、打勒索电话的通话次数、通话内容，接电话人的口音等，得到了其他证据的印证。

二、浙江省高级人民法院二审判决确有错误。二审改判认为本案证据存在两个疑点。一是卖给忻元龙波导1220型手机的证人傅某在证言中讲该手机的串号与公安人员扣押在案手机的串号不一致，手机的同一性存有疑问；二是证人宋某和艾力买买提尼牙子证实，在案发当天看见一中年妇女将一个与被害人特征相近的小女孩带走，不能排除他人作案的可能。经审查，这两个疑点均能够排除。一是关于手机同一性问题。经审查，公安人员在询问傅某时，将波导1220型手机原机主洪某的身份证号码误记为手机的串号。宁波市人民检察院移送给宁波市中级人民法院的“随案移送物品文件清单”中写明波导1220型手机的串号是350974114389275，且洪某将手机卖给傅某的“旧货交易凭证”等证据，清楚地证明了从忻元龙身上扣押的手机即是索要赎金时使用的手机，且手机就在宁波市中级人民法院，手机同一性的疑点能够排除。二是关于是否存在中年妇女作案问题。案卷原有证据能够证实宋某、艾力买买提尼牙子证言证明的“中年妇女带走小女孩”与本案无关。宋某、艾力买买提尼牙子证言证明的中年妇女带走小女孩的地点在绑架现场东侧200米左右，与忻元龙绑架杨某某并非同一地点。艾力买买提尼牙子的证言证明的是迪欧咖啡厅南边的电脑培训学校门口，不是忻元龙实施绑架的地点；宋某的证言证明的中年妇女带走小女孩的地点是迪欧咖啡厅南边的十字路口，而不是老年大学北围墙外的绑架现场，因为宋某所在位置被建筑物阻挡，看不到老年大学北围墙外的绑架现场。此疑问也已经排除。此外，二人提到的小女孩的外貌特征等细节也与杨某某不符。

三、忻元龙所犯罪行极其严重，对其应当判处死刑立即执行。一是忻元龙精心预谋犯罪、主观恶性极大。忻元龙为实施绑架犯罪进行了精心预谋，多次到慈溪市“踩点”，并选择了相对僻静无人的地方作为行车路线。忻元龙以“陈老师找你”为由将杨某某骗上车实施绑架，与慈溪市老年大学剑桥英语培训班负责人陈老师的姓氏相符。忻元龙居住在宁波市的鄞州区，选择在宁波市的慈溪市实施绑架，选择在宁波市的北仑区杀害被害人，之后又精心实施勒索赎金行为，赴安徽省广德县购买波导1220型手机，使用异地购买的手机卡，赴安徽省宣城市、芜湖市打勒索电话并要求被害人父亲到浙江省长兴县交付赎金。二是忻元龙犯罪后果极其严重、社会危害性极大。忻元龙实施绑架犯罪后，为使自己的罪行不被发现，在得到被害人家庭信息后，当天就将年仅9岁的杨某某杀害，并烧掉了杨某某的书包，扔掉了杨某某挣扎时脱落的鞋子，实施了毁灭罪证的行为。忻元龙归案后认罪态度差。开始不供述犯罪，并隐瞒作案所用手机的来源，后来虽供述犯罪，但编造他人参与共同作案。忻元龙的犯罪行为不仅剥夺了被害人的生命、给被害人家属造成了无法弥补的巨大痛苦，也严重影响了当地群众的安全感。三是二审改判忻元龙死刑缓期2年执行不被被害人家属和当地群众接受。被害人家属强烈要求判处忻元龙死刑立即执行，当地群众对二审改判忻元龙死刑缓期2年执行亦难以接受，要求司法机关严惩忻元龙。

2008年10月22日，高检依照《中华人民共和国刑事诉讼法》第205条第3款之规定，向最高人民法院（以下简称高法）提出抗诉。2009年3月18日，高法指令浙江省高级人民法院另行组成合议庭，对忻元龙案件进行再审。

2009年5月14日，浙江省高级人民法院另行组成合议庭公开开庭审理本案。法庭经审理认为：被告人忻元龙以勒索财物为目的，绑架并杀害他人，其行为已构成绑架罪，且犯罪手段残忍、情节恶劣，社会危害极大，无任何悔罪表现，依法应予严惩。检察机关要求纠正二审判决的意见能够成立。忻元龙及其辩护人要求维持二审判决的意见，理由不足，不予采纳。

2009年6月26日，浙江省高级人民法院依照《中华人民共和国刑事诉讼法》205条第2款、206条、第189条第2项，《中华人民共和国刑法》第239条第1款、第57条第1款、第64条之规定，作出判决：(1) 撤销浙江省高级人民法院(2006)浙刑一终字第146号刑事判决中对原审被告人忻元龙的量刑部分，维持该判决的其余部分和宁波市中级人民法院(2006)甬刑初字第16号刑事附带民事判决；(2) 原审被告人忻元龙犯绑架罪，判处死刑，剥夺政治权利终身，并处没收个人全部财产，并依法报请高法核准。

高法复核认为：忻元龙以勒索财物为目的，绑架并杀害他人的行为已构成绑架罪。其犯罪手段残忍、情节恶劣，后果严重，无法定从轻处罚情节。浙江省高级人民法院再审判决认定的事实清楚，证据确实、充分，定罪准确，量刑适当，审判程序合法。

2009 年 11 月 13 日，高法依照《中华人民共和国刑事诉讼法》第 199 条和《最高人民法院关于复核死刑案件若干问题的规定》第 2 条第 1 款之规定，作出裁定：核准浙江省高级人民法院（2009）浙刑再字第 3 号以原审被告人忻元龙犯绑架罪，判处死刑，剥夺政治权利终身，并处没收个人全部财产的刑事判决。

2009 年 12 月 11 日，忻元龙被依法执行死刑。

在高检颁布的指导性案例中，忻元龙绑架案在字数上要大大超过其他案例：不仅案情叙述详尽，而且说理极为透彻。这是因为忻元龙绑架案是一个高检抗诉的案件，抗诉的主要理由涉及死刑案件的证据认定问题。本案被告人忻元龙一审被判处死刑立即执行，但二审法院认为本案在证据上存在疑点，因此以“本案的具体情况”为由改判忻元龙死刑缓期 2 年执行。对于二审法院的改判，高检向高法提出了抗诉，高法对本案作出了指令重审的处理。二审法院经过重审，又判处被告人忻元龙死刑立即执行。

二、死刑案件证据标准的考察

在忻元龙绑架案中，涉及对死刑的证据认定问题。死刑的证据认定是一个关系到杀与不杀的重大问题，因此必须予以慎重对待。我国刑事诉讼法规定的证据标准是事实清楚，证据确实、充分。应该说，这一标准本身还是较为抽象的。尤其是在死刑案件中，如何认定证据确实、充分，就是一个需要关切的重大问题。

值得注意的是，在司法实践中也存在着某种矫正性的表述，这就是所谓“两个基本”，即：基本事实清楚，基本证据确实、充分。刑事证据的“两个基本”并非法律规定，但却对司法实践具有重要指导意义。“两个基本”是在“严打”的刑事政策背景之下提出来的，是从快打击犯罪分子的应有之义。对此，陈瑞华教授指出：“自 20 世纪 80 年代以来，伴随着严打运动的逐步兴起，‘从重从快’地惩罚犯罪成为司法机关优先选择的刑事政策。在这一运动中，这一证明标准

（指‘事实清楚，证据确实、充分’——引者注）也被修正为‘基本事实清楚’和‘基本证据确实、充分’，也就是所谓的‘两个基本’。”[①]“两个基本”的提法最初出自1985年5月彭真同志在五大城市治安工作座谈会上的讲话：“一个案件，只要有确实的基本证据，基本的情节清楚，就可以判。”这时所说的“两个基本”，是指基本证据和基本情节。之所以提出两个基本，还是为了更加快速地打击犯罪。对于“两个基本”的证明标准，刑事诉讼法学界存在着较大的争议。否定性的观点认为，“两个基本”在法律上没有明文规定，而且它与“证据确实、充分”的规定存在矛盾，其语言表达模糊，伸缩性比较大，没有具体标准，实践中难以掌握。而肯定说则认为，“两个基本”的说法是正确的，是与刑事诉讼法中对证据规定的精神一致的。[②] 尽管如此，“两个基本”还是成为刑事证据判断的实际标准，并且逐渐进入官方话语体系。例如，在2001年4月4日全国社会治安会议上，江泽民同志代表中央提出：“只要基本事实清楚，基本证据确凿，就要快捕、快诉、快判。”[③] 为了贯彻这一会议精神，高法与高检都颁布了有关文件，其中，高检在2001年4月7日颁布的《关于检察机关积极参加“严打”整治斗争和整顿规范市场经济秩序工作的意见》将“两个基本”明确界定为“基本事实清楚，基本证据确凿”。而高法在2001年4月13日颁布的《关于贯彻全国社会治安工作会议的通知》将“两个基本”表述为“基本事实清楚，基本证据扎实”。其实，就语义而言，证据确凿与证据扎实并没有根本区分，甚至可以说意思是完全相同的。自此，“两个基本”的提法成为刑事证据审查判断的实际标准，在一定程度上甚至取代了刑事诉讼法所规定的“事实清楚，证据确实、充分”的提法。当然，从逻辑上说，“两个基本”是对刑事诉讼法所规定的“事实清楚，证据确实、充分”的证据标准中的两大因素——事实与证据的范围的限制，即：事实清楚中的“事实”是指基本事实而非全部事实；证据确实、充分中

① 陈瑞华：《刑事证据法学》，254页，北京，北京大学出版社，2012。

② 参见崔敏、张文清主编：《刑事证据的理论与实践》，91页，北京，中国人民公安大学出版社，1993。

③ 《江泽民文选》，第3卷，209页，北京，人民出版社，2006。

的“证据”是指基本证据而非全部证据。在这种情况下，对控方承担举证责任的刑事案件中的“事实”与“证据”加以限制，能够在一定程度上减轻控方的举证责任，有利于加快逮捕、起诉、判决的流程，因而体现“严打”的政策精神。因此，“两个基本”的提出对于检察机关履行指控犯罪职责是具有推动作用的，但对于审判机关行使审判权则形成一定的压力。

“两个基本”成为事实上的刑事案件证明标准以后，适用这一证明标准最大的问题在于如何界定这里的“基本”。这里的“基本”一词，在汉语中通常是指“主要”。因此，基本事实可以被解读为主要事实，而基本证据可以被解读为主要证据。“主要”是相对于“次要”而言的，但是如何区分这里的“主要”与“次要”？在有关“两个基本”的论述中，都提及不要纠缠于细枝末节。所谓细枝末节，就是指对定罪量刑没有根本性影响的细节。对于这些次要事实与次要证据，没有必要强调事实清楚、证据确实、充分。应该说，这个思路本身没有错误，也反映了认识的相对性和证明的相对性原理。但是，“两个基本”所体现的对刑事证明标准修正的思路也潜藏着向降低刑事证明标准方向发展的危险。这就体现在“基本事实清楚，基本证据确实、充分”中的“两个基本”被曲解为“事实基本清楚，证据基本确实、充分”。例如，我国学者指出：“‘两个基本’中的‘基本’是对何而言呢？对此可以作两种不同的理解：其一，‘基本’针对‘事实’和‘证据’的证明对象范围而言；其二，‘基本’针对‘清楚’和‘确凿’的证明要求而言。由此在司法实践中产生了四种具体观点：第一种认为‘两个基本’是指‘根本的事实清楚，根本的证据确凿’；第二种认为‘两个基本’指‘主要的事实清楚，主要的证据确凿’；第三种认为‘两个基本’是‘大体上事实清楚，大体上证据确凿’；第四种认为‘两个基本’是‘事实基本清楚，证据基本确凿’。显然上述第三、四种观点中证明标准远远低于‘排除合理怀疑’的要求。令人担忧的是，司法实践中甚至在死刑案件中有时也采取了‘大体上事实清楚，大体上证据确凿’或‘事实基本清楚，证据基本确凿’的证明标准”[①]。应该说，以上担

① 任志中：《死刑适用问题研究》，286～287页，北京，知识产权出版社，2012。

忧是合理的。如果对死刑案件不能采取严格的证明标准，甚至基于“严打”的需要，对死刑案件采取更低的所谓“两个基本”的证明标准，确实是十分危险的，死刑冤错案件已经证明了这一点。当然，“两个基本”所提出的对于证据应当区分主要证据与次要证据，在证明的时候应当避免纠缠细枝末节而要抓主要矛盾这样一种对证据审查判断的政策思想本身，还是具有一定合理性的。

随着死刑核准权收归高法行使，防止死刑冤错案件的发生、严格死刑案件的证明标准势在必行。在这种情况下，2010 年 7 月 1 日高法、高检、公安部、国家安全部、司法部联合颁布了《关于办理死刑案件审查判断证据若干问题的规定》（以下简称《死刑证据规定》），对办理死刑案件时审查判断证据问题作了具体规定。这是我国司法当局在死刑案件的证明标准具体化方面所作的努力之一。《死刑证据规定》虽然不是立法机关制定的法律，但鉴于惯例，该规定具有事实上的规范效力。

《死刑证据规定》第 5 条第 2 款对死刑案件的证明标准作了具体规定：证据确实、充分是指：(1) 定罪量刑的事实都有证据证明；(2) 每一个定案的证据均已经法定程序查证属实；(3) 证据与证据之间、证据与案件事实之间不存在矛盾或者矛盾得以合理排除；(4) 共同犯罪案件中，被告人的地位、作用均已查清；(5) 根据证据认定案件事实的过程符合逻辑和经验规则，由证据得出的结论为唯一结论。这一规定实际上也是对当时刑事诉讼法关于证据确实、充分这一抽象规定的解释，该解释不仅适用于死刑案件中对证据的审查判断，而且也适用于其他案件中的证据的审查判断。《死刑证据规则》还对死刑案件证明标准中证据的范围作了明确规定，于第 5 条第 3 款规定，办理死刑案件，对于以下事实的证明必须达到证据确实、充分：(1) 被指控的犯罪事实的发生；(2) 被告人实施了犯罪行为与被告人实施犯罪行为的时间、地点、手段、后果以及其他情节；(3) 影响被告人定罪的身份情况；(4) 被告人有刑事责任能力；(5) 被告人的罪过；(6) 是否共同犯罪及被告人在共同犯罪中的地位、作用；(7) 对被告人从重处罚的事实。也就是说，在以上关系到死刑案件是否能够被认定以及是否应当适用死刑的定罪和量刑证据上，都应当做到证据确实、充分。以上规定，我认为，可以被理解为对

"两个基本"中的"基本证据"的界定，对于死刑案件的证据认定具有重要意义。

尤其是，2012 年刑事诉讼法第二次修订吸收了上述规定，首次确立了排除合理怀疑的证据审查判断标准。刑事诉讼法第 53 条第 2 款规定，证据确实、充分，应当符合以下条件：(1) 定罪量刑的事实都有证据证明；(2) 据以定案的证据均经法定程序查证属实；(3) 综合全案证据，对所认定事实已排除合理怀疑。对此，我国刑事诉讼法学者指出："2012 年《刑事诉讼法》对'事实清楚、证据确实、充分'的证明标准确立了较为具体的规则，特别是将'排除合理怀疑'的规则引入这一最高证明标准之中，标志着我国证明标准制度开始走向成熟。"① 由此可见，从死刑案件的证明标准开始，我国刑事证明标准得以明晰化。这对于提升我国刑事法治的水平具有重要意义。

这里涉及证据确实、充分的一般证明标准与排除合理怀疑的证明标准之间的关系问题。事实上，在证明标准问题上，不同国家之间存在着不同的表述，归纳起来，大体上可以分为两种类型：客观标准与主观标准。英美法系国家适用的是排除合理怀疑的标准，较为倾向于客观效果，即它们采取的是一种客观化的证明标准。而大陆法系国家适用的是内心确信的标准，较为倾向于主观心理，即它们采取的是一种主观化的证明标准。其实，这两者是同一证明标准互为表里的两种表述②，因为：排除合理怀疑的主体也是人，而客观上的证据确实、充分也必须为人所体认。同样，内心确信的根据也是客观存在的证据。因此，在证明标准问题上客观与主观应该是统一的：客观是被主观认知的客体，而主观是对客观所认知的结果。这里应当指出，大陆法系国家之所以采取内心确信的表述，是因为法官本人是证据判断的主体，并且其司法实践实行自由心证主义。而英美法系国家之所以采用排除合理怀疑的表述，是因为在陪审制的情况下，法官具有说服责任，最终作出判断的主体是陪审员。因此，作为英美法系诉讼证明的指导性标准，排除合理怀疑是与证明责任的分配密切相关的。③ 我国刑事诉讼法将刑事案

① 陈瑞华：《刑事证据法学》，254 页，北京，北京大学出版社，2012。

② 参见卞建林主编：《刑事证明理论》，237 页，北京，中国人民公安大学出版社，2004。

③ 参见卞建林主编：《刑事证明理论》，242 页，北京，中国人民公安大学出版社，2004。

件的证明标准确认为证据确实、充分，其实是具有较为明显的客观化倾向的，也与对自由心证和内心确信等证明标准的唯心主义指责具有关系。但是，在我国刑事诉讼法的修正当中，立法者又引入了排除合理怀疑的规则，这一规则具有英美法系的特征，以陪审制为其制度背景。因此，如何融合证据确实、充分与排除合理怀疑这两种证明要求，对于我国刑事诉讼法学界来说，还是一个考验。从我国刑事诉讼法对证据确实、充分和排除合理怀疑的规定来看，是把排除合理怀疑当作检验证据是否确实、充分的一个考察要素的，因此，证据确实、充分和排除合理怀疑这两者不是一种并列关系，而是一种从属关系。

值得注意的是，我国学者在解读证据确实、充分和排除合理怀疑这两个规则关系的时候，提出了正面肯定与反面否定的观点，认为：英美法系国家受怀疑主义思维传统的影响，从否定方面把排除合理怀疑作为刑事诉讼有罪判决的证明标准。大陆法系国家受理性主义思潮的支配，从肯定方面确定了内心确信的证明标准。而我国刑事诉讼法中的犯罪事实清楚，证据确实、充分的证明标准，是从正面肯定角度来进行界定的。这样的证明标准完全是以控方入罪为中心的衡量标准，没有反映和体现辩方的辩护行为在证明活动中的作用。因此，在死刑案件的证明标准中应当引入排除合理怀疑的证明标准。① 我认为：对证据确实、充分与排除合理怀疑从肯定与否定这两个维度进行观察，对于我们正确认识两个规则之间的逻辑关系，是具有启迪的。同时，两个维度的考察使证据判断更为全面，也更能够保证判断结论的可信性。但是，论者把证据确实、充分与排除合理怀疑对立起来，认为否定式证明标准在对有罪判决的制约的严密性方面要高于肯定式证明标准，具有更强的实践可行性，主张以排除合理怀疑取代证据确实、充分，作为死刑案件的证明标准。② 对于这一观点，我并不赞同。实际上，证据确实、充分与排除合理怀疑之间并不是相互对立的关系，而是互相补充的关系。其中，证据确实、充分是总的原则，而排除合理怀疑是具体规则。对于任何刑事案件来说，有罪

① 参见聂昭伟：《我国死刑案件证明标准的重新选择》，载《法治研究》，2008（8）。
② 参见聂昭伟：《我国死刑案件证明标准的重新选择》，载《法治研究》，2008（8）。

判决都必须达到证据确实、充分的证明标准，而只有排除合理怀疑才能认为证据已经达到确实、充分。反之，只有证据确实、充分才能认为合理怀疑已被排除。

忻元龙绑架案发生在《死刑证据规则》颁布之前和刑事诉讼法第二次修订之前，但该案作为指导性案例则是高检在 2010 年 12 月 25 日颁布的，时间是在《死刑证据规则》颁布之后和刑事诉讼法第二次修订之前。这个时间点对于我们理解忻元龙绑架案所涉及的死刑案件的证明标准的把握，具有参考价值。

对于忻元龙一审判处死刑立即执行，但二审以“本案的具体情况”为由，被改判为死刑缓期执行。但二审裁定对于这里的“具体情况”并没有加以说明。浙江省人民检察院的抗诉书明确指出所谓“具体情况”是指本案以下两个证据存在疑问：一是卖给忻元龙波导 1220 型手机的证人傅某在证言中讲该手机的串号与公安人员扣押在案手机的串号不一致，手机的同一性存有疑问；二是证人宋某和艾力买买提尼牙子证实，在案发当天看见一中年妇女将一个与被害人特征相近的小女孩带走，不能排除他人作案的可能。以上第一个疑问，涉及物证的可靠性问题。用来勒索财物的手机是本案重要物证之一，但关于本案手机的来源，在案的证据还包括洪某将手机卖给傅某的“旧货交易凭证”等证据，而手机号码发生差错只是因为公安人员在询问傅某时，将波导 1220 型手机原机主洪某的身份证号码误记为手机的串号。如果以上情况属实，则这一差错确实不影响对本案的定罪。但是，公安人员为什么当时没有发现这一差错？该证据进入司法程序以后，对于该证据的瑕疵如何予以排除？这些问题在本案中都没有得到有效的解决。第二个疑问，涉及犯罪人是否另有其人的问题。如果这个疑问不能排除，将在根本上动摇本案的定罪。对此，公诉方认为，在案发当天看见一中年妇女将一个与被害人特征相近的小女孩带走的证言与本案无关，可以予以排除。除以上证言所涉及的时间、地点等与本案发生的时间、地点存在差误以外，本案的定罪证据中包括被告人忻元龙指认埋尸现场，在现场公安机关起获了一具尸骨，以及从被告人忻元龙所有的 B3C7××通宝牌面包车上提取的杨某某头发两根（经法医学 DNA 检验鉴定，是被害人杨某某的尸骨和头发）这两个客观证据。据此可以排除他人犯罪的可能。从以上分析来看，抗诉意见是合理的。在这里也可以发现，司法机关对于死刑案件如何排除合理怀疑，存在不同的意见。当然，这也是基于法院与检察院的不同立场。最终，高法支持了抗诉，对本案被告人忻元龙改判死刑立即执行以后，核准死刑并执行了死刑。

从以上忻元龙绑架案的证据疑问来看，第一个疑问确实属于细枝末节，对定罪没有根本性的影响，而且也已经被排除。第二个疑问则对案件的定性具有重大的影响，因为，它涉及绑架行为人是否另有其人的问题。如果这个疑问不能排除，就难以认为本案证据已经达到确实、充分的程度。其实，在任何刑事案件中都存在疑点，任何疑点都不存在的刑事案件几乎是不存在的。关键问题在于：如何排除这种疑点？刑事案件中的疑点，有些是可以排除的，有些则是难以排除的。在疑点可以排除的情况下，排除合理怀疑以后，证据仍然可以达到确实、充分的标准。在疑点难以排除的情况下，不能排除合理怀疑，证据就没有达到确实、充分的证明标准。在忻元龙绑架案中，我们看不到围绕着这两个疑点所进行的控辩双方的争辩，以及法官在排除疑点方面所作的努力。当然，这与指导性案例的编写本身有关，也与判决书的写作习惯有关。我相信，在法庭上会有对此展开的控辩攻防与争辩，在法官的结案报告中应该会有对此更为详尽的说明与论证。但这一切在忻元龙绑架案的官方叙述文本中并没有呈现，因此具有检察机关单方面言说的性质。以忻元龙绑架案提供的资料为基础进行分析，在我看来，检察机关的抗诉还是有道理的，因为这两个疑点都是可以排除的，排除这两个疑点以后，对忻元龙定罪的证据还是确实、充分的。在检察机关看来，这两个疑点所涉及的只是案件的细枝末节，并不影响定罪。但法院则认为这两个疑点虽然并不影响定罪，但对量刑具有影响，因此对被告人忻元龙作出了留有余地的死缓判决。那么，这种留有余地的死缓判决是否具有合理性呢？这是由忻元龙绑架案引申出来的另外一个值得研究的问题。

三、留有余地的死缓判决的反思

在忻元龙绑架案的二审中，既然法院认为存在疑点，而且这两个疑点都涉及忻元龙能否被定罪的问题，那就意味着本案不能排除合理怀疑，就应当宣告忻元龙无罪。但是，为什么二审法院不是宣告无罪而是改判为死刑缓期执行？这是我国司法机关的习惯做法，被称为留有余地的死缓判决。这种做法在死刑案件中较为普遍。在此，需要对留有余地的死缓判决进行分析。

在死刑案件的证明标准问题上，还存在两个相关问题：其一是死刑案件的证明标准是否应该高于普通刑事案件的；其二是死刑案件的证明标准是否应该区分为定罪的证明标准和量刑的证明标准，以及死刑案件量刑中的证明标准是否应该高于定罪的证明标准。对这两个问题的理解，直接关系到对留有余地的死缓判决的评价问题。

关于第一个问题，肯定说认为，死刑案件的证明标准应该高于普通刑事案件的。例如我国学者指出："死刑案件人命关天……所以，对于（死刑案件的）犯罪构成要件的事实适用的标准应当高于一般刑事案件的证明标准——'确定无疑，排除一切合理怀疑'。"① 这一观点的理论根据是证明标准的多元性。基于这一原理，刑事诉讼、民事诉讼和行政诉讼，这三大诉讼的证明标准应该不同。正如我国学者指出："无论是从理论、立法、实践，还是从世界各国的普遍做法来看，都应当改变我国现行的一元化证明标准，实行多元化的证明标准，即根据三大诉讼各自的性质、诉讼目的及任务，以及具体的证据制度，采用不同的证明标准。"② 如果把证明标准多元化的观点贯彻到刑事诉讼法中，那么，就应当奉行根据罪行轻重，适用不同的证明标准的原理：越是严重的犯罪，法官越应谨慎，对控方指控的证明要求也越高。③ 而死刑案件所涉及的罪行在刑事案件中是最为严重的，当然也就应当适用最为严格的证明标准。而否定说则认为，死刑案件的证明标准不应高于普通刑事案件的。关于主要理由，我国学者论及以下三点：首先，更高的证明标准可能会放纵犯罪。其次，更高的证明标准导致法律适用上的

① 任志中：《死刑适用问题研究》，294页，北京，知识产权出版社，2012。

② 卞建林主编：《刑事证明理论》，258页，北京，中国人民公安大学出版社，2004。

③ 参见聂昭伟：《我国死刑案件证明标准的重新选择》，载《法治研究》，2008（8）。

不统一。最后，更高的证明标准可能超越民众（尤其是被害人）对裁判的可接受性。[①] 这里的法律适用上的不统一，可以为否定论者的以下所谓悖论所说明："被指控严重犯罪可能被判处死刑者虽可满足较轻案件所需要的较低证明标准，但因不能达到为死刑案件单独设立的高证明标准而被无罪开释，而被指控较轻犯罪者因证明标准较易满足而被定罪入狱。最终结果可能是犯大案者获得自由，犯小案者进去坐牢。"[②] 应该说，以上两种观点各有其理。除此以外，我国刑法学界还存在一种介乎上述两者之间的观点，主张不能笼统地主张死刑案件的证明标准应该高于普通刑事案件的证明标准，对死刑案件的证明标准应当采取分而治之的策略：死刑案件定罪的证明标准应当采取与普通刑事案件相同的"排除合理怀疑"的证明标准，判处死刑的证明标准则应当采用更高的"排除一切合理怀疑"的证明标准。[③] 这种观点不仅涉及死刑案件的证明标准与普通刑事案件的证明标准的区分问题，而且涉及死刑案件中定罪证明标准与量刑证明标准的区分问题，拟在下面探讨。从死刑的严厉性以及错判难纠，以及司法资源的合理配置等方面考量，我认为，还是应该对死刑案件设置更为严格的证明标准。一方面，从刑罚的严厉性来说，死刑被称为极刑，是其他刑罚所不可比拟的。因为死刑涉及人的生命，所谓人命关天，所以必须慎之又慎。而且，死刑还有一个致命的缺陷，这就是错判难纠。因为人死不能复生，所以对于死刑，尤其是死刑立即执行的适用，要设置严格的实体标准与证明标准。只有这样，才能尽可能地避免死刑冤错案件的发生。另一方面，司法资源是有限的，对于重罪，尤其是死刑，要投入更多的司法资源，故对于死刑案件的证明标准应该被设置得更高。基于以上考虑，我认为确实应该对死刑案件提出高于普通刑事案件的证明标准。从目前的法律规定来看，对死刑案件和普通刑事案件规定的证明标准是相同的，但在具体操作上，还是应该对死刑案件的证明标准严格把握。

---

① 参见曹治华：《试论死刑案件的证明标准》，载《政法学刊》，2008（6）。

② 秦宗文：《死刑案件证明标准的困局与破解》，载《中国刑事法杂志》，2009（2）。

③ 参见陈卫东、李训虎：《分而治之：一种完善死刑案件证明标准的思路》，载《人民检察》，2007（8）。

关于第二个问题，我国刑事诉讼法学界也是存在争议的。对任何犯罪的审理都可以分为定罪与量刑两个环节，与之相适应，证据也可以分为定罪证据与量刑证据。我国刑事诉讼法第53条第2款第1项规定，定罪量刑的事实都有证据证明，是证据确实、充分的判断条件之一。由此规定可以合乎逻辑地引申出定罪证据与量刑证据，以及对定罪证据的证明与对量刑证据的证明。那么，对于死刑案件的定罪证据与量刑证据是否应当设置不同的证明标准呢？对此，如前所述，我国学者提出了分而治之的观点。这种观点的进一步论述指出："死刑案件的定罪程序适用'排除合理怀疑'的证明标准，是否适用死刑的量刑程序适用'排除一切合理怀疑'的证明标准。死刑案件在确定被告有罪后，即进入量刑阶段，对于量刑的证据标准可以作分别处理：(1) 控方没有请求判处被告死刑，则继续适用'排除合理怀疑'证明标准进行量刑；(2) 若控方主张判处死刑，应适用'排除一切合理怀疑'的证明标准。"[①] 以上关于死刑案件中应该区分定罪证据与量刑证据，并且对两者采用不同程度的证明标准的表述，在逻辑上存在一定的瑕疵：既然是死刑案件，当然是被告人被判处死刑的案件，又怎么会控方不请求判处死刑呢？请问：控方不请求判处死刑，而且法院也没有判处死刑的案件还能够被称为死刑案件吗？对于死刑案件来说，确实存在定罪证据与量刑证据。例如，被告人犯故意杀人罪，其定罪证据是指故意杀人罪能够成立的证据。而量刑证据是指在故意杀人罪成立的基础上，考虑是否适用死刑的证据。因此，一个案件，只有在被告人已经被判处死刑的情况下，才能够被称为死刑案件。在这个意义上说，定罪与量刑可以区隔，并且证据标准也是可以有所不同的。对于这种观点，我国学者提出了相反的见解，指出："与其他刑事案件一样，死刑案件的定罪标准和量刑标准都是一致的，也就是'事实清楚，证据确实、充分'的标准。这一标准对检察机关证明被告人构成犯罪与证明从重量刑情节，都是可以适用的。要避免死刑案件出现冤假错案，要防止死刑的滥用，我们唯一要做的是坚守司法证明的底线，在对被告人犯罪事实的证明上不减低证明标准，摈弃那种'留有余地'的

---

① 曹治华：《试论死刑案件的证明标准》，载《政法学刊》，2008 (6)。

判决方式，对未达到法定证明标准的犯罪指控，勇于作出无罪判决。”① 在此，论者提及在对死刑案件的量刑中“留有余地”的判决。在论者看来，对死刑案件的量刑事实确立更高的证明标准，可能带来消极后果，这就是变相地降低死刑案件的定罪证明标准，而在量刑的时候留有余地地判处死缓。以上争议是围绕死刑案件的证明标准展开的。但在死刑案件的审判实践中，如何具体把握这些证明标准也许是更为重要的。

事实上，在我国司法实践中存在着以下两种不同性质的留有余地的死缓判决。

第一种是定罪证据达到了确实、充分的程度，但是量刑证据存在合理怀疑的。在这种情况下，不判死刑立即执行，而是判处死刑缓期执行。应该说，这种留有余地的死缓判决是被司法解释认可的。例如，高法、高检、公安部、司法部《关于进一步严格依法办案确保办理死刑案件质量的意见》第35条规定：“人民法院应当根据已经审理查明的事实、证据和有关的法律规定，依法作出裁判。对案件事实清楚，证据确实、充分，依据法律认定被告人有罪的，应当作出有罪判决；对依据法律认定被告人无罪的，应当作出无罪判决；证据不足，不能认定被告人有罪的，应当作出证据不足、指控的犯罪不能成立的无罪判决；定罪的证据确实，但影响量刑的证据存有疑点，处刑时应当留有余地。”这种留有余地的死缓判决，在定罪上证据已经达到了确实、充分的程度，可以认定为有罪，但影响量刑的证据存有疑点。在这种情况下，根据司法解释的规定，可以判处死缓。其实，对这里的量刑证据存有疑点还应该进一步加以辨析，因为量刑证据可以分为有利于被告人的量刑证据，例如涉及从轻处罚情节的证据，和不利于被告人的量刑证据，例如涉及从重处罚情节的证据。在因为量刑证据存有疑点而留有余地判处死缓的情况下，这里的量刑证据是指不利于被告人的量刑证据，根据这些证据才能判处被告人死刑立即执行。这种类型的证据如果存在疑点，虽然不影响定罪，但影响是否适用死刑立即执行。因此，基于留有余地的考量，对被告人适用

① 陈瑞华：《刑事证据法学》，263页，北京，北京大学出版社，2012。

死缓。这是对被告人有利的处理结果。这种情况不能被认为是疑罪从轻的判决结果，因为它其实仍然坚持了疑罪从无原则：情节从重处罚情节的量刑证据有疑而没有被采用，在这个意义上，就是从无而非从有。但排除这一情节从重处罚情节的量刑证据以后，其他证据所证明的事实仍然使案件符合判处死缓的条件。在这种情况下判处死缓，并无不当。

第二种是定罪证据没有排除合理怀疑，仍然被认定有罪，但为了避免错杀而留有余地，判处死刑缓期执行。这种情形，显然是没有法律根据的，但在我国司法实践中普遍存在，并且，在判决书中采用“根据本案的具体情况”这种惯常性的表述。如果说以上第一种留有余地的死缓判决当然没有问题，那么第二种留有余地的死缓判决会出现问题。在死刑案件的定罪证据没有排除合理怀疑的情况下判处死缓，可能会有两种情形：第一种是轻纵犯罪人，即：本来是定罪证据确实、充分的死刑案件，只是法院发生错误认识，以为没有排除合理怀疑，而将应当对被告人判处死刑立即执行的案件判处了死刑缓期执行。第二种是冤枉被告人，即：本来是定罪证据没有排除合理怀疑、不能被认定有罪的案件，法院以留有余地的方式认定有罪并判处死刑缓期执行。忻元龙绑架案属于上述第一种情形，在检察机关抗诉以后，得到了纠正。但在司法实践中大量存在的第二种情形，却无法得到有效救济。只是在个别案件中“真凶现身”的情况下，才发现这是冤案，予以平反。

在2013年浙江发现了两起震动全国的冤案，全都是以上所讲的第二种留有余地的死缓判决，即：本来是定罪证据没有排除合理怀疑、不能认定有罪的案件，法院以留有余地的方式认定有罪并判处死刑缓期执行。最终因为真凶被发现而获得平反。第一起是浙江萧山陈建阳等5人抢劫杀人案：1995年浙江萧山发生两起抢劫杀害出租车司机事件，检察机关指控陈建阳等5人实施了杀人抢劫行为。1997年7月，杭州市中级人民法院一审判处陈建阳等3人死刑立即执行、1人死刑缓期执行、1人无期徒刑。同年12月，浙江省高级人民法院二审依“本案的具体情况”将判处死刑立即执行的3人改判死缓，其他2人维持原判。及至2012年春，浙江警方通过指纹比对发现其中一起案件系另一犯罪嫌疑人项某所为。2013 年 5 月 30 日，浙江省嘉兴市中级人民法院判处项某死缓。该案是在没有任何客观证据的情况下，完全按照口供定罪。死者生前所开的出租车上留有一枚指纹，与五个被告人都比对不上。对于如此重要的有利于被告人的证据，公安机关竟然没有认定，也没有作出任何合理解释。而且，该案的侦查过程中存在明显的刑讯逼供现象。实际上，在该案二审当中，法官已经发现证据难以定罪，但按照留有余地的方式改判死刑缓期执行而结案。第二起是浙江张氏叔侄强奸案：2003 年 5 月，安徽货车司机张辉、张高平侄叔涉嫌奸杀其搭载的一名女大学生。2004 年 4 月，杭州市中级人民法院一审分别判处张辉死刑立即执行、张高平无期徒刑。同年 10 月，浙江省高级人民法院二审改判张辉死刑缓期执行和张高平 15 年有期徒刑。2011 年 11 月，该案死者指缝中的人体组织残留物 DNA 鉴定比对上数年前已因强奸罪被执行死刑的另一犯罪人勾某。在该案中，在死者指缝中的人体组织残留物 DNA 比对不上被告人张辉、张高平的情况下，侦查机关以不能排除是在生活中接触到其他人留下的为由，仍然予以认定。在该案二审的时候，法官也已经发现这些疑点，但仍然认定有罪，而依“本案的具体情况”将第一被告人张辉的死刑立即执行改判为死刑缓期执行，将第二被告人张高平的无期徒刑改判为有期徒刑 15 年。以上两个冤案都是一审法院判处死刑，二审法院虽然认识到没有排除合理怀疑，仍最终以“本案的具体情况”为由，留有余地地改判死缓；检察机关都没有对这两起案件提出有利于被告人的抗诉，而是支持了二审法院的判决。在 2013 年这两起冤案被暴露以后，二审法院还庆幸因为留有余地地改判死缓而没有造成错杀的更为严重的后果。

忻元龙绑架案是高检颁布的指导性案例，从正面宣传检察机关抗诉获得法院改判的效果，因此该案的要旨是“对于死刑案件的抗诉，要正确把握适用死刑的条件，严格证明标准，依法履行刑事审判法律监督职责”。但是，联系此后暴露出来的两起冤案，检察机关对于死刑案件的证明标准到底是严格把握还是把握不严，答案不是很清楚吗？而法院在对死刑案件的证明标准的把握上，也受到来自检察机关的强势压力，最终未能严格把关，而是以妥协的方式，留有余地地改判死缓而结案，由此铸成大错，教训是十分深刻的。对于忻元龙绑架案、陈建阳等

5 人抢劫杀人案、浙江张氏叔侄强奸案这三起案件，浙江省高级人民法院都作了留有余地的死缓判决。忻元龙绑架案因抗诉而被改判死刑立即执行，并被高检作为指导性案例，以此表明浙江省高级人民法院这一留有余地的死缓判决的错误。而陈建阳等 5 人抢劫杀人案和浙江张氏叔侄强奸案，则因真凶被发现而被确认为冤案。虽然留有余地的死缓判决避免了错杀的更为严重的后果，但未能严格把握死刑案件的证明标准，浙江省高级人民法院难辞其咎。面对这样一种局面，法院对于留有余地的死缓判决还会留恋吗？这是一个问题。

对于忻元龙绑架案，我们不能孤立地阅读这个案件。结合此后发生的两起冤案来阅读这个指导性案例，我们能够得到文本中所不具有的内容。

（本文原载《法学评论》，2014（5））

受雇佣为他人运输毒品犯罪的死刑裁量研究

——死囚来信引发的思考

运输毒品罪是我国刑法中的一个普通罪名，一般来说在定罪上不存在疑难复杂之处，因而不会引起学者的重视。检视目前我国出版的各种刑法论著，对于运输毒品罪大多泛泛而论。不过，一封因犯运输毒品罪而一审被判处死刑的死囚来信，使受雇佣为他人运输毒品犯罪的死刑裁量问题进入我的视野。在对照最高人民法院复核的两个运输毒品罪的死刑案件之后，我进一步对高级人民法院和最高人民法院分别核准死刑在死刑裁量标准上的重大差别予以关注。于是遂有本文之写作。

一、死囚李倬才来信

因为时常在新闻媒体上露面，我会收到各种来信，以要求提供法律咨询或者法律援助者居多，当然也会收到鸣冤的囚犯来信。甚至我的一位初中同学几十年没有联系，前不久也从监狱给我来了一封叙旧的信，原来他已作阶下囚。对于这些来信，我往往一看了之——像同学这种来信方予以回复。其他来信太多，我只不过一介书生，又没有能力解决这些案件中的法律问题，因而来信到我这里只能是如泥牛入海无消息，即使来信附了邮票，也只好白白浪费了。甚至个别邮寄来钱的（一次我收到过壹仟元汇款单，至今我还保留着），我也以不去取款的方式使款项在两个月后自动退还给汇款人。确实，对于这一切我是无能为力的。不过，最近，我收到一封特殊的来信——一个死囚的来信。这封来信的特殊在于：不仅写信人的身份特殊，更为特殊的是来信的内容。以往来信大多申冤，要求提供法律帮助。这封来信虽然也涉及写信人的案情，但其内容更多的是对我一篇讨论死刑存废问题的讲演①的读后感。下面是这封来信的全文，为避免不必要的麻烦，个别地方我作了技术处理：

陈兴良教授：

见信好，很冒昧给你写这封信，我是从《在北大听讲座》这本书里面“从枪下留人”到“法下留人”你的演讲稿中看到你的名字。

我因被人胁迫去运输毒品，在案情还没查清，一审被××市中级人民法院判处死刑，我不服于七月份提起上诉，案件正在审理当中。

有幸在生命的最后时刻看到你的演讲内容，对于你的演讲感触最大的是我们这些被判的死刑犯。

你以陕西延安的故意杀人案，董伟距行刑 4 分钟得到死刑暂缓执行的命令，引发的社会对于死刑制度的质疑和反思，反映中国目前死刑制度及程序上的一些问题，从理论的角度对死刑的全方面研究。

你从①死刑存废之争；②死刑：实体法的考察；③死刑：程序法的考察这三个方面，来论证死刑存在和废除以及量刑方面的问题。

你说贯彻法律面前人人平等原则，不仅要做到刑法上的平等，而且要做到刑事程序法上的平等。可是对于我来讲，法律面前人人平等，对我来说太遥远了，我的案情还没查清之下，就被一审判了死刑。在同一个监室，所犯同一款罪，罪行比我严重的案犯数量 390 克，比我多 70 克，却被判（处）死缓，在法律程序

① 陈兴良：《从“枪下留人”到“法下留人”》，载文池主编：《在北大听讲座第十辑·思想的风格》，253～288 页，北京，新世界出版社，2003。

上，我所供（述）都是真实，而公安机关以经费不足（为由）不予追查，却又以我所提供（线）索不能查明为由，草草结案。我是被人胁迫去运输毒品的，我因喝醉酒被人设下关塞（圈套），以家人的生命要胁（挟），被他们胁迫去（运）输毒品，但由于公安机关不去追查，令那些毒贩现在还逍遥法外，还在危害社会，而我却被一审（判处）死刑。所以你所说的程序正义，根本不可能在我们最低（底）层的人身上有所体现，因为我们没钱请好律师，法機（援）中心的律师只是形式上，根本不会帮（助）搜（集）证据，所以我们的一审也就是终审。

我从书中的介绍知道，你是北京大学的法学教授，又是中国刑法的研究会理事和中国十大杰出中青（年）法学家之一，在我国的司法界有一定影响，难道你们会对于这些不公平的司法程序不闻不问吗？

陈教授，你接到这封信时，我也许已被处决了，但我真的很不甘心，我只希望似我这样的悲剧不再发生，能以你们的影响，使我们国家法律制度加以健全。类似枪口留人再也不再发生。让我们这些平民百姓也能在法律面前真的做到公平、公正，谢谢。

祝：身体健康，合家欢乐！

李倬才

2003年11月8日

从来信叙述的案情可以看出，来信人李倬才是因为犯运输毒品罪被判处死刑的。根据信中“罪行比我严重的案犯数量390克，比我多70克，却被判死缓”一语可知，李倬才运输毒品的数量是390克－70克＝320克。尽管来信没有说明毒品的种类，但大体上可推断为海洛因。根据我国刑法第347条第2款之规定，运输海洛因50克以上的，处15年有期徒刑、无期徒刑或者死刑。根据内部掌握死刑的数额标准，在毒品犯罪泛滥地区，死刑数额标准一般是法律规定标准的5至8倍左右，即300克左右。按照这一死刑数额标准，李倬才被判处死刑是符合规定的。在现实生活中，毒品所有者（毒贩）本人运输毒品的情况虽然不能说没有，但比例极小。因为运输毒品路线长，尤其是从边境地区运到内地，而且公安机关加强了对边境地区的缉毒力度，因而运输毒品的危险性是极大的，因而毒品所有者往往本人在幕后指使，雇用他人从事运输毒品的活动。被雇用者一般均为下层贫苦农民，为钱舍命，其实钱也并不多，无非三五千元，但这对于正常年收入不过数百元的农民来说，仍是一笔巨款，使他们不惜以性命相赌。一旦被抓，这些人的命运可想而知。最令他们不服的是如同来信所说："那些毒贩现在还逍遥法外，还在危害社会，而我却被一审（判处）死刑。"这确实是一个令人思考的问题。在我国刑法中，运输毒品与贩卖毒品同罪，但运输毒品无为本人运输与为他人运输之分。我认为，如果证实确是受雇佣为他人运输毒品，即使数量达到判处死刑的标准，也不宜一概判处死刑，而应与那些为本人运输毒品的情形有所区分。对此，将在下文分析。

由于运输毒品的数量达到了判处死刑的标准，在通常情况下免除死刑的唯一途径是立功，也就是检举揭发毒贩，使之落网。但根据我国刑法第68条的规定，犯罪分子有揭发他人犯罪行为，查证属实的，或者提供重要线索，从而得以侦破其他案件的，属于立功表现。因此，即使有揭发他人犯罪行为但未查证属实，或者提供重要线索但没有据此侦破其他案件的，不是立功表现。在这个意义上说，是否立功，并不完全取决于被告人，而在很大程度上取决于公安机关是否去查证。在现实生活中，由于警力有限或者经费有限，这种查证工作往往难以深入进行，因此才有来信的抱怨："我所供（述）都是真实，而公安机关以经费不足（为由）不予追查，却又以我所（提）供线索不能查明为由草草结案。"应当说，刑法中的立功表现应以查证属实为准，经查证不属实的，当然不属于立功表现。但在某些情况下因种种原因，例如经费有限等客观原因，无法查证的，也都不构成立功表现，因而是否立功就取决于警方的查与不查。这对被告人来说确实是一种无奈。

二、唐友珍运输毒品案的对比

李倬才来信给我留下最深刻印象的还是"我们的一审也就是终审"这句话，充分表明来信人对我国现有死刑程序的失望。目前云南、贵州等毒品犯罪案件多发的省份的死刑复核权已经下放，但上海、苏州等毒品犯罪案件少发的省、直辖市和自治区的死刑复核权仍由最高人民法院行使。一般认为，在毒品犯罪案件多发地区判处死刑的毒品数量标准较高，而在毒品犯罪案件少发地区判处死刑的毒品数量标准较低。因此，在毒品犯罪案件少发地区更容易判处死刑。但这一判断恰恰没有考虑到死刑复核权对死刑的影响。根据我的研究，高级人民法院对毒品犯罪的死刑适用条件掌握较宽，只要达到死刑数额标准，往往判处死刑；而最高人民法院对毒品犯罪的死刑适用条件掌握较严，即使达到死刑数额标准，没有其他严重情节的，一般也会改判死缓。死缓虽然也属于死刑的范畴，但它与死刑立即执行相比，一生一死，判若天地。为证明我的观点，下面引用经最高人民法院复核的唐友珍运输毒品案（以下简称唐友珍案）加以说明，该案刊登在最高人民法院刑一庭、刑二庭编写的《刑事审判案例》。①

被告人唐友珍，女，30 岁，农民，因涉嫌犯运输毒品罪，于 1998 年 3 月 13 日被逮捕。

上海铁路运输中级人民法院经公开审理查明：1998 年 2 月 6 日 23 时许，被告人唐友珍携带毒品从昆明火车站登上由昆明开往上海的 80 次旅客列车 7 号车厢 1 号包房 2 号铺位。2 月 8 日下午，当 80 次旅客列车自杭州站开出后，值乘民警进入列车 7 号车厢 1 号包房，从茶几上查获由被告人唐友珍携带的一只装有水果的红色塑料袋，并从袋内搜出 1 包白色块状及粉末状物品，遂将唐抓获。经上海市公安局鉴定，上述扣押的白色块状及粉末状物品为海洛因，重 420 克。

上海铁路运输中级人民法院认为：被告人唐友珍明知是毒品，仍非法使用交通工具运往异地，其行为已构成运输毒品罪，且运输毒品海洛因数量达 420 克，应依法严惩。公诉机关指控的事实清楚，证据确凿，定性准确；被告人的辩解及辩护人的辩护意见，均非法定从轻处罚理由，不予采纳。遂于 1998 年 7 月 15 日判处被告人唐友珍死刑，剥夺政治权利终身，并处没收财产人民币 2 万元。

一审宣判后，被告人唐友珍以量刑过重，向上海市高级人民法院提起上诉。

① 参见最高人民法院编：《刑事审判案例》，553 页以下，北京，法律出版社，2002。

上海市高级人民法院认为：上诉人唐友珍运输毒品海洛因 420 克，其行为已构成运输毒品罪，且运输的毒品数量大，依法应予严惩。原判定罪准确，量刑适当，审判程序合法。唐友珍无法定从轻处罚情节，其要求从轻处罚的上诉理由，不予准许。遂于 1998 年 11 月 9 日裁定驳回上诉、维持原判。上海市高级人民法院依法将此案报送最高人民法院核准。

最高人民法院经复核认为：唐友珍运输海洛因的行为已构成运输毒品罪。一审判决、二审裁定认定的事实清楚，证据确实、充分，定罪准确，审判程序合法。唐友珍运输毒品数量大，应依法严惩。对唐友珍应当判处死刑，但是根据本案具体情节，对其判处死刑不是必须立即执行。遂于 1999 年 4 月 9 日判决如下：(1) 撤销上海铁路运输中级人民法院一审刑事判决和上海市高级人民法院二审刑事裁定中对唐友珍的量刑部分；(2) 唐友珍犯运输毒品罪，判处死刑，缓期 2 年执行，剥夺政治权利终身，判决没收财产人民币 2 万元。

在上述案例中，运输毒品海洛因 420 克，显然已经达到判处死刑的标准。一审判决以被告人的辩解及辩护人的辩护意见均非法定从轻处罚理由为由不予采纳，因而判处死刑。二审裁定更为明确地认定，唐友珍无法定从轻处罚情节，其要求从轻处罚的上诉理由，不予允许。按照上述裁判的逻辑，只有具有法定从轻处罚情节才能从轻，没有法定从轻处罚情节，不能从轻处罚。因此，只要达到死刑数量标准，一律判处死刑。但最高人民法院的判决认为，根据本案具体情节，对其判处死刑不是必须立即执行。那么，什么是本案具体情节呢？虽在刑法中未明载，但裁判理由指出：唐友珍为非法牟利而运输海洛因的行为，已构成运输毒品罪，且数量大，论罪应当判处死刑，但其也有以下的酌定从轻处罚的情节：(1) 运输毒品系初犯。(2) 认罪态度较好。(3) 主观恶性小。(4) 运输的毒品没有扩散到社会。(5) 从证据方面考察，如果唐友珍为“杜小军”运输海洛因 420 克，二人均已归案，依法显然不应判处唐友珍死刑；如果海洛因确系“杜小军”所有，即使“杜小军”未归案，也不应判处唐友珍死刑。现有证据不能证实“杜小军”确实存在，又不能排除唐友珍供述的真实性，根据本案具体情况，判处唐友珍死刑，显然不是必须立即执行。

我不禁为最高人民法院的裁判理由将死刑立即执行与死刑缓期执行区分的正确理解拍案叫好！在我看来，上述裁判理由实际上确认了以下三个规则。

规则一：不能仅根据毒品数量大就一律判处法定最高刑死刑。

规则二：被告人具有酌定情节，可以从轻处罚的，即应对其从轻处罚。

规则三：运输毒品，如系受雇佣为他人运输的，一般不应判处死刑立即执行。

规则一涉及的是犯罪数额（量）与量刑的关系，犯罪数额（量）当然是量刑时应予考虑的重要情节之一，尤其是判处死刑，不达到法定数额（量）标准，不得适用死刑。但应当正确地认识数额（量）对于量刑的意义，并非只要数额（量）达到判处死刑标准的，一概应当判处死刑，还应当考虑是否存在其他情节。因此，在毒品犯罪中数量不是决定判处死刑与否的唯一标准。这一规则的确立，我认为具有重要意义。在我国司法实践中，量刑中的唯数额论十分严重。唯数额论，过于强调犯罪数额（量）在量刑中的意义，显然是偏颇的，应予纠正。关于这个问题，最高人民法院有关司法解释当中是有明文规定的，例如，2000 年 4 月 4 日最高人民法院印发的《全国法院审理毒品犯罪案件工作座谈会纪要》指出："毒品犯罪数量对毒品犯罪的定罪，特别是量刑具有重要作用。但毒品数量只是依法惩处毒品犯罪的一个重要情节而不是全部情节。因此，执行量刑的数量标准不能简单化。特别是对被告人可能判处死刑的案件，确定刑罚必须综合考虑被告人的犯罪情节、危害后果、主观恶性等多种因素。对于毒品数量刚刚达到实际掌握判处死刑的标准，但纵观全案，危害后果不是特别严重，或者被告人的主观恶性不是特别大，或者具有可酌情从轻处罚等情节的，可不判处死刑立即执行。"我奇怪的是：这么明确的规定在下级法院为什么得不到贯彻？

规则二本身是刑法理论上的共识。根据我国刑法理论，量刑情节可以分为法定的量刑情节与酌定的量刑情节。法定的量刑情节，是指刑法明文规定在量刑时应当予以考察的各种事实要素。酌定的量刑情节，是指人民法院从审判经验中总结出来的在刑罚裁量时应当灵活掌握、酌情适用的情节。酌定情节虽然不是法律所规定的，而是根据立法精神和有关刑事政策，从审判实践经验中总结出来的，但对于刑罚的裁量也具有重要意义。[①] 但在我国司法实践中，机械量刑的情况严重到只承认法定情节、不承认酌定情节的地步，令人诧异！在死刑适用上，也是如此，更是令人难以容忍。

规则三虽然不像规则一和规则二那样具有普遍意义，但对于运输毒品罪来说是具有重要意义的。运输毒品一般分为两种情形：一是行为人运输自己所有的毒品，二是行为人受雇佣为他人运输毒品。对于这两种运输毒品行为，刑法中并未加以区分。但实际上，这两种行为的危害性是存在差别的：从犯罪起因上说，毒品所有者雇佣他人为其运输毒品时，毒品所有者是犯意发起者，属于刑法上的教唆犯。而被雇佣者受雇于他人为其运输毒品时，属于运输毒品的正犯，其参与犯罪具有一定的被动性。从牟利上来说，毒品所有者雇用他人运输毒品的目的是贩卖毒品牟取非法利益，这种利益是十分巨大的。而被雇佣者只是赚取少量的运输费，相对于毒品所有者的非法获利是较少的。从共犯关系上分析，毒品所有者应承担的刑事责任大于被雇佣者应承担的刑事责任。前引司法解释对毒品案件的共同犯罪问题作了规定，其中有两项内容应引起我们的注意：其一，“在共同犯罪中起意吸毒、为主出资、毒品所有者以及其他起主要作用的是主犯；在共同犯罪中起次要或者辅助作用的是从犯。对于确有证据证明在共同犯罪中起次要或者辅助作用的，不能因为其他共同犯罪人未归案而不认定为从犯，甚至将其认定为主犯或按主犯处罚。只要认定了从犯，无论主犯是否到案，均应依照并援引刑法关于从犯规定从轻、减轻或者免除处罚”。这一规定明确毒品所有者是主犯，并且强调在共同犯罪中应区分主犯与从犯。问题在于，在只有一个被告归案的情况下，是为本人运输还是为他人运输有时都很难查清，怎么区分主犯与从犯？事实上，关于唐友珍案，三级法院都没有对共同犯罪问题作出说明。其二，“受雇于他人实施毒品犯罪的，应根据其在犯罪中的作用具体认定为主犯或从犯。受他人指使实施毒品犯罪并在犯罪中起次要作用的，一般应认定为从犯”。根据上述规定，受雇于他人实施毒品犯罪的，既可能是主犯，也可能是从犯。仅有受雇于他

① 参见陈兴良：《规范刑法学》，226～229页，北京，中国政法大学出版社，2003。

人这一情节还不足以认定其为从犯，同时还必须其在犯罪中起次要作用。在这种情况下，如果雇佣者与受雇佣者共同实施犯罪，尚可根据其在犯罪中的作用区分主犯与从犯。但在大多数情况下，雇佣者并不亲自实施犯罪而是在幕后指使，而由受雇佣者一个人实施犯罪，并且只有受雇佣者归案，因而对于受雇佣者是否为从犯往往难以作出认定。当然，在唐友珍案中，最高人民法院的裁判理由确认为他人运输毒品比毒品所有者为本人运输毒品主观恶性小。裁判理由指出[①]：

据被告人唐友珍供述：1997 年 5 月，其在浙江绍兴柯桥镇做布料生意时，结识同乡人、毒贩“杜小军”。同年 12 月，唐友珍在家乡四川筠连县再次遇到“杜小军”，两人相约 1998 年春节前共同去浙江绍兴做生意。1998 年 1 月下旬，唐友珍先后住宿于绍兴市越州国际酒店、柯桥东芝宾馆。其间，“杜小军”提出让唐友珍代其去昆明携带毒品回杭州，回来后给唐 1 000 元钱，唐友珍答应了。公安人员根据唐的供述，分别从绍兴市越州国际酒店、柯桥东芝宾馆等处查到唐友珍住宿的登记表。唐友珍本人又不吸毒，应认为唐的供述基本可信。据此，本案不能排除唐友珍为他人运输毒品的可能性，即为赚取 1 000 元钱而被他人利用，为他人运输毒品。其与为贩卖牟利而运输毒品的毒犯主观恶性程度上有着明显不同。

在此，我发现一个有趣的现象，即共犯的问题转化成了主观恶性的问题。按照裁判理由的逻辑，如果唐友珍与“杜小军”二人均已归案，又能证明毒品系“杜小军”所有，那么，唐友珍就应当是从犯。现在“杜小军”未归案，只是不能排除唐友珍为他人运输毒品的可能性，因而可以认定唐友珍的主观恶性程度小。据此改判死刑缓期执行。尽管在共同犯罪中只有一个被告人归案的情况下，如何认定主犯与从犯，尤其是在涉及适用死刑时，应如何进行裁量，是一个在法律上并未得到圆满解决的问题，但我认为，唐友珍案的裁判理由确认了运输毒品，如系为他人运输，其主观恶性明显小于为贩卖牟利而运输毒品的毒犯，因而一般不应处死刑立即执行的规则，具有重大意义。它不仅适用于运输毒品罪，而

① 参见最高人民法院编：《刑事审判案例》，556 页，北京，法律出版社，2002。

且可以推广适用于存在为他人犯罪与为本人犯罪之区别的走私罪等其他案件。

三、马俊海案的进一步对比

李倬才在来信中谈到他是“因喝醉酒被他人设下圈套，以家人的生命要挟，被他们胁迫去运输毒品”的。这种情形在受雇佣为他人运输毒品犯罪案件中，也是情节较轻的。当然，对于李倬才案，除他来信的自述以外，没有任何其他正式的司法裁判文书可用以了解其案情，因此只能在“假定其为真实”的基础上进行分析，好在本文不是对案件的裁量而是一种学术研究，因而这种假定不影响结论的正确性。如果被胁迫为他人运输毒品能够成立，那么运输毒品者就属于刑法中的胁从犯，依法应当减轻处罚或者免除处罚，当然不存在死刑之适用。关键问题是，这种胁迫情节怎么证明。与被胁迫为他人运输毒品相类似的是，被诱骗为他人运输毒品的情形。在《刑事审判案例》中刊登的马俊海案①，涉及被告人在受人雇佣运输毒品过程中才意识到运输的是毒品的案件如何适用刑罚的问题。

被告人马俊海，男，1968 年 2 月 7 日出生，无职业。因涉嫌犯运输毒品罪于 1998 年 11 月 16 日被逮捕。

苏州市中级人民法院经公开审理查明：1998 年 10 月 28 日 14 时许，被告人马俊海携带装有海洛因的百事可乐纸箱，从苏州搭乘出租车赴上海。出租车行驶至 312 国道跨塘治安卡口，当公安人员对该车进行检查时，被告人马俊海跳车逃跑，后被抓获。公安人员从该车内查获白色块状物 23 块，经检验均为海洛因，净重 7 214.1 克。

苏州市中级人民法院认为：被告人马俊海明知是毒品而非法运输，其行为已构成运输毒品罪，数量重达 7 214.1 克。被告人马俊海主观上明知是毒品而运输，有其在公安机关的供述、查获的海洛因等证据证实，其辩解不明知运输的是毒品不能成立。遂于 1999 年 2 月 2 日判处被告人马俊海死刑、剥夺政治权利终

① 参见最高人民法院编：《刑事审判案例》，549 页以下，北京，法律出版社，2002。

身，并处没收财产1万元。

一审宣判后，被告人马俊海不服，以不明知是毒品而携带、只起辅助和次要的作用、处刑过重等为由，向江苏省高级人民法院提起上诉。

江苏省高级人民法院经审理查明：1998年10月28日14时许，上诉人马俊海受马某（在逃）指使携带海洛因从苏州租乘出租车前往上海，途中被抓获，当场查获海洛因7 214.1克。

江苏省高级人民法院认为：上诉人马俊海运输海洛因7 214.1克的行为，已构成运输毒品罪，且运输毒品数量大，依法应予严惩。原审判决认定的事实清楚，证据确实、充分，定罪准确，量刑适当，审判程序合法。上诉人马俊海及其辩护人提出的不明知携带的物品是毒品的辩解不成立。本案认定马俊海主观上明知是毒品的证据，有马俊海在侦查阶段一直供认其跟随马某从兰州至上海可得3 000元钱，马某叮嘱其如遇公安检查就逃跑，看到马某交给自己的布袋里的是用发亮的塑料包着的一块块方形东西，判断纸箱中装的是“白粉”（即海洛因）的口供在案；马俊海在遇到公安人员检查时当即离开逃跑以及其携带的纸箱中确实有数量巨大的海洛因等事实证明，证据充分。马俊海运输海洛因数量达7 214.1克之巨，且无法定从轻处罚情节，原审判决以运输毒品罪判处其死刑并无不当。其上诉理由和辩护人的辩护意见不能成立，不予采纳。遂于1999年3月30日裁定驳回上诉、维持原判。江苏省高级人民法院依法将此案报送最高人民法院核准。

最高人民法院经复核确认：1998年10月28日14时许，被告人马俊海受他人指使，携带有海洛因的百事可乐纸箱，在江苏省苏州乘出租车前往上海。当行至312国道跨塘治安卡口时，公安人员对该车进行检查，马俊海即离车逃跑，后被抓获。公安人员在马俊海携带的纸箱中查获海洛因7 214.1克。

最高人民法院认为：被告人马俊海明知是海洛因而为他人运输的行为，已构成运输毒品罪，运输毒品数量大，依法应予严惩。一审判决、二审裁定认定的事实清楚，证据确实充分，定罪准确，审判程序合法。但根据被告人马俊海在犯罪过程中的地位、作用等具体情节，对其判处死刑，可不立即执行。遂于1999年

6月24日判决如下：（1）撤销江苏省苏州市中级人民法院刑事判决和江苏省高级人民法院刑事裁定中对被告人马俊海的量刑部分；（2）被告人马俊海犯运输毒品罪，判处死刑，缓期2年执行，剥夺政治权利终身，并处没收财产1万元。

对比一审判决、二审裁定和最高人民法院的判决，可以发现：一审判决未涉及马俊海系受他人指使为他人运输毒品这一事实。二审裁定在事实中认定马俊海系受马某（在逃）指使运输毒品，但在行为性质上未强调为他人运输。而最高人民法院的判决，不仅在事实中认定被告人马俊海受他人指使这一情节，而且在行为性质上强调被告人马俊海为他人运输毒品，并最终导致从死刑立即执行改判为死刑缓期执行。显然，各级法院对于受雇佣运输毒品对量刑的意义的理解是不同的。二审裁定虽然认定马俊海是受他人指使而运输毒品，但又以“且无法定从轻处罚情节”而维持一审的死刑判决。这里同样存在一个观念上的误区：是否只有法定从轻处罚情节时才能从轻，具有酌定从轻情节时就不能从轻？因此，二审法院并没有认识到受雇佣运输毒品情节会影响量刑。最高人民法院则在该案中进一步明确了在唐爱珍案中的规则三：“运输毒品，如系受雇佣为他人运输的，一般不应判处死刑立即执行。”最高人民法院对马俊海案的裁判理由中指出：“运输毒品的犯罪人多为他人雇佣而实施犯罪，其主观恶性因案各异：有的运输之前就知道是毒品，有的在运输中才推测出是毒品，有的意识到自己运输的只是违禁品，这反映出同是运输毒品，而不同案件的被告人主观恶性不同。对此，应当作为酌定情节在处刑时予以考虑。”[①] 在此，裁判理由对受雇佣为他人运输毒品者的主观恶性作了进一步区分，并明确指出这应当作为酌定情节在处刑时予以考虑。显然，在此是将受雇佣为他人运输毒品情节作为反映被告人主观恶性的一个情节予以认定的。裁判理由还指出：“被告人受他人雇佣运输毒品，与雇佣他人运输毒品者相比，其在共同犯罪中的作用相对较轻。”这又是从共同犯罪角度所作的分析，但在该案中由于毒品所有者马某并未归案，因而法院没有将本案作为一个共同犯罪案件来处理，也没有认定马俊海系从犯。尽管如此，按照裁判理由，在处

① 最高人民法院编：《刑事审判案例》，551页，北京，法律出版社，2002。

刑时，尤其是适用死刑时，应当考虑这一情节。

在马俊海案中，如何证明马俊海是在运输过程中意识到自己运输的是毒品，也是一个值得关注的问题。关于此节，马俊海及其辩护人在一审和二审中，都以不明知运输的是毒品作为辩解与辩护的理由，一审判决和二审裁定都对此予以否定，但并没有涉及马俊海是否在运输过程中才认识到是毒品这一情节。最高人民法院在审理中才关注这个情节。其裁判理由指出：根据现有证据，可以认定马俊海是在运输过程中意识到自己运输的是毒品。其论证过程如下所引①：

马俊海一直供述“马哥”事先未告知其是去运输毒品，但在苏州，当其按照“马哥”吩咐，将布袋往纸箱装时，看见里面装有用发亮塑料包着的长方形的东西，联想到“马哥”答应跟随其去一趟上海付 3 000 元，又花费 300 元租车去上海，嘱咐如有人检查就逃跑等非正常情节，意识到纸箱里装的是毒品。虽然没有“马某”的口供证实，但马俊海的供述一直比较稳定。如前所述，其供述的其他细节也能得到证人证言的证实。根据现有证据，尚不能认定马俊海在运输前就已明知要运输毒品，而且在运输过程中，通过种种迹象，他应当知道其运输的是毒品。这与事先就明知运输毒品而为之是有一定区别的，主观恶性相对要小一些，其罪行相对也就轻一些，在处刑上就应当有所区别。

从上述论证来看，最高人民法院的裁判理由在认定马俊海是在运输过程中意识到自己运输的是毒品，主要是采信了马俊海的供述，并以其他细节相佐证。尤其值得我们注意的是这样一个结论：“根据现有证据，尚不能认定马俊海在运输前就已明知要运输毒品。”在这种情况下，作出与之相反的认定，即马俊海是在运输过程中才意识到自己运输的是毒品。由此可以得出以下规则：

规则四：被告人的辩解，根据现有证据不能证明其为假，就应当认定其为真。

根据我国刑事诉讼法的规定，有罪的举证责任应当由控方承担，这也是无罪推定原则的题中之意。一般而言，被告人作出辩解和辩护人进行辩护时，应当自

① 参见最高人民法院编：《刑事审判案例》，551～552 页，北京，法律出版社，2002。

行提出相关材料加以证实。但在某些情况下，被告人的辩解没有直接证据来证明，像在马俊海案中，马某未归案，对于马某是否事先已经告知马俊海运输的是毒品无从查实。同时，又无相反的证据证明马俊海系事前明知是毒品而运输。在这种情况下，裁判理由采信辩解，是一种有利于被告人的推定，我认为是合乎法理的，应予充分肯定。在目前控方强大而辩方弱小，尤其是辩护人的调查取证权基本上无从行使的情况下，如果对于被告人的辩解和辩护人的辩护，只要没有证据证明，就一律不予采信，而作出不利于被告人的推断，则显然不能有效地保障被告人的合法权利。因此，“被告人的辩解，根据现有证据不能证明其为假，就应当认定其为真”的规则是具有重大意义的，并且，这一规则还可推广适用于辩护人的辩护。

四、死刑复核权收归最高人民法院之论证

唐友珍案和马俊海案，分别被上海市高级人民法院和江苏省高级人民法院二审裁定死刑立即执行。幸运的是，唐友珍和马俊海运输毒品的案发地上海和江苏的高级人民法院不具有毒品犯罪案件的死刑复核权，经最高人民法院复核以后改判死刑缓期执行。从上述两个最高人民法院改判的案件可以看出，在基本犯罪事实的认定上并无大的出入，运输毒品的数量也已经达到，甚至远远超出了判处死刑的标准；差别只是在对一些影响量刑的具体情节的掌握上，例如数额（量）对量刑到底有何影响，酌定情节是否影响量刑，在受雇佣为他人运输毒品的犯罪案件中受雇佣这一情节是否影响量刑等。刑法第 48 条规定的适用死缓的条件是应当判处死刑，不是必须立即执行。因此，在“应当判处死刑”这一条件的掌握上高级人民法院并无错误，恰恰是在“不是必须立即执行”这一条件上，最高人民法院作出了更加严格的解释。应该说，是否必须立即执行，这完全是一个自由裁量权范围内的事情，对之有不同理解也是合乎常理的。但引起我思考的是，在对死刑适用条件的掌握上，最高人民法院的法官为什么总是（不止一个案件，也不止本文所引的两个案件）比高级人民法院的法官更加严格？是前者比后者水平

高？是前者比后者更超脱？还是前者比后者更公正？好像都是，又好像都不是；或者说，没有证据证明说是，也没有证据证明说不是。但是有一点是可以肯定的：最高人民法院的法官对死刑政策的掌握更为正确。因此，如果所有案件的死刑复核权都由最高人民法院行使，在目前刑法中的死刑罪名不能削减的情况下，不失为控制死刑的司法适用的一条可行之路。

我国刑事诉讼法规定了死刑复核程序。死刑复核是指对没有死刑最后决定权的审判机关所作出的死刑裁判进行复审核准的审判程序，是对死刑案件在两审终审制的前提下所增加的特别审判程序。其目的在于通过对死刑裁判的复查审理活动，由具有死刑最后决定权的机关控制死刑裁判的生效，以便从事实和法律上监督死刑案件的审判质量，并从诉讼程序上保证统一适用刑法规定的死刑。[①] 根据我国刑事诉讼法的规定，死刑复核权由最高人民法院行使。自从 1980 年以来，最高人民法院从来没有完整地行使过死刑复核权，而是将部分刑事犯罪的死刑复核权授予高级人民法院行使。这就是所谓死刑复核权的“下放”。现在需要讨论的问题是：这种“下放”存在什么弊端，因而最高人民法院是否应当将死刑复核权“收回”？对于这个问题，我国学界已经达成共识，即应当将死刑复核权收归最高人民法院行使。正如我国学者指出，死刑复核权下放存在以下三个问题：(1) 死刑复核权的下放削弱了防止错杀的防线，降低了正确适用死刑的能力。我国法律确定死刑复核的层层防线，目的是防止错杀，纠正法院判处死刑时可能出现的错误，把可能造成的不良后果减少到最低限度。但这种权力下放减少了复查、核实的程序，降低了正确适用死刑的能力。这与设计死刑核准程序是为了提高防止错杀能力的立法本意是不符合的。(2) 死刑复核权下放后，一部分死刑案件的核准流于形式，一部分死刑案件的核准成为摆设。按死刑复核权下放后的核准程序，一部分中级人民法院判处死刑、被告人上诉或检察院抗诉的案件，高级人民法院进行的第二审程序同时为复核程序。这实际上是二审程序与死刑复核程序合二为一，变相取消了死刑复核程序。高级人民法院判处死刑的一审案件，如

① 参见陈光中主编：《中国刑事诉讼程序研究》，302 页，北京，法律出版社，1993。

果被告人不上诉、检察院不抗诉的，判决可能在没有二审程序及复核程序的条件下生效，从而使死刑复核程序成为摆设。(3) 死刑复核权下放后，不利于死刑统一标准，容易出现执行死刑的偏差。我国是一个有几十个省份的大国，有几十个高级人民法院，由于审判人员的素质等各种情况，各高级人民法院对死刑的掌握难免不统一。对于同样的案件，可能此地判了死刑，而彼地可能判了无期，不利于严肃执法，也影响法制的统一。[①] 为避免上述情况发生，将死刑复核权收归最高人民法院行使，我认为是势在必行。在此，我以为应当提出一个司法程序上的平等问题。在最高人民法院将部分犯罪案件的死刑复核权下放给高级人民法院行使以后，出现了一种程序上的不平等。其结果是，不同阶层和不同地区的被告人在死刑复核程序上所获得的待遇是不同的，也违背我国宪法规定的法律面前人人平等的原则。就刑事司法而言，贯彻法律面前人人平等的原则，不仅要做到刑法面前人人平等，而且要做到司法程序上人人平等，也就是获得同等的程序对待的这样一种平等，这样一种程序上的平等。[②] 之所以在死刑复核问题上主张程序上的平等，是因为死刑复核是一种司法救济，由高级人民法院核准死刑与由最高人民法院核准死刑，在获得死刑救济的程度上是有所不同的。按照目前的死刑复核程序，存在着以下两种司法程序上的不平等：一是阶层之间司法程序的不平等。按照现行的死刑复核程序，杀人、强奸、抢劫、爆炸以及其他严重危害公共安全和社会治安而判处死刑案件的复核权下放给高级人民法院行使，而危害国家安全罪、贪污贿赂罪等经济犯罪的死刑案件以及涉外死刑案件的复核权仍由最高人民法院行使。从上述情况来看，普通刑事犯罪案件的主体大多是社会底层的人，而经济犯罪属于白领犯罪，其犯罪主体大多是社会上层的人，尤其是贪污贿赂罪的主体是国家工作人员。现在的死刑复核程序，对社会底层的人是相当不利的。犯罪学研究已经表明，在一个社会中犯罪在不同阶层分布的情况是不同的，暴力犯罪等各种严重犯罪更多地发生在下层阶层，因此，生活在社会底层的人更容易获

---

① 参见陈卫东、严军兴主编：《新刑事诉讼法通论》，376～377 页，北京，法律出版社，1996。

② 参见陈兴良主编：《中国死刑检讨：以“枪下留人案”为视角》，22 页，北京，中国检察出版社，2003。

罪。由于在司法程序上对其不利的设计，他们也更容易获死罪。二是地区间的司法程序不平等。根据我国现行的死刑复核程序，针对毒品犯罪区分不同地区，在发案较多的省份其死刑复核权下放到高级人民法院，而在发案较少的省份其死刑复核权仍由最高人民法院行使。在这种情况下，在死刑复核程序上就出现了地区之间的不平等。像前文所述唐友珍和马俊海，如果发生在死刑复核权下放的省份，则已被执行死刑。地区之间的差别由此可见一斑。显然，这种地区之间在司法程序上的不平等是一个法治国家所不能容忍的。实际上，目前死刑复核程序的设计，不仅导致司法程序上的不平等，而且直接导致在死刑适用条件上的不统一。中国地域辽阔，各地经济发展不平衡，犯罪情况各地也不太相同。尽管如此，国家应当保证法制统一，尤其是在死刑适用标准上，应当掌握统一尺度，避免各行其是。而死刑复核权的下放，使高级人民法院行使了部分死刑的最终决定权，从而导致死刑适用条件的失衡。

基于以上理由，我认为死刑复核权收归最高人民法院行使迫在眉睫。当然，在具体操作上，我赞同在各大区设最高人民法院分院的做法，以便其更好地履行死刑复核职责。

五、死囚李倬才的命运

李倬才在来信中期盼程序上的平等。当然，他更期盼实体上的平等。对于李倬才运输毒品案，其来信自述是受雇佣为他人运输，其运输毒品的数量是320克。由于没有见到正式的司法文书，我对李倬才案件本身没有任何发言权，也没有能力过问。但有一点是可以肯定的，李倬才犯罪所在地的高级人民法院对毒品犯罪案件享有死刑复核权。因此，李倬才通过最高人民法院的死刑复核以求一生的可能性是没有的。相对于唐友珍和马俊海的幸运，李倬才是不幸的。尽管在当前正在进行的司法改革中，最高人民法院收回死刑复核权的呼声越来越高，并获得学术界的普遍认同，可以说，最高人民法院收回死刑复核权是指日可待的，但是，李倬才是等不到这一天了。在来信中，李倬才说："你接到这封信时，我也许已被处决了。”我是在 2003 年 11 月 15 日收到李倬才的来信的，距离写信时间也不过一周。可以肯定，在我读到这封来信时，李倬才还没有被处决。但当我的这篇文章发表的时候，李倬才也许真的被处决了。我的这篇文章，是由李倬才的来信引发的，就算是给李倬才的回信吧！尽管我知道，李倬才从来没有奢望我给他回信，而且可能再也读不到我的这篇文章。呜呼哀哉！

2003 年 12 月 12 日于灯下。

（本文原载《北大法律评论》，2005 年第 6 卷第 2 辑）

财产刑比较研究

财产刑作为以对犯罪人的财产利益的剥夺为内容的刑罚方法，在世界各国刑法中都有规定。关于财产刑的种类，大多数国家分为罚金与没收财产两种，个别国家根据罚金数额大小又从罚金中分离出一种类似罚金的刑罚方法，日本刑法称之为科料（也有的译为罚款），意大利刑法典称之为罚锾。与此相类似，土耳其刑法典将罚金分为重罚金与轻罚金，前者适用于重罪，后者适用于轻罪。但刑法理论一般认为罚金与科料两者都是以一定数额的金钱被剥夺为内容，只有金额大小之差，并无实质的区别。在这个意义上，毋宁说科料、罚锾是罚金的变种，都属于罚金刑的理论范畴。本文拟分别对罚金和没收财产进行比较研究，以便为我国财产刑立法的发展完善提供借鉴。

一、罚金刑的比较研究

各国关于罚金的规定繁简有别，其所涉及的内容也存在一定的差异，具体表现在以下四个方面。

（一）罚金的地位

罚金的地位，主要是指罚金在刑罚体系中的地位，即罚金是主刑还是附加刑。罚金的地位关系到立法者对罚金刑的重视程度，因而对其进行考察具有一定的意义。从世界各国刑法的规定来看，罚金刑在刑罚体系中的地位主要有以下三种情况：

（1）作为主刑。这样的国家有：意大利、日本、巴西、联邦德国、瑞士、罗马尼亚、朝鲜等。例如朝鲜刑法典第28条规定了七种刑罚，其中包括罚金。其第29条第1款规定："死刑、徒刑、劳动改造和罚金，是对犯罪人适用的基本刑罚（主刑）。"

（2）作为附加刑。这样的国家有：捷克等。例如，捷克刑法典第18条规定，刑罚分为主刑与附加刑，附加刑只能与主刑同时判处，而罚金是附加刑的一种。

（3）既作为主刑又作为附加刑。这样的国家有：苏联、蒙古、阿尔巴尼亚、匈牙利等。例如，苏俄刑法典第22条（主刑和附加刑）第1款规定剥夺自由等五种刑罚是主刑；第2款规定罚金等六种刑罚可以作为主刑适用，也可以作为附加刑适用；第3款规定没收财产等两种刑罚只可以作为附加刑适用。

此外，还有些国家的刑罚没有主刑与附加刑之分，仅根据排列顺序决定刑罚程序，在适用方法上没有差别，例如奥地利、印度、阿根廷、泰国等。另有些国家的刑法，例如法国刑法典，把刑罚分为重罪之刑与轻罪之刑，罚金是一种轻罪之刑。

罚金在一个国家的刑罚体系中的地位，直接关系到它在司法实践中适用率的高低。世界各国大多将罚金规定为主刑或者既可作为主刑又可作为附加刑这一立法状况应当引起我们重视。

（二）罚金的适用对象

关于罚金的适用对象，各国差别也很大，没有统一模式，但还是有规律可循的。下面，我们根据犯罪轻重与犯罪性质分别对罚金的适用对象进行探讨。

1. 根据犯罪轻重考察罚金的适用对象

罚金是适用于重罪、轻罪，还是对重罪与轻罪都可以适用？关于这个问题，各国有以下三种立法例。

（1）不论犯罪轻重，一概都可适用罚金刑。这种例子，最为明显的是英国：

除谋杀罪以外，几乎对任何犯罪都可以适用罚金。1922 年，英国的治安法院（大约 97%的刑事案件由这些法院作出裁决）判处的非交通案件中，有 74%的是被判处罚金的；即使对大部分严重犯罪行为有管辖权的皇家刑事法院所判处的案件中，有 15%的案件也是被适用罚金的。据英国内政部《英格兰、威尔士刑事犯罪统计》（1977 年），对于暴力罪（对人），判处罚金的占 52.5%，判处监禁（包括教养——下同）的仅占 13.4%；对于性犯罪，判处罚金的占 41.3%，判处监禁的仅占 23%；对于非法侵入罪，判处罚金的占 26.9%，判处监禁的占 30.3%；对于抢劫罪，判处罚金的占 2%，判处监禁的占 78%；对于盗窃、收受贼赃罪，判处罚金的占 61.4%，判处监禁的占 8.5%；对于诈骗罪、伪造罪，判处罚金的占 46.4%，判处监禁的占 14.5%；对于刑事损害罪，判处罚金的占 69%，判处监禁的占 5.8%；对于其他应正式起诉罪，判处罚金的占 50%，判处监禁的占 17.2%。综上所述，判处罚金的占 50%，判处监禁的占 12.8%。[①] 此外，《印度刑法典》规定，无论是国事罪还是谋杀罪或是强奸罪，均无一例外地适用罚金刑。

（2）罚金刑主要适用于较轻的犯罪。如在美国，罚金通常作为轻罪、违警罪的惩罚方法；对于比较严重的罪罚金刑往往只能和监禁刑一起适用。瑞士刑法规定，除了某些常业性犯罪和个别被判处重惩役的犯罪，罚金刑大多适用于被判处轻惩役的犯罪。日本刑法规定适用罚金刑的犯罪共计 49 条，其中有 43 个条文的处刑均不超过 3 年自由刑。难怪日本刑法学家福田平和大塚仁指出：直至现在，罚金是作为代替短期自由刑的刑罚占有其地位。

（3）罚金刑一概适用于较轻的犯罪。例如日本刑法第 18 条规定：“在并科罚金或罚金与科料并科时，拘押的期间不得超过三年。”其他国家也有类似规定，但刑期有所差别：联邦德国刑法以 5 年自由刑为限，罗马尼亚刑法则以 2 年监禁为限。

---

① 参见［英］卡特、［美］科尔：《论英国治安法院采用的罚金刑——美国能实行这种制度吗?》，载《法律译丛》，1980（5）。

从各国刑法的规定来看，罚金刑主要适用于轻罪、偶尔适用于重罪的情况较为普遍，同时存在对较重的犯罪也适用罚金刑的方向发展的趋势。

2. 根据犯罪性质考察罚金的适用对象

通观各国刑法的规定，罚金主要适用于以下三种性质的犯罪。

(1) 贪利犯罪，包括经济犯罪、财产犯罪和主观上以营利为目的的其他犯罪。例如，苏俄刑法典分则第六章规定的经济上的犯罪共有 26 个条文，其中有 20 个条文规定可以适用罚金刑。

(2) 过失犯罪。有些国家，例如联邦德国、日本等的刑法规定，只要是过失犯罪，都可以适用罚金。例如，联邦德国刑法第 222 条（过失杀人）规定："过失致人于死者，处五年以下自由刑或并科罚金。"即使是对于像失火罪这样的危害公共安全的过失犯罪，也可以适用罚金刑。又如日本刑法第 116 条（失火）第 1 款规定："失火烧毁第 108 条所记载之物，或系属他人所有之第 109 条所记载之物者，处一千圆以下之罚金。"

(3) 某些性质较轻的故意犯罪。但关于何谓性质较轻的故意犯罪，各国刑法规定之间差别很大。例如，联邦德国刑法规定，对于破坏身份关系罪（第 169 条）、违反扶养义务罪（第 170 条 b）、违背监护与教养义务罪（第 170 条 d）、重婚罪（第 171 条）、亲属通奸罪（第 173 条）、对与自己有从属身份者猥亵行为罪（第 174 条）、对自己管束者之猥亵行为罪（第 174 条 a）、利用公务地位之猥亵行为罪（第 174 条 b）、同性间之猥亵行为罪（第 105 条）、对儿童之猥亵行为罪（第 176 条）、侮辱罪（第 185 条）、恶意诽谤罪（第 186 条）等，都可以适用罚金刑。又如，瑞士刑法规定，对于媒介奸淫罪（第 198 条）、常业媒介奸淫罪（第 199 条）、贩卖儿童及妇女罪（第 202 条）、公然猥亵罪（第 203 条）、公示猥亵物件罪（第 204 条）以及妨害风俗之微罪（第 205 条至第 212 条），都可以适用罚金刑。

罚金刑的适用对象主要反映了罚金刑适用的范围。扩大罚金刑的适用范围，几乎已经成为一种世界性的发展趋势。

（三）罚金的适用方法

罚金的适用方法，是指罚金的单科、选科与并科的问题。这个问题与罚金的地位有着密切关系。目前各国刑法关于罚金的适用方法主要有以下三种立法例。

1. 罚金单科制

罚金单科制是指在刑法分则条文中，对某种犯罪或某种情节的犯罪只规定罚金刑，而不规定其他刑罚方法。例如，意大利刑法典第500条规定："对过失传播动植物疾病的，处一千万里拉以下罚金。"

罚金单科制，一般只适用于那些犯罪情节较轻、危害较小的犯罪。

2. 罚金选科制

罚金选科制是指在刑法分则条文中，对某种犯罪或某种情节的犯罪规定既可以适用自由刑也可以适用罚金刑，在进行刑罚裁量时，司法人员只能选择其中之一，不得同时适用。例如瑞士刑法第153条（商品伪造）规定："意图供商业交易上行诈之用，用仿造或伪造商品或减低其价值者，处轻惩役或罚金。"对于涉嫌犯商品伪造罪的案件，根据瑞士刑法第153条之规定，法官只能在自由刑与罚金刑中选择一种科处。

3. 罚金并科制

罚金并科制是指在刑法分则条文中，对某种犯罪或某种情节的犯罪同时规定自由刑和罚金刑两种刑罚方法，司法人员在进行刑罚裁量时可以兼两者而科之。

从世界各国刑法的规定来看，罚金并科制又可以分为以下两种：

(1) 得并制，是指立法者对自由刑和罚金刑的并科不作硬性规定，是否并科由司法人员根据案情酌情决定。例如联邦德国刑法第171条（重婚）规定："有配偶而重为婚姻者，处三年以下自由刑或并科罚金。"

(2) 必并制，是指立法者在刑法分则条文中明确规定自由刑与罚金刑必须同时适用，司法人员没有自由裁量的余地。例如法国刑法典第174条规定：公务员明知不当或超过应缴款额，仍收受或命令缴付的，处2年至10年监禁，并科300法郎至3 000法郎罚金。

应当指出，到目前为止，世界上还没有哪一个国家只采用上述一种适用方式，而是同时兼采上述两种甚至三种适用方式。

（四）罚金的数额

罚金的数额是罚金刑立法中的一个重要问题，也是在研究罚金刑时不可回避的一个问题。从各国刑法的规定来看，对此主要有以下四种立法例。

1. 无限额罚金制

无限额罚金制是指不规定罚金的最高数额，而由司法人员斟酌犯罪人的经济状况、表现情况及货币的购买值等情况，具体裁量罚金数额的制度。① 在世界上实行无限额罚金制的国家较少，德国曾经实行无限额罚金制，例如德国旧刑法第86条规定："犯本章之罪者（大逆罪），除处以第80条至第84条之刑外，得并处无限额之罚金。"现在挪威仍实行无限额罚金制。无限额罚金制对罚金数额在立法上不作任何规定，完全由司法人员自由裁量，容易导致司法专横，因而缺陷较大。

值得注意的是，有些国家在采取限额罚金制的同时，对个别情况下的犯罪采无限额罚金制。例如苏俄刑法典第30条规定："在苏联法律规定的特殊情况下，对于某些犯罪可以判处更高的罚金数额。"在此，对罚金的最高数额没有限制。又如，瑞士刑法第48条第1项规定："如无其他明文规定时，罚金金额最高为四万瑞士法郎。犯罪行为出于图利之意欲者不在此限。"

2. 限额罚金制

限额罚金制又称为普通罚金制，是指在法定的罚金数额内，由司法人员具体自由裁量的罚金制度。

从各国刑法规定来看，限额罚金制的立法例又有以下三种。

(1) 总则规定法，是指在刑法总则中规定罚金数额的上、下限或只规定上限，在分则中则不予规定。这样的国家有罗马尼亚、瑞士、苏联等。例如罗马尼亚刑法典第63条规定："法律只规定处罚金而未限制数额的，罚金额为一千列伊至五千列伊。法律规定有处罚金与一年以下监禁，但未规定罚金额的，罚金最低额为二千列伊、最高额为七千列伊。法律规定有罚金与高于一年监禁的，罚金的最低额为三千列伊，最高额为一万五千列伊。"

(2) 分则规定法，是指在刑法分则中规定罚金数额的上、下限，在刑法总则

---

① 参见金凯：《比较刑法》，224页，郑州，河南人民出版社，1985。

中则不予规定。这样的国家有法国、西班牙、巴西等。例如西班牙刑法典第291条规定："伪造经法律允许发行之公债券及其利息单，或者将其引入西班牙国境内者，应处以长期苦役，并科以西币五千元至二十五万元之罚金。"

(3) 兼采总则、分则规定法，是指在一部刑法中，对于罚金数额既在刑法总则中规定，又在刑法分则中规定。其中又可以分为两种情况：一是在刑法总则中规定罚金数额的下限，在刑法分则中规定罚金数额的上限，例如日本刑法第15条规定："罚金为二十圆以上。"除减轻处罚外，二十圆以下则为科料。由此可见，日本刑法是因为有罚金与科料之分而在刑法总则规定罚金的下限的，至于罚金的上限，则在刑法分则中加以规定。二是在刑法总则中规定罚金数额的上限与下限，在刑法分则中在总则规定的法定限额内再对具体犯罪的罚金的上限与下限加以规定。例如意大利刑法典第24条规定："罚金数额的上限为二百万里拉，下限为二千里拉。"而意大利刑法典第527条（猥亵之行为）规定："于公共场所或公众得接近或观览之场所为猥亵之行为者，处三个月以上三年以下徒刑。因过失而犯之者，处一万二千以上十二万里拉以下罚金。"倘分则只规定罚金之上限或下限的，则其下限或上限依总则规定确定。

3. 按比例罚金制

按比例罚金制是指以某个犯罪数额为基数，而后再乘以若干倍数或百分数以确定罚金数额。这种制度主要适用于具有一定财产数额的经济犯罪或财产犯罪。例如西班牙刑法典第三集第二章是关于伪造国家及银行之硬币钞票的规定，其中第290条规定："犯罪者触犯本章之规定，除处以所规定之刑外，并科以其所制造或使用之假钞，修剪及变形货币面值二倍至十倍的罚金。"

4. 日额罚金制

日额罚金制又称为日付罚金制，是按照所确定应完纳罚金的数额天数和每天应当交付罚金的数额，逐日交付罚金的制度。日额罚金制盛行于北欧各国，一般认为源自瑞典立法例。瑞典的日额罚金制始于1918年，其刑法草案第20条规定："应处罚金者，以法院于考虑本人之财产、收入、扶养义务及其他与缴纳能力有关系之情事之后，宣告一定之金额，此金额应逐日交付。"自瑞典实行日额罚金制以后，不少国家仿效。例如联邦德国刑法第40条（依日额金而为科处）第1项规定，“罚金以日额金为单位而科处之。最低为五单位日额金，其最高度，除法律另有规定外，为三百六十单位日额金”。又如奥地利刑法第19条（罚金）第1项规定：“罚金，以日额计算之，最低为二日额罚金。”

在上述四种罚金数额的立法例中，无限额罚金制、限额罚金制和按比例罚金制都是一种数字罚金，即以一定的金钱数字直接表示罚金的数额。而日额罚金制是以一定的天数换算为相应的金钱数字间接地表示罚金的数额。日额罚金制体现了法律面前人人平等的思想，不因财产状况不同而导致罚金刑的效果出现不平等，因而表现出其进步性。

二、没收财产的比较研究

各国刑法都用一定的篇幅对没收财产进行了规定，这些规定主要涉及以下问题。

（一）没收财产的地位

对于没收财产，除泰国刑法典与印度刑法典等没有主刑与附加刑之分以外，各国刑法一般都将其规定为附加刑。还未见有将没收财产规定为主刑的国家。日本刑法将没收财产规定为唯一的附加刑；有些国家的刑法在主刑与附加刑外，规定有些刑罚既可作为主刑适用又可作为附加刑适用，但没收财产都不在其列。由此可见，没收财产在各国刑罚体系中处于一种从属的地位，只能作为附加刑适用。

（二）没收财产的适用对象

关于没收财产的适用对象，个别国家在刑法总则中加以规定，例如波兰刑法典第46条规定：“1. 在对下列重罪量刑时，法院应该判处没收财产之全部或一部：(1) 危害波兰人民共和国的重大政治或经济利益；(2) 侵吞具有重大价值的社会财产。2. 在对基于谋取物质性利益的其他严重犯罪量刑的情况下，法院可以判处没收财产之全部或一部。”大多数国家都在刑法分则中具体规定没收财产的适用对象。

从各国刑法规定来看，没收财产的适用对象主要有以下三种犯罪。

（1）经济犯罪。对于那些较为严重的经济犯罪，仅处以自由刑不足以消除其再犯条件。为此，各国往往都把经济犯罪作为适用没收财产的首要对象。例如苏俄刑法典第153条规定："以国家的、合作社的或其他公共的经营方式进行私营性质的企业活动的，处五年以下的流放并科没收财产，或处二百卢布以上一千卢布以下的罚金。"

（2）财产犯罪。财产犯罪也是一种贪利性的犯罪，因而各国刑法把财产犯罪作为没收财产的适用对象。例如苏俄刑法典分则第二章"侵害社会主义所有制的犯罪"和第五章"侵犯公民个人财产罪"中的某些较为严重的犯罪，都可以被并科没收财产。

（3）国事犯罪。国事犯罪又称危害国家安全罪，是严重的政治性犯罪。对这些犯罪，多数国家的刑法都规定可以并科没收财产。例如罗马尼亚刑法典规定的危害国家安全罪共17个罪名，其中有13种犯罪被有并科没收财产的规定，只有4种犯罪没有并科没收财产的规定。

（三）没收财产的适用方式

关于没收财产的适用方式，从各国刑法的规定来看，主要有以下两种立法例。

（1）得并制，是指在判处一种刑罚的同时，可以并科没收财产。例如，苏俄刑法典第91条规定，犯强盗罪的，处3年以上10年以下的剥夺自由，并科或不并科没收财产。这里的并科或不并科，就是指是否并科由司法人员酌情裁量，因此这是一种没收财产的得并制。

（2）必并制，是指在判处一种刑罚的同时，必须并科没收财产。例如罗马尼亚刑法典第159条规定，犯间谍罪的，处死刑和没收全部财产，或处15年至20年监禁、没收财产。没收财产的必并制，往往适用于性质较为严重的犯罪。

应当指出，没收财产的得并制与必并制，在某些国家的刑法中往往兼而采之，适用于轻重有别的不同犯罪。

（四）没收财产的数量

关于这个问题，各国刑法一般都规定没收犯罪人财产的全部或一部。例如苏俄刑法典第 35 条（没收财产）规定："没收财产，是把被判刑人个人所有的财产的全部或一部强制地无偿收归国有。如果没收的是一部分财产，则法院应当指明所没收的是哪一部分财产，或者将没收的财物一一列举。"在多数国家的刑法中，只规定并科没收财产，而不指明没收一部还是全部，对于具体犯罪，到底是没收全部财产还是没收部分财产，由司法人员裁量。但也有少数国家在刑法分则中明确规定是没收全部财产还是没收一部财产。例如罗马尼亚刑法典第 156 条规定，犯破坏国民经济罪的，处 5 年至 15 年监禁、禁止行使一定权利和没收部分财产；如果对国民经济造成了严重损害的，处死刑、没收全部财产，或处 15 年至 20 年监禁，禁止行使一定权利。

（五）没收财产的范围

关于没收财产的范围，大多数国家的刑法只是笼统地规定是个人所有的财产，但对哪些财产不得没收都有规定，例如罗马尼亚刑法典第 70 条（免予没收之财产）规定："犯罪分子及其家属之家用与私用财产，不予没收，犯罪分子及其家庭成员赖以谋生之财产，维持犯罪分子或其家庭生活绝对必需之财产，不予没收。此类财产之范围由法律确定。"有个别国家的刑法，例如《蒙古刑法典》，甚至对不得没收的财产进行了十分详细的列举。

（六）没收的种类

从各国刑法的规定来看，没收有一般没收与特别没收之分。

(1) 一般没收，是指对犯罪人的财产的没收。在社会主义国家的刑法中，大都有一般没收的规定。在资本主义国家的刑法中，只有个别的规定了一般没收，例如法国刑法典第 37 条规定："宣告第 70 条、第 71 条、第 72 条、第 73 条、第 93 条及第 95 条规定之重罪之刑者，得依以下法定条之规定，宣告没收被判刑者所有全部财产，归纳国库。"

(2) 特别没收，是指对与犯罪行为有关的物的没收。日本等国家的刑法中的没收是指特别没收。根据日本刑法第 19 条的规定，下列各物可以没收：1) 构成犯罪行为之物；2）供给或意图供给犯罪行为之物；3）由犯罪行为所产生或因犯罪行为所得之物，以及作为犯罪行为的报酬所得之物；4）作为前款所列之物的代价而取得之物。在日本刑法中，还有追征的规定，即在刑法所列之物的全部或一部不能没收时，可以追征其价款。刑法理论一般认为这是一种换刑处分，或者说是一种准没收，大体上也属于特别没收的范畴，是对于执行没收的遗留问题的一种补救方法。

由于没收有一般没收与特别没收之分，所以各国刑法一般将一般没收表述为没收财产，而将特别没收表述为没收。

（本文原载《政法学刊》，1991（4））

资格刑比较研究

在刑法理论上，根据刑罚剥夺的内容，可以把刑罚方法分为生命刑、自由刑、财产刑和资格刑。前三种刑罚方法因其性质的严厉性（例如生命刑）或者适用的普遍性（例如自由刑和财产刑）而成为人们关注的中心。相比较之下，资格刑受到明显的冷落。本文拟对资格刑进行纵向与横向的比较研究，并对我国刑法中的资格刑及其发展完善略述己见，以期对资格刑的深入探讨。

一

资格刑孕育于名誉刑，蜕变于耻辱刑，经历了一个漫长的历史演进过程。考察资格刑的内容嬗变的逻辑进程，名誉刑应该是出发点。

（一）名誉刑

名誉刑源自罗马法。在罗马法中，凡享有权利能力的人，就具有法律上的人格。罗马社会十分重视一个人的名誉，因为名誉的好坏直接关系到权利的享受。所谓名誉在罗马法中是指普通人应有的声誉，而不是超群出众的威名。所以，名誉健全，则享有各种公权和私权。名誉消灭，则丧失各种权利，例如自由权或市民权。名誉减损，则权利的行使受到限制，但人格并不因此丧失。在罗马法中，受名誉减损处分的主要有以下三种情况：（1）不能作证。《十二铜表法》规定，在要式买卖或其他要式行为中的证人，事后拒绝作证的，即丧失作证的能力，同时亦不能请他人为之作证。此项制裁，极为严厉：罗马时代所有重要的法律行为一般都要凭证人为之，故不能作证，无异于取消其处分财产的权利。（2）丧廉耻。丧廉耻的人没有选举权和被选举权，也不得服兵役，诉讼权亦受限制。丧廉耻的原因主要有以下三类：一是因犯罪经判决的；二是有不名誉的事实的；三是从事卑贱职业的。（3）污名，是指虽无法定或官员指定的原因，但因行为卑劣而为人们所蔑视的。污名纯属事实问题，故又称事实上的丧廉耻。有污名的人不应受委托担任那些需要有诚实、信用品质的职务。①

以上罗马法中减损名誉的处分，还不是一种纯粹的刑罚方法，而是和民事制裁方法混杂在一起，是后世资格刑的胚胎。

（二）耻辱刑

如果说，名誉刑以剥夺名誉为内容，它是以一个人具有某种名誉为前提的，那么，耻辱刑是以对一个人施以耻辱，使其遭受精神上的痛苦与折磨为内容的。耻辱刑是伴随着肉刑而出现的，是刑罚报复观念的产物。中国古代刑罚无不具有耻辱性，一经施行，除死刑以外，使人终生痛苦不息。统治者正是有意识地利用肉刑所附属的耻辱性及某些特定的耻辱刑，对人民进行残酷的统治。在西方中世纪，肉刑盛行，刑罚十分残酷。例如，1649 年俄国会典中规定了斩首、绞刑、溺刑、焚刑、活埋、将熔化的金属液注入咽喉、肢解和车裂等刑罚，这些刑罚都带有耻辱性；还规定对社会上层分子适用褫夺官职、剥夺名誉等羞辱性的惩罚。② 法国大革命时期著名的革命家罗伯斯庇尔在《革命法制和审判》一书中深刻地指出这种以耻辱作为刑罚的现象是专制制度的产物。随着资产阶级革命的胜利，耻辱刑也被彻底废除。但在另外一个意义上，耻辱刑这个概念仍被使用。例

① 参见周枏等：《罗马法》，69～81 页，北京，群众出版社，1983。

② 参见陈盛清主编：《外国法制史》，134 页，北京，北京大学出版社，1982。

如，意大利著名刑法学家贝卡里亚在《论犯罪和刑罚》一书中专节讨论丑辱刑（即耻辱刑）问题。贝氏指出："对于涉及名誉——公民有权要求别人给他的一部分正当的尊敬——的人身欺凌罪，应当判处丑辱刑。这种丑辱是公众谴责的标志，即剥夺有罪的人所享有的社会对他的尊敬。"显然，贝卡里亚在这里所说的耻辱刑是指运用道德谴责来实现刑罚的效果，因而其蕴涵已经与我们今天所说的资格刑相去不远。在这个意义上说，贝卡里亚在资格刑的形成过程中起到了重要的作用。

（三）资格刑

及至近代，资格刑正式出现，但在立法上仍沿用名誉刑的概念。例如 1810 年法国刑法典第 1 条明确将名誉刑与惩治刑、身体刑相提并论，作为对重罪适用的一种刑罚方法。法国刑法典第 8 条规定："下列之刑为名誉刑：一、伽项；二、驱逐出境；三、剥夺公权。"根据法国刑法典第 6 条的规定，定期禁止行使某些公民权、民事权或亲属权属于惩治刑。但从现代观念来看，这种刑罚显然属于资格刑的范畴。由此可见，1810 年法国刑法典中的资格刑，从名称到内容都还没有完全成熟，较深地打上了古罗马法中名誉刑的烙印。较为成熟的资格刑立法，始于 1871 年德国刑法典。德国刑法典规定了公权剥夺这一刑罚，实系资格刑。公权剥夺的内容分为两部分：一是对过去取得的权利等的剥夺。德国刑法典第 33 条规定："受公权剥夺之宣告时，终身丧失因公权而得之权利、官职、爵位、尊称、勋章、奖章。"二是对将来取得名誉的能力的剥夺。德国刑法典第 34 条规定："公权剥夺，前条外，于其判决所定之期间内，丧失下列之能力：第一，佩用国之徽章之能力。第二，就位于德意志军队及帝国海军之能力。第三，受官职、爵位、尊称、勋章和奖章之能力。第四，关于公共之事务为决议、为选举与被选举及其他行使政权之能力。第五，于证书作成之际为证人之能力。第六，为监护人、监督监护人、保佐人、母之辅助人、亲族会员，及财产管理人之能力。但为其卑亲属之事，得监护法院或亲族会之许可时，不在此限。"德国刑法理论把德国刑法典第 33 条的内容称为权利刑，而把第 34 条的内容称为能力刑。这就是权利刑与能力刑这两个概念的由来，实际上两者都属于资格刑。德国刑法典把剥夺权利与剥夺能力合为一体，前者针对已然，后者指向未然，逻辑严谨，堪称资格刑立法之楷模。

二

当今世界各国刑法中大多有资格刑的规定，只不过内容存在繁简之分而已。对各国资格刑立法进行横向比较，可以从中概括出资格刑的性质。

（一）资格刑的地位

资格刑的地位是指资格刑在一个国家的刑罚体系中所占据的地位，主要是指资格刑是主刑还是附加刑，抑或既可以作为主刑又可以作为附加刑。关于这个问题，各国规定大约可以分为以下三种情况。

(1) 作为附加刑。世界上大多数国家都把资格刑作为附加刑适用，这些国家是：罗马尼亚、波兰、意大利、西班牙、巴西等。在这些国家的刑法典中，资格刑只是作为基本刑罚的补充而存在的，不具有独立的意义，只能附加适用而不能独立适用。

(2) 既可作为主刑又可作为附加刑。在有些国家，资格刑既可作为主刑，又可作为附加刑。例如朝鲜刑法典第 29 条第 2 款规定：剥夺一定权利、禁止从事一定的职业或营业可以单独判处，也可以作为基本刑罚（主刑）的附加刑而判处。

(3) 某类资格刑只能作为附加刑，某类资格刑既可作为主刑又可作为附加刑。例如苏俄刑法典规定了剥夺担任一定职务或从事某种活动的权利、撤职、剥夺军衔或专门称号三类资格刑。根据该法典第 22 条的规定，前两类资格刑既可作为主刑适用又可作为附加刑适用，第三类资格刑则只能作为附加刑适用。

从世界各国刑法的规定来看，还未见到将资格刑完全规定为主刑的立法例。由此可见，资格刑基本上是一种附属于其他刑罚方法而存在的刑罚方法。资格刑在刑罚体系中的地位，与生命刑、自由刑、财产刑的地位相比，都是等而下之的。我认为，客观地承认这一点，丝毫也无损资格刑的意义，相反，有利于我们充分认识资格刑的特点，以便科学地确立其在刑罚体系中的地位。

（二）资格刑的种类

资格刑是一个理论范畴，它所概括的是某一类刑罚方法的共性，这类刑罚方法以剥夺犯罪人的某种资格为内容。由于资格的性质存在差别，因此，各国刑法规定了不同类型的资格刑。从世界各国刑法的规定来看，资格刑的主要类型有以下这些。

1. 剥夺一定的权利

剥夺的权利包括：（1）选举权与被选举权；（2）担任与国家权利之行使有关的职责之权利；（3）担任在性质上与犯罪分子借以犯罪之职务相同的职务的权利；（4）亲权；（5）充当监护人与被信托人的权利；（6）丧失为陪审员、证人及提起控诉之资格；（7）丧失携带武器，为国家防卫军、服军职及在教育机构传授之权利；（8）学位、荣誉、勋奖及其他公共之荣衔；（9）国家或其他公共机关给付之薪水、年金及津贴……从以上列举来看，剥夺一定的权利的内容十分广泛，剥夺的权利有政治方面的，有经济方面的，有民事方面的，有人格方面的。由于剥夺权利的内容过于庞杂，一经判决全部剥夺，可能导致刑罚过剩，因此有些国家的刑法将剥夺的权利限于政治方面的，而把亲权、荣誉等内容独立出来。

2. 禁止担任一定的职务

不同国家对于禁止担任一定的职务有各种不同的称呼：苏俄刑法典称之为撤职，波兰刑法典称之为禁止担任特定职务，瑞士刑法称之为剥夺官职，土耳其刑法典称之为撤销公职。虽然称呼不同，但基本内容大致相同，其适用对象均为担任一定职务的犯罪人；适用条件是犯罪人滥用了这种职务，或者法院认为犯罪人不适宜继续担任这一职务。

3. 禁止从事一定的职业

禁止从事一定的职业是指剥夺从事某种经济活动的权利。这一资格刑主要适用于经济领域的犯罪，例如意大利刑法典第 31 条规定，判处剥夺营业权利之案件是妨害职业、营业、企业、商业、手工业或与其有关之义务而被处罚者。这里所谓剥夺营业权利，就是禁止从事一定的职业。

4. 禁止驾驶

驾驶也是一种职业。在不少交通发达的西方国家，交通肇事犯罪严重，因此，禁止驾驶往往被规定为一种特殊的资格刑，例如联邦德国刑法第 44 条就是如此。

5. 剥夺荣誉称号

剥夺荣誉称号是许多国家的刑法规定的资格刑种类，一般都作为附加刑适用。例如苏俄刑法典规定，剥夺军衔或专门称号，只可以作为附加刑适用。

6. 剥夺亲权及其他民事权利

亲权是指父母基于其身份对子女特有的权利和义务。某些国家的刑法规定当实施违背亲权人义务的犯罪时，法院可以判处剥夺亲权的资格刑，例如瑞士刑法第 53 条就有关于剥夺亲权及监护权的规定。有些国家的刑法规定，除剥夺亲权外，还剥夺夫权、财产管理权与财产处置权等民事权利。这被称为剥夺民事权利之刑。例如西班牙刑法典第 43 条就有这样的规定。

7. 剥夺国籍和驱逐出境

国籍是指一个人作为某一国家的公民（或国民）的资格。国籍的取得有两种情况：一是与生俱来的，二是归化的。一般来说，对于与生俱来的国籍不能剥夺。但对于归化而取得的国籍，某些国家的刑法规定可以剥夺。例如西班牙刑法典第 34 条对外国人归化取得西班牙国籍者规定了丧失西班牙国籍之刑。驱逐出境作为资格刑，一般是对外国人适用的。例如瑞士刑法第 55 条就有这样的规定。

（三）资格刑的期限

资格刑除个别种类，例如剥夺荣誉称号等没有期限以外，大多都有期限的规定。就资格刑的期限而言，可以分为以下两种情况。

（1）终身剥夺。资格刑的终身剥夺，一般适用于犯有重罪的人。例如意大利刑法典第 29 条规定，剥夺公权适用于宣告无期徒刑及 5 年以上有期徒刑的犯罪人、常习性犯罪人、常业性犯罪人及有犯重罪倾向性格者。

（2）定期剥夺。资格刑的定期剥夺是指在一定期限内剥夺犯罪人的某种资格。至于定期剥夺的期限，各国的规定不尽相同，有规定一定幅度的，例如蒙古刑法典第 22 条规定为 1 年以上 5 年以下；也有的仅规定最高限度的，例如朝鲜刑法典第 40 条规定为不得超过 5 年。在定期剥夺的情况下，剥夺资格的效力一般都及于主刑执行期间。

在现代法治国家，公民主要通过行使自己的选举权和被选举权来参与国家政治活动，因此，对于那些政治犯罪，应当剥夺选举权和被选举权。

另外，资格刑还涉及剥夺公民的基本权利。公民的基本权利是指宪法所规定的公民的言论自由、出版自由、游行示威自由等各项权利。这些权利是宪法赋予的，但宪法同时又规定，公民在行使自己权利的时候，不应妨害他人行使这些权利，并不得危害社会利益。有些人滥用公民权利，甚至利用这些权利来实施犯罪，因此，有必要予以剥夺。

（四）资格刑的分立

资格刑的分立首先是指资格刑种类的增加。我国刑法中的资格刑包括剥夺政治权利与驱逐出境两种；此后，《惩治军人违反职责罪暂行条例》和《中国人民解放军军官军衔条例》分别补充了剥夺荣誉称号和剥夺军衔。我认为，在修改刑法的时候，除将剥夺政治权利改为剥夺一定的权利以外，应将驱逐出境和剥夺军衔予以保留。剥夺荣誉称号，现在只适用于犯罪的军人，我认为，有必要扩大其适用对象和剥夺内容：就适用对象而言，扩大到一般人；就剥夺内容而言，扩大到国家授予的其他荣誉称号，例如全国劳动模范称号等。这样，我国刑法中的资格刑就可以分为四种：对一般人适用的是剥夺一定的权利（偏重于对能力的剥夺）和剥夺荣誉称号（偏重于对名誉的剥夺）；对特定人适用的是驱逐出境（对外国人适用）和剥夺军衔（对军人适用）。由此形成一个比较完整的资格刑体系，以便根据犯罪的不同情况分别适用。

资格刑的分立还指在法律列举了应当剥夺的数种权利时，司法人员可以依法判处剥夺其中一部或者全部。关于这个问题，从世界各国的立法例看，可以分为两种情况：一是未予规定，即凡判处剥夺一定权利的，应将法律所列举的各项权利全部予以剥夺。二是规定既可全部剥夺又可部分剥夺。例如，意大利刑法典第 28 条规定："法律得规定在何种情况之下，剥夺公权，只限于剥夺上列权利之数种。”显然，在法律没有规定的情况下，应全部剥夺。朝鲜刑法典规定得更为明确，该法典第37条指出：“适用剥夺权利的处分时，得剥夺上列权利的全部或一部。”上述两种立法例中，第一种立法例下一经判决，剥夺的权利不止一种，有可能造成刑罚过剩。例如依法国刑法典第34条褫夺公权，被剥夺的权利达5种之多，而且各种权利之间并无内在联系。在这种情况下，难以根据具体的犯罪案件选择适用，而必须同时剥夺，有悖于刑罚个别化原则。相比之下，第二种立法例就比较科学合理，因为司法人员既可以根据案情将法律列举的各项权利全部剥夺，又可以有选择地剥夺其中一项或者数项权利。就我国1979年刑法而言，是采用第一种立法例的，刑法第50条规定的四种政治权利，一经判决就予以全部剥夺。我认为，这种立法方式应当改变，宜引入资格刑的分立制。只有这样，才能进一步强化资格刑的功效。

（五）法人犯罪的资格刑

随着法人犯罪的立法化，对法人犯罪应当如何规定刑罚的问题也摆在了立法机关的面前。1979年刑法规定对法人犯罪只能判处罚金，我国刑法学界有人提出应对法人犯罪增设准自由刑——停业整顿和准生命刑——刑事破产。我认为，这两种刑罚对于惩治法人犯罪来说是完全必要的。但将停业整顿称为准自由刑，将刑事破产称为准生命刑，只是一种拟人化的比喻而已。就这两种刑罚的本质属性而言，它们都属于资格刑：停业整顿是定期剥夺法人从事工商活动的权利，而刑事破产则是无期剥夺法人从事工商活动的权利。

（本文原载《法学研究》，1990（6））

十二、刑罚适用

论量刑情节

量刑情节和量刑适当与否关系极为密切。近些年来我国刑法学界对量刑情节予以了充分关注，并开始对一些问题如酌定情节等进行了较为深入的研究，但从总体上看对量刑情节的研究仍显得不够深入。本文拟对量刑情节的几个基本问题略作探讨，以促进对量刑情节理论研究的深入，并以此促进司法实践对量刑情节的运用。

一、量刑情节的概念

我国刑法没有规定量刑情节的概念，理论上对此看法各异，主要有以下观点：(1) 量刑情节是人民法院对犯罪分子量刑时，据以决定处刑轻重或者免除处罚的各种情况。① (2) 量刑情节指存在于犯罪之中，决定对犯罪人是否处刑以及处刑轻重，因而对犯罪人适用刑罚时必须考虑的情节。② (3) 量刑情节是对量刑

① 参见高铭暄主编：《中国刑法学》，274页，北京，中国人民大学出版社，1989。

② 参见周振想：《刑罚适用论》，263页，北京，法律出版社，1990。

轻重有影响的因素。①（4）量刑情节是指决定和衡量量刑轻重的有关情况，是在裁判中判断增加或减少刑罚，体现宽严政策的法律依据。②（5）量刑情节是指存在于犯罪全过程，决定对犯罪人是否处刑或处刑轻重，所依据的罪前、罪中和罪后的一系列情状和环节。③（6）量刑情节是指定罪事实以外的，与犯罪人或其侵害行为密切相关的，影响行为的社会危害性和行为人的人身危险性程度，并进而决定处刑从宽从严或者免除处刑的各种具体事实情况。④

由上可见，对量刑情节的概念在理论上还未形成统一的认识。我们认为，概念是反映客观事物一般的、本质的特征的一种基本思维形式，量刑情节概念应反映量刑情节的本质特征，具备一定的形式和内容。为此，给量刑情节下定义，应该先明确以下几点：（1）量刑情节应是法律规定的。对于影响量刑的事实情况，不能仅由法官来随意取舍、认定，否则，是与罪刑法定这一刑法基本原则相背离的。（2）量刑情节必须是能反映犯罪行为的社会危害性和犯罪人的人身危险性程度的各种事实情况。这是量刑情节之所以能影响量刑之本质所在。（3）量刑情节是与定罪事实完全不同的范畴。它与犯罪成立没有直接关系，只在犯罪成立后才考虑量刑情节。

根据以上要求，前面六种观点中只有第六种观点可取，但其也有不足，如未谈及量刑情节的法定性问题等。

综上所述，应将量刑情节的定义表述为：法律规定的定罪事实以外的，与犯罪行为或犯罪人有关的，体现行为的社会危害性程度和行为人的人身危险性程度，因而在决定处刑从宽、从严或者免除处罚时必须予以考虑的各种具体事实情况。

---

① 参见邱兴隆、许章润：《刑罚学》，273页，北京，群众出版社，1988。

② 参见苏惠渔等编：《量刑方法研究专论》，61页，上海，复旦大学出版社，1991。

③ 参见喻伟主编：《刑法学专题研究》，299、313页，武汉，武汉大学出版社，1992。

④ 参见喻伟主编：《刑法学专题研究》，299、313页，武汉，武汉大学出版社，1992。

二、量刑情节的特征

特征是概念的外在表现，量刑情节的特征主要表现在以下五个方面。

（一）法定性

量刑情节具有法定性，是罪刑相适应原则的必然要求。考虑到犯罪情况极为复杂，立法者不可能对各种不同的犯罪情况都规定相对应的确定法定刑，但又不能把量刑完全交由法官自由决定，因而规定量刑情节，既使刑罚确定适应复杂的犯罪情况，又使量刑有章可循，不超出法律范围，避免刑之擅断。有人提出，我国的酌定情节不是由法律规定而是司法实践中普遍存在的客观情况。[①] 我们认为，且不论这种观点是否成立，即使酌定情节确实不是我国法律规定的，我们也只能把它归之于立法失误，而不应顺从这种立法规定，否则，理论不考虑立法适当与否而一味顺从，在很大程度上也就失去了理论研究的价值。因而，立法上是否规定或如何规定量刑情节是一回事，量刑情节应否由法律规定是另一回事，研究量刑情节时应注意这一点。

（二）客观性

量刑情节是客观存在的。量刑情节的客观性是指它随犯罪的实施而产生，并不以人们的意志为转移地存在于案件之中。这些客观存在的量刑情节不仅包括那些看得见、摸得着的有形情节，如犯罪手段的残忍与否、犯罪后果的轻重等，而且包括那些无形的、存在于犯罪人主观方面的情节，如犯罪动机、目的和犯罪后的态度等。属于犯罪人主观方面的情节虽是无形的，但仍是客观存在的，是可以通过对案件的考察、分析来认识和评价的。肯定量刑情节的客观性，要求法官在量刑时，从实际出发，实事求是地认识和把握量刑情节，避免主观臆断、随意取舍及适用。

（三）联系性

量刑情节与具体刑事案件有关，而且体现了该案所涉犯罪行为的社会危害性

① 参见应懋：《酌定情节法定化之建言》，载《法律学习与研究》，1990（6）。

程度或犯罪人的人身危险性大小。这是量刑情节的本质特征。在具体案件中，与案件有关的事实情况很多，但立法者不会把所有的与案件有关的事实情况都规定为量刑情节。有些案件事实情况如指纹、犯罪人的面貌特征等也许对案件侦破很有意义，但它们与犯罪行为的社会危害性或犯罪人的人身危险性无关，因而不能成为刑法意义上的量刑情节。可见，某一客观事实能否成为量刑情节是有一定的标准的。

另需注意的是，量刑情节只能决定社会危害性或人身危险性的轻重程度而不能决定其有无。这是量刑情节与定罪事实的一个重要区别。

（四）排他性

量刑情节是刑法中情节的一种。除量刑情节外，刑法中情节还包括定罪情节。由于量刑情节是在犯罪成立后才对量刑起影响作用的情节，因而如果某一情节在定罪时被适用了，则不能再作为量刑情节，否则就违反了禁止重复评价原则，犯了一事两头沾的错误。同样，作为犯罪成立的基本事实即犯罪构成要件事实也不能再作为量刑情节。只有定罪事实以外的具体事实情况才能作为量刑情节。例如，在以犯罪目的为犯罪成立要件的犯罪中，犯罪目的便不是量刑情节，而在不以犯罪目的为犯罪成立要件的犯罪中，犯罪目的属于量刑情节。

（五）功能性

这是量刑情节之作用的体现，也是立法规定量刑情节的目的所在。量刑情节的作用，从对犯罪人是否有利来看，可以分为趋轻功能与趋重功能；从其适用对法定刑幅度有无影响来看，可以分为变更法定刑的功能与不变更法定刑的功能：前者使量刑结果超出法定刑幅度，后者使在法定刑幅度内决定宣告刑。正确依照量刑情节的功能决定刑罚，是量刑适当的前提。

三、量刑情节的地位

近年来在我国学者偶尔谈到酌定情节的地位问题，但论者并未进一步论及量刑情节的地位，而且对酌定情节之地位的论述也并不深入。研究量刑情节的地位问题，无论对于完善量刑情节的立法规定还是指导司法实践中对量刑情节的适用，都有不可忽视的作用。我们认为，量刑情节的地位主要体现在以下三个方面。

（一）量刑情节是罪刑法定原则的必然体现

根据罪刑法定原则，何为犯罪，应处何刑，均须由法律事先规定。而现代各国刑法对法定刑都是规定一定的幅度，使法官在法律规定范围内有一定的自由裁量权。法官行使自由裁量权的依据即是量刑情节。量刑情节的规定，使罪刑法定原则在刑之相对确定条件下能够得到贯彻，又使法官的裁量权不至于没有限制，从而避免刑之擅断。如果刑法上不对量刑情节作出规定或规定不完善，则罪刑法定原则要么失于僵化而无法实现，要么因“相对性”过强而失去“法定”之本意。

（二）量刑情节是罪刑均衡原则的必然要求

根据罪刑相适应原则，刑罚应和犯罪相称，重罪重罚，轻罪轻罚，罚当其罪。但由于犯罪的复杂性，即使同一犯罪，其罪责也不一定相同。刑事立法上对每一种具体犯罪情况规定相对应的确定的法定刑是不可能也不必要的，这样，引入量刑情节就成为必然。量刑情节是对反映社会危害性或人身危险性的各种情况的抽象概括，这样就使法官能对每一种犯罪依其不同的量刑情节科以相应的刑罚，使罪刑均衡原则在刑事立法和司法中得到充分贯彻，使刑罚既不失公正性又具有预防犯罪之功利性。

（三）量刑情节是刑罚个别化原则的必然体现

根据刑罚个别化原则的要求，在量刑时主要依据与犯罪行为有关的各种情况，如犯罪手段、动机、后果等，判断其社会危害性大小；同时，还应考虑与犯罪人的人身危险性有关的情况如犯罪前表现、犯罪后表现等。根据我国刑法理论、刑事立法规定及司法实践中的做法，犯罪手段、动机、后果等即是我们一般所称的酌定情节，而犯罪前表现如有前科构成累犯，犯罪后表现如自首等则属于法定情节的范围。由此可见，刑罚个别化实际上是要求在量刑时依据各种量刑情节决定刑罚。因此，刑法中对量刑情节规定与否、如何规定，直接关系到刑罚个别化原则实现的程度，关系到量刑结果的公正、合理性。

四、量刑情节的功能

量刑情节的功能是指量刑情节在量刑过程中所发挥的有利作用、效能，具体说即对刑罚的最后确定具有决定性作用。

（一）在法定刑范围内决定宣告刑的功能

法定刑是刑法对各种犯罪规定的量刑幅度，它从总体上限定了对犯罪人裁量刑罚的范围。这一范围的确定，是以定罪事实所体现的社会危害性和人身危险性为根据的，它解决的是此罪与彼罪以及基本罪与加重罪（如情节加重犯）、减轻罪（如情节减轻犯）在刑罚上的区别，而未涉及同一罪质的犯罪中不同案件的量刑问题。在法定刑范围内，还需要考虑量刑情节才能决定宣告刑。根据对量刑轻重影响的不同，量刑情节这一功能又可分为从重功能和从轻功能。

刑法（指 1979 年刑法，下同）第 58 条规定：犯罪分子具有该法规定的从重处罚、从轻处罚情节的，应当在法定刑的限度以内判处刑罚。但对于从重、从轻相对于什么情况而言，理论上则有不同看法。如有的认为，从重是在法定刑的平均刑期以上考虑应当判处的刑罚，从轻是在法定刑的平均刑期以下考虑应当判处的刑罚①；有的认为，从重是在法定刑范围内对犯罪分子适用较重的刑种或者较长的刑期，从轻是在法定刑范围内对犯罪分子适用较轻的刑种或者较短的刑期②；有的认为，从重是指与同类事实的犯罪相比具有从重处罚情节时，在法定刑范围内适用较重的刑罚，从轻是指与同类事实的犯罪相比具有从轻处罚情节时，在法定刑范围内适用较轻的刑罚。③ 我们认为这三种观点对从重、从轻的理解是不甚恰当的。从立法原意来看，从重应该是指在法定刑幅度内选择比没有这个情节的类似犯罪相对重一些的刑种或刑期；从轻应该是指在法定刑幅度内选择

① 参见李光灿主编：《中华人民共和国刑法论》，上册，544 页，长春，吉林人民出版社，1984。

② 参见高铭暄主编：《刑法学》，305～306 页，北京，北京大学出版社，1989。

③ 参见《中国大百科全书·法学卷》，382～383 页，北京，中国大百科全书出版社，1984。

比没有这个情节的类似犯罪相对轻一些的刑种或刑期。[1] 前述三种理解之所以不适当，主要是没有把量刑情节的运用与整个犯罪事实联系起来。对一个具体犯罪，通常情况下并不一定就是按其量刑幅度的中间线判刑。既然这一前提不存在，那么具有一定的从重或从轻处罚情节便在量刑幅度的中间线以上或以下判刑，或者在量刑幅度中判处相对较重的刑种、较长的刑期或相对较轻的刑种、较短的刑期，当然就是错误的。

（二）变更法定刑的功能

一般来说，法定刑一经确定，便对法官量刑具有不可变更的制约性。然而，立法者在确定法定刑时，只是针对某一性质的犯罪之一般情况，而不可能反映该犯罪的一切情况。因此，为兼顾具体案件中可能出现的特殊情况，不可避免地要规定可以超越法定刑幅度量刑的一些特殊情况。量刑情节的这种变更法定刑的功能包括加重功能、减轻功能与免刑功能。加重有立法加重与司法加重。立法加重是指立法机关通过立法程序加重某一犯罪的法定刑，司法加重是指立法机关授权司法机关酌情予以加重。作为量刑情节之加重，只能是司法加重。因此，《关于严惩严重危害社会治安的犯罪分子的决定》规定的对流氓集团首要分子等犯罪分子可在刑法规定的最高刑以上判处刑罚不属于这里说的“加重”。我国目前的司法加重规定只限于 1981 年《关于处理逃跑或者重新犯罪的劳改犯和劳教人员的决定》所列举的两种情况。加重并非不受限制，而是有限度地加重一格处罚。

减轻有一般减轻与特别减轻、法定减轻与酌定减轻之分。一般减轻是指刑法总则规定的对一切犯罪均可适用的减轻；特别减轻是指刑法分则规定的对特定犯罪适用的减轻。我国刑法并无特别减轻规定，但在刑法颁行后的单行刑法中常可见到。如《关于惩治贪污罪贿赂罪的补充规定》第 2 条第 3 项规定：“个人贪污数额在二千元以上不满五千元，犯罪后自首、立功或者有悔改表现、积极退赃的，可以减轻处罚，或者免予刑事处罚。”法定减轻是指明文具体规定的减轻；

---

① 参见苏惠渔等编：《量刑方法研究专论》，113 页，上海，复旦大学出版社，1991。

酌定减轻即裁判上减轻，是指法官斟酌案件具体情况，依职权所作的减轻。我国刑法总则规定了12种法定减轻情况，在单行刑法中有适用于特定犯罪的法定减轻规定。刑法第59条第2款规定了酌定减轻，即“犯罪分子虽然不具有本法规定的减轻处罚情节，如果根据案件的具体情况，判处法定刑的最低刑还是过重的，经人民法院审判委员会决定，也可以在法定刑以下判处刑罚”。

免刑是指根据法定或酌定理由，对犯罪分子作有罪宣告，但免予刑罚处罚。免刑也可分为一般免刑与特别免刑、法定免刑与酌定免刑。应予注意的是，免刑与刑法第15条所规定的因“情节显著轻微危害不大，不认为是犯罪”有原则性区别。对于不构成犯罪的，谈不上免予刑事处分。另外，免刑也不同于免除刑罚执行：前者是指构成犯罪而以判决形式免除刑罚，后者是指已宣告具体刑罚，因遇大赦、特赦等而免予执行。

五、量刑情节的范围

量刑情节的范围是量刑情节的外延问题。对此我国刑法学界存在不同看法。有的认为，作为量刑情节的除了犯罪行为实施过程中的事实情况，还包括罪前表现和罪后态度。① 有的认为，量刑情节的范围体现在量刑的本体情节方面，有罪前的起因、动机、目的，罪中的基本犯罪事实，以及罪后的坦白、自首、悔罪、狡赖、抗拒等；从量刑的外部因素看，社会治安形势、刑事政策导向、社会舆论影响，乃至审判人员的价值观念等，都会影响量刑轻重而渗透、融合在量刑之中。② 还有的认为，情节（当然包括量刑情节）不外乎犯罪的主观方面或客观方面的具体表现。③

根据我国刑法第57条的规定，量刑情节当然限于犯罪实施过程中的体现社会危害性的事实情况。从这点来看，上述第三种观点是有法律依据的。但是，量

① 参见王晨：《定罪情节探析》，载《中国法学》，1992 (1)，69页。

② 参见喻伟：《论刑法中的情节》，载《人民检察》，1993 (5)。

③ 参见赵炳寿主编：《刑法若干理论问题研究》，336页，成都，四川大学出版社，1992。

刑除了以社会危害性程度为根据，还应考虑人身危险性大小。在一定意义上说，离开了对犯罪人之人身危险性的考察，就不可能对犯罪人正确量定刑罚。在量刑中考虑人身危险性因素，是各国刑法的通例。虽然我国刑法第 57 条只规定了社会危害性是量刑的根据，但在其他条文中，仍表现出承认人身危险性对量刑的影响、作用。如对累犯从重处罚，对自首者从轻处罚，原因即在于这两种情况反映出不同的人身危险性。同时，量刑时考虑人身危险性也是刑罚目的的要求。因此，体现社会危害性和人身危险性的事实情况都能影响量刑，都可以成为量刑情节。

根据以上分析，把量刑情节局限于犯罪行为的主观方面与客观方面的具体表现当然不可取，但也不能认为犯罪事实以外的可能影响量刑的一切事实情况都属于量刑情节。例如，审判人员的价值观念等情况虽然客观上确实可能影响量刑，但其既与犯罪行为无关，也与犯罪人无关，因而不是量刑情节。如果承认这种情况也属于量刑情节，无异于承认法官可以按自己的价值观，甚至个人好恶来确定刑罚。这显然是错误的。相比较来说，前述第一种观点对量刑情节范围的界定比较科学，但更确切地说，量刑情节的范围应该是既包括与犯罪行为有关的体现社会危害性的事实情况，也包括与犯罪人有关的体现人身危险性的事实情况。依量刑情节出现的时间先后，可以把它分为罪前情节、罪中情节和罪后情节。

正确认识量刑情节的范围，既有助于我们对量刑情节之内涵的认识，更有利于我们在适用量刑情节时，全面、综合地分析量刑情节，而不随意取舍或忽略对某一量刑情节，从而正确量刑。

（本文与莫开勤合著，原载《法律科学》，1995 (2)）

自首制度的法理分析

自首制度是我国刑法中一项重要的量刑制度，是惩办与宽大相结合这一刑事政策在刑法中的体现。正确地适用自首制度，对于鼓励和引导犯罪分子自动投案，改过自新，从而有效地实现刑罚预防犯罪的目的，具有十分重要的意义。本文拟对我国刑法中的自首制度进行全面论述，以期深化自首制度的理论研究。

一、自首的概念

在我国刑法中，自首可分为一般自首和特殊自首（准自首）。一般自首是指犯罪后自动投案，如实供述自己的罪行的行为。特殊自首是指被采取强制措施的犯罪嫌疑人、被告人和正在服刑的罪犯，如实供述司法机关还未掌握的本人其他罪行的行为。

根据上述自首的概念，我认为，自首具有以下特征：(1) 自首是犯罪后的一种表现。自首发生在犯罪以后，在通常情况下是行为人的一种悔罪表现。犯罪人在犯罪以后对犯罪的态度，于对犯罪人的处罚具有重要意义。有些犯罪人在犯罪以后不思悔改、逃避制裁，甚至重新犯罪；有些犯罪人在犯罪以后能够主动坦白交代自己的罪行；还有些犯罪人甚至投案自首。由此可见，自首是犯罪后行为人的悔改表现之一。这种悔改不能停留在口头上，还要付诸实际行动，因此，自首是行为人的一种行为，在通常情况下是投案行为。如果犯罪以后行为人内心悔罪，但并未投案，仍然不能构成自首。（2）自首是一种犯罪人的类型。自首的犯罪人，在刑法理论上往往被称为自首犯。这是与累犯相对应的一种犯罪人类型。根据犯罪人在犯罪以后具有自首情节，我们可以将其称为自首犯。自首犯是犯罪人中人身危险性较小的一类犯罪人。根据我国刑法规定，对于自首犯，可以从宽处罚。（3）自首是对犯罪人从宽处罚的一种刑罚制度。我国刑罚具有预防犯罪的目的，对犯罪分子实行惩办与宽大相结合的政策。除对极少数罪行极其严重的犯罪分子，判处死刑立即执行以外，对于绝大多数犯罪分子都是实行惩罚与教育改造相结合，以使其改恶从善，化消极因素为积极因素。对于愿意悔改并自首的犯罪分子，根据其犯罪事实和具体情况，依照国家的法律和政策可以从宽处罚。所以，我们应当把自首理解为体现我国刑罚目的的一种刑罚制度。

在理解自首概念的时候，还存在一个如何认识自首的本质的问题。对自首本质的认识，对于科学地揭示自首制度的立法蕴涵具有十分重要的意义。在自首本质的问题上，我国刑法学界存在以下三种观点。第一种观点认为：自首的本质在于悔罪，悔罪贯穿于自首，自首成立的每一个要件都是悔罪的表现，不悔罪就无所谓自首。因此，自首的本质在于悔罪或悔改。① 第二种观点认为：自动投案是自首成立的本质条件。犯罪人实施犯罪以后，只有归案了，国家司法机关才能对其实行法律制裁。从司法实践来看，归案的方式有两种：一种是被动归案，即被司法机关捕获归案，或者被人民群众扭送归案等。被动归案的本质在于归案行为是违背犯罪人之意志的。另一种是自动归案，即犯罪人自动向司法机关投案自首。自动归案的本质在于，归案行为是犯罪人出于本意的行为。可见，自首的本质就在于犯罪人犯罪后自己把自己交付国家追诉。② 第三种观点认为：所谓自首

① 参见铭山：《谈谈自首成立的要件》，载《法学杂志》，1982（6），38页。

② 参见周振想：《自首制度的理论与实践》，40页，北京，人民法院出版社，1988。

是指犯罪人在犯罪以后自动投案，主动交代罪行的行为。由此可见，自首是犯罪人犯罪以后的一种积极行为，它表明自首的犯罪人已经认识到自己行为的违法性和应受惩罚性，从而认识到自己的犯罪行为与现行统治秩序是对立的。正是基于这种认识，自首的犯罪人产生了一种主动提请司法机关追诉所犯罪行的心理。而在通常的情况下，犯罪人总是被动地接受司法机关的追诉。这就是自首行为不同于其他行为的真谛所在。① 在以上三种观点中，第一种观点将自首的本质界定为悔罪，对于大多数犯罪来说是适用的，因为在大部分情况下，自首都可以被看作是悔罪的表征。但也不是尽然，即在少数情况下，犯罪分子虽然投案自首，但主观上并不见得都有悔罪之心。在这种情况下，如果以悔罪作为自首的本质，就有可能缩小自首成立的范围。因此，我认为，尽管悔罪是大部分自首的本质特征，但它不能概括全部自首的情况，否则，就是以偏概全。后两种观点对自首之本质的理解没有根本上的差别：它们都不再强调悔罪，而是从自首作为一种归案方式与其他归案方式的区别来理解自首的本质，只不过强调的重点有所不同——第二种观点表述为犯罪人犯罪后自己把自己交付国家追诉，第三种观点表述为犯罪人主动提请司法机关追诉所犯罪行。在此，无论是"交付"还是"提请"，都是犯罪人在犯罪以后自动投案，因此，投案这一特征确实在很大程度上表现出自首的本质。在特殊自首的情况下，虽然没有投案的形式，因为犯罪人已经被羁押，但仍存在投案的实质内容：自动交付或者提请司法机关追诉。

二、一般自首的条件

一般自首（以下简称自首）的条件是指构成自首必须具备的条件。这是认定自首的法律标准。自首成立的条件是自首概念的具体化。自首的概念回答的是自首是什么的问题，揭示了自首的内涵与外延。自首的条件则是在自首概念的基础

① 参见王学沛：《论自首》，载赵秉志等：《全国刑法硕士论文荟萃（1978—1988 届）》，534 页，北京，中国人民公安大学出版社，1989。

上，进一步回答自首的成立需要具备哪些条件，解决的是自首的规格问题。在刑法修订以前，根据司法解释的规定，通常认为成立自首的条件有三：必须在犯罪以后自动投案；必须在投案后主动如实地交代自己的罪行；必须接受司法机关的审查和裁判。三者须同时具备，缺一不可。① 但在刑法修订以后，刑法第 67 条规定："犯罪以后自动投案，如实供述自己的罪行的，是自首。"这里并未将接受国家机关的审查和裁判列入其中。在这种情况下，接受国家机关的审查和裁判还是不是自首的条件之一呢？对此，我国刑法学界存在两种不同的观点。第一种观点认为，虽然刑法对于必须接受审查和追诉没有明确规定，但对于自首的犯罪分子来说，必须做到这一点，只有这样才能说明犯罪分子有悔改的诚意。如投案后如实供述了自己的罪行后又潜逃，逃避司法机关对的侦查、审判，就不是真正的自首。② 第二种观点认为，司法解释中的"接受审查和裁判"比较抽象、模糊，在理解时容易引发分歧，在实践中造成不少弊端。少数地方的司法部门，把犯罪分子依法为自己进行辩护、申诉，以及对刑事诉讼过程中司法人员的违法行为提出控告，看作是对抗审查和裁判的行为，导致对于实际上符合自首条件的犯罪分子未以自首进行认定。修改后的刑法规定，犯罪分子作案后，只要同时具备自动投案和如实供述自己的罪行两个条件，即成立自首。这种规定，并非表明犯罪分子可以不"接受审查和裁判"。实际上，自动投案，如实供述自己的罪行，本身已经充分表明犯罪分子对于司法机关追究犯罪的活动持配合态度，基于这种态度就可以对犯罪分子从宽处罚。在上述两个条件以外，再规定"接受审查和裁判"，实际上并无必要，并且有弊无利。③ 应该说，以上两种观点对于是否把"接受国家机关的审查和裁判"作为自首成立的条件认识不同：第一种观点将其视为自首条件，不符合此条件则不构成自首。第二种观点不将其视为自首条件，但又说并非表明犯罪分子可以不"接受审查和裁判"。那么，如果犯罪分子自动投案、如实供述自己的罪行以后又潜逃的，到底是不是自首？对此这种观点并没有给出明

① 参见马克昌主编：《刑罚通论》，398 页，武汉，武汉大学出版社，1995。

② 参见胡康生、李福成主编：《中华人民共和国刑法释义》，75 页，北京，法律出版社，1997。

③ 参见陈正云等：《中国刑法通论》，221 页，北京，中国方正出版社，1997。

确回答。根据前两个条件，似应视为自首；根据没有把“接受审查和裁判”作为自首成立的条件，并非表明犯罪人可以不“接受审查和裁判”，似又不应视为自首。我认为，从立法原意来看，司法解释中的“接受审查和裁判”没有被吸纳到刑法关于自首的概念中，实际上意味着自首条件的放宽，而不能看作是立法的疏漏。在这种情况下，自首条件就由刑法修订前的三个条件减为刑法修订后的两个条件。这是有法律根据的。因此，那种认为虽然刑法对接受审查和裁判没有规定，仍应将其视为自首条件的观点是不能成立的。此外，虽然不能将接受审查和裁判作为自首成立的单独条件，但又认为其他两个条件包含或者已经表明犯罪分子接受审查和裁判的观点也是值得商榷的。我认为，根据法律规定，刑法实际上已经不把接受审查和裁判作为自首成立的条件，因而意味着放宽了自首成立的条件。对于犯罪分子自动投案并如实供述自己的罪行后潜逃、不接受审查和裁判的，也应视为自首，但可不予从轻处罚。但是1998年4月6日最高人民法院《关于处理自首和立功具体应用法律若干问题的解释》明确规定：“犯罪嫌疑人自动投案后又逃跑的，不能认定为自首。”由此可见，司法解释仍是倾向于将接受司法机关的审查和裁判作为自首的条件。这一规定，似乎是对立法的补充解释。

根据法条的规定，一般自首的成立条件是自动投案和如实供述自己的罪行。下面分别加以论述。

（一）自动投案

在刑法理论上，自动投案是指犯罪分子在犯罪以后、归案之前，自动向有关机关或个人投案的行为。自动投案是归案的方式之一。犯罪分子在犯罪以后，除极个别人以外，大部分终究会受到法律的追究，因此或迟或早是会归案的。归案的方式是多种多样的：有的是被司法机关捕获归案；有的是被人民群众扭送归案；有的则是犯罪分子自动投案。相对于前两种被动归案方式而言，自动归案是表明犯罪分子人身危险性有所减轻的一种归案方式。

对自动投案可以从以下几个方面予以认定。

1. 投案时间

自动投案的时间是犯罪以后、归案之前。在犯罪以前，当然不存在自动投案的问题。这里的犯罪，包括犯罪的预备、未遂、中止和既遂，因此，在犯罪预备、未遂、中止和既遂以后自动投案的，都可以成立自首。

犯罪以后、归案之前投案，包括两种情形：犯罪被发觉前投案和犯罪被发觉后投案。犯罪被发觉以前的自动投案，是指犯罪分子在作案以后、犯罪事实和犯罪分子被司法机关发觉之前自动投案。犯罪被发觉以前，犯罪分子自动向司法机关投案，使刑事案件不侦自破，对于司法机关是十分有利的。犯罪被发觉以后的自动投案，是指犯罪事实被司法机关发觉，但犯罪分子尚未被发觉而自动投案，或者犯罪事实被发觉之后，司法机关在侦查过程中，根据某些线索怀疑某人就是犯罪分子，但尚未对其采取强制措施而自动投案。犯罪被发觉以后犯罪分子自动地向司法机关投案，使刑事案件及时破获，因而也是值得肯定的。

在投案时间问题上，存在一个值得研究的问题，就是在犯罪事实和犯罪分子均已被发觉，犯罪分子在逃跑以后被司法机关通缉的情况下自动归案的，是否视为自动投案而构成自首。对此存在三种不同的观点。[①] 第一种观点认为，对于这种情况不能认为是自动投案，更不能视为自首，因为如果认为是自动投案，是自首，无异于鼓励犯罪分子逃跑。假设两个犯罪分子共同作案后，公安机关逮捕他们时，一个逃跑了，一个没有逃跑而被捕，后来逃跑的犯罪分子自动归案后，被认为是自动投案，是自首，予以从轻处罚；而没有逃跑的，反而不能受到从轻处罚。这不是鼓励犯罪分子逃跑吗？第二种观点认为，对于犯罪人逃跑后被通缉时自动归案的是否视为自首，不能一概而论。在公安机关采取强制措施之前、发出通缉令后，犯罪分子自动归案并交代自己罪行的，算是自首。但是，在被采取强制措施后，犯罪人又逃跑，于被通缉时自动归案的，就不能视为自首了。第三种观点认为，犯罪之后潜逃、处于被通缉之中的犯罪人自动归案的，应一律视为自首，因为：在这种情况下，犯罪事实和犯罪分子虽已被发觉，但犯罪分子本人不知去向。如果他们能自动归案，司法机关就可以及时对案件进行侦查、审理。从刑事政策上考虑，视为自首，能鼓励犯罪分子自首悔悟，有利于案件的侦查、审

① 参见周振想：《自首制度的理论与实践》，60 页以下，北京，人民法院出版社，1988。

理工作。在以上三种观点中，我同意第三种观点，对于犯罪分子逃跑后被通缉时自动归案的，应当视为自首。这里主要有以下几个问题值得研究：（1）法律设置自首制度的初衷到底是什么？我认为，法律的初衷就是给犯罪分子一条悔过的出路，通过自首而获取宽大处理。这不仅对犯罪分子有利，而且对司法机关也是有利的：能够节省大量的人力、物力，使刑事案件得以及时侦破。把自首看作是犯罪人占了便宜，因而对自首条件掌握得过于严格是不符合立法初衷的。如果不把这种情况作为自首处理，也就断绝了犯罪分子悔过自新的出路，无异于鼓励犯罪分子顽抗到底，显然不利于刑罚目的的实现。（2）对这种犯罪分子作为自首犯，会不会带来不公正的问题？假设有两个犯罪分子，一个犯罪分子作案后没有逃跑而被捕获归案，另一个犯罪分子作案后逃跑，在通缉以后自动归案。如果对后者因自首给予宽大处理，则显得对前者不公正，因为没有逃跑的反而得不到宽大处理。我认为，考虑处理上的互相协调，以求得刑罚公正，这一出发点本身是正确的，但关键在于如何比较，比较不当则结论有失公允。在以下情况中，犯罪分子作案后逃跑，在通缉以后自动归案的，以自首论处，应相对于在相同情况下未自首的犯罪分子，予以宽大处理，而不是与未逃跑的犯罪分子相比较，应当从宽处理。相对于作案后未逃跑的犯罪分子而言，犯罪后逃跑，是一个从重处罚情节，即使后来投案自首可以获得宽大处理，其处刑也不可能轻于对未逃跑的犯罪分子的处刑。根据以上情况，我认为，犯罪分子作案后逃跑，在通缉的情况下自动投案的，也应视为自首，因为，在投案时间上适当地放宽，对于鼓励犯罪分子自首是有益的。

2. 投案对象

投案对象是指有关机关与个人。这里的机关在一般情况下是公安、司法机关，即负有侦查、起诉、审判职能的公安机关、人民检察院和人民法院及其派出单位，如公安派出所、人民法庭等。那么，向其他有关机关投案，例如向犯罪人所在单位、城乡基层组织等投案的，是否可以视为自首呢？我的回答是肯定的。我认为，对于作为投案对象的机关应当作宽泛的理解，不应加以限制，因为自首的本质是主动将自己交付给司法机关追诉。向司法机关以外的其他机关投案，最终也必将被移送到司法机关，符合自首特征，应以自首论处。

投案对象除机关以外，还有个人。这里的个人主要是指被害人。中国古代刑法中存在首服制度，肇始于唐朝，当时称为首露。唐律规定，犯盗罪及诈骗罪的罪犯到财物主人那里去归还财物自首，同到官府自首一样有效。《名例律》指出："诸盗、诈取人财物而于财主首露者，与经官司自首同。"[①] 及至明、清之际，首露改称首服。1910 年 12 月颁布的《大清新刑律》第 51 条规定："犯罪未发觉自首于官受审判者，得减本刑一等。犯亲告罪而向有告诉权之人首服，受官之审判者，亦同。"在日本刑法中也有对首服制度的规定，日本刑法第 52 条规定："(1) 犯罪未被官方发觉前自首的，可以减轻刑罚。(2) 告诉才处理的犯罪，犯人向有告诉权的人认罪的，亦同。"在刑法理论上，关于向被害人投案是否成立自首，存在两种观点。[②] 第一种观点认为，在原则上，自首须向有侦查犯罪权之公务员为之，唯对于向没有此权之公务员自首，而经其转移于有权之公务员，又或向犯罪之被害人或有告诉权人自首，经其告诉或自诉，而受裁判，仍不失为刑法上之自首，即理论上的准自首。第二种观点认为：自首以对于未发觉之罪投案而受裁判为要件，其方式虽不限于自行投案，也可托人代表自首或向非侦查机关请其转送，但须有向司法机关自承犯罪而受裁判之事实，始生效力。若于犯罪后仅向被害人或没有侦查犯罪职务之公务员陈述自己犯罪的事实，也无投案受裁判之表示，即与自首条件不符。因此，向被害人自首不同于向有侦查犯罪权限之公务员自首，前者为准自首，它不具有一般自首的法律意义。一般自首不含准自首。我认为，向被害人投案，经被害人移送公安、司法机关的，应视为自首。如果被害人系有告诉权者，经告诉或自诉而受到追诉后，犯罪人之行为是首服。我国学者指出：所谓首服是指犯罪人实施了告诉才处理的犯罪以后，向有告诉权人告知自己的犯罪事实，并同意其告知公安、司法机关的行为。[③] 由此可见，首服是自首的一种特殊形式，其特征在于：(1) 首服制度适用的范围是告诉才处理的犯罪。

① 转引自钱大群、夏锦文：《唐律与中国现行刑法比较论》，255 页，南京，江苏人民出版社，1991。

② 参见马克昌主编：《刑罚通论》，399～400 页，武汉，武汉大学出版社，1995。

③ 参见周振想：《自首制度的理论与实践》，101 页，北京，人民法院出版社，1988。

告诉才处理的犯罪在刑法理论上被称为亲告罪，是指必须由有告诉权人向司法机关提出控告，司法机关才能追究被告人刑事责任的犯罪。一般来说亲告罪都是罪行较轻的犯罪。（2）首服制度中告知的对象是有告诉权的人。根据我国刑法规定，有告诉权的人一般是被害人及其法定代理人。只有在被害人因受强制、威吓而无法告诉的情况下，人民检察院和被害人的近亲属才可以告诉。因此，首服制度中告知的对象一般应是被害人，这也正是首服与其他自首的不同之处：其他自首投案的对象是司法机关或其他单位，而首服投案的对象是被害人。（3）首服制度中的犯罪人须同意有告诉权的人将本人的罪行告知司法机关。在首服的情况下，犯罪人主动与被害人接触协商，求得被害人的谅解，不排除有和解即“私了”之意。但在被害人不同意和解的情况下，犯罪分子同意接受司法机关处理，才能成立首服。如果不同意，甚至阻拦被害人向司法机关告发，则不能成立首服。应该指出，虽然我国刑法没有明确规定首服制度，但这种情形符合我国刑法关于自首的一般规定，应以自首论处。

3. 投案方式

投案方式是指何人以何种形式向司法机关投案的问题。应当指出，法律上对于投案方式并无限制。正如我国学者指出，自动投案一般应是犯罪分子本人直接向有关部门自动投案。对于犯罪分子因为某种客观原因不能立即亲身投案，而先以信、电投案或者犯罪分子犯罪后由于惧怕心理，请求他人陪同投案，或者并非出于犯罪分子的主动，而是经家长、亲友规劝、陪同投案等，只要能如实交代自己的罪行，都应按自首对待。[①] 由此可见，投案的方式是多种多样、十分宽泛的。

根据投案方式不同，我国刑法中的自首可以分为以下几种情形：

（1）亲首。亲首是指犯罪分子在犯罪以后亲自向有关机关或个人投案自首。亲首是投案自首的一般形式，绝大部分自首案件的犯罪分子都是亲首。当然，亲首并不排除犯罪分子利用电话、信件向有关机关投案，要求公安、司法机关尽快派人将自己捕获归案。

① 参见马克昌主编：《刑罚通论》，401 页，武汉，武汉大学出版社，1995。

(2) 代首。代首是指犯罪分子在犯罪以后，虽有投案自首的诚意，但由于种种原因不能亲往，因而明确委托他人代己投案自首，例如在伤害他人时自己也被打成重伤需要治疗，无法亲赴司法机关投案而委托他人代为投案的，或者在犯罪以后为消除或降低犯罪造成的危害，例如将被害人送往医院抢救，而无暇亲自到公安、司法机关投案而委托他人代为投案的。在代首的情况下，公安、司法机关是从他人处获得犯罪事实及犯罪分子的，因而代首类似于他人的告发。但我认为代首与告发是有所不同的，这种不同主要表现在两个方面：1）代首中的犯罪分子具有投案自首的真实意图，只是由于种种原因不能凭借自己的力量来实现这一意图，而被告发者并无将自己的罪行告知公安、司法机关的意图，甚至千方百计地掩盖。2）代首中犯罪分子与被委托人具有明示的委托关系，被委托人将犯罪分子的犯罪事实告知公安、司法机关是犯罪分子请求的结果，是在实现犯罪分子的意图。被委托人实际上在犯罪分子和公安、司法机关之间充当了桥梁的作用，被委托人所做的一切都是符合犯罪分子的意愿的。而被告发者和告发者之间，并无任何关系。告发者的行为是按照自己的意志进行的，被告发者一般根本不知道。告发者将自己所知的犯罪告知公安、司法机关的行为，是违背被告发者的意志的。① 由此可见，虽然在代首的情况下犯罪分子没有亲赴公安、司法机关，但它与告发是不同的，由于已经委托他人代为投案，因而符合自首的条件，应以自首论处。

(3) 送首。送首是指未成年人犯罪以后，由其监护人或其他有关人员将其送到有关部门自首。这也就是通常所说的送子归案。未成年人由于生理和心理发育尚未完全成熟，因而其犯罪具有可宽恕性。法律规定对未成年人犯罪的应当减轻处罚，因此，在未成年人犯罪以后，其家长或者亲属规劝并送其到公安、司法机关投案的，应当视为自首。

(4) 陪首。陪首是指犯罪分子犯罪以后，在他人的陪同下投案自首。这里的他人，一般是指亲属、朋友、同学、同事、单位领导、邻居等。在陪首的情况

① 参见周振想：《自首制度的理论与实践》，88～89页，北京，人民法院出版社，1988。

下，犯罪分子也到公安、司法机关投案了。但陪首与亲首的不同之处在于犯罪分子不是一个人前去投案，而是在他人的陪同下前去公安、司法机关投案。

最后还应当指出，虽投案方式是多种多样的，但成立自首，还要看其行为是否符合自首的本质。

4. 投案意愿

投案意愿是指犯罪分子的投案是否基于本人意志。这是自动投案与被动归案的根本区别。投案应当具有自动性，这里的自动性是指投案是犯罪分子基于自己的意志自由选择的结果。正是这种自动性，使自动投案与被动归案区分开来。当场扭送，是被动归案的形式之一，即在犯罪现场，被在场的群众送到公安、司法机关。在当场扭送的情况下，犯罪分子并非自愿向公安、司法机关投案，而是群众扭送的结果，故不能视为自首。当然也并不是说在当众犯罪的情况下不存在自动投案的情况，对于犯罪分子当众犯罪以后投向公安、司法机关的是否属于自动投案，我国学者认为，应当区分以下三种情况处理：(1) 犯罪分子在光天化日之下当众实施犯罪后，在场的群众处于惊恐之下没有对犯罪分子采取措施，犯罪分子立即主动投向有关机关的，属于自动投案。(2) 犯罪分子在众目睽睽之下实施犯罪之后，在围观群众的斥责、敦促之下，自行投向有关机关的，也属于自动投案。(3) 犯罪分子在大庭广众之下犯罪后，在围观群众人人喊打、尾随抓捕下投向有关机关的，不能算作自动投案。① 我同意上述观点，在前两种情况下，犯罪分子的投案具有自动性，虽然在第二种情况下犯罪分子受到来自周围群众的一定压力，但投案毕竟是其本人作出的选择。但在第三种情况下，犯罪分子是被迫投向公安、司法机关，因而类似于当场扭送，不应被视为自动投案。

缴械投降，也是被动归案的形式之一。缴械投降是指犯罪分子在被警察和群众包围后走投无路的情况下，被迫放下武器或凶器而投降。虽然缴械投降与顽抗到底相比较，具有从轻情节，但它不具备投案的自动性，因而它与自首是根本不同的，不能混为一谈。

① 参见周振想：《自首制度的理论与实践》，64～65 页，北京，人民法院出版社，1988。

这里应当指出，对于投案的意愿还要结合投案的具体形式进行分析。例如，1994年最高人民法院、最高人民检察院、公安部《关于当前处理自首和有关问题具体应用法律的解答》指出："送子女或亲友归案"，一般并非出于犯罪分子的主动，而是经家长、亲友规劝、陪同投案的。无论是公安机关通知犯罪分子的家长后，还是家长、监护人主动报案后，犯罪分子被送去归案的，只要能如实地交代罪行，并接受司法机关的审查和裁判，都应按投案自首对待。根据这一司法解释的规定，在送首和陪首的情况下，犯罪分子并非主动，个别情况下甚至并非自愿，如将犯罪分子捆绑以后交送司法机关处理的，但只要这些犯罪分子向司法机关如实供述了犯罪事实，还是应当以自首论处，因为只有这样，才能鼓励犯罪分子的亲属送子归案，有利于同犯罪行为作斗争。从这里也可以看出，悔罪不是自首的本质特征，自首还有其明显的功利目的，即提高司法工作的效率，破获各种刑事案件。

（二）如实供述

如实供述自己的罪行，是自首的另一个条件。如实供述自己的罪行，是指犯罪分子自动投案后，主动如实地供述了自己的犯罪行为。

1. 罪行

在自首的情况下，犯罪分子自动投案以后应当如实供述自己的罪行。那么，如何理解这里的罪行呢？我认为，这里的罪行，是指犯罪事实，即客观存在的犯罪的一切实际情况的总和，包括犯罪的全部及结果。然而，对于这个问题也不可一概而论。如果犯罪分子能够供述全部犯罪事实，当然反映出犯罪分子悔罪态度好，应以自首论处。但如果犯罪分子只是供述了主要犯罪事实，则只要足以使司法机关查明犯罪真相就可以成立自首。这里的只是供述主要犯罪事实，情况是复杂的，概而言之，可能有以下几种情况：一是有意隐瞒。犯罪分子由于种种顾虑交代不彻底，隐瞒了某些犯罪细节，例如杀人犯自动投案后交代了杀人的犯罪事实，但却隐瞒了杀人凶器。在这种情况下，仍应视为自首。二是无意疏漏。考虑到犯罪分子由于作案时间、地点、环境的特殊或者生理、心理上的原因，例如记忆能力、表达能力、惊慌、恐惧等等，往往不能对犯罪事实作出全面准确的供述，因此，只要其交代了主要的犯罪事实，就应当认为具备了如实供述自己的罪行的条件，以自首论处。

2. 供述

在刑法修订前的司法解释中，对于自首成立条件，使用的是“如实交代自己的罪行”。现在修订后的刑法采用的是“如实供述自己的罪行”。那么，“交代”与“供述”是否存在区别呢？我认为，这两个用语不存在实质性的区别。但相比较而言，供述是刑事诉讼法上的法律术语，交代则是日常生活中使用的语言，因而供述一词较之交代更为规范。

3. 如实

投案人的供述必须如实。如实是指犯罪分子对自己犯罪事实的认识和表述与客观存在的犯罪事实相一致。当然，这种一致不是绝对的等同或者同一，而只能是近似或者相似。由于主、客观条件的限制，犯罪分子在供述自己的罪行的时候不可能所有细节都相同，只要其所供述的罪行与客观存在的基本犯罪事实相一致，就可以视为如实供述。

在司法实践中，如何认定自首中的“如实”供述自己的罪行，是一个较为疑难复杂的问题。我认为，在认定供述是否如实的时候，应当注意把如实供述与合理辩解加以区分。尽管自首以后可以依法得到宽大处理，但毕竟还是要受到刑罚处罚，因而犯罪分子总是希望最大限度地得到从宽处罚，乃至逃避制裁。在这种情况下，自我辩解是犯罪分子的本能，也是他的一项诉讼权利。我们不能因为犯罪分子进行了自我辩解而否定其供述的如实性。但这里的辩解与如实供述自己的罪行还是存在区别的。如实供述自己的罪行是指将本人所犯罪行客观地予以陈述，而自我辩解则是在客观陈述的基础上对承担责任的轻重大小作出解释、说明。只要如实供述，就不能因犯罪分子为自己开脱罪责的辩解而否认其自首的成立。例如，某人在与他人殴斗中将他人伤害致死，随后向司法机关主动投案，供述了殴斗过程，承认将他人伤害致死的事实。但他又基于被害人先动手这一情节，为自己辩解说这是正当防卫，依法不应负刑事责任。我认为，这种行为是否成立正当防卫，是对行为的定性问题。由于犯罪分子对正当防卫的法律规定不了解，这种辩解应当是允许的。即使经过司法机关质证核实，其行为不是正当防卫，已经构成故意伤害（致人死亡）罪，也应视为自首。但如果自动投案以后，又编造事实为自己开脱罪行，那就不具备如实供述，不成立自首。例如，某人在与他人殴斗中将他人伤害致死，随后向司法机关自动投案，但在供述中编造对方持刀先伤害自己，自己在本人的人身遭受严重侵害威胁的情况下，夺刀自卫，致使不法侵害人死亡的事实。实际上，致人死亡的凶器是犯罪分子事先准备的，并非死者所有。经过查证，供述与案件事实明显不符。在这种情况下，其供述就不能被视为如实供述；这种通过编造事实或者篡改事实为本人开脱罪责的做法，也不能被视为合理辩解，因而其投案行为不能被视为自首。但是，经过教育，犯罪分子承认自己编造事实的情况，并如实交代了自己的罪行，能否视为如实供述自己的罪行，因而构成自首呢？我倾向于把这种情况视为自首，因为这有利于鼓励犯罪分子交代罪行，有利于及时查清案情。与此类似的问题是：犯罪分子在自动投案以后，如实供述了自己的罪行，但此后又翻供，即完全推翻本人过去的供述，不承认自己的罪行的，当然也就不能视为自首。但我们还是允许犯罪分子在对自己的罪行的认识上有反复，如果在翻供以后经过教育又承认了自己的罪行，那么还是可以视为自首。对此，1998 年最高人民法院关于自首的司法解释明确规定："犯罪嫌疑人自动投案并如实供述自己的罪行后又翻供的，不能认定为自首；但在一审判决前又能如实供述的，应当认定为自首。"我认为，这一司法解释实事求是地处理了如实供述后又翻供的问题，是较为可取的。根据我国学者的研究，以下情况属于交代不如实，不能构成自首[①]：（1）推诿他人，保全自己，意图逃避惩罚。也就是为了使自己逃避惩罚，把自己实施的犯罪行为嫁祸于他人。（2）江湖义气，大包大揽，意图包庇同伙。这种情况一般发生在共同犯罪之中，往往是在实施了共同犯罪之后，有的共同犯罪分子出于"哥们义气"，受"为朋友两肋插刀"封建思想的驱使，或者是出于"丢卒保车"、掩护同伙的动机，只身向司法机关投案，将几个人共同实施的犯罪全部说成是自己一人所为。

① 参见周振想：《自首制度的理论与实践》，71 页以下，北京，人民法院出版社，1988。

(3) 遮遮掩掩，避重就轻，意图减轻罪责。这种情况在司法实践中经常发生，在经济犯罪案件中尤为突出，往往表现为犯罪分子交代少量经济犯罪事实，隐瞒主要经济犯罪事实，以求蒙混过关。我认为，上述情形都属于自动投案以后供述不实，因而不具备自首成立的条件，不应以自首论处。

一般自首的成立，必须同时具备上述自动投案和如实供述两个条件，二者缺一不可。自动投案是自首的前提条件，对于一般自首来说，没有自动投案也就谈不上自首。如果犯罪分子没有自动投案而只具备如实供述自己的罪行的情节，那就是坦白，而非自首。在这个意义上，可以说自首包括坦白的实质内容。换言之，一般自首可以用以下公式表示：一般自首＝投案＋坦白。由此可见，自动投案对于自首成立来说是十分重要的，甚至是决定性的，不妨说自动投案是一般自首的本质特征，因为正是自动投案，才把自首这种归案形式与被动归案区别开来。当然，对于自首的成立来说，仅有自动投案是不够的，因为自动投案毕竟只是自首的形式上的要件，尽管这一形式要件具有使本人置于司法机关的控制之下这一实质内容。如实供述自己的罪行这一条件，对于自首的成立来说，也是至关重要的，因为正是如实供述表明犯罪分子在犯罪以后对本人的犯罪行为有了一定的认识，具有一定程度上的悔罪表现，而这是对自首犯从轻处罚的主要根据之一。

三、特殊自首的条件

特殊自首是相对于一般自首而言的。1979 年刑法未对特殊自首作出专门规定，因而对于交代余罪是否以自首论处，在刑法理论上与司法实践中都存在较大的分歧。修订后的刑法明确规定了特殊自首，有利于对犯罪分子贯彻惩办与宽大相结合的刑事政策。

特殊自首，又称为准自首或者余罪的自首（简称余首），是指被采取强制措施的犯罪嫌疑人、被告人和正在服刑的罪犯，如实供述司法机关还未掌握的本人其他罪行的情形。

特殊自首的成立，必须具备以下条件。

（一）适用对象的特殊性

特殊自首不同于一般自首的第一个特征，也是特殊自首的第一条件，是其适用对象的特殊性。一般自首适用于一般犯罪分子，而特殊自首只适用于已被采取强制措施的犯罪嫌疑人、被告人和正在服刑的罪犯。

已被采取强制措施的犯罪嫌疑人，是特殊自首的第一适用对象。这里的犯罪嫌疑人，是指公安机关依法对其进行侦查、预审，检察机关依法对其进行审理、起诉的案件当事人。根据我国刑法规定，这里的犯罪嫌疑人不是刑事诉讼法一般意义上的犯罪嫌疑人，而是指被采取强制措施的犯罪嫌疑人。这里的强制措施，是指在刑事诉讼过程中，司法机关为了保障侦查和审判的顺利进行，防止犯罪嫌疑人逃跑、自杀、隐匿、毁灭、伪造证据和继续犯罪，依法对其人身自由加以限制或剥夺所采取的强制方法。根据我国刑事诉讼法的规定，强制措施可分为以下五种：拘传、取保候审、监视居住、拘留和逮捕。在这五种强制措施中，除监视居住是限制人身自由的强制措施以外，其他四种都是剥夺人身自由的强制措施。在剥夺人身自由的情况下，犯罪分子主动如实供述司法机关还未掌握的本人其他罪行的，当然构成特殊自首。那么，在监视居住的情况下，犯罪分子只是被限制人身自由而没有被剥夺人身自由，其主动到司法机关如实供述司法机关还未掌握的本人其他罪行，是否具有自动投案的条件？也就是说，是被视为一般自首还是特殊自首？从法律规定来说，强制措施并不限于剥夺人身自由，因而将监视居住这种限制人身自由的强制措施排除在外，似乎不妥。但我认为，特殊自首与一般自首的根本区别在于，在特殊自首的情况下，由于犯罪分子的人身自由被剥夺，无法实施自动投案的行为，因而法律规定以自首论处。而在监视居住的情况下，犯罪分子只是被限制人身自由，还存在自动投案的客观可能性。因此，如果被采取监视居住的犯罪分子，在监视居住期间，向司法机关自动投案，如实供述司法机关还未掌握的本人其他罪行的，视为一般自首较适宜。

被告人是特殊自首的第二种适用对象。在刑事诉讼法中，被告人是指人民法院依法对其进行审判的案件当事人。由此可见，犯罪嫌疑人和被告人是对处于不同诉讼阶段的同一诉讼当事人的不同称谓：在侦查、审查起诉期间称之为犯罪嫌疑人，在法院审理期间称之为被告人。那么，这里的被告人是否要求是“已被采取强制措施”的被告人呢？换言之，刑法第 67 条第 2 款规定的“已被采取强制措施”只是对犯罪嫌疑人的界定呢，还是包含对被告人的界定？从立法精神来理解，我认为这里的被告人只能指已被采取强制措施的被告人。如果被告人未被采取强制措施而到司法机关自动投案，并如实供述了司法机关还未掌握的本人其他罪行，应当视为一般自首而非特殊自首。还有一个问题：既然被告人已被采取强制措施，那么，这里的强制措施是否包括监视居住？我认为，强制措施包括监视居住。在这种限制人身自由的情况下，被告人还存在自动投案的客观可能性，因而作为一般自首处理较好。

正在服刑的罪犯，是特殊自首的第三种适用对象。这里的正在服刑的罪犯，是指已经由人民法院判决，正在执行刑罚的罪犯。那么，正在服刑的罪犯是否包括被限制人身自由的管制犯呢？我的回答是否定的。虽然从广义来说，管制犯也是正在服刑的罪犯，但由于其未被剥夺人身自由，尚有自动投案的条件，因而其如实供述司法机关还未掌握的本人其他罪行，应以一般自首论处。此处，被判处缓刑和被假释的犯罪分子，在缓刑和假释考验期间如实供述司法机关还未掌握的本人其他罪行，也应视为一般自首而非特殊自首。

（二）适用条件的特殊性

根据刑法第 67 条第 2 款之规定，特殊自首的适用条件是“如实供述司法机关还未掌握的本人其他罪行”。那么，如何理解这里的本人“其他罪行”呢？对此，我国刑法学界存在以下三种观点：第一种观点认为，本人的其他罪行是指向司法机关供述的是犯罪分子本人的除司法机关掌握的以外的不是同一性质的犯罪。[①] 第二种观点认为，所谓其他罪行，又称余罪，是相对于犯罪人被查获的罪行而言的，指的是犯罪人被指控、查获的罪行以外的罪行。这里的其他罪行，既包括与被指控的罪行性质不同的异种罪行，也包括与被指控的犯罪性质相同的同

① 参见徐霞等：《中华人民共和国刑法学习纲要》，49 页，北京，人民出版社，1997。

种罪行。[①] 第三种观点认为，“其他罪行”从字面上理解，是指司法机关已经掌握的犯罪嫌疑人、被告人和正在服刑的罪犯的罪行以外的罪行，包括性质相同的罪行和性质不同的罪行。[②] 在以上三种观点中，我同意区别对待的第三种观点。第一种观点认为特殊自首中的其他罪行是指司法机关已经掌握的罪行以外的不同犯罪，没有考虑到在某种特殊情况下，如实供述司法机关已经掌握的罪行以外的其他同种犯罪也能够成立自首。第二种观点认为特殊自首中的其他罪行既包括相同罪行又包括不同罪行，但未对在什么情况下如实供述司法机关已经掌握的罪行以外的其他同种犯罪成立特殊自首，在什么情况下如实供述司法机关已经掌握的罪行以外的其他不同犯罪成立特殊自首加以具体分析。只有第三种观点，对此作出了具体区分：在已被采取强制措施的犯罪嫌疑人、被告人构成特殊自首的情况下，要求他们如实供述的是司法机关还未掌握的其他不同犯罪。如果是同种犯罪，例如盗窃 30 起，因被司法机关掌握 10 起而羁押，后又供述了司法机关还未掌握的其他 20 起，则只构成一个盗窃罪。如果将如实供述 20 起视为自首，则对于一个盗窃罪，部分自首，部分非自首，在适用法律上就会发生困难。因而，对这种情况不应视为自首，而是作为坦白予以从宽处理更为妥当。但正在服刑的罪犯，如实供述司法机关已经掌握的罪行以外的其他相同犯罪的，依照我国刑法关于数罪并罚的规定，虽然是同种数罪，也应实行数罪并罚。由于实行数罪并罚，可以将如实供述的同种犯罪视为一个独立的犯罪处理，因而可以适用自首的规定。但 1998 年最高人民法院关于自首的司法解释似乎赞同第一种观点，即把特殊自首限于供述不同种类的罪行。该司法解释第 2 条规定：“根据刑法第六十七条第二款的规定，被采取强制措施的犯罪嫌疑人、被告人和已宣判的罪犯，如实供述司法机关尚未掌握的罪行，与司法机关已掌握的或者判决确定的罪行属不同种罪行的，以自首论。”该司法解释第 4 条规定：“被采取强制措施的犯罪嫌疑人、被告人和已宣判的罪犯，如实供述司法机关尚未掌握的罪行，与司法机关已

① 参见周振想：《自首制度的理论与实践》，95 页，北京，人民法院出版社，1988。

② 参见何秉松主编：《刑法教科书》（修订版），512 页，北京，中国法制出版社，1997。

掌握的或者判决确定的罪行属同种罪行的，可以酌情从轻处罚；如实供述的同种罪行较重的，一般应当从轻处罚。”对于这种供述同种罪行的，司法解释没有明确是否以自首论处，但规定了从轻处罚。我认为，这种规定是可取的。如果把已被宣判的罪犯供述同种漏罪作为自首处理，更好一些。

在论及特殊自首的如实供述司法机关还未掌握的本人其他罪行的时候，存在一个如何与坦白相区分的问题。在一般自首的情况下，是否具有投案情节，是一般自首与坦白的根本区别。但在特殊自首的情况下，没有投案情节，那么特殊自首如何与坦白相区别呢？毫无疑问，特殊自首与坦白的关系更为复杂。坦白从宽是我国一贯的刑事政策。在刑法理论上，对于什么是坦白存在着不同的认识。对于坦白，存在广义与狭义两种不同的理解。广义上的坦白是指主动交代司法机关尚未掌握的罪行，因而广义的坦白包括自首。可以说，自首是坦白的最高形式。在这个意义上，所谓坦白，除自首外，主要是指犯罪人在受侦查、审判的过程中有所悔悟，如实交代自己的罪行。狭义上的坦白不包括自首，是自首以外的其他如实供述自己的罪行的行为。我们通常所说的坦白，都是指狭义上的坦白。关于什么是坦白，主要存在以下三种观点①：第一种是发觉说，认为犯罪被发觉后的主动交代被称为坦白。第二种是拘捕说，认为坦白是指犯罪分子作案以后，被司法机关拘捕归案，尚未向其出示证据而交代了罪行，并愿意接受法律制裁的行为。第三种是怀疑说，认为坦白是指犯罪分子作案后，其犯罪行为已被司法机关或者单位、组织怀疑、发觉，在司法机关对其传讯、拘留或者单位、组织找其谈话后，自感难以继续隐瞒而如实交代自己的罪行。以上三种对坦白的理解，在主动如实交代这一点上是共同的，这也正是坦白与供认的本质区别之所在。所谓供认，是指犯罪分子被逮捕以后，或者在审判过程中，在确凿的证据面前，被迫承认自己所犯的罪行。坦白与供认的主要区别是：坦白是在仅有怀疑尚无确凿证据的情况下，犯罪分子如实交代所犯罪行。供认是在确凿证据面前无法抵赖，被迫

① 参见高铭暄主编：《刑法学原理》，第3卷，352～353页，北京，中国人民大学出版社，1994。

招供所犯罪行。[①] 但以上三种对坦白的理解也存在差别，这种差别主要在于如何确定主动如实交代自己所犯罪行的时间。上述三种观点给出了三个时间：发觉、拘捕、怀疑。发觉这个概念过于宽泛，犯罪被发觉后的坦白也可能是自动投案后的坦白，因而难以与一般自首相区分。拘捕是一个确切的法律概念，但除拘捕归案以外，还有其他归案方式，因此，拘捕尚不足以概括与犯罪人自动投案相对应的被动归案的各种复杂情形，因而以此作为自首与坦白的区分标准，有不适当地缩小坦白适用范围之嫌。而怀疑则含义不够确切，它是一个时间跨度较大的概念，故也不足取。我认为，可以把坦白概括为犯罪分子被动归案以后，主动如实供述本人罪行的行为。在此，被动归案是坦白与一般自首的区分。而主动如实供述本人罪行与如实供述司法机关还未掌握的本人其他罪行是不同的，这也正是坦白与特殊自首的区别。我国学者称，坦白是指在司法机关未出示任何证据的情况下，自己向司法机关陈述犯罪的所有情况，从而使司法机关从中了解案件的全貌。[②] 因此，在坦白情况下供述的罪行，是司法机关所指控的罪行。我国刑法学界，在刑法修订以前，关于特殊自首是坦白还是自首，在理论上是存在争议的，当时争论的焦点是自动投案。[③] 随着修订后的刑法明确地将供述余罪规定为以自首论，这种争论在法律上已经得到了解决。但在刑事理论上，仍存在坦白与特殊自首的区分问题。我认为，这种区分不在于是否存在投案情节，因为两者都不存在形式上的投案情节，而在于：在特殊自首的情况下，犯罪分子如实供述的是司法机关还未掌握的本人其他罪行；而在坦白的情况下，犯罪分子如实供述的是司法机关指控的罪行。

四、自首的认定

一般自首和特殊自首都属于典型犯罪的自首。但是，犯罪的情形是复杂的，

① 参见《刑法学论集》，167 页，北京，北京市法学会印行，1983。

② 参见周振想：《自首制度的理论与实践》，130 页，北京，人民法院出版社，1988。

③ 参见周振想：《自首制度的理论与实践》，96 页以下，北京，人民法院出版社，1988。

刑法中的犯罪除一人犯一罪以外，还有二人以上犯罪和一人犯数罪的问题，前者是共同犯罪，后者是数罪；除故意犯罪以外，还有过失犯罪。共同犯罪的自首、数罪的自首和过失犯罪的自首具有各自的特点，对其自首认定问题需要专门加以研究。此外，刑法对自首的确定也是复杂的，除刑法总则的一般规定以外，还有刑法分则的个罪规定。个罪规定的自首与一般自首的认定也有所不同，在本部分一并加以论述。

（一）共同犯罪的自首

在我国刑法中，共同犯罪是指二人以上共同故意犯罪。共同犯罪是一种在社会危害程度上大于单独犯罪的犯罪形式。虽然，共同犯罪的自首与单独犯罪的自首都要符合一般自首的条件，即自动投案和如实供述自己的罪行，但由于共同犯罪的复杂性，共同犯罪的自首在如何认定如实供述自己罪行的问题上具有一定的特点。

在论述共同犯罪的自首时，不能离开共同犯罪人这一基本线索。我国刑法将共同犯罪人分为主犯、从犯、胁从犯和教唆犯这四种，基本上是按作用分类，只有教唆犯是按分工分类。我国刑法学界对共同犯罪的自首，都是根据上述共同犯罪人的法定分类进行论述的：共同犯罪案件中的犯罪分子自首时不仅要交代自己的犯罪活动，而且要交代所知的共同犯罪。如果是主犯，自首时必须揭发同案犯的罪行。如果是从犯，从犯中的实行犯自首时既要交代自己的犯罪事实，还要交代自己所知道的直接实施犯罪的主犯以及胁从犯的罪行；从犯中的帮助犯自首时，既要交代自己的帮助行为，还要交代自己知道的所帮助的实行犯的行为。如果是胁从犯，自首时不仅要交代自己在被胁迫情况下实施的犯罪，而且还要交代所知道的胁迫自己犯罪的胁迫人所实施的相应罪行。如果是教唆犯，自首时除交代自己的教唆行为外，必须交代被教唆的具体对象，以及所了解的被教唆人产生犯罪意图后实施犯罪的情况。[①] 在此，论者还能通过法定分类，以分工分类法对共同犯罪的自首作出分析。但两套分类法混在一起，线索略嫌复杂。还有学者则

① 参见马克昌主编：《刑罚通论》，403页，武汉，武汉大学出版社，1995。

完全是按照法定分类法——主犯、从犯、胁从犯和教唆犯来论述共同犯罪的自首的。[①] 这种分类法的，对除教唆犯以外的其他共同犯罪人都是根据其在共同犯罪中的作用来分类的，因而不能照此分析共同犯罪的自首问题。因为共同犯罪的自首，其特殊性在于如何理解如实供述本人的罪行。这里的罪行，在单独犯罪情况下是十分容易确定的，但在共同犯罪的情况下，罪行非一人所为，而是共同所为，所以，罪行范围的确定对于认定自首条件是否满足就具有了重要意义。罪行的范围是一个犯罪性质的问题，它与共同犯罪的分工有关，而与共同犯罪的作用无关。下面我根据以分工分类法确定的共同犯罪人类型，对共同犯罪的自首问题加以阐述。

(1) 实行犯的自首。实行犯有单独实行犯与共同实行犯之分。单独实行犯存在于复杂的共同犯罪中，在这种情况下，只有一个人去实施刑法分则规定的犯罪构成要件行为，而其他共同犯罪人则可能是教唆犯或者帮助犯。因此，单独实行犯自首时，不仅要如实供述本人实施的犯罪行为，还要交代教唆犯和帮助犯的犯罪行为，否则，这种交代就是不彻底、不如实的，就不能构成自首。共同实行犯，是指共同实行刑法分则规定的犯罪构成要件行为。在共同实行犯的情况下，由于二人以上共同实施了某一犯罪行为，因而其中一个实行犯自首，在交代本人罪行的时候，必然要将其他实行犯的犯罪行为予以供述，否则，只供述本人的犯罪行为，对共同实施犯罪的其他实行犯的犯罪行为不作供述，甚至大包大揽，包庇他人的，不能认定为自首。

(2) 组织犯的自首。组织犯是指在犯罪集团中起组织、策划、指挥作用的犯罪分子。犯罪集团一般成员的犯罪行为都是在组织犯的安排、指派下实施的，因此，组织犯自首时必然要供述在其组织、策划、指挥下犯罪集团一般成员的犯罪行为。

(3) 教唆犯的自首。教唆犯是唆使他人实施犯罪的人，被教唆人的犯罪意图正是在教唆犯的唆使下产生的，因此，教唆犯自首，在供述本人的教唆犯罪行为

① 参见周振想：《自首制度的理论与实践》，109页以下，北京，人民法院出版社，1988。

的时候，不可避免地要一并交代被教唆人在其教唆下所实施的犯罪。

(4) 帮助犯的自首。帮助犯是在共同犯罪中起辅助作用的犯罪分子，其特点是本人并不直接实施刑法分则规定的犯罪构成要件行为，而是为他人实行犯罪创造便利条件。帮助犯自首，在交代本人帮助他人犯罪的事实的时候，同样要供述被帮助的人的犯罪。

从以上论述可以看出，共同犯罪是一个整体，本人犯罪与他人的犯罪密不可分。因此，共同犯罪人包括实行犯、组织犯、教唆犯和帮助犯自首，在如实供述本人罪行时，同时也要交代其他共同犯罪人的罪行。正如我国学者指出：共同犯罪的性质，决定了每一犯罪人的行为是共同犯罪行为整体的一部分。仅交代自己实施的部分行为，不交代其他同案犯，也就难以讲清自己的罪行。①

在此还有一个问题值得研究，就是交代同案犯与揭发他人犯罪之间的关系。应当指出，交代同案犯，在某种意义上说，也是一种揭发行为。那么，这种揭发与立功中的“揭发他人犯罪行为”是否等同呢？换言之，揭发同案犯，仅仅是共同犯罪人自首的成立条件呢，还是在成立自首的同时构成了立功？对此，我国刑法学界存在以下三种不同的观点。第一种观点认为，不论是否为同案共犯，重点应视其揭发的犯罪是否属实，如果揭发属实，即使是同案犯，也可以认为有立功表现。② 第二种观点认为，对于共同犯罪案件，不要求共同犯罪人必须交代其他共同犯罪人单独实施的其他罪行，但是对于自己参与实施的犯罪涉及其他共同犯罪人的事实，必须如实交代，方可按自首论处；当然，如果犯罪分子不仅如实交代自己的罪行，而且还主动揭发、检举出其他犯罪分子（包括共同犯罪人）单独实施的罪行并经查证属实，则可按立功对待。③ 第三种观点认为：共同犯罪案件的情况是复杂的，共同犯罪人在共同犯罪中的地位和作用是不同的，其所承担的刑事责任是有区别的。根据刑法规定，犯罪集团的首要分子如实供述犯罪集团其他成员的犯罪行为；犯罪集团首要分子以外的主犯，如实供述参与其犯罪的其他

---

① 参见马克昌主编：《刑罚通论》，403 页，武汉，武汉大学出版社，1995。

② 参见陈广君主编：《中华人民共和国刑法释义》，80 页，北京，人民出版社，1997。

③ 参见周道鸾等主编：《刑法的修改与适用》，180 页，北京，人民法院出版社，1997。

人的犯罪行为或者受其组织、指挥的他人的犯罪行为的，不应认为是立功。因为这些他人的犯罪行为是主犯的犯罪行为的组成部分，主犯如实供述这些他人的犯罪行为，实质上是如实供述自己的犯罪行为。由于从犯在共同犯罪中所起的是次要或辅助作用，胁从犯是被胁迫参加犯罪，他们只对自己实施的犯罪行为承担相应的刑事责任，所以他们揭发同案中的其他人的犯罪行为，经查证属实的，应认为有立功表现。因此，对于揭发同案犯的犯罪行为，要具体分析，不宜一概认为构成立功。① 我认为，第一种观点将共同犯罪人揭发同案犯的犯罪行为一概理解为立功表现是不妥的，因为同案犯的犯罪行为是共同犯罪的一部分，应当属于自首中如实供述的范围。第三种观点虽然认为主犯揭发同案犯的犯罪行为不是立功，但却认为从犯、胁从犯揭发同案犯的犯罪行为是立功表现。这也是难以成立的，例如，帮助犯如果不供述被帮助人的犯罪，就不可能如实供述本人罪行；胁从犯如果不供述胁迫者（通常是教唆犯，也可能是组织犯）的犯罪，就不可能如实供述本人罪行。因此，我同意第二种观点，只有揭发同案犯除共同实施的犯罪以外由其单独实施的犯罪行为，才应以立功论处；否则，只能算是如实供述罪行，认定为自首。1998年最高人民法院关于自首的司法解释明确规定：共同犯罪案件中的犯罪分子揭发同案犯共同犯罪以外的其他犯罪，经查证属实的，是立功。由此可见，如果揭发的不是共同犯罪以外的其他罪行，不是立功，属于自首的必要条件。此外，根据司法解释的规定，共同犯罪案件的犯罪分子，即使没有自首，而是被动归案，如果到案后揭发同案犯共同犯罪事实的，可以酌情予以从轻处罚。

（二）数罪的自首

在司法实践中，犯罪有一罪与数罪之分。有些犯罪分子犯有数罪，在这种情况下，如何认定其自首，是一个值得研究的问题，因为它和一罪自首有所不同。在一人犯有数罪的情况下，如果犯罪分子在自动投案以后，如实供述了所犯数罪，那么，对所犯数罪都应以自首论处。对此没有异议。但在只如实供述其中一

① 参见何秉松主编：《刑法教科书》（修订版），512、515页，北京，中国法制出版社，1997。

罪或者一部分犯罪的情况下，如何认定自首以及这种自首应当如何处理，是刑法理论上研究数罪自首的重点问题。数罪有同种数罪与异种数罪之分，下面对这两种数罪的自首分别加以论述。

1. 同种数罪的自首

同种数罪是指多次实施同一性质的犯罪，例如先后实施了三次故意杀人罪。对于这种同种数罪，我国刑法中一般不实行数罪并罚。那么，在这种犯有同种数罪的情况下，如果只供述了其中一次或者两次犯罪，是视为供述的部分犯罪自首还是均认为是自首，或者不认为是自首呢？对此，我国刑法学界存在以下几种不同的观点。第一种观点认为，同种数罪的自首可以分为两种情况处理。犯罪人犯有不应并罚的同种数罪时，虽然是数罪，但仍应作为一罪来定罪量刑，因此，犯罪人只交代了其中一罪，就不能说提供了追诉犯罪的主要依据，从而不能构成自首。而犯罪人在犯有应该并罚的同种数罪的情况下，只交代了其中一罪的，可以构成自首。[①] 第二种观点认为，对于一人犯有同种数罪，投案时只交代其中一个或几个罪行的情况，应当按照认定异种数罪自首的方法，对于犯罪人交代的一个或几个罪行，认定为自首；对于其没有交代而后被查出的罪行，不认定为自首，而无论对这些同种数罪是否并罚。对于实行并罚的，对自首的认定为自首，分别定罪量刑就是了；对于不实行并罚的，在量刑时，要对犯罪人自首罪行的数量予以把握，而予以适当从宽。[②] 在以上两种观点中，我赞同第二种观点。对于犯有同种数罪的自首，还是应当坚持实事求是的原则，而不论是并罚的同种数罪还是不并罚的同种数罪。此外，连续犯、惯犯的自首也值得研究。连续犯、惯犯不同于同种数罪，它属于一罪的情形，但与单纯的一罪又有所不同。连续犯是指连续数个行为触犯同一罪名的情形，是有数个犯罪行为而在处理时作为一罪的情况。对于连续犯只交代其中部分犯罪事实的，我国学者认为，应适用认定同种数罪自

---

① 参见王学沛：《论自首》，载《硕士学位论文集》，上卷，328 页，重庆，西南政法学院印行，1986。

② 参见周振想：《自首制度的理论与实践》，119 页，北京，人民法院出版社，1988。

首的原则处理，即交代一次犯罪行为的就应认定为自首。[1] 至于惯犯，是指以某种犯罪为常业，或者以犯罪所得为主要生活来源或挥霍来源，或者犯罪已成习性，屡教不改，在较长时间内反复多次实施某种犯罪。惯犯与连续犯有一定的相似性，但也不完全相同。两者的主要区别在于：连续犯的数次犯罪均独立构成犯罪，因而刑法理论认为连续犯是实质上的数罪而裁判上的一罪。而惯犯的数次行为不一定构成犯罪，在一般情况下，惯犯都是数额犯，只有当累计数额达到一定标准时才能构成犯罪。在这种情况下，我国学者认为应持以下原则：只要犯罪人投案时交代的部分事实独立构成犯罪，就应视为自首，并在量刑时予以适当考虑；如果犯罪人投案时交代的部分事实独立出来、不构成犯罪，只有和被查出的事实加在一起才构成犯罪，那么，就不能视为自首，只需要在对全案量刑时适当考虑其主动交代了部分罪行这一情节就是了。因为自首是以犯罪成立为前提的，所交代的部分事实根本不构成犯罪的，当然也就谈不上自首。[2] 我认为，上述观点是有道理的，在司法实践中可以按照这一原则处理惯犯的自首问题。

2. 异种数罪的自首

异种数罪是指行为人实施的数个犯罪行为性质不同、罪名不同。在异种数罪的情况下，犯罪分子对数个异种罪行都作了供述的，可视为对所犯数罪的自首。那么，如果犯罪分子只对所犯异种数罪中的一罪作了供述，其自首效力是否及于未自首之罪呢？对此，我国刑法学界存在不同观点。一种观点认为：无论是从自首的本质来看，还是从自首的构成要件来看，犯有数罪投案后只交代了其中一罪的，其自首成立。当然，自首的效力只能及于所自首的罪，无论没有自首的罪是更重还是更轻，都一样。显而易见，自首成立，则可以有从宽的法律后果；自首不成立，则不能有从宽的法律后果。因此，在数罪的自首问题中，实际上不存在自首的效力不及于他罪的问题。这是我国自首制度中应该坚持的一项原则。[3] 另

---

① 参见周振想：《自首制度的理论与实践》，121 页，北京，人民法院出版社，1988。

② 参见周振想：《自首制度的理论与实践》，121 页，北京，人民法院出版社，1988。

③ 参见王学沛：《论自首》，载《硕士学位论文集》，上卷，327 页，重庆，西南政法学院印行，1986。

一种观点认为：一人犯有数罪，自首其中一罪或几罪时，如果所自首的罪行重于被查出的罪行，则自首重罪的效力及于被查出的轻罪；如果所自首的罪行轻于被查出的罪行或二者相当，则对自首的罪行按照自首来处理，其效力不及于被查出的罪行。理由是，既然犯罪分子对所犯的重罪敢于自首，确实具有接受审查、裁判的决心，那么，他就绝不会回避轻罪。他敢于承担重罪的刑事责任，也就意味着他敢于承担轻罪的刑事责任。只是由于种种原因，他在自首重罪时没有自首轻罪罢了。因此，其自首重罪的效力应及于被查出的轻罪。① 这种观点在一定程度上受到司法解释的承认。1984 年 4 月 16 日最高人民法院、最高人民检察院、公安部《关于当前处理自首和有关问题具体应用法律的解答》指出："对于犯有数罪，自首时仅交代一罪的，只对这一罪从轻处罚。如果自首时交代的是主罪，也可以对全案从宽处理。"在这一司法解释中，出现了"主罪"这一概念。遍查法学词典，亦未见对关于"主罪"一词的解释。主罪，顾名思义，是主要罪行的简称。与之相对应的应该是"从罪"，即次要的罪行。那么，主罪与重罪、从罪与轻罪是否可以等同呢？我认为，两者基本上可以等同。据此，对主罪自首的，可以对全案从宽处理。这其实就是对重罪自首的效力及于轻罪之说。对于这种"重及轻说"，我国学者从以下四个方面作了批评：（1）它与我国刑法的规定相违背。无论是一罪还是数罪，都只有自首以后才可以被从轻处罚。从刑法关于自首的规定看，只能得出这样的结论。而按照"重及轻说"的主张，如果一人犯两罪而自首其中的重罪，则对于两罪都可以视为自首，并可予以从宽处理。这显然是违背我国刑法规定的。（2）按照"重及轻说"行事，在一人犯有数罪，自首其中一罪或几罪时，要想解决自首之罪的效力是否及于被查出的未自首之罪的问题，就必须首先确定犯罪人所犯的数罪孰轻孰重。非如此，就不能解决问题。然而，怎样确定数个犯罪中孰轻孰重呢？是按犯罪的性质，还是按刑罚的轻重？刑法未予规定，缺乏衡量的客观标准。（3）"重及轻说"对于在一人犯三个以上罪的情况下自首的效力如何及于轻罪，也无法解决。（4）"重及轻说"不仅不利于分化、瓦

① 参见李光灿主编：《中华人民共和国刑法论》，上册，590 页，长春，吉林人民出版社，1984。

解犯罪分子，还可能使犯罪分子钻空子，因为犯罪分子如犯有轻重两罪，便可以只自首重罪，至于轻罪，则可尽量隐瞒，即使隐瞒无效被查获了，反正也以自首论，得到从宽处理。[①] 我认为，上述批评是有道理的，“重及轻说”难以成立。至于司法解释中所说的“可以对全案从宽处理”，就更让人难以理解了，因为在犯有数罪的情况下，按照我国刑法关于数罪并罚的规定，应当先分别定罪量刑，然后依照一定的原则决定应当执行的刑罚。在这种情况下，根本就不存在对全案从宽处理的问题。值得注意的是，1998 年最高人民法院关于自首的司法解释废止了这种自首重罪的可以对全案从宽处理的规定，明确指出：犯有数罪的犯罪嫌疑人仅如实供述所犯数罪中部分犯罪的，只对如实供述部分犯罪的行为，认定为自首。

（三）过失犯罪的自首

在我国刑法中，根据行为人的主观罪过，可以将犯罪分为故意犯罪和过失犯罪。一般的自首，都是指故意犯罪的自首。过失犯罪自首不同于故意犯罪自首，因而有必要加以专门研究。

在过失犯罪的情况下，犯罪分子并非故意危害社会，一般来说主观恶性较小，因而在犯罪以后一般都能够主动承担责任，积极参与抢救，并且协助司法机关查清有关案情。并且，过失犯罪由于大多发生在业务活动和日常生活中，而且以发生一定的危害结果作为构成犯罪的条件，因而容易被发现。因此，我国刑法中的自首制度是否适用于过失犯罪，颇存疑问。尤其是某些行政法规明确地将抢救规定为行为人的义务。例如，关于交通管理的行政法规规定，从事交通运输的人员驾驶车辆发生事故时，须立即停车抢救被伤的人并报告附近的交通民警或公安机关，听候处理。对于违章或发生了事故后畏罪潜逃的人，应加重处罚。根据这一规定，驾驶人员在交通事故发生后，有义务将事故的有关情况报告交通民警或者公安机关。因此，这种义务之履行就被认为不能认定为自首。对这种观点我实难苟同，因为刑法对于自首的适用范围没有明文限制为故意犯罪，因而自首理

① 参见周振想：《自首制度的理论与实践》，116 页以下，北京，人民法院出版社，1988。

应适用于刑法分则规定的一切犯罪，包括过失犯罪。虽然在交通肇事案件中，行政法规将报告并抢救被伤人员作为义务加以规定，但在其他犯罪中并无此种规定。这种过失犯罪人主动向司法机关投案并如实供述本人所实施的过失犯罪行为的，应当以自首论处、予以宽大处理，因为与过失犯罪后逃避的人相比较，这种过失犯罪人应当得到法律的宽大处理。即使是在交通肇事案件中，报告并抢救被伤人员的义务与自动投案的规定也不矛盾。遵守这种规定，相对于交通肇事后逃逸的犯罪分子而言，犯罪人的主观恶性较小，予以宽大处理是必要的。1987 年最高人民法院、最高人民检察院《关于严格依法处理道路交通肇事案件的通知》明确规定："对犯交通肇事罪后自首的，可以酌情从轻或减轻处罚。"由此可见，司法解释也承认交通肇事罪的自首。因此，我认为自首制度适用于过失犯罪。

（四）特别自首

相对于刑法总则规定的适用于所有犯罪的一般自首而言，在刑法分则规定的适用于个别犯罪的自首，在刑法理论上被称为特别自首。我认为，特别自首不仅与刑法总则中的一般自首不同，而且与刑法总则中的特殊自首即准自首也是有所不同的。特殊自首在自首条件上有别于一般自首，因而被认为是自首的特殊形式。而特别自首是在一般自首的基础上，对刑法分则中的具体犯罪之自首的特别规定。在外国刑法中，通常也有特别自首的规定。例如日本刑法即有此规定。刑法分则中的特别自首，既不是对一般自首制度的简单重复，也不受其制约束缚。特别自首在从宽的幅度上大于一般自首，其宗旨是借此遏制某些特定的犯罪。[①]在刑法修订以前，我国也存在这种特别自首，不仅规定在单行刑法中，例如 1988 年全国人大常委会《关于惩治贪污罪贿赂罪的补充规定》关于贪污罪、行贿罪的自首规定，而且还规定在附属刑法中，例如 1993 年的《国家安全法》对间谍罪规定了特别自首。在修订后的刑法中，仍然保留了特别自首的规定，主要是刑法第 390 条第 2 款的规定："行贿人在被追诉前主动交待行贿行为的，可以减轻处罚或者免除处罚。"另外还有第 392 条第 2 款的规定："介绍贿赂人在被追

① 参见马克昌主编：《刑罚通论》，394～395 页，武汉，武汉大学出版社，1995。

诉前主动交待介绍贿赂行为的，可以减轻处罚或者免除处罚。”对于此类规定，我国刑法学界一般认为是自首的特别规定，是对我国自首制度的重要补充。[①]我国个别学者认为这是立功表现而非自首，指出：由于贿赂犯罪隐蔽性很强、取证难度大，行贿人主动交代行贿行为，实际上是对受贿人的揭发检举，属于立功表现。[②]我认为，从法律规定来看，“行贿人在被追诉前主动交待行贿行为的”应当是投案自首。这里只提到主动交代行贿行为，并不涉及揭发检举他人。当然，行贿人自首，必然涉及对受贿人的揭发。在这种情况下，实际上是自首与立功的结合。刑法对这种自首予以更为宽大的处理，实际上已经把立功的因素也考虑进去了。总之，我认为这是对特别自首的规定，而不是对立功表现的规定。

五、自首犯的处罚

我国刑法第 67 条规定：……对于自首的犯罪分子，可以从轻或者减轻处罚。其中，犯罪较轻的，可以免除处罚。刑法第 68 条第 2 款还规定，犯罪后自首又有重大立功表现的，应当减轻或者免除处罚。根据上述规定，在对自首犯作出处罚时应当注意以下问题。

（一）自首从宽的根据

在对自首犯处罚的时候，首先需要从理论上揭示自首从宽的根据。对于自首从宽的根据，我国有的学者从社会危害性方面加以阐发，指出：犯罪的社会危害性始于犯罪人预备犯罪之时，但却并不终止于犯罪行为实施完毕之时。犯罪行为实施完毕之后，其对社会的危害仍处于一种持续状态，直至犯罪人归案甚至受到惩罚，这种危害社会的持续状态才告结束。无论何种犯罪发生之后，犯罪人无论出于何种动机投案自首了，也就意味着自行终止了因自己的犯罪而形成的危害社会的持续状态，与实施犯罪之后犯罪人隐匿、外逃的情形相比，实际上也就意味

① 参见肖扬主编：《贿赂犯罪研究》，275 页，北京，法律出版社，1994。

② 参见胡康生、李福成主编：《中华人民共和国刑法释义》，556 页，北京，法律出版社，1997。

着自行减少了对社会的危害，这正是我国刑法规定自首以后可从宽处罚的首要根据。[①] 我不同意这种观点。在我看来，自首是表明犯罪分子的人身危险性大小的一个指标，与社会危害性没有关系。社会危害性是通过主观恶性与客观危害反映出来的，它集中在犯罪事实本身。例如同是杀人，社会危害性就有可能不同，这主要反映在犯罪动机是否恶劣、犯罪手段是否残忍、死亡结果是否发生等因素。如果上述因素都相同，仅因一个犯罪人自首、另一个犯罪人没有自首，就认为两个杀人罪的社会危害性发生了差别，这是很难令人信服的。根据行为的社会危害性的持续状态直到犯罪人归案，甚至受惩罚才告结束的观点，是否可以得出一年后抓获的杀人犯的社会危害性大于当场抓获的杀人犯的社会危害性的结论呢？如果是这样的话，那么，犯罪的社会危害性就不是由犯罪人本身的行为所决定的，而是由司法机关破案时间所决定的，其结果必然是将司法机关在破案工作上的无能转嫁到犯罪人身上，成为对其从重处罚的理由。由以上分析可以看出，社会危害性的持续论是不能成立的，用它来解释自首从宽的根据是难以自圆其说的。对自首从宽的根据只能从犯罪人的人身危险性减少得到说明。当然，自首制度虽然是刑罚的功利要求，但又不是与报应毫无关系。实际上，自首的从宽幅度还是受到报应的制约的。我国刑法第 67 条规定："对于自首的犯罪分子，可以从轻或者减轻处罚。其中，犯罪较轻的，可以免除处罚。"由此可见，因犯罪轻重不同，虽然同是自首，但从宽的幅度有所不同。因此，社会危害性虽然对自首从宽处罚的幅度有一定制约，但它本身并不能解释自首从宽的理由。只有从人身危险性出发，才能科学地说明自首从宽的根据。

应当指出，自首从宽的根据除上述自首犯的人身危险性较小以外，还有一个重要的功利因素，即通过鼓励犯罪分子投案自首，节省司法成本。犯罪分子在犯罪以后如果不投案自首而是畏罪逃跑，司法机关为破获案件、查清真相，必然要投入大量的人力、物力。投案自首则使案件及时大白于天下，减少司法投入，为司法机关顺利地进行侦查、起诉、审判提供了方便。对功利效果的考虑也是对自

① 参见周振想：《刑罚适用论》，297～298 页，北京，法律出版社，1990。

首的犯罪分子从宽处罚的根据之一。

（二）自首从宽的原则

自首从宽是各国之通例。但在如何从宽上，又存在不同的立法例。一般来说，各国刑法规定的从宽处罚原则，主要有两种。

一是绝对从宽原则，即一旦行为人犯罪后自首了，不问自首罪行的性质、轻重，自首时间的早晚、是否出于悔罪等，一律予以从宽处罚，审判人员无任何裁量活的余地。绝对从宽原则在刑法中的表述形式为“必须”“应当”从宽处罚等。采取绝对从宽处罚原则的有阿尔巴尼亚、捷克斯洛伐克、朝鲜、蒙古、巴西、格陵兰、法国等国家。例如格陵兰刑法典第 88 条规定：“罪犯自首并彻底坦白者，应酌情减轻。”从目前的情况来看，刑法中规定了自首制度的国家绝大多数采取绝对从宽原则。

二是相对从宽原则，即犯罪人自首后并非一律得到从宽处罚，是否予以从宽处罚，由审判人员根据犯罪与自首的具体情况决定。相对从宽原则在刑法上的表述形式为“可以”“得”从宽处罚等。例如韩国刑法典第 52 条第 1 项规定：“犯罪后向搜查机关自首的，可以减轻或免除处罚。”日本刑法第 42 条规定：“犯罪未被官方发觉以前自首者，得以减轻其罚。”苏联刑法对自首者采取的从宽处罚原则，经历了一个从相对从宽原则到绝对从宽原则的变化过程。1958 年《苏联各加盟共和国刑事立法基本原则》第 33 条，对于“真诚坦白或者自首作为可据以从宽处罚”的情况，采取的是相对从宽处罚原则。到 1960 年苏俄刑法典，则变为绝对从宽处罚原则。该法典第 38 条规定：“真诚悔过或自首以及积极协助揭露犯罪的，是减轻责任的情节。”现行的俄罗斯联邦刑法典第 61 条同样把自首规定为绝对从宽处罚的原则，指出：“减轻刑罚的情节是：……自首、积极协助揭露犯罪，揭发同案犯和起获赃物。”

从各国有关自首的立法看，不仅自首从宽处罚原则有别，并且从宽处罚的幅度亦不同。巴西、朝鲜等国家的刑法规定自首以后从轻处罚；而俄罗斯、格陵兰、阿尔巴尼亚等国家的刑法规定自首以后减轻处罚；法国刑法则规定自首以后免除自首人应受之刑；蒙古刑法规定自首以后应当从轻、减轻处罚；日本、韩国等国家的刑法规定自首以后可以减轻处罚或免除处罚。由于各国刑法关于从轻、减轻、免除处罚的含义不尽相同，因而对于自首的从宽幅度只能根据各国刑法来确定。但有一点可以肯定，就是各国刑法对于自首的从宽幅度有所不同，这是各国根据各自的刑事政策和文化传统作出选择的结果。

我国刑法对自首后的处罚，采取了更为科学的处罚原则，即根据犯罪轻重以及是否有重大立功表现，分别采取相对从宽和绝对从宽原则，即是相对从宽与绝对从宽的结合。这是我国总结了处理自首的司法和立法经验的结果。

（三）自首犯处罚的立法规定

我国 1979 年刑法第 63 条规定："犯罪以后自首的，可以从轻处罚。其中，犯罪较轻的，可以减轻或者免除处罚；犯罪较重的，如果有立功表现，也可以减轻或者免除处罚。"而修订后的刑法第 67 条则将自首处罚规定修改为："对于自首的犯罪分子，可以从轻或者减轻处罚。其中，犯罪较轻的，可以免除处罚。"此外，修订后的刑法第 68 条还规定，犯罪后自首又有重大立功表现的，应当减轻或者免除处罚。由此可见，这一规定比原来的规定宽松了。这主要是为了鼓励犯罪分子自首。如此，不仅犯罪分子自己可以得到从宽处理，同时也为司法机关侦破案件提供了有利的条件。①

从我国刑法规定来看，对自首犯的处罚可以分为以下几种情况。

1. 对自首犯处罚的一般规定

对于自首的犯罪分子，可以从轻或者减轻处罚。这是我国刑法关于对自首犯处罚的一般规定。与 1979 年刑法关于犯罪以后自首的可以从轻处罚的规定相比较，修订后的刑法规定，无论罪行轻重，都可以从轻或者减轻处罚。至于是从轻还是减轻，应当由人民法院酌情决定。

应当指出，我国刑法关于对自首犯处罚的一般规定，采取的是相对从宽原则，即"可以"从轻或者减轻处罚。在我国刑法中，"可以"与"应当"是有严格区别的，两者不可混为一谈。"可以"是相对词，表明具有某种自由选择的余

① 参见胡康生、李福成主编：《中华人民共和国刑法释义》，75 页，北京，法律出版社，1997。

地；而“应当”则是绝对词，表明只能无条件地遵照执行，没有任何灵活性。由于我国刑法对自首规定的是相对从宽处罚原则，因而虽然对犯罪后自首的，在一般情况下要予以从轻或者减轻处罚，但在个别情况下，犯罪分子罪大恶极，虽然具有自首情节，但将自首情节放到整个犯罪情节中考察后自首情节不足以成为对犯罪分子从轻处罚的根据，法不容留的，就可以不对这种罪大恶极的自首犯从轻处罚。

2. 对犯罪较轻的自首犯处罚规定

根据我国刑法规定，犯罪较轻而自首的犯罪分子，可以被免除处罚。在理解这一规定的时候，一个关键问题是如何理解这里所说的“犯罪较轻”。

关于犯罪是否较轻的认定标准，我国刑法学界存在以下三种观点。第一种观点主张以犯罪性质作为认定犯罪是否较轻的标准。第二种观点主张以犯罪所处刑罚的轻重作为认定犯罪是否较轻的标准。[①] 第三种观点主张以刑法规定的法定刑的轻重作为认定犯罪是否较轻的标准。在上述三种观点中，第一种观点显然不可取。我认为，犯罪轻重是由社会危害性和人身危险性的程度所决定的，而刑罚是人民法院依照国家的法律对具有社会危害性和人身危险性的犯罪行为所作否定的社会政治和法律评价。所以，在我国刑法中划分轻罪和重罪应以刑罚为标准，而不能以罪行的性质为标准。既然以刑罚为标准，那么这种刑罚是法定刑还是裁判刑？主张裁判刑的主要理由是：法定刑较高的犯罪，应当判处的刑罚未必高，而法定刑较低的犯罪，应当判处的刑罚未必低。比如，故意杀人罪的法定刑是 3 年以上有期徒刑直至死刑，拐骗未成年人罪的法定刑是拘役和 5 年以下有期徒刑。就这两个罪的法定刑来看，无论是法定最低刑还是法定最高刑，前者都远远高于后者。但是，由于种种原因，实施拐骗未成年人罪的犯罪分子可能被判处 5 年有期徒刑。可见，依据法定刑还不能正确区分较轻之罪和较重之罪。因此，这种观点主张不能以法定刑作为划分较轻之罪和较重之罪的标准。[②] 此观点在我国刑法

① 参见周振想：《刑法学教程》，271 页，北京，中国人民公安大学出版社，1997。

② 参见周振想：《自首制度的理论与实践》，158～159 页，北京，人民法院出版社，1988。

学界几成通说，应该说有一定道理。但是，以法定刑为标准也不是说没有一点道理，因为法定刑较为客观，而裁判刑要根据案件的具体情况来确定。在我国刑法中，在规定某一适用对象时，有时指法定刑，有时指裁判刑。例如刑法第 7 条规定：中华人民共和国公民在中华人民共和国领域外犯本法规定之罪的，适用本法，但是按本法规定最高刑为 3 年以下有期徒刑的，可以不予追究。这里以法定刑较低为较轻之罪的认定标准。而刑法第 72 条规定、缓刑适用于被判处拘役或 3 年以下有期徒刑的犯罪分子。这里又以裁判刑作为较轻之罪的认定标准。刑法对于自首处罚中的较轻之罪的认定没有明确依据的是法定刑还是裁判刑，如果以法定刑为标准，虽然标准确定，但会使自首的免除处罚的适用范围大受限制；如果以裁判刑为标准，虽然在适用上有一定困难，但似更符合立法精神。因此，我倾向于裁判刑说。

既然较轻之罪的认定以裁判刑为标准，那么，裁判刑的轻重如何确定呢？对此法律同样没有规定。我国刑法学界较为通行的观点是把被处 3 年以下有期徒刑的犯罪视为较轻之罪，反之，视为较重之罪。其根据是：首先，从刑法规定来看，我国公民在国外犯罪，按刑法规定的最低刑为 3 年以上有期徒刑的，也适用我国刑法；其次，从刑法关于缓刑的规定看，其适用对象仅限于被判处拘役或 3 年以下有期徒刑，且有悔改表现，适用缓刑不致再危害社会的犯罪人。[①] 从这些问题上刑法规定的缺位来看，我国刑法的法定化程度还远远不能适应实际的需要。因而，对此的种种解释往往带有推测的性质。因此，我只能说这种推测更有道理一些。

3. 自首与立功竞合时的处罚规定

1979 年刑法没有单独规定立功制度，但却对自首与立功竞合时的处罚作了规定。犯罪较重而自首的，如果有立功表现，也可以减轻或者免除处罚。由此可见，这种减轻或者免除处罚适用于既自首又立功的犯罪分子。修订后的刑法增设了立功制度，同样对自首与立功竞合时的处罚问题作了规定。但值得注意的是，

① 参见马克昌主编：《刑罚通论》，411 页，武汉，武汉大学出版社，1995。

存在以下三点变动：一是处罚原则改为应当减轻或者免除处罚，即由相对从宽改为绝对从宽。二是适用对象不再限于犯罪较重者，即无论犯罪轻重，只要在自首同时有重大立功表现的，都可以得到绝对从宽的处理。三是把立功限于重大立功。在以上三点改动中，前两者都值得赞赏，唯独第三点似乎立法上有所疏漏，因为没有规定对自首而又具有一般立功表现的犯罪分子应当如何处理。我认为，在这种情况下，应当视为具有自首与立功两个情节，分别引用刑法条文予以从轻或者减轻处罚。

在论述自首与立功竞合时的处罚规定时，首先涉及如何理解立功表现的问题。根据刑法第 68 条第 1 款的规定，所谓立功，是指犯罪分子有揭发他人犯罪行为，查证属实的，或者提供重要线索，从而得以侦破其他案件等情形。可见，刑法对立功的情形采取了列举概括式规定，其中，明确规定的两种情形是：其一，揭发他人犯罪行为且查证属实。犯罪分子之间，尤其是一些惯犯、累犯之间，往往相互了解对方的一定犯罪情况。其中有人自首或被捕后，不仅交代了自己的罪行，而且还对所知的其他犯罪分子的罪行进行了揭发、检举，并且由司法机关查证属实的，就应视为有立功表现。其二，提供重要线索，使司法机关得以侦破其他案件。投案自首或者被查获的犯罪分子，并不明确知道其他犯罪分子实施过何种罪行，但对于社会上发生的某些案件可能是由谁所为有一定的了解和看法。倘若其出于诚意向司法机关提供了某些线索，并且司法机关根据这些线索侦破了案件，就应视为有立功表现。从司法实践来看，立功的情形不限于以上两种，因此，立法规定在列举之外还采取了概括的方式。一般说来，下列情形也都应被视为立功：（1）协助司法机关缉捕其他罪犯。已归案的犯罪分子协助司法机关缉捕到某些在逃的罪犯，可以节省司法机关一定的人力和物力。因此，犯罪人的此种行为理应被视为立功表现。应当指出，已归案的犯罪人协助司法机关缉捕的犯罪分子，既可以是与其无关的，也可以是与其实施同一犯罪行为的同伙。只要确实协助司法机关缉捕到犯罪人，就应被视为立功。（2）犯罪分子投案之后关押待审之时，遇到其他在押的罪犯阴谋脱逃而及时向看守人员报告。（3）遇有自然灾害、意外事故时奋不顾身进行排除，从而避免了重大人身伤亡和财产损失的。(4) 遇到罪犯企图破坏看守设施而与之作斗争的，等等。

根据刑法规定，自首与立功的竞合，其立功限于重大立功。那么，如何理解这里的重大立功呢？刑法第78条规定，有下列重大立功表现之一的，应当减刑：(1) 阻止他人重大犯罪活动的；(2) 检举监狱内外重大犯罪活动，经查证属实的；(3) 有发明创造或者重大技术革新的；(4) 在日常生产、生活中舍己救人的；(5) 在抗御自然灾害或排除重大事故中，有突出表现的；(6) 对国家和社会有其他重大贡献的。那么，上述重大立功表现同自首与立功竞合中的重大立功表现是否能够等同呢？我的回答是否定的，因为作为绝对减刑条件的重大立功表现是根据刑罚执行过程中的特点规定的，因而与日常生活中的重大立功表现不尽相同，当然可以作为一种参考。关于重大立功表现，我国刑法学界一般认为，是相对于一般立功表现而言的，主要是指犯罪分子检举、揭发他人的重大犯罪行为，如揭发了一个犯罪集团或犯罪团伙，或者提供了犯罪的重要线索，使一个重大犯罪案件得到侦破。对于多次立功的，也应认为有重大立功表现。[①] 我认为，这一解释大体上是可取的，只能从检举、揭发的他人犯罪行为是否重大以及提供线索而侦破的犯罪案件是否重大上界定，以便与一般立功表现相区别。值得注意的是，1998年最高人民法院关于立功的司法解释对重大立功作了明确界定，指出：根据刑法第68条第1款的规定，犯罪分子有检举、揭发他人重大犯罪行为，经查证属实；提供侦破其他重大案件的重大线索，经查证属实；阻止他人重大犯罪活动；协助司法机关抓捕其他重大犯罪嫌疑人（包括同案犯）；对国家和社会有其他重大贡献等表现的，应当认定为有重大立功表现。这里的“重大犯罪”“重大案件”“重大犯罪嫌疑人”的标准，一般是指犯罪嫌疑人、被告人可能被判处无期徒刑以上刑罚或者案件在本省、自治区、直辖市或者全国范围内有较大影响等情形。这一司法解释为认定重大立功提供了法律标准，应当遵照执行。

（四）自首犯处罚时的司法裁量

在司法实践中，对自首犯如何裁量刑罚，主要是指如何确定自首情节在整个

① 参见胡康生、李福成主编：《中华人民共和国刑法释义》，77页，北京，法律出版社，1997。

量刑情节中的地位与作用，以便决定是否对犯罪分子从轻或者减轻或者免除刑罚。我认为，在对自首的犯罪分子量刑的时候，应当注意以下问题。

1. 是否从宽的裁量

由于我国刑法对一般情况下的自首犯采取相对从宽处罚原则，因而存在一个是否从宽的裁量问题。就相对从宽原则而言，在大多数情况下，对自首的犯罪分子都要予以从宽处理，但在少数特殊情况下也可以不予从宽。那么，这里的特殊情况是指什么样呢？我国学者认为，这种特殊情况是指于法、于情、于理都不容从轻的情况，包括以下几点：(1) 犯罪分子犯罪后投案自首，是其认罪服法、重新做人的表现，应予鼓励，因此量刑时可以适当从宽。而犯罪分子在犯罪之前即预谋投案自首，只能表明他妄图钻法律的空子，利用刑法规定的自首从宽制度减轻自己应得的惩罚，而不能表明其有认罪、悔罪之心。因此，对于这样的犯罪分子，可以不予从轻。(2) 犯罪分子犯罪之后，迫于严厉打击犯罪活动的形势，自首一部分罪行，以掩人耳目，企图逃避另一部分罪行的，由于犯罪分子投案时交代的部分事实独立构成犯罪，因而还应认定为自首，但对于犯罪分子可以不从宽处罚。(3) 犯罪手段极为恶劣，后果特别严重，民愤很大，实属法不容留。(4) 犯罪分子虽然投案自首了，但态度恶劣，毫无悔罪之意，经过反复教育仍无济于事的，也可以不予从宽处罚。(5) 犯罪后畏罪潜逃，在钱尽粮缺、走投无路时，不得已投案自首，可不予从宽。(6) 在公开犯罪之后，自知难逃法网，被迫投案自首的，可不予从宽处罚。① 除上述情况以外，在裁量决定对自首犯是否从宽处理的时候，还应当结合社会治安环境以及案件的具体情况，作出实事求是、合情合理的判断。

2. 如何从宽的裁量

对自首的犯罪分子如何予以从宽处理，是从轻还是减轻处罚，以及其幅度如何掌握，都是值得研究的问题。我认为，在对自首犯量刑的时候，应当考虑自首时的不同情况。

① 参见周振想：《自首制度的理论与实践》，154 页以下，北京，人民法院出版社，1988。

（1）自首的动机。在认定自首的时候，虽然不要求自首必须出于悔罪的动机，但是否有悔罪的动机以及悔罪的程度，对于决定对自首从宽处理的幅度仍然有着重要的意义。在一般情况下，自首都是出于悔罪动机，犯罪分子为改过自新而自首。这种自首的犯罪分子往往是初犯、偶犯以及轻微犯，他们在犯罪之后往往产生沉重的心理负担，出于悔罪心理而自动投案。在司法机关审查期间，他们也能够主动、彻底地供述自己所犯的罪行。这种自首符合从宽条件，应当予以从宽处理。在确定从宽幅度的时候，主要看罪行大小和悔罪程度。如果悔罪程度高，从宽幅度也大；悔罪程度低的，从宽幅度也小。对于非出于悔罪动机的自首，如果没有其他严重或者恶劣情节的，也应予以从宽处理，但从宽幅度要小一些。总之，自首动机反映了自首犯的人身危险性程度，因而是一定对自首犯从宽处理的一个重要因素。

（2）自首的时间。自首还存在时间上的区别，有犯罪事实和犯罪分子均未被司法机关发觉前的自首，有虽然犯罪事实已被司法机关发觉但犯罪分子未被司法机关发觉的自首，还有犯罪事实和犯罪分子均已被司法机关发觉后的自首，甚至还有走投无路而投案的。上述自首的时间不同，反映了犯罪分子对本人所犯罪行认识的迟早和悔悟的程度，因而也反映了犯罪分子的人身危险性程度，在对自首犯从宽处理时应当予以考虑。

（3）自首的方式。自首有各种各样的方式，我国学者归纳为亲首、代首、送首、陪首、余首、首服等。[①] 这些自首的方式并不影响自首的成立，但自首方式的不同反映了悔罪的程度，因而也会对自首犯的量刑发生一定的影响。例如，送子归案，即送首，在某些情况下，被送之人并不见得有很深的悔罪心理，是在亲人的劝说，甚至强制下不得不到司法机关投案的。对此，在量刑时就不能从宽幅度过大。

（4）自首的形态。我国学者还提出了自首的形态的概念，指出：自首的形态是指犯罪人于犯罪后在自首的发展过程中，由于自首人主观或客观方面的种种原

① 参见周振想：《自首制度的理论与实践》，86页以下，北京，人民法院出版社，1988。

因而呈现出来的形态。[①] 自首的形态包括：自首的准备、自首的未竟、自首的中断。[②] 自首的准备是指为自首创造条件的行为，即主观上有自首的念头，还没来得及自首就被抓获。在这种情况下，如果有证据证明犯罪分子确有自首之心，可以认为是自首的一种特殊情形。但这种自首的准备距离自首还较远，因而即使予以从宽处罚，其从宽的幅度也较小。自首的未竟是指已开始实施自首行为，但由于客观原因而未能完成。例如，在去司法机关投案自首的路上被抓获或被扭送等。在这种情况下，应认定为自首，但与完成的自首相比较，从宽的幅度也应小一些。

（本文原载《四川大学法律评论》，成都，四川大学出版社，1999）

① 参见周振想：《自首制度的理论与实践》，134页，北京，人民法院出版社，1988。

② 自首的中断由于不属于自首，在此不予论述。

减刑适用论

减刑是我国刑法中一项重要的行刑制度，正确地适用减刑制度，对于鼓励在押人犯积极改造具有重要意义。减刑应当符合一定的条件。所谓减刑的条件是指罪犯在刑罚执行期间为获得减轻原判刑罚所要达到的法定标准。减刑适用，关键在于正确地理解与把握减刑的条件。本文拟从减刑适用的视角，对减刑的条件加以探讨。

一、减刑的对象条件

减刑只能适用于特定的对象。依照我国刑法第 78 条之规定，减刑适用于被判处管制、拘役、有期徒刑、无期徒刑的罪犯。这里的管制、拘役、有期徒刑和无期徒刑都属于自由刑的范围，其中，管制是限制自由刑；拘役、有期徒刑和无期徒刑是剥夺自由刑。由此可见，我国刑法中的减刑主要是指缩短自由刑的执行期限，因而与其他刑罚执行中的减轻制度得到区分。

在其他刑罚执行中，也存在减轻的问题，例如死缓减刑。如前所述，死缓减刑是指罪犯在死缓考验期间没有故意犯罪，因而刑种发生变更，由死刑改为无期徒刑或者有期徒刑。这种死缓减刑虽然也具有减刑的性质，但它是死缓制度的内容之一，不同于我国刑法中的减刑制度。当然，死缓减为无期徒刑或者有期徒刑以后，符合减刑条件而被减刑的，可以视为减刑。罚金刑在执行中也涉及减轻的问题。我国刑法第 53 条规定：……如果由于遭遇不能抗拒的灾祸缴纳罚金确实有困难的，可以酌情减少或者免除。但这种罚金的减轻不是基于受刑人有悔改或立功表现，而是依据其实际的负担能力而采取的变通的执行措施。此外，剥夺政治权利在执行中也存在减轻的问题。我国刑法第 57 条第 2 款规定：在死刑缓期执行减为有期徒刑或者无期徒刑减为有期徒刑的时候，应当把附加剥夺政治权利的期限改为 3 年以上 10 年以下。但这只是随着主刑的减轻而对附加刑的一种调整，而非通常意义上的减刑。

上述情形都不属于减刑制度，这在我国刑法学界已成通说。但关于对附加刑能否单独适用减刑，我国刑法学界存在争论。[①] 第一种观点认为，减刑制度不适用于附加刑。第二种观点则认为，我国刑法中的附加刑是多种多样的，各种附加刑情况不同，是否可以适用也不能一概而论。没收财产作为附加刑，通常都是一次性执行完毕，是一种即时性刑罚，因此，一般不会发生执行中的减刑问题。但罚金和附加剥夺政治权利却不一样。犯罪分子被判的是主刑附加罚金或剥夺政治权利时，如果在主刑执行期间罪犯确有悔改或立功表现的，司法机关在依法减轻其主刑的同时，也可以减少其罚金数额或缩短剥夺政治权利的期限，以鼓励罪犯积极改造。上述情况不适用于单处罚金的场合。在单处罚金的场合，罪犯的人身并不受司法机关的约束，其行为表现也不受监督，因而也就无法考察其是否真诚悔罪，所以对其不能适用减刑。持上述观点的学者，不仅认为在一定的条件下对罚金和剥夺政治权利的附加刑可适用减刑有其理论依据，而且还认为对于附加剥夺政治权利的罪犯适用减刑还有一定的法律依据，因为 1957 年 8 月 27 日最高人民法院《关于剥夺政治权利的刑罚可否减刑问题的复函》指出："对于判处有期徒刑并剥夺政治权利若干年的罪犯，在徒刑减刑时，剥夺政治权利部分也可以减

① 参见陈兴良主编：《刑法全书》，414～415 页，北京，中国人民公安大学出版社，1997。

刑。”虽然这个司法解释是四十多年前作出的，但其基本精神是正确的，在立法和司法解释对此问题作出新的规定前，上述司法解释仍然有效。我认为，上述两种观点各执一词，但修订后的刑法中又未对此作出明确规定。在罪刑法定原则的指导下，能否在法无明文规定的情况下，对被判处罚金和剥夺政治权利的犯罪分子减刑，确实是一个值得研究的问题。由于法无明文规定，又没有新的司法解释，我倾向于否定说。

减刑的对象不仅必须是被判处管制、拘役、有期徒刑、无期徒刑的罪犯，而且这些犯罪分子还必须处于刑罚执行过程中。因为减刑的目的在于鼓励罪犯加快改造进程，争取早日回归社会，重新做人，因此，减刑只能适用于判决确定以后刑罚执行完毕以前的刑罚执行过程中。在判决确定以前，无法断定是否要对犯罪分子适用刑罚和适用什么样的刑罚，谈不上刑罚的执行，当然也就谈不上减刑的问题。判处的刑罚执行完毕以后，罪犯已被释放，获得了人身自由，同样不存在减刑问题。

二、减刑的实质条件

减刑的实质条件，是指法律对罪犯提出的减刑必须具备的实体条件。只有符合这一条件，才能减刑。根据我国刑法规定，减刑只能适用于在刑罚执行过程中确有悔改或立功表现的罪犯。这是适用减刑的实质性要件。之所以称其为实质性要件是由我国减刑的宗旨和目的决定的。社会主义国家适用减刑旨在通过肯定罪犯已有的改造成绩，激励其继续努力改造，逐步减少，乃至消除罪犯的主观恶性，使其不再危害社会。罪犯的主观恶性是否减少，乃至消除，重要的标志在于罪犯在刑罚执行期间是否有悔改或者立功表现。因此，我国刑法才把罪犯是否有悔改或者立功表现作为减刑的最根本的实质性要件。我国学者还有把这一条件称为主观条件的，指出：罪犯在执行刑罚过程中，必须确有悔改或立功表现，这是减刑的主观条件。从减刑制度的立法宗旨来看，减刑本身旨在运用刑罚评价手段的权威力量，肯定罪犯的已有改造成绩，引导并激励其继续努力，同时通过榜样的力量来鞭策其他罪犯，促进全体罪犯的共同进步。[①] 这种主观条件的提法，表明悔改是罪犯主观恶性的减小，有一定根据。但悔改和立功都是罪犯的客观表现，称之为主观条件易于造成误解。为此，我倾向于把法律规定的减刑必须具备的悔改或者立功表现称为减刑的实质条件。

根据我国刑法第 78 条的规定，减刑可以分为两种不同情况的减刑，即可以减刑与应当减刑。我认为，这两种减刑的要求不同，在适用上也具有不同特点，因而应当分别论述。

（一）相对减刑的要求

我国 1979 年刑法第 71 条只规定了可以减刑的情形，其要求是“确有悔改或者立功表现”。在刑法修改中，如何完善这一规定，存在以下五种意见。[②]

第一种意见认为：从立法上看对于确有悔改表现最好能够细化，明确规定。这样有利于罪犯在接受教育改造时树立信心，也便于操作。从实践来看，最高司法机关曾作出过司法解释，实践中也形成了一套行之有效的办法，对于教育改造罪犯起到了良好的作用。因此，主张在吸收监狱法关于立功的规定的前提下，保留原来“可以减刑”的条件性规定。这样从立法技术上看，既有授权性规定，又有命令性规定，相应相称，完整统一，而且条件具体、标准明确，公平公开。

第二种意见认为：修订前的刑法关于“可以减刑”的条件规定，在实践中表现出了盲目性、随意性和片面性。如有的罪犯原判死刑缓期 2 年执行，比判处无期徒刑的减刑还要快，有的判无期徒刑或重刑的罪犯，投入监狱关了不到几年或十几年就放出去了，被害人及其亲属以及当时的举报人都在，一见他们被放了回来，就感到安全受到威胁。而且减刑后，期满返回社会的，重新犯罪的也大有人在；甚至存在执法人员办关系案、人情案的问题，群众对此很有意见。为了克服这种现象，应当采取相应措施。有些国家对减刑条件就限制得很严格。因此主张

① 参见鲍圣庆：《减刑、假释的理论与实践》，3 页，长春，吉林人民出版社，1992。

② 参见周道鸾等主编：《刑法的修改与适用》，20 页以下，北京，人民法院出版社，1997。

作如下修改：(1) 删去原规定的确有悔改表现；(2) 对于适用减刑作必要的限制性规定。

第三种意见认为：对于减刑的条件，只限于立功表现不妥当，因为在监狱立功的机会太少。减刑条件规定得如此之严，等于取消了这一制度。我们的政策是为了把罪犯改造好，如果不规定“悔改表现”，罪犯会感到希望渺茫，接受教育改造的积极性就会受到挫伤。这样，监内监督改造秩序就不容易维护。另外，删除“悔改表现”的理由不充分，还表现在与监狱法和现行刑事诉讼法的规定不一致，执行中也会引起混乱。因此主张保留原来的规定。

第四种意见，认为第三种意见的理由成立，应当保留原“可以”减刑的条件规定；同时认为，第二种意见中关于对减刑条件作必要限制的主张值得考虑，但关于如何对减刑条件作出必要限制，又有不同的意见。一些学者主张增加规定“对同一罪犯只能减刑一次”，同时将有期徒刑的实际执行刑期修改为不能少于原判的三分之二，无期徒刑的实际执行刑期不能少于 15 年。还有一些学者主张增加“对于罪行严重的危害国家安全的犯罪分子、犯罪集团的首要分子、累犯减刑后实际执行的刑期不能少于原判刑期的三分之二；对无期徒刑减刑的，实际执行的刑期不能少于 10 年”。理由是，对同一罪犯只能减刑一次，不利于罪犯的教育改造。实践证明，刑法原则规定的可以减刑的条件是符合实际的，执行的情况总体上是好的，出现个别人情案、关系案，可以通过严格减刑法定程序来解决。事实上“小减多次、细水长流”，才能不断调动罪犯改造的积极性。这是其一。其二，刑法规定减刑制度的目的在于鼓励犯罪分子真诚悔改，因此，减刑的条件重点放在悔改表现上是正确的。罪犯，即使是罪行严重的罪犯、首要分子、累犯等，只要有悔改表现，也可以减刑，否则，就等于断了这些罪犯的自新之路，不符合我国惩罚与教育改造相结合的刑事政策，但对他们在减刑条件上可比一般犯罪分子更严格一些，这同样可以避免适用上的随意性。

第五种意见认为，无论是对“同一犯罪分子只能减刑一次”，还是“实际执行刑期不得少于三分之二或者 15 年，或者犯杀人、抢劫、绑架、走私、制造毒品、强奸、组织犯罪集团等严重罪行，原判刑罚执行完毕，再犯这些罪而被判处有期徒刑、无期徒刑的不得减刑”的主张，都不符合党的教育与改造相结合的政策，我们应当坚持给出路、政策去改造人。规定减刑也就是解决被判长期徒刑的罪犯的出路问题，如果按前述主张去规定，实际上是堵路，也与刑法的基本原则相违背。从实践来看，战犯、皇帝都可以改造，得到宽大，难道一般罪犯就改造不了，只能减刑一次？而且规定对哪些人不得适用减刑，与教育一切人的政策不吻合，也体现不了惩办与宽大相结合的刑事政策。因此主张将1979年刑法关于减刑的规定予以保留。

经过充分讨论，认为1979年刑法实施17年来的实践证明，1979年刑法关于减刑的规定，对于鼓励罪犯改造、强化监狱监管改造工作发挥了重要作用。修订减刑的规定时应当既要从实际出发，又要考虑到刑法的效果和形象，注意法律的连续性和稳定性。因此立法机关采纳了第一种意见和第五种意见，即保留1979年刑法关于减刑的规定，并增补了“应当减刑”的具体内容和原则，进一步完善了减刑条件，更具有可操作性。

从修订后的刑法关于减刑的规定来看，基本上保留了关于具有悔改或者立功表现可以减刑的内容，但又在条文表述上作了变动。1979年刑法规定：“在执行期间，如果确有悔改或者立功表现，可以减刑。”现在修改为：“在执行期间，如果认真遵守监规，接受教育改造，确有悔改表现的，或者有立功表现的，可以减刑。”由此比较可以看出，修订后的刑法增加了“认真遵守监规、接受教育改造”一语。这里需要研究的是，“认真遵守监规，接受教育改造”与“确有悔改表现或者立功表现”这两者之间到底是一种什么关系。对此，我国刑法学界存在不同理解，主要有以下两种观点。

第一种观点是将认真遵守监规、接受教育改造与确有悔改表现和立功表现相并列，认为只要有上述情形之一，就可以减刑。① 这种观点把认真遵守监规、接受教育改造具体化为以下五个方面的内容：（1）承认犯罪事实，认识犯罪的危害性，认罪服刑，悔罪自新；（2）认真学习法律，自觉改造世界观，能如实向管教

① 参见周道鸾等主编：《刑法的修改与适用》，210页，北京，人民法院出版社，1997。

干部汇报思想；（3）认真遵守罪犯改造行为规范，服从管教，爱护国家财产，保护公共设施，讲究文明礼貌；（4）积极参加政治、文化、技术学习，学习态度端正；（5）遵守劳动纪律，积极劳动，服从调配。同时具备了上述五个方面的表现，才能认为是认真遵守监规、接受教育改造。按照这种观点，这个标准似乎主要适用于老弱病残的服刑人员。一般地说，这些罪犯年老体弱，有的没有文化，参加政治、文化、技术学习，态度端正，但不一定取得好成绩，参加劳动时只能从事轻微劳动，态度也端正，但不一定能超额完成指标。所以本着实事求是的原则和人道主义精神，如果这类罪犯主观上认罪悔罪，尽了最大的努力，客观上又能遵守监规，接受教育改造的，也可以考虑对他们适用减刑。

第二种观点认为，遵守监规，接受教育改造并非与确有悔改表现和立功表现相并列的减刑要求，而是悔改表现的具体内容。因为 1979 年刑法第 71 条规定，在刑罚执行期间，确有悔改或者立功表现的可以减刑。由于法律的规定不具体，实践中不好掌握。这次修订刑法，对此作了具体规定，即将“确有悔改表现”改为“认真遵守监规，接受教育改造，确有悔改表现的”，如在服刑期间积极参加政治、文化、技术学习，积极参加生产劳动，完成或者超额完成生产任务，认罪服法等。①

在以上两种观点中，我同意第二种观点，不能把遵守监规、接受教育改造当作单独一种减刑的要求，并将其与有悔改表现和立功表现相并列。

我认为，相对减刑具有以下两种情形。

1. 有悔改表现

对于悔改表现到底包括哪些内容，刑法未予明确，1991 年 10 月最高人民法院《关于办理减刑、假释案件具体应用法律若干问题的规定》中曾对悔改表现作出了具体解释。1997 年 11 月 8 日最高人民法院《关于办理减刑、假释案件具体应用法律若干问题的规定》又重新做了确认。因此这一解释可以作为认定悔改表现的法律标准。根据这一司法解释，悔改表现主要有以下内容：

① 参见胡康生、李福成主编：《中华人民共和国刑法释义》，87 页，北京，法律出版社，1997。

（1）认罪服法。

认罪服法是指罪犯在被投入监狱以后，承认犯罪事实，服从人民法院的判决、裁定，深挖思想根源，认识所犯罪行对社会的危害性和执行劳动改造的必要性，自觉接受教育改造。认罪服法这一条件中，包括认罪与服法两个环节。认罪是承认本人所犯罪行，并且认识到本人所犯罪行对社会造成的危害。更深入地分析，认罪还包含对于走上犯罪道路的思想根源的认识。只有真正认罪，然后才有服法可言。这里的服法是指服从人民法院的判决，认识到对本人所犯罪行进行审判的必要性，认识到本人受到刑罚处罚的必要性。我认为，认罪服法是有悔改表现的最低限度的要求。这里的悔改表现，首先要有悔罪意识，而悔罪是以认罪为前提的。正如我国学者指出：悔罪是在认罪的基础上产生的一种主观追悔心理。具有这种心理的犯罪分子，大多表现为对自己的犯罪深恶痛绝；对自己犯罪而造成的国家财产或其他人的生命健康和财产的损失、伤害追悔莫及，并且愿意以自己的劳动改造来补偿，洗刷自己的罪恶。[①] 由此可见，认罪服法对于认定悔改表现具有十分重要的意义。

在理解认罪服法的时候，应当注意一个问题，就是如何看待罪犯不服人民法院的判决进行申诉。在刑事诉讼法中，申诉是指有申诉权人对人民法院已经发生法律效力的判决、裁定不服，向人民法院或者人民检察院提出重新处理的请求的诉讼活动。根据我国法律规定，罪犯是有申诉权的人。由此可见，申诉是法律赋予罪犯的一项重要权利。与此同时，服法，也就是服从国家的刑事制裁，又是罪犯必须履行的义务。那么，这两者是否存在矛盾呢？换言之，依法提出申诉能否认为是不服法？我认为，两者是不矛盾的，不能把它们对立起来。罪犯提出申诉，是因为对判决认定的事实或适用的法律条款有疑问，这种疑问是允许的。在申诉提出后，有关机关经过复查，或者驳回申诉，或者对原判决的事实认定部分或法律适用部分作出一部或全部改判。从刑事执行的司法实践情况来看，驳回申诉的是绝大多数，因为申诉绝大多数是由于申诉人对事实认识错误或者对法律认

① 参见鲍圣庆：《减刑、假释的理论与实践》，33页，长春，吉林人民出版社，1992。

识错误而提出的，也就是说，原判决在事实认定或法律适用上是正确的，而罪犯本人对判决的认识不正确。对于申诉被驳回的罪犯，不能一概认为是不认罪悔罪，是不服从国家的刑事制裁。刑事执行机关应当针对每个提出申诉的罪犯的情况向他们讲清道理，引导他们正确认识判决中所认定的事实和适用的法律。对于这些罪犯，只要他们在申诉过程中仍然按照被判处刑罚的内容服从执行，就应当认为是服从国家刑事制裁的。至于那些经过申诉被改判的罪犯，改判已经说明原判决在事实认定或法律适用上确有错误，更不存在罪犯不服从国家刑事制裁的问题。[①] 我认为，这种理解是正确的。唯有如此，才能保障罪犯的申诉权，同时又鼓励罪犯积极改造，争取宽大处理。

（2）认真遵守监规、接受教育改造。

认真遵守监规、接受教育改造是指罪犯在刑罚执行期间严格遵守《犯人守则》和监内各项规章纪律。罪犯在刑罚执行期间，具有遵守国家法律、法规的义务。罪犯之所以成为罪犯，根本原因在于不重视国家的法律、法规。罪犯是国家法律、法规的破坏者，国家对罪犯实施刑罚惩罚的目的在于将他们改造成为守法公民。这就要求罪犯在刑罚执行期间，必须严格遵守国家的法律、法规，养成遵纪守法的良好习惯。因此，罪犯遵守国家的法律、法规，是罪犯在刑罚执行期间必须履行的一项义务。但罪犯是一种特殊的群体，对于他们来说，仅遵纪守法还不够，法律还向他们提出了遵守罪犯改造行为规范的特殊要求。

减刑的适用对象包括监禁刑的罪犯与非监禁刑的罪犯两大类。管制是非监禁刑，因此，对于被判处管制的罪犯来说，一贯遵守罪犯改造行为规范，主要是指刑法第39条规定的被判处管制的犯罪分子在执行期间应当遵守的规定，包括：1）遵守法律、行政法规，服从监督；2）未经执行机关批准，不得行使言论、出版、集会、结社、游行、示威自由的权利；3）按照执行机关规定报告自己的活动情况；4）遵守执行机关关于会客的规定；5）离开所居住的市、县或者迁居，应当报经执行机关批准。凡是长期遵守上述规定的，就应当视为一贯遵守罪犯改

① 参见力康泰、韩玉胜：《刑事执行法学原理》，104页，北京，中国人民大学出版社，1998。

造行为规范。

拘役、有期徒刑和无期徒刑是监禁刑。对于监禁刑，有关监禁法规和规章专门制定了犯人行为规范。例如，1982年2月18日，公安部颁布了《犯人守则》。《犯人守则》是为了执行刑罚，维护劳动改造场所的监管、教育、生产、生活秩序，促进罪犯的改造，根据《中华人民共和国劳动改造条例》的有关规定而制定的。根据《犯人守则》，犯人在刑罚执行期间应当遵守下述规定：1）拥护中国共产党的领导，热爱社会主义祖国，严格遵守国家的法律、法令和监规纪律，努力改造思想，积极改正恶习，争取光明前途。2）服从劳动改造机关工作人员的管理教育和武装部队的看押。不准超警戒线和规定的活动区域。3）努力学政治、学科学、学文化、学技术。4）积极劳动生产，遵守操作规程，保证作业质量，完成生产任务。5）严格遵守生活卫生制度。要按时作息，内务整洁，经常保持个人和环境卫生。6）不准抗拒劳动，逃避学习；不准拉帮结伙，打架斗殴；不准传播犯罪手段，教唆他人犯罪；不准将生产工具、棍棒绳索、各种凶器以及易燃、易爆、剧毒等危险物品带入监舍区。7）积极开展思想斗争，检举揭发一切破坏监规纪律和反改造的言行。8）讲文明，讲礼貌，讲道德，守秩序，树立社会主义的新风尚。上述规定，对于考察罪犯在刑罚执行期间的表现具有参考价值。

值得注意的是，我国监狱法根据罪犯教育改造的情况与特点，对罪犯的奖惩条件作了明文规定。监狱法第57条规定，罪犯有下列情形之一的，刑罚执行机关可以给予行政奖励：1）遵守监规纪律、努力学习、积极劳动、有认罪服法表现的；2）阻止违法犯罪活动的；3）超额完成生产任务的；4）节约原材料或者爱护公物、有成绩的；5）进行技术革新或者传授生产技术、有一定成效的；6）在防止或者消除灾害事故中作出一定贡献的；7）对国家和社会有其他贡献的。依监狱法第58条的规定，罪犯有下列情形之一的，刑罚执行机关可以给予行政处罚：1）聚众哄闹监狱、扰乱正常秩序的；2）辱骂或者殴打人民警察的；3）欺压其他罪犯的；4）偷窃、赌博、打架斗殴、寻衅滋事的；5）有劳动能力拒不参加劳动或者消极怠工，经教育不改的；6）以自伤、自残手段逃避劳动的；

7）在生产劳动中故意违反操作规程，或者有意损坏生产工具的；8）有违反监规纪律的其他行为的。上述奖惩条件是考察罪犯在刑罚执行期间是否遵守犯人行为规范的重要法律依据。

遵守犯人改造行为规范，不是暂时的，而且是一贯的。这里的一贯，是指罪犯在服刑改造中在一定时间内坚持遵守监规纪律，一以贯之，从未违反监规纪律。如若一个罪犯投入劳动改造后在一定时间内遵守监规纪律，一以贯之，从未违反监规纪律；在另一段时间内又违反监规纪律，如打架斗殴或进行其他违法活动，就不能认为是遵守监规纪律。有些罪犯长时间一贯表现好，偶尔有一般违反监规行为的，应从长计议，看主要表现，亦可视为一贯遵守监规纪律。①

应当指出，一贯遵守罪犯改造行为规范，有一定时间性的要求，即在相当长的时间内遵守监规纪律。但也并非要求罪犯一点小错也不犯，要求罪犯不能有一点反复。这里，主要应当看主流，对罪犯的表现要有一个科学的认识态度。

（3）积极参加政治、文化、技术学习。

我国监狱法对罪犯的改造包含教育改造，积极参加政治、文化、技术学习就是教育改造的重要内容。教育改造有广义与狭义之分。从广义的角度来看，监狱的一切工作都是为教育改造罪犯这个中心环节服务的，也就是说，在这个意义上我们可以把监狱所做的一切工作都称为教育改造。狭义上的教育改造，是指对罪犯的思想教育、文化教育和技术教育。②

政治学习，属于思想教育，主要包括法制教育、道德教育、前途教育。通过思想教育，增强罪犯的法制观念和道德观念，使罪犯认识到自己走上犯罪的道路，是不遵守法律、藐视法律的结果，从中吸取教训。通过监狱改造生活，逐步养成遵纪守法的习惯。

文化学习，属于文化教育。文化教育包括文化知识教育、高等文化教育和专业教育。应当指出，对罪犯的文化教育有别于社会上的普通教育，这不仅因为监

① 参见鲍圣庆：《减刑、假释的理论与实践》，36页，长春，吉林人民出版社，1992。

② 参见力康泰、韩玉胜：《刑事执行法学原理》，300、320页，北京，中国人民大学出版社，1998。

狱的文化教育对象是特殊的，更重要的是因为教育的方式也是特殊的，是通过强制的方式对罪犯进行文化教育，不以罪犯本人的意愿为转移。对罪犯的文化教育之所以必要，是因为文化水平低是他们走上犯罪道路的原因之一，因而提高罪犯的文化水平在教育改造中具有重要意义。

技术学习，属于技术教育。对罪犯的技术教育，主要是指对罪犯进行职业技术教育，包括工业技术教育、农业技术教育和其他技术教育。通过技术教育，使罪犯掌握一技之长，既可运用于监狱的劳动改造，又可在刑满释放重返社会以后具有谋生能力。

罪犯悔改的表现之一，就是积极参加政治、文化、技术学习。这里的积极参加，重在态度，即主动、认真、积极地参加监所组织、布置的各项学习活动，并能自觉地钻研，且取得了监所规定的成绩要求。至于成绩好坏，还要结合罪犯的文化水平考察。因此，这种评定应该全面，须从学习态度、平时表现、努力程度、取得成绩以及劳动熟练、发挥技能诸方面进行综合分析评定。

(4) 积极参加劳动，完成生产任务。

积极参加劳动，完成生产任务，属于劳动改造的范畴。劳动改造是指国家根据改造在监内服刑罪犯的需要，组织他们从事具有一定规模的劳动生产活动，使他们通过劳动既掌握了一定的生产技能又反思了自己的罪行，为重返社会后做合格的守法公民奠定良好基础的刑事执行活动。[①] 劳动改造具有强制性，凡具备劳动能力的罪犯都应参加各种形式的劳动。通过劳动改造，可以树立劳动观念，端正劳动态度，养成劳动习惯。能否积极参加劳动、爱护公物、完成劳动任务，是衡量罪犯是否具有悔改表现的重要内容之一。但在考察罪犯的劳动改造表现的时候，既不能忽视罪犯的劳动态度，也不能单凭罪犯的劳动成绩，而是要把劳动态度与劳动成绩结合起来分析。因为每个罪犯的身体状况、年龄、劳动技能是不同的，不能不分青红皂白，简单地一视同仁。而是要看罪犯的劳动态度，同时还要看罪犯在生产劳动中能否力所能及、尽其所能地劳动。只要罪犯劳动态度端正，

① 参见力康泰、韩玉胜：《刑事执行法学原理》，300、320页，北京，中国人民大学出版社，1998。

服从分工，并完成一定的劳动定额；在劳动中，爱护公物，就可视为能够积极参加劳动，以此作为评定罪犯确有悔改表现的条件。

以上四个方面的内容共同构成了确有悔改表现的法定条件。只有同时具备以上四项内容，才能认为具备了相对减刑的法定要求，可以适用减刑。

2. 有立功表现

相对减刑的条件，除了确有悔改表现以外，还有具有立功表现。对于立功表现，我国刑法第 68 条有明文规定：犯罪分子有揭发他人犯罪行为，查证属实的，或者提供重要线索，从而得以侦破其他案件等。那么，这一规定是否等同于刑法第 78 条规定的作为相对减刑条件之一的具有立功表现呢？我认为，两者不能完全等同。刑法第 68 条规定的立功制度，是一种量刑制度，主要适用于量刑阶段。而刑法第 78 条规定的减刑制度，是一种行刑制度，其立功表现是指罪犯在刑罚执行期间的突出表现。关于什么是立功表现，1991 年最高人民法院《关于办理减刑、假释案件具体应用法律若干问题的规定》有一个明确的解释，1997 年的司法解释确认了这一内容。因此，该司法解释可以成为认定立功表现的法律标准。该司法解释规定，有下列情形之一的，应当认为是确有立功表现：(1) 揭发、检举监内外犯罪活动，或者提供重要的破案线索，经查证属实的；(2) 阻止他人犯罪活动的；(3) 在生产、科研中进行技术革新，成绩突出的；(4) 在抢险救灾或者排除重大事故中表现积极的；(5) 有其他有利于国家和社会的突出事迹的。

下面分述作为相对减刑条件之一的立功表现。

(1) 揭发、检举监内外犯罪活动，或者提供重要的破案线索，经查证属实的

在刑罚执行期间，罪犯通过学习法制，提高了思想觉悟，在真诚悔罪的同时，主动检举、揭发监内外犯罪分子的犯罪活动，或者提供重要的破案线索，经查证属实的，应被视为立功表现。服刑罪犯检举、揭发他人的犯罪活动，既是本人悔罪的表现，又使其他犯罪案件得到破获，对社会有利，因而是一种立功表现。

(2) 阻止他人犯罪活动。

虽然监狱被严密控制，但仍然有些犯罪分子进行行凶、破坏等犯罪活动，有些罪犯则伺机逃跑。凡此种种，都给监狱的管理秩序带来了严重的危害。在这种

情况下，正在服刑的罪犯，发现同监罪犯实施逃跑、行凶、破坏等犯罪活动时，挺身而出，制止他犯的犯罪活动，是一种立功表现。应该指出，在某些情况下，罪犯虽然全力制止，但未能制止他犯继续进行犯罪活动。例如，多名罪犯结伙逃跑，人多势众，虽罪犯发觉并全力制止，终因寡不敌众，有数人逃出监管范围。在这种情况下，只要表现突出，仍然可以被视为立功表现。

（3）在生产、科研中进行技术革新、成绩突出的。

劳动改造是监狱改造的重要内容之一。正在服刑的罪犯，在劳动生产和科学研究中，大胆革新、创造，取得成果的，是一种立功表现。这种立功是与技术革新联系在一起的，具有较高的科学、技术含量，并非一般服刑罪犯所能为，只有那些掌握一定的科学技术的罪犯才有可能做到。当然，这种立功表现也不是可望而不可即的，它的表现形式是多种多样的。经过努力，某些掌握一定生产技能的罪犯也是能够争取的。这种立功表现通常包括：在生产中，为了提高生产技能，对原有生产设备进行改造，并发明新工艺，改革旧技术，使生产迅猛发展。有的劳改工业，原先只有修配工艺，经过对修配工艺进行大胆改革，由修配发展到制造，生产某些精、尖、重、大的产品。有的加强科技研究，不断更新产品，以增加花色品种，提高产品质量。有的通过技术革新，不仅节约了原料，而且节省了劳动力、降低了劳动产品的成本，有的在外引内联、搞好经济中，不断学习先进技术，并运用新技术发展原有企业，使生产大幅度增产。[1] 以上种种，凡是取得了一般成果的，都可以被视为立功表现。

（4）在抢险救灾中或者排除重大事故中表现积极的。

罪犯在服刑过程中，也会遇到天灾人祸，有机会参加抢险救灾。这对罪犯是一个严峻的考验。只要罪犯遇有自然的或人为的险情时，如水、火、地震、塌方、泥石流等险情时，积极参加抢险，表现较好，可以被视为立功。

（5）其他有利于国家和社会的突出事迹的。

这是一个概括性规定，凡不能被包容在前四项立功表现中，但又表现突出，

① 参见鲍圣庆：《减刑、假释的理论与实践》，42页，长春，吉林人民出版社，1992。

可以减刑的，可以纳入其他有利于国家和人民利益的先进事迹。例如遇有伤病员时立功献血等。

此外，为了进一步鼓励罪犯积极改造，体现对劳改积极分子的奖励宽大政策，对于被执行机关评为省级接受教育改造积极分子的服刑人员，也可视为有立功表现。这里所指省级积极分子，是指经省、自治区、直辖市监狱管理局审查认定的，被评定为省、市、自治区一级的接受教育改造的积极分子。因为这种积极分子是接受教育改造中涌现出来的确有悔改表现的特别突出的服刑人员，所以虽不是法定立功表现，但是可以按立功对待，予以减刑。

这里还应当指出，悔改和立功通常是相通的。确实悔改的罪犯往往通过改造，认识自己以前的犯罪行为给他人、社会乃至国家造成的危害，并且发自内心地感到愧疚，总想寻找机会为他人或为社会做些有益的事，将功补过。但是，犯罪的情况是千差万别的，各个罪犯犯罪的原因、动机，对犯罪行为及法律制裁的认识等都各不相同。在这种情况下，罪犯的立功与悔改也有不相一致的。换言之，悔改的罪犯未必有立功表现，有立功表现的罪犯也未必悔改。在现实生活中，一些罪犯，未必对自己以前所犯罪行有深刻的认识和反省，达到悔罪的程度。但是，基于尚未泯灭的良知，在一些关键时刻，其往往会出人意料地挺身而出，为保护人民的生命、财产安全舍生忘死。对于这些罪犯，虽然应注意到他们尚未悔改的实际情况，但亦应注意到其通过行动表现出来的人身危险性减小的情况。正如我国学者指出：在减刑适用中，要注意一些罪犯在特殊情况下表现突出，有立功表现甚至重大立功表现，但在平常表现一般，有时甚至还有违反监规的行为。对此，只要他有立功表现，甚至有重大立功表现，理应予以奖励。在绝对减刑场合，如果他有重大立功表现，那么毫无疑问就应当减刑。[①] 因此，悔改与立功虽然存在交叉，但也并非总是一致。因此，刑法第 78 条规定的相对减刑条件——悔改和立功，并不要求同时具备，具备其中之一就可以适用减刑。

（二）绝对减刑的要求

绝对减刑是指法律规定应当减刑的情形。在 1979 年刑法中，只有相对减刑

① 参见高西江主编：《中华人民共和国刑法的修订与适用》，268 页，北京，中国方正出版社，1997。

之规定，而无绝对减刑之设立。但 1994 年颁行的监狱法第 29 条规定，被判处无期徒刑、有期徒刑的罪犯，在服刑期间有下列重大立功表现之一的，应当减刑：(1) 阻止他人重大犯罪活动的；(2) 检举监狱内外重大犯罪活动，经查证属实的；(3) 有发明创造或者重大技术革新的；(4) 在日常生产、生活中舍己救人的；(5) 在抗御自然灾害或者排除重大事故中，有突出表现的；(6) 对国家和社会有其他重大贡献的。这一规定是我国几十年来有关减刑的司法实践经验的总结，它可以调动罪犯争取立大功的主动性和积极性，而且也易于操作，符合我国实际，因而在这次修订刑法时被吸收到刑法中来，形成修订后的刑法中绝对减刑的制度。我认为，绝对减刑制度的设立，加大了减刑的适用力度，是我国减刑制度的重要发展和完善，也是这次刑法修订在刑罚制度修改上的成功之处。根据刑法第 78 条之规定，绝对减刑的适用条件是有重大立功表现。这种重大立功表现主要有以下几个方面的情形。

1. 阻止他人重大犯罪活动

阻止他人重大犯罪活动是指罪犯在服刑期间，发现他人正在进行重大犯罪活动而予以制止。这里的阻止，是指直接采取行动阻拦或制止。这里的重大犯罪活动是相对于一般犯罪活动而言的。是阻止重大犯罪活动还是阻止一般犯罪活动，是绝对减刑与相对减刑的区别。那么，对这里的重大犯罪活动如何界定呢？我认为，应当从犯罪的性质、犯罪的形式、犯罪的后果等方面来理解，例如，制止一个服刑罪犯的脱逃，可以说是阻止一般犯罪活动；但如果制止一起暴动越狱，就可以认为是阻止重大犯罪活动。刑法对重大犯罪活动未作明示规定，究竟何为重大犯罪活动，主要应由司法机关掌握。

2. 检举监狱内外重大犯罪活动

检举监狱内外重大犯罪活动是指罪犯在服刑期间，发现他人在监狱内正在进行重大犯罪活动而予以告发，或者获知他人在监狱外有重大犯罪活动的线索而予以揭发。这里的检举，主要是指报告监狱管理当局或有关司法机关，由此而破获监狱内外的重大犯罪案件。应当指出，这种检举监狱内外重大犯罪活动的，只有经查证属实，才能被认为具有重大立功表现。至于对“重大犯罪活动”的理解，与前项相同。

3. 有发明创造或者重大技术革新

罪犯学有专长，在服刑期间认真钻研科学技术，有发明创造或者重大技术革新的，也应被认定为有重大立功表现。这里的发明创造是指在科学技术的重大创新，例如某项技术获得国家专利等。这里的重大技术革新，当然是指能够带来重大经济效益的技术革新成果。

4. 在日常生产、生活中舍己救人

舍己救人是指在他人的人身（生命或者健康）遭受严重危险的情况下，奋不顾身，抢救他人。罪犯在服刑期间，在他人十分危急的关键时刻，能够舍己救人，表明罪犯良心未泯，值得嘉许，应当认为是重大立功表现而予以减刑。

5. 在抗御自然灾害或者排除重大事故中，有突出表现

罪犯在服刑期间，也会遭遇天灾人祸。在这种抗御自然灾害或者排除重大事故的紧要关头，罪犯能够积极投入抢险救灾，并且具有突出表现的，应当予以减刑。

6. 对国家和社会有其他重大贡献

对国家和社会有其他重大贡献，是一个空白规定，以容纳前五项所未能包括之事项。只有与前五项情形相当者，才能被视为对国家和社会有其他重大贡献而予以减刑。

三、减刑的限度条件

适用减刑必须要有一定的限度。对减刑之所以设立一定的限度条件，主要是考虑到以下几点：（1）维护原判的稳定性和权威性。减刑是在肯定和承认原判刑罚的正确性和有效性的前提下，在行刑过程中根据服刑罪犯的悔改或者立功表现而对刑罚所作的一种调整。因此，减刑不同于改判，它要维持原判的稳定性和权威性，否则不利于法律适用的统一性与完整性。（2）有利于教育改造犯罪分子。减刑具有明显的奖赏性，它对于引导服刑罪犯积极改造是极其重要的。但如果减

刑不受限制，则不仅使刑罚丧失其严肃性，而且容易使服刑罪犯滋长侥幸心理，因而有悖设立减刑制度的立法初衷。(3) 保持刑罚一般预防效果的需要。刑罚的一般预防与个别预防这双重目的是统一的，但在不同的刑事法律阶段有所侧重。在行刑阶段，应是重点靠刑罚的个别预防，注意根据服刑罪犯人身危险性的消减而及时地调整刑罚。但与此同时也不能完全忽视一般预防，因为如果减刑过度，虽然法院判了刑，甚至判了重刑，但只执行了很短时间就放回社会的，势必降低刑罚的威慑力，减弱刑罚的一般预防效果。综上所述，我认为，对于减刑来说，设置一定的限度条件是完全必要的。

根据我国刑法第 78 条第 2 款的规定，减刑以后实际执行的刑期，判处管制、拘役、有期徒刑的，不能少于原判刑期的二分之一；判处无期徒刑的，不能少于 10 年。从这一规定可以看出，减刑的形式有两种：一是刑种的变更，例如将无期徒刑减为有期徒刑；二是刑期的变更，例如有期徒刑本身刑期的缩短。我国对减刑的限度作了明文规定。那么，如何理解这里的原判刑期的二分之一和 10 年呢？也就是说，所谓实际执行的刑期如何界定？对此，我国刑法学界存在以下两种观点。① 第一种观点认为，实际执行的刑期是指罪犯在监狱服刑改造的时间，如无期徒刑犯服刑不能少于 10 年，有期徒刑犯服刑不能少于原判刑期的二分之一。第二种观点认为，实际执行的刑期，不仅是指在监狱服刑的时间，还包括判决前的羁押日期。对于这个问题，我认为，应当根据不同刑种的性质区分对待。在适用减刑的四个刑种中，无期徒刑是一种终身剥夺犯罪分子的人身自由的刑种。对于无期徒刑犯来说，判决前羁押不存在折抵刑期的问题。根据我国刑法之规定，对被判处无期徒刑的犯罪分子在服刑期间确有悔改或者立功表现而被减刑的，其实际执行的期限不能少于 10 年。这里的 10 年不包括判决前羁押的时间，而应从无期徒刑判决确定之日起计算。而对于有期徒刑、拘役和管制来说，都有一定的期限。根据我国刑法规定，对于判决前羁押的，应当按照一定的标准折抵刑期。其中，有期徒刑和拘役是判决前羁押 1 日折抵刑期 1 日，而管制是判决前

① 参见鲍圣庆：《减刑、假释的理论与实践》，44～45 页，长春，吉林人民出版社，1992。

羁押1日折抵刑期2日。因此，对于被判处有期徒刑、拘役、管制的犯罪分子来说，判决前羁押的时间包括在实际执行的期限当中。

1979年刑法规定了减刑的限度，但对减刑的次数未加限制，规定为“经一次或几次减刑”。由此可见，减刑既可以是一次，也可以是几次，只要不超过减刑的限度即可。在刑法修订中，关于减刑的次数是否应受限制，曾经出现过不同意见。其中，有一种观点认为，对同一犯罪分子只能减刑一次。但多数人认为，如此规定过于苛刻，不利于行刑个别化，也不利于对罪犯的改造，弊多利少。①我认为，对一个罪犯减刑几次没有必要受到限制，只要在减刑幅度上总量控制就可以防止减刑的滥用。如果限制减刑次数，势必导致一次减刑的幅度加大，而少减多次更有利于调动服刑罪犯改造的积极性和自觉性。因此，修订后的刑法虽然删去了“经一次或几次减刑”的提法，但对减刑次数未作限制。

（本文原载《黑龙江省政法管理干部学院学报》，1999（1）（2））

① 参见赵秉志主编：《新刑法典的创制》，128页，北京，法律出版社，1997。

论我国刑法中的刑罚执行

刑罚执行是刑法理论的重要内容之一。但在以往的刑法学体系中，刑罚执行未能占据一席之地，在刑法理论中也缺乏应有的研究。我在《刑法学体系的反思与重构》一文中曾经提出将行刑论作为刑法学体系的构成内容之一，与刑事立法论、定罪论、量刑论并列。① 本文拟对刑罚执行的概念、意义和原则等基础理论问题进行初步探讨，以丰富我国的刑法理论，并求正于刑法学界。

一

刑罚执行，简称行刑，是指有关司法机关将人民法院的刑事判决所确定的刑罚付诸实施的刑事司法活动。根据这一定义，刑罚执行有以下几个特征。

首先，刑罚执行的主体是有关司法机关。

根据我国有关法律的规定，劳动改造机关是刑罚执行的主要承担者。《中华人民共和国劳动改造条例》第 2 条明文规定："中华人民共和国的劳动改造机关，

① 参见陈兴良、邱兴隆：《刑法学体系的反思与重构》，载《法学研究》，1988 (5)。

是人民民主专政的工具之一，是对一切反革命犯和其他刑事犯实施惩罚和改造的机关。”但劳动改造机关执行哪些刑罚并不明确。最高人民法院、公安部 1980 年 2 月 23 日《关于判处死刑、死缓、无期徒刑、有期徒刑、拘役的罪犯交付执行问题的通知》第 2 条规定：“对于判处死刑缓期二年执行、无期徒刑、有期徒刑的罪犯，由交付执行的人民法院将执行通知书、判决书送达看守所，由看守所及时将罪犯送往公安机关劳改部门指定的劳动改造场所执行。”由此可见，死缓、无期徒刑、有期徒刑，由劳动改造机关执行。被判处上述三种刑罚的罪犯，尤其是被判处有期徒刑的罪犯，在所有被判刑的罪犯中占很大比例，因此，上述三种刑罚由专门的劳动改造机关执行，是适当的，这也说明劳动改造机关是刑罚执行的主要司法机关。最高人民法院、公安部上述通知第 3 条规定：“对于判处拘役的罪犯，由交付执行的人民法院将执行通知书、判决书送达公安机关，由公安机关按照公安部公发［1979］185 号《关于管制、拘役、缓刑、假释、监外执行、监视居住的具体执行办法的通知》执行。”由此可见，拘役应由公安机关执行。公安机关除执行拘役以外，还执行管制和剥夺政治权利。这在我国 1979 年刑事诉讼法第 159 条中有明文规定。该条指出：“对于被判处管制、剥夺政治权利的罪犯，由公安机关执行。”所以，公安机关也是刑罚执行的司法机关之一，承担着部分刑罚执行的任务。人民法院是刑事审判机关，但同时承担着部分刑罚执行任务。我国 1979 年刑事诉讼法第 160 条规定，“被判处罚金的罪犯，期满不缴纳的，人民法院应当强制缴纳”。所以，罚金是由人民法院直接执行。我国 1979 年刑事诉讼法第 161 条规定：“没收财产的判决，无论附加适用或者独立适用，都由人民法院执行；在必要的时候，可以会同公安机关执行。”所以没收财产由人民法院执行。最高人民法院、公安部上述通知第 1 条规定：“对于判处死刑立即执行的罪犯，人民法院有条件执行的，应交付司法警察执行；没有条件执行的，可交付公安机关的武装警察执行。”所以，死刑立即执行也主要是由人民法院执行。虽然人民检察院不直接执行刑罚，但我国 1979 年刑事诉讼法第 164 条规定：“人民检察院对刑事案件的判决、裁定的执行和监狱、看守所、劳动改造机关的活动是否合法，实行监督。如果发现有违法的情况，应当通知执行机关纠正。”

由此可见，人民检察院是刑罚执行的监督机关。从以上法律规定可以看出，我国的刑事执行制度不是采用由一个司法机关执行的集中制，而是采用由数个司法机关执行的分散制。目前，我国法学界有人提出这种执行权的分散行使，不利于统一掌握刑罚执行原则，不利于四机关在四道工序中的配合、制约，使执行工作缺乏统筹研究、通盘考虑，出现了一些影响刑罚正确执行的弊病。因此，这些同志认为，应当从合理分工角度出发，把管制、拘役、有期徒刑、无期徒刑、死刑、罚金、剥夺政治权利、没收财产的执行，连同假释、缓刑、监外执行、保外就医人员的管理考察工作，统一交由司法行政机关，由基层司法行政机关的执行机构负责进行。① 我认为这一观点应当引起有关领导部门的高度重视。

其次，刑罚执行的内容是将刑罚付诸实施。

刑罚执行作为一种刑事司法活动，具有一般刑事司法活动的共性。但刑罚执行又是刑事司法活动的一个特定阶段，它具有不同于其他刑事司法活动的特点。刑事司法活动，是相对于刑事立法活动而言的。刑事立法活动的主要内容是制定刑事法律，在这个时候具体的犯罪没有发生，因此，刑事立法具有对事不对人的特点，设立一般的刑法规范，以解决刑事法律领域内有法可依的问题。刑事司法活动是解决刑事法律领域内有法必依的问题。它主要可以分为刑事审判和刑罚执行两个阶段。在刑事审判阶段，主要内容是解决定罪与量刑的问题。在这个时候，具体的犯罪已经发生，因此，刑事审判是针对具体犯罪人提起的。通过刑事审判，对犯罪分子在认定有罪的基础上确定应当判处的刑罚。但作为刑事审判结果的宣告刑，只是写在判决书上的东西，它的法律效力还有待于通过刑罚执行活动得到实现。所以，刑罚执行的主要内容是将人民法院的刑事判决所确定的刑罚付诸实施。这就是刑罚执行不同于其他刑事司法活动的主要特点。在通常情况下，刑事审判活动有以下三种结果：一是判决无罪。在这种情况下，被告人的行为根本没有构成犯罪，因此谈不上对其处以一定的刑罚，因而也就没有刑罚执行

---

① 参见黄京平：《司法行政机关与公、检、法机关配合制约问题观点综述》，载《法制建设》，1986（5）。

可言。二是判决有罪，但根据有关法律规定免除处罚，或者由于犯罪情节轻微不需要判处刑罚而根据我国刑法第 32 条免予刑事处分。在这种情况下，被告人的行为虽然已构成犯罪，但法院没有给予实际的刑罚处罚，因此也谈不上刑罚执行的问题。我国刑法第 32 规定，对于免予刑事处分的人，可以根据案件的不同情况，予以训诫或者责令具结悔过、赔礼道歉、赔偿损失，或者由主管部门予以行政处分。这些处分在刑法理论上被称为非刑罚处理方法。其中，训诫、责令具结悔过或赔礼道歉是人民法院采取的教育措施；责令赔偿损失属于刑事附带的民事强制处分；由主管部门给予的行政处分是行政处罚。这些方法都不属于刑罚的范畴，因而谈不上刑罚执行问题。我国 1979 年刑事诉讼法第 152 条规定："第一审人民法院判决被告人无罪、免除刑事处罚的，如果被告人在押，在宣判后应当立即释放。"这是判决的执行，而不是刑罚的执行。三是判决有罪，并且给予一定的刑罚处罚，例如判处一定的主刑或单独适用某种附加刑。在这种情况下，由于被告人被判处了主刑，因而就发生了刑罚执行的问题。由此可见，刑罚执行并非所有刑事审判活动的必然结果，而只是判决有罪并且给予一定的刑罚处罚的刑事审判活动的必然结果。

最后，刑罚执行的时间是人民法院判决生效以后。

我国 1979 年刑事诉讼法第 151 条规定判决和裁定在发生法律效力后执行，并且明文规定下列判决和裁定是发生法律效力的判决和裁定：已过法定期限没有上诉、抗诉的判决和裁定；终审的判决和裁定；最高人民法院核准的死刑的判决和高级人民法院核准的死刑缓期 2 年执行的判决。因此只有上述三种判决所确定的刑罚才能执行。但在司法实践中，也还存在把一些尚在上诉期内的罪犯交付劳动改造机关执行的问题。为此，1984 年 3 月 16 日司法部、最高人民法院、最高人民检察院、公安部发出《关于将罪犯交付执行刑罚时必须严格依法办事的通知》。该通知第 2 条指出："劳改机关发现法律文书不完备或者判决尚未发生法律效力的，有权依法拒绝收押。"如上所述，刑罚执行的时间是在人民法院判决生效以后，那么，刑罚执行是否受时效的限制呢？这就是所谓行刑时效的问题。我国刑法和刑事诉讼法对此没有规定，但现代各国的刑法多数都规定了行刑时效。

所谓行刑时效，就是法律规定的对判刑的人执行刑罚的有效期限。在规定了行刑时效的国家，刑罚执行就有一定的时间限制，过了行刑时效，不能执行刑罚。我国刑法之所以没有规定行刑时效，主要是因为新中国成立以来的司法实践经验表明，在审判机关与刑罚执行机关紧密合作、共同努力下，判处刑罚而未予执行的现象基本上没有发生，因此在我国规定行刑时效没有多大实际意义。既然我国法律没有规定行刑时效，那么在个别情况下，如果发生犯罪分子在判决宣告以后、刑罚开始执行以前逃亡的事件，或有其他的原因影响了判决的执行，则司法机关在任何时候都有权将犯罪分子追缉归案，执行原判的刑罚。

二

刑法中的刑罚执行与刑事诉讼法中的执行是既有区别又有联系的两个概念，不能以后者取代前者。当今世界各国的刑事诉讼法对执行问题都有规定，例如法国刑事诉讼法第五卷第一编就是刑事判决的执行；又如日本刑事诉讼法第七编是裁判的执行。我国 1979 年刑事诉讼法第四编也是执行。我国刑事诉讼法中的执行主要是指刑事判决的执行，而刑事判决包括有罪判决和无罪判决，其中有罪判决又可以分为判处刑罚的判决和免除刑事处罚的判决。例如，我国 1979 年刑事诉讼法第 152 条就规定了无罪判决与免除刑事处罚的判决的执行。因此，刑事诉讼法中的执行不限于刑罚的执行，而且包括无罪判决的执行和免除刑事处罚的判决的执行，而刑法中的刑罚执行仅限于判处刑罚的有罪判决的执行，其外延显然小于刑事诉讼法中的执行的外延。并且，从内容来说，刑事诉讼法中的执行制度主要是对执行机关、执行程序等问题的规定，而刑法中的执行制度主要是对执行方法的规定，它属于实体问题。因为某种刑罚与其执行方法往往有着密不可分的联系，刑罚的严厉程度也往往通过其执行方法体现出来，所以执行方法属于刑法范畴。当然，刑事诉讼法关于执行的规定与刑法关于执行的规定也有交叉之处，这是由程序法和实体法的密切联系所决定的。马克思曾经生动形象地指出：“审判程序和法二者之间的联系如此密切，就像植物的外形和植物的联系，动物的外形和血肉的联系一样。审判程序和法律应该具有同样的精神，因为审判程序只是法律的生命形式，因而也是法律的内部生命的表现。”① 所以，刑事诉讼法关于执行的规定与刑法关于执行的规定发生交叉是不难理解的。而且，只要我们细心辨析，还是可以发现两者落脚点的不同。例如我国刑法第 49 条规定：“罚金在判决指定的期限内一次或者分期缴纳。期满不缴纳的，强制缴纳。如果由于遭遇不能抗拒的灾祸缴纳确实有困难的，可以酌情减少或者免除。”这是关于罚金的执行方法的规定。我国 1979 年刑事诉讼法第 160 条规定：“被判处罚金的罪犯，期满不缴纳的，人民法院应当强制缴纳；如果由于遭遇不能抗拒的灾祸缴纳确实有困难的，可以裁定减少或者免除。”对比这两个法律条文，可以发现，刑事诉讼法的规定比刑法的规定增加了以下两个问题：第一，刑事诉讼法明文规定人民法院是罚金的执行机关。这是对刑罚执行机关的规定，这一内容是刑法所没有的。第二，刑事诉讼法规定缴纳确有困难的，可以裁定减少或免除。这是对刑罚执行程序的规定。这一内容也是刑法所没有的。从以上分析可以看出，刑事诉讼法中的执行与刑法中的执行是两个不同的范畴，不能以对前者的研究代替后者的研究，因而否认刑罚执行问题在刑法学体系中的重要地位。

刑法中的刑罚执行与劳动改造法学中的刑罚执行也是既有联系又有区别的两个概念。劳动改造法主要是指调整刑罚执行机关与罪犯间之法律关系的法律规范。在国外劳动改造法又被称为刑事执行法，我国也有人主张将来在立法的时候采用刑事执行法这个名称。② 由此可见，劳动改造的内容与刑罚执行有密切联系。事实上，劳动改造法学本身就是从刑法学中分立出来的学科，劳动改造法学的形成就是运用其他学科的成就，既从实体法的角度，又从程序法的角度，对刑法执行问题全面地、集中地和系统地加以研究的结果。在劳动改造法学成为独立学科以后，刑法学中的刑罚执行问题是否不复存在，没有必要受到单独研究？回答是否定的，因为劳动改造法涉及的刑罚执行的范围比刑法中刑罚执行的范围要

① 《马克思恩格斯全集》，第 1 卷，178 页，北京，人民出版社，1956。

② 参见力康泰、韩玉胜：《我国劳动改造法学的回顾与展望》，载《法学论文集》，171 页，北京，中国政法大学出版社，1988。

小得多。根据我国刑法的规定，对犯罪分子适用刑罚，主刑有管制、拘役、有期徒刑、无期徒刑、死刑，附加刑有罚金、剥夺政治权利、没收财产。凡是已经发生法律效力的判决和裁定，由人民法院交付有关司法机关执行。其中，死刑、罚金、没收财产由人民法院执行；管制、拘役、剥夺政治权利由公安机关执行；有期徒刑、无期徒刑和死刑缓期 2 年执行由劳动改造机关执行。因此，劳动改造法中的刑罚执行仅指有期徒刑、无期徒刑和死缓的执行，其范围显然小于刑法中的刑罚执行的范围。而且，从内容上说两者也有所不同：刑法主要规定的是刑罚执行方法，而劳动改造法则侧重于对犯人的改造教育、监狱管理等内容。所以，应当把刑法中的刑罚执行与劳动改造法中的加以区别，不能因为已经有专门研究刑罚执行的劳动改造法学，就忽视甚至否认刑法学中对刑罚执行问题进行研究的意义。

刑法中的刑罚执行的意义在于将人民法院刑事判决所确定的刑罚化为现实，真正使刑罚成为每个犯罪分子的不可避免的后果。因此，就刑罚执行以人民法院刑事判决所确定的刑罚为前提而言，它对于定罪与量刑等刑事司法活动具有一定的从属性，并且是这两种刑事司法活动的自然延伸。但刑罚执行的意义绝不仅仅在于消极地执行刑罚，而且在于改造罪犯成为新人，通过对罪犯执行各种刑罚，消除其人身危险性，实现刑罚的一般预防与特殊预防的目的。在这个意义上说，刑罚执行关系到刑事司法活动的最终目的的实现，离开了刑罚执行活动，判决就是一纸空文。并且，刑罚执行虽然是以判决所确定的刑罚为执行内容，但它又具有其相对的独立性；在刑罚执行过程中，可以根据罪犯的悔改和立功表现，对判决所确定的刑罚依法加以调整。这说明刑罚执行不是定罪量刑的附庸，而是具有一定目的的刑事司法活动；也表明了刑罚执行对定罪量刑具有一定的制约作用。

三

刑罚执行的原则，又称行刑原则，是指在刑罚执行过程中必须遵循的基本准则。刑罚执行的原则是从刑罚基本原则中派生出来的，并且受我国基本刑事政策的制约。我认为，刑罚执行的原则是惩罚与改造相结合。

刑罚执行过程首先体现了对犯罪分子的惩罚。刑罚执行既然是刑罚的付诸实施，当然包含着惩罚之意。刑罚执行就是要将这种惩罚落实到犯罪分子身上，使之感受到犯罪以后所得到的否定的法律评价。刑罚方法不同，惩罚的内容与严厉程度也就有所差别。死刑立即执行是最严厉的刑罚，其内容表现为剥夺生命。死缓、无期徒刑、有期徒刑或者拘役，也是较为严厉的刑罚，其内容表现为剥夺自由。对这些罪犯实施的惩罚，就是依照人民法院的判决和执行通知书，由劳动改造机关把罪犯监管起来，剥夺他们的自由；剥夺或停止他们行使政治权利；实行武装警戒和严格管制，监督他们遵守劳动改造机关规定的各项监规。通过惩罚，使这些罪犯认识到国家法律的严肃性；认识到自己所犯罪行对国家和人民的危害性；认识到自己既然侵犯了国家和人民的利益，就要受到国家法律的惩罚，罪有应得，从而使他们感到一定的压力和痛苦，使其认罪服法、悔过自新。对于被处管制的犯罪分子，主要是通过限制人身自由，使其受到惩罚。对于被判处罚金、没收财产的犯罪分子，主要是通过剥夺一定的经济利益，使其受到惩罚。对于被判处剥夺政治权利的犯罪分子，主要是通过剥夺参加国家管理等政治权利，使其受到惩罚。以上无论何种刑罚的执行所带来的惩罚，都是加诸罪犯一定的痛苦，都是对罪犯的一定利益的剥夺。

刑罚执行过程不仅是一个对罪犯惩罚的过程，而且是一个对罪犯改造的过程。刑罚执行中的改造，主要是指对罪犯实行劳动改造。我国刑法第 41 条规定："被判处有期徒刑、无期徒刑的犯罪分子，在监狱或者其他劳动改造场所执行；凡有劳动能力的，实行劳动改造。"第 43 条规定，对于判处死缓的犯罪分子，也实行劳动改造以观后效。第 34 条规定，被判处管制的犯罪分子在执行期间也要积极参加集体生产或者工作。这也是一种劳动改造。刑法第 38 条第 2 款规定："在执行期间，被判处拘役的犯罪分子每月可以回家一天至两天；参加劳动的，可以酌量发给报酬。"因此，被判处拘役的犯罪分子虽然参加劳动可以得到一定的报酬，但仍然具有劳动改造的性质，也蕴含着对罪犯的改造，使之改恶从善。改造罪犯成为新人，是刑罚执行的一项重要任务，这一任务是根据无产阶级改造社会、改造人类的伟大历史使命提出来的。毛泽东同志指出："无产阶级和革命人民改造世界的斗争，包括实现下述的任务：改造客观世界，也改造自己的主观世界……所谓被改造的客观世界，其中包括了一切反对改造的人们，他们的被改造，须要通过强迫的阶段，然后才能进入自觉的阶段。"① 这里所说的"一切反对改造的人们"，就包括依法被劳动改造的反革命犯和其他刑事犯罪分子。对罪犯进行改造，是以人能够被改造为前提的。在罪犯中，除极少数不堪改造的人以外，绝大多数是可以改造的。马克思主义认为，人不仅是自然的产物，更重要的是社会的产物。人的意识，包括犯罪分子的思想意识，是自然界和社会存在的客观事物在其头脑中的反映，它不是人的头脑中固有的，而是在社会生活中逐步形成的。因此，我们可以通过强制的方法对罪犯进行改造。正如 1963 年 11 月 10 日毛泽东同志在接见阿尔巴尼亚总检察长阿拉尼特-切拉时指出：我们相信人是可以改造过来的，在一定条件下，在无产阶级专政条件下，一般是可以把人改造过来的。新中国成立以来，我国劳动改造工作的实践经验充分证明了这一点。

在刑罚执行中，惩罚体现了对罪犯的报应，而改造则体现了我国对罪犯执行刑罚的目的不在于报应，而在于追求一定的功利。在我国刑法中，报应因素与功利因素是统一的，因此，作为刑罚执行的原则，惩罚与改造是结合在一起、密不可分的。在刑罚执行中所体现出来的对罪犯的惩罚，仅仅是改造罪犯成为新人的手段。因此，离开了对罪犯的改造教育，就会导致惩办主义，无益于我国刑罚目的的实现。我国刑法中的一系列规定，说明我国刑法不是实行惩办主义与报应主义的。例如我国刑法中规定的缓刑、减刑、假释等刑罚执行制度，对于那些有悔改或者立功表现的罪犯，有条件地不执行其刑罚，或者有条件地减轻其刑罚或者有条件地予以提前释放。另外，在刑罚执行中所实行的改造，也不能离开惩罚而存在，是在强制下的改造。对罪犯的改造不是自觉自愿的，而是被迫的，总有一个从强迫改造到自觉改造的过程。而惩罚就是使罪犯完成从强迫改造到自觉改造的转变的必不可少的手段。当然，在惩罚与改造这两者中，根据我国劳动改造政

① 《毛泽东选集》，2 版，第 1 卷，296 页，北京，人民出版社，1991。

策，应该立足于改造。

最后必须指出，惩罚与改造相结合作为我国刑法中刑罚执行的原则，是有法律根据的。我国宪法第28条规定："国家维护社会秩序，镇压叛国和其他反革命活动，制裁危害社会治安、破坏社会主义经济和其他犯罪的活动，惩办和改造犯罪分子。"这里明确提到惩办和改造犯罪分子，从国家根本大法的角度表明了对罪犯要实行惩罚与改造，两者不可偏废。我国刑法第1条所规定的"惩办与宽大相结合"的基本刑事政策也是惩罚与改造相结合的刑罚执行原则的法律依据。我国劳动改造条例第1条明确指出，制定该条例是为了惩罚一切反革命犯和其他刑事犯，并且强迫他们在劳动中改造自己，成为新人。第2条明确规定，劳动改造机关是对一切反革命犯和其他刑事犯实施惩罚和改造的机关。第4条明确宣布，我国劳动改造实行惩罚管制与思想改造相结合、劳动生产与政治教育相结合的方针。所有这些规定都是我国刑罚执行原则——惩罚与改造相结合的法律根据。

（本文原载《中南政法学院学报》，1989（4））

图书在版编目（CIP）数据

刑法研究．第十卷，刑法总论．Ⅴ/陈兴良著．--
北京：中国人民大学出版社，2021.3
（陈兴良刑法学）
ISBN 978-7-300-29133-8

Ⅰ.①刑… Ⅱ.①陈… Ⅲ.①刑法-中国-文集
Ⅳ.①D924.40-53

中国版本图书馆 CIP 数据核字（2021）第 049539 号

国家出版基金项目
陈兴良刑法学
刑法研究（第十卷）
刑法总论Ⅴ
陈兴良　著
Xingfa Yanjiu

出版发行	中国人民大学出版社		
社　　址	北京中关村大街 31 号	**邮政编码**	100080
电　　话	010－62511242（总编室）		010－62511770（质管部）
	010－82501766（邮购部）		010－62514148（门市部）
	010－62515195（发行公司）		010－62515275（盗版举报）
网　　址	http://www.crup.com.cn		
经　　销	新华书店		
印　　刷	北京捷迅佳彩印刷有限公司		
规　　格	170 mm×228 mm　16 开本	**版　　次**	2021 年 3 月第 1 版
印　　张	31.5 插页 4	**印　　次**	2021 年 8 月第 2 次印刷
字　　数	472 000	**定　　价**	168.00 元

版权所有　侵权必究　　印装差错　负责调换